American Musicological Society
Music Library Association Reprint Series

Dover Publications, Inc., New York, in cooperation with the American Musicological Society and the Music Library Association, has undertaken to bring back into print a select list of scholarly musical works long unavailable to the researcher, student, and performer. A distinguished Committee representing both these professional organizations has been appointed to plan and supervise the series, which will include facsimile editions of indispensable historical, theoretical and bibliographical studies as well as important collections of music and translations of basic texts. To make the reprints more useful and to bring them up to date, new introductions, supplementary indexes and bibliographies, etc., will be prepared by qualified specialists.

Sir John Hawkins, *A General History of the Science and Practice of Music*
W. H., A. F., and A. E. Hill, *Antonio Stradivari, His Life and Work*
Curt Sachs, *Real-Lexikon der Musikinstrumente,* new revised, enlarged edition
The Complete Works of Franz Schubert (19 volumes), the Breitkopf & Härtel
    Critical Edition of 1884-1897 *(Franz Schubert's Werke. Kritisch
    durchgesehene Gesammtausgabe.)*
Charles Read Baskervill, *The Elizabethan Jig and Related Song Drama*
George Ashdown Audsley, *The Art of Organ-Building,* corrected edition
Emanuel Winternitz, *Musical Autographs from Monteverdi to Hindemith,*
    corrected edition
William Chappell, *Popular Music of the Olden Time,* 1859 edition
F. T. Arnold, *The Art of Accompaniment from a Thorough-Bass as
    Practised in the 17th and 18th Centuries*
The Breitkopf Thematic Catalogue, 1762-1787, with new introduction and
    indexes by B. S. Brook
Otto Kinkeldey, *Orgel und Klavier in der Musik des 16. Jahrhunderts*
Andreas Ornithoparcus, *Musice active micrologus,* together with
    John Dowland's translation, *A. O. his Micrologus, or Introduction,
    Containing the Art of Singing*
O. G. T. Sonneck, *Early Concert-life in America (1731-1800)*
Giambattista Mancini, *Practical Reflections on the Figurative Art of Singing*
    (translated by Pietro Buzzi)
Denis Stevens, *Thomas Tomkins, 1572-1656*
Thoinot Arbeau, *Orchesography* (translated by Mary Stewart Evans)
Edmond vander Straeten, *La Musique aux Pays-Bas avant le XIXᵉ siècle*
Frits Noske, *La Mélodie française de Berlioz à Duparc* (translated
    by Rita Benton)
Board of Music Trade, *Complete Catalogue of Sheet Music and Musical Works*
    (1870)

A.M.S.-M.L.A. JOINT REPRINT COMMITTEE

Barry S. Brook, Queens College, Chairman
Sydney Beck, The New York Public Library
Walter Gerboth, Brooklyn College
Hans Lenneberg, University of Chicago
Gustave Reese, New York University

LA
MUSIQUE AUX PAYS-BAS

AVANT LE XIXᵉ SIÈCLE

by

EDMOND VANDER STRAETEN

with a new Introduction by
EDWARD E. LOWINSKY
University of Chicago

———◆-◆———

in eight volumes bound as four

Volumes I and II

NEW YORK
DOVER PUBLICATIONS, INC.

Published in Canada by General Publishing Company, Ltd., 30 Lesmill Road, Don Mills, Toronto, Ontario.
Published in the United Kingdom by Constable and Company, Ltd., 10 Orange Street, London WC 2.

This Dover edition, first published in 1969 is an unabridged republication of the work originally published in Brussels, Belgium, between 1867 and 1888 by the firms C. Muquardt, Librairie Européenne (Vol. I); G.-A. van Trigt, Editeur-Libraire (Vols. II-VII); and Schott Frères, Editeurs de Musique (Vol. VIII).
This edition, in which the original eight volumes are reprinted in four double volumes, contains a new Introduction by Edward E. Lowinsky of the University of Chicago, and a new Table of Contents.

Standard Book Number: 486-21585-7
Library of Congress Catalog Card Number: 68-28348

Manufactured in the United States of America
Dover Publications, Inc.
180 Varick Street
New York, N. Y. 10014

Introduction to the Dover Edition

AT NO time since the passing of the Renaissance has Netherlandish music been so alive, so well known, so much performed, so assiduously studied, so universally admired as it
is today. This interest is not limited to music historians.
Webern published the first part of Heinrich Isaac's *Choralis
Constantinus*; Krenek has written a book on Ockeghem;
Stravinsky's fascination with fifteenth- and sixteenth-century
music never ceases. Editions, performances, recordings, historical and analytical studies have brought the music of the
Netherlanders so close to us that, for the first time in modern
history, Dufay, Josquin, Lassus promise to become figures as
familiar as those of Jan van Eyck, Rogier van der Weyden,
and Pieter Breughel.

Enthusiasm for the past grows on the premises of the
present. Contemporary music, in the broad sense of the word,
shares many of the concerns and attitudes of old Netherlandish music. Netherlandish constructivism and intellectu-
ality, linear counterpoint and melodic line, subtlety of rhythm
and meter, development of harmonic color, expression, and
symbolic use of tonal resources, these are some of the traits
that fascinate musicians of today.

When Friedrich Nietzsche in his *Zweite Unzeitgemässe
Betrachtung*, the essay "On Uses and Abuses of History for
the Present,"[1] distinguished between monumental, antiquar-

---

[1]This is a free, but perhaps not altogether mistaken translation of
the original title: *Vom Nutzen und Nachtheil der Historie für das
Leben.*

ian, and critical history, when he opposed history as a mere
antiquarian hobby to history as a critical pursuit in the service of the needs of the present, he hardly considered the pos-
sibility that yesterday's hobby might become today's neces-
sity.

Yet this is precisely what has happened in the case of
the work which is here presented in a reprint one hundred
years after its first volume appeared. Edmond vander
Straeten's *La Musique aux Pays-Bas avant le XIXᵉ siècle*, an
antiquarian curiosity in its own day, in which the music of
Netherlandish origin was rarely transcribed or performed, has
become a work of vital interest today. Only in the last several
decades is the music of Dufay, Ockeghem, Obrecht, Josquin,
Gombert, Clemens non Papa, Willaert, Rore being made
available in editions of their complete works. From shadowy
figures these masters have grown to full-blooded musicians
whose lives and personalities, positions and wanderings, have
become a matter of the greatest interest to us.

Edmond vander Straeten's eight-volume work on music
in the Netherlands belongs to the capital works of musicology.
The nineteenth century, in the history of musical research,
was an age of giants. Ambros, Fétis, Eitner, that race of
hardy, undaunted pioneers, accomplished Herculean labors in
unexplored territories under the most adverse conditions.
Edmond vander Straeten was one of them. Less favored by
circumstance and education than the others, he made up for
his deficiencies by a single-minded dedication and incredible
industry. Vander Straeten was thirty-one years old when he,
in 1857, left his native town Audenarde in the East of Flan-
ders to go to Brussels. There he visited Fétis, then seventy-
three years old, but still reigning as absolute monarch over
the Conservatoire Royale de Musique, whose director he had
been from 1832 on; he was to hold this post until his death
in 1871 at the age of eighty-seven. Vander Straeten showed
his compositions to Fétis, asked for his counsel, and begged

for his help, for he was penniless. Fétis accepted him as a student at the Conservatory; he turned him over to Bosselet for the study of harmony, while he himself taught him counterpoint and musical palaeography. Moreover, he made him his secretary to render it possible for him to earn a living. Vander Straeten studied in Brussels for about two and a half years. Upon Fétis' recommendation he became music critic of *Le Nord*, and, finally, obtained a position at the Bibliothèque Royale. After this, as Fétis reports in an extraordinary, bitter, and personal article in his *Biographie Universelle des Musiciens*,[2] "I have never seen M. Vanderstraet again." The article, written in 1864, presented vander Straeten as a dilettante —worse, an ignoramus—who owed everything that he now was to Fétis. Vander Straeten never forgave Fétis for this public humiliation and, in the eight volumes of his great work, attacked him ceaselessly and unmercifully on uncounted issues, small and large.

Light and shadow live closely together. Vander Straeten was a passionate man. Whatever he did, he did wholly. He was a Wagner enthusiast; he went to Bayreuth; he glorified the "Meister" and the country that had borne him. His admiration for everything German[3] was matched only by his contempt for everything French.[4] He was generous in love— see the dedications to volumes VI and VII—implacable as a foe.

[2]Second edition, vol. VIII (Paris, 1865), pp. 304–305, where our author appears under the erroneous name of Vanderstraet.

[3]Amusingly enough, Robert Eitner, in his obituary notice on vander Straeten, complains that this man who trusted only archival sources made an unfortunate exception for German books: "Only for the Germans did he have so much respect that he relied on their writings" (*Monatshefte für Musikgeschichte*, XXVIII [1896], 118). How ill-founded this respect was Eitner had already pointed out in some of his reviews.

[4]See the article on vander Straeten in the *Supplément et Complément* to Fétis' *Biographie Universelle*, vol. II (Paris, 1880), pp. 602–603, where he is called "ce gallophobe enragé."

His abiding passion was the exploration of the musical past of the Netherlands. This passion aroused the best forces of vander Straeten's mind and of his inexhaustible energies. Having begun music research in the archives of his native town, Audenarde, he continued it on a grand scale in the immense archives of Brussels. He branched out to other Belgian cities, to France, and finally, on long journeys, to Italy (vol. VI) and Spain (vols. VII and VIII). Everywhere the harvest of documents, the wealth of new information on Netherlandish music and musicians, on instruments and carillons, on musical institutions, secular and ecclesiastic, civic and aristocratic, on prints and manuscripts, was overwhelming. Indeed, ever since the first volume of this work appeared, the reproach has been made that the author was overwhelmed by his discoveries to the point where he was unable to organize them in a lucid and logical fashion.[5]

The reproach is justified and vander Straeten must have been aware of it, for he fashioned two tools to facilitate the use of his work, the careful summaries preceding each chapter and the detailed indices at the end of each book. That the latter must be used with patience and circumspection, that authors appear at times under *van* or *de*, other times under their full names, has already been pointed out by Eitner.

A second reproach has been made by Eitner concerning vander Straeten's obsession of seeing Netherlanders everywhere, even where a Netherlandish origin cannot be precisely documented. Yet, in the two cases mentioned by Eitner,[6] Heinrich Isaac and Hermann Matthias Werrecorren, later discoveries have vindicated vander Straeten.

Of course, the opposite also has happened. In using vander Straeten one must strictly distinguish between fact

[5]See Robert Eitner's reviews of single volumes in *Monatshefte für Musikgeschichte,* V (1873), 10–11 VIII (1876), 56–61; X (1878), 152–154; XII (1880), 112–115, and XV (1883), 39–40.

[6]*Ibid.,* vol. XV, pp. 39–40.

and opinion, between document and interpretation. One must, needless to say, constantly refer to such solid modern works on Netherlandish music and musicians as René Vannes' *Dictionnaire des musiciens* (Brussels, n.d.) and Charles van den Borren's *Geschiedenis van de muziek in de Nederlanden* (2 vols., Antwerp, 1948–1951). But even if viewed as nothing more than a collection of documents, vander Straeten's work is invaluable and indispensable for any study of Netherlandish music. To afford the reader a small measure of help we offer at the end of this introduction a table of contents for all eight volumes. It is no more than a small measure, for vander Straeten has the habit of constantly straying from the orderly path of inquiry outlined in the chapter headings. Nevertheless, the reader will find there a preliminary orientation to guide him in vander Straeten's endlessly fascinating labyrinth.

If we survey the organization of musicological research today, nationally and internationally, there is one branch of investigation left entirely to private initiative—archival research. Yet there is hardly a branch of study more complex and difficult, more in need of encouragement and support, more dependent upon intelligent teamwork and division of labor than work in the great national archives of the world. May the reprint of vander Straeten's monumental work, aside from its obvious usefulness, stimulate new national and international initiative in this field!

EDWARD E. LOWINSKY

University of Chicago
July, 1968

Contents

VOLUME I

VOLUME III

VOLUME IV

VOLUME V

VOLUME VI

Contents

LA

MUSIQUE AUX PAYS-BAS

AVANT LE XIXe SIÈCLE.

DOCUMENTS INÉDITS ET ANNOTÉS.

**Compositeurs, virtuoses, théoriciens, luthiers; opéras,
motets, airs nationaux, académies,
maîtrises, livres, portraits, etc.**

AVEC PLANCHES DE MUSIQUE ET TABLE ALPHABÉTIQUE,

PAR

EDMOND VANDER STRAETEN.

TOME PREMIER.

BRUXELLES,

C. MUQUARDT, LIBRAIRIE EUROPÉENNE.

MÊME MAISON A GAND ET LEIPZIG.

1867.

Voici un recueil de notes et de documents historiques, et non une histoire véritable. Cette histoire est-elle possible aujourd'hui? Nous osons affirmer que non. Des contradictions et des ténèbres, des fables mêlées à des récits vrais, des détails puérils usurpant la place des faits sérieux, telle est, en ce moment, la physionomie de nos annales musicales.

Cet état appelait une prompte régénération. On réédifie, de fond en comble, l'histoire de la peinture, de la sculpture et de l'architecture. Pourquoi donc la musique serait-elle laissée à l'écart? Son rôle a été, ce nous semble, assez important, assez glorieux, pour mériter d'être mis en relief d'une façon digne et durable.

Et comment parviendra-t-on à faire jaillir la lumière, sinon en recourant aux sources authentiques, en dépouillant nos dépôts d'archives? Déjà un esprit vaillant, un chercheur intrépide, M. Léon de Burbure, a commencé ce rude travail dans les registres de la cathédrale d'Anvers. Le résultat de ses investigations est consigné, en partie, dans deux intéressantes publications, l'une relative aux associations musicales, l'autre concernant les luthiers de l'antique métropole commerciale. La *Biographie nationale,* qui s'édite sous les auspices du gouvernement, fournira à notre savant ami une excellente occasion d'utiliser le reste de ses trouvailles.

Nous nous joignons à lui, avec l'espoir de pouvoir apporter notre modeste contingent à une restauration si nécessaire. Nommé, en 1862, au poste d'employé aux Archives générales du royaume, à Bruxelles, nous comprîmes bientôt ce que cet immense établissement pourrait offrir d'auxiliaires précieux pour l'avancement de la grande entreprise. Un faible essai, publié quelques années auparavant, d'après des documents recueillis dans une petite ville de Flandre (1), nous avait inspiré le goût de ce genre de recherches, et inoculé une patience à toute épreuve, vertu si indispensable à celui qui pénètre dans le dédale des vieux papiers. Nous nous mîmes à l'œuvre, et, grâce à quelques secours obligeants, il nous fut donné de mettre la main sur des documents d'un intérêt capital pour notre histoire musicale.

Il fallait un mode de publication. Se borner à repro-

---

(1) *Recherches sur la musique à Audenarde avant le XIXe siècle.* Anvers, Buschman, 1856, in-8°, avec une planche de musique. Cet opuscule, écrit sans prétention et à distance des grands centres où le recours aux livres spéciaux est facile, a été rudement malmené par M. Fétis. Nous prouverons à celui qui censure notre inexpérience d'alors, qu'il ne sait pas lui-même le premier mot de ce qu'il croit être une vérité indiscutable. M. Fétis ignore jusqu'à la langue dans laquelle sont écrites les pièces servant de base à notre notice.

duire les documents tels qu'ils se sont présentés, c'était ne fournir à la science qu'un mélange confus de pièces, à commencer par celles qui comportent à peine deux lignes, jusqu'à celles qui embrassent plusieurs pages. Attendre que tous les documents eussent reçu leur corollaire indispensable, c'était condamner notre existence à des perquisitions incessantes sans profit immédiat pour l'histoire. Point de pièce qui ne porte son enseignement; point de jour qui n'amène une trouvaille imprévue. D'ailleurs, les Archives générales du royaume sont loin de renfermer tous les éléments d'informations auxquels devra puiser l'annaliste. Les provinces sont là avec leurs archives particulières, tant civiles que religieuses. Le moindre dépôt renferme des milliers d'anneaux de la grande chaîne à établir.

Mais les fureteurs du dépôt central peuvent ouvrir la voie, dégrossir le travail et servir en quelque sorte d'éclaireurs aux autres pionniers. Par la publication raisonnée et circonstanciée de leurs découvertes, le zèle des archivistes de province s'enflammera, les faits et les noms nouveaux leur deviendront familiers, et leur coöpération active cessera d'être une impossibilité. Car, monopoliser les recherches et écarter les ardents, n'a jamais été dans notre pensée. Nous appelons, au contraire, à notre aide tous les généreux investigateurs, et nous les convions à mettre au jour le résultat de leurs perquisitions.

Voilà ce que nous avons tenté de faire, et l'ordre adopté dans notre recueil, nous semblait indiqué par la matière même.

Les documents sont groupés sous des noms de personnes. En prenant pour rubriques des noms de villes, il eût fallu multiplier à l'infini, sans profit pour le lecteur, les paragraphes et les subdivisions de paragraphes. Il n'est point, en effet, d'artiste plus instable que le musicien. Sa carrière n'est, pour ainsi dire, qu'une pérégrination continuelle. Tout reprend, du reste, sa place normale dans la Table onomastique, où les noms de villes apparaissent en caractères saillants, avec tous les objets qui s'y subordonnent.

Notre cadre comprend, entre autres, les compositeurs, les virtuoses, les musicographes, tout ce qui concerne la lutherie et les luthiers, eu égard particulièrement aux instruments polyphones à clavier, ces auxiliaires puissants du développement de l'harmonie.

On y verra des renseignements sur les institutions musicales, telles que maîtrises, académies, associations de Sainte-Cécile, de Saint-Job, de Sainte-Marie-Madelaine.

Les chants nationaux inédits, soit civils, soit religieux, auxquels se rattache un fait, une légende, un trait de mœurs quelconque, seront reproduits avec le plus grand soin et accompagnés des notes explicatives qu'ils réclament. Le présent volume en offre un : le *Requiem des confrères de la Marguerite,* qui nous semble mériter l'attention des connaisseurs.

L'origine et les développements de l'opéra français et italien, aux XVIIe et XVIIIe siècles, seront retracés chronologiquement au moyen d'une série de documents d'une authenticité irrécusable.

La bibliographie n'a point été négligée, et l'on verra, en parcourant le curieux catalogue inédit de la bibliothèque musicale du chevalier Dandeleu, mort en 1667, les ressources que de pareils documents peuvent fournir aux fureteurs de livres.

Les portraits rarissimes des vieux musiciens ont été

recherchés aussi avec le plus grand soin. Celui de Josquin Desprès, qu'un heureux hasard nous a fait découvrir,
offre une importance sur laquelle il est inutile d'insister.
Le portrait original d'Adrien Willaert, gravé en 1559,
conséquemment trois ans avant la mort de l'illustre fon-
dateur du Conservatoire de Venise, nous parait unique
dans son genre, et éveillera, sans nul doute, l'intérêt des
amateurs. Tous deux ont été reproduits avec une fidélité
matériellement exacte, par le procédé photolithographique
de MM. Simoneau et Toovey, de façon à représenter en
quelque sorte la gravure même.

En présence de pièces d'un sens énigmatique capables
de dérouter l'œil le plus perspicace, nous nous sommes
permis parfois de hasarder quelques suppositions. Comme
nous le disons ailleurs : « Les inductions et les hypothèses
» sont tolérées en l'absence de preuves rigoureuses, et si
» elles ont souvent une base chancelante, elles ont sou-
» vent aussi le mérite de mettre sur la voie de la vérité et
» d'élargir le champ de l'investigation. » Donner des dates
et des faits, et rien que des dates et des faits, le beau
mérite ! Si, plus tard, des documents positifs viennent dé-
mentir nos conjectures, le système de périodicité de notre
recueil facilite immédiatement le redressement des erreurs
commises et l'utilisation des nouveaux matériaux exhumés.
La même chose ne saurait avoir lieu avec les *Histoires*, les
Biographies, les *Études*, etc., autant de modes de publications qui affectent des formes définitives, et qui, grâce à
leur titre séducteur et à leur style élégant, accréditent les
erreurs et retardent l'épanouissement de la lumière.

Il y a plus. Bien que notre livre soit purement historique, nous avons cru devoir y joindre, de temps en temps,

quelques observations esthétiques, lorsqu'il s'est agi d'œuvres d'une rareté excessive, soit manuscrites, soit imprimées, enfouies dans des collections particulières dont l'accès est souvent difficile. Le cas s'offrira souvent pour les monographies des petites villes. Chaque fois qu'il y aura lieu, nous aurons recours à la photolithographie pour témoigner de notre scrupuleuse exactitude.

A peu de chose près, notre travail est géographiquement circonscrit dans les limites tracées par Jean de Glen, auteur d'un livre intitulé : *Des habits, mœurs, cérémonies, façons de faire, anciennes et modernes, du monde.* (Liége, 1601, p. 111) : « La Gaule Belgique, dit-il, est diversement nom
» mée la Belge, la basse Allemaigne, les dix-sept provinces
» et le Pays-Bas. Mais le nom de Pays-Bas comprend encore
» le pays de Liége, les duchés de Juliers et de Clèves. Cette
» région est bornée de la rivière d'Eems, de l'évesché de
» Coloigne, de Trève, de Picardie, Vermandois jusques à
» l'embouchure de la rivière d'Aa qui va se desgorger en
» la mer près de Gravelingue. Les dix-sept provinces sont :
» Brabant, Lutzembourg, Lembourg, Gueldre, Flandre,
» Artois, Haynaut, Hollande, Zélande, Namur, Zutphen,
» le marquisat de Saint-Empyre, les seigneuries de Frise,
» Malines, d'Utrecht, Overyssel et Groningue. »

Notre volume a paru, par fascicules successifs, dans l'un des meilleurs recueils périodiques du pays, le *Messager des Sciences historiques,* de 1863 à 1867. Durant ce long espace de temps, les trois derniers tomes de la *Biographie universelle des musiciens* de M. Fétis ont vu le jour. Il y aurait à cela un grave inconvénient pour nous, si, comme nous le craignions, le musicographe s'était tenu au courant des découvertes qui surgissent chaque jour. Non-seulement

M. Fétis n'a pas cru devoir s'informer avec soin des nouvelles conquêtes de la science, mais il n'a pu se servir avantageusement des matériaux en sa possession, et, à chaque
page de son étrange dictionnaire, on se heurte à des fautes
choquantes, sans compter les faits tronqués avec prémé-
ditation et les omissions perfidement calculées (1).

Au-delà de six cents erreurs ont été relevées dans notre
premier volume. Le deuxième dévoilera un nombre plus
considérable encore de bévues de tout genre. Est-ce ignorance, est-ce légèreté? Le lecteur judicieux décidera.

Les sommités de la musicographie, en Allemagne, s'accordent à écarter de leurs écrits le moindre fait relatif à
M. Fétis, et mettent dédaigneusement hors de combat l'auteur de tant de livres désavoués aujourd'hui par la science.
Nous aurions voulu les imiter. Mais, le moyen de ne point
se rencontrer avec un homme qui a fait de notre belle
histoire musicale une sorte de mystification inqualifiable,
et qui remplit, dans la presse militante, dans les cercles
savants et dans l'enseignement public, un rôle opiniâtre,
dont il faut, bon gré mal gré, tenir compte (2)?

Personne n'est exempt d'erreur. A notre tour, si nous
nous trompions, nous en ferions franchement l'aveu; car,
s'égarer dans une route pleine de ténèbres, est une chose
toute naturelle. Et, la lumière une fois aperçue, un amour-
propre mal entendu ne nous empêchera pas d'en reconnaître les rayonnements bienfaisants, fût-ce au prix des plus
grands sacrifices.

(1) M. Fétis annonce un volume supplémentaire. Un seul? Dix au moins
n'y suffiraient pas. Nous verrons bien.

(2) Lire, entre autres, le § XXXIX, relatif à la patrie d'Adrien Willaert.

Tel est notre programme. On verra si nous y avons été fidèle. A l'aide des documents qui surgissent chaque jour, nous comptons arriver graduellement à établir quelques étapes précises dans la marche capricieuse de l'art musical aux Pays-Bas. Vienne alors un esprit assez vaste, un savant assez éclairé pour réunir le tout, et notre belle histoire, de fabuleuse qu'elle était, revêtira un caractère de véracité irrécusable et définitif. On a beau prodiguer les artifices et recourir aux subtilités de tout genre pour masquer les errements d'un système préconçu ou pour voiler les faussetés qu'une imagination trop complaisante y sème à dessein; rien n'y fera, les faits positifs, puisés aux sources authentiques, triompheront infailliblement des inductions forcées et des fastueuses impostures.

Ceux qui, pour arrêter dans son essor cette émancipation prochaine de l'histoire musicale, se sont enveloppés longtemps dans les broussailles d'une rhétorique pédante et prétentieuse, osent invoquer maintenant le secours de la philosophie pour étayer leur Babel scientifique menacée de toutes parts, pareils à ces défenseurs d'une ville assiégée, qui, forcés d'abandonner une ligne de retranchements, se réfugient dans une autre pour retarder leur défaite.

Comme si, en bonne logique, on tirait les conclusions avant les prémisses; comme si, dans la logique du passé, la philosophie de l'histoire devançait l'histoire!

ORDRE DES PLANCHES.

—

ERRATA.

—

PAGE 22. — *Au lieu de :* le prénom d'Annibale appartient-il à Nanino?
Lisez : le prénom d'Annibale appartient-il à Stabile?

PAGE 27. — *Au lieu de :* Chatarinae Assandriae, *lisez :* Chatarinae Alessandriae.

PAGE 95. — *Au lieu de :* Greffi Enger, *lisez :* Greffinger.

PAGE 103. — *Au lieu de :* Messaus (George), *lisez :* Messaus (Guillaume).

PAGE 116. — *Après les mots :* Feue madame, *ajoutez :* [Marguerite d'Autriche]

PAGES 150 et 151. — *Au lieu de :* Aerschot, *lisez :* Oirschot.

PAGE 155. — *Au lieu de :* comme le prouve l'extrait de 1564, *lisez :* comme le prouve l'extrait de 1465.

PAGE 241. — *Au lieu de :* imprimé à Tournai, sa ville natale, en 1610, *lisez :* imprimé à Tournai, en 1610.

PAGE 258. — *Au lieu de :* Rosiliarensis, *lisez :* Rosilariensis.

PAGE 261. — *Après les mots :* une des plus brillantes compositions de l'époque, *ajoutez :* que l'on chantait d'ordinaire à la fête de la Vierge.

PAGES 283 et 284. — *Au lieu de :* testatura, *lisez :* tastatura.

PAGE 284. — *Au lieu de :* XXX lib. V s., *lisez :* XXXI lib. V s.

LA MUSIQUE AUX PAYS-BAS

AVANT LE XIXᵉ SIÈCLE.

DOCUMENTS INÉDITS ET ANNOTÉS.

I.

Cornet (Séverin),

Compositeur de musique du XVIᵉ siècle. — Lacune dans sa biographie. — Il est maître des enfants de chœur à l'église métropolitaine de Malines. — Ses gages. — Philippus Montanus, Georgius Ballenus et autres chantres du chœur de Saint-Rombaud. — Chantres de passage. — Paul de Winde, organiste. — Le *Proprium Sanctorum* et le *Temporale*, imprimés à Anvers. — Un recueil de *Canzoni*, de Cornet, inconnu aux musicographes.

Il existe une lacune importante dans la vie artistique de Séverin Cornet, compositeur de musique, né à Valenciennes, vers 1540.

Comme tant d'autres maîtres des Pays-Bas, Cornet se rendit en Italie, pour y exercer son art et s'y perfectionner au besoin, car déjà l'influence de nos musiciens du XVᵉ siècle s'était fait sentir vivement dans la Péninsule, auparavant soumise à l'empire énervant des *concetti*.

A quelle époque Cornet revint-il dans sa patrie? C'est ici que le mystère enveloppe l'existence du compositeur, car on se voit obligé, en l'absence de renseignements, de l'installer d'emblée, en 1578, à Anvers, en qualité de maître des enfants de chœur de l'église de Notre-Dame.

Or, il résida ailleurs, avant cette époque, comme le constate un registre de comptes conservé aux Archives générales du royaume. Ce registre nous apprend qu'en 1571, Cornet était attaché à l'église métropolitaine de Malines, comme maître des enfants de chœur.

Voici ce que renseigne le *Compte que faict Maistre Regnauld Rogier, prebstre, maistre des cérémonies de l'église métropolitaine de Malines, des deniers qu'il at reçus de la part de mon seigneur illustrissime et révérendissime cardinal de Granvelle, archevecque dudict Malines, vice-roy de Naples, etc., et desboursé pour l'entretènement du service de ladicte église, commenchant le primmier jour de janvier et finant le dernier de décembre 1571* :

« Maistre Séverin Cornet, maistre des enffans de cœur, at par an pour nouriture de dix enffans de cœur, deux cents florins, les quels se paient tous les trois mois cinquante flourins.

» Pour les trois primmier mois, scavoir : janvier, février et mars, l lib. — Pour les trois mois suivants, l lib. — Pour les mois, sçavoire julliet, aougst, septembre, l lib. — Pour les mois de octobre, novembre, décembre, l lib.

» Item, ledict maistre Sévérin Cornet at pour ces gaiges par an, soixante-douze flourins dix patar, desquels en at trente-six livres dix patar, qui se distribuent en plombs, qui sont deux patar par jour, et les aultres trente-six de demi an en demi an, qui sont tous les demi an dix-huit flourins pour la louaige de maison.

» Pour les plombs des trois premiers mois, sçavoire : janvier, février et mars, paié vij lib. xiij st. — Pour la crescence de demi an, paié xviij lib. — Pour les plombs de julliet, aougst, septembre, paié viij lib. x st. — Pour les plombs de octobre, novembre et décembre, paié vij lib. xiij st. — Pour la crescence de demi an, paié xviij lib. — Somma ij^e lxvij lib. xvj s.

[De la main du musicien] » Je SÉVERIN CORNET confesse d'avoir recheu ces partyes ichy-dessus escriptes. »

Il est évident que si Cornet a reçu des émoluments de maître des enfants de chœur à partir du 1er janvier 1571, sans désignation ultérieure, il y a lieu de croire qu'il remplissait les mêmes fonctions pendant l'année précédente. C'est ce qui résulte, du reste, de cette note marginale : « Comme au compte précédent. »

La musique que l'on exécutait, à l'église de Saint-Rombaud, nous paraît avoir été importante, à en juger par le personnel des chantres qui faisaient partie du grand chœur. Nous en donnons la liste, telle qu'elle se trouve dans le registre des comptes précité. Il n'est pas impossible que l'un ou l'autre des chantres soit parvenu plus tard à la direction d'une maîtrise réputée, et ait laissé des traces marquantes de ses travaux. Aussi, toutes les fois que l'occasion s'en présentera, aurons-nous soin de n'omettre aucun nom de chantre, et même aucun nom d'enfant de chœur.

1. Dominus PHILIPPUS MONTANUS, bassus, — probablement *Van den Berghe*, reçoit en tout pour ses gages annuels, la somme de 24 livres 14 sous, et donne quittance en latin. Il était prêtre. Il importe de ne pas le confondre avec Philippe de Mons, *Philippus de Monte*, célèbre musicien et savant compositeur, qui fut attaché, vers la même époque, à la chapelle de Maximilien II, empereur d'Allemagne.

2. Dominus GEORGIUS BALLENUS, bassus, — donne quittance en latin de la somme de 54 livres 17 sous 6 deniers, montant de ses gages annuels. Il était prêtre.

3. Dominus HUGO BLONDEL, contraténor, — donne quittance en latin de la somme de 57 livres 6 deniers. Il était prêtre.

4. Magister RUMOLDUS SCRIECK, ténor, — donne quittance en français de la somme de 64 livres 10 sous, montant de ses gages.

5. Judocus Coelput, bassus, — reçoit 22 livres 10 sous, jusqu'au mois de juillet inclus, et « ne faict plus long ser- » vice, se partant d'ici. » Il est remplacé, le 20 novembre, par Dⁿˢ Joannes Daleux, bassus, engagé à 51 livres par an.

6. Carolus Silesius, contraténor, — reçoit 50 livres de gages, et donne quittance en latin.

7. Joannes Glorie, ténor, — gagne 22 livres 9 sous, et donne quittance en latin.

8. Cornelius Matthys, contraténor, — reçoit pour ses gages 51 livres 3 sous, et donne quittance en latin.

9. Magister Lambertus Duflerux, — bassus, donne quittance en latin de 50 florins 10 patars, montant de ses gages.

10. Balthasar Rogiers, contraténor, — reçoit pour gages annuels 40 florins 10 patars, et se retire le 2 octobre.

11. Henricus Wabbels, ténor, — donne quittance en latin de la somme de 21 livres 9 sous 6 deniers, montant de ses gages annuels.

12. Hieronimus Gislenus, ténor, — a pour gages 50 livres 10 sous. Installé le 25 mai, il donne sa démission le 2 octobre.

Faisons remarquer que Gislein, Gislain, Ghislain, Ghiselin, etc., n'impliquent pas toujours une origine wallonne ou française, comme on l'a prétendu. Il y avait de nombreuses familles de ce nom en Flandre, et quelques-unes ont originairement porté celui de *Ghyselinck.*

Il faut ajouter à cette liste Paul de Winde, organiste de Saint-Rombaud, qui reconnaît, par quittance latine, avoir reçu, pour montant de ses gages, la somme de 12 florins.

Les gages des chantres se distribuaient, comme partout

ailleurs, en méreaux, et se payaient tous les trois mois en monnaie ordinaire.

Dans le courant de l'année, il y eut un va-et-vient de chantres que les comptes enregistrent laconiquement. Ainsi, Hugues Blondel alla, le 9 avril, quérir une taille à Anvers, et n'en put trouver de disponible. Il en vint une de France, une autre d'Arras, toutes deux sans réussir à se faire admettre.

Le 20 mai, une taille de Cambrai « fust retenue au ser-» vice, après avoir esté ici deux jours. » Cette taille n'était autre que Jérôme Gislenus, cité plus haut.

Le 25 du même mois, une haute-contre « aiant chanté à » Nexe-poulle (1) à la procession » fut refusée. Une basse-contre de Bouchain, domiciliée à Alost, sollicita son admission et ne l'obtint point, « pour ce qu'il ni avoit place vacante » pour lors. » Enfin, une haute-contre, arrivée de Zélande, échoua dans sa démarche.

Nous omettons quelques autres présentations dont l'origine n'est pas indiquée.

Pendant la gestion de Séverin Cornet, l'on expédia à la cathédrale de Malines, des cahiers séparés du *Missale Romanum*, au fur et à mesure qu'ils étaient imprimés à Anvers. On reçut, entre autres, le *Commune Sanctorum*, le *Proprium Sanctorum* et le *Temporale* :

« Ce xviij⁰ de aougst, au messagier d'Anvers, pour aporter argent et ung paquet où estoient deux *Commune Sanctorum*, xxiij st.

» A un charton, pour apporter che qui estoit imprimé du *Proprium Sanctorum*, vij st. »

Qu'il s'agisse ici des parties, imprimées à part, du *Missale Romanum*, de Plantin, c'est ce qui ne forme pour nous l'objet d'aucun doute, car ce monument de la typographie

(1) Nekerspoel, section de la ville de Malines.

belge vit le jour, dans son ensemble, en 1572 (1). La communication anticipée qui se fit de certains cahiers, prouve l'impatience avec laquelle l'apparition de chaque tirage particulier était attendue, en même temps qu'elle atteste l'avancement considérable que cette colossale publication avait déjà atteint vers la fin de 1571.

Nous trouvons dans un catalogue manuscrit, dressé par l'Inquisition en 1568, la mention d'un recueil de *Canzoni*, de Séverin Cornet, imprimé à Anvers en 1563, et inconnu aux musicologues (2). En voici le titre sans doute incomplet : *De Severino Corneto Canzoni. Gedruckt te Antwerpen, per Joannem Latii. Cum privilegio.*

Les chansons de Cornet que cite M. Fétis, ne sont que de l'année 1581. Cornet serait-il revenu dans le pays dès 1563 ? Voilà de nouvelles difficultés qu'il nous sera donné peut-être de résoudre dans la suite.

II.

Van Westen (Winand),

Mathématicien et organiste de la ville de Nimègue, traducteur flamand d'un ouvrage de récréations physiques. — A-t-il composé une théorie musicale ?

Winand Van Westen a, pendant de longues années, enseigné les mathématiques, sous les auspices des députés du quartier de Nimègue. Maint personnage politique et militaire a reçu de ses leçons, et, consacrant des nuits entières à l'étude des sciences exactes, il a successivement abordé la musique, l'astronomie, la cosmographie, l'architecture

---

(1) Voy. DE BACKER et RUELENS, *Annales de l'imprimerie Plantinienne*, p. 122.

(2) Consultez, au sujet de ce catalogue, notre notice : *Douze impressions gantoises du XVIᵉ siècle, inconnues aux bibliophiles*, publiée dans le *Bibliophile belge*, 1863, p. 101.

et l'optique, tout en les rapportant aux nombres, qu'il prétend être, avec Platon, « le seul lien de la nature. »

Nous puisons ces renseignements dans un livre de récréations physiques dont Winand Van Westen a publié, à Arnhem, une traduction sous le titre de :

Mathematische vermaeckelijckheden, te samen ghevoeght van verscheyden ghenuchlijcke ende boertige werckstucken, soo uyt arithmetica, geometria, astronomia, geographia, cosmographia, musica, physica, enz., als uyt andere onghehoorde mysterien meer, ghetranslateert uyt het fransch in nederduytsche tale, ende verrijckt, vermeerdert ende verbetert met verscheyden observatien ende annotatien, dienende tot onderrichtinge van eenige duystere questien ende misslaghen in den franschen druck, door Wynant Van Westen, mathem. ende organist der stadt Nieumegen. Den derden druck op nieus oversien ende verbetert. — Tot Arnhem, by Jacob Van Biesen, M.DC.XLIV, 3 t., 1 vol. in-12.

Cet ouvrage, à ce qu'il assure, a subi des remaniements complets, de façon que l'empreinte de sa personnalité y est plus vivace que dans une traduction pure et simple.

Deux chapitres y sont relatifs à des expériences musicales. Assurément ces jeux, tant soit peu puérils, n'offriraient rien de bien intéressant pour nous, s'ils n'étaient accompagnés de notes où Van Westen annonce que la partie musicale n'est qu'une légère esquisse d'un travail qu'il se propose de mettre en lumière plus tard.

Voici la note qui fait suite au chapitre LVIII, concernant la manière de produire un accord musical, avec une seule voix ou un seul instrument :

« Pour la musique, ses consonnances et ses dissonances, pour la théorie des proportions de la mesure, des tons et des demi-tons, dont, jusqu'à ce jour, on a écrit si imparfaitement dans nos provinces, nous comptons un jour, avec l'aide de Dieu, développer ces points mécaniquement et mathématiquement, dans le but d'être agréable au commun amateur. »

La deuxième note jointe au chapitre LXXX, où se démontre la manière de faire vibrer une corde de violon sans la mettre en contact avec un objet quelconque, contient une déclaration semblable, quoique plus laconique. Le traducteur y dit qu'il traitera ultérieurement de la musique *in extenso*.

Il s'agit là, à n'en pas douter, d'un livre de théorie musicale. Par malheur, toutes nos recherches ont été vaines pour le découvrir. Ce livre existe-t-il?

Évidemment, celui qui tenait un langage aussi formel, possédait à fond la science des lois qui président à la constitution de l'édifice musical. Ne prétend-il pas réformer les travaux de ses devanciers? Winand Van Westen était organiste de la ville de Nimègue, et, à ce titre, il a dû au moins connaître la pratique de l'art dont il s'occupe.

Ni Witsen Geysbeek, ni M. Fétis, ne disent mot de lui.

III.

Poignard (Charles),

Prêtre prébendaire, organise les carillons de Saint-Laurent de l'Escurial, d'Aranjuez et d'autres localités d'Espagne. — A son retour, il sollicite un nouveau canonicat. — S'agit-il ici de l'importation ou de l'arrangement des carillons dans la Péninsule?

Une lettre conservée aux Archives du royaume et que nous reproduisons ci-dessous, nous apprend qu'un prêtre prébendaire de Namur, nommé Charles Poignard, quitta son bénéfice en 1692, pour aller organiser en Espagne, sous les ordres du roi, les jeux de carillons de Saint-Laurent de l'Escurial (1), d'Aranjuez et de quelques autres

(1) Le monastère de l'Escurial, dédié à saint Laurent, fut bâti par Phi-

localités de ce pays. Ces travaux accomplis, il sollicita un nouveau bénéfice dans les Pays-Bas et l'obtint sans nul doute. Seulement, il fut stipulé qu'on excepterait la collégiale de Bruxelles de la liste des églises où Charles Poignard pourrait recevoir son canonicat, pour la raison qu'un sien frère y occupait déjà une position semblable.

Voici la lettre en question :

« Su Magestad Dios le guarde. Se ha serbido de escribirme la carta del tenor siguiente :

» Monsieur mon bon frère, cousin et nepveu, Charles Poignard, m'ayant remonstré qu'immédiatement après la perte de Namur, en l'an 1692, il auroit abandonné un bénéfice dont il estoit pourveu, pour se maintenir sous ma domination, et seroit venu à cette cour, où il auroit esté, dez sept années ença, employé en mon service, tant à St-Laurent de l'Escurial, Aranjuez, qu'aillieurs, pour la composition des carillons, à mon entière satisfaction, et tesmoigné qu'il souhaitteroit retourner aux Pays-Bas, j'ay bien voulu faire cette à V. Dⁿ pour la requérir et luy encharger de luy conférer le premier canonicat qui viendrat à vacquer ez églises de par delà (excepté celle de Stᵉ-Gudule, à Bruxelles, pour y avoir en icelle un sien frère chanoine), asseurant à V. Dⁿ que ce me sera d'une particulière satisfaction que ce prestre puisse au plus tost ressentir les effects de ma bonne volonté. Atant, Monsieur mon bon frère, cousin et nepveu, Nostre Seigneur ait V. Dⁿ en sa saincte garde. Madrid, ce 29 juillet 1699. Su magestad rey vidit.

» Vostre bon frère, cousin et oncle, CHARLES le comte de Canillas. En cuya conformidad lo tendrá entendido el consejo, y executará lo que Su Magestad se sirbe de mandar en la preinserta carta. Brussellas, 11 novembre 1699.

Souscription : » A consejo de Estado (1). »

lippe II à l'Escurial (Escorial-de-Ariba), bourg situé à sept lieues de Madrid. La foudre tomba, en 1677, sur la flèche de la coupole. Les dégâts furent réparés moyennant la somme de 352,000 réaux. L'arrivée de Charles Poignard en Espagne coïncide avec la date du désastre.

(1) A la marge inférieure on lit : « A la filasse des mémoires ; le 13 novembre 1699. »

La mission de Charles Poignard, en Espagne, avait-elle pour but d'introduire les carillons dans ce pays, ou simplement d'y arranger le mécanisme de ces instruments aëriens? Nous inclinons pour la deuxième hypothèse, car il est à croire que, depuis la domination espagnole dans nos contrées, plus d'un carillon se sera établi dans la Péninsule. Ces jeux gigantesques ayant acquis, à l'époque dont il s'agit ici, une grande réputation en Belgique et surtout en Hollande, où la fonderie de cloches avait atteint un haut degré de perfection, on peut supposer que Charles Poignard, musicien et mécanicien peut-être, aura été mandé en Espagne pour adapter aux cylindres et faire fonctionner, avec leurs appareils nouveaux, les jeux dont on trouvait les modèles en nos contrées.

Plus vraisemblablement encore fut-il chargé d'organiser des carillons liturgiques, pour lesquels il fallait le secours d'un homme versé dans la connaissance approfondie des psalmodies grégoriennes. Nous donnerons dans la suite quelques renseignements sur ces sonneries religieuses.

IV.

Boets (Martin),

Musicien de Jacques Fugger. — Son épitaphe. — Les Fugger, mécènes de l'art. — Année de la naissance et de la mort de Jean de Clèves, fournie par l'épitaphe de ce compositeur. — Erreurs de M. Fétis. — Abel Prasch, musicien allemand.

Né à Bruxelles dans la première moitié du XVIe siècle, Martin Boets fut maître de chapelle de Jacques Fugger, baron de Kirchberg et de Wessenhorn, et un des plus opulents seigneurs de l'Allemagne. Il mourut le 1er décembre 1583, au service du noble patron, qui lui fit ériger une tombe où se lisait l'inscription suivante :

HIE LIGT BEGRABEN EHRVÖST UND KUNSTREICH MARTIN BOETS
VON BRÜSSEL IN BRABANT / DESS WOLGEBORNEN HERREN
JACOB FUGGERS MUSICUS, DEM GOTT GENAD.
OBIJT 1583, DEN 1 DECEMB.

Traduction : « Ici est enterré l'honorable et habile artiste
Martin Boets, de Bruxelles, en Brabant, musicien de Jacques Fugger, que Dieu veuille combler de ses grâces. Il
mourut en 1583, le 1er décembre. »

Les Fugger étaient une famille de riches négociants
d'Augsbourg, annoblis par l'empereur Maximilien Ier, et qui,
en 1516, abandonnèrent Bruges, où ils avaient des comp-
toirs, pour s'établir à Anvers, destinée à devenir la métropole commerciale des Pays-Bas. C'étaient de vrais mécènes
de l'art. Ainsi, Antoine et Raimond Fugger firent placer,
dans l'église de Saint-Maurice, qu'ils avaient fondée au
XVIe siècle, un magnifique jeu d'orgues, le plus grand et
le plus beau qu'on ait encore vu en Allemagne.

Pour les Boet, Boete, Boot, Boots, nous ignorons s'ils
appartiennent à la famille du musicien. Un Michel Boots
fut doyen d'Ypres en 1484 (1); un Adrien Boot, mort
en 1514, fut maître ès arts à Paris; un Ambroise Boot,
prêtre bruxellois, eut de la réputation, comme savant, à
Louvain (2); enfin, un Gaspard Boets fut organiste de la
cathédrale d'Anvers, de 1640 à 1644.

Le recueil auquel nous empruntons l'épitaphe transcrite
ci-dessus (3), en contient une autre relative à un éminent

(1) Comptes de la châtellenie d'Ypres, aux Archives du royaume, année 1484,
chapitre des vins de présent.
(2) MOLANUS, Les quatorze livres sur l'Histoire de la ville de Louvain, édités
par M. De Ram, I, p. 303.
(3) DAN. PRASCHIUS, Epitaphia Augustana-Vindelica, ab annis fere sexcentis
usque ad nostram aetatem conquisita. Apud B. Smitz, bibliopol. Aug., 1624,
in-4º, IIIa pars, p. 50. Cette troisième partie s'est trouvée en vente chez
M. Vyt, libraire à Gand. Voyez son catalogue d'octobre 1861.

compositeur allemand de la même époque, et que nous croyons devoir reproduire, parce qu'elle fournit sur ce maître deux précieux renseignements inconnus aux biographes : la date de sa naissance et celle de sa mort.

On voyait dans le chœur de la grande église d'Augsbourg, *in ambitu summi Templi,* cette inscription funéraire :

EPITAPHIUM EX^{mi} MUSICI M̄RI

JOHIS DE CLEVE.

HAC CUBAT EXCELLENS DE CLEVE MUSICUS URNA

DULCISONI RESONANT CUIUS IN ORE MODI.

CÆSARIS EXTITIT HIC FERNANDI MUSICUS OLIM

ARCHIDUCIS CAROLI RECTOR HONOSQUE CHORI.

OBIJT 1582. 14. JULIJ. ÆTA. 53 (1).

Traduction : « Épitaphe de l'éminent musicien, maître Jean de Clèves. Dans cette urne, repose l'excellent musicien de Clèves, de la bouche duquel s'échappent des sons mélodieux. Il fut autrefois musicien de l'empereur Ferdinand Ier, directeur du chœur de l'archiduc Charles, dont il fut la gloire. Il mourut, en 1582, le 14 juillet, âgé de cinquante-trois ans. »

Jean de Clèves vit donc le jour en 1529 (2). Ce n'est pas tout. M. Fétis le fait musicien de la chapelle de l'empereur Maximilien Ier « dans la seconde partie du seizième siècle. » Or, Maximilien Ier mourut en 1519, conséquemment dix ans avant la naissance de Jean de Clèves. C'est apparemment Maximilien II que le musicologue aura voulu désigner. D'après notre épitaphe, dont l'authenticité ne

---

(1) Dan. Praschius, 1a pars, p, 26.

(2) L'on prétend que Jean de Clèves tire son nom de la ville où il naquit. Il nous appartient en quelque sorte, car le duché de Clèves, comme le pays de Liége, fit autrefois partie des Pays-Bas. On compte plusieurs peintres flamands de ce nom.

saurait être suspecte, Jean de Clèves fut tout simplement attaché à la musique de Ferdinand Ier et devint maître de chœur de la chapelle de l'archiduc Charles, son fils. Nous pensons que s'il avait été revêtu d'une autre dignité importante, son monument funèbre ne l'eût point passée sous silence.

Entre autres épitaphes relatives à des musiciens allemands, on en rencontre une qui concerne Abel Prasch, fils de Chrétien Prash, de Halle (Saxe), « ob singularem artis musicae peritiam... omnibus gratus » et qui mourut en cette ville, le 15 des calendes de novembre 1592, âgé de cinquante-deux ans.

V.

De Croes (Henri–Jacques),

Maître de musique de la chapelle royale de Charles de Lorraine. — Liste autographe de ses compositions et catalogue thématique de ses messes. — Erreurs de M. Fétis.

La *Biographie universelle des musiciens* consacre à Henri-Jacques De Croes, compositeur bruxellois, quelques lignes, que des recherches ultérieures devront compléter et rectifier considérablement. Voici, en attendant, une liste dressée par De Croes lui-même, de tous les morceaux de musique qu'il composa pour la chapelle royale de Bruxelles, dont il était le maître de jubé :

« Liste des pièces de musique tant vocale qu'instrumentale, composée pour le service de Son Altesse Royale, par H.-J. De Croes, maître de musique de la chapelle royale (1).

» 1. Missa brevis et solemnis, a 4 voc. col. instrum. — 2. Id.

(1) Archives générales du royaume. Office fiscal du Brabant; maison mortuaire de Charles de Lorraine.

— 3. Id. — 4. Id. — 5. Id. — 6. Id. — 7. Id. — 8. Id. — 9. Id. — 10. Id. — 11. Id. — 12. Id. — 13. Id. — 14. Id. — 15. Id. — 16. Id., pro defunctis (Voir la planche).

» Motets à grand chœur et 4 voc. col. instrum. 1. Caterna venit cum gaudio. — 2. Summi tonnantis gloriam. — 3. Omnes gentes. — 4. Confitebor tibi, Domine. — 5. Magnus Dominus. — 6. Gaudete, cantate. — 7. Dominus, dominus noster. — 8. Exsurgat Deus. — 9. Venite exultemus. — 10. O fideles exultate. — 11. Laetae tubae. — 12. Jubilate Deo. — 13. Quare fremuerunt, — 14. Victimae paschali. — 15. Actus amoris. — 16. Actus timoris. — 17. A facie Domini mota est terra. — 18. Lauda Sion. — 19. Ecce panis. — 20. Veni, Sancte Spiritus. — 21. O chorus angelorum. — 22. Hodie nobis, de Nativitate. — 23. Exultanti, de Nativitate. — 24. Eia surgite, de Nativitate. — 25. Lux nova in Oriente, de Nativitate. — 26. Nunc dimittis, de Purificatione. — 27. Alma redemptoris. — 28. Ave Regina. — 29. Regina cœli. — 30. Salve Regina. — 31. Te Deum laudamus. — 32. Id. — 33. Id. — 34. Venite gentes. — Ita est : DE CROES.

» Grandes simphonies pour les concerts des jours des Galles (sic) : 1. Sonata a 2 violon, alto e basso, 2 oboe, 2 trom. e tymp. — 2. Sonata a 2 violon, alto e basso, 2 oboe, 2 cor. — 3. Sonata a 2 violon, alto e basso, 2 oboe, 2 cor. — 4. Sonata a 2 violon, alto e basso, 2 oboe. — 5. Sonata a 2 violon, alto e basso, 2 oboe, 2 trom. e tymp. — 6. Sonata a 2 violon, alto e basso, 2 oboe. — 7. Id. — 8. Id. — 9. Sonata a 2 violon, alto e basso, 2 oboe, 2 cor. — 10. Id. — 11. Id. — 12. Id. — 13. Id. — 14. Id. — 15. Id. — 16. Id. — Ita est : DE CROES.

» Simphonies d'église : 1 Sonata a 4 instrum. col. oboe, ad libitum. — 2. Sonata à 4 instrum., 2 oboe, ad libitum. — 3. Id. — 4. Id. — 5. Id. — 6. Id. — 7. Id. — 8. Id. — 9. Id. — 10. Id. — 11. Id. — 12. Id. — 13. Id. — 14. Sonata pastorale a 4 instrum., oboe, ad libitum. — 15. Id. — 16. Id. — Ita est : DE CROES. »

Un billet, joint à la pièce, porte ces lignes tracées d'une main autre que celle du musicien :

LISTE THÉMATIQUE

des Messes composées pour la Chapelle Royale de Bruxelles,

par H.J. DE CROES.

« Copie de cette liste a été remise au directeur de la musique de la chapelle roïale, De Croes, pour être déposée, avec les pièces de musique y reprises, sur le jubé de la chapelle roïale, 1779. »

Il résulte de cette note que De Croes occupait, en 1779, le poste de maître de musique de la chapelle royale.

Selon M. Fétis, De Croes avait rempli ces fonctions antérieurement à 1760, c'est-à-dire, d'après lui, avant d'être attaché à la direction de la musique du prince de la Tour et Taxis, à Ratisbonne. Plus loin, parlant de De Croes fils, il dit que le jeune musicien succéda à son père, en 1799, dans ce dernier emploi.

Ou bien M. Fétis est dans l'erreur, ou bien Henri-Jacques De Croes fut deux fois maître de chapelle de la chapelle royale et deux fois directeur de la musique du prince de la Tour et Taxis.

Or, l'auteur de la *Biographie universelle des musiciens* se trompe. Henri-Jacques De Croes succéda, en 1753, à N. De Croes, probablement son père, dans l'office de maître de chapelle de Charles de Lorraine. Il remplit cet office sans interruption jusqu'en 1786, qui est l'année de son décès (1). En 1787 et 1788, il y a eu vacature, et en 1789, nous trouvons installé à la place de De Croes, un musicien badois, Ignace Vitzthumb, que nos vieux musiciens ont connu parfaitement, et qui jouissait d'une grande réputation comme professeur de clavecin.

---

(1) Henri-Jacques De Croes mourut le 16 août 1786. Voy. les éphémérides de l'*Annuaire dramatique pour* 1844 (6e année). Bruxelles, in-12.

VI.

Eewoud Wittebroot,

Fabricànt de trompettes. — Les ménestrels-gagistes de la ville de Bruges. — État de détresse où ils se trouvent. — Leurs émoluments. — Construction de leur chapelle, en 1421.

Nous lisons dans les comptes communaux de Bruges, qu'un certain Eewoud (1) Wittebroot, fabricant de trompettes, confectionna, en 1482, quatre trompettes, pour être employées par les ménestrels-gagistes de la ville. Il reçut, de ce chef, 4 livres 8 sous parisis. Voilà une industrie nationale, sinon inconnue, du moins très-peu citée dans nos annales :

« Item, betaelt Eeuwoet Wittebroot, den trompettemakere, van iiij trompetten by hem ghemaect ter stede behouf, omme den menestruelen van deser stede daer up te spelene tallen tyden, als zy dies vander wet weghe verzocht zullen worden... vj lib. viij st. »

Le magistrat de Bruges avait de l'intérêt à se montrer courtois envers les musiciens attachés à son service. En effet, ils se disposaient presque d'un commun accord, à remettre leur démission aux autorités de la commune, en des temps calamiteux où le secours de leur talent était rarement invoqué, et où il leur était impossible de subsister avec les émoluments modestes qu'ils gagnaient annuellement. Leur détresse était d'autant plus grande, que, ne sachant ni ne pratiquant d'autre métier, ils n'avaient aucune ressource pour améliorer leur sort. L'extrait suivant des mêmes registres le prouve :

« Item, betaelt de v menestruelen van deser stede, uut gra-

---

(1) Est-ce Evode ou Ewald, deux saints bien distincts? Dans le doute, nous avons préféré conserver l'ortographe du scribe.

cien hemlieden ghedaen, ter causen van dat zy lettel of niet te doene hebben ghehad, anghesien den bestranghen tyd die ghesun heift, alzo wel vander oorloghe dierste, als anders, by den welken eenighe van hemlieden in wille waeren te vertreckene, mids dat zy van gheenen ambochte en zyn en gheene andre neringhe en connen noch en weten dan haerlieder conste van spelene, ende ooc dat zy haerlieder cost up de wedden die zy jaerlicx ontfanghen van der stede niet en hebben daerup doen, noch hemlieden daerup moghen onderhouden, waerby hemlieden ghegheven es, in recompense van dies voorscreven es, ende zonderlinghe dat zy hier ghebleven zyn, te wetene : Adriaen Willemaer, iij lib., Antheunis Pavillon, iij lib. gr., ende dandre drie, iiij lib. xv s. gr. »

Les ménestrels brugeois reçurent donc non-seulement un nouvel instrument, mais une augmentation d'appointements.

C'est ce qui détermina peut-être Gilles Cools, démissionnaire, à accepter un nouvel engagement provisoire, en attendant son remplacement. Durant l'intervalle, Antoine Pavillon se rendit à Anvers pour y quérir un autre joueur de trompette :

« Item, betaelt Gillis Cools, wilen menestruel van deser stede, van dat hy in den dienst van deser stede was, zydent den eersten dach van septembre anno lxxxij, tote den xv^en daghe van octobre int zelve jaer daernaer, xv st.

» Item, betaelt Antheunis Pavillon, menestruel van deser stede, voor zyn costen ende moyte, van dat hy ghesonden was tAndworpen omme aldaer te vernemene naer een trompette, daerin hy vachierde v daghen; voor al, x st. »

Afin d'éviter le désagrément de recourir à d'autres villes, Adrien Willemaer, le plus habile des cinq musiciens gagistes, fut chargé d'apprendre à un jeune homme de la cité *l'art* de jouer de la trompette :

« Item, betaelt Adriaen Willemaer, trompette van deser stede, voor zyne moeyte ende aerbeyt van gheleert t'hebbene spelen de conste van den trompette eenen jonghelync gheheeten Loy, daer vooren hem ghegheven, iij lib. gr. »

Indubitablement, les ménestrels de Bruges étaient organisés en corporation avec leurs autres confrères de la musique locale, chantres, organistes, flûtistes, etc., et même cette corporation a dû être florissante, car, dès 1421, ils eurent un autel spécial, une chapelle particulière, tant pour l'invocation de leur patron, que pour les services à célébrer lors du décès d'un de leurs membres :

« Item, ghegheven bi beveilne van der ghemeenre wet, der ghilde van den manestreulen van Brucghe, t'hulpe van harer capelle dat [si] doen maken, xx st. gr., valent xij lib. (1). »

La date de 1421 est relativement la plus ancienne que nous connaissions sur la possession d'un oratoire par nos gildes musicales. Nous aurons l'occasion de revenir sur l'organisation rétrospective de la musique à Bruges.

VII.

Jean-Baptiste Dandeleu,

Surentendant du comte de Furstenberg, commissaire des armées du roi aux Pays-Bas, décédé à Bruxelles en 1667. — Ce fut un grand amateur de musique et un habile virtuose peut-être. — Ses livres et ses instruments de musique. — Deux listes manuscrites, comprenant des madrigaux, des drames lyriques, de la musique de danse et d'église, et des ouvrages pour orgue, luth et violon. — Compositions relatives aux Pays-Bas.

Sait-on que Bruxelles possédait, au XVIIe siècle, une collection particulière d'ouvrages de musique, qui eut l'importance des plus riches bibliothèques musicales de nos cathédrales? Elle appartenait à un personnage de distinction, Jean-Baptiste Dandeleu, fils de Josse Dandeleu, qui, ayant obtenu le grade de licencié ès droits, devint surintendant du comte de Furstenberg, gouverneur de Lillers et de Saint-Venant, et remplit, pendant la plus grande partie de sa carrière, les fonctions de commissaire des

(1) Comptes de la ville de Damme, aux Archives du royaume.

monstres des armées du roi aux Pays-Bas. Nommé chevalier, comblé de titres d'honneur, Jean-Baptiste Dandeleu mourut à Bruxelles, au mois de décembre 1667, « en sa » maison située derrière les PP. Minimes, en la rue haute » de Nostre Dame. » Il avait épousé, le 26 février 1631, Liévine Cuyermans, dont il eut plusieurs enfants (1).

On voit, par l'inspection de l'inventaire de son mobilier, que Jean-Baptiste Dandeleu était un homme du monde préoccupé sans cesse de tout ce qui pouvait contribuer à l'embellissement de son existence (2). Il aimait l'escrime, la chasse, les jeux de toute espèce, les tableaux, les gravures, les livres, et, par-dessus tout, la musique. A chaque instant, ce durent être, chez lui, des banquets et des fêtes, quand de grands personnages venaient le visiter, et l'on peut croire que rarement il les aura conviés à un festin, sans faire venir des musiciens pour les récréer. Puis, il aura donné des concerts intimes de musique vocale et instrumentale, selon une mode fort suivie en France et probablement depuis longtemps en vigueur ici (3). Il y aura

(1) Ces renseignements sont empruntés à divers documents conservés aux Archives du royaume. D'après le *Nobiliaire des Pays-Bas et du comté de Bourgogne*, publié par M. le baron de Herckenrode, Jean-Baptiste Dandeleu fut anobli par lettres du roi Philippe IV du 24 novembre 1629. Ses armes étaient : de sable au chevron d'argent, accompagné de trois dents de loup, coupées de même et teintes de gueules sur les coupures, deux en chef adossées, une en pointe contournée. Cimier : un loup issant de sable, armé et lampassé de gueules, entre un vol à l'antique, dont une partie, à dextre, est d'argent, et l'autre, à sénestre, de sable.

(2) Le secrétaire A. De Villers dit, dans une requête adressée à la cour, qu'il « a employé plus de vingt-cinq journées pour vacquer à dresser, descrire » et furnir l'inventaire [de feu le sieur commissaire, Jean-Baptiste Dandeleu] » au greffe de céans, qui importe pour le moins 70 ou 80 mille francs, sans y » comprendre plus grande somme que la vefve du dict feu sieur Dandeleu pré- » tend à la charge de Sa Majesté. » Cette prétention montait à la somme de 94,690 florins 11 sous.

(3) Voyez, sur ces concerts particuliers, notre travail : *Jacques de Goüy, chanoine d'Embrun. Recherches sur la vie et les œuvres de ce musicien du XVIIᵉ siècle.* Anvers, 1863, in-8°.

pris une part active, selon toute apparence, car on ne saurait attribuer à la manie seule de collectionner, cette réunion d'instruments et cette riche bibliothèque d'ouvrages de musique de toute espèce, que l'on a trouvée dans sa mortuaire. Parmi ces instruments, l'on voit « une espinette » appartenant à la demoiselle Dandeleu l'aisnée, » et, au nombre des livres de musique, une *Liste des amateurs de la musique, avec quelques règles de l'académie d'icelle.* Peut-être Dandeleu était-il à la tête de cette association musicale, composée, selon toute vraisemblance, d'amateurs occupant un certain rang, et qu'il ne faut pas confondre conséquemment avec la société de Saint-Job, sur laquelle nous publierons plus loin quelques documents intéressants.

Deux listes des musiques de notre personnage sont conservées aux Archives du royaume. La première, en écriture serrée et presque indéchiffrable, émane sans doute du propriétaire même. Elle fait partie du catalogue général de ses livres, *Cathalogus librorum Joannis Dandeleu,* lequel, comme tous les catalogues du temps, ne fournit aucune indication touchant le format, le nom de l'imprimeur, le lieu et la date de l'impression. En revanche, le nombre des parties vocales et instrumentales est renseigné d'une façon précise et détaillée, et, parfois, le titre des ouvrages est reproduit presque textuellement. C'est comparativement la liste la plus volumineuse et la plus riche en livres de musique rares et curieux.

La deuxième fait partie de l'inventaire du mobilier de Dandeleu. Moins étendue que la première, elle donne presque toujours le lieu d'impression, indication précieuse pour les musicologues et qui peut conduire à la date de l'impression et au nom de l'imprimeur. Elle contient en tête un paragraphe consacré à la description sommaire des instruments de musique.

Les deux listes comprennent un grand nombre de madrigaux et chansons de toute sorte, un nombre non moins considérable de drames lyriques, de musique de danse et d'église, et quelques livres de musique instrumentale, pour orgue, luth et violon. Ces ouvrages datent de la fin du XVIᵉ siècle et du commencement du XVIIᵉ. Ils appartiennent généralement à des maîtres distingués, la plupart italiens. On sait que le goût de la musique italienne était fort répandu à la cour de France et des Pays-Bas. Le reste émane de maîtres allemands, flamands, hollandais, espagnols et français. On en compte de rares et même d'introuvables. Le collectionneur était, cela est visible, à l'affût de chaque publication importante.

L'une et l'autre listes méritent d'être reproduites, car elles se complètent mutuellement. Afin d'en faire ressortir la valeur bibliographique, nous ferons suivre de quelques notes concises les titres d'ouvrages inconnus aux musicographes, soit en partie soit en totalité. Nous prendrons pour base d'information la *Biographie universelle des musiciens,* qui est le répertoire musicologique le plus vaste et le plus répandu (1). Nous grouperons les ouvrages qui ont été réunis par une accolade marginale et qui probablement ont été reliés en un seul volume (2). Pour ceux qui ont été biffés, nous les reproduirons en caractères italiques. Ce sont vraisemblablement ceux que le propriétaire a prêtés ou vendus à des amateurs, ou bien encore ceux qui faisaient double emploi dans sa collection.

Voici la première liste :

LIBRI MUSICI.

1. Gio. Giacomo Castoldi Balletti, a 3 voc. — Jo. de Castro Receul des chanssons, a 3. — 3. Gio. de Castro Madrigali, a 3.

---

(1) Cinq volumes de la deuxième édition ont seulement paru jusqu'ici (novembre 1863). Il nous faudra recourir, pour le reste, aux notices de la première édition.

(2) Le mot *simul,* tracé devant l'une des accolades, ne laisse aucun doute à cet égard.

— 4. Luca Marenzio villanelli, a 3. — 5. Fiori musicali, di diversi autori, a 3. — 6. Canzonette alla romana, di diversi, a 3. — 7. Andrea Gabrieli Madrigali, a 3.

Jo. Pieterson Swellinck, a 2 et 4.

Nous ne trouvons point, dans M. Fétis, de compositions de Swelinck exclusivement à deux et quatre parties. Il est regrettable que le titre n'en soit pas indiqué ici.

1. Madrigali di diversi. Musica divina, a 4, 5 et 6. — 2. Id. Harmonia celsa. — 3. Id. Symfonia angelica. — 4. Id. Melodia olympica.

1. Cetra temporale d'Horatio Scaletta, a 2. — 2. Madrigali d'Angelo Grillo, a 2. — 3. Madrigali et canzonette scritte a 2, da diversi.

Les nᵒˢ 1 et 2 sont inconnus à M. Fétis.

1. Madrigali de Cipriano et Annibale, a 4. — 2. Id. Il lib. 1° di Cipriano Rore, li Cromatici, a 5; — 3. Il 2 lib. a 5; — 4. Il 3 lib. a 5; — 5. Il 4 lib. a 5. — 6. Madrigali d'Orlando di Lassus, Il 1° lib. a 4; — 7. Il 1° lib. a 5; — 8. Il 2 lib. a 5; — 9. Il 3 lib. a 5; — 10. Il 4 lib. a 5.

Le nᵒ 1, pris pour un seul ouvrage, et le nᵒ 2, dont le titre est exactement reproduit, ne sont pas mentionnés par M. Fétis. Le prénom *Annibale* appartient-il à Nanino, cité plus loin?

1. D'Horatio Vecchi canzonette, a 4 voc.; — 2. Aggiunta di diverse canzone; — 3. Piu et diversi madrigali, a 5, 6, 7, 8, 9 et 10; — 4. Noctes, ludicræ et humori, a 3, 4, 5 et 6.

D'Horatio Vecchi l'Anfiparnasso, commedia harmonica, a 5 v.

1. Madrigali di Philippo de Monte, il 4 lib. a 4. — 2. Id. di Gio. Bapt. dalla Gostena, a 4. — 3. Id. di Paolo Masnelli, il 1° lib. a 4. — 4. Id. di Pietro Antonio Bianco, il 1° lib. a 4. — 5. Id. di Luca Marenzio; il 1° lib. a 5; — 6. Il 2 lib. a 5; — 7. Il 3 lib. a 5. — 8. Madrigali di Hippolito Sabino, il 2 lib. a 5. — 9. Id. di Gio. Maria Nanino, et Annibale Stabile, a 5. — 10. Id. di Pomponio Nenna, il 1° lib. a 5. — 11. Id. di Annibale Coma, il 2 lib. a 5. — 12. Id. di Luzzasco Luzzaschi, il 3 lib. a 5. — 13. Id. di Stefeno Felis, il 1° lib. a 6. — 14. Id. di Luca Marenzio, il 1° lib. a 6.

Le nᵒ 3 est inconnu à M. Fétis. — Nᵒ 4. M. Fétis ne cite pas ces madrigaux à quatre voix. Peut-être s'agit-il ici de l'ouvrage imprimé à Venise en 1605, et dont parle Alberici dans son *Catalogo breve degli illustri scrittori Veneziani.* — N⁰ 11. M. Fétis mentionne simplement *Madrigali a cinque voci*, etc., sans désignation ultérieure.

1. Madrigali di Luca Marenzio, a 4 voci. — 2. *Id.* di Luca Marenzio, il 1°, 2, 3, 4 et 5 lib. a 5. — 3. *Id.* il 6, 7, 8 et 9, lib. a 5. Il testamento. — 4. Madrigali spirituali, a 5. — 5. *Id.* di Benedetto Palavicino, a 5; — 6. Il 6 lib. a 5; — 7. Il 7 lib. a 5. — 8. Madrigali di Ruggiero Giovanelli, a 5, — 9. *Id.* d'Agostino Agazzari, a 5. — 10. Paradiso musicale, a 5. — 11. Madrigali di Luca Marenzio, à 6; — 12. Il 6 lib. a 6. — 13. Madrigali di Pietro Philippi, il 1° lib. a 6; — 14. Il 2 lib. a 6. — 15. Madrigali di Benedetto Palavicino, a 6. — 16. *Id.* d'Agostino Agazzari, a 6. — 17. *Id.* di Giulio Eremita, a 6. — 18. Girlanda, a 6. — 19. Trionfo di Dori, a 6. — 20. D'Horatio Vecchi, il Convito musicale, a 4, 5, 6, 7 et 8 voci.

Il basso continuo de tutti questi madrigali.

N⁰ 6. Il n'y a point, dans M. Fétis, de recueil de madrigaux exclusivement à six voix. — N⁰ 20. Aucun recueil de ce titre n'est mentionné par le même musicographe.

1. Madrigali, il Giordino novo, di diversi, a 5. — 2. Il Giardino novo; il 2 lib. a 5. — 3. Madrigali di Jan Bapt. Galeno, a 5. — 4. *Id.* d'Antonio il Verso, il 2 lib. a 5. — 5. *Id.* d'Arnoldo Flandro, a 5 et 8. — 6. *Id.* di Claudio Monteverde, a 5, il 1° lib.; — 7. Il 2 lib. a 5; — 8. Il 3 lib. a 5; — 9. Il 4 lib. a 5; — 10. Il 5 lib. a 5. — 11. Madrigali di Salomon Rossi, il 1° lib. a 5; — 12. Il 2 lib. a 5; — 13. Il 3 lib. a 5; — 14. Il 4 lib. a 5. — 15. Pavanae Wilhelm Brate, a 5. — 16. *Id.* diversorum auctorum, a 5. — 17. *Id.* Andreae Cheil, a 5. — 18. Michaelis Pretorii Tersichore, a 4, 5 et 6. — 19. Melchioris Franci Intradae, a 6. — 20. Christophori Demantii Conviviorum dilitiae, a 6. — 21. Paduanae Balthasaris Fritsch, a 4. — 22. Madrigali di Carlo Ardesi, a 4.

N⁰ 5. M. Fétis ne cite que des madrigaux à cinq voix : Dilinge, 1608. Il ajoute : « Cette édition a dû être faite d'après une autre édition de Venise. » Or, il ne donne pas l'édition de Venise. — Les n⁰ˢ 12, 13, 14, 15, 17 et 22 sont inconnus à M. Fétis.

Madrigali di Gio. Turnhout, a 6.

Concerti musicali a 8, 12 et 16, di Franc. Stivori.

Ouvrage inconnu à M. Fétis.

Madrigali d'Horatio Scaletta : Affettuosi affetti, a 6.

M. Fétis mentionne un recueil de madrigaux à six voix, de Scaletta, mais sous un autre titre.

Canciones y villanescas espirituales de Francisco Guerrero, a 3, 4 et 5.

Ouvrage du célèbre Guerrero, dont il n'est pas fait mention dans M. Fétis.

Madrigali di Paolo Quagliati, il 1° lib. a 4.

Ouvrage inconnu à M. Fétis.

Canzonette francese del signor Giuseppe Guami.

Madrigali di Giovan. Croce, a 6.

1. *Madrigali di Claudio Monteverde, il 3 lib. a 5;* — 2. *Il 4 lib. a 5;* — 3. *Il 5 lib. a 5.*

Paduanae Georgii Rengelsmanni, a 5.

Auteur et ouvrage omis par M. Fétis.

1. Madrigali di Pietro Philippi, a 8. — 2. *Id.* di diversi autori, a 8.

Madrigali di Gio. Dominico Rognoni, a 8.

Di Gio. Giacomo Costoldi Concenti musicali con suo symfonie, a 8.

Auteur et ouvrage inconnus à M. Fétis.

Gio. Giac. Castoldi. Tricinia.

Alphabeto musicale d'Antonio Troilo, a 3.

Auteur et ouvrage inconnus à M. Fétis.

Madrigali del Fattorino da Reggio, a 3.

Madrigaux de Fattorino inconnus à M. Fétis. Remarquons que notre musicographe fait naître Fattorino à Faenza (États romains), tandis que le titre transcrit ci-dessus constate qu'il est originaire de Reggio (duché de Modène ou royaume des Deux-Siciles).

Alexandri Horologii Intradae, a 5 et 6.

Auteur et ouvrage inconnus à M. Fétis.

Pavanae, Galiardae, etc., manuscriptae.

Madrigali di Gio. Valentini, a 4, 5, 8, 9, 10 et 11 voci, il 2 lib.

Ouvrage inconnu à M. Fétis.

1. *Cornelio Schuyt Pavanae et Galiardae, a 6.* — 2. *Homeliae de G. Boni, a 4.* — 3. *Mathiae Mercher Nieuwe musicalische Singhen; Pavanen ende Intraden, met 2, 3, 4, 5 ende 6 stimmen.*

Les n°s 1 et 2 sont inconnus à M. Fétis.

MUSICA PER CANTAR NEL CHITARRONE O ALTRI STROMENTI.

Pavanae, Galiardae, Alemadae, etc., *manuscriptae, a* 2, 3, 4, 5 *et* 6.

Musiche nuove d'Angelo Notari, a 1, 2 et 3.

Nuove musiche del Julio Caccini detto Romano.

Fugilotio del Julio Romano.

Voy., au sujet de ce recueil rarissime, la fin de la notice de Caccini, par M. Fétis.

L'Euridice del Julio Romano.

L'Euridice di Giacomo Peri.

Theatro musicale del Julio Sanpietro del Negro, a 1 et 2.

Cet ouvrage et le suivant, ainsi que leur auteur, sont inconnus à M. Fétis.

Secondo libro delle Grazie et Affeti di musica moderna del Julia Sanpietro di Negri.

Teatro musicale del Julio Sanpietro del Negro, a 1 *et* 2.

Voy. quelques lignes plus haut.

Varii concenti à 1 et 2 voc. per cantar nel chitarrone (1) di Franc. Doguazzi.

Compositeur inconnu à M. Fétis.

Scherzi musicali di Claudio Monteverde, a 3.

Madrigali di Paolo Quagliati, a 4.

Arie del Girolamo Kapsbergher, a 1.

Teatro musicale di Giulio Sanpietro del Negro, a 1 *et* 2.

Voy. ci-dessus.

Lamento d'Adrianna di Severo Bonini per cantar nel chitaronne.

Scherzi amorosi, canzonnette di Gio. Stefano, a 1 voc.

Auteur et ouvrage inconnus à M. Fétis.

Madrigali del principe di Venosa, il 1° lib. a 5.

Id. Il 2 lib. a 5.

Id. Il 3 lib. a 5.

Id. Il 5 lib. a 5.

---

(1) La *chitarone* était une grande guitare italienne, dont l'invention est attribuée à Bardella.

MUSICA SACRA.

1. Jo. Petri Aloysii Praenestini Cantiones sacrae, 4 voc. —
2. Michaelis Serre Missae, 4 voc. — 3. Augustini Agazzarii
Psalmi ac Magnificat, 5 voc. — 4. Anthonii Mortarii Psalmi,
5 voc. — 5. Andreae Pevernage Laudes vespertinae, 4, 5 et
6 voc. — 6. Jo. Petri Aloysii Praenestini Offertoria, 5 voc. —
8. Petri Philippi Cantiones sacrae, 5 voc. — 9. Orlandi de
Lasso Cantiones sacrae flosculi, 5 et 6. — 10. Andr. Pevernage
Missae, 5, 6 et 7 voc. — 11. Hier. Pretorii Cantiones sacrae,
5, 6, 7, 8, 10 et 12 voc. — 12. Petri Philippi Cantiones sacrae,
8 voc. — 13. Ludovici Cassalii Mocteta, 8 voc. — 14. Chrisóstomi Rubiconi Concerti ecclesiastici, 3, 4, 5, 6, 7 et 8 voc. —
15. Sebastiani Ortelii Missae, 6, 7, 8 et 10 voc. — 16. Horatii
Vecchi et aliorum Missae, 6 et 8 voc. — 17. Missae septem ex
praestantissimis Italiae musicis, 8 voc. — 18. Stadelmayr Missae, 8 voc. — 19. Pompei Signorucci Missae, 8 voc.

Bassus continuus horum omnium.

Nᵒˢ 1 et 2, auteurs et ouvrages inconnus à M. Fétis. — Nᵒ 3, ouvrage inconnu à M. Fétis. — Nᵒˢ 6, 9, 13, 14, 15 et 19, auteurs et ouvrages inconnus
à M. Fétis. Sébastien Ortelius serait-il un parent du célèbre géographe? Un
trait vertical traverse toute cette série de compositions musicales.

Missae Orlandi, 5 voc. cum basso continuo.

Promptuarium missarum diversorum, 4, 5, 6 et 8 voc.

Missae Gregorii Aitchinger, 4, 5 et 6 voc., cum basso continuo.

1. *Promptuarium musicum moctectorum, 5, 6, 7 et 8 voc., collecto ab Abrahamo Schader.* — 2. *Ludovici Viadanae Concerti ecclesiastici opera omnia, 1, 2, 3, 4 et 5 voc.* — *Moctecta Augustini Agazarii, 5, 6, 7 et 8 voc.*

Nᵒ 1. Auteur et ouvrage inconnus à M. Fétis. — Nᵒ 2. Nous lisons dans la
Biographie universelle des musiciens, de M. Fétis : « Moʀɪ (*Jacques*), compositeur, né à Viadana, en Lombardie, dans la seconde moitié du XVIᵉ siècle,
s'est fait connaître par un recueil de motets intitulé : *Concerti ecclesiastici,
1, 2, 3, 4 vocum, cum bassi generali ad organum.* Anvers, 1623, in-4ᵒ. C'est
une réimpression. Cet auteur et cet ouvrage sont exactement cités, quelques
lignes plus loin, dans notre liste. Ici, il y a *Ludovicus,* au lieu de *Jacobus,*
et les motets sont à cinq voix.

Missae Simonis Molinari, 8 voc.

Ces messes, ainsi que les suivantes, ne sont pas citées par M. Fétis.

Missae Simonis Molinari, 5 et 6 voc.

Leonis Leoni Sacrae flores, 1, 2, 3 et 4 voc., lib. 1 et 2.

1. Chatarinae Assandriae moctectae, 2, 3, et 6 voc. — 2. Augustini Agazzarii Armonici intronata, il 2 lib. a 2, 3 et 4 voc. — 3. Id. Il 4 lib. a 2, 3 et 4 voc. — 4. Jo. Bapt. Tesenae, Concerti a 2 voc., il 3 lib. — 5. Jacobi Mori, Viadanae, Concerti, 1, 2, 3 et 4 voc. — 6. Petri Philippi Gemmae sacrae, 2 et 3 voc. — 7. Id. Delitiae sacrae, 2 et 3 voc.

Le nᵒ 1 est inconnu à M. Fétis. — Nᵒ Ouvrage dont M. Fétis ne mentionne pas les divisions. — Nᵒ 4. Auteur et ouvrage inconnus au même. — Nᵒ 7. Ouvrage inconnu au même.

Jacobi Finetti Concerti ecclesiastici, 2, 3 et 4 voc.

Recueil inconnu à M. Fétis.

Symfonie di Constanzo Antegnati, a 8.

Concerti, di diversi, racolta di Francisco Lucino, a 2, 3 et 4 voc.

Sacra fiore di Leon Leoni, il 2 lib. a 2, 3 et 4.

Libri septem ex celeberrimis auctoribus, Clementis non Papae et aliorum, 4, 5 et 6 voc.

Sonete G. Boni, a 4.

Sont-ce les sonnets de Pierre Ronsard, que Gabriel Boni mit à quatre parties?

Calandie (?) lectiones seriae ex propheta Job, 4 voc.

Ouvrage inconnu à M. Fétis.

Gio. Luca Conforto Passagi sopra tutti gli salmi, voce sola.

1. Adriani Willaert Moctecta et madrigali a 4, 5, 6 et 7. — 2. Moctecta diversorum auctorum, a 5, lib. Iᵘˢ; — 3. Liber secundus, 5 voc.; — 4. Liber tertius, 4 voc.; — 5. Liber quartus, 4 voc. — 6. Missae diversorum, 5 voc., liber primus; — 7. Liber secundus, 4 voc.; — 8. Liber tertius, 4 voc.

1. Canzoni di Franc. Rovigio et Ruggier Trofeo, a 4 et 8. 2. Id. Agostino Soderino, a 4 et 8. — 3. Id. Scherzi forestieri di Gio. Anton. Cangiasi, a 4. — 4. Id. Ottavio Bargnani, a 4, 5 et 8. — 5. Id. Galiarde et canzone scritte a 4, con partitura.

Nᵒ 1. François Rovigio est inconnu à M. Fétis. Les chansons de Rogier Trofeo, à 4 et à 8 voix, lui sont également inconnues. — Nᵒ 2. Auteur et ouvrage omis par M. Fétis. — Nᵒ 3. Recueil inconnu à M. Fétis, qui ne cite qu'une seule œuvre de Cangiasi. — Nᵒ 4. Le recueil que mentionne M. Fétis ne renferme pas de *canzoni* à cinq voix.

1. Canzoni di Ludovico Beretta, a 4 et 8. — 2. *Id.* Thalia Michaelis Praetorii, a 5. — 3. Padoanae Jo. Hermani, a 5. — 4. Padoanae Valerii Ottonis.

Les nᵒˢ 1 et 3 sont inconnus à M. Fétis.

1. Madrigali concertati d'Antonio Marastone, a 2, 3, 4 et 5.— 2. *Id.* di Paolo Quagliati, a 4. — 3. Amorosi furti di Gioseffo Marini, a 5. — 4. Madrigali di Gio. Vallentini, a 4, 5, 6, 8, 9, 10 et 11. — 5. *Id.* Claudio Monteverde, il 7 lib., a 1, 2, 3, 4 et 6. — *Id.* Gio Gizzolo, il 1ᵒ lib., a 5; — 7. Il 2 lib., a 5. — 8. *Id.* Flaminio Comanedo, a 5.

Nᵒ 1 Auteur et ouvrage non cités par M. Fétis. — Nᵒ 2. Recueil inconnu au même. *Voy.* plus haut. — Nᵒ 3. M. Fétis ne cite ni le titre ni les parties vocales de ce recueil de madrigaux. — Nᵒ 4. Ouvrage non mentionné par le même. — Nᵒ 5. M. Fétis n'enregistre ce 7ᵉ livre que d'après Burney, et il omet la désignation du nombre des parties vocales.

PRO ORGANIS.

Liber unus manuscriptus.

1. Il Transilvano dialogo, di Girolamo Diruta, per l'organo. — 2. *Fantasiae di Geronimo Frescobaldi.* — 3. Il Scolaro per imparar a suonar del violino di Franc. Rognone.

Nᵒ 3. M. Fétis ne cite que l'*Aggiunte dello scolaro.*

Fantasiae di Jeronimo Frescobaldi, a 4.

Cet ouvrage à quatre parties harmoniques, n'est pas mentionné par M. Fétis. Le musicographe cite un premier livre de *Fantasie a 2, 3 et 4 voce.*

PRO TESTUDINE.

Mathei Raymanni Noctes musicae.

M. Fétis mentionne un Jacques Raymann, luthier anglais, qui travaillait à Londres en 1630.

Le Trésor d'Orphée d'Anthoine Francisques.

Thesaurus harmonicus, collectus a J. Besardo.

Liber unus manuscriptus, in-fol.

Tablatura di canto per numeros arithmeticos.

PRO CHELI SEU VIOLA.

Liber unus manuscriptus, in-fol.

Au paragraphe de l'inventaire qui concerne les papiers et titres de Jean-Baptiste Dandeleu, on lit cet article : « Mémoire de quelques livres de musique dont l'advocat » Barbanson, de Mons, est redevable à la maison mortuaire. » S'agit-il ici de la liste ci-contre, écrite de la même main que la précédente? Dans le doute, nous croyons devoir la reproduire également, parce qu'elle offre plusieurs ouvrages omis dans les deux listes, avec l'évaluation de chacun d'eux. Le feuillet est rayé de haut en bas, et contient, à la marge inférieure, ces mots tracés par une plume différente : « Ils sont payés à Philippe Changrius à Louvain. » Est-ce un bulletin d'achat?

MADRIGALI.

Scherzi musicali de Guiseppe Vecchi (12 *sous*).

Musiche Caroli Milanuzii, a 1 et 2 (10 *s*.).

Si ce titre est exact, l'ouvrage est inconnu à M. Fétis.

Musice di Sigismondo d'India, a 1 et 2 (9 *s*.),

Recueil inconnu à M. Fétis.

Arie di Felice Santi, a 1 et 2 (10 *s*.).

Auteur et œuvre inconnus à M. Fétis.

Arie di Francesco Doguazzi, a 1, 2 et 3 (12 *s*.).

Auteur et ouvrage inconnus à M. Fétis. *Voy.* plus haut.

Cetra d'Apollo (6 *s*.).

Est-ce Jean Appolini?

Musiche di Giovanni Stephanini, a 2 (17 *s*.).

Est-ce Jean Stephanus? Dans tous les cas, l'œuvre n'est pas citée par M. Fétis.

Madrigali di Innocentio Vivarino (6 *s*.).

Auteur et ouvrage inconnu à M. Fétis.

Arie di Alessandro Grandi, a 1...

OEuvre non citée par M. Fétis.

Trastuli festivi del Bizarro (22 *s*.).

Musiche di Giovannini Valentini (24 *s*.).

Affetti amorosi, a 1 (7 *s*.).

Madrigali di Giovanno Gissolo, a 5 (18 s.).
Recueil inconnu à M. Fétis.
Dolcesse amorose, a 3, di Julio Medici (12 s.).
Auteur et ouvrage inconnus à M. Fétis.
Affectuosi concetti di Flaminio Comanedo (21 s.).
Ouvrage inconnu à M. Fétis.
Stilo suave di Agazzari, a 3, 4, 5 (15 s.).
Ouvrage non mentionné par M. Fétis.
Madrigali di Pomponio Nenna (89 s.).
Canzone di Pietro Luppi (32 s.).
Auteur et ouvrage inconnus à M. Fétis. Peut-être Pietro Luppi appartient-il
à la famille flamande des Wolf, qui a fourni plusieurs musiciens distingués
à l'art musical.
Madrigali del principe di Venosa, a 5 (15 s.).

MOTETTI.

Augustini Agazzari, a 6 et 8 (18 s.).
Augustini Agazzari, a 2 et 3 (15 s.).
Leon Leoni, a 1, 2 et 3 (17 s.).
Alessandro Grandi, a 5 (17 s.).

MESSA.

Seraphino Cantone, a 5 (32 s.).
Benedetto Magni, a 8 (14 s.).
Valerio Bona, a 2 cori (31 s.).
Jacobi Ganazzi, a 8 (58 s.).
Auteur inconnu à M. Fétis.
Amadio Freddi, a 5 (28 s).
Giovanni Croce, a 8 (22 s.).
Valerio Bona, a 4 cori (38 s.).
Litanie di Don Lazaro, a 5 (6 s.).
Auteur et ouvrage inconnus à M. Fétis.
Officium defunctorum Gastoldi, a 4 (20 s.).
Ouvrage de Gastoldi inconnu à M. Fétis.
Officium defunctorum Bernardi Corsi (10 s.).
Ouvrage de Corsi inconnu à M. Fétis.
Completoria Christophori Floriani (18 s.).

Voici maintenant la deuxième liste. Elle est intitulée : *Inventaire des instruments et livres de musique de feu le sieur Jean Baptiste Dandeleu, vivant premier commissaire ordinaire des monstres des gens de guerres du Roy, retrouvez en la maison mortuaire d'iceluy, à Bruxelles, avec les nombres d'iceux et la spécification de leurs auteurs, mis en marge, comme s'ensuit :*

PREMIÈREMENT LES INSTRUMENTS DE MUSIQUE.

Une orgue, que l'on dit avoir appartenu à feu l'archiduq Albert (de glorieuse mémoire), et couste trois mille florins.

Une espinette organisée.

Un coffre, dans lequel y a neuf violes de gambes d'accord.

Encor une vieille viole de gambes.

Six corps de luths ou thiorbes dans des vieilles caisses.

Une mandore aussy dans sa caisse.

Un autre petit instrument en forme de poire avec le col rompu, ou décollé.

Une caisse doublée de baye rouge, dans la quelle y a six fluttes rares d'accord, qui sont de bouys, avec leurs escorces et nœuds.

Une cornette noire de musique.

Encore une flûte de bouys de la longueur d'environ un pied dans une caisse noire.

Trois caisses avec diverses flûtes de bouys grandes et petites d'accord, entre les quelles aucunes manquent.

Encor six flûtes semblables, que l'on croid estre celles qui manquent cy-dessus.

Encor une grande flûte, ou pippe noire.

Un violon dans sa caisse.

Un cistre aussy dans sa caisse.

Un instrument rare pour sa structure à mectre les livres des musiciens dessus pour un concert de musique.

Cincq petits lesseniers.

LES LIVRES DE MUSIQUE.

Musica divina, de 19 autheurs illustres, à 4, 5, 6 et 7 voix; imprimée en Anvers; 7 vol.

Madrigali a 4 voci, di Luca Marenzio et 19 autres autheurs; imprimez en Anvers, avec son bas général; 9 vol.

Édition anversoise du recueil de madrigaux à 4 voix, de Marenzio, que M. Fétis ne mentionne pas. Il ne cite que l'édition de Venise. « Ces madrigaux, — dit-il, — doivent être classés parmi les plus beaux ouvrages de Marenzio. »

Canzonette a quatro voci, di Felice Anerio, romano, et autres autheurs; imprimées en Anvers; 7 vol.

Édition anversoise inconnue à M. Fétis.

Canzonnette a 4 voci, d'Horatio Vecchi da Modena; imprimées à Neurembergh; 6 vol.

Giardino nuovo bellissimo di varii fiori musicali sceltissimi, a cinque voci, de Monteverde et autres excellens autheurs; imprimé à Coppenhaven; 7 vol.

Ce recueil n'est pas cité par M. Fétis, à l'article Monteverde.

Partitura delli sei libri de' Madrigali a cinque voci, dell' illustrissimo et eccellentissimo principe di Venosa d. Carlo Gesualdo, et autres autheurs; imprimé à Genova; 7 vol.

Sept volumes de divers autheurs, escrits à la main.

Di Giovanni Croce Chioziotto, maestro di capella della serenissima signoria di Venetia in San Marco; madrigali a sei voci; imprimé à Anvers; 6 vol.

Balletti a tre voci con gli suoi versi per cantare, suonare et ballare, di Gio. Giacomo Gastoldi di Caravaggio, maestro di capella nella chiesa ducale di San Barbara in Mantoua, et autres autheurs; imprimez à Anvers; 3 vol.

Le titre de cet ouvrage diffère de celui que reproduit M. Fétis, à l'article Gastoldi.

Madrigali di Pomponio Nenna da Barri, a cinque voci, et autres autheurs; imprimez à Venise; 5 vol.

L'Amphi-Parnassa comedia harmonica d'Horatio Vecchi da Modena; imprimé à Venise; 5 vol.

Partitura per suonare della canzonette alla francese, a 4, 5 et 8 voci, del signor Gioseppo Goami; imprimé à Anvers; 7 vol.

Le titre de cet ouvrage diffère de celui que donne M. Fétis.

Concerti musicali con le sue sinfonie, a otto voci, commodi per concertare con ogni sorte di stromenti, di Gio. Giacomo Gastoldi; imprimez à Venise; 9 vol.

Canzoni da suonare a 4 et a 8, di Francesco Rovigio et Ruggier Trofeo, organisti eccelentissimi; imprimés à Milan; 6 vol.

Ouvrage que ne cite point M. Fétis. Le premier auteur lui est inconnu; le deuxième est qualifié de maître de chapelle à Milan. Or, il résulte du titre de cette composition que Rogier Trofeo fut un grand organiste.

Madrigali a 4, 5, 8, 9, 10 et 11, concertati con voci et stromenti di Giovanni Valentini et autres autheurs; imprimez à Venise; 8 vol.

M. Fétis ne cite pas ces madrigaux de Valentini.

Madrigali del Venosa, a cinque voci; imprimez à Venise. Notez que ces 3 livres sont rapportez avec deux autres soubs la lettre F, cy-devant; 5 vol.

Dans le manuscrit, la lettre F affecte la *Partitura delli sei libri de madrigali*, de Gesualdo, édition de Gènes, citée quelques lignes plus haut. Cette édition-ci, de Venise, est inconnue à M. Fétis.

Madrigali del signor Cavalliero Anselmi et autres autheurs, a 2, 3, 4, 5 voci; imprimez à Venise; 6 vol.

Ouvrage du chevalier Anselme, inconnu à M. Fétis. S'agit-il ici d'Anselme de Flandre, auquel on attribue l'honneur d'avoir complété la gamme? Dans ce cas, le titre nobiliaire de ce compositeur peut mener à la découverte de son origine et peut-être de quelques circonstances de sa vie.

Madrigali concertati, a cinque voci, di Galeazzo Sabbatini; imprimez à Venise; 6 vol.

Pietosi affetti del molto R. P. Don Angelo Grillo, et autres autheurs, composti in musica a due voci, da diversi eccellenti musici; imprimez à Milan; 3 vol.

Auteur et ouvrage inconnus à M. Fétis

1. Le quinte musiche di Claudio Saracini, a una voce. — 2. Arie di Filippo Vitali, a 1, 2 et 3 voci. — 3. Arie musiche di Gio. Felice Sancti, a 2 e 3 voci. — 4. Cantate et arie a voce sola, del signor Alessandro Grandi. — 5. Le musiche del signor Sigismondo d'India, il terzo libro, a 1 e 2 voci. — 6. Del signor Sigismondo d'India il quarto libro, a 1 e 2 voci. — 7. Le moderne musiche di Carlo Milanuzi. — 8. Madrigali, arie e scherzi,

a 1 e 2 voci. — 9. Scherzi musicali di Giuseppe Vecchi lib. 1°, a 1 e 2 voci. — 10. Musiche di Gio. Valentini a 2. — 11. Madrigali d'Innocentio Vivarino, a 1, 2 e 4 voci. — 12. Lamento d'Arianna, en deux livres; imprimé à Venise, 2 vol.

No 1. Auteur et ouvrage inconnus à M. Fétis. — No 2. Il n'y a, dans M. Fétis, qu'un recueil d'*Aria a due voci.* — No 3. Auteur et ouvrage inconnus à M. Fétis. — No 4 Ouvrage non cité par M. Fétis. *Voy.* plus haut, à la rubrique *Madrigali.* — Nos 5 et 6. Ouvrages inconnus à M. Fétis. *Voy.* plus haut. — No 7. OEuvre inconnue à M. Fétis. — 9. Auteur et ouvrage inconnus à M. Fétis. Est-ce un parent du célèbre Horace Vecchi, de Modène? — No 11. Auteur et ouvrage inconnus à M. Fétis.

Orlandi di Lasso Missae aliquot; imprimé à Anvers; 6 vol.

Il n'y a, dans M. Fétis, qu'une édition de *Missae aliquot quinque vocum,* imprimée à Munich en 1589. Le même biographe n'a point connu non plus les *Cantiones sacrae flosculi, a 5 et 6 voci,* de Lassus, mentionnées plus haut, à la page 26.

Madrigali a 2, 3, 5, 6 et 8 voci, con due violini, di Giovanni Rovetta; imprimé à Venise; 6 vol.

Des madrigaux à huit voix ne sont pas mentionnés dans le recueil dont M. Fétis reproduit le titre, à l'article Jean Rovetta. Est-ce une autre édition?

Thalia Michaëlis Praetorii 5 vocum; imprimé à Neurembergh; 6 vol.

Madrigali, a otto voci, di Gio. Dominico Rognoni Talgio; imprimez à Milan; 9 vol.

M. Fétis ne cite que le premier livre de ce recueil.

Madrigali a cinque, cio e tre voci e due violini, di Francesco Turini; imprimé à Venise; 7 vol.

Ce titre diffère de celui que reproduit M. Fétis.

Duytsche liedekens, met dry, vier, vyf stemmen, door Joannes Baptista Halbos; gedruckt t'Antwerpen; 5 vol.

Auteur et ouvrage dont M. Fétis ne parle pas.

Concerti di diversi Eccellenti autori a 2, 3 e 4 voci, raccolti dal R. D. Francesco Lucino; imprimez à Milan; 4 vol.

Madrigali concertati a 2, 3, 4 e 5 voci, di Galeazzo Sabbatini; imprimez à Venise; 5 vol.

Ce titre diffère de celui que fournit M. Fétis.

Tricinia di Valentini Haussman; imprimé à Neurembergh; 3 vol.

Ouvrage non cité par M. Fétis.

Chansons vulgaires, de divers autheurs; imprimées à Anvers; 4 vol.

Madrigali a 8 voci, di Pietro Philippi, inglese; imprimez à Anvers; 8 vol.

Concerti musicali, a otto, dodeci et a sedeci voci, di Frencesco Stivori; imprimez à Venise; 14 vol.

Recueil omis par M. Fétis.

Madrigali a 2, 3 e 4 voci, in concerto d'Horatio Tarditi; imprimez à Venise; 4 vol.

Recueil inconnu à M. Fétis.

Madrigali di Huberto Walrant, a 5 voci; imprimez à Anvers; 5 vol.

Madrigali a 5 voci di Vincenzo Guami; imprimez à Anvers; 6 vol.

Auteur et ouvrage inconnus à M. Fétis.

Madrigali di Fraucesco Soriano, romani, a 5 voci; imprimez à Rome; 5 vol.

Modrlgali a 4 voci, di Paolo Quagliati; imprimez à Venise; 5 vol.

Recueil inconnu à M. Fétis.

Violono e basso da suonare; Madrigali concertati a 2, 3 e 4 voci, di Galeazzo Sabbatini; imprimé à Venise; 5 vol.

M. Fétis ne cite que des madrigaux à 5 voix de cet auteur.

Basia Cornelii Padbrue, met 3, 4 ende 4 stemmen, imprimé à Amsterdam; 6 vol.

Auteur et ouvrage inconnus à M. Fétis.

Madrigali di Pietro Philippi, a 8 voci, imprimé à Anvers, et autres autheurs; 8 vol.

Madrigali concertati a 2, 3 e 4 voci, di Galeazzo Sabbatini; imprimez à Venise; 7 vol.

Madrigali a 2, 3 e 4 voci, in concerto, di Gio. Rovetta; imprimez à Venise; 6 vol.

Augustini Agazzarii harmonici intronati, et autres autheurs, a 2, 3 e 4 voci; imprimez à Venise; 4 vol.

Concerti ecclesiastici a 2, 3 e 4 voci di Ludovico Viadana; 4 vol.

Orlandi de Lassus 5, 6, 7 et 8 vocum; imprimé à Anvers; 6 vol.

Madrigali di Galeazzo Sabbatini, a 2, 3 e 4 voci; imprimez en Anvers; 5 vol.

Édition anversoise inconnue à M. Fétis. Pour l'ouvrage même, *voy.* quelques lignes plus haut.

Armonica ricreatione; Villanelli a 3 voci, di Leonardo Godimontio; Canzonette a 3 voci del signor Tomaso Pecci.

Deux auteurs et deux ouvrages omis par M. Fétis.

Canzonette a 3 voci, di Richardo Duringo, inglese; imprimez à Anvers; 4 vol.

Auteur et ouvrage inconnus à M. Fétis.

Canzonni e sonate del signor Giovanni Gabrieli, a 3, 5, 6, 7, 8, 10, 12, 14 e 22 voci, per suonare con ogni sorte d'instromenti; imprimez à Venise, 13 vol.

OEuvre de ce grand compositeur inconnue à M. Fétis, et qui offre un morceau à vingt-deux voix. S'il s'agit ici exclusivement de parties de chant, voilà un tour de force dont on rencontre peu d'exemples dans l'histoire de la musique. M. Fétis parle avec éloge des combinaisons vocales de ce maître, qu'il taxe de magiques. *Voy.* aussi, à ce sujet, l'ouvrage de Winterfeld, intitulé : *Joannes Gabrielis und sein Zeitalter.*

Canzoni di Giacomo Celano, a tre voci, 3 vol.

Auteur et ouvrage inconnus à M. Fétis.

Airs de cour, à 4 et 5 parties, par P. Guedron; imprimé à Paris; 5 vol.

Vilanelle d'Arcangelo Borsaro, a tre voci, 3 vol.

Recueil non cité par M. Fétis.

Taffel Confort durch Thomam Simpson, mit vier stimmen; imprimé à Hambourg; 5 vol.

Auteur et ouvrage non cités par M. Fétis.

Motetti sacri, a 3, 4 e 5 voci, di Egidio Henrico; imprimez à Anvers; 6 vol.

Auteur et ouvrage non cités par M. Fétis.

Madrigali, a 2, 3 e 4 voci, di Gio. Rovetta; imprimez à Venise; 4 vol.

Madrigali, a 1, 2, 3, 4, 5 voci, del cavalier Tarquinio Merula; imprimez à Venise; 5 vol.

Recueil inconnu à M. Fétis.

Litaniae B. Mariae Virginis, 4, 5, 6, 8 et 9 vocibus, per Petrum Philippum, anglum; imprimées à Anvers; 9 vol.

Armonia espiritual de Stefano Limido; imprimé à Madrid; 4 vol.

Auteur et ouvrage inconnus à M. Fétis.

Madrigali à 5 voci di Giovanni Priuli; imprimé à Venise; 5 vol.

Recueil non cité par M. Fétis.

Moteta sacra, pro unica voce, Blasii Marini; 2 vol.

Recueil omis par M. Fétis.

Le Jardinet du cistre, 1 vol.

Madrigali a sei voci di Pietro Philippi; imprimez à Anvers; 6 vol.

Madrigali concertati a due e tre voci, et altri a 5, 6 et 8, con due violini, di Gio. Rovetta; imprimez à Venise; 6 vol.

Titre différent de celui que donne M. Fétis.

Sacre armonie a 3 voci di Mario Capuana; imprimé à Venise; 4 vol.

Auteur et ouvrage non mentionnés par M. Fétis.

Pièces à 4 [parties], manuscrite; 4 vol.

Liste des amateurs de la musique avec quelques règles de l'Académie d'icelle; 1 vol.

Airs de France, à 4 parties; 4 vol.

Rossignol spirituel, 1 vol.

Tablature pour l'orgue; Livre doré; 1 vol.

Chancy; à 4 parties; 4 vol.

M. Fétis ne cite de ce musicien qu'une tablature pour mandore. Il s'agit ici, probablement, d'une composition à quatre parties distinctes.

Il Scholario, per il violino; 1 vol.

Deux livres curieux, manuscrits, pour la viole de gambe; 2 v.

Il Transilvano di suon organi, 1 vol.

Simfonie, messe, e motetti di Costanzo Antegnati, a 8; 5 vol.

Item, quelques parties imparfaictes et autres rapsodies dans une mande, lesquelles ne sont de valeur.

Inutile, croyons-nous, de faire ressortir l'importance de

notre trouvaille, pour la biographie et la bibliographie musicales en général. En ce qui concerne les Pays-Bas, elle n'offre pas un moindre intérêt, sous ce double point de vue, car elle fournit plusieurs noms et ouvrages musicaux, relatifs à ce pays, et dont on ne soupçonnait pas l'existence. Ainsi, il nous est permis, jusqu'à preuve du contraire, de revendiquer Sébastien Ortelius (*Ortens*), auteur d'un recueil de messes à six, sept, huit et dix voix; Pierre Lupus (*Wolf*), auteur d'une collection de *Canzone;* le chevalier Anselme, très-probablement Anselme de Flandre, qu'on croit être l'inventeur de la septième note de la gamme, et que nous trouvons cité, dans notre deuxième liste, pour un recueil de madrigaux, à deux, trois, quatre et cinq voix, imprimés à Venise.

Nous pouvons également restituer à Jean-Pierre Swelinck, de Deventer, et à Cyprien de Rore, de Malines, des ouvrages rarissimes qui ont échappé jusqu'ici aux recherches des savants. Tel est, entre autres, le recueil de madrigaux de ce dernier maître : *li Cromatici*, recueil dont le titre correspond à celui que porte une série de madrigaux de Vincent Ruffo, imprimés à Venise en 1555, conséquemment à l'époque où florissait Cyprien de Rore. Reste à savoir quelle est la première en date de ces deux curieuses productions. Enfin, il nous est échu d'exhumer des éditions anversoises inconnues aux bibliographes musicaux, et notamment celles des messes d'Orlando de Lassus, des *Canzonete* de Félix Anerio, de Richard During, (Anglais), des madrigaux de Vincent Guami, de Luc Marenzio, de Goleazzo Sabbattini, et des motets religieux d'Egide Henri, encore un des nôtres peut-être.

VIII.

Pierre Hurtado,

Maître de chant de la cathédrale de Saint-Bavon, à Gand. — Il sollicite la prébende de l'église de Sainte-Pharaïlde, dans la même ville. — Sa requête, sans date, est postérieure à l'année 1654. — Organisation de la musique à Saint-Bavon. — Ses compositions d'église. — Sa famille, originaire d'Espagne. — Il est inconnu à M. Fétis.

Pierre Hurtado était maître de chant à l'église de Saint-Bavon à Gand, au milieu du XVIIe siècle. Pendant dix ans, il remplit les fonctions d'enfant de chœur à la chapelle royale de Bruxelles. Ayant perdu successivement son père, qui fut lieutenant de cavalerie dans l'armée du roi des Pays-Bas, et son beau-frère, Laurent Wilmetz, qui servit en qualité de capitaine dans la même armée, il se vit obligé de pourvoir à l'existence de sa mère et de cinq orphelins de son frère. Ses ressources ne lui permettant pas de faire face à leurs besoins, il attendit une occasion favorable pour améliorer sa position, et la mort de Van Biervliet, chanoine de la collégiale de Sainte-Pharaïlde, à Gand, ne tarda pas à la lui fournir. Il s'adressa donc au gouverneur des Pays-Bas, pour l'obtention de cette prébende, et nous supposons qu'elle lui fut octroyée sans la moindre opposition.

Sa requête, que l'on conserve aux Archives du royaume, ne porte pas de date. Mais les mots : « dernier siége d'Arras » indiquent clairement un événement tout récent. Or, il ne peut être question ici que du siége d'Arras de 1654, où s'illustra le maréchal Turenne. La France, comme on sait, était alors en pleine guerre de la Fronde. Le prince de Condé, à la tête de 30,000 hommes, la plupart Espagnols, avait essayé de s'emparer de la capitale de l'Artois, pour se venger de la prise de Stenay, qui était la place de sûreté favorite du prince. Non-seulement les Français, au nombre de 14,000 seulement, les forcèrent dans leurs lignes et les obligèrent de lever le siége, mais ils leur firent essuyer une perte de près de 7,000 hommes, tués ou prisonniers.

La requête de Hurtado n'est donc pas de beaucoup postérieure à 1654. La voici textuellement :

« A Son Excellence.

» Remonstre en deue submission Pierre Hurtado y de Avalos, prebstre et maistre de chant de l'église cathédrale de Saint-Bavon à Gand, qu'il a servy l'espace de dix ans d'enfant de cheur en la chappelle royale de Bruxelles, et que feu son père, lieutenant d'une compagnie de cavallerie au service de Sa Majesté, servit plus de vingt et six ans, et que son beau-frère, Laurent Wilmetz, capitaine d'une compagnie d'infanterie du terce du viscomte de Lembeeck, servit plus de vingt ans, s'ayant trouvé dans toutes les occasions qui se sont présentées en ce temps-là, et reçeu plus de vingt et six griefves blessures; finalement fut tué exerceant sa charge avecq beaucoup de valeur dans les trenchées du dernier siége de la ville d'Arras. Et comme le suppliant se trouve maintenant chargé de sa mère vefve et de cinq pauvres orphelins de sondict frère, sans moyens suffisants ou bénéfice quelconque pour s'entretenir deuement, et que par la mort de Birvliet, chanoisne de l'église collégiale de Ste Pharaïlde, en ladicte ville de Gand, est venue à vacquer une prébende en ladicte église, de la provision de Sa Majesté, supplie très-humblement, qu'en esgard à ce que dessus, Vostre Excellence soit servie de luy faire la mercède de ladicte prébende vacante. Quoy faisant, etc. »

Pierre Hartudo était prêtre. D'après Hellin (1), la cathédrale de Saint-Bavon, à Gand, avait jadis un maître de

_____

(1) *Histoire chronologique des évêques et du chapitre exemt de l'église cathédrale de Saint-Bavon, à Gand*, p. 12.

musique, douze musiciens, non compris l'organiste et les instrumentistes (1).

Pour être placé à la tête de cette petite phalange, Hurtado devait avoir un mérite sérieux. Aussi, avons-nous trouvé, dans deux listes manuscrites de la première moitié du siècle dernier, lesquelles seront publiées plus loin, la mention de quatre de ses compositions, à savoir : deux « motets de chœur » à cinq voix et à trois instruments; un motet à trois voix; un *Te Deum*, à six voix et à trois instruments.

M. Fétis consacre quelques lignes à un chanoine régulier de l'ordre des Minorites, du nom de Thomas Hurtado, lequel naquit à Tolède, en 1589, et écrivit un traité, intitulé : *De chori ecclesiastici antiquitate, necessitate et fructibus,* publié à Cologne en 1655. Peut-être est-ce un parent de Pierre Hurtado. A coup sûr, le maître de chant de l'église de Saint-Bavon appartenait à une famille d'origine espagnole. La forme de son nom et la qualification qui y est jointe dans la requête, ne laissent subsister aucun doute à ce sujet. Si nous disons qu'il est originaire d'Espagne, par sa famille, cela n'implique nullement le fait de sa naissance sur le territoire de la Péninsule. Cette question reste donc indécise, jusqu'à plus ample information.

Ajoutons que Pierre Hurtado est complétement passé sous silence, dans la *Biographie universelle des musiciens,* de M. Fétis.

---

(1) Nous donnons ces indications, un peu vagues, pour ce qu'elles valent. Évidemment, ce n'est que par un dépouillement attentif des archives de cette cathédrale, que l'on pourra avoir, un jour, des renseignements plus explicites et plus développés.

IX.

Corneille Canis,

Maître de musique de la chapelle de Charles-Quint. — Il est nommé prébendier de Saint-Bavon, à Gand. — Il meurt à Prague en 1561. — Renseignements contradictoires fournis par Guicciardini et l'auteur de la *Biographie
universelle des musiciens*. — Reproduction du passage de Guicciardini concernant les musiciens des Pays-Bas. — Compositions de Canis conservées
à Rome. — Autres compositions de lui imprimées à Nuremberg. — Les
armes de Canis.

Le livre de Hellin, cité plus haut, renferme un articulet
relatif à Corneille Canis et dont voici la teneur : « Corneille
» Canis, dit *d'Hont*, était maître de musique de la chapelle
» royale de Charles-Quint, lorsque le prévôt Luc Munich
» le nomma à cette prébende (la troisième prébende royale
» de l'église de Saint-Bavon, à Gand). Il en prit possession
» le 19 juin 1551, et, dix ans après, le 15 février, il décéda
» à Prague, en Bohême, étant chapelain de l'empereur Fer-
» dinand (1). »

La nomination de Corneille Canis aux fonctions de chanoine de Saint-Bavon, à Gand, ainsi que son décès à
Prague, forment deux renseignements inconnus aux biographes musicaux. Guicciardini, dans son ouvrage : *La
description de tout le Païs-Bas*, rédigé en 1560, range
Canis au nombre des compositeurs qui avaient cessé de
vivre. Assurément l'autorité de Guicciardini est repectable,
mais celle de Hellin, écrivant d'après des sources authentiques, ne l'est guère moins. Voilà donc une nouvelle question à résoudre.

Remarquons encore que Hellin est précis autant qu'on
peut l'être. Il assigne le 15 février 1561 comme date de la
mort de Canis, et il ajoute que c'est à Prague que le fait

(1) HEKEIN, T. 1er, p. 237.

eut lieu. Guicciardini, lui, dresse une simple nomenclature, où le nom d'un musicien, éloigné de son pays natal, peut s'être glissé inopinément. Vraisemblablement a-t-il été ajouté après coup, comme certaines autres particularités que signale l'historien, dans la première édition de 1567.

M. Fétis, qui d'abord avait accueilli sans examen l'induction que fournit Guicciardini (1), mais en la rapportant à l'année 1556, où il croit que *la Description de tout le Païs-Bas* fut écrite, revient sur Corneille Canis dans une note qui accompagne la biographie de Thomas Créquillon, sans rectifier son erreur, et dit : « Il faut ajouter aux ren- » seignements qui concernent Corneille Canis, qu'il est qua- » lifié *maître de chapelle* en 1548, *maître des enfants* de » cette chapelle en 1550, dans les états de la maison de » Charles-Quint. Il résigna ces fonctions en 1555, rentra dans sa patrie, et fut chanoine de Saint-Bavon, à Gand, où il vivait encore en 1559. »

Si M. Fétis trouve, d'après des documents authentiques, que Corneille Canis vivait encore en 1559, en qualité de chanoine de Saint-Bavon, à Gand, il en résulte, pour nous, que le renseignement de Guicciardini, en tant que fourni en 1560, est complétement erroné. Or, de là à accepter la date et le lieu de décès de Canis, transmis par Hellin, il n'y a qu'un pas. On voit de fréquentes émigrations dans la carrière des anciens maîtres de chant, et le poste de chapelain de Ferdinand Ier, empereur d'Allemagne, aura dû sourire davantage à notre musicien que le titre de prébendier de Saint-Bavon. Du reste, cette dernière position, il peut l'avoir conservée comme bénéfice.

Comme nous aurons encore à mentionner Guicciardini, nous reproduisons en entier le paragraphe qui concerne la musique et les musiciens des Pays-Bas. Le voici :

---

(1) *Biographie universelle des musiciens*, 2me édition, art. CANIS.

« Ceux-ci sont les vrays maistres de musique, et ceux
» qui l'ont restaurée et reduicte à perfection, d'autant qu'ilz
» l'ont tant propre et naturelle, que hommes et femmes chan-
» tent naturellement à mesure, avec très-belle grâce et mélo-
» die, au moyen de quoi conjoignant l'art à la nature, font
» telle preuve et armonie qu'on voit et oit; et s'en trouve
» tousiours par toutes cours des princes de la chrestienté.

» De ceste nation, j'entende parler des temps plus mo-
» dernes, furent : maistre Jan le Tainturier, de Nivelle,
» mentionné plus avant en sa ville; Josquin des Prez,
» Obrecht, Ockeghem, Richefort, Adrian Willaert, Jan Mou-
» ton, Verdelot, Gombert, Lupus Lupi, Courtois, Thomas
» Créquillon, Clément *non papa*, et Canis, lesquelz tous
» sont décédez.

» Et sont encore à présent vivans : Ciprian de Rore,
» Jan le Coick, Philippe de Monte, Orlando de Lassus, Man-
» chicourt, Barbe, Josquin Baston, Chrestien d'Hollande,
» Jaques de Weert, Bonmarché, Séverin Cornet, Pierre du
» Hot, Girard de Turnhout, Hubert Waelrant, Jaquet de
» Berckem, et plusieurs aultres très-maistres, touts célébrez
» et renommez par le monde (1). »

On conserve, dans les archives pontificales à Rome, un
grand nombre de compositions musicales dues à des maîtres belges, et dont il n'a point encore été permis de prendre
copie. Le nom de Canis figure dans la liste de ces compositions, liste dont un exemplaire est en notre possession.

On trouve des œuvres de Corneille Canis dans un recueil extrêmement rare, que M. Fétis n'a pas connu, et
dont le titre est : *Evangelica Dominicorum et Festorum
dierum musicis numeris pulcherrimi comprehensa et or-
nata*. Noribergae, Joan. Montanus et Ulr. Neuber, 1554-
1556, in-4° obl. L'ouvrage forme 30 parties réunies en

(1) Édition de Silvius, d'Anvers, de l'année 1568.

6 volumes. Corneille Canis est cité, au tome III, intitulé : *Evangeliorum 4, 5, 6 et plurium vocum, continens de Trinitate, de Dedicatione Templi, de Cœna Domini;* et au tome VI, portant par inscription : *Evangeliorum, 4, 6 et 8 vocum, continens de Pœnitentia.*

La plupart des pièces que cette collection renferme, ne se rencontrent pas ailleurs. Certains compositeurs ne sont connus que grâce à elle, et conséquemment font défaut dans la *Biographie universelle des Musiciens* (1). On sait que Montanus, l'un des éditeurs, est gantois de naissance et s'appelait *de Berg*.

Hellin joint à son articulet les armes de Canis, qui étaient : d'azur, au chevron d'argent, accompagné de trois chiens passants de même, accolés de gueules.

X.

Roger Pathie,

Organiste de Marie, reine de Hongrie, gouvernante des Pays-Bas. — Il est natif du diocèse de Cambrai et il devient prébendaire de la cathédrale de Saint-Bavon, à Gand. — Ses voyages à Grammont et à Audenarde. — Un singulier cas d'homonymie. — Nicolas Vander Ryt et Sigismond Vyer, raccrouteurs d'orgues de Marie de Hongrie.

Le même Hellin, au paragraphe de son ouvrage où sont mentionnés « les possesseurs de la première graduée en théologie du côté droit du chœur ou de royaux, » parle de Roger Pathie, organiste de Marie, reine de Hongrie, en ces termes : « Roger Pathye, natif du diocèse de Cambrai, or- » ganiste de Marie, reine de Hongrie, gouvernante des Pays- » Bas, succéda en cette prébende (de Saint-Bavon, à Gand) » par la collation du prévôt Luc de Munich; mais avant d'en

---

(1) Voir le 74ᵉ catalogue de musique ancienne de A. Asher et comp., à Berlin, p. 5, nᵒ 4.

» avoir pris possession, il la permuta avec Guillaume Han-
» rys, docteur ès lois, procomte Palatin (1). »

Par suite de cette permutation, Hellin ne range pas
Roger Pathie au nombre des chanoines de la cathédrale de
Gand. La date n'en est pas indiquée; mais il y a moyen de
suppléer à cette lacune approximativement. François Cras-
sers, possesseur de ce canonicat avant Pathie, mourut
le 28 octobre 1540. Guillaume Henrys, qui remplaça
Pathie, fut mis en possession de sa prébende le 21 juillet 1542. Conséquemment Pathie reçut sa nomination entre
le 28 octobre 1540 et le 21 juillet 1542. Ces renseignements de Hellin ont également échappé aux biographes
musicaux.

M. Pinchart le trouve cité en 1538 et 1539, avec le titre
d'organiste de Marie de Hongrie. Peut-être est-ce de Roger
Pathie qu'il s'agit aussi dans l'article suivant, que nous
extrayons des comptes communaux de Grammont, de l'année 1536 :

« Eerst, ghepresentheert ende gheschonken, byden heere ende
wet, de coninghinne van Hongherien, regente van herweerts
overe, etc., als zy hier quam van Audenaerde, up den mey-
dach [xvᵉ] xxxvj, een ame rynsche wyn, ghehaelt ten huuse
van Matheeus Vylain, bedraghende xxv lib. par.

» Ten selven daghe, ghepresentheert... den organist vande
regente twee cannen, te xij st. par. »

Si c'est lui que désignent les comptes communaux d'Audenarde de la même année, sous la qualification de « maître
» Rogier, aumônier, » l'on peut en induire que Pathie cumulait les fonctions d'organiste avec celles d'aumonier de
la régente des Pays-Bas. Il était prêtre, et plus d'un souverain octroyait aux musiciens attachés à leur service, des
emplois de ce genre pour être à même de les gratifier convenablement. Voici le passage en question :

(1) HELLIN, t. Iᵉʳ, p. 266.

« De zanghers vander coninghinne [regente ende gouvernante
van haerwaerts overe], tsaemen viij kannen [wyns].

» Meester Rogier den aelmoessenier, twee kannen.

» Den capellaen vander coninghinne, twee kannen. »

Roger Pathie se rendit encore à Audenarde en 1541.
L'article des comptes de cette ville qui constate ce voyage,
se borne à citer le prénom dn musicien, ce qui confirme
l'hypothèse que nous avons émise plus haut. L'article est
ainsi conçu :

« Item, ghepresenteert ten selven daghe [den vij^{en} in hoy-
maent] meestere [R]ogier, organiste vander coninghinne van
Hongherien, ij cannen [wyns] van x st. vj den. den stoop, in
der zwane ... xlij st. par. »

Puisque Roger Pathie était encore organiste de la
régente des Pays-Bas, en 1541, il faut croire que sa nomination à la prébende de Saint-Bavon eut lieu postérieurement à cette date, ou bien qu'elle constituait une sinécure,
pure et simple, ce qui est assez probable.

L'homonymie a parfois de singuliers caprices. Ainsi,
dans la série des comptes des domaines de Flobecq et
Lessines, conservés aux Archives du royaume, on en voit
deux, du 1er octobre 1553 au 31 septembre 1555, qui ont
été rendus par un certain « maistre Rogher Pathie, rece-
» veur des terres de Flobecque et Lessines, appartenances
» et appendances d'icelle, par l'empereur, notre seigneur. »
Assurément ce « maistre Roger Pathie » n'avait rien de
commun avec l'organiste ou l'aumônier de la gouvernante
des Pays-Bas.

Dans son *Rapport sur les archives de la Chambre des
comptes à Lille,* M. Gachard cite un Nicolas Vander Ryt,
comme raccoutreur des orgues de Marie de Hongrie, et il
reproduit un extrait de compte du *penninckmaistre de la
reine,* datant de 1532, et qui mentionne un payement de

63 livres, fait à maître Sigismond Vyer, « pour la réfec-
» tion du grand positif, instrument que S. M. fit amener
» avec elle d'Allemagne. » M. Henne transforme le nom de
Vyer en Yver, au chapitre XVI de son *Histoire de Charles·
Quint en Belgique.*

XI.

Étienne De Milt,

Maître de chant de Sainte-Walburge, à Audenarde. — Il est l'auteur présumé
de la musique d'un *De Profundis* des *Kersauwieren* de Pamele, à Audenarde. — Destination de ce chant funèbre. — La musique et les paroles.

Étienne De Milt ou Van Milt fut nommé maître de
chant de l'église de Sainte-Walburge, à Audeuarde, le
5 juillet 1699. Les mots *heer ende meester,* accolés en son
nom, dans l'apostille du magistrat, démontrent à la fois
sa qualité de prêtre et de maître-ès-arts. Ce dernier titre,
on le sait, ne s'accordait qu'aux mnsiciens qui avaient fait
ce qu'on appelait *le chef-d'œuvre,* lequel consistait en une
composition religieuse à plusieurs voix sur un chant donné.
De Milt succéda, comme maitre de chant, à Jean Van Loo,
venu à Audenarde, nous ne savons d'où, en 1696. Il décéda en 1719.

De Milt est mentionné ici, parce qu'il est, à notre connaissance, le seul musicien d'Audenarde à qui l'on puisse
attribuer la mélodie, reproduite plus loin, et qui nous
paraît mériter un examen attentif. Les maîtres de chant
de Notre-Dame de Pamele n'avaient aucune réputation, et
nous ne sachions pas qu'aucun nom marquant soit parvenu jusqu'à nous. Cette pièce porte la date de 1717. Son
titre est : *Den* DE PROFUNDIS *van Retorica.*

Que la musique ait été cultivée dans les anciennes cham-

CHANT FUNÈBRE
DES *KERSAUWIEREN* DE PAMELE,
à Audenarde

Godt, weest ghe - nae - digh ons door uw' grae - tie pu - re Wy syn mis - dae - digh als Da - vid t'elc - ker u - re. U geeft en sneeft, elck beeft voor d'a - von - tu - re.

Godt, weest ghe - nae - digh ons door uw' grae - tie pu - re. Wy syn mis - dae - digh als Da - vid t'elc - ker u - re. U geeft en sneeft, elck beeft voor d'a - von - tu - re.

bres de rhétorique d'Audenarde, c'est ce qui résulte de plusieurs faits de son histoire, et particulièrement d'un article de la charte des *Kersauwieren*, ainsi conçu : « Il est » permis à tous les confrères de chanter en leur local, mais » décemment, soit de la musique libre, soit de la musique » en contrepoint. Les contrevenants paieront une amende » de douze deniers parisis (1). »

Malheureusement, les traces de ces exercices vocaux ont été emportés dans le tourbillon du temps, et c'est par un bonheur tout providentiel que le chant funèbre en question est parvenu jusqu'à nous. Nous l'avons rencontré dans un registre des *Kersauwieren*, où apparaissent pêle-mêle une liste des confrères de la société, une série d'ordonnances et de résolutions, plusieurs années de comptes, de paiements du droit d'obit, etc. Qui se serait avisé d'aller chercher une mélodie dans ce fouillis indigeste?

Les portées de musique, ainsi que les paroles qui l'accompagnent, sont d'une autre encre et d'une autre plume que les différentes strophes y relatives, placées en regard. Les notes sont tracées par une main habile à manier la langue musicale : double motif pour croire à l'intervention d'un musicien distingué. Elles ont même, graphiquement parlant, le caractère d'une improvisation.

A la mort de chaque confrère, un service funèbre se célébrait dans la chapelle particulière de la gilde. Outre cela, on chantait annuellement un service général, lors de la fête de la commémoration des morts. Il est à croire que, dans le local même de la société, on se réunissait à l'effet d'entonner un chant analogue à la circonstance, et que le

(1) « Die wilt mach sijnghen ghemanierlick, tzy int wilde, ofte in ghesetten sanghe, contrepoynsche wijse. Zoo wie contrarieert verbeurt telcken xij den. par. » Cette charte, promulguée en 1556, a été renouvelée en 1609. Elle a été publiée, sous forme d'annexe, dans la *Kronyk der Rederykers van Audenaerde*, du docteur D. J. Vander Meersch.

De profundis ci-joint n'avait pas d'autre destination. Les paroles flamandes d'abord, puis son inscription dans le registre de la confrérie, ne permettent pas de doute à cet égard. S'il avait été en usage dans la chapelle, c'est au jubé même qu'il eût fallu le chercher.

Le *De Profundis* offre, dans un cadre concis, une mélodie simple, large et expressive. Parfaitement approprié aux paroles, ce chant doit produire un effet admirable, entonné par plusieurs voix à l'unisson. Ces sons traînants, qui se répètent comme un douloureux écho du cœur, et qui après avoir monté graduellement jusqu'au mot *beeft* (tremble), retombent, en faisant un saut d'octave, pour opérer la cadence, ne laissent pas que de vous émouvoir profondément et de porter en votre âme un sentiment de grandeur que les mélodies religieuses du temps, empruntées à des recueils de chants populaires, sont incapables de vous donner.

Ce chant, à notre avis, doit être rhythmé et mesuré. Toutefois, la mesure n'y peut pas être aussi rigoureuse que dans la musique moderne : il demande de l'abandon dans l'exécution. Ce qui nous fait croire qu'il est mesuré, c'est la comparaison des paroles et de la mélodie. Nous croyons, en outre, remarquer une certaine intention du notateur, dans le soin qu'il a pris de marquer les rondes par des carrées et les blanches par des carrées avec queue. Mais, attendu que ces distinctions ne sont pas toujours nettement établies, nous livrons au lecteur ces observations pour ce qu'elles valent. Évidemment, l'inscription de la mélodie dans le registre des *Kersauwieren* a été faite avec une certaine précipitation. Ajoutons qu'il y a fort probablement une faute dans l'antépénultième note, qui doit être un *mi*.

Les paroles flamandes comportent six strophes de trois vers chacune. Les voici littéralement :

DEN *DE PROFUNDIS* VAN RETORICA, 1717.

Godt, weest genaedigh ons door uw' graetie pure.
Wy zyn misdaedigh als David t'elcker ure.
U geeft en sneeft, elck beeft voor d'avonture.

Van Adams weghe, soo syn wy alle schuldigh,
Wy syn gesleghen als slachschaepkens geduldigh.
Soo 't staet om 't quaet, geeft raedt seer menigvuldigh.

Niet om haer goetheyt en badt Judith bequaeme,
Door Daniel's vroetheyt bidt elc ons heeren naeme.
't Begin hierin geeft sin, met goeder faeme.

Bermertigheydt verwachten wy, ò heere!
Dat elck met vlyt van sonden hem bekeere.
Dees tydt, somteyt, veel teyt, schelt quyt uw ledekens teere.

Wy syn beschrouwig, met traenen overvloedigh.
Godt wiltse bedouwen, al herten zyn weemoedigh.
Van dy, comt vry tot my, uyt liefde gloedigh.

Prince Godt Almachtigh, u allen moet elc claeghen.
Wees hun gedachtigh, die hier uw cruys helpt draeghen.
Voor eerst, elc vreest tempeest, als nu ten daeghe.

REQUIESCANT IN PACE. AMEN.

GHEDYNCKT MENSCH, WIE GHY SYT,
IN DESEN TYT DE ZIELEN WILT GEDYNCKEN,
SOO KOMT GODT VREUGHT TE SCHYNCKEN.
GODTS ONTFERMERTIGHEYT SY OVER ONS CONFREERS
GELOOVIGE ZIELEN.

Ces vers ont un mérite, le seul que nous leur reconnais-
sions : celui d'offrir des mots longs et traînants, comme
*genaedigh, misdaedigh, menigvuldigh, overvloedigh, wee-
moedigh, beschrouwigh,* etc. Ce qui serait un défaut
ailleurs, jette ici un reflet de mélancolie sur la pièce entière. Mais quelle facture médiocre ! quel galimatias ! que
de chevilles et de superfluités ! L'auteur, que nous suppo-

sons être Pierre Vincent, torture le bon sens, pour obtenir des rimes consécutives, de deux en deux syllabes, au troisième vers de chaque strophe. Il en place également à la quatrième syllabe du premier et du deuxième vers. Les rimes terminales sont de celles que l'on nomme *slepende rymen*. Bref, le tout forme un fatras de mots que nous renonçons à traduire, et qui est peut-être intraduisible.

XII.

Loisel (Jean),

Chanoine régulier de l'abbaye de Saint-Josse-aux-Bois, au diocèse d'Amiens, maître de chant de l'église abbatiale de Saint-Michel, à Anvers. — Il est natif de Hesdin, d'après le titre d'un de ses recueils de musique, inconnu aux biographes. — Motets contenus dans ce recueil, et inductions qu'il fournit. — Compositions inconnues de Philippe Van Steelant, collaborateur de Jean Loisel. — Recueil de noëls et motets, également inconnus, de J. Van der Wielen, maître de chant à l'église de Saint-Jacques, à Gand.

Jean Loisel est natif de Hesdin, petite ville de l'ancien comté d'Artois, qui fit autrefois partie des Pays-Bas. Admis dans l'ordre des Prémontrés, il devint chanoine régulier de l'abbaye de Saint-Josse-aux-Bois ou Dompmartin, au diocèse d'Amiens, à deux lieues de Saint-André-aux-Bois, près la ville de Hesdin. Il fut appelé à Anvers comme maître de chant, *phonascus*, de l'église abbatiale de Saint-Michel, position où nous le trouvons installé en 1646.

Ces renseignements inédits sur un compositeur qui n'était pas dépourvu de mérite, sont empruntés au titre d'un de ses ouvrages également inconnu aux biographes. C'est le suivant : *Surculus olivae, notis musicis concertantibus et pacificis VI vocum vel instrumentorum adornatus, SS. Mariae Pacis aeternaeque reginae concordiae pro patriae felici concordia oblatus, a venerabili D. F. Joanne Loisel,*

Hesdiniensi, ecclesiae S. Judoci in Nemore, sacri Ordinis Praemonstratensis canonico, necnon ecclesiae S. Michaelis Antverpiae phonasco. Opus secundum. Antverpiae, apud heredes Petri Phalesii, MDC.XLVI. In-4° de pp. 28, sans le titre et l'index.

C'est, comme on voit, l'œuvre deuxième de Jean Loisel. Nous trouvons, dans une liste de la première moitié du XVIIIe siècle, l'œuvre troisième du même musicien, laquelle est probablement le premier des recueils dont il sera parlé plus loin :

La dédicace porte : *Augustissimae coeli reginae, SS. Mariae Pacis, sacri ac canonici Ordinis Praemonstratensis patronae singularissimae, matri optimae, virgini maximae, hunc surculum olivae notis musicis concertantibus et pacificis adornatum, ut inter principum corda ac voluntates et nostro imprimis misero et nimis eheu! bellico belgio optatae pacis concentum, olivae surculum ac tranquillitatem adferre dignetur, offert dedicatque F. Joannes Loisel.*

Dans cette dédicace, ainsi que dans le titre, on remarque une allusion directe aux guerres incessantes dont l'Europe était alors le théâtre. Jean Loisel fait des vœux pour que la paix succède enfin aux événements désastreux que son pays a eus à subir, et il espère que les notes harmonieuses de sa musique contribueront à ramener la concorde entre les souverains. Les mots *nostro... belgio* ont ici un sens dont la signification n'échappera point au lecteur.

Vient ensuite l'approbation ecclésiastique ainsi conçue : *Cum licentia reverendissimi domini Joannis Chrysostomi, abbatis S. Michaelis, vicarii generalis Ordinis Praemonstratensis per Brabantiam, Frisiam, etc.*

Les morceaux contenus dans le recueil sont les suivants :

1. Misericordias, 1^a pars, 2 cant., 2 ten., alt. et bass. — 2. Misericordias, 2^a pars, iisdem. — 3. (De S. Maria Pacis). Da pacem, Domina, iisdem. — 4. (De S. Blasio). Devoti Christi

nomini, iisdem. — 5. Congregati sunt inimici, alt., ten., 2. bass. et 2 violini. — 6. Domine Deus, iisdem. — 7. O quam dulcis sapor, 2 ten., 2 bass. et 2 violini. — 8. O cor dulce, alt., ten., 2 bass. et 2 violini. — 9. Alma Dei genetrix, 2 cant., 2 ten., alt. et bass. — 10. (De S. Chrysostomo). Collaudemus exultantes, alt., ten.. bass., 2 violini et fagoto. — 11. O gloriosa Domina, 2 ten., bass., 2 violini et fagoto. — 12. Quam pulchra es, iisdem. — 13. Laudem dicite, 2 cant., 2 ten., 2 bass. — 14. Haec est virgo sapiens, 2 ten., bass., 2 viol. et fag. — 15. Assumpta est Maria, alt., ten., bass., 2 viol. et fag. — 16. Jesum omnes agnoscite, cant., alt., ten., 2 viol. et fag. — 17. Salve Regina, 2 cant., 2 ten., alt. et bass. — 18. Regina cœli, iisdem. — 19. Tantum ergo, iisdem. — 20. Genitori, iisdem.

Ce recueil a été trouvé aux Archives du royaume, dans un paquet de brochures du XVIIIe siècle. Malheureusement il n'en subsiste plus que la partie de ténor. Tout ce que l'on savait antérieurement à cette découverte, c'est que Jean Loisel fut chanoine de l'ordre des Prémontrés à l'abbaye de Ninove, et qu'il publia, outre des mesees et des motets, en 1644 et 1649, un recueil de chants pour la Noël sous le titre de : *Cantiones natalitiae, seu Laudes B. Mariae, quatuor, quinque et sex vocum.* Gandavi, 1651, in-4°.

Déjà, en 1857, nous appelâmes l'attention des musicologues sur cet intéressant recueil, dans une lettre adressée à l'*Eendragt* (1) où nous reproduisîmes les strophes d'un de ces noëls, commençant par ces vers :

> Herders, wilt wat stille staen,
> Luystert eens naer mijn vermaen.

Depuis lors, nous avons vu une indication bonne à

(1) N° 19, du 15 avril. Nous n'avions vu alors qu'un fragment de l'ouvrage, et, sur l'un des titres partiels, on lisait *plurium vocum* au lieu de *sex vocum.*

recueillir sur Philippe van Steelant, l'un des collaborateurs des *Cantiones natalitiae*. La liste, citée plus haut, renseigne trois compositions de ce dernier, savoir : « L'œuvre 1 de » Van Steelant, [cotée] 10 livres; Dies Irae de sieur Stee- » lant, à 4 voix, sans instrument; Messe de Requiem de » Steelant, à 6 voix et 5 instruments. »

Si l'on voulait déterminer approximativement l'époque à laquelle Jean Loisel passa de l'abbaye de Saint-Michel, à Anvers, à celle de Saint-Norbert, à Ninove, la considé- ration suivante pourrait y servir de base. Le recueil de messes, qui est de 1644, et les *Motetta sacra*, qui datent de 1649, ont vu le jour à Anvers, probablement au temps où le musicien habitait cette ville. N'est-il pas permis d'en inférer que les *Cantiones natalitiae* ont été éditées à Gand, pendant que Loisel résidait à Ninove, et partant, d'en con- clure que son déplacement eut lieu entre les années 1649 et 1651 ?

Et, à propos de noëls, signalons un autre recueil de *Cantiones natalitiae*, dû à F. Van der Wielen, maître de musique à l'église de Saint-Jacques, et également imprimé à Anvers, chez les héritiers de Pierre Phalèse. En voici le titre : *Cantiones natalitiae quatuor et quinque tam vocibus quam instrumentis decantandae, auctore J. Vander Wielen, ecclesiae parochialis S. Jacobi Gandavi musico-praefecto. Praecantus et cantus primus.* Antverpiae, apud heredes Petri Phalesii, typopraphi musices, ad insigne Davidis regis. 1665. In-4°. pp. 28 (1). Les autres parties contien- nent : *Cantus secundus*, pp. 16. — *Tenor*, pp. 16. — *Altus*, pp. 16. *Bassus.* pp. 12. — *Bassus continuus*, pp. 16 (2).

Très-vraisemblablement ce Vander Wielen est le même que le Vande Ville de la liste susdite, où nous rencontrons :

---

(1) Ce recueil appartient à M. Serrure.
(2) Voir PH. BLOMMAERT. *De nederduitsche schryvers van Gent*, p. 246.

« Un mottet de cœur de Vande Ville, à 5 voix et 3 instru-
» ments; un motet [sans désignation ultérieure] de Vande
» Ville, à 3 voix et 4 instruments; et un mottet, basso solo,
» de Vande Ville, à 3 instruments. » Notons que cette liste
émane d'un wallon et que plusieurs noms flamands y sont
impitoyablement tronqués.

XIII.

Van Blankenburg (Quirin),

Musicien neérlandais, né en 1654, mort en 1759. — Particularités biographiques, disséminées dans ses *Elementa musica*. — Son éducation philosophique et musicale. — Ses essais théoriques que s'approprièrent Schombag
et Campion. — Discussion qu'il eut avec D. Schol, organiste et carillonneur
de Delft — Sa brochure publiée à cette occasion. — Auteurs qu'il a étudiés
dans sa jeunesse. — Livre de Jean Ban qu'il cite et que M Fétis n'a pas
connu. — Sa note sur l'importation de la bodédisation en Neérlande. — Sa
description de la harpe à pédales, du pantalon et du *stafspel*. — Vices de
construction qn'il impute aux claviers des Ruckers, d'Anvers. — Perfectionnements qu'il y apporte. — Sensation que ces perfectionnements
causent. — Il critique les orgues et clavecins de Ruckers, accordés par
quarts de tons. — Ruse dont il se sert contre ses envieux. — Fugue qu'il
écrit sur un thème traité depuis par Haendel. — Son caractère et son
instruction.

Si Quirin Van Blankenburg avait laissé des mémoires
retraçant les principaux faits de sa carrière artistique, l'on
n'aurait pas manqué de les livrer à la publicité, et, vraiment, la chose en aurait valu la peine, car Van Blankenburg est sans contredit un musicien d'une grande valeur,
et ses productions ont été justement vantées par les connaisseurs. Mais Van Blankenburg, en place de mémoires
rédigés *ex professo*, a éparpillé dans ses ouvrages la plupart des renseignements concernant sa vie, et nul ne s'est
avisé de les y chercher; que disons-nous? nul n'en soup-
conne l'existence.

Nous allons faire, à ce point de vue, le dépouillement de l'un de ses livres les plus marquants : *Elementa musica of Nieuw licht tot het welverstaen van de musiec en de bascontinuo*, etc., et nous comptons y récolter assez abondamment de particularités de tout genre, pour empêcher qu'on regrette l'autobiographie du musicien néerlandais (1).

L'introduction renferme d'abord des détails sur l'éducation musicale et philosophique de Van Blankenburg, et sur ses premières théories, que Schombag et Campion eurent, à ce qu'il rapporte, l'indélicatesse de s'approprier :

« Mon père ayant su, par des amateurs qui avaient voyagé en Italie, que la musique était arrivée, dans ce pays, à un grand degré de perfection, chargea des négociants d'acheter à Venise les ouvrages les plus récents et les plus recommandables, et de les amener ici avec leurs marchandises. Ces ouvrages étaient les seuls qui pussent l'intéresser, et, quand je vins à apprendre la musique, il m'était interdit d'en employer d'autres. Aussi, remplirent-ils mon esprit, au point que je ne pus tolérer que ces billevesées-là. Pourquoi? je n'en sais rien, car les règles m'étaient inconnues.

» En 1680, je fus reçu à l'académie [de Leyde] pour apprendre, entre autres choses, les mathématiques. Mon professeur, qui trouvait du charme dans ma manière de jouer [du clavecin?], désira que je lui enseignasse la basse continue. Mais, quand il vit que je n'invoquai que des exemples, que je ne l'entretenai que du style, de l'harmonie, de choses pratiques enfin, il me dit : — *Nos mathematici*, nous n'admettons rien sans preuve à l'appui. L'art de la musique réside dans le raisonnement. Si vous ignorez le pourquoi des choses, cherchez-le sans relâche et ne désespérez point de le rencontrer. Que votre esprit sonde les livres, et la raison surgira. Oui, il est

---

(1) Cet ouvrage est loin d'être rare. Nous en avons acquis, il y a deux ans, un exemplaire chez le libraire Arnold, à Bruxelles. Il s'en trouvait un à la vente de Van Alstein, à Gand, et la Bibliothèque royale de Bruxelles en possède deux exemplaires.

impossible qu'un art si sublime, où tout est si exact, n'ait pas des assises solides. —

» A cette époque, la philosophie de Descartes était en vogue à Leyde. Ceux qui ne s'y adonnaient point, étaient ridiculisés. Je fus donc obligé de faire comme les autres, je dus douter de tout, pour établir une distinction entre la vérité et l'erreur. Mon maître, afin de m'encourager dans cette voie, me dit : — Cherchez une vérité première qui soit à l'abri de toute contestation, et essayez d'en déduire une deuxième, puis une troisième. Une fois la souche trouvée, les branches et les fruits sont à vous. —

» Docile à ce conseil, je me mis à la recherche de certaines vérités fondamentales. D'autre part, je fis, avec un zèle extrême, l'examen du système musical de mes honorables auteurs italiens, et je parvins à en déduire deux échelles tonales, servant à la démonstration des deux modes actuels. Arrivé à ce point, je fus un jour chez M. Schombag, organiste de la cathédrale (1), également amateur des mathématiques. Il me dit, d'une manière inopinée : — N'est-il point vraiment dommage qu'un si bel art que la musique ne possède pas de règles? — Enflammé par cette réflexion, et loin de m'attendre à faire un jour de la musique ma profession, je n'hésitai pas à lui découvrir la souche de mon arbre, ainsi que deux ou trois de ses branches. Or, c'est là-dessus que repose l'édifice de sa théorie, que l'on nomme encore aujourd'hui *les Règles de Schombag.*

» Après avoir établi mes lois fondamentales, j'ai tenu à les perfectionner. Les auteurs les plus distingués ont été consultés à cet effet. Depuis cinquante-huit ans, ces lois subissent l'épreuve. J'ai veillé aussi à ce que ma théorie ne soit pas utilisée par des professeurs, comme il m'est arrivé avec mes deux échelles susdites, que j'avais communiquées à un amateur qui se rendait à Paris, et qui, ayant été montrées à un maître de l'art, furent aussitôt sanctionnées et adoptées comme une invention française. Campion en composa un petit traité, dont les expressions pitoyables démontrent le contraire de ce que

(1) Théoricien musical, inconnu à M. Fétis.

j'ai voulu prouver (1). Cela résulte, en toute évidence, de sa théorie. Quand on veut briller avec le plumage d'autrui, on doit immanquablement aboutir à la confusion. »

Plus loin, Van Blankenburg raconte une discussion scientifique qu'il eut avec D. Schol, organiste et carillonneur de Delft, et cite une brochure qu'il publia à cette occasion :

« Pendant que je trace ces lignes, arrive ici un pêcheur qui n'aime guère le *schol* (2). C'est Mr J. P. A. Fischer, organiste et carillonneur de la cathédrale d'Utrecht, lequel, dans un livre sur les cloches et sur les carillons, tout fraîchement imprimé, mentionne un vieux différend qui surgit entre certains maîtres et moi, relativement à l'utilité et à la non-utilité du *Cis* et du *Dis* (3), dans les basses des cloches. Sur quoi il s'exprime ainsi : — Le dièze C et le dièze D sont très-nécessaires dans l'octave inférieure. Je démontrerais la fréquence et l'urgence de leur emploi, si cela n'était trop connu des amateurs. Et pourtant une dispute en est résultée entre MM. Quirin Van Blankenburg et Pierre Hemony (4), dispute dont les arbitres m'ont fait voir

(1) A la page 55 de son livre, Van Blankenburg revient sur ce larcin, en ces termes : « Nos deux échelles ont pris leur vol vers la France. A ce sujet, » Campion dit, dans son *Traité d'accompagnement et de composition* (œuvre 2e, » p. 7), que M. Maltot, qui était un maître sur le téorbe et la guitare, » les avait inventées, et les lui avait communiquées, comme une marque » spéciale de son amitié. » Voici comment Maltot s'exprime sur l'origine de la règle de l'octave : « Je l'ai reçue, dit-il entre autres de M. Maltot (son pré- » décesseur à l'Opéra) comme le plus grand témoignage de son amitié. » Dans un autre endroit, il dit aussi . « On commence à les enseigner (les règles de » cette formule) à Paris. Les premiers qui les ont sues en ont fait un mys- » tère. J'avoue que j'ai été de ce nombre, avec le scrupule de ne pas les » donner à gens qui pussent enseigner; mais plusieurs personnes de consi- » dération et de mes amis m'ont engagé à les mettre au jour. » Voir *Biogra- phie universelle des musiciens*, art. CAMPION.

(2) Jeu de mots sur *Fischer*, pêcheur, et *Schol*, plie séchée.

(3) *Dis* est le ton D, augmenté d'un demi-ton, conséquemment le quatrième degré de notre système diatonique et chromatique. *Cis* est le ton C, augmenté d'un petit demi-ton.

(4) Célèbre fondeur de cloches néerlandais, à qui l'on doit un grand nombre de carillons justement estimés, et dont M. Fétis ne parle pas.

éloquemment l'inutilité, bien que, ajoute-t-il, il y ait là-dessus ample matière à révision. —

» Je nie qu'il en soit ainsi. Il y a d'ailleurs prescription, vu que l'affaire date de plus de soixante-deux ans. Partant, de ce chef, mon procès n'aurait pu me tracasser, s'il n'avait été décidé autrement par le Souverain Juge.

» C'était en 1676. Le magistrat de Gouda me fit l'honneur de m'employer à l'acquisition des cloches fondues par M. Pierre Hemony à Amsterdam. Je prescrivis le *Cis* et le *Dis* à la basse, quoiqu'ils n'existassent nulle part en Hollande. Le magistrat les adopta. Mais, quand l'organiste et carillonneur de Delft, D. Schol, fut appelé à donner son avis, il demanda si ces honorables fonctionnaires avaient acquis définitivement ces deux cloches, ajoutant que, en ce cas, il opinait de les restituer avec perte.

» Ceci fit beaucoup de bruit. Je me défendis dans un opuscule d'une feuille (1). A quoi M. Schol répliqua, en prenant pour conclusion de son livre, les deux quatrains qui suivent :

De *Cis* en *Dis* die zyn ter Gouw,
Is dat niet een volmaakt gebouw?
Quirinus geeft het woord van Ja,
Kan 't beter voor ons dan niet besta?

Hy raad de Stad en leid haar om
Tot iet dat meesten tyd blyft stom;
Ja ieder slag kost een pond groot,
Zy hangen daer als levend-dood.

» Excellent poëte, ma foi; mais organiste meilleur encore! Il me souvient que, à l'apparition du premier ouvrage de Corelli, Schol prit le livre en plein concert, et dit : — Si j'étais sûr que ce fût là un exemplaire unique, incontinent je le jetterais au feu ! — C'était au temps où les clavecins avaient encore un clavier étroit. Aujourd'hui, il serait difficile d'en trouver un de ce genre, tous les claviers étant allongés. Ainsi varient les époques. »

(1) Cette brochure ne se trouve citée nulle part. Elle doit être excessivement rare.

Au chapitre V^e, consacré à l'accompagnement par la basse continue, Van Blankenburg nomme quelques auteurs italiens qu'il a étudiés dans sa jeunesse. Ce sont : *Della grazie di musica moderna, di Giulio Sampietro di Negro.* In Venetia, 1625 (1). — *Le varie musiche, del Rafaelo Rontani, a una e due voci, per cantare nel cimbalo o in altri strementi da carpo.* In Roma, 1632 (2); œuvre XIe, 2me édition — *Nicolo Fontei* (probablement le livre IIe des *Bizzarrie poetiche, a 1, 2 et 3 voci*). In Venetia, 1636. — *Madrigali guerrieri e amorosi, di Claudio Monteverde.* In Venetia, 1638. « D'autres ouvrages, dit-il, sont en ma pos- » session. »

Effectivement, dans le cours de son livre, Van Blanken-burg prouve qu'il n'a négligé aucune source pour étayer ses principes et ses théories. Nous citerons notamment le *Dictionnaire de musique,* de Brossard, celui de Jean-Jacques Rousseau, le *Traité de l'accompagnement du clave-cin et de l'orgue,* par de Saint-Lambert, les *Principes faciles pour apprendre la musique,* par l'Affilard, le *Traité de l'ac-compagnement* (3), d'Alexandre Frère, *Der generael Bas in der Composition,* de Jean-David Henichen, etc.

Parlant des musiciens qui contribuèrent le plus à ame-ner la pureté harmonique dans l'accord des instruments à clavier, et qui, à l'aide d'un clavier double, tentèrent d'édifier une musique en quintes justes, il cite Jan Ban, à Harlem, lequel fit un *Archicymbalum,* dont il démontra les effets émouvants, dans un ouvrage intitulé : *Zielroerende Zangen,* ouvrage que, par parenthèse, M. Fétis n'a pas connu. D'après Van Blankenburg, le monde était trop

(1) Auteur et ouvrage que M. Fétis ne cite pas.

(2) Même remarque.

(3) Cet ouvrage n'est pas mentionné par les biographes. Peut-être s'agit-il ici des *Transpositions de musique réduites au naturel par le secours de la modulation,* du même auteur.

iguare et trop indifférent aux progrès de la science pour utiliser cette « belle découverte, » comme il la nomme. « Et » ce clavier, ajoute-t-il, fut déclaré impraticable! »

Van Blankenburg rapporte aussi que, en 1605, les sept appellations *bo, cé, dé, ga, lo, ma, ni, bo,* furent proposées par un musicien dont il n'a pu découvrir le nom, et que ce système eut si peu de succès, qu'en 1645, on crut devoir réimprimer, pour la deuxième fois, à Amsterdam, chez Janssonius, les *Rudimenta musica latino-belgica,* contenant la doctrine de Guido, et où il dit, à la page 128, avoir puisé les premières notions de musique. Van Blankenburg se trompe. Cette méthode, connue sous le nom de *Bodédisation,* est attribuée à Hubert Waelrant, qui l'aurait enseignée à Anvers, dès 1547. Peut-être le fait relaté par notre musicien regarde-t-il exclusivement sa localité, et, dans ce cas, il est précieux à recueillir pour l'histoire.

Le chapitre XXVIe traite de divers instruments. Les paragraphes qui concernent la harpe à pédales et le pantalon offrent de l'intérêt et méritent d'être reproduits :

« La harpe, qui n'eut point, jusqu'en ces temps, de tons intermédiaires, vient de sortir de cet état d'infériorité, en permettant de rendre tous les tons chromatiques aussi bien qu'un clavecin. Lorsque j'entendis pour la première fois la harpe ainsi perfectionnée, j'avoue que je fus ébahi. M'étant approché du joueur, j'examinai l'instrument avec des yeux d'aigle (*sic*), mais sans parvenir à comprendre où gisait ce mécanisme merveilleux. Enfin, je lui demandai s'il m'était permis de savoir par quel miracle il effectuait tous ces changements de tons. Il eut la bonté de me dire que la partie supérieure de la harpe renfermait de petites pattes, qui, mises en mouvement, opéraient sur les cordes comme les doigts sur le violon, et permettaient au joueur de les hausser d'un demi-ton. Pour parvenir à ce résultat, certains mécanismes étaient placés dans l'intérieur du bois, de façon à correspondre avec le dessous de l'instrument, et, au moyen du pied, les petites pattes recevaient l'impulsion voulue. Le virtuose ajouta que c'était son père, nommé Hohe-brasken (1), qui avait inventé cet instrument. Espérons qu'il sera imité par d'autres, et que son éloge se transmettra à travers les âges.

» Le tympanon (*cimbel*), aussi appelé *Hakkeberd*, était, comme l'ancienne harpe, privé de tons intermédiaires. Il est inconcevable que certain Pantaléon, à Vienne (2), soit parvenu à perfectionner un instrument si insignifiant, au grand étonnement de tous. L'empereur, qui excelle en notre art, le tenait en haute estime et l'employait à la réception des souverains capables d'en apprécier le mérite. Plusieurs gazettes en ont d'ailleurs fait l'éloge. L'instrument était très-grand et monté de cordes de métal et de boyaux. Il consistait, pour autant que j'ai pu m'en rendre compte, en ceci : que l'inventeur savait si bien combiner les tons, qu'on eût juré entendre deux instruments. La musique de Pantaléon était exceptionnellement belle et neuve, car, compositeur lui-même, le musicien avait dû l'approprier au genre de son jeu. Qu'il frappât avec force ou avec douceur, il savait si bien manier les nuances de son exécution, que l'auditeur était ravi au suprême degré. La harpe ne saurait réaliser ces choses charmantes. Il faut regretter qu'un pareil instrument soit trop difficile pour être employé par tous les amateurs. »

Van Blankenburg passe alors à la description du *staf-spel,* instrument fait de barres de métal (3), parfois de bois et paille, comme on en rencontrait en Allemagne, du temps de notre musicien, ce qui leur fit donner le nom de *strooi-vedel.* Puis, il ajoute :

(1) L'inventeur de la harpe à pédales est nommé *Hochbrucker*, dans la *Biographie universelle des musiciens.*

(2) Pantaléon n'est que le prénom de ce musicien, qni s'appelait Heben-streit. Il n'est pas dit, dans Fétis, qu'il exerça son art à Vienne ni qu'il fut excellent compositeur.

(3) Nous ne connaissons pas de terme français qui rende parfaitement le sens de *staffspel*. Fluo, dans son *Utriusque Cosmi... Historia*, Openhemii, 1597, pag. 243, décrit, sans le nommer, un instrument de ce genre, et le range dans la catégorie de ceux que l'on venait d'inventer, *noviter inventa.*

« J'ai vu, en 1676, à Amsterdam, chez Hemony (1), le grand
fondeur des cloches, qui construit les plus beaux carillons de
Hollande, j'ai vu un *stafspel* dont chaque barre, mise oblique-
ment, sonnait une octave plus haut, que lorsqu'elle était placée
sur le plat. Ce phénomène provenait de ce que l'épaisseur était
à la larguer comme comme 1 est à 2...

» Un italien, grand amateur de l'art, ayant entendu parler des
gigantesques carillons construits en Hollande, ne put s'empécher
de les trouver magnifiques. Seulement, il désira connaître par
quel mécanisme on parvenait à rendre muettes ces grandes
masses sonores, comme les cordes d'un clavecin. Quand on lui
donna pour réponse, que partout on s'en passait, il condamna
sans merci tous les jeux de cloches, parce que, disait-il, les
rencontres fâcheuses des harmonies dissonnantes devaient nécessairement rendre de pareils instruments insupportables... »

Il y a du vrai dans l'objection de l'amateur italien. Mais,
il faut que l'on ait éprouvé des inconvénients plus notables
encore dans l'emploi des étouffoirs, pour que l'un des plus
grands fondeurs de cloches de l'époque s'en soit passé complétement. En effet, Jérôme Cardanus, au chapitre XII de
son livre : *De rerum varietate,* prétend que les carillons
éveillent plus d'étonnement que de plaisir. La raison qu'il
en donne, est que « les cloches ne retiennent pas le son,
» et que, aussitôt le coup parti, l'on n'entend plus rien. Il a
» vu, ajoute-t-il, des carillons de ce genre à Bruxelles, à Lou-

---

(1) Il s'agit toujours, croyons-nous, de Pierre Hemony. Nous trouvons
dans l'opuscule de Jérôme Magius : *De Tintinnabulis*, à la page 93, une note
qui renferme le plus bel éloge des carillons sortis des ateliers de François
Hemony, probablement un parent du précédent. Certain carillonneur du
nom de Salomon Verbeeck, qui en jouait, y est qualifié de l'épithète de
ingeniossimus. Voici cette note : « Cui verò specimen artis, et certantis cum
» naturà ingenii vim videre et audire placuerit, is adeat quas insignis in arte
» fusorià magister Franciscus Hemonius, jussu illustrissimi et amplissimi
» Amstelodamensium senatùs, passim in urbe omnium celeberrimà adornavit
« machinas audiatque pulsantem haec organa ingeniosissimum Salomonem
» Verbecquium, et mecum lubens fatebitur, nec majus in illo operis genere
» artificium, nec majorem in illo genere musices artificem extitisse unquam. »

» vain et à Anvers. » A cela Sweertius répond, dans l'une des notes placées à la suite du livre : de *Tintinnabulis,* cité ci-dessus : « Si Cardanus avait entendu les carillons actuels
» d'Anvers, il aurait porté un tout autre jugement, car leur
» musique est non seulement admirable, mais agréable à
» l'oreille. » Déjà quelques lignes plus haut, il avait dit :
» Dans notre pays, presque tous les jours on entend un
» grand concert de cloches. Il y a là tant d'art et d'harmo-
» nie, que l'on croit entendre non un carillon, mais un
» orgue, à la grande satisfaction de tous les étrangers. »

Ce qui offre un intérêt capital, ce sont les détails techniques que Van Blankenburg fournit sur les clavecins de Ruckers, et sur les perfectionnements qu'il y a apportés, perfectionnements qui ont, à ce que prétend notre auteur, causé une très-grande sensation dans le monde musical. Plusieurs personnages de distinction sont allés entendre le nouvel instrument et féliciter l'inventeur. Ces détails, nous les croyons de nature à combler une véritable lacune dans l'histoire de la fabrication des instruments à clavier aux Pays-Bas. Aussi, n'hésitons-nous pas à les mettre *in extenso* sous les yeux du lecteur (1) :

» Jadis, on était si peu expérimenté dans l'art de la transposition, que pour exécuter un morceau une quarte plus bas, on ajoutait au clavecin un second clavier spécial à cet effet. Cela paraît incroyable, mais une preuve très-remarquable de ce fait, c'est d'abord, que les célèbres Ruckers, depuis le commencement du siècle dernier [XVIIe siècle] jusque plus de trente ans après, n'ont construit que des instruments qui, tout en ayant quatre registres, n'étaient munis cependant que de deux cordes pour les deux claviers, dont l'un devait rester muet quand on se servait de l'autre. Ensuite, le clavier inférieur sonnait une

(1) *Voy.* sur les Ruckers d'Anvers, la très-intéressante notice de M. Léon de Burbure : *Recherches sur les facteurs de clavecins et les luthiers d'Anvers, depuis le XVIe jusqu'au XIXe siècle,* Bruxelles, 1863, in-8º.

quarte plus bas que l'orgue, et avait en haut cinq touches de trop; de sorte que le clavier supérieur aurait pu avoir dans le bas ce même excédant. Mais au lieu d'employer à cet effet les belles basses du clavier inférieur, on laissait celles-ci non-seulement sans touches, mais on mettait à leur place un bloc de bois, et à côté un clavier court, cela avec grande peine, car les touches s'entrecroisaient nécessairement : une preuve du peu de cas que l'on faisait du remplissage des basses (1).

» Environ cinquante ans plus tard, ces deux défauts commencèrent à disparaître, ce qui se fit sans peine, puisqu'il ne fallait que déplacer cinq touches dans le clavier inférieur pour changer *fa* en *ut* et ajouter une octave au bas du clavier supérieur; de cette manière, les deux claviers du clavecin étaient longs de cinquante touches, à savoir, de quatre octaves, et un *si* sous l'*ut* en sus de ce nombre. On peut s'assurer de ce changement en retirant une planchette qui se trouve devant le clavier; on voit alors le bois neuf et le désordre dans les chiffres dont Ruckers avait numéroté les touches du clavier inférieur.

» Plus tard, on a entrepris l'adjonction d'une troisième corde. Remarquons à ce propos, qu'en voulant faire une amélioration d'une part, on peut introduire un défaut d'une autre. Ainsi, Ruckers a placé les chevalets sur la table de résonnance, aussi éloignés l'un de l'autre qu'il était possible, pour que les cordes pussent donner le son voulu.

» Admettons que l'*ut* le plus élevé de Ruckers ait six pouces et demi, un autre *ut* que l'on placera à sa gauche, aura, vu l'obliquité du chevalet, sept pouces, ce qui est la mesure de la corde voisine qui sonne un demi-ton plus bas que l'*ut*.

» J'ai trouvé plusieurs clavecins auxquels cet allongement des cordes avait préjudicié, soit parce que les cordes sautaient, l'instrument ne pouvant être accordé si haut, soit parce que le

---

(1) Il y a ceci dans le texte original : « .... en zulks met groote moeite, » wyl de toetsen [door de laastgemelde verwarde letteren] kruisgewys over » elkanderen moesten reiken; 't welk bewyst hoe onnoodig de vervulling van » tonen in de bas in die tyd wierd geacht. » Nous l'avouons : ce passage offre des difficultés de traduction qui nous oblige à n'en donner que le sens général.

poids des cordes pesant trop fortement sur la table sonore, empêchait le son, comme cela a lieu par le placement d'une sourdine ou d'un peu de plomb sur le chevalet. En outre, il peut arriver que la déclivité du chevalet vers les basses soit telle que les cordes viennent toucher celles de l'octave supérieure. Mon avis est qu'on ne peut pas allonger la mesure de Ruckers jusqu'à sept pouces, mais que la nouvelle corde soit placée de l'autre côté de l'*ut* prédit, à côté de la corde qui sonne à l'unisson. Cela peut se faire sans que la table de résonnance en éprouve la moindre pression : on ajoutera à chaque registre encore une tangente, on reculera le clavier d'un demi-ton vers le haut, et l'on placera en bas, sous la corde restée libre, une nouvelle touche qui sera le *la*.

» De cette manière, le clavecin aura meilleur son et conservera mieux son accord; il sera enrichi du *la*, cinquante-unième touche très-utile, tandis qu'autrement la cinquantième est sans utilité. Ensuite on dispose la troisième tangente de manière à ce qu'au moyen d'un petit prolongement, elle soit mise en mouvement aussi bien par le clavier inférieur que par le clavier supérieur, et alors ce dernier n'est plus muet, car on joue *piano* avec une corde en haut, et *forte* avec trois cordes en bas. Le quatrième registre qui est devant, est non-seulement inutile, mais incommode.

» Toutes les queues (clavecins à queue) à deux claviers, ont actuellement trois cordes au moyen desquelles cet instrument semble rendu parfait.

» On pourrait demander ce qui nous a poussé à décrire cet instrument d'une manière si minutieuse. Il y a pour cela trois raisons, dont la moindre a assez de poids pour nous y obliger.

» La première est que les clavecins (qui, pendant la vie du facteur se vendaient vingt livres flamandes, les petites queues douze livres et les carrés six livres), sont devenus d'un prix si élevé que certains entrepreneurs, pour tromper le public, ont fait avec les petites queues qui n'avaient qu'un clavier, deux registres et quarante-cinq touches, des instruments à deux claviers, avec quatre registres complets, dont le quatrième est, comme nous l'avons dit, inutile. On le nomme alors des clavecins de Ruckers à deux claviers. Mais c'est un abus, car ce n'est plus là qu'un instrument forcé, dont le son sera peut-être agréable, mais faible. On peut les reconnaître à la largueur; ils doivent avoir cinquante touches complètes, et un bloc à chaque extrémité du clavier, entre les planches latérales.

» La deuxième raison se rapporte aux grands clavecins que certains [facteurs] ont entrepris d'agrandir encore. J'ai toujours vu mal réussir ces entreprises; car lorsque, pour placer sur le chevalet un plus grand nombre de cordes, on doit, au moyen du compas, diminuer un tant soit peu les distances, le clavecin perd, par le poids des cordes ajoutées, la force que Ruckers lui avait donnée. La résonnance des cordes basses dépend surtout de l'espace qu'elles ont sur le chevalet. C'est pourquoi les facteurs de clavecin doivent avoir soin de leur donner plutôt trop que trop peu d'espace. Celui qui veut se servir des yeux de l'esprit, peut voir immédiatement qu'il n'y a pas de proportion gardée, lórsqu'on ne donne pas aux grosses cordes plus d'espace qu'aux petites.

» Nous arrivons à la troisième raison, qui contient l'explication du grand avantage que l'on peut tirer du bon emploi de la tangente supplémentaire. On sera étonné d'apprendre que l'on peut réaliser par là des effets tellement grandioses et agréables, qu'ils procurent le plus vif plaisir aux ignorants aussi bien qu'aux savants.

» Tout ce qu'il nous faut obtenir pour cela, est de donner à cette quatrième tangente, qui jusqu'à présent n'a été qu'un intrus, le rôle le plus important. Cela se fera en la plaçant, avec son registre, à deux pouces du chevalet dans la basse, et aussi près que possible du chevalet dans le haut. Que celui qui veut savoir l'effet que l'on produira par là, prenne une plume et touche une corde, d'abord près du chevalet, puis à distance de celui-ci; il entendra la différence entre le son maigre de l'épinette et un son moëlleux et plein. Ce fait est connu depuis longtemps, mais que, par l'établissement d'un pareil système d'épinette dans un clavecin à deux claviers de Ruckers, on peut produire une douzaine de changements de jeux (comme cela se fait dans les orgues au moyen de registres), c'est ce qui est resté inconnu jusqu'aujourd'hui.

» J'ai appliqué cela en l'année 1708, dans un clavecin de Jean

Ruckers à deux claviers, facturé en 1625 et ayant quatre registres nommés *spinetta, unisonus, cymbalum, octava*, ou pour parler
le langage des orgues, *trompette, bourdon, prestant, octave*. Et, en
vue d'exciter avec plus de rapidité l'étonnement de l'auditeur
par des changements inattendus, nous avons amené les registres
sur le devant, pour pouvoir, au moyen d'un coup de la main,
les déplacer tout en jouant. Il était permis ainsi d'employer les
deux claviers alternativement ou simultanément.

» Cet instrument a fait tant de bruit à cette époque, que
beaucoup de seigneurs, de ministres, et même des princes,
m'ont fait l'honneur de venir l'entendre jouer par moi. Ils ne
savaient pas comprendre comment un clavecin pouvait produire tant d'effets divers, et ils me demandaient s'il n'y avait
pas un autre instrument caché dans celui-là. Alors, j'enlevais
la barre qui couvre les tangentes, et je leur montrais que tout
consistait simplement dans les quatre registres, et qu'on pourrait encore à volonté y adapter un luth et une harpe d'une
nouvelle invention, sans parler d'une amélioration dans la qualité de son, qu'on pourrait encore introduire dans les meilleurs
clavecins, sans préjudicier à la table de résonnance.

» Pour jouir de tous les avantages qu'on peut tirer d'un clavecin ainsi perfectionné, il faut que l'instrument soit joué par
un bon maître, qui sache user de tous ces changements et combinaisons d'effets divers; mais un apprenti qui ne sait exécuter
que ce qu'il a appris d'avance, devra avoir pour cela des morceaux faits exprès. Ce clavecin est, non-seulement très-conve-
nable, mais meilleur que l'autre pour l'usage ordinaire.

» Mais, dira-t-on, où est l'instrument et où sont les morceaux? L'instrument, nous pouvons le montrer à toute heure,
et les morceaux, nous les composons en jouant. Ainsi, toute
difficulté est écartée, car l'élève obtiendra à l'instant du secours,
et saura, s'il reçoit de bonnes leçons, tirer de son cerveau, des
idées semblables, ce qu'il pourra faire plus tard sur un instrument beaucoup meilleur, et même sur les orgues où l'on peut
trouver tous les changements imaginables. »

Voici encore un fait qui a son importance, au point de
vue de la construction des clavecins et des orgues aux

Pays-Bas. Van Blankenburg dit, à la page 113, en parlant des *supersemitona* ou *subsemitona* : « On ne fractionne pas » un ton en quatre; cela est faux. J'ai vu plusieurs grands » orgues et clavecins de Ruckers, où il y avait de ces » superfétations. Mais, cette innovation a été écartée. » Pourtant, de Saint-Lambert, dans son *Nouveau Traité de l'accompagnement du clavecin et de l'orgue* (1), dit que « l'on » trouve assez souvent en Italie des clavecins coupés par » quarts de tons, pour accompagner les voix. » Et aujourd'hui, M. Joseph Vivier, l'ingénieux auteur d'un *Traité complet d'harmonie,* a fait construire un petit harmonium accordé par cinquièmes de tons, et dont il tire des effets surprenants.

Enfin, Van Blankenburg raconte l'expédient dont il se servit pour démasquer ses ennemis, et l'origine d'une fugue de sa composition, dont le thème fut traité, dix ans après, par le grand Haendel, à Londres.

« Lorsque, il y a quelques années, j'exhibais un morceau de ma composition, jamais il ne méritait d'éloge. Il fallait qu'il vînt de loin pour être jugé excellent. Mais quand je substituai à mon nom de Van Blankenburg, celui de *di Castelbianco,* qui est identique en italien, le tout fut déclaré admirable. Cela dura jusqu'au moment où, voulant confondre mes aristarques, je déposai mon masque. Mais alors, la même histoire recommença (2).

» A la fin de décembre 1725, on vint me soumettre un thème de douze notes, avec défi de le traiter sous forme de fugue. Aussitôt je me mis au travail, et, ma composition terminée, je la remis, accompagnée d'un billet, le 3 janvier 1726. Or, dix ans après, on vit circuler ici un ouvrage imprimé à Londres, intitulé : *Six fugues de Mr Haendel,* dont la sixième avait pour commencement (3)...

(1) Amsterdam, Roger, sans date. C'est probablement une contrefaçon de l'édition de Paris, de 1680.

(2) Cette anecdote est relatée également dans Witsen Geysbeeck.

(3) Suivent six mesures de cette fugue, lesquelles sont identiques à celles que notre musicien développa en 1726. La fugue de Haendel parut donc vers 1736.

» D'abord, je ne voulus rien laisser paraître; mais, pendant la rédaction du présent livre (septembre 1738), certain individu m'ayant rapetissé au point de soutenir ouvertement que mon œuvre était aussi peu comparable à celle de M. Haendel qu'un enfant à un homme tout fait, l'on me pardonnera si, obligé de défendre mon honneur, je fais imprimer ci-contre mon susdit morceau (que j'intitule : *fuga obligata*), pour me soumettre au jugement de tous les connaisseurs, et, en particulier à celui de M. Haendel. Ce maître, j'en suis convaincu, ne préjudiciera pas à ma réputation, attendu qu'il a déjà noblement exprimé son avis sur mon *Emblema musicum,* où je rattache au mariage de la princesse royale d'Angleterre avec le prince d'Orange, le problème : un fait deux, et deux font un. De même, à Vienne, le premier maître de chapelle de l'empereur, Jean-Joseph Fux, et le vice-maître de chapelle, Antoine Caldara, m'ont honoré, à l'occasion de cette trouvaille, de leurs éloges flatteurs. »

En somme, Van Blankenburg était, relativement à son époque, un musicien très-instruit, et ses ouvrages, quoique fondés sur l'empirisme, renferment une foule de bonnes choses. Il connaissait plusieurs langues, et il maniait assez facilement le couplet hollandais, témoins les rimes suivantes, placées au bas de la planche qui porte pour titre : *La loi de la nature :*

D'orakelmond van vrouw Natuur
Leert ons de waarheid op den duur
Zoo pal, dat haar nooit mond of pen
Betwist, als die haar niet en ken.

QUIRINUS VAN BLANKENBURG.

Son caractère se montre en entier dans les extraits que nous venons de mettre sous les yeux du lecteur : caractère droit, ouvert, naïf même, mais vaniteux et ombrageux à l'excès. Son pédantisme excessif ternit souvent ses meilleures idées. On le croirait mieux s'il tranchait avec moins d'assurance. N'a-t-il pas dit lui-même que la philosophie de Descartes est fondée sur le doute? Toutefois ne le blâ-

mons pas trop. Si le désir immoderé de parler de lui l'a
entraîné au-delà des limites permises dans un livre de pure
didactique, sa biographie s'est enrichie d'une foule de particularités intéressantes, et c'est à sa loquacité que nous
devons la présente notice.

XIV.

Desprès (Josquin),

Célèbre musicien de la fin du XVe siècle. — Son épitaphe citée par Sweertius. — Son portrait en buste vainement cherché par M. Fétis. — Ouvrage
où il est reproduit. — Authenticité de la gravure.

Sweertius, dans le laconique article qu'il consacre à
Josquin Desprès, rapporte que « certain écrivain fit sur
ce musicien l'épitaphe suivante, qui se lisait dans l'église
de Sainte-Gudule, à Bruxelles, avant les ravages des ico-
noclastes :

> O MORS INEUITABILIS,
> MORS AMARA, MORS CRUDELIS,
> JOSQUINUM DUM NECASTI,
> ILLUM NOBIS ABSTULISTI;
> QUI SUAM PER HARMONIAM
> ILLUSTRAVIT ECCLESIAM.
> PROPTEREA DIC, TU MUSICE,
> REQUIESCAT IN PACE. AMEN.

Nous ne savons où M. Fétis a vu la mention d'un buste
qui se trouvait, prétendùment d'après Sweertius, dans
l'église de Sainte-Gudule, et au-dessous duquel figurait
l'inscription que nous venons de reproduire. Mais, à coup
sûr, M. Fétis a eu l'inspiration heureuse.

« J'ai fait de vaines recherches à Bruxelles, ajoute-t-il,
» pour découvrir l'épitaphe et le buste; aucun renseignement
» n'a pu m'être fourni. J'ai aussi consulté, mais sans fruit,
» l'ouvrage intitulé : *Basilica Bruxellensis, sive monumenta*

IOSQVINVS PRATENSIS.

PHOTOLITHOGRAPHIE PROCEDES ASSER ET TOOVEY

Imp. Simonau & Toovey, Brux.

» *antiqua, inscriptiones et coenotaphia aedis DD. Michaelis*
» *et Gudulae.* Amstelodami, 1677, in-8°. Il ne s'y trouve
» aucune indication du monument cité par Sweertius, et
» l'on n'en trouve pas davantage dans la deuxième édition
» de ce livre, publiée à Malines en 1743, in-8°. »

Si M. Fétis avait poussé un peu plus avant ses investigations, il n'aurait pas manqué de rencontrer le buste tant
désiré. Nous avons eu la patience de parcourir tous les
ouvrages où il y avait quelque chance à le voir reproduit,
et un résultat heureux a couronné nos efforts. Le portrait
en buste du célèbre musicien est gravé dans le livre suivant, dont nous mentionnons le titre en entier : *Opus
chronographicum orbis universi a mundi exordio usque
ad annum MDCXI, continens historiam, icones, et elogia
summorum pontificum, imperatorum, regum, ac virorum
illustrium, in duos tomos divisum : prior auctore Petro
Opmeero, Amstelrodamo Batavo, a condito orbe ad suam
usque aetatem bono publico a Petro filio evulgatus; posterior
auctore Laurentio Beyerlinck, cive et canonico Antver-
piano.* Antverpiae, ex typographeio Hieronymi Verdussii,
1591-1611, 2 vol. in-f°.

Le portrait de Josquin Desprès se trouve reproduit dans
le premier volume. Donc il a été dessiné du vivant même
de l'auteur (1). Ce dessin offre d'autant plus de garanties
d'exactitude, qu'il a dû être confié à un artiste de renom.
En effet, on lit dans l'introduction, que Pierre Opmeere
eut pour amis et collaborateurs, des peintres, des sculp-
teurs et des architectes du plus grand mérite, tels que Martin
Hemskercke, Pierre Aertsen, Guillaume Van Tetrode,
Frans Floris, Antoine De Moor et Philippe Galle (2).

---

(1) Pierre Opmeere naquit en 1526 et mourut en 1595.

(2) « Amicos coluit eruditione scriptisque illustres..., aliosque pictores,
sculptores et architectos, sympathià quàdam adductus, mirè devinctos sibi

Il y a plus : Opmeere, qui joignait à un savoir d'une
grande étendue un esprit d'observation rare et une sûreté
de jugement remarquable, a donné sur le buste de Josquin
Desprès quelques mots concis, mais caractéristiques, lesquels, appliqués à la gravure, nous rendent, d'une façon
relativement fidèle, les traits de cette intéressante physionomie artistique, que l'on croyait anéantis à tout jamais.
« L'on voit, dit-il, en l'église de Sainte-Gudule, à Bruxelles,
» à l'autel droit, devant le chœur, une peinture représen-
» tant Josquin. Son visage est honnête; son regard est doux
» et aimable (1). »

Opmeere ne parle pas de l'inscription; mais, comme
Sweertius, dont le témoignage a de l'autorité, affirme
qu'elle a existé dans l'église susdite, nous n'hésitons pas
à la rapporter à la planche ci-contre, où nous avons fait
reproduire, en photolithographie, le précieux portrait
transmis par Opmeere. Le lecteur aura donc la gravure
même sous les yeux.

Maintenant, que l'on trouve quelque jour une effigie de
cet artiste plus complète, nous ne demandons rien de mieux;
toutefois, il nous sera toujours permis de revendiquer la
priorité de la découverte.

---

habebat, ut vel ex opere ejus chronographico colligere licet. Florebant in
Hollandia ejus amicitia ac contubernio clari : Martinus Hemskerckius, Petrus
Longus, Gulielmus Tettero, Franciscus Floris, Antonius Morus, Philippus
Gallæus, pictores sculptoresque excellentes. »

(1) « Conspicitur Josquinus depictus Bruxellis in D. Gudulæ [ecclesiâ,] in
tabula arae dextrae ante chorum, honestâ sanè facie ac blandis oculis. »
P. 440. Le mot *conspicitur* a sa valeur dans la question qui nous occupe.

XV.

Van Helmont (Charles-Joseph),

Maître de musique de l'église cathédrale des SS. Michel et Gudule, à Bruxelles.
— *Le Retour désiré*, divertissement dont il a composé la musique, et qui
se rattache, selon toute apparence, à la rentrée du duc Charles de Lorraine
en cette ville. — La partition de chant. — Musique religieuse de Charles-
Joseph Van Helmont. — Liste de compositions, la plupart inconnues aux
bibliographes, que posséda jadis J. F. Libau, prêtre des SS. Michel et
Gudule. — Date de la naissance et de la mort de Charles-Joseph Van
Helmont. — Sa famille.

Peu après l'installation de Charles de Lorraine, comme
gouverneur des Pays-Bas, les Français, sous la conduite du
maréchal de Saxe, entrèrent en vainqueurs à Bruxelles. Le
duc Charles put se retirer librement avec ses équipages et
ses domestiques. Alors commença pour les Bruxellois une
domination tyrannique qu'ils supportèrent avec peine, et
qui ne cessa que par le traité d'Aix-la-Chapelle (18 octobre 1748). La garnison française quitta Bruxelles le 28 janvier 1749, au milieu des malédictions du peuple, et, une
heure après, les régiments impériaux de Lorraine, d'Arenberg et de Los-Rios, avec deux compagnies des dragons du
prince de Ligne, pénétrèrent dans la même ville au son
des cloches de toutes les églises et aux acclamations enthousiastes des habitants.

Le duc Charles revint le 23 janvier 1749. Il fut reçu
avec la plus vive allégresse. « Un brillant cortége le con-
» duisit à Sainte-Gudule où un *Te Deum* fut chanté. Depuis
» la porte de Louvain, par laquelle il entra, jusqu'au pa-
» lais, les maisons étaient pavoisées de drapeaux et de ban-
» derolles, ornées de tapisseries et de guirlandes; les rues
» qui presque toutes avaient leur arc de triomphe, étaient
» jonchées de sable et de fleurs. Les illuminations et les feux
» de joie durèrent trois nuits de suite. L'affluence des

» étrangers accourus à ces fêtes fut si grande, qu'on compta
» plus de 15,000 personnes logées dans les auberges de la
» ville. Le 24, le magistrat, précédé par une cavalcade com-
» posée des élèves des jésuites, alla complimenter le prince
» sur son retour et lui offrir le vin d'honneur. La *Gazette de*
» *Bruxelles* reparut, les armes de l'impératrice furent réta-
» blies, celles de la France renversées, et tout rentra dans
» les anciennes habitudes (1). »

A ces événements se rattachent deux divertissements
avec chant : l'un composé par un certain Leclair, l'autre
par Charles-Joseph Van Helmont. Il ne sera question, pour
le moment, que du dernier ouvrage ; son titre est : *Le*
Retour désiré, divertissement pour la paix, mis en musique
par C.-J. Van Helmont, maître de musique de l'église collé-
giale de SS. Michel et Gudile (sic). A Bruxelles, 1749,
in-8°, de 13 pp. Ce titre, qu'ornent les armes d'Autriche,
figure en tête d'une partitionnette, entièrement gravée sur
cuivre, et qui est d'une rareté excessive. Aucun bibliographe ne la mentionne, et nous avons pu constater qu'elle fait
défaut dans nos principales bibliothèques publiques.

D'abord, le divertissement de Charles-Joseph Van Helmont fut-il composé et exécuté pour l'entrée triomphale du
duc de Lorraine? Il est difficile d'établir ce point avec certitude. Toutefois, on peut supposer que, bien que Marie-
Thérèse y fasse l'objet de toutes les aspirations du parolier,
il y a au fond de cette galanterie une allusion à Charles de
Lorraine. Puis, est-il permis de conjecturer que la pièce ait
été écrite avant le traité d'Aix-la-Chapelle, sous une dicta-
ture tyrannique à l'excès? Qu'elle ait surgi à l'occasion de
la paix même, cela est plus probable. En tout cas, on y
démêle un rapport direct avec le changement de gouverne-

---

(1) Henne et Wouters, *Histoire de Bruxelles*, t. II, p. 277. — Voir aussi la
brochure : *Entrée pompeuse de Charles de Lorraine*, etc. Bruxelles, 1749, in-4°.

LE
RETOUR DÉSIRÉ,
DIVERTISSEMENT
DE
CHARLES-JOSEPH VAN HELMONT.

JUPITER.

Lentement.

La guer-re cru-elle et ses fou-dres di-

vers,dont j'ai vou-lu pu-nir l'u-ni-vers, j'or-

don-ne qu'ils cessent désor-mais en ces lieux, ay-ant moins mé-ri-

té la co-lè-re des Dieux.

APOLLON.

Du Dieu Ja-nus l'é-di - fi-ce par la

ment qui eut lieu en 1748, et l'année 1749, qui figure au frontispice, soit qu'elle indique l'époque du retour de Charles de Lorraine ou simplement la date de l'impression de l'œuvre, ne saurait faire prendre le change à cet égard.

A coup sûr, elle émane d'un musicien de talent. Le style de chaque couplet ou air a quelque chose de noble, qui empêche de le confondre avec les chants d'opéra proprements dits. Il est plutôt religieux que théâtral. La déclamation et l'expression des paroles sont convenablement observées. Chaque personnage a son langage distinct. Le caractère calme qui règne, d'un bout à l'autre de la pièce, ne permettait pas que l'harmonie fût ni riche ni variée. Il est possible toutefois que la symphonie pittoresque, interjetée entre les morceaux de chants, a fourni au compositeur l'occasion de renforcer le coloris de ses accords, et de donner un libre cours à son imagination. L'accompagnement se faisait d'ailleurs au clavecin, et une simple basse chiffrée suffisait pour guider le chant. Inutile d'ajouter que l'harmonie, bien qu'incorrecte parfois, décèle un musicien expérimenté.

Selon le goût de l'époque, le sujet du *Retour désiré* est symbolisé par des personnages allégoriques empruntés à la mythologie. L'intrigue est nulle; c'est le caractère du divertissement, de n'offrir qu'une suite de scènes plus ou moins bien raccordées, sans complication d'incidents. Les vers sont détestables, et n'ont pas même le mérite d'une prose régulièrement rimée.

Nous allons suivre un à un chaque morceau de la partition. Ils sont au nombre de dix, sans compter trois symphonies, autant de ballets et deux chœurs, qui n'ont pas été gravés et qui probablement sont perdus. C'est regrettable, car il eût été intéressant de voir comment le musicien s'est tiré d'affaire dans ces morceaux à orchestre, tandis qu'il ne nous est guère permis maintenant que d'examiner les parties de chant *soli*.

Presque tous sont des *ariosi,* offrant l'ancien type de la *cavata* et de l'air à *da capo.* La coupe est la même, à peu d'exceptions près. En général, la déclamation est excellente, et le puriste n'aurait que très-peu d'irrégularités prosodiques à signaler. Leur qualité distinctive est la simplicité.

Voici ces morceaux dans l'ordre où ils se trouvent dans la partition :

« Le théâtre représente le temple de Jupiter, où la nymphe des Pays-Bas autrichiens paroît, qui chante l'air suivant :

LA NYMPHE.

Grand Dieu de tous les Dieux, de qui dépend tout être,
Des rois et souverains vous êtes seul le maître.
La guerre désole tout; mais tout dépend de vous.
Décidés de la guerre, juste Dieu, sauvés nous ! »

Cet arietto, en mouvement lent, est d'une grande largeur de style. Il y a de l'intérêt dans la basse. La partie chantante s'élève progressivement du *ré* au *la,* en insistant sur les mots trois fois répétés, de : « Sauvez-nous, juste Dieu ! » Nous ne serions pas étonné que l'auteur eût connu et étudié Haëndel. Il en a un reflet.

« Symphonie accompagnée de trompettes et de timbales, annonçant quelqu'événement extraordinaire; sur quoi paroît Mercure, qui chante l'air suivant :

MERCURE.

Cesse, cesse, nymphe aimable,
Cesse tes pleurs, tes soupirs :
Les Dieux te sont favorables,
Tes malheurs doivent finir.
Mars n'étant pas indomptable,
On arrête son courroux :
Une reine adorable
A gagné les Dieux pour vous. »

Il n'y a rien de bien saillant dans ce petit morceau. L'agencement mélodique en est régulier, le rhythme accen-

tué, et la carrure irréprochable. Il ressemble, plus que tous
les autres, aux airs en vogue du temps de l'auteur.

« Jupiter descend du ciel environné de gloire, ayant à sa droite
Minerve, Vénus et Cérès, à sa gauche Apollon, Neptune et
Mercure.

JUPITER.

La guerre cruelle et ses foudres divers,
Dont j'ai voulu punir l'univers,
J'ordonne qu'ils cessent désormais en ces lieux,
Ayant moins mérité la colère des Dieux. »

La mélopée que le musicien a mise sur ces paroles de
Jupiter, a une allure grave et solennelle, quelque chose qui
impose et qui émeut. Remarquez à la douzième mesure le
trait descendant de la basse, de *ré* à *sol*, trait qui se reproduit identiquement, à la mesure suivante, en mouvement
contraire. Dans tout ce passage, impératif et majestueux,
on démêle une velléité impatiente, qui dépeint bien la physionomie morale du maître des dieux. Chantée avec l'em-
phase qu'on y mettait jadis, cette mélopée ne peut manquer de produire un effet saisissant.

« APOLLON.

Du Dieu Janus l'édifice
Par la paix sera fermé :
Désormais les sacrifices
N'y seront plus encensés.
Une douce harmonie sur la terre
Doit bannir la fureur de la guerre.
Le Dieu Neptune désormais
Vous offre une riche paix. »

Voici un air à caractère dramatique, plein de mouvement, d'énergie et de fierté noble. Écrit pour une véritable
basse-taille, il commence et finit par la note de *sol*, sur
la première portée, avec la clef de *fa*. La carrure en est
parfaite.

« Symphonie.

LA NYMPHE.

Adorable, charmante paix,
Unis nos cœurs, règne désormais.
De la guerre chasse l'horreur,
Fais nous jouir de tes douceurs.
Grand Dieu, que mon âme ressent
Que rien n'égale vos jugemens !
La foudre de vos justes loix,
Calme les armes et les rois. »

Le musicien interjette ici une sorte de pastorale, comme contraste à ce qui précède. Cela est placide et doux, mais sans relief dans la mélodie. L'auteur semble avoir réservé ses moyens pour la strophe qui suit celle-ci :

« Premier ballet dansé par une troupe des habitants.

LA NYMPHE.

Mars finit et Bellone
A la Paix cède son trône :
L'empire de la Paix
Tout triomphant renait.
Les lauriers des victoires
N'ont pas la douce gloire
Que ramène la Paix,
Puisqu'ils fument du sang
Que la fureur de la guerre répand. »

En effet, tout est ici plus solennel, plus éclatant. La mélodie écrite, à dessein sans doute, dans une gamme plus élevée, n'offre pourtant rien de caractéristique.

« Symphonie.

MINERVE.

L'auguste souveraine, chérie
De vous et des Dieux,
Malgré la haine et l'envie,
Vient régner en ces lieux.

Les arts, la raison, la sagesse,
Ont élevé aux cieux
Leurs voix unis sans cesse,
Et fléchi tous les Dieux. »

Cet arietto est conçu dans une forme qui s'écarte peu de la coupe consacrée, hormis une progression qui semble dépeindre « les arts élevant aux cieux leurs voix. » Les accents ont de la noblesse, de la dignité.

« VÉNUS.

Rien sur la terre
Ne peut plus vous plaire.
Que la Reine, que même l'amour
Vous donne à son tour.
C'est l'important mistère,
Quand la divinité vous dicte d'aimer (l'amour ?). »

L'auteur a visiblement réservé toute sa coquetterie de style pour ce morceau-ci. En effet, les traits légers et grâcieux y abondent. Une série de vocalises, en triolets, lui sert de péroraison. C'était sans doute un air pour la *prima donna* du temps.

« Ballet, après lequel Minerve et Vénus présentent le portrait de l'Impératrice-Reine à ses sujets; puis elles chantent ce duo :

VÉNUS, MINERVE.

Peuple, la guerre t'a désolé,
Tes biens, tes terres sont récompensés :
La Reine vous revient des mains des Dieux.
Vous le voulés, se peut-il mieux? »

La formule reparaît ici. Pourtant, après l'audition de toutes les voix isolées, ce duetto doit faire de l'effet.

« Pendant qu'on danse le troisième ballet, on orne le portrait de l'Impératrice-Reine de fleurs; ensuite le chœur chante ce couplet :

LE CHOEUR.

Chère paix, remplie de gloire,
Que les Dieux nous ont donné;
Paix d'immortelle mémoire,
Tout par vous est redressé,
Pour vous tout est ranimé.
Éternelle est votre gloire,
Puisque des mains des Dieux
On vous reçoit en ces lieux. »

Ce chœur manque. On le voit, la gradation est excellemment observée.

« La Nymphe chante l'air qui suit, au parterre :

LA NYMPHE.

Sonnés trompettes en ce jour,
Mais sonnés pour plaire,
Annoncés la paix et l'amour,
Qui renaissent à leur tour.
Guerriers, oubliés la guerre,
Ne songez plus aux combats,
Faites la guerre à mille appas;
Au lieu des armes et des tambours,
Aimés la paix, suivés l'amour. »

A coup sûr, voici un des airs le mieux ordonnés de l'ouvrage. Il est regrettable qu'il n'ait pas plus de caractère. Signalons un mouvement continu dans les fonctions de la basse, où l'on semble entrevoir çà et là une intention d'imiter le carillon, à mesure ternaire, des églises.

« Le chœur, accompagné de trompettes et de timbales, répète les paroles qui suivent :

Que désormais
Règne la paix,
Et que nous conduise au bonheur
L'objet chéri,
En ce pays,
Qui seul possède tous nos cœurs. »

Ce morceau d'ensemble, comme le précédent, fait défaut dans la petite partition. Il termine l'ouvrage de Charles-Joseph Van Helmont.

D'autres productions de ce musicien nous sont connues. Nous en avons trouvé dans un recueil manuscrit de *Préludes et versets dans tous les tons, composés de divers auteurs,* recueil qui porte au frontispice : « Ex libris Joannis Fran-» cisci Libau, sacerdotis necnon capellani ecclesiæ collegia-» lis DD. Michaelis et Gudilae Bruxellis, collegii minoris » Sancti Spiritùs Lovanii alumni. Anno 1764. » Une partie de l'ouvrage porte la date 1766, avec le nom de Libau. En dehors des compositions émanées de Charles-Joseph Van Helmont, que nous énumérerons plus loin, les morceaux signés appartiennent aux musiciens suivants :

1° Jean-Jacques Robson, maître de musique de l'église de Saint-Germain, à Tirlemont.

2° P.-J. Vanden Bosch, organiste de la cathédrale d'Anvers.

3° P. Vanden Driessche, organiste de Saint-Michel, à Louvain.

4° Kerckhoven, sans doute Jean-Baptiste Kerckhoven, taille de la chapelle de Charles de Lorraine, en 1745, 1746 et 1749, à moins que ce ne soit le suivant :

5° Vanden Kerckhoven, organiste du prince Charles de Lorraine. Il s'appelait Melchior, et nous le voyons cité avec le titre d'organiste, aux mêmes années que Jean-Baptiste Kerckhoven (¹).

---

(1) C'est apparemment d'un de ses parents qu'il s'agit dans la pièce ci-contre, laquelle démontre que le sort des musiciens attachés à la chapelle du souverain n'était souvent rien moins que précaire : « Jean-Philippe Vander » Kerkhoven et son fils, musiciens de la chapelle royale de cette cour, m'ayant » représenté, par la requête ci-jointe, que, nonobstant mon décret du 21 de » février dernier, ils n'auroient encore reçeu aucun payement de leurs gages, » ce qui les réduit à une extrémité des misères, j'ordonne itérativement aux » ministres D. P. des finances, de leur faire payer, sans aucun délay, à

6° Vander Gaer.

7° J. Audister, minime.

8° J.-F. Libau, le collecteur du recueil, auteur d'un prélude dans le deuxième ton, composé en 1763.

9° J.-B. Jaemaels, auteur d'une fugue écrite à Bâle.

10° C. Masson, auteur d'une double fugue tirée de son livre : *Nouveau traité des règles pour la composition de la musique.* Amsterdam, Étienne Roger, 4ᵉ édition (1).

11° P. Bréhy, auteur d'un prélude à plein jeu, dans le troisième ton, composé en 1734, et d'un prélude également à plein jeu, dans le quatrième ton.

Ce musicien pourrait être l'auteur de certains morceaux anonymes du même recueil, sur lesquels on lit : « Écrit par le maître de dame Cécile Manock, en 1741. » Il s'agit ici d'une religieuse du couvent des Dames bénédictines anglaises de Bruxelles, pour lesquelles Bréhy, qui fut maître de musique à Sainte-Gudule, composa un recueil de répons pour la Semaine-Sainte, comme on le verra plus loin.

Ce que nous concluons de l'inspection de ce recueil, c'est que les organistes du XVIIIᵉ siècle étaient infiniment plus pédants que les nôtres. Il est vrai qu'aujourd'hui l'imagination joue un plus grand rôle. Jadis, on s'en tenait généralement à des formules souvent étroites et mesquines (2).

Les morceaux de Charles-Joseph Van Helmont attestent le faire d'un musicien solide. Ils sont au nombre de

» chacun une année de leurs respectives gages. Bruxelles, 21 avril 1719. » Fᵒ 80 vᵒ du registre de la secrétairerie d'État et de guerre, aux Archives du royaume.

(1) Nous possédons la troisième édition, imprimée à Paris, chez Christophe Ballard, en 1705.

(2) C'est tout ce que nous en dirons, ne voulant pas empiéter sur un domaine que notre ami, M. Xavier Van Elewyck, de Louvain, exploite avec tant de zèle, depuis plusieurs années. Le recueil en question fait partie de la belle collection de M. Robert Van Maldeghem.

neuf, savoir : 1° Un prélude *alla breve* (1), dans le premier ton; 2° un prélude *alla breve*, composé pour le baron de Celles en 1754; 3° deux préludes, dans le cinquième ton; 4° quatre préludes, dans le cinquième ton, à plein jeu, dont un prélude de 1755; 5° une fugue dans le cinquième ton. Un verset porte : « Auctore P. J. Van Helmont » désignation fautive peut-être, mais utile, en tout cas, d'être mentionnée ici.

Là ne se bornent pas les productions de Charles-Joseph Van Helmont. Jean-François Libau a délaissé un catalogue des ouvrages de musique dont il fit l'acquisition, et, dans ce catalogue que nous n'hésiterons pas à reproduire, à cause de l'intérêt qui s'y rattache pour la bibliographie musicale, on remarque un *Lauda Sion* à quatre voix, de notre compositeur; c'est un motet qui probablement a été écrit avec accompagnement d'orgue et d'instruments à cordes, comme la plupart des autres motets qu'on y trouve. Nous suivrons, pour la publication de la liste de Libau, le même système que nous avons adopté pour la reproduction des listes de Jean-Baptiste Dandeleu, c'est-à-dire que nous ferons suivre d'une note concise chaque ouvrage inconnu aux musicographes, en prenant pour base d'information la *Biographie universelle des musiciens,* de M. Fétis.

Voici ce document :

LISTE DE MUSIQUE D'ÉGLISE APPARTENANT A J.-F. LIBAU, PRÊTRE DE SAINTE-GUDULE; ACHETÉE.

Six messes titrées : Chorus musarum, à 4 voix, 2 violons et orgue concertante, 2 cors, timballes, violoncelle ad libitum, composées par le célèbre Antoine Caldara, 1748; 2 parties imprimées.

---

(1) *Alla breve* était la mesure à deux temps précipités, dont les Italiens se servaient dans les compositions *alla capella*. C'est, croyons-nous, notre C barré actuel.

Six messes écrites par M. De Lange, de Liége, à 4 voix, 2 violons et orgue; 7 parties.

Auteur inconnu à M. Fétis. C'est probablement le même De Lange qui écrivit les ariettes intercalées dans la comédie en prose de Du Perron : *Nicette ou l'École de la vertu*, représentée à Liége en 1776.

La 6me messe de Breunich, écrite à 4 voix et orgue; 5 parties.

Auteur inconnu à M. Fétis.

Missa solemnis, à 5 voix, 2 violons, alto-viola et orgue; 9 parties. La plus belle de Jos. Hector Fiocco.

Ouvrage inconnu à M. Fétis. Ce ne peut être la messe que l'auteur composa pour la Sainte-Cécile, en 1732, attendu que cette messe est écrite à 5 voix, 2 violons, par-dessus de viole, alto-viole, basse de viole, violoncelle solo et basse continue pour l'orgue. Joseph-Hector Fiocco était maître de chapelle de l'église de Notre-Dame d'Anvers.

Missa solemnis à 4 voix, 2 violons, alto-viola et orgue; 9 parties, del signore Hector J. Fiocco.

Ouvrage inconnu à M. Fétis.

Missa à 4 voix, 2 violons, hautbois obligé et orgue; 9 parties, auctore Durante.

Missa à 4 voix, 2 violons, alto-viola et orgue; 9 parties, auctore Hamalle.

Lequel des Hamal, de Liége? En tout cas, l'ouvrage n'est pas mentionné par M. Fétis.

Missa solemnis à 4 voc., 2 viol. avec hautbois et orgue; 9 parties, auctore Durante.

Missa solemnis à 4 voc., 2 viol. et orgue; 8 parties, auctore N.

Missa solemnis à 4 voix, 2 viol., 2 corni ad libitum, cum organo; partes 12, authore Fco.

Ouvrage inconnu à M. Fétis.

Partituer ou partition d'une messe à 4 voix. 2 viol., alto-viola et orgue, del s. R. J. Rottenburg. Achetée 2 sols.

Auteur et ouvrage inconnus à M. Fétis.

Missa : Rorate, à 4 v., 2 viol. cum organo; partes 28 ripieni, del signore Joan. Joseph Fux.

M. Fétis donne plusieurs messes à 4 voix de ce compositeur, quelques-unes même portant un titre; mais nous n'en voyons point avec la qualification de *Rorate*.

Missa : Confidentia, à 4 voc., 2 viol. conc. et organo; partes 12, del signore Giovanni Giuseppe Fux, maestro di capella di S. C. et R. Coll.

Même observation que pour l'ouvrage précédent.

Missa brevis, à 4 voix et instruments, auctore Fiocco.

OEuvre inconnue à M. Fétis.

Belle messe de morts en partition, par F. J. Gossec; coûte 1 1/2 c. imp. (couronne impériale).

Asperges me et vidi aquam, à 4 voix et orgue.

Stabat mater dolorosa, partition de Pergolesi, à 2 voix, 2 violons, alto et orgue.

Stabat mater, à 5 voc., 2 violons, etc., partes 18, del signor J. P. Maier.

Auteur et ouvrage inconnus à M. Fétis.

Lauda Sion, à 4 voc., 2 violons et orgue; del signor J. J. Fux.

Motet non cité par M Fétis.

Pange lingua, à 4 voix; partition et parties.

Vexilla regis, à 4 voix, par Doudelet. Partition.

Auteur et ouvrage inconnus à M. Fétis. Un Doudelet était premier violoncelle du théâtre de Bruxelles, en 1792, et, deux ans plus tard, nous trouvons un Dodelet avec le titre de maître de musique de la chapelle de Charles de Lorraine.

Vexilla regis, à 4 voix, sans instruments.

Libera me, à 5 voix et instruments.

Ecce quomodo moritur justus, in hebdomada sancta, à 4 voc.; partes 9.

2 Litaniae de venerabili sacramento, à 4 voc. : 1ª de Mr Joseph-Hector Fiocco, 1727; et 2da de P. Bréhy.

Les premières litanies sont inconnues à M. Fétis; les deuxièmes, ainsi que leur auteur, lui sont également inconnues. Voy. ci-dessus.

Litaniae laurettanae, à 4 voc., 2 viol., 2 tromboni, auctore Petro Casati; partition, 1731.

Auteur et ouvrage inconnus à M. Fétis. Est-ce un parent de Théodore Casati qui devint organiste de la cathédrale de Milan, en 1667?

Te lucis ante terminum à...., auctore Mat. Ocul, maëstro di capello di S. M. Eleon. imp. vidua.

Auteur et ouvrage inconnus à M. Fétis.

Partition de répons de la Semaine sainte, des Dames Bénédictines Anglaises, à 3 voix, par P. Bréhy.

D'après la destination de cet ouvrage, l'on peut croire que l'auteur, déjà cité précédemment, habitait les Pays-Bas.

Lauda Sion, à 4 voix, etc., autore C. J. Van Helmont.

Auteur et ouvrage inconnus à M. Fétis. C'est le même musicien qui fait l'objet de ce paragraphe.

Veni creator spiritus, à 4 voix, etc.

Te Deum laudamus, auctore Hectore Fiocco.

Ouvrage inconnu à M. Fétis.

Alma Redemptoris, à 4 voix, 2 viol., 1 viola, organo, auct. J. J. Fux; partes 9.

Motet inconnu à M. Fétis.

Ave Regina en 6/8, par Hector Fiocco, à 4 voix.

Motet omis par M. Fétis. Peut-être fait-il partie du recueil publié par Roger, à Amsterdam, en 1750.

Ave Regina en 3/2, à 5 voix, par Antonio Fiocco.

Motet inconnu à M. Fétis. Nous n'avons pu examiner s'il se trouve dans le recueil des messes, sans date, édité par Roger, à Amsterdam.

Ave Regina C (barré), à 4 voc., par H. Fiocco.

Même observation que pour l'*Ave Regina*, à 6/8.

Regina Coeli a 4, alla capella, del s. Fux; partes 18.

Composition inconnue à M. Fétis.

Salve Regina, tenor solo et org. de la s. arch. : Madeleine.

Salve Regina, basso solo et org. composta... di sua maesta cesarea Carlo VI, re di Spagnia.

Il y a une lacune ici ou une mauvaise lecture. Il faudrait *da* pour attribuer ce motet à Charles VI.

In convertendo à 5 voc., 2 viol., 2 oboe, 2 corni, 2 trombe, col basso e timpano, auctore F. Krafft; partes 17.

Nous ignorons auquel des trois Krafft, ayant pour prénom François, ce motet peut être attribué. François-Joseph Krafft a laissé un *In Convertendo,* cité par M. Fétis, sans autre indication, sinon qu'on croit que le morceau a été écrit en Italie dans un concours.

Partition : Apparet jam in alto monte, de F. Krafft.

Ouvrage inconnu à M. Fétis.

Motet solemne : Cari Zephiri volate à 4 voc., 2 oboe, 2 corni, alto-viola e bassa, et la partition, de F. Krafft.

Ouvrage inconnu à M. Fétis.

Dixit Dominus, à 4 voc.

Confitebor, à 4 voc., 2 viol., 2 oboe, 2 tromb. et organo, auctore Pergolesi; partes 12.

Laudate pueri, à 4 voc., 2 viol., 2 clar., 2 tromb.; partes 31, auct. Math. Oëtt, C?

Auteur et ouvrage inconnus à M. Fétis. On a vu un Math. *Ocul*, à la fin de la page 87. Lequel des deux noms est le véritable?

Laudate Dominum omnes gentes, a 4 voc. alla capella, del s. Matthia Oëtt C; partes 20.

Même remarque que pour l'alinéa précédent.

Levavi oculos meos, a 4 voc., 2 viol., alto-viola et org., auct. J. J. Fiocco; partes 9.

Auteur et ouvrage inconnus à M. Fétis.

O sacrum convivium, à 4 voc. 2 viol. et partes 18.

O salutaris hostia, à 4 voix et instrum.

O Jesu tribulationem meam, à 4 voc. et organo.

Pastores gaudium annuntio vobis, à 4 voc., instr., del s. Rumplaig.

Auteur et ouvrage inconnus à M. Fétis.

Inspiramus ad te Jesu, in contrapuncto, à 4 voc., instr. auctore domino sign. Prustmann; partes 17.

Auteur et ouvrage inconnus à M. Fétis.

Heu! peccatores, 4 voc., 3 violae, etc., e basso, del ... Sua M. C. Leopoldo I; partes 10, avec partition.

Titre tronqué.

Miserere, peccavi, à 4 voc., 2 violette; 9 partes, 1706.

Fuge, cara anima, mundi gaudia, à 3 voix, alto, tenor, basso, et basso-viola, del s. Stephano; partes 6.

Auteur et ouvrage inconnus à M. Fétis.

Laetare turba, tenore solo et instr., de Joan. Jos. Fux.

Ouvrage non cité par M. Fétis.

Conserva me, alto solo et instrum.

Desolata desperata, canto solo, 2 viol., alto-viol., basso e organo, del s. Caldara.

Motet non cité par M. Fetis.

Nocturna procella, canto solo, del Terradellas.

OEuvre inconnue à M. Fétis.

De placido torrenti, canto solo, del Pergolesi.

OEuvre omise par M. Fétis.

Jubilate, à 2 canti.

Confitebor tibi Domine, canto solo, del Fiocco.

A solis ortu, canto solo, de Bréhy.

Auteur et ouvrage inconnus à M. Fétis.

Venite, pastores, canto solo, de Bréhy.

Auteur et ouvrage inconnus à M. Fétis. Pour cet alinéa et le précédent, *voy*. aux pp. 87 et 88.

Partition de 9 répons de mort, par Jean J. Fiocco.

Auteur et ouvrage inconnus à M. Fétis (1).

Enfin, nous ne pouvons omettre plusieurs messes, citées sous le nom de Van Helmont, dans le *Catalogue des musiques sacrées et des opéras délaissés par feu J. Borremans, ex-maître de chapelle de l'église des SS. Michel et Gudule*, etc., et dont la vente s'est faite en 1859. Comme le prénom manque, il se peut qu'elles soient dues à Adrien-Joseph Van Helmont, son fils, qui lui succéda dans les fonctions de maître de chant de la susdite église. Cela est même probable, vu que la musique sacrée, figurant dans ce catalogue, appartient généralement à la fin du siècle dernier et à la première moitié du siècle actuel.

Charles-Joseph Van Helmont naquit à Bruxelles, le 19 mars 1715, et il y mourut le 8 juin 1790 (2). Inutile d'ajouter que ni M. Fétis, ni aucun biographe musical, n'en disent mot. Il était allié aux maisons de Mérode et de Stassart. Le célèbre médecin, Jean-Baptiste Van Helmont, seigneur de Mérode, Royenborch, Oirschot, Gellines, etc., est un de ses ancêtres.

---

(1) Cette liste appartient également à M. Robert Van Maldeghem. Nous renonçons à en homologuer la rédaction. Trois langues y sont confusément employées.

(2) Ces renseignements nous ont été fournis par notre ami, M. Félix Delhasse, qui a bien voulu se dessaisir en notre faveur de la rarissime partition de Charles-Joseph Van Helmont.

XVI.

Desquesnes (Jean),

Chantre de Marguerite de Parme, gouvernante des Pays-Bas. — À la mort de Gérard de Turnhout, arrivée en 1580, et non en 1594, il sollicite et obtient, grâce à l'intervention de la gouvernante, une prébende à Tournai. — Sa requête et la lettre de recommandation de Marguerite de Parme. — Jean De Ham, choral de l'église de Soignies, est attaché à la chapelle d'Alexandre de Parme. — Lettre du prince à Henri De Ham, père du sopraniste. — Deux recueils de motets et de chansons, de Gérard de Turnhout. — Compositions diverses citées dans un catalogue de 1569.

Il y a diverses particularités biographiques à recueillir dans les documents que nous reproduisons ci-après. Ils concernent Jean Desquesnes et Gérard de Turnhout, deux musiciens dont la vie et les travaux sont très-imparfaitement connus. Procédons par ordre.

Augustin da Cruz, mentionné par M. Fétis dans la première édition de sa *Biographie universelle des musiciens* (1), rapporte, sans étayer son assertion d'aucune preuve, que Gérard de Turnhout mourut en 1594. Rien n'est plus inexact que cette date : il y a au moins treize ans à en rabattre. Gérard de Turnhout cessa de vivre au mois de septembre 1580. Maître de chapelle de Philippe II, il était en possession de deux bénéfices : l'un à Tournai, l'autre à Aire, en Artois.

Parmi les postulants qui s'offrirent pour l'obtention de ces prébendes, il faut citer Jean Desquesnes. Il apportait, à l'appui de sa demande, le titre de chantre de la duchesse de Parme, et il avait su, par ses loyaux services, captiver les bonnes grâces de la gouvernante des Pays-Bas. Il fut secondé par elle dans sa démarche, et il en reçut une lettre

---

(1) Sept volumes de la deuxième édition, allant aux lettres SCULT, ont seulement paru jusqu'ici (octobre 1864).

de recommandation fortement motivée, à l'adresse de son fils, Alexandre de Parme.

L'effet de cette grâcieuse intervention ne tarda pas à se faire sentir. Le 31 juin 1581, une apostille favorable fut apposée sur la requête de Jean Desquesnes. Elle portait que la prébende de Tournai lui était conférée « par droit » de régalle. »

Tout ce que l'on savait auparavant de Jean Desquesnes, c'est qu'il est l'auteur d'un recueil de *Madrigali,* imprimés à Anvers, en 1591. Des conjectures, assez hasardées, avaient dû suppléer à ce défaut d'information.

Marguerite de Parme se plaît à l'appeler « mio cantore, » et son insistance prouve que le musicien avait des qualités sérieuses pour être traité sur le même pied que Gérard de Turnhout, un compositeur de grand talent. Nous ne serions pas étonné de voir surgir un jour, de l'une ou l'autre collection privée, une production de Desquesnes antérieure à sa nomination au bénéfice de Tournai. Voici, en attendant, sa requête :

« Au Roy,

» Remonstre très-humblement Jehan Desquesnes, musicien de Son Altèze, que, par le trespas de M⁰ Gérard Turnhout, maistre de la chapelle de Vostre Majesté, seroient demeurez vacantes deux prébendes, assçavoir : l'une en la ville de Tournay, et l'autre en la ville d'Aire, à la libre disposition de Vostre Majesté. A cause de quoy le remonstrant supplye très-humblement que Vostre Majesté soit servye luy vouloir conférer lesdictes deux prébendes, en ensuyvant les lettres de faveur de Sadicte Altèze, ensemble de la déclaration de l'audiencier de Vostre-dicte Majesté, que lesdictes prébendes ne sont encores conférées. Quoy faisant, ledict remonstrant prieray le Créateur pour la bonne et heureuse prospérité de Vostre Majesté, et de luy en faire despescher lettres, etc. »

A la marge supérieure : « *Fiat.* Lettres de collation de ceste prébende, par droit de régalle, vaccant le siége de Tournay, au prouffict du suppliant. Faict à Mons, le dernier juing 1581. »

La lettre de recommandation, qui y était jointe, est de la teneur suivante (1).

« ILLUSTRISSIMO ET ECCELENTISSIMO SIGNOR, FIGLIUOLO AMATISSIMO.

» Desidero molto che da voi sia favorito Gian Desquesnes, mio cantore, et particolarmente nella sua pretensione contenuta nell'incluso memoriale. Vi prego dunque a favorirlo di maniera che egli ne riceva qualche frutto di che vi haverò obbligo. Con che facendo fine, vi prego da Iddio ogni felicità et contento. Di Namur, al dj xxij di giugno 1581.

> » Vostra madre,
> » MARGARITA. »

A la marge inférieure : « Al signor principe, per Gian Desquesnes. » *Suscription :* « All' illustrissimo et eccelentissimo signor, figliuolo amatissimo, il signor principe di Parma et Piacenza. »

Peu de temps après, le prince de Parme empruntait à l'église de Soignies, un jeune choral, nommé Jean De Ham, pour l'attacher à sa chapelle. Le père du sopraniste, Henri De Ham, qui faisait le métier d'*escrinier,* à Nivelles, s'était ému de ce déplacement, parce qu'il craignait que son fils ne fût envoyé en Espagne. Pour le rassurer, le gouverneur des Pays-Bas le manda près de lui, par une lettre affectueuse, datée du 31 juillet 1581, et que nous tenons à reproduire :

« ALEXANDRE PRINCE DE PARME ET DE PLAISANCE, LIEUTENANT GOUVERNEUR ET CAPITAINE GÉNÉRAL.

» Cher et bien amé, vous aurez entendu comme nous avons fait tirer vostre filz Jehan hors l'église de Sougnyes, où il servoit de choral, ce qu'avons fait en intention, non de l'envoyer en Espaigne, comme vous présupposez, ains pour le tenir lez nostre personne; et, pour ceste cause, désirons que venyez au plustost icy vers nous, où vous aurez toute raison de contente-

---

(1) Ces deux pièces se trouvent aux Archives du royaume, parmi les papiers d'État et l'audience.

ment. A tant, cher et bien amé, nostre Seigneur vous ait en garde. De Mons, le dernier de juillet 1581. »

Souscription : « A ung Henri De Ham, escrinier demeurant à Nyvelles. »

Ce document est conservé en minute, aux Archives du royaume, dans la collection des papiers d'État et de l'audience.

Retournons un instant à Gérard de Turnhout, pour citer de lui deux recueils de motets et de chansons pour voix et pour instruments, recueils qui ont été imprimés à Louvain en 1569, et que M. Fétis paraît n'avoir point connus. Voici le titre du premier : *Tricinia sacrarum ac aliarum cantionum, tam viva voce quam instrumentis cantatu commodissima, authore Gerardo à Turnhout.* Lovanii, apud Petrum Phalesium; in-4°. Le titre du deuxième recueil est : *Sacrarum aliarum cantionum trium vocum liber unus, authore D. ac M. Gerardo à Turnhout.* Lovanii; in-4°.

Nous empruntons ces renseignements à un opuscule que l'on conserve aux Archives du royaume, et qui porte pour titre : *Catalogus librorum a nundinis quadragesimalibus Francofurtii anno 1569 celebratis, ad nundines autumnales ejusdem anni, tum recens editorum, tum accessione quadam auctorum index*, etc. Francofurti ad Moenum, apud Georgium Corvinum, 1579, in-4° (1).

Il nous paraît important de citer les autres ouvrages musicaux de 1569 que l'on y rencontre : ces données bibliographiques enchérissent sur ce que l'on savait déjà.

LIBRI MUSICI.

Cantiones latinae, quas vulgo moteta vocant, quatuor vocum, etiam instrumentis musicis attemperatae, authore Ivone deVento,

---

(1) Cet opuscule a été réimprimé en Allemagne, avec une quantité d'autres de la même nature, que nous comptons dépouiller un jour.

illustrissimi principis domini Guilhelmi, ducis Bavariae, sacelli magistro. Monaci, in-4°.

M. Fétis ne cite qu'imparfaitement le titre de ce recueil.

Neuwe Gesång mit 4 stimmen, Teutsche und Lateinisch, durch Mathiam Gastritz componiert. Nürenberg, bey Ulrich Neuwber, in-8° obl.

L'épithète *neuwe* est omise par M. Fétis, dans la reproduction de ce titre.

Excellentissimorum aliquot musicorum selectae cantiones gallicae, harmonicis numeris suavissimis adornatae; authoribus, Clemente non Papa, Crequilone, Petit Jan, et aliis. Tres libri trium vocum. Lovanij, apud Petrum Phalesium, in-4°.

Recueil inconnu à M. Fétis.

Der ander Heil der Teutschen Psalmen Davids, mit 4, 5 und 6 stimmen, componiert durch Georgium Weber. Getruckt zu Mülhausen in Thüringen, in-4°.

Recueil omis par M. Fétis.

Valentini Greffi Enger, Pannonij, Harmoniarum musicarum in usum testudinis pars prima. Ant[v]. apud Ant. Tilen.

Recueil inconnu à M. Fétis.

Di Jean Castro, il primo libro di madrigali, a tre voci. In Anversa, in-4°.

M. Fétis cite un recueil de madrigaux et chansons de cet auteur, de 1569, mais sans parler de la subdivision en livres, ni du format.

Chansons, madrigales et motetae, à quatre, 5 et 6 parties, composées par Noé Faignient; in-4°, en Anvers.

La désignation du format a été omise par M. Fétis.

Recueil des fleurs produictes de la divine musique, à trois parties, par Clemens non Papa, Thomas Cricquillon, etc. A Louvain, in-4°.

Même remarque.

Der gantz Psalter Davids | wie derselbig in Teutsche Gesång verfastzt | mit vier Stimmen von neuwen gesetzt | durh Sigmund Hemmelen | Wintenbergischen Capellmeister. Getruckt zu Tübingen, in-4°.

Même remarque.

Carmina italica, gallica et germanica, ludenda de cythara, per M. Syxtum Kargel; in-4°.

L'année et le format manquent dans M. Fétis.

Nova et elegantissima italica et gallica carmina, in testudine canenda, in tablaturam translata, per M. Syxtum Kargel. Moguntiae, Frantz Behem, in-f°.

Ce titre diffère radicalement de celui que donne M. Fétis.

Madrigali di Giovamij (*sic*) Antonio De Prago, 4 vocum. Lyon.

Auteur et ouvrage inconnus à M. Fétis.

XVII.

Ursillo (Fabio),

Célèbre joueur d'archiluth de la première moitié du XVIIIe siècle. — Lacunes dans sa biographie. — Il est nommé, vers 1725, musicien particulier de l'évêque de Tournai, et il conserve ces fonctions jusqu'à sa mort, arrivée probablement en 1759. — Procès que sa veuve intente à ce prélat. — Extrait du conseil privé, qui le concerne. — Le différend se vide, selon toute apparence, par un arrangement à l'amiable.

Fabio Ursillo, romain de naissance, était un des plus célèbres joueurs d'archiluth de son temps (1). Habile également sur le violon, la flûte et la guitare, il a laissé d'excellentes compositions pour ces instruments. On a publié de lui à Amsterdam, en 1784, trois œuvres de trios pour deux violons et violoncelle, et deux œuvres de sonates, pour la flûte. Ses principales productions sont trois *concerti grossi* et des fantaisies pour l'archiluth.

Voilà tout ce que les biographes ont pu recueillir sur ce musicien habile. Bien que né sur le sol étranger, nous n'hésitons pas à lui accorder ici une place honorable, à cause du long séjour qu'il a fait dans les Pays-Bas, et notamment dans le Hainaut, où des traces nombreuses de ses travaux se découvriront certainement, quand on aura achevé le dépouillement méthodique de tous les dépôts d'archives de cette province.

(1) On sait que l'archiluth était monté de vingt cordes, accordées deux par deux, à l'unisson.

Il suffit, pour le moment, de constater ce séjour, et d'y joindre les laconiques, mais curieux renseignements, qu'un extrait du protocole du conseil privé, conservé aux Archives du royaume, nous fournit sur la carrière de Fabio Ursillo.

Vers 1725, il fut nommé musicien particulier de l'évêque de Tournai. Il resta au service de ce prélat pendant trente-quatre années consécutives.

En 1759, qui fut probablement l'année de la mort de Fabio Ursillo, sa veuve crut devoir réclamer l'indemnisation de la table et du logement que François-Ernest s'était engagé, par contrat écrit, de donner au musicien, durant tout le cours de sa gestion. Mais, il paraît qu'elle n'obtint point satisfaction devant les tribunaux, comme nous le verrons plus loin.

Si, comme le dit vaguement M. Fétis (1), Fabio Ursillo naquit au commencement du XVIIIe siècle, il doit avoir été bien jeune en venant se mettre au service de l'évêque de Tournai. Peut-être a-t-il été emmené de Rome, dans l'un des voyages du prélat. En ce cas, il y a lieu de croire que c'est dans les Pays-Bas qu'il acquit la renommée que les biographes lui assignent.

Reproduisons en entier l'extrait du protocole du conseil privé :

« M. Stassart rapporta que la veuve Fabio Ursillo demande qu'il soit ordonné au grand conseil d'accélerer, *pro Deo*, la cause qu'elle y soutient contre l'évêque de Tournai, pour l'obliger à lui payer la table et le logement de feu son mari, pendant trente-quatre ans qu'il a été attaché à son service, comme musicien, en suite du contrat que ce prélat avait fait avec lui. Le conseil chargé, par décret du 28 de ce mois [de mars], d'informer Son Altesse Roiale de son sentiment, par extrait du

(1) *Biographie universelle des musieiens*, 1re édition.

protocole, résolut de lui proposer d'envoier la requête de la suppliante au grand conseil, pour y prendre tel égard qu'il trouvera convenir, puisqu'il appartient au juge chargé de l'instruction d'une cause, d'accorder ou de refuser le *Pro Deo*. »

En marge : « Sur recours de la veuve Fabio Ursillo, qui demendoit le *Pro Deo* pour plaider contre l'évêque de Tournay, du chef des conditions faites à feu son mari, musicien de ce prélat. »

D'une autre main : « Résolu de laisser cet extrait sans résolution. »

On voit, par l'apostille ci-dessus, que le procès que la veuve de Fabio Ursillo voulut intenter à l'évêque de Tournai, ne fut pas entamé. Ce qui tend à confirmer ce fait, c'est l'absence de toute pièce y relative, aux Archives du royaume. La requête a disparu, et l'on en est réduit, pour tout renseignement, au document que nous venons de mettre sous les yeux du lecteur. La veuve aura-t-elle dû renoncer à la poursuite de l'affaire, faute d'avoir obtenu un *Pro Deo?* Un arrangement à l'amiable a-t-il été conclu entre elle et l'évêque tournaisien? Cela est assez probable.

XVIII.

Okeghem (Jean),

Premier chapelain du roi de France Charles VIII, arrive dans les Pays-Bas, en 1484. — Ce qui donne lieu à ce voyage. — Il est reçu, avec de grands honneurs, à Damme et à Bruges. — Pourquoi a-t-il visité Damme d'abord? — Premier emploi de la qualification de « prévôt de Tours, » pour désigner le célèbre musicien. — Lacunes qui existent dans les archives communales de Bruges. — Déploration d'Érasme sur la mort d'Okeghem.

Le père du contrepoint, Jean Okeghem, qui remplit, comme on sait, les fonctions de chapelain du roi de France Charles VIII, revint, en 1484, dans les Pays-Bas, très-vraisemblablement son pays natal. Il ne sera pas sans intérêt de rechercher ce qui l'y amena et quelles furent les villes qu'il honora de sa présence.

En 1484, divers envoyés français furent dépêchés en Flandre, « pour la pacification du duc Maximilien et des » Flamens, touchant la manburnye et gouvernement que » ledit duc maintient à luy appartenir de la personne de » monseigneur le duc Philippe, son fils (1). » Le 19 mai 1484, le grand bâtard de Bourgogne se rendit à Bruges, où il fut reçu avec les honneurs dus à son rang. Il venait, au nom du roi Charles VIII, tenter un dernier effort pour le rétablissement de la paix. Puis, arrivèrent les évêques de Reims et d'Orléans, qui traversèrent différentes villes de la Flandre, et notamment celle de Grammont, où leur présence est signalée par les comptes communaux (2). La duchesse d'Orléans visita la même ville, au mois de septembre (3), après avoir séjourné, pendant quelque temps, à Bruges (4). Enfin, Jean Guérin, maître d'hôtel de Charles VIII, se trouva à Ypres en la même année (5).

Une alliance étroite entre la France et la Flandre fut signée le 25 octobre 1484.

C'est pendant les préliminaires de ce traité, qu'Okeghem passa dans les Pays-Bas. Profita-t-il, pour faire ce voyage, de la mission confiée aux personnages dont nous venons de parler? Fit-il partie de l'escorte de l'un d'eux? Il y a lieu de le croire, et si l'intervention de l'évêque de Paris

---

(1) Registre des séances du conseil de Charles VIII. Extrait reproduit par M. KERVYN DE LETTENHOVE, dans son *Histoire de Flandre*, t. V, p. 359.

(2) « Ghepresenteert, den eersten dach van meye, mynen heere den biscop » van Remen ende den biscop van Lyons, als commissarise ende ambassadeurs » van den coninc van Vranckeryke, vj cannen wyns de drie beaunen van » ix s. den stoop, ende drie cannen rynsch van x s. den stop, iiij lib. v s. » vj den. » (Comptes de la ville de Grammont, de l'année 1484).

(3) « Ghepresenteert, den xviijen dach van september, mer vrouwen van » Orliens, tien cannen wyns, de v cannen beaunen, viij s. den stoop, ende » dander vive rynsch van viij s. den stoop, vj lib. » (*Id.*).

(4) Comptes de la ville de Bruges, de l'année 1484, fo 118.

(5) « Jan Guérin, hoofmeestere van den coninc van Vrankerycke, twee » cannen wyns. » (Comptes de la ville d'Ypres, de l'année 1484).

a été mise à profit par Charles VIII, il est permis de conjecturer que le savant musicien aura été attaché à la suite du prélat.

Okeghem arriva à Damme le 8 août 1484. Pourquoi visita-t-il Damme d'abord? Remarquons que son passage n'est constaté dans aucune autre ville voisine de Bruges. Cette préférence pour Damme ressemblerait-elle à celle que Gaspard Van Weerbeke eut pour Audenarde, son lieu natal (1)? Okeghem serait-il venu par mer?

Il avait emmené quelques amis, peut-être des chantres de la chapelle du roi de France. Le magistrat leur offrit, selon l'usage, quatre lots de vin. L'extrait suivant des comptes de Damme le prouve :

« Item, den viij^{en} dach vander zelver maendt [oust], ghephresenteirt mijnen heere de provost van Tours, eerste capellaen vanden Coninc van Vranckerijcke, hier commende met zijnen gheselcepe, iiij kannen wijns van vj groots den stoop; comt ij liv. viij s. paris. »

Pour la première fois, que nous sachions, Jean Okeghem est qualifié, dans nos archives, de « prévôt de Tours. » C'était une sinécure que le roi de France lui aura octroyée pour se l'attacher plus étroitement, non moins que pour récompenser ses services.

A Bruges, où le grand musicien reparut le 15 août, les chantres de l'église de Saint-Donat le fêtèrent avec un si grand empressement, dit M. Kervyn de Lettenhove, qu'on croirait retrouver en lui leur compatriote et leur condisciple :

---

(1) Nous parlerons plus loin de ce maître distingué. Il nous serait facile de citer de nombreux exemples de compatriotes, de Flamands surtout, qui, parvenus à un certain rang à l'étranger, ont tenu à revoir leur lieu natal. Choisissons au hasard :

« Olivier den Donckere, alias Salart, ende Olivier zinen zone, groot-» valckeneere van den coninc van Vranckeryk, die tAelst commen waeren » zine vriende visitheren, waeren ghesconcken iij kannen wyns, als boven; » es xxxix st. i den. » (Comptes de la ville d'Alost, de l'année 1486).

« Sex cannae vini, pro subsidio sociorum de musica, in coena facta domino thesaurario Turonensi, domino Johanni Okeghem, primo capellano regis Franciae, musico excellentissimo, cum suis (1). »

Non seulement nous ne retrouvons point sa présence dans aucune ville des environs de Bruges, mais elle n'est constatée nulle part ailleurs, en Flandre, ni à Ypres, ni à Courtrai, ni à Audenarde, ni à Alost, etc. Il eût été intéressant de voir son nom inscrit dans les registres spéciaux des vins de présent de la ville de Bruges. Nous eussions pu savoir peut-être pourquoi il vint, en définitive, dans la grande cité flamande, et quels étaient ses compagnons de voyage. Parmi le nombre on eût signalé vraisemblablement d'autres compatriotes. Par malheur, le registre de 1484, échappé à la destruction de la collection presqu'entière, ne commence qu'au 1er septembre (2), et celui qui le précédait n'existe plus.

On connaît la curieuse *Déploration* de Crétin, sur la mort d'Okeghem. On connaît moins celle qu'Érasme a consacrée au fameux musicien. Nous ne résistons point à l'envie de la reproduire ici, d'abord parce qu'elle émane d'une grande célébrité littéraire, ensuite parce qu'elle apporte quelques variantes au concert d'éloges qui retentit, de toutes parts, au décès de l'éminent compositeur. La voici :

JOANNI OKEGO, MUSICO SUMMO.

Ergo ne conticuit
Vox illa quondam nobilis,
Aurea vox Okegi?
Sic musicae extinctum decus?

---

(1) KERVYN DE LETTENHOVE, *Histoire de Flandre*, t. V, p. 46. Extrait des *Acta capitularia Sancti Donatii*, du 15 août 1484.

(2) On y rencontre cette mention laconique : « Aen eene heere uut Vrank-» rych; » mais elle nous paraît trop vague pour pouvoir être appliquée à notre personnage.

Dic age, dic fidibus
Tristes Appollo naenias.
Tu quoque, Calliope,
Pullata cum sororibus,
Funde pias lachrymas.
Lugete, quotquot musicae,
Dulce rapit studium,
Virumque ferte laudibus,
Artis Apollineae
Sacer ille Phœnix occidit.
Quid facis, invida Mors?
Obmutuit vox aurea,
Aurea vox Okegi,
Vel saxa flectere efficax,
Quae toties liquidis
Et arte flexilibus modis
Per sacra recta sonans,
Demulsit aures cœlitum
Terrigenuumque simul
Penitusque movit pectora?
Quid facis, invida Mors?
Vel hoc iniqua maximè,
Æqua quod omnibus es.
Sat erat tibi promiscuè
Tollere res hominum :
Divina res est musica;
Numina cur violas?

Nous empruntons cette élégie, digne de Tibulle, au deuxième tome de l'intéressant recueil intitulé : *Delitiae poetarum belgicorum, hujus superiorisque aevi illustrium, collectore Ranutio Ghero.* Francofurti, 1614; 4 vol, in-16. Elle y figure, à la p. 276, parmi les *miscellanea* d'Érasme.

XIX.

Messaus (Guillaume),

Musicien de la première moitié du XVIIᵉ siècle. — Il est l'auteur d'un
recueil de *Cantiones sacrae*, imprimé à Anvers en 1635. — On y voit,
entre autres, qu'il fut maître de chant de l'église de Sainte-Walburge, en
la susdite ville. — Son épître dédicatoire adressée à Claude de Hennin,
seigneur de Corionville, et musicien distingué. — Contenu du recueil.

Guillaume Messaus, musicien de mérite, qui vivait dans
la première moitié du XVIIᵉ siècle, n'avait attiré jusqu'ici
l'attention des musicologues que par deux motets de sa
composition publiés dans le *Patrum musicum*, en 1634.
On lui doit pourtant encore un recueil de chants religieux
pour les principales fêtes de l'année, et qui vit le jour, en
1635, à Anvers. En voici le titre :

*Cantiones sacrae praecipuis anni festis accomodatae, octo
vocum, cum missa maiali, à II, tam vocibus quam instrumentis, cum basso continuo ad organum, auctore Guilielmo
Messaus, phonasco ecclesiae parochialis S. Walburgis,
Antverpiae.* Antverpiae, apud haeredes Petri Phalesii, ty-
pographi musices, M.D.C.XXXV; in-4°, de pp. 40 (pour
la partie de ténor, la seule que nous connaissions).

Guillaume Messaus fut donc maître de chant de l'église
paroissiale de Sainte-Walburge, à Anvers. Ses *Cantiones*
parurent sous les auspices de Claude de Hennin (ou de
Haynin), seigneur de Corionville, musicien distingué, à en
croire Messaus, et digne non seulement d'être compté au
nombre des principaux artistes de l'époque, mais même
d'être mis en parallèle avec ceux d'un âge plus reculé.

Cela résulte d'une épître dédicatoire de Messaus à son
protecteur, qui, on le croira sans peine, fut l'élève de
notre musicien. Voici cette épître :

« Nobili atque illustri viro, D. Claudio de Hennin, Domino de Corionville, patono meo colendissimo.

» Scientia omnis sicut hostem non habet (ut vulgata fert paroemia) nisi ignorantem; ita non facilè defensorem sincerum inveniet, nisi illius scientem. Quapropter cum adversus promptam ubique Zoilorum calumniam patronum huic operi quaererem, tui illico, nobilis Domine, in mentem venit. Quippe qui in arte musicâ usque eo excellis, ut non solum inter aevi nostri praecipuos locum merearis, sed cum multis etiam veterum contendere possis : neque aut sorte tuâ aut genere indignum judicas eam excolere artem, quae Deos etiam cultores et auctores meruit. Patere igitur ut hi ingenii nostri foetus sub nominis tui tutelâ in lucem prodeant : tum musices ipsius causâ, quam inter primos et diligis et calles, tum etiam mei, qui prima tibi ad illam rudimenta monstravi. Ita enim fore confido, ut nemo aut malignè detrectare audeat cui nomen tuum praefixum viderit; aut fastidiosè contempturus sit, quod judicio tuo probari conspexerit. Antverpiae, M. D. C. XXXV.

» Dominationis tuae eternum devotus cliens,
» Guilielmus Massaus. »

Claude de Haynin, seigneur de Corionville, par relief du 4 juillet 1633, était fils de Jacques de Haynin, seigneur des Grand et Petit Fayt, et de Rose Hennuyer. Il résidait habituellement à Anvers, où il fut enterré en l'église de Saint-André, avec la dame son épouse Sara Peeters (1). Leur épitaphe doit être publiée dans les *Inscriptions funéraires et monumentales de la province d'Anvers*.

Pour le contenu du recueil, on en jugera par la table suivante :

1. De S. Claudio : Gaudeamus. — 2. In festo Nativitatis Domini : Hodie Christus natus est. — 3. In festo Circuncisionis Domini : Magnum haereditas. — 4. In festo Purificationis B. Mariae : Hodie Beata Virgo Maria. — 5. In festo Annun-

(1) F.-V. Goethals, *Miroir des notabilités nobiliaires*, article *de Haynin*.

tiationis B. Mariae : Gabriel Angelus. — 6. Tempore Passionis
Domini : Tenebrae facta sunt. — 7. In festo Resurrectionis
Domini : Et respicientes. — 8. De Ascensione Domini : O Rex
gloriae. — 9. In festo Pentecostes : Hodie completi sunt. —
10. De SS. Trinitate : Te Deum Patrem. — 11. De venerabili
Sacramento : O sacrum convivium. — 12. In festo Nativitatis
S. Joannis Baptistae : Puer qui natus est. — 13. In festo
SS. Apostolorum Petri et Pauli : Hodie Simon Petrus. —
14. In festo Visitationis B. Mariae : Benedicta tu inter mulie-
res. — 15. In festo S. Mariae Magdalenae : Pater superni
luminis. — 16. In festo Sancti Laurentii : Beatus Laurentius.
— 17. In festo Assumptionis B. Mariae : Gaudete. — 18. In
festo Nativitatis B. Mariae : Nativitas tua. — 19. In festo
S. Michaelis Archangeli : Factum est silentium. — 20. In festo
omnium Sanctorum : O quam gloriosum. — 21. In festo
S. Caeciliae : Cantantibus organis. — 22. In festo Concep-
tionis B. Mariae : Tota pulchra es. — 23. Missa maij, à II. —
24. Salve Regina. — 25. Ave Maria. — 26. Regina Coeli. —
27. Laudes venerabilis Sacramenti. — 28. Nunc dimittis.

A la dernière page, se trouve un canon à neuf voix, accompagné d'une basse en pédale, pour cloches, basson ou
autres instruments.

XX.

Guillaume Du Fay,

Illustre compositeur de la fin du XIVe siècle. — Rectification d'un passage
de l'abbé Baini, où M. Fétis avait cru voir la date de la mort du musicien,
à Rome. — Il est prébendier de l'église de Saint-Donat, à Bruges, sept
ans plus tard. — Inductions à ce sujet. — Sa famille est-elle flamande ou
wallonne ?

D'après M. Fétis, l'abbé Baini a pu constater, à l'aide
des archives de la chapelle pontificale, que Guillaume Du
Fay, le célèbre musicien, fut attaché à cette chapelle, en
qualité de ténor, dès l'année 1380, et qu'il mourut, revêtu
de ces fonctions, en 1432.

N'y a-t-il pas lieu de revenir sur la date du décès de Guillaume Du Fay? Nous le croyons.

En effet, nous n'avons pu découvrir, dans Baini, le passage intégral reproduit par M. Fétis. En certain endroit de son remarquable ouvrage sur Palestrina, Baini se borne à dire que Du Fay fut ténor de la chapelle apostolique, de 1380 à 1432 (1). Or, cette dernière date peut avoir été celle de la retraite de l'illustre compositeur. Du Fay peut avoir alors quitté l'Italie, à un âge très-avancé, pour venir occuper, dans son pays natal, un poste purement sinécurial, auquel des services antérieurs auront vraisemblement donné droit.

C'est ainsi que nous le rencontrons sept ans après à Bruges, parmi les possesseurs de la vingt-quatrième prébende de l'église cathédrale de Saint-Donat. En 1439, il succède à Guillaume De Meyere, et en 1446, qui est probablement l'époque de sa mort, il est remplacé par Nicaise de *Puteo* (2).

Dans l'*Ars contrapuncti*, de Tinctor, lequel fut écrit en 1476, Guillaume Du Fay est cité parmi les compositeurs morts récemment (*novissimis temporibus vitâ functi*). Or, Okeghem, entre autres, s'est glorifié, dit Tinctor, d'avoir eu pour maître Guillaume Du Fay. Il n'a pu naître, au jugement de M. Fétis, avant 1425. Conséquemment, si Du Fay est mort en 1435, il n'a pu en faire son élève. Et où Du Fay aurait-il enseigné Okeghem, sinon dans les Pays-Bas? car ce dernier n'alla point, que nous sachions, à Rome. Avec la date de 1446, assignée au décès de Du Fay, tout s'explique, tout se justifie.

---

(1) « Guglielmo Du Fay, cappellano cantore, tenore della nostra capella apostolica d'all' anno 1380 al 1432. » BAINI, *Memorie storico-critiche della vita e delle opere di Giovanni Pierluigi da Palestrina*, etc., t. II, p. 400.

(2) [FOPPENS et ARENTS], *Compendium chronologicum episcoporum Brugensium, necnon praepositorum, decanorum et canonicorum*, etc., *ecclesiae cathedralis S. Donatiani brugensis.* Brugis, 1731, in-12, p. 176.

Si l'identité du personnage, cité dans le *Compendium* de Foppens et d'Arents, se vérifie dans la suite, ce dont nous ne doutons nullement, les conjectures relatives à son nom de famille, à son lieu natal et à son éducation musicale, vont pouvoir s'asseoir sur des arguments moins débiles que ceux qui ont été produits jusqu'ici. Bornons-nous à remarquer que plusieurs Flamands au XVe siècle, notamment à Bruges, ont porté le nom de Du Fay. Conséquemment, la question de savoir si notre musicien est wallon ou flamand, reste indécise. Il est vrai d'ajouter que Bruges, au susdit siècle, relevait du diocèse de Tournai, et que les familles Du Fay sont particulièrement nombreuses dans le Hainaut.

XXI.

Jacques Bruneau,

Maître de chant à l'église de Saint-Bavon, à Gand. — Chants composés par lui, en 1577, à l'occasion de l'arrivée du prince d'Orange en cette ville. — Cantiques qu'il écrit en 1566, pour la confrérie de Notre-Dame aux Rayons. — Il dirige une messe chantée en l'honneur du Saint-Esprit. — Ses productions, vraisemblablement dignes d'intérêt, ont-elles été conservées? — Compositions de Joseph Doykin, chantre à Gand, en 1496.

En 1577, lors de l'arrivée du prince d'Orange à Gand, il y eut, entre autres démonstrations joyeuses, des chants d'ensemble, à l'exécution desquels concoururent les meilleurs musiciens de la ville. On lit, à ce sujet, dans les comptes communaux de la grande cité flamande (1).

« Betaelt meester Bruneau, zangmeester, 2 ponden gr., hem toegeleit metten andere gesellen, zangers en musiciens, voor haer moeite gedaen in 't zinghen ende stellen van diverse musicale liedekens ter eere vander blijde incompste van Zijnen Exellentie mijnheer den prince van Oragnie, als mevrouwe de princesse, etc. »

(1) Ph. BLOMMAERT, *Geschiedenis der Rhetorykkamer de Fonteyne te Gent*, etc. Gent, 1847, p. 56, note 2me.

Ce maître Bruneau, qui contribua à embellir, par sa
voix et ses compositions, l'entrée solennelle du Taciturne
à Gand, n'est autre que Jacques Bruneau, directeur de
la maîtrise de l'église de Saint-Bavon, en la même ville.
Nous le rencontrons d'abord, en 1562, dans le *Vader-
landsch Museum* (1), où un document constate que le gouverneur Don Juan d'Autriche devait au musicien la somme
de 82 livres, 10 sols de gros.

Puis, les archives de la confrérie de Notre-Dame-aux-
Rayons, établie dans l'église de Saint-Bavon, le mentionnent, en 1566, comme auteur de cantiques spécialement
composés pour cette association pieuse (2) :

« En 1566, un certain Jᴀᴄᴏʙ, maître de chant (*zangmeestere*) de Saint-Bavon, reçoit 5 escalins de la confrérie de Notre-
Dame-aux-Rayons, pour avoir annoté quelques chants et avoir
composé quelques cantiques — voor 't aneuteren van lofsan-
ghen, ende te dien fijne ghecomposeert hebbende eenighe
canticque, draghende xxx bladeren. »

C'est encore lui qui dirigea, en 1577, la musique chantée à une messe du Saint-Esprit, qui fut célébrée en la
chapelle du magistrat de Gand, avec la coopération de ses
collègues du chœur de Saint-Bavon, ainsi qu'il résulte de
l'extrait suivant des comptes communaux :

« Betaelt den dekin ende cappittele, metgaders den zancmeestere met zyne ghezellen vanden choore vander collegiale kercke
van Sᵗᵉ Baefs, de somme van xxv s. x gr., ter causen van ghecelebreert thebbene inde cappelle vanden scepenhuuse vander
kuere, present scepenen van beede de bancken, upden Xᵉⁿ van
meye LXXVIJ, eene solemnele ghezonghene messe vanden He-
lighen Gheest, omme God almachtich te biddene duer zyne
goddelicke gratie te verleene goede wyse ende discrete wethou-
ders ende regierders voor de toecommende jaerscare, naer 't ver-
claers vander ordonnantie... xxv s. x gr. »

(1) Vᵈᵉ deel, p. 356.
(2) Kᴇʀᴠʏɴ ᴅᴇ Vᴏʟᴋᴀᴇʀsʙᴇᴋᴇ, *les Églises de Gand*, t. I, p. 130.

Jacques Bruneau occupait le poste important de maître de chant de Saint-Bavon, à une époque féconde en excellents musiciens. Sans nul doute il aura écrit des compositions dignes d'intérêt. Que sont-elles devenues? Nous l'ignorons. Si l'on en trouve un jour, nous ne manquerons pas de les signaler.

Les comptes communaux de Gand nous apprennent encore, à l'année 1496, que certain Joseph Doykin, chantre de cette ville, mit en musique diverses pièces de poésie, pour être chantées lors de l'entrée joyeuse de Philippe-le-Beau, à Gand (1) :

« Betaelt meester Joseph Doykin, cantere, van diversche verssen van retoryken ghestelt thebben in musyke ende zanghe, ende voor diversche andere moyten by hem ghehad ter blyder incomst, den 3 april, 5 sch. gr. »

Jusqu'ici, nous n'avons pu découvrir d'autres renseignements sur Joseph Doykin. Ses œuvres sont vraisemblablement plus introuvables encore.

XXII.

Andrez (Benoît),

Graveur de musique à Liége, au milieu du XVIIIᵉ siècle. Il est l'un des premiers qui a édité, aux Pays-Bas, un recueil périodique de chant. — Recueil manuscrit d'airs d'opéras, formé en 1706. — Inductions à ce sujet. — Le titre, les conditions d'abonnement et les principaux morceaux de la publication de Benoît Andrez. — Un « Avis de l'éditeur. »

Benoît André, graveur de musique à Liége, au milieu du XVIIIᵉ siècle, a édité divers opuscules musicologiques, où nous remarquons le suivant, qui n'est, à vrai dire, qu'une réimpression :

(1) Ph. Blommaert, *Geschied. der Rhetorykkamer de Fonteyne*, etc. p. 31, et *De nederduitsche schryvers van Gent*, p. 248.

Ludus melothedicus ou le jeu de dez harmonique, con-tenant plusieurs calculs par lesquels toute personne com-posera différens menuets avec l'accompagnement de basse, en jouant avec deux dez, même sans sçavoir la musique. Nouvelle édition, corrigée quant à la partie harmonique qui se trouve quelquefois défectueuse dans la première édition, donnée depuis peu à Paris. A Liége (1), chés Benoît An-drez, derrière Saint-Thomas, etc.; sans date, in-4°, de 15 pages.

« Fruit d'un travail immense et d'une combinaison la plus suivie et la plus exacte, » s'il faut en croire l'auteur anonyme, cet ouvrage, comme son titre l'indique, enseigne à former, du produit de deux dez, un menuet toujours diffé-rent, dans les tons de *ré* majeur et de *la* mineur.

Si Benoît Andrez avait dû ne publier que de pareilles niaiseries, sans doute il n'eût pas attiré notre attention; disons mieux, il n'eût point mérité une place dans ce livre. Mais, il s'est créé un titre plus sérieux au souvenir des bibliographes musicaux.

Il est l'un des premiers, en effet, qui a édité, aux Pays-Bas, un recueil périodique de morceaux de chant. Le goût musical devait être bien répandu en ce pays, pour avoir donné lieu à une entreprise de ce genre. Ce qui plus est, cette entreprise réussit, comme on va le voir.

Le recueil de Benoît Andrez prit naissance en jan-vier 1758, sous le titre de : *L'Écho ou Journal de musi-que françoise, italienne, contenant des airs, chansons, brunettes, duo tendres ou bachiques, rondes, vaudevilles, contredances, etc.* A Liége, chez B. Andrez, derrière Saint-Thomas, 1758, in-4°. Ce titre est gravé dans un encadre-

---

(1) Ce nom de ville est imprimé en caractères saillants. Puis viennent, en sous-ordre, Bruxelles, Hambourg et Vienne. Si un doute subsistait sur le lieu d'impression, il s'évanouirait par la comparaison de la gravure de cet opuscule et de celle de l'ouvrage dont nous allons nous occuper.

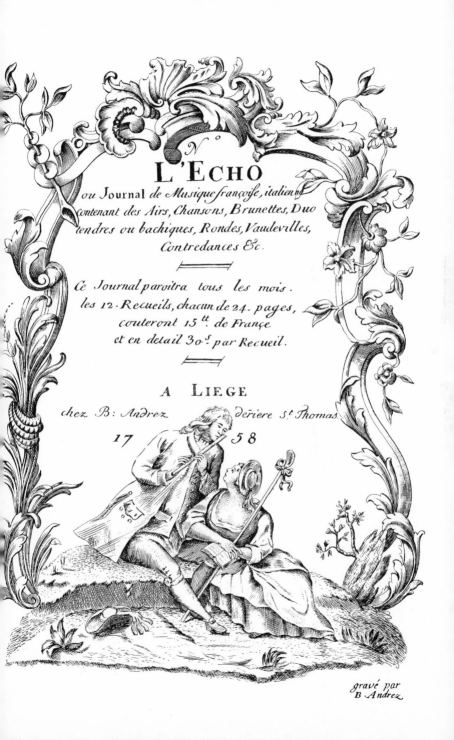

N°

L'ECHO

ou Journal de Musique françoise, italienne
contenant des Airs, Chansons, Brunettes, Duo
tendres ou bachiques, Rondes, Vaudevilles,
Contredances &c.

Ce Journal paroitra tous les mois.
les 12. Recueils, chacun de 24. pages,
couteront 15 ͭ de France
et en detail 30. ˢ par Recueil.

A LIEGE

chez B: Andrez   dèriere S.ᵗ Thomas.

17   58

gravé par
B. Andrez.

ment fleuronné, où est représenté un berger jouant de la flûte devant une bergère. La gravure des pièces de musique est assez nette, quoique irrégulière en divers endroits.

Cette publication se poursuivit jusqu'en 1761, et peut-être au-delà. Elle se faisait par livraisons mensuelles, de 24 pages chacune, et elle se vendait 15 livres de France. Chaque livraison, prise en particulier, coûtait 30 sous.

On formait, avant cette époque, des collections d'airs d'opéras les plus goûtés; mais ces collections étaient généralement manuscrites, comme on peut en juger par le volume suivant, dont nous transcrivons le titre imprimé :

Recueil des plus beaux airs à chanter des opéra françois composez par le célèbre Monsieur de Lully, et par les plus habiles auteurs qui ont paru depuis sa mort. A Roosendal, l'an des Victoires M. DCC VI; in-f°, de 253 pages de musique.

Les airs sont arrangés avec accompagnement de basse continue, sur laquelle sont marquées diverses entrées d'instruments, comme bassons, hautbois, etc. A côté du nom de Lully, nous remarquons ceux de De la Lande et de De Bousset. Les notes et les paroles sont tracées avec une habileté remarquable, et imitent, à s'y méprendre, la gravure sur acier.

Sur le frontispice sont représentés des anges planant dans les airs et jouant de divers instruments devant un groupe de femmes debout, livrées à une sorte d'extase. Toute cette gravure est coloriée avec soin. Au-dessus, figure l'inscription : *Musica dis curae est.* Au-dessous, on lit : *t'Amsterdam, by Paulus Matthysz, in 't Musyc-boek, is alderley gelinieert papier, italiaense en andere musyc te koop.*

Il y avait aussi des recueils imprimés, mais sans aucun caractère de périodicité. Le seul éditeur d'ouvrages de musique qui, en apparence, a des droits de priorité sur Benoît Andrez, pour la publication, en fascicules, de chan-

sons et d'airs, c'est Étienne Roger, à Amsterdam, qui fut
en même temps marchand et libraire, et qui exerça son
industrie depuis les dernières années du XVIIᵉ siècle jusqu'en 1725, où il fut remplacé par Lecène. D'après l'un
de ses catalogues, qui porte la date de 1706, et sur lequel
nous reviendrons, Étienne Roger réimprimait tous les mois,
depuis 1701, les livres d'airs « sérieux et à boire » qui
paraissaient à Paris, et qui furent « augmentés, de plus de
la moitié, de quantité de beaux airs manuscrits et des plus
beaux airs des opéras nouveaux. » Toutefois, il faut reconnaître que ce n'était point là un recueil dans le genre de
celui que Benoît Andrez mit au jour. Il y manquait trop
de choses pour cela, et le mode de souscription ou d'abonnement, qui donnait à l'*Écho* un caractère de publicité spéciale, n'existait pas pour la collection de Roger.

L'*Écho*, de 1758, qui est le plus rare et le plus curieux,
contient, entre autres morceaux, un « air de M. le chevalier Gluck, célèbre maître de musique italien, envoyé par
l'auteur pour être inséré dans le recueil. » Faut-il en croire,
à ce sujet, l'éditeur? et, dans ce cas, la composition de
Gluck a-t-elle été employée ailleurs par le musicien? Écrite
sur des paroles italiennes, avec accompagnement du quatuor à cordes, cette composition, où la vocalise joue un rôle
que le maître lui a dénié depuis, n'offre rien de saillant, rien
d'original. On voit que Gluck obéissait encore à la convention et cherchait sa voie.

Il y a bien plus de caractère et d'expression dans le
« grand air avec symphonie, » c'est-à-dire avec quatuor à
cordes, qui figure dans le même volume. Il ressemble étonnamment, par la coupe, à l'air si pittoresque de Pierrot du
Tableau Parlant, de Grétry. L'auteur a eu tort de taire
son nom, car cette page est certainement pleine de mérite.

On remarque encore une ariette, accompagnée par le
quatuor, deux cors et deux flûtes. Parmi différentes chansons et romances, on en voit avec des paroles anglaises.

Les autres morceaux qui nous paraissent offrir de l'intérêt, sont les suivants : un menuet de Gluck, trois menuets de C.-E. Graff (1), trois parodies d'airs d'opéras dus au célèbre Hamal, de Liége, et dont l'une est intitulée : *Chanson anacréontique;* un duetto du chevalier d'Herbain, une barcarole du même, parodiée de l'italien; une ariette du *Médecin de l'amour,* opéra-comique; un duetto avec quatuor de *Tirsi e Nice,* opéra de Gluck.

A la fin du volume, on lit un « Avis de l'éditeur, » ainsi conçu, et qui atteste la vogue dont l'*Écho* jouissait, dès son apparition :

« Le succès de ce *Journal* a répondu à mes espérances. Je vais me donner tous les soins possibles pour le porter au point de perfection dont il est susceptible. J'ose me flatter de remplir, avec le temps, l'objet que je me suis proposé, et de rendre ce *Journal* plus piquant et plus varié, à mesure que je suivrai cette carrière.

» Il paraîtra, comme l'année dernière, à la fin de chaque mois. Il coûte 12 fl. ou 15 livres de France pour les douze recueils. La souscription se paie d'avance.

» L'édition de la collection de cette année étant entièrement épuisée, il n'est pas possible de la fournir à présent à ceux qui l'ont demandée. Ils la recevront en moins de deux mois.

» On s'adressera au sieur Benoît Andrez, graveur à Liége, derrière Saint-Thomas. Il faut avoir la bonté d'affranchir les lettres. »

Toutes les particularités qui précèdent ont été inconnues à M. Fétis et aux bibliographes musicaux.

---

(1) M. Fétis donne à Graff les noms de Charles-Frédéric. A Rudolstadt on le nomme Chrétien-Ernest. Les initiales C.-E. de notre recueil tranchent la question en faveur de Rudolstadt. Un ouvrage théorique de Graff porte pour titre : *Proeve over de nature der Harmonij.* M. Fétis traduit le mot *proeve* par *démonstration.* C'est *essai* qu'il fallait mettre.

Benoît Andrez a publié, entre autres compositions, six quatuors et trois symphonies de Jean-Noël Hamal (1).

XXIII.

Delâtre (Petit-Jean),

Maître de chapelle de l'évêque de Liége, d'après le titre d'un recueil de chansons imprimé à Louvain en 1555. — Chansons de lui contenues dans ce volume. — Chansons de Baston, Buys, Cabeliau, Cardon, Caulerij, Clemens *non papa*, Créquillon, Crespel, Delâtre, Gallus, Gérard, Jacob, Jannequin, Lecoc, Loys, Lupi, Manchicourt, Morel, Obrecht, Rogier, De Rore, Vaet, Waelrant, de Wismes, et de divers anonymes que renferme le même ouvrage. — Renseignements inédits sur Cabeliau et Vaet.

Petit-Jean Delâtre, avant d'être nommé maître des enfants de l'église cathédrale de Verdun, remplit, en 1555, les fonctions de maître de chapelle de l'évêque de Liége. C'est ce que nous apprend un volume de chansons, conservé à la Bibliothèque royale de Bruxelles et dont il n'existe malheureusement que la partie de contra-ténor. Avant de le faire connaître, car M. Fétis l'a complétement passé sous silence, disons à quel propos Petit-Jean Delâtre y figure.

Ce musicien est auteur de vingt-neuf chansons, qui forment le sixième livre du recueil. En voici le titre :

Sixiesme livre des chansons à quatre parties, nouvellement composez et mises en musicque par maistre Jehan de Latre, maistre de chapelle du reverendiss. évesque de Liége, etc., convenables tant aux instrumentz comme à la voix. Imprimé à Lovain, par Pierre de la Phalyse, l'an M.D.LV, avec grâce et privilége. In-4° obl.

---

(1) On possède, aux Archives du royaume, un opuscule renfermant des couplets que l'un des Hamal a mis en musique. Il est intitulé : *Vers pour le jour de l'inauguration de la Société d'Émulation, établie à Liége, sous les auspices de Son Altesse Celsissime, par M. Dreux, l'un des coopérateurs à l'*Esprit des Journaux, *mis en musique par M. Hamal; suivis de couplets par M. de Saint-Peravi, aussi mis en musique par M. Hamal.* A Liége, de l'imprimerie de la Société, 1779; in-4°, de 8 pages.

Les premiers mots de chaque chanson sont : « A tort
souffrir; » « Avant l'aymer; » (1) « Blanc et claret; » « Comment mes yeulx; » « Cessez mes yeulx; » « Doeuil et mélan-
colye; » « De varier; » « Dieu scayt pourquoy; » « De toutes
magarites; » « Espoir sans fin; » « J'attens secours; » « J'attens la fin; » « Ingrate ne doibz; » « J'ay ung refus; » « La
jeune dame; » « Le ceur, l'esprit; » « Malheur m'est heur; »
« O triste adieu; » « O envieulx; » « O bon vouloir; » « Pourquoy en avoir; » « Qui veult son ceur; » « Quant au vouloir; »
« Reveillés-vous; » « Si j'ay voulu; » « Un doulx regard; »
« Vivre ne puis. »

Voyons maintenant le contenu des cinq autres livres du
volume. Les trois premiers sont de 1554. Le quatrième et
le cinquième sont de 1556. Chaque livre a son titre spécial. Voici le titre qui ouvre le recueil :

*Premier livre des chansons à quatre parties, nouvelle-
ment composez et mises en musicque, convenables tant aux
instrumentz comme à la voix.* Imprimé à Lovain, par Pierre
Phalèse, libraire juré, l'an M D LIIII, avec grâce et privilége. In-4° obl.

Pour plus de régularité, nous grouperons les paroles
initiales de chaque chanson sous le même nom d'auteur,
le recueil ayant été formé sans plan arrêté.

BASTON. « Ung souvenir; » « Contre raison; » « Craint' et
espoir m'oppressent; » « Toutes les nuictz; » « Si par aymer; »
« Si tu te plains; » « D'argent me plains; » « Sans la changer; » « Combien plusieurs; » « Je voy amy; » « Vivre en
espoir; » « Crainte et espoir me font en amour force; » « Au
despartir; »

BUYS. « Ma joye et ma liesse; » « Pas aultre n'auray. » Ce
nom peut se traduire par *Canalis* (2), à moins qu'il ne faille

---

(1) Trois chansons différentes de Petit-Jean Delâtre commencent ainsi.
(2) Voyez à la page 124.

le rappoi ter à Jacques De Buus, que l'on trouvera plus loin.

CABELIAU. « Si j'ay du bien. » Il y a, dans un compte de la veuve et des hoirs de Jean Marnix, conservé aux Archives du royaume, un article qui pourrait bien se rapporter à l'auteur de la chanson : « Si j'ay du bien. » Le voici :

« A maistre Jehan Gossins, maistre des enffans de la chappelle de feue madame, la somme de 95 livres 18 sols dudit prix de assavoir : iiij^{xx} v livres viij sols, pour avoir entretenu Joachim de Tollenaere, dit Cabillau, jadis l'ung des enfans de sa chappelle, de table, giste, nectoyage, de linge et aultrement en toutes aultres manières, comme les autres enffans de la chapelle de madite feue dame, l'espace de xiiij mois; et x livres x sols, pour, par ordonnance de madicte feue dame, avoir esté ès lieux de Haynau, Flandre et Terremonde, où il a vacqué à sercher et trouver ung enfant propre et duisant pour servir en ladite chapelle, xiiij jours entiers, au prix de x sols par jour. »

Les époques correspondent, car le sopraniste De Tollenaere figure encore dans les comptes et dépenses de Charles-Quint de 1520 à 1530, et, plus tard, parvenu à des fonctions plus élevées, il peut avoir conservé son surnom de Cabillau, comme le cas s'offrit pour plusieurs de ses confrères. Si notre hypothèse se réalise, on peut assigner conjecturalement, comme patrie du musicien, Bruges ou ses environs, où les familles de Tollenaere foisonnent. Quant à son maître, dont le nom véritable s'écrivait Goessins, nous aurons l'occasion d'y revenir ultérieurement.

CARDON (*Simon*). « Espoir me soustient. » Ce musicien est inconnu à M. Fétis.

CAULERIJ. « Esveillez-vous; » « En espérant. » Ce musicien a été également omis par M. Fétis. Son nom véritable ne serait-il pas *Cauwelaer ?*

CLEMENS *non papa*. « Venés, mes serfs; » « Puisqu'ainsi est; » « Garchon de villaige; » « Puisque voulez; » « Miséricorde au martir; » « En attendant d'amour; » « Plus chault

que feu; » « Hellas, m'amour; » « Mourir convient; »
« Adieu, délices; » « Adieu, magnificques festins; » « Si mon
amour; » « Or, puisqu'il est; » « Au faict d'amours; » « Toutes les nuyctz; » « Qu'en dites-vous. »

Créquillon. « En attendant vous perdez; » « En attendant
d'amour; » « Adieu l'espoir; » « Si n'attemprès; » « C'est à
grand tort; » « Ung triste ceur; » « Quand me souvient, »
« Le patient; » « D'ung seul regard (1); » « Ung souvenir; »
« Se salamandre; » « Cessés mes yeulx; » « Pour ung hélas; »
« Jour désiré; » « Entre vous mains; » « Comment mes
yeulx; » « Nous ne nyons; » « Le ceur cruel; » « Ai les soub-
dain; » « Soit bien ou mal; » « Las veuillés moy; » « Or, me
traictez; » « Ne pouldroit-on pas; » « Ung doux regard; » « A
moi parler; » « Dame d'honneur; » « A vous en est; » « Par
trop aymer; » « Plus que jamais; » « Veu le grief mal; »
« Désir me veult; » « Oncques amour; » « C'est à grant
tort; » « Contrainct je suys; » « Mon povre cœur; » « Cherchant plaisir; » « Qui la vouldra; » « Mort ou merchy; »
« Puisque malheur; » « Guérissés-moy; » « En attendant
secours; » « L'ardant amour; » « Taire et souffrir; » « Tant
seulement; » « Mon ceur, mon corps; » « A vous aymer; »
« Petite fleur; » « Las, je cognois. »

Crespel. « J'en suis gallans; » « Nostre bon père; »
« Tandis qu'à vous (2); » « A vous se doibt porter; » « Recipe
assis; » « Fille qui prend. »

De Latre (Petit-Jean). « Donnés secours (3); » « J'auray-
je tousiours; » « Sans plourer; » « Jà, ne mourez; » « Je
l'ay perdu. » C'est le musicien qui fait l'objet de ce paragraphe.

---

(1) Il y a deux chansons de Créquillon sur ces paroles.
(2) Deux chansons de ce même musicien commencent ainsi. Même remarque pour la chanson suivante.
(3) Il y a deux chansons du même auteur sur ces paroles.

GALLUS ou GALLI (*Antoine*). « Pensée est mienne; » « Patience, ennuyctz; » « Humble et léal; » « Au glay, bergieronette. » Encore un nom inconnu à l'auteur de la *Biographie universelle des musiciens*. Est-ce une traduction de *Den Haene* ou de *Le Cocq?* Plus loin, on verra un Lecoc.

GÉRARD ou GERAERT (*Jean*). « Toutes les nuitz; » « Est-il possible; » « Sans liberté. » M. Fétis n'a pas connu ce musicien. Il est pourtant cité, comme le précédent, dans les *Archives des Arts*, de notre collègue M. Alexandre Pinchart (1). La variante *Geraert* proviendrait-elle du nom flamand Geeraerd? En ce cas, le musicien n'est peut-être pas étranger à la famille du personnage cité dans l'extrait des comptes de la châtellenie d'Ypres, que nous reproduisons ci-dessous, au nom de Vaet.

JACOB (*M.*) « Hélas dont vient. » Ce compositeur, dont M. Fétis ne parle pas, est-ce Jacques De Buus ou Jacques De Berchem, deux maîtres nés aux Pays-Bas au commencement du XVIe siècle? Serait-ce Jacques Vaet, que l'on trouvera cité plus loin, ou le *Copin* de la *Déploration* de Crétin?

JANNEQUIN (*Clément*). « Ouvrez-moi l'huys. »

LECOC. Belle, vostr' amy. » Est-ce Jean Lecoick ou Lecoq?

LEJEUNE (*Claudin*). « Avant mes jours; » « Bon jour, ma mye; » « En espoir vis; » « Le feu qui m'ard; »

LOYS (*Jean*) « A demy mort; » « Cessez mes yeulx; »

LUPI. « Changer ne puis. »

MANCHICOURT. « Par trop aymer; » « Tout mon espoir. »

MOREL (*Clément*). « Vivons, vivons joyeusement. »

OBRECHT. « Si par fortune. »

ROGIER. « Cessez, mon œil; » « Adieu, mon espérance. »

(1) T. II, p. 241.

Peut-être ce Rogier se rapporte-t-il à Roger Pathie, dont il a été question au § X.

RORE (*Cyprien* DE). « Vous scavés bien. »

VAET (*Jacques*). « Sans vous ne puis. » Ce compositeur, que M. Fétis a confondu avec Jacques De Weerdt, doit être mort vers 1568, car nous rencontrons dans le *Novus Thesaurus,* imprimé à Venise, à cette date, une déploration à sept voix, de Jacques Regnart, sur la perte de ce musicien, déploration dont le texte est ainsi conçu :

> Defunctum charitates Vaetem merore requirunt,
> Mittentes duplices ore gemente manus;
> Musicus huncque chorus deplorat Caesaris eheu !
> Eheu ! ulterius Clotho si tenuisset onus;
> Qui vario prestans virtutis nomine Musis,
> Orbis in extremo climate notus erat;
> Hunc et jure pius Caesar sibi luget ademptum,
> Languet enim rapto musico praesidio (1).

Nous trouvons aussi dans les *Poemata* de François Haemus (2), une élégie sur la mort d'un Jacques *Vasius,* premier maître de chapelle de l'empereur Maximilien. Il est évident que ce musicien est le même que Jacques Vaet, et que le *s* n'aura été employé par le poëte que pour l'euphonie. Vaes n'est, à vrai dire, qu'un nom de baptême raccourci (*Servaes*) et transformé en nom de famille. On l'écrivait aussi « *Faes.* » Voici cette élégie :

> IN OBITUM JACOBI VASII, CAES. MAXIMILIANI (5) ARCHIPHONASCI.
> Siccine te nobis vis immaturior aufert,
> Cui tribuit primum musica sacra decus?
> Siccine te Vasi? Phœnici fundite vestro,
> Fundite lugubres musica turba sonos.

---

(1) Il est surprenant que M. Fétis, qui fait la description du *Novus Thesaurus,* n'ait pas remarqué ces vers.

(2) Antverpiae, 1578; in-16, p. 115. François Haemus naquit en 1521 et mourut en 1585. Les époques correspondent.

(3) Si c'est Maximilien II, le doute n'est plus possible, car ce monarque régnait en 1568, date de la publication du *Thesaurus.*

Occidit, heu ! vegetis etiamnum firmus in annis
Vasius ille Orpheus, qui velut arte sua
Cœsareas demulsit olor novus haud semel aureis.
At nunc muta sonat vox ea dulce nihil.

Il résulte de cette pièce que Jacques Vaes était un compositeur d'un rare mérite, puisqu'elle proclame, en termes
non équivoques, que la musique sacrée lui dut sa première
splendeur. Il en résulte encore que ce maître fut enlevé à
son art dans la force de l'âge, *firmus in annis*.

Remarquons que Haemus consacre beaucoup de pièces
de ce genre à des personnages de Courtrai et des villes limitrophes. Voilà donc une première indication pour arriver
à la découverte du lieu de naissance du célèbre musicien.
Une deuxième indication résulte de l'extrait suivant des
comptes de la châtellenie d'Ypres, de l'année 1499 :

« Meester Jean Vaet ende Joos Gheeraerd, pensionaris van
Ypre, was ghepresenteert twee kannen wyns, van xxxij stuuvers. »

Des œuvres de Jacques Vaet sont conservées aux archives
pontificales, à Rome.

WAELRANT. « Aussy bien aux folx; » «Si vous avez mal; »
« O triste adieu; » «Souffrir my fault; » « Amour au ceur; »
« Contente-toy; » «Bouche riant; » « Triste et déconforte; »
« Pour les regretz. »

WISMES (*N.* DE) «Mon cœur chante; » «Soyons joyeulx. »
Compositeur que ne mentionne pas M. Fétis.

ANONYMES. Nous rangeons sous cette dénomination, les
chansons qui ne portent aucune désignation de nom d'auteur.
Faut-il les rattacher aux musiciens dont le nom précède
chacune de ces pièces? Dans le doute, nous avons cru prudent
de les laisser provisoirement sans attribution. Les voici :

« Sans varier mon cœur; » « Pour ung jamais; » «Sont-
elles pas bien mariées; » « Ceste belle petite bouche; »
«Fortune, hélas; » « Puisqu'il convient; » « Hélas, adieu

le plaisir; » « Allés, souspirs; » « J'ay veu le temps; » «Con-
tentez-vous, amy; » « Eaulx ennyeulx; » « Père éternel; »
« O quel torment; » « Langeur d'amour; » « Or, ne suys-
je pris; » « Tant seulement ton repos. »

XXIV.

Nervius (Léonard).

Compositeur de la première moitié du XVIIe siècle. — Recueil de motets de
lui, omis par les bibliographes. — Le pseudonyme Nervius. — Les noms
latinisés. — Interprétation de ceux de : Canalis, *Pype;* Agricola, *Ackerman;*
Lapicida, *Steenhauwer;* Carmen, *Rym;* Consilium, *De Raedt;* Puiloys, *Kieken;* Fortvila; Prioris, *Vurste;* Custodis, *De Wachter*, etc.

On doit à Léonard Nervius plusieurs ouvrages de musique d'église, et entre autres les trois suivants, que nous
ne trouvons mentionnés nulle part :

1. — *Magnificat super octo consuetos tonos, una cum
aliquot motettis et littaniis B. Mariae Virginis octo vocum,
cum basso continuo ad organum, authore R. P. Leonardo
Nervio, ord. capuc. S. Francisci; antehac nunquam editae.* Antverpiae, ex typographià Petri Phalesij, ad insigne
Davidis regis, M. D. C. XXIV; in-4°, de 29 pp. (pour la
partie de ténor).

Donc, outre le psaume *Magnificat,* qui a fourni matière
à huit compositions, chacune dans un ton différent, ce recueil de Léonard Nervius renferme encore une série de
motets, écrits, comme les précédents, à huit voix réelles.
Ce sont :

« O coelestis curiae. — Multae filiae. — Benedicam Dominum.
— Secunda pars : Clamaverunt. — Fundamenta ejus. — Prae-
sul sanctissime. — Coelorum candor splenduit. — Te Deum
laudamus. — Litaniae B. Mariae. — Vulnerasti cor meum. —
Secunda pars : quam pulchrae. — Regina coeli laetare. »

2. — *Missae sacrae octonis vocibus, quibus adjecta sunt*

*aliquot Motetta, cum Litaniis B. Mariae Virginis, cum basso
continuo ad organum, antehac nunquam editae, authore
R. P. Leonardo Nervio, ord. Capuc. S. Francisci.* Antverpiae, ex typographiâ Petri Phalesij, ad insigne Davidis
regis, M. D. C. XXIV; in-4°, de pp. 44 (pour la partie
de basse). Dans une dédicace latine de l'imprimeur Pierre
Phalèse, sans intérêt pour la biographie de l'auteur, et
adressée à Philippe, duc d'Arschot, prince et comte d'Arenberg, baron de Sevenberghe, conseiller du roi, etc., le compositeur est appelé *Leonardus Capucinus.*

Voici la nomenclature des motets de l'ouvrage :

MISSÆ : Immola Deo. — Decantabat populus. — Ad placitum.
— Audi et vide. — Congregatae sunt gentes. — Exultate Deo.
— MOTETA : Salve Regina. — Congregati sunt inimici. — Im-
mola Deo. — Litaniae B. Mariae Virg.

3. — *Fasciculus cantionum sacrarum quatuor, quinque
et sex vocum, additis Litaniis Lauretanis quatuor et sex
vocum, cum basso generali ad organum, R. P. Leonardi
Nervii, ord. Capuc. S. Francisci.* Antverpiae, ex officinâ
Petri Phalesij, ad insigne Davidis regis, M. D. C. XXVIII;
in-4°, de pp. 74 (pour la partie de basse). Au verso, les
armes d'Antoine De Rore, cité plus loin. Ce recueil renferme les motets suivants :

QUATUOR VOCUM. Tribuler si nescirem. — 2da pars : Secundum. — A dextris est mihi Dominus. — Protector noster aspice.
— Adoro te devotè latens Deitas. — O crux ave spes unica. —
Sub tuum praesidium. — Sancta Maria succurre miseris. —
Regina veniae mitis. — 2da pars : Eya igitur. — Ecce quam
bonum. — Litaniae B. Mariae. — Salve Regina. — Regina cœli
laetare.

QUINQUE VOCUM. Domine Dominus noster. — 2da pars : Quid
est homo. — Domini est terra. — 2da pars : Haec est generatio.
— O Jesu mi dulcissime. — Jam quod quaesivi video. — Surge
propera amica mea. — 2da pars : Ostende. — Vulnerasti cor
meum. — 2da pars : Quam pulchrae sunt. — Planctus B. Mariae.

Sex vocum. O Domine Jesu Christe. — O Domine Jesu Christe. — Laetentur cœli. — 2da pars : Orietur. — Sit nomen Domini benedictum. — Bonum est confiteri Domino. — 2da pars : In decachordo. — Paratum cor meum Deus. — 2da pars : Confitebor tibi. — Benedicite omnia opera. — Misericordias Domini. — Laudate pueri Dominum. — 2da pars : Suscitans. — Laetatus sum in his quae dicta sunt mihi. — 2da pars : Rogate. — Nisi Dominus aedificaverit domum. — 2da pars : Cum dederit. — In te Domine speravi. — 2da pars : Quoniam. — Heu ! siccine separas amara mors. — Osculetur me. — Introduxit me rex. — Nolite me considerare. — Si ignoras te, ô pulcherrima. — Quae est ista. — Egredimini et videte. — Audi dulcis amica mea. — Ego flos campi. — Dilectus meus mihi. — O gloriosa Domina. — 2da pars : Tu regis. — Litaniae B. Mariae. — Digni praesulis infulas canamus. — 2da pars : Nam si floribus (1).

Nervius est évidemment un pseudonyme. Nous l'avons disséqué de diverses manières, sans parvenir à en dégager le nom véritable. Il fait défaut dans les ouvrages de bibliographie que l'on possède sur l'ordre des capucins.

Leonardus Nervius serait-il tournaisien ou du moins hennuyer? Cela paraît assez probable. Tournai, en effet, est appelé *Nervia urbs,* dans certains documents, et les Tournaisiens sont très-souvent nommés *Nervii.* Il y a plus : le *Fasciculus cantionum,* cité ci-dessus, contient une dédicace de l'imprimeur Pierre Phalèse à Antoine De Rore, « celeberrimi monasterii sancti Martini *apud Nervios.* » Or, ce célèbre monastère n'est autre que l'abbaye de Saint-Martin, à Tournai.

Certains autres noms de musiciens latinisés sont plus faciles à restituer à leur forme primitive, et l'on peut s'étonner, à bon droit, que les biographes musicaux en général, et M. Fétis en particulier, ne se soient pas donné la

(1) Ces deux derniers ouvrages font partie d'un recueil de motets du XVIIe siècle, appartenant à la riche collection de M. Ferd. Vander Haeghen, à Gand.

peine de les soumettre à un examen réfléchi. Nous en serons longtemps encore à savoir les faits et gestes d'artistes qui ne nous sont connus que par leurs travaux, parce que nos devanciers n'ont pas pris soin de faciliter les recherches, en perçant à jour l'enveloppe scolastique qui recouvrait leur nom.

Donnons quelques indications à ce sujet, et traduisons certains noms latinisés, de façon à faire correspondre, le plus directement possible, notre traduction avec des noms de familles flamandes bien connues. Cette opération, si elle est reprise un jour d'une façon plus complète, conduira infailliblement à des découvertes intéressantes. Prenons au hasard :

CANALIS (*Florent*), compositeur de la seconde moitié du XVIᵉ siècle. La traduction la plus littérale de ce nom est *Pype*. Il y avait des familles ainsi appelées dans plusieurs villes de Flandre. On en compte aussi du nom de *Buys* (1), qui correspond au mot latin *Canalis*.

Un Jacques Pype figure sur la liste des prévôts et des échevins de Courtrai, en 1431. On y trouve, en 1468, un Arnoud Pype. Un ouvrier d'Ypres, du nom de Coppin Pype, est cité dans les comptes de cette ville, en 1444. Un Roland Pype était trésorier de Flandre, au milieu du XVᵉ siècle. Il se noya au fond d'un puits, où il s'était précipité, tracassé par le comte de Charolais, pour rendre compte des deniers qu'il avait reçus en dépôt. C'est sans doute le même qui reçut le vin d'honneur à Alost, en 1457, en qualité de secrétaire de Philippe-le-Bon. Enfin, un Romboud Pype était messager du Conseil de Flandre, en 1505.

AGRICOLA (*Alexandre*), l'un des maîtres les plus illustres qui vécurent dans la seconde moitié du XVᵉ siècle et dans la première moitié du XVIᵉ. Le nom d'*Ackerman* est celui

(1) Voyez plus haut, à la page 115.

qui, à notre sens, rend le mieux l'appellation latine. Il était porté par l'un des tribuns les plus populaires de la Flandre. Un huissier de Philippe-le-Beau, nommé Jean Ackerman, habitait Bruges en 1486. Plusieurs familles Ackerman sont disséminées en Flandre.

LAPICIDA (*Érasme*), compositeur de la seconde moitié du XVᵉ siècle. On peut, sans crainte d'erreur, attribuer ce musicien à la famille *Steenhauwer*, dont des membres habitent encore Louvain. M. Fétis présume qu'il fut tailleur de pierres dans sa jeunesse (1). Avec des suppositions semblables, on va loin. On voit dans l'*Histoire de la ville de Louvain,* de Jean Molanus, publiée par M. De Ram, un abbé Jean de Vinckenbosch, surnommé *Lapicida.*

CARMEN, musicien que Martin le Franc, qui écrivait de 1436 à 1439, cite, dans *le Champion des Dames,* comme l'un des prédécesseurs de Guillaume Dufay :

> Tapissier, Carmen, Césaris,
> N'a pas longtemps si bien chantèrent,
> Qu'ils esbahirent tout Paris
> Et tous ceux qui les fréquentèrent.

Il appartient, selon toute apparence, à la famille *Rym,* qui était très-répandue jadis en Flandre, et surtout dans la Neérlande. Césaris pourrait bien être notre *De Keyser.*

CONSILIUM (*Jacques*), compositeur de la première moitié du XVIᵉ siècle, correspond au nom flamand de *De Raedt.* Des musiciens allemands, appelés *Rathgeber,* ont latinisé leur nom en celui de *Consiliarius.*

---

(1) Voici les termes dont il se sert dans la *Biographie universelle des musiciens :* « Sa patrie n'est pas bien connue. Il n'est pas même certain que le » nom latin *Lapicida* soit le sien, et qu'il ne désigne pas simplement la pro- » fession que l'artiste aurait exercée dans sa jeunesse (*tailleur de pierres,* » signification exacte de ce mot). » Et ailleurs : « *Lapicida* n'indique peut-être qu'une profession (*tailleur de pierres*) exercée par l'artiste dans sa jeunesse. » *Bulletin de l'Académie royale de Belgique,* 2ᵉ série, t. XI, p. 269.

Un Clément De Raed était, à l'époque précitée, fermier du droit de tonlieu à Oudenbourg.

Puiloys, compositeur du XVe siècle. *Pullus,* d'où dérive Puiloys, est fort vraisemblablement la latinisation du nom de *Kieken,* qu'ont porté plusieurs familles de Flandre, et, entre autres, une famille d'Oudenbourg qui a fourni plusieurs membres à la magistrature de cette ville, au XVe siècle (1). La traduction de Puiloys en *Kieken,* est due à M. Léon De Burbure. M. Fétis, qui en a reçu communication, a changé *Kieken* en *Kie,* qui n'a de sens dans aucune langue.

Fortvila, compositeur du XVe siècle, dont M. Fétis fait *Fortuila,* et dit : « Ce nom ne se rapporte, par sa construction, à aucune nationalité connue (2). » N'est-ce pas Fortville, que porte un village des Hautes-Alpes (Dauphiné)? à moins que ce ne soit Vilvorde, ce qui est peu admissible. La particule *de* aura été primitivement ajoutée à *Fortville,* comme elle le fut à tous les noms de localités transformés en noms de familles.

Prioris, maître flamand du XVe siècle, que cite Cretin dans sa *Déploration* sur la mort d'Okeghem. L'interprétation la plus naturelle du nom latin *Prioris,* est *Vurste, Veurste,* ou *Vorste,* sous lequel est désigné un compositeur dans le *Novus Thesaurus* précité, ainsi que dans la liste des œuvres musicales conservées aux archives pontificales, à Rome. C'est, d'ailleurs, celle de Kilian et du *Teuthonista* de Gérard Vander Schueren.

Custodis (*Jean*), sopraniste de la chapelle impériale en 1547, répond au nom de *De Wachter;* Nepotis (*Jean*), chapelain-chantre de la collégiale d'Anvers, avec lequel Obrecht tint des relations assidues, et que cite M. de Bur-

---

(1) C'est ce que constatent les comptes d'Oudenbourg, que nous avons compulsés avec le plus grand soin.

(2) *Bulletin de l'Acad. roy. de Belgique,* 2e série, t. XI, p. 269, et *Biogr. univ. des musiciens,* 2e édition.

bure, n'est autre que Jean *De Neve;* GRAPHAEUS (*Corneille*), à la fois poëte, historien, orateur et musicien, n'a fait que traduire la forme primitive de son nom, qui est *De Schryver,* etc.

XXVI.

Pevernaege (André),

Compositeur de musique de la seconde moitié du XVIe siècle. — Deux épithalames de Haemus qui le concernent. — Un impromptu de Bochius relatif au même musicien. — A-t-il été affilié à l'*Ordo musicorum*, de Bruxelles? — Pièce de circonstance et inductions sur cette réunion académique. — Culte de sainte Cécile, comme patronne des musiciens, aux Pays-Bas. — Confréries érigées, sous cette invocation, en Flandre, et notamment à Douai, à Alost, à Armentières, à Grammont, à Termonde et à Audenarde, aux XVe, XVIe, XVIIe et XVIIIe siècles. — Notes sur la corporation des instrumentistes, dite de Saint-Job, et sur une académie de danse, à Bruxelles. — Pièces diverses y relatives. — Décadence de la confrérie de Saint-Job.

On peut lire, dans les *Poemata* de Haemus (1), deux charmants épithalames consacrés à André Pevernaege.

Écrits dans le style d'Horace, ils ne comportent, l'un et l'autre, que des développements poétiques. C'est à peine si on en peut inférer que Pevernaege était un musicien savant, ce dont ses ouvrages fournissent la preuve, et un homme à mœurs honnêtes, *juvenum decus,* ce que les fonctions dont il fut revêtu laissent supposer clairement.

Nous ne résistons point au désir de les reproduire, parce qu'ils sont enfouis dans un recueil rarissime que personne ne lit. Il est bon, d'ailleurs, de rafraîchir ces témoignages sympathiques adressés à une illustration de l'art, à une époque où la modestie était encore une vertu admise et pratiquée. Ces sortes de pièces font partie de la biographie de l'artiste à qui elles ont été adressées, et passent souvent inaperçues

Voici ces deux épithalames :

(1) Pages 230 et 240.

IN NUPTIAS ANDREAE PEVERNAEGE, APUD CORTRACENSES SYMPHONASCI,
ET MARIAE MAEGES (1) VIDUAE, 17 CAL. JULIJ, ANNO 1574.

Huc ades Uraniae proles Helicone relicto :
Huc gresso niveo sancte Hymenae veni.
Andreas Mariae juvenum decus omine fausto
Jungitur : huc felix ad tua sacra veni.
Quin haec Christe tuo sauci bona foedera nutu.

Nubila denigrant nulla, quod ipse beas.
Ut frondeis hederae baccheia dona virenteis,
Perdere nativum nec dedicere decus :
Errantesque suis ut pendunt obvia ramis,
Nec facilè amittunt quod tenuere semel :
Hi duo sic animos per vincla tenacia jungant,
Nec temere solvi quae coeire queant.

———

IN EASDEM.

Prome lyram, doctoque retenta pollice chordas
O dea, quae teneri nomen amoris habes.
Festa dies surgit, Mariae qua foedere certo
Jungitur Andreas, auspicioque bono.
Conjugibus modulare novis dea amabile carmen :
Luce adeo fausta nil nisi fare bonum.
Vinea ceu fecunda suo conjuncta marito
Nectarei fundit pocula grada meri :
Sic bene nupta viro varia ex se commoda praebet :
Non ignava domi rem facit, ille foris.
Omnem fert alacris sortem fida usque marito,
Afflet seu mollis, seu levis aura reflet.

Foppens et, après lui, Paquot, reproduisent le bel impromptu de Jean Bochius : *Ad Andream Pevernaege, artis
musicae coryphaeum,* et nous dispensent conséquemment
de la transcrire ici. Mais ils ont omis de citer la pièce de
vers du même auteur, dont la teneur suit :

(1) Paquot corrige le *Haecht* de l'épitaphe de Pevernaege reproduite par
Sweertius, et y substitue *Maeges.* C'est, en définitive, *Maeght* qu'il faut lire.

Epigramma, cùm Bruxellis musicorum ordini adscriberetur.

Phoebe pater, novus ingreditur tua templa sacerdos,
  Ausus adoratas tangere calce fores.
Sit felix faustumque precor, da nostra sororum
  Musa sit Aonios visere digna choros.

Vos quoque vobiscum socii Poeana canentem
  Excipite in coetum si modo dignus ero
Fingite vos similes divis, quibus hostia multa
  Displicet et tauro non minus agna placet.
Forsitan et nostri crescent primordia cantus,
  Si minus, at veniam, qui bene coepit, habet.

Ces distiques solennels viennent immédiatement après l'impromptu précité, dans les *Delitiae poetarum belgarum* (1). S'agit-il ici encore de notre musicien, ou bien est-ce une simple pièce de circonstance adressée aux membres qui étaient reçus dans l'association bruxelloise. Le verbe *adscriberetur*, sans sujet déterminé, laisse la question indécise. Bochius naquit en 1555, et mourut en 1609. Partant, on peut rapporter approximativement la pièce au troisième quart du XVIe siècle.

Que Pevernaege ait été affilié à l'*Ordo musicorum* de Bruxelles, cela est assez admissible; et cette distinction honorifique, d'autres musiciens éminents l'auront obtenue comme lui. Ce qui nous intéresse davantage, c'est l'existence même de cette société.

En quoi consistait l'*Ordo musicorum*? Est-ce la même association que l'académie de musique dont Jean-Baptiste Dandeleu fit partie, et dont on trouva le règlement dans sa mortuaire, en 1667 (2)? Peut-être ressemblait-il à l'académie de poésie et de musique que Jean-Antoine de Baïf établit, en 1570, dans sa maison, rue Faubourg-Saint-Marceau, à

(1) T. I, p. 798.
(2) Voir au § VII de ce volume.

Paris. C'était une sorte de conservatoire, destiné à répandre le goût de l'art et à perfectionner le chant et l'instrumentation, à l'instar des conservatoires contemporains de Venise et de Naples. Plus vraisemblablement avait-il le caractère et la mission de la célèbre confrérie de *Madame sainte Cécile*, fondée *par les musiciens zélateurs et amateurs de musique* de la capitale, dans l'église des Grands-Augustins, et dont les statuts furent approuvés, le 18 mai 1575, par lettres patentes de Henri III. « Seront advertis, porte » l'article 9 de ces statuts, tous bons et excellens musiciens » de ce royaume et autres d'envoyer, pour la feste de sainte » Cécile, quelques motets nouveaux ou autres cantiques » honnestes de leurs œuvres, pour estre chantés, afin de » connoistre et remarquer les bons auteurs, nommément » celuy qui aura le mieux faict, pour estre honoré et gra- » tiffié de quelque présent honorable (1).

Cette confrérie doit probablement son origine à celle qui fut établie, vers 1571, à Évreux, sous l'invocation de la même patronne, et où Petit-Jean Delàtre remporta la palme en 1576.

Il ne sera pas inopportun de résumer ici les notes que nous avons recueillies, dans les Archives du royaume, sur les associations de sainte Cécile aux Pays-Bas. Déjà, notre collègue, M. Alexandre Pinchart, a signalé un *Collegium musicorum* (peut-être du même genre que l'*Ordo musicorum*, de Bruxelles), fondé à Arnhem, en 1591 (2).

Certains ouvrages, qui paraissent sérieux, ont soutenu que le culte de sainte Cécile, comme patronne des musiciens aux Pays-Bas, était tout moderne. On lit, entre autres, dans les *Variétés historiques, physiques et littéraires* (3),

---

(1) Extrait reproduit par M. BERNHARD, dans ses *Recherches sur l'histoire de la corporation des ménestriers ou joueurs d'instruments de la ville de Paris.*

(2) *Archives des Arts*, t. II, p. 238.

(3) Paris et Noyon, 1752, t. III, p. 247.

qu'au XVIIe siècle, on ne connaissait point encore sainte Cécile en Flandre. Les journaux et les revues spéciales de l'art avaient propagé cette étrange erreur, quand M. Léon de Burbure prit à tâche d'en faire définitivement justice. Dans une lettre adressée au *Guide musical,* de Bruxelles (1), l'estimable musicologue réfute victorieusement un article de ce journal où il est dit, que depuis deux cent soixante-dix ans seulement, les musiciens convinrent de choisir sainte Cécile pour leur patronne, et que cet usage ne fut introduit que plus tard en Belgique.

M. de Burbure prouve que, dès le début du XVIe siècle, on honorait sainte Cécile, aux Pays-Bas, comme patronne des musiciens. Il reproduit plusieurs extraits de comptes de la cathédrale d'Anvers, de 1515 à 1549, où sont mentionnées des sommes payées aux musiciens pour la célébration de la fête de leur protectrice. Il démontre que, loin d'avoir été devancée par d'autres nations, dans le culte voué à sainte Cécile, la Belgique en a eu vraisemblablement la priorité.

Il fait plus. Prenant à la lettre la confirmation du plus ancien monument d'Italie relatif au culte de sainte Cécile, il n'hésite pas à en induire que ce culte y aura été, selon toute apparence, implanté par ceux qui furent appelés à diriger les principales chapelles musicales de la Péninsule, et notamment par les maîtres néerlandais.

Nous sommes en état de démontrer que l'invocation à sainte Cécile fut organisée, en Flandre, dès le XVe siècle.

Dans la *Table chronologique et analytique des archives de la mairie de Douai,* on rencontre la mention sommaire de lettres, du 19 mai 1437, par lesquelles les ministres de la « bonne maison des chartriers » s'obligent à exécuter les conditions d'une fondation faite audit hôpital par Mahieu

_____

(1) N° 41 du 6 décembre 1860. Cette lettre a paru à part.

Amicot, dit Dablaing. Entre autres conditions, est celle de
faire célébrer une messe perpétuelle en l'église des Frères
mineurs, dans une chapelle que ledit Dablaing a fait édifier
sous le nom de sainte Cécile (1).

On voit, dans les comptes d'Alost, de 1483, que le dimanche après la fête des saints Pierre et Paul, il y eut,
comme aux années précédentes, une procession solennelle,
où les habitants de cette ville s'efforcèrent à l'envi d'apporter le tribut de leurs embellissements. Entre autres
exhibitions symboliques qui se firent dans le cortége, on
remarque la statue de sainte Cécile jouant de l'orgue. Un
peintre, du nom de Géry Den Bru, avait été chargé de
dorer l'instrument de la patronne pour la circonstance.
En voici la preuve :

« Item, [den zelven Gooric Den Bru, scildere], van te stof-
feerne Ste Cecylien orghele, ij st. »

Puisque chaque confrérie y figurait avec ses attributs
spéciaux, il est naturel d'en induire que très-vraisemblablement une association de musiciens, composée de chantres,
d'organistes, d'écoliers de la maîtrise et d'instrumentistes
gagés par la ville, aura organisé la représentation de cette
figure emblématique.

Au XVIe siècle, le culte de sainte Cécile prit une extension très-considérable. Nous ne serons pas étonnés d'apprendre, quand le dépouillement de nos principaux dépôts
d'archives aura été fait, que ce culte fut général aux Pays-
Bas. On apporta même un soin si minutieux et une raffi-
nerie de goût si excessive dans l'ornementation de la statue
de la sainte, ainsi que dans celle de certains autres saints
et saintes, qu'un prélat crut devoir s'élever, en pleine
chaire, à Armentières, contre ces apprêts tout païens. Parlant de cette coquetterie irrévérencieuse, François Richar-

(1) Pages 225 et 226, n° 992.

dot, évêque d'Arras, dit, entre autres, que plusieurs artistes représentaient sainte Cécile « ornée et polie, peignée
et bouclée, rayée et galonnée, comme s'il s'agissait d'une
Faustine ou d'une dame du monde (1). »

A Grammont, les musiciens, érigés en confrérie sous le
nom de *Cecilianisten*, reçurent du magistrat, dès 1560, une
gratification de deux tonneaux de bierre, le jour de leur
fête patronale; ce qui ne veut pas dire que le culte de la
sainte date précisément de cette époque, mais laisse, au
contraire, à entendre qu'il y florissait depuis nombre d'années. Voici l'extrait des comptes communaux qui concerne
cette gratification :

« Betaelt de Cecilianisten, die up Ste Cecelien dach in recreatie
van huerlieder feeste toegheleyt was, by scepenen, twee tonnen
stootbancx, vj lib. xvj s. »

Les comptes de la confrérie de Notre-Dame, érigée en
l'église collégiale de Termonde, nous fournissent encore la
preuve de l'existence d'une association de sainte Cécile
dans cette dernière ville, et notamment aux années 1650,
1656 et 1657. Les mêmes inductions que pour l'association de Grammont peuvent être faites à ce sujet. On en
voit la preuve par l'extrait suivant de l'année 1650 :

« Betaelt aen den heer Pieter Valle, ende andere sanghers
ende musiciens, voor een gratuiteyt hun gejont tot de maeltyt
op den dach van hunne patronersse Ste Cecilia, par ordonnance
ende quitance, respectivelick in daeten 5 april 1650 ende 18 april
daerna, xxx sch. gr. »

A Audenarde, les échevins se montrèrent également généreux envers les musiciens, le jour de sainte Cécile. La
première mention qu'on trouve, à ce propos, dans les comp-

(1) *Sermoon van de beelden teghen die beeldtschenders, ghedaen te Armen-
tiers, van den zeer eerweerdighen heer François Richardot, bisschop van
Atrecht*. Loven, J. Bogaerts, 1567, in-8°.

tes de la petite cité flamande, remonte à l'année 1557. Elle
est de la teneur suivante :

« Betaelt Johan Sataeingne, nieuwe sanghmeester dezer stede,
ende andere sanghers, omme hemlieden te recrëerne op Ste Cecilien dach, v lib. par. »

Au XVIIe siècle, où la décadence des arts et de l'industrie se fit vivement sentir, on rencontre, dans les comptes
communaux, la trace d'une véritable *gilde*. On peut en induire, à bon droit, qu'à une époque plus prospère, comme
dans la première moitié du siècle précédent, une association de ce genre y aura dû se former. Le passage en question est de 1644. Il porte :

« Item, den prince en de ghemeene guldebroeders van Ste Cecilia, tot advancement van haerlieder banquet, xxiiij par. »

Voilà donc une confrérie régulièrement et légalement
constituée, avec son prince et ses membres, ses ordonnances
et ses coutumes.

Il est douteux cependant que les confrères aient eu une
chapelle spéciale, du moins dans l'église de Sainte-Walburge. S'ils n'ont pas obtenu un autel particulier dans l'une ou
l'autre chapelle de la ville, peut-être auront-ils fait célébrer
les services requis à la fête de leur patronne « pour pryer
Dieu et madamme sainte Cécile pour les âmes des trespassez (1). » Puis, à l'imitation des autres gildes, les mem-

---

(1) *Annales du cercle archéologique de Mons*, t. III, p. 103. Il y avait,
dans l'église de Saint-Germain à Mons, une chapelle spéciale sous l'invocation de Sainte-Cécile. La connétablie des musiciens de cette ville, instituée
par lettres du magistrat, du 4 avril 1588, se chargeait de l'entretien de cette
chapelle, et y faisait célébrer des offices. Après la reconstruction de l'église,
à la suite du siége de 1691, les musiciens n'obtinrent plus la chapelle; ils se
bornèrent à faire placer la statue de leur patronne contre l'un des piliers
du chœur, et continuèrent néanmoins à faire célébrer les offices de leur
confrérie dans cette église. En 1729, des reliques de sainte Cécile, obtenues
de Rome, furent transportées solennellement de la chapelle des Ursulines de
Mons à l'église de Saint-Germain.

bres de l'association se seront réunis la veille, pour se
rendre en cortége, bannière déployée, à l'église et y entendre vêpres et salut. Le lendemain, ils se seront retrouvés
dans la même église pour y assister à la messe et faire leur
offrande, le tout sous peine d'amende, au profit de la confrérie.

Mentionnons encore, à l'année 1686, l'extrait suivant des
mêmes registres :

« Item, betaelt an meester Judocus Clarisse, sangmeester, met
consorten, ses guldens, over een gratuiteyt hemlieden gejont
op den avont van de heylighe Cecilia, hemlieden patroonesse,
als wanneer zy op het stadhuys hebben ghesonghen diversche
mottetten in musicq, xij lib. par. »

Il en résulte que nos sociétés chorales, croyant faire du
neuf, en instituant le chant d'ensemble, n'ont été que les
copistes involontaires des siècles précédents.

Des modifications, nécessitées par les circonstances,
auront été apportées, dans la suite, à la gilde audenar-
daise (1).

Une liste de musique de l'église de Sainte-Walburge,
dressée en 1734, et qui sera publiée plus loin, renferme
un motet dit : *de Sancta Ceciliâ,* à deux voix.

Si l'*Ordo musicorum* de Bruxelles n'avait point la mission des associations académiques dont il a été question
plus haut, à coup sûr, il n'avait rien de commun avec une
autre confrérie érigée en cette ville, à savoir la corporation de joueurs d'instruments, qui avait pour patron Saint-
Job, et dont nous voulons également dire un mot.

---

(1) Nous n'oserions affirmer que la société : *de Harmonie der vrywillige
Patriotten,* à Audenarde, fût formée des débris de cette gilde, à la suite de
l'insurrection contre Joseph II. Certifions pourtant que, au commencement
de ce siècle, sainte Cécile donna son nom à une association instrumentale qui
devint le noyau de la société des Beaux-Arts actuelle, où l'on conserve encore
une jolie statuette représentant la patronne des musiciens. *Voy.* nos *Aldenardiana,* t. I, p. 13.

A la fin du XVIIe et au début du XVIIIe siècle, cette corporation, qui subsistait depuis quatre cents ans (1), voyait s'échapper un à un ses priviléges. Les principes de liberté commençaient à se répandre. L'art marchait, le modeste ménétrier disparaissait. Les décrets des souverains se succédaient, comme autant de contreforts, pour empêcher l'édifice crevassé de s'écrouler.

Les Archives du royaume renferment quelques pièces, qui nous montrent les efforts que fit l'autorité pour conjurer sa décadence. On y voit, entre autres, la mention d'ordonnances communales et de décrets royaux des 26 août 1606, 14 juin 1651, 11 octobre 1662, 15 juillet 1665, 23 mai 1682, 17 octobre 1685, 5 février 1699 et 3 décembre 1721.

A cette dernière époque, les syndics de Saint-Job avaient invoqué leurs anciens priviléges, et notamment ceux qui leur octroyaient le monopole exclusif d'exercer leur métier dans l'enceinte de Bruxelles. Ils s'alarmaient, à juste titre, de la coopération de certains étrangers aux spectacles et aux divertissements publics. Ils étaient surtout vexés du brevet d'incapacité qui leur avait été infligé par le directeur de la Comédie. Ils s'en plaignent dans la requête suivante, que nous reproduisons dans l'intérêt de ceux qui voudront un jour écrire l'histoire de cette association :

A Son Excellence le marquis de Prié,

« Remontrent très-humblement les chefs-doyens, maîtres de danses et instrumentistes admis, approuvez et bourgeois de cette ville de Bruxelles, que, par les actes et priviléges de messieurs du magistrat de cette dite ville, accordés aux suppliants, confirmés le 23 may 1682, signés P. H. Van Omel, cy-joints, il at esté bien expressément deffendu à tous les étrangers, sous les peines et amendes y statuées, de s'introduire et de mon-

---

(1) Voir, plus loin, la requête adressée au marquis de Prié.

trer à danser, jouer aux festins, bals et gordinets, opéras et
commédies, etc. Néantmoins toutes ces ordonnances, les étrangers se sont émancipés de jouer dans lesdites commédies et
autres places ; sur quoy les remontrans ont présenté requeste
à Son Altèze Électorale, laquelle ayant meurement considéré
ladite requeste, avec l'advis de ceux du conseil du Brabant,
Sadite Altèze Électorale a bien voulu donner le décret cy-joint.
Et comme l'entreprenneur de la commédie et autres faisont à
croire (comme on a appris), qu'en cas qu'il ne sert pas des
étrangers dans sadite commédie, le divertissement ou le spectacle ne se pourroit pas exécuter, ce qu'il est directement contraire à la vérité, pour autant que de besoing, les remontrants
auront l'honneur de faire entendre et voir à Votre Excellence,
que ceux qui sont dans la confrérie sont, sans vanité, plus
capables pour donner le divertissement à Votre Excellence et
touttes autres personnes de distinction, que les étrangers qui
jouent dans la présente commédie. Et comme ça porte grand
préjudice à Sa Majesté Impériale et catholicque de cette ville et
des remontrants, qui n'ont pu s'exercer librement, ne fût qui
ont esté préallablement admis bourgeois et maîtres approuvez,
en conformité desdits ordonnances et decret, raisons que les
suppliants se retirent vers Votre Excellence, suppliant très-
humblement que son bon plaisir soit de permettre aux suppliants de pouvoir deffendre et faire interdire, en vertu des dits
ordonnances et decret, qu'aucun étranger ne pourroit point
jouer dans la ditte commédie ou autres places ou lieux que ce
puisse être, avec ordonnance audit entrepreneur de ladite
commédie et tous autres qu'il appartiendra, de ne point s'en
servir doresenavant que de ceux de ladite confrérie, sur les
peines et amendes y statuées, ou telle autre que Votre Excellence trouvera convenable, ce que les suppliants espérent de la
grandeur et équité de Sadite Excellence. Quoy faisant, etc. »

A la marge supérieure : « Déclarent les suppliants individuellement les personnes contre lesquelles ils veuillent faire
opérer les ordonnances et décret cy-repris. Fait à Bruxelles, le
3 xbre 1721.

» J.-A. Snellinck »

Voici le texte du décret dont il est question dans le document précité :

« Alsoo die dekens, ouders ende ghemeyne supposten van het broederschap van St Job binnen dese stadt Brussele, aen myne heeren die wethouderen der selver stadt, by requeste hadden gheclaeght, dat vele vrempde onvrye persoonen, oock gheene deser stadt poorters wesende, hen vervoorderen te spelen op feesten, bruyloften ende publicque bancquetten, welcke vremdelinghen oock gaen vuyt leeren spelen ende dansen, boven dat sy spelen in ballen ende gordinetten; te kennen ghevende voorts dat sy verdruckt worden door die benden van instrumentisten, van cavailliers ende andere, versoeckende dat allen 'tselve soude worden verboden op eene pene van 25 rins guldens, tot ruste ende maintineringhe der selver; soo ist dat myne voorschrevene heeren daerinne willende versien (naer voorgaende advies der heeren tresoriers ende rentmeesters der selver stadt), hebben gheordonneert, ghelyck sy ordonneren mits desen, dat niemandt in den broederschappe der supplianten niet wesende, nochte poorter binnen dese stadt ende haere cuype, en sal vermoghen publicque danschole houden, nochte oock en sal moghen spelen om loon op eenighe ambachtscamere ofte elders, bruyloften ende ballen, permitterende niettemin aen de commedianten het mede brenghen van vremde speelieden dienende totte acteurs, mits ghevende eene recognitie aen den voorschreven broederschappe, sonder dat de selve erghens buyten de commedien sullen moghen gaen spelen om loon, ofte vremde alhier te assumeren buyten het broederschap synde, alles op de verbeurte vande instrumenten, ende tot dyen op de pene van twelff rinsguldens t'elcker reyse te verbeuren, executabel vuyt crachte deser; verclarende voorts dat alle andere vorighe ordonnantien aen het voorschreven broederschap gegunt, sullen blyven in hunne cracht ende vigeur, voor soo vele de selve aen dese niet en syn contrarierende, reserverende myne voorscrevene heeren altyt hun veranderen, verminderen, vermeerderen ende corrigheren, ghelyck sy naer ghelegentheyt des teydts sullen vinden te behooren. Aldus ghedaen ende ter grooter puyen aff van desen stadthuyse, ter presentie van myne voorschre-

vene heeren, op den 23 may 1682. Ende was onderteekent :
P. H. Van Omel.

> » Collata concordat cum suo originali, quod attestor.

> » J. B. Damiens, *notarius.*

> » 1721. »

Remarquons, en passant, que ce n'était pas, on le présume bien, pour la maîtrise de danse que la corporation
avait été établie, mais pour celle des instruments. Ce n'est
qu'accessoirement, dans des temps récents, et à cause de
l'emploi du violon pour l'étude de la danse, dit M. Bernhard, que celle-ci y avait été rattachée. Du reste, bien
qu'ajoutée après coup, la maîtrise de danse était devenue
partie intégrante du privilége de la corporation (1).

(1) Quoi qu'il en soit, l'enseignement de la danse ne fut pas rigoureusement monopolisé par l'association de Saint-Job. Voici le texte d'une requête,
adressée, le 6 août 1625, à l'archiduchesse Isabelle, et qui paraît avoir été
accueillie favorablement :

« Remonstre en toutte humilité Jehan de la Pure qu'en ceste et aultres
» courtz, il y at eu et at plusieurs cavalliers principaulx qui désireroyent que
» le suppliant formeroit en ceste ville de Bruxelles une Académie pour mon-
» ter à cheval, tirer des armes, voltiser et danser, et la mathématicque et
» aultres exercices de cavallier, laquelle Académie il a commencé passez deux
» ans et demy à ses propres fraiz et despens, en laquelle plusieurs cavalliers
» de divers nations apprennent. Cause pourquoy il supplie à V. A. S. très-
» humblement plaize à icelle lui hounorer du tiltre de l'Académie de V. A. S.,
» et luy donner l'enthier gouvernement d'icelle, sans qu'elle dépende de per-
» sonne que de V. A. S., et en conformité de celui afranchir comme domestic-
» que de quelconques charges ausquelles sont subjectz les bourgeois, affin de
» ne se trouver molesté des dictes charges. Quoy faisant, etc. »

A cette pièce, se trouvent joints divers articles d'un réglement d'une Académie, dirigée par un certain Danicq, écuyer du roi de France, et où s'enseignaient « les lettres, les mathématiques, l'escrime, la dançe et le voltige
» sur le cheval. » Ces articles sont appostillés à la date du 31 janvier 1611.
L'une de ces appostilles porte que le comte de Solre accorda au requérant
« 800 escuz pour tout, et pour trois années seulement, pendant laquelle l'on
» pourra voir le progrès que prendra cette institution. »

A cette dernière institution se rapporte une lettre datée du 31 octobre 1611,
et que nous tenons à reproduire :

« Monsieur, je tiendray la main que le sieur d'Anicq soit accomodé de
» l'encouru de sa pension, comme Son Altèze le commande. Mais si le com-

Invités à désigner individuellement les personnes auxquelles ils prétendent appliquer les ordonnances, les syndics en dénomment trois surtout : certain Vitzy Dominae (Vitzhumb?), N. Camargo le jeune (1), et N. Potter.
La requête qu'ils adressent au souverain est conçue en ces
termes :

A Sa Majesté Impériale et Catholique en son Conseil d'État,

« Remontrent très-humblement les chefs-doyens, maîtres de
danses et instrumentistes admis, approuvez et bourgeois de
cette ville de Brusselles, que la requête cy-jointe, présentée, de
la part des remonstrans, à Son Excellence le marquis de Prié,
pour le maintien de leurs priviléges y énoncez et vérifiez par
titres légaux et renvoyez en ce conseil, a esté apostillée d'ordonnance aux remontrans de déclarer individuellement les per-

» mandement de Son Altèze tient qu'il n'aie d'accommoder aucun François en
» sa maison, je crains que l'Académie sera bien peu fréquentée et de peu de
» fruict, n'y ayant encore aultres que les deux fils de monsieur de Mérode,
» d'aultant que la despence est fort grande, et peu y en aura qui sçauront ou
» vouldront y furnir là où les François n'espargnent rien pour bien dresser
» leurs enfans, quand ils en ont les moïens; et encore crains-je qu'il sera mal
» prins en France si on les exclust de nostre Académie, là où les nostres ont
» esté bien receus en la leur, et qu'aussy toutes aultres sont receus en la nos-
» tre, et en cela est la grandeur des Princes. Bien est-il bon de n'admettre
» indifféremment tous, sinon ceux que l'on cognoit asseurez en la religion
» et de bonnes meurs; mais aussy de les exclurre tous là où y a un chef qui
» a l'œil dessus, et mesmes que, l'asseurant diligence et bon langage des Fran-
» çois serviront d'esguillon et instruction aux nostres, je crains que ne soit
» le plus acerté pour le service et réputation de noz princes. M'en remectant
» néantmoins à meilleur jugement, je finis ceste et demeure, Monsieur,
» Très-affectionné à vous faire service,
» N. de Montmorency.
» De Bruxelles, dernier d'octobre 1611. »

En marge : « Touchant l'Académie du sieur d'Anicque, et que les François
qu'en doibvent estre excluz. » *Suscription :* « A Monsieur Monsieur Praets,
secrétaire d'Estat de Leurs Altèzes Sérénissimes, à Marimont. » Archives du
royaume, liasses de l'audience, nº 460.

(1) C'est sans doute le père de la célèbre danscuse, qui prit, comme on
sait, le nom de Cupis de Camargo.

sonnes contre lesquelles ils veuillent faire opérer les ordonnances et décret y mentionnez, les remonstrans, se conformans à
cette appostille, dénomment les personnes de certain Vitzy
Dominae, N... Camargo le jeune et N... Potter, autant qu'ils
ne sont pas seulement désapprouvez et non admis dans la confrérie conne des remonstrans, mais aussy point priviligiez, et,
par conséquent, ne peuvent, en conformité desdittes ordonnances et décret, exercer leurs arts aux acts publiques, comme
d'opéra, comédies et autrement, ainsy qu'ils font continuellement au préjudice des remontrans, ce qui ne se peut si longtemps qu'il se rencontre des pareils amateurs, où il y en a des
meilleurs, lesquels, en vue des dits priviléges, ont expressément
employez leur tems à se perfectionner dans l'art, lesquels sont
admis, approuvez et bourgeois de cette ville, de sorte que les
remontrans espèrent que Votre Majesté, trouvant son appaisement dans le susdit, serat servie dans une cause si claire, comme
est la présente de faire cesser tout préjudice que souffrent les
remontrans et toutte ultérieure atteinte aux dits priviléges, et
qu'elle les en laisserat paisiblement jouir. C'est le sujet qu'ils
s'addressent autre fois à icelle, la supplians très-humblement
que son bon plaisir soit de disposer enfin deffinitivement sur
la demande des supplians faite par leur avantdite requête. En
quoy, etc. »

A la marge supérieure : « Rapport fait au conseil souverain
de Sa Majesté ordonné en Brabant, de renvoier cette requête,
avec les pièces jointes, à l'advis du magistrat de cette ville, par
lettres closes. Actum, 9 febvrier 1722. »

A. V. GHINDERTAELEN.

L'avis du magistrat, pour s'être fait attendre, n'en fut
pas moins catégorique. L'opéra ou la comédie n'était pas
mentionné en termes explicites dans l'énumération des
divertissements publics dont la confrérie de Saint-Job avait
le monopole. Il en résultait une équivoque qui prêtait le
flanc à des interprétations diverses. Le magistrat était d'avis
qu'il fallait interdire à *tous* les étrangers, non agréés par
l'association, de jouer dans *tous* les locaux, n'importe les-

quels. Il se fonde sur le décret du 5 février 1699, où cette
prohibition est faite en des termes très-précis. Il en conclut
que ce décret, ainsi que les ordonnances précédentes, doivent sortir leur plein et entier effet.

« Messieurs,

» Nous avons examiné les deux requêtes, la première présentée
à Son Excellence le marquis de Prié, sur laquelle est donné le décret du 3 de décembre 1721, et la seconde présentée à Sa Majesté
Impériale et Catholique en son conseil d'État, dont rapport a
été fait en ce conseil et renvoyé à notre avis, pour lequel nous
dirons que la confrérie des maîtres de dançe et instrumentistes
a été érigée depuis plus d'un siècle.

» Car, on a trouvé que nos prédécesseurs ont statué par leur
ordonnance du 26 d'aoust 1606, que nul étranger pourra jouer
ou enseigner à dançer en cette ville, ne fût qu'il ait fait conster
de sa bourgeoisie et de son admission dans ladite confrérie,
soub peine de confiscation de l'instrument et d'une amende de
six florins.

» Cette ordonnance at esté renouvellée, confirmée et augmentée par celles du 14 de juin 1651, 11 d'octobre 1662, 15 de
juillet 1665, et plus amplement par celle du 23 de may 1682,
qui ont été déclarées exécutoires et ont été confirmées par une
infinité de sentences rendues sur ce sujet.

» De sorte que cette confrérie étant érigée et ayant formé un
corps approuvé par plusieurs ordonnances, et par un tems
immémorial, on n'y peut, sous correction, donner atteinte sans
le vouloir détruire et renverser, ce qui seroit contre toute justice, équité, et même préjudiciable, non-seulement au droit
acquis à ce corps et à ses membres, mais aussy à Sa Majesté et
à cette ville, pour autant que n'y pouvant être admis que des
bourgeois qui connaissent cet art et soient approuvés par la
même confrérie, tous les étrangers pourroient entreprendre
l'exercice des fonctions des maîtres de dançe et instrumentistes
admis dans laditte confrérie, si on les vouloit souffrir à l'exercice de cet art, sans être revêtus de la qualité de bourgeois de
cette ville, pour laquelle Sa Majesté a son droit si bien que

cette ville, lorsqu'on veut créer quelque étranger bourgeois en cette ville.

» On ne peut s'imaginer pour quelle autre raison Son Excellence avoit ordonné, par son décret du 3 de décembre 1721, donné sur la première requête des suppliants, de déclarer individuellement les personnes contre lesquelles les supplians vouloient faire opérer les ordonnances et décrets repris dans leur ditte première requête, sinon que Son Excellence en vouloit premièrement être informée pour sçavoir si ces personnes n'étoient pas destinées pour jouer dans l'opéra ou dans la comédie, puisque touttes les personnes étrangères étoient comprises dans les dittes ordonnances, qui n'étoient pas bourgeois ou admises dans la ditte confrérie, et même tous les lieux, quoyqu'ils fussent exempts de la jurisdiction de cette ville, en suite du décret de Son Altèze Électorale le duc de Bavière, du 5 de février 1699, joint à ladite première requête par copie authentique.

» Parceque Sadite Altèze avoit accordé la permission de faire deffençe y mentionnée dans telles maisons ou tels lieux que ce puisse être, les supplians, ayant demandé, par leur requête, sur laquelle ledit décret avoit été accordé, de pouvoir faire et faire faire ladite deffence, non-seulement d'enseigner et montrer à dançer, jouer aux festins, bals, gordinets, mais aussy aux opéra et comédies; S. A. E. le duc de Bavière ne leur avoit pas accordé toute leur demande par sondit décret du 5 de février 1699, donné après préallable avis de ce conseil, puisqu'on y avoit omis de pouvoir faire lesdittes deffences dans l'opéra et comédies, et, selon toutte apparence, à dessein et expressément.

» Et comme les suppliants avoient demandé, par leur ditte première requête, de pouvoir deffendre et faire interdire, en vertu desdites ordonnances (c'est-à-dire de nos prédécesseurs) et décret, à sçavoir de S. A. E. le duc de Bavière, etc., avec ordonnance à l'entrepreneur de la comédie et tous autres qu'il appartiendroit, de ne point se servir doresenavant d'aucun autre étranger que de ceux de la confrérie, on a raison de croire que les ordonnances de nos prédécesseurs n'étant pas extensibles aux comédies, ny aussy le décret du 5 de février 1699, Son Excellence n'avait pas accordé la demande des supplians faite par

leur première requête ; mais, s'ils avoient seulement demandé
ce qu'ils avoient obtenu par ledit décret du 5 de février 1699,
on a lieu de croire qu'on n'en auroit pas empêché l'exécution.

» Pour quelles raisons nous sommes d'advis que les ordonnances de nos prédécesseurs, faites pour le maintien de ladite
confrérie et la conservation des droits de Sa Majesté et de cette
ville, et ledit décret du 5 février 1699, doivent sortir leur plein
et entier effect, et qu'on ne devroit pas faire difficulté de les
faire observer sur le pied et de la manière qu'ils sont conçues,
nous soubmettans néanmoins à ce que ce souverain conseil en
jugera. Nous sommes, Messieurs, vos très-humbles et très-
obéissans serviteurs,

» Bourgemaîtres, échevins et conseil de la ville de Bruxelles.

» G. D. Van Veen, *loco* P. J. De Grève.

» Le 11 9bre 1723. »

Le conseil souverain de Brabant n'opina pas de même.
Il excepta l'opéra, la comédie et les bals publics de la série
de divertissements dont la confrérie de Saint-Job avait le
monopole, apparemment, dit-il, « parce que ces sortes de
jeux servent particulièrement pour le divertissement des
gouverneurs-généraux, et que toutes sortes de gens, qui
peuvent contribuer à leurs plaisirs, y soient admis. » Voici
la teneur de son avis :

« Monseigneur,

» Ce que les chefs-doyens, maittres de danses et instrumentistes demandent par leur requête que Votre Excellence a esté
servie d'envoyer à notre avis, par ses lettres du 19 janvier 1722,
est conforme à l'ordonnance de ceux du magistrat de cette ville,
du 26 aoust 1606, renouvellée et augmentée par celles du 14 de
juin 1651, 11 d'octobre 1662, 15 juillet 1665, et plus amplement par celle du 23 de may 1682, confirmée par décret, tant
du marquis de Gastanaga, du 17 octobre 1685, lors gouverneur-
général de ces pays, que de Son Altèze Électorale de Bavière,
du 5 de febvrier 1699, sauf qu'ils prétendent d'y comprendre
aussi les opéra, commédies et bals publicqs, dont il n'y est pas

fait mention, apparemment parceque ces sortes de jeux servent
particulièrement pour le divertissement des princes ou des gouverneurs-généraux, et qu'il est bien raisonnable que touttes
sortes de gens, qui peuvent contribuer à leurs plaisirs, y soient
admis. C'est pourquoy il nous semble, Monseigneur, que V. E.
pourroit estre servie de leur accorder leur demande, exceptant
les opéra, commédies et bals publicqs, en conformité de Son
Altèze Électorale. Nous sommes, Monseigneur, de Votre Excellence, les très-humbles et très-obéissants serviteurs,

> » Le chancellier et gens du conseil souverain de
> Sa Majesté, ordonné en Brabant,
> » G. Schouten.

» Bruxelle, 22 novembre 1725. »

L'affaire n'en resta pas là, toutefois, et la confrérie de
Saint-Job, de nouveau surexcitée par la redoutable concurrence des étrangers, revint à la charge en 1725. Elle
adressa au marquis de Prié la requête suivante, où elle
reprend l'argumentation du magistrat, en se fondant sur
le décret de 1699, que nous reproduisons également :

« A Son Excellence,

» Remontrent en très-profond respect les chef-doyen, prévôts,
anciens et supposts de la confrérie de St Job en cette ville,
composée des maîtres de danses et instrumentistes admis et
approuvés, bourgeois de cette ville, que cette confrérie a subsisté
présentement plus de quatre siècles avecq beaucoup de tranquilité, et a esté honorée par les princes souverains de ces pays et
de leurs gouverneurs-généraux, de plusieurs priviléges, lesquels
ont esté ratifiés, décrétés et confirmés de temps en temps, notamment en l'an 1682, le gouverneur et capitaine-général de
ces Pays-Bas at approuvé et décrété les actes et priviléges accordés aux remonstrants par le magistrat de cettedite ville, par
lesquels il est expressément deffendu à tous les étrangers, soubz
les peines et amendes y statuez, de s'introduire et de montrer à
danser, jouer aux festins, bals, gardinez, opéras et commédies,
en tels lieux que ce puisse estre, en cette dite ville, ce qui a
esté confirmé et ratifié par S. A. E. de Bavière, le 5 de

febvrier 1699, dans tous ses points, soubz les peines et amendes statuées et à statuer par l'amman ou messieurs du magistrat, comme conste de la copie authentique cy-jointe. Et comme les remonstrants n'ont rien de plus à cœur que la conservation et prospérité et le maintien des priviléges à eux si gracieusement accordés, et désirant d'y avoir l'agréation et approbation et confirmation de Ladite Excellence, ils se retirent en tout respect vers icelle, la suppliant très-respectueusement estre servie de confirmer et ratifier les priviléges des suppliants, ainsyque Son Altèze Électorale de Bavière a fait par l'acte du 5 febvrier 1699, cy-joint en copie authentique, affin qu'aucune innovation ni altération n'y soit fait, sous les mêmes peines et amendes comme par les actes précédents, avec ordonnance à tous ceux qu'il appartiendra, de s'y ponctuellement régler et conformer. Quoy faisant, etc.

» M. Boulaere. »

Voici la teneur du décret:

« Son Altèze Électorale ayant eu rapport du contenu en cette requête et de l'advis y rendu par ceux du conseil du Brabant, a permis et permet par cette, au nom de Sa Majesté, aux suppliants, qu'ils puissent et pourront deffendre et faire deffendre, par l'amman ou ceux du magistrat de cette ville, à touttes personnes instrumentistes étrangers, d'enseigner et montrer à danser et jouer aux festins, bals et gordinettes, dans telles maisons ou lieux que ce puisse être, à moins qu'ils ne soyent préallablement acquittez, faits bourgeois, et le conformer aux ordonnances sur ce émanées, que S. A. E. a bien voulu confirmer pour autant que de besoin, sous les peines et amendes y statuées ou à statuer par ledit amman ou ceux du magistrat aux quels et à tous autres qu'il appartiendra. Elle ordonne d'ainsy le faire et se régler et conformer selon ce sans aucune difficultez.

» Fait à Bruxelles, le 5 du febvrier 1699. Étoit paraphé: Cox vᵗ. Plus bas: M. Emanuel, par ordonnance de S. A. E. Signé: P. De Rivanegra, et cachetté *in formâ*.

» Collata concordat cum suo originali, quod attestor,

» J. B. Damiens, *notarius*.

» 1725. »

Après cette tentative, il est à présumer que les syndics de Saint-Job, fatigués d'une lutte trop inégale, auront définitivement lâché prise. On voit, en effet, dans les almanachs du temps, les listes de troupes d'opéra et de comédies remplies de noms d'artistes étrangers. L'art, favorisé par la concurrence, sapait, à coups redoublés, l'édifice du métier, que soutenait, d'une façon très-vacillante, le régime du privilége.

XXVII.

Houterman (Marc),

Musicien du XVIᵉ siècle, natif de Bruges. — Son épitaphe l'appelle *princeps musicorum sui temporis*. — Il est organiste à Rome, sous le célèbre Palestrina. — Contradiction de M. Fétis au sujet des musiciens de Venise. — Épitaphe de Jeanne Gavadia, femme de Marc Houterman. — Épitaphe de Chrétien Ameiden, de Philippe Quinnus et de Pierre Lambert, musiciens des Pays-Bas, morts à Rome. — Notes qui les concernent.

Marc Houterman est immortalisé par l'inscription funéraire suivante, qui se voit dans l'église de Sainte-Marie de l'Ame, à Rome :

D. O. M.

MARCO HOUTERMANO BRUGENSI

VIRO AMABILI ET MUSICORUM SUI TEMPORIS

FACILE PRINCIPI

VIX. ANN. XL OBIIT NONIS FEBR. MDLXXVII.

Il en résulte 1° que Marc Houterman était natif de Bruges; 2° qu'il fut un homme aimable et un des meilleurs musiciens de son temps; 3° qu'il décéda le 5 février 1577, à l'âge de quarante ans.

M. Fétis, reproduisant cette épitaphe, dit, au sujet de l'expression *musicorum sui temporis facilè princeps :* « Aucune composition n'est connue jusqu'à ce jour de cet

» artiste si lestement déclaré le *prince* ou le premier des
» musiciens de son temps, époque où vivaient Palestrina et
» tant d'autres musiciens justement célèbres. » Et, comme
s'il eût craint d'être allé trop loin dans son appréciation,
le musicologue ajoute immédiatement : « Quelque exagéra-
» tion qu'il y ait dans ce titre magnifique, celui qui en a été
» décoré a dû le justifier jusqu'à un certain point par son
» mérite et par des productions de quelque importance qui
» ont échappé à nos recherches. »

Nous ne connaissons non plus des productions de Marc
Houterman; mais nous possédons une note laconique, re-
cueillie à Rome par un artiste qui était loin d'en soupçonner la valeur, et dont la teneur est : « Marc le Flamand,
Marco Fiamengo, fut organiste de Palestrina. Sa pension
était de 2 1/2 *scudi* par mois. Palestrina avait 5 *scudi*. »

Or, il y a, dans ces lignes, toute une révélation.

Le plus grand musicien de son époque, Palestrina, naquit en 1524. Arrivé à Rome en 1540, il remplit d'abord
les fonctions de maître de musique de la chapelle pontificale. Il fut appelé, en 1555, à occuper le même poste à
l'église de Saint-Jean de Latran. De là il passa, en la même
qualité, à l'église de Sainte-Marie majeure, où il s'acquitta
glorieusement de sa mission pendant dix ans, de 1561
à 1571.

Marc Houterman mourut un an après la retraite de Palestrina. Il ne peut avoir reçu l'épithète de *princeps musicorum*, sans motifs plausibles. Palestrina, le premier, eût
protesté contre une pareille dénomination.

D'autre part, on ne conçoit pas que Marc le Flamand ait
été appelé au poste éminent d'organiste de Palestrina, sans
posséder un talent incomparable. N'avait-il pas journellement à interpréter, sous la direction de Palestrina, les compositions géniales du maître?

Les époques correspondent, les faits plaident victorieusement en faveur de l'assimilation des deux artistes flamands. Désormais ils sont inséparables dans l'histoire, et l'épithète de *princeps,* émanée peut-être de Palestrina lui-même, restera unie au nom de Marc Houterman, *le Flamand,* comme à l'artiste qui a été jugé sinon l'égal, du moins l'émule de l'immortel compositeur italien.

Remarquons que Palestrina fut nommé *princeps musicae,* c'est-à-dire le prince de la composition musicale. Houterman reçut probablement l'appellation de *princeps musicorum,* pour son grand talent d'exécutant et d'accompagnateur.

En évoquant le souvenir « de tant d'autres musiciens justement célèbres », M. Fétis ne fait point allusion sans doute à ceux de la Péninsule, car il se contredirait, une deuxième fois, au sujet de ceux de Venise :

« Alors que l'art d'imprimer la musique naissait [fin du
» XVᵉ siècle] en Italie, à Venise, centre de prospérité des
» arts du dessin, pas un nom italien n'apparait parmi les
» œuvres musicales destinées aux jouissances du monde
» aristocratique. C'est aux Pays-Bas, c'est à la Belgique
» surtout, que la reine de l'Adriatique a recours pour lui
» faire goûter les charmes de l'harmonie. »

Telle est l'opinion que M. Fétis exprime dans les *Bulletins de l'Académie royale de Belgique* (1). Voici celle qu'il professe dans la *Biographie universelle des musiciens* (2) :

« La gloire de Venise, dans la musique de tout genre,
» remonte aux temps les plus reculés, et, dès la seconde
» moitié du XVᵉ siècle, ses artistes suivent une voie de créa-
» tion indépendante (2). »

Donc, d'une part, Venise appelle, vers la fin du XVᵉ siècle, les Néerlandais pour lui apprendre à goûter

---

(1) 2ᵉ série, t. XI, p. 274.
(2) Au nom C*ɑ*ꜰꜰɪ (*François*).

les charmes de l'harmonie; et, de l'autre, Venise, après avoir brillé, dès les siècles les plus reculés dans tous les genres de musique, possède, en cette même moitié du XVe siècle, des artistes doués d'un génie créateur! Notez que cette contradiction s'est produite à la distance de quelques mois, en 1861.

M. Fétis parle d'une épitaphe de la femme de Marc Houterman, et il ne la cite pas. La voici, d'après M. Gaillard (1) :

JOANNAE GAVADIÆ MARCI UXORI

PUDICISSIMAE ET MUSICES SCIENTISSIMAE

VIX. ANN. XXVI

OBIIT VIII KAL. SEXTILIS MDLXXII

ASSENTIUS MARTINEZ

PHILIPPUS PECCATI

ET HENRICUS DE ROVER

TESTAMENTI EXECUTORES P.

Jeanne Gavadia était donc une musicienne très-instruite, et elle mourut le 25 juillet 1577, à peine âgée de vingt-six ans. Au nombre des exécuteurs testamentaires se trouve un certain Henri de Rover, compatriote de Marc Houterman.

Nous voyons dans Gaillard trois autres épitaphes intéressantes relatives à des musiciens néerlandais. Nous allons les reproduire, avec les commentaires qu'elles nécessitent :

AMEIDEN (*Chrétien*), né à Aerschot, était aimé du pape Pie IV et de ses successeurs, à cause de son talent pour la musique. Décédé le 20 novembre 1605, il avait, par testament, fondé dans l'église de Sainte-Marie *in Campo santo*, où se lit son épitaphe, une messe perpétuelle et, en outre, un anniversaire.

L'épitaphe est de la teneur suivante :

---

(1) *Epitaphes des Néerlandais belges et hollandais, enterrés à Rome*, p. 95.

D. O. M.

CHRISTIANO AMEIDEN ARSCHOTANO BRABANTINO
OB SUMMAM VITAE PROBITATEM ET MUSIAE PERITIAM
PIO IIII ET SUCCESSORIBUS PONT. MAX. CARO AC OB
MORUM SUAVITATEM ET BENEFACIENDI STUDIUM
OMNIBUS AMABILI QUI DE HOC HOSPITALI IN VITA
SEMPER BENEMERERI STUDUIT ET MORIENS SUA
HEREDITATE DUMODO IN HOC ALTARI PRO ADJUVANDA
PEREGRINORUM PIETATE QUOTIDIE PRIMA MISSA ET
ANNIVERSARIUM QUOTANNIS CELEBRETUR EIDEM
PRAECLARE SUBVENIT OBIIT DIE XX NOVEMBRIS
ANNO MDCV (1)
ADMINISTRATORES HUJUS HOSPITALIS CONFRATRI BENEM. PP.

L'auteur d'un mémoire publié dans la *Revue d'histoire
et d'archéologie,* Isidore Plaisant, place par erreur cette
épitaphe dans l'église de Sainte-Marie de l'Ame (2).

M. Fétis, qui n'a point connu l'épitaphe de Chrétien
Ameiden, cite un compositeur du nom de Christophe Amey-
den, dont on a imprimé des madrigaux dans le troisième
livre de madrigaux à cinq voix de Lassus, à Venise, en 1570.

QUINNUS (*Philippe*), chantre belge, à Rome, né en 1527,
mort en 1597. M. Fétis n'en dit mot dans sa *Biographie
universelle des musiciens.*

Nous ne pouvons admettre l'interprétation que M. Gaillard donne du nom de famille latinisé *Philippus.* « Voici,
» dit-il, un *Philippekin* ou *Phlipkin,* touchant lequel nous
» n'avons trouvé nulle part le moindre renseignement. Peut-
» être est-ce le même personnage que Philippe-le-Duc, qui
» vécut en Italie vers la fin du XVIe siècle et fit imprimer
» à Venise quelques cahiers de madrigaux. »

Le diminitif *kin* assigné aux noms flamands, leur sert

---

(1) Il y a MDCLV, dans le *Journal historique et littéraire,* t. XIII, p. 594.
(2) Voir t. IV, p. 307.

de terminaison, et en forme partie intégrante. Ainsi de *Josquinus*, formé du diminutif *Jooskin*. Ici, le texte l'indique clairement, *Quinnus* est un nom véritable, entièrement distinct du prénom *Philippus*.

Les auteurs de la *Biographie des hommes remarquables de la Flandre occidentale* sont, à notre sens, moins éloignés de la vérité. Ils supposent que *Quinnus* dérive de *De Kwyne* ou de *Le Quien* (1). Ce Le Quien correspond à De Quien, nom d'une famille néerlandaise, cité par les généalogistes Dumont, Azevedo et Goethals, et que nous rapporterons, jusqu'à plus ample instruction, au *Quinnus* de l'épitaphe romaine.

Un autre nom nous paraît avoir une grande similitude avec *Quinnus*. C'est celui que portait, en 1555, un chapelain de Ghyvelde, mentionné dans les comptes de la ville de Nieuport :

« Den laesten wedemaent, ghepresenteert d'heer Duquyn, capellaen van Ghivelde, een canne wyns. Es hier betaelt xiiij s. p. »

L'épitaphe du chantre belge est placée dans l'église de Sainte-Marie de l'Ame. Elle est ainsi conçue :

BELGIA NATALEM PHILIPPO NOMINE QUINNO
ATTULIT EXTREMUM MARTIA ROMA DIEM
GRATAQ. CATORIS (3) RECOLES MODULAMINA NOTI
OSSA TEGIT TELLUS SPIRITUS ASTRA SUBIT
OB. A. DNI MDXCVIJ AET. SUAE LXX.

LAMBERT (*Pierre*), attaché à la musique pontificale, décéda le 1ᵉʳ septembre 1563, à l'âge de soixante-dix ans. Nicolas Polletius, son élève, fut aussi son exécuteur testamentaire.

---

(1) *Épitaphes des Néerlandais*, etc., p. 109.
(2) T. IV, p. 319.
(3) Le recueil de la Bibliothèque de Gand porte CATOPRIS, d'après Gaillard.

Son épitaphe, qui se voit dans l'église de Saint-Augustin, est de la teneur suivante :

PETRO LAMBERTO BELG. NERVIO

NOVIODUNENSI

SUMOR. PONTIF. SYMPHONIACO

GRAVI VIRO INOCENTIA

ET ERGA INOPES ADMIRABILI MIA

NICOLAUS POLLETIUS

CLIENS ET TESTAMENTI EXECUTOR

MUNICIPI ET PATRONO DE SE BENEMERENTI

P.

YIXIT ANNOS LXX.

OBIIT 1 KL. SEPT. ANN. SAL. MDLXIII (1).

Les mots *symphoniacus, symphonarius, symphonista,* nous paraissent identiques. Ils s'appliquent à tous les musiciens concertants, soit chantres soit instrumentistes. Ducange cite, à ce sujet, divers exemples curieux et instructifs. Leur chef était nommé *archisymphoniacus.*

XXVIII.

Caron (Firmin),

Compositeur du XVe siècle. — Lacunes dans sa biographie. — Inductions sur sa patrie et le lieu où il reçut son éducation. — Jean Caron, écolâtre et chantre à Oudenbourg. — État misérable de l'écolâtrie d'Oudenbourg. — Fêtes de l'*Évêque des Innocents* et du *Pape des Fous,* célébrées dans la petite cité flamande.

Quelle existence plus obscure que celle de Firmin Caron, compositeur distingué du XVe siècle, qui partagea avec Busnois, Okeghem, Obrecht et quelques autres maîtres, la gloire d'avoir contribué aux progrès de la musique dans les

(1) *Épitaphes des Néerlandais,* p. 84.

Pays-Bas? On ignore s'il fut néerlandais ou français. On n'a aucune donnée sur le lieu où il reçut son éducation. Les différentes phases de sa carrière artistique restent couvertes d'une voile impénétrable. A peine connait-on quelques-unes de ses œuvres.

Essayons, quant à la première question, de faire pencher la balance en faveur des Pays-Bas. La deuxième se résoudra d'elle-même. Quant à la troisième, il faudra attendre qu'un dépouillement plus complet de nos principaux dépôts d'archives mette en lumière les documents qu'ils doivent nécessairement posséder là-dessus.

En 1463, certain Jean Caron remplissait les fonctions d'écolâtre à l'église d'Oudenbourg, comme l'attestent les comptes de cette ville :

« Item, ghezonden upten vierden dach in hoymaent, den heere Jan Karel, priester, ende Jan Andries, burchmeester, te Brugghe, omme te sprekene met meester Jan Caron, scolastere hier vander stede, aenghaende der scole; elc eenen dach; daeromme uutzynde te xvj s. p. 's daechs, valent . xxxij s. p. »

Les écolâtres d'Oudenburg étaient chantres au chœur, et ils enseignaient, aux enfants de la maîtrise, le latin et le plain-chant, ainsi qu'il résulte des deux extraits qui suivent, l'un de 1464, l'autre de 1544 :

« Item, ghegheven in hooscheden meester Jan Vanden Vere, scolastre ende cantre alhier vander kerke, ter hulpe vanden pachte vanden scoole . . . . vj lib. par. »

« Item, meester Jan Maes, scolaster, die de jonghers van de poorters ende inwooneren gheinstrueert heeft ende gheleert in latyne, choorzanck ende anders, den tyt van xj maenden, xxxiiij lib. par. (1). »

Voilà donc, à l'époque où vivait Firmin Caron, un Jean

_____

(1) Au compte de l'année 1548, il y a cette variante : « .... in latyne, zan-»ghe ende andere consten. »

Caron, instruit comme lui dans les belles-lettres et dans la musique, et de plus obligé de présider aux mystères qui se jouaient dans l'église :

« Item, ghegheven in hoosscheden den priesters ende meer andere ghesellen vander helegher kerke, die speilden 't spel vander Purificacie van Onser Vrauwe. . . . . . xxiiij s. p. »

Les noms de Caron ne sont pas si communs aux Pays-Bas, pour que l'on ne puisse établir un rapprochement entre ceux de Firmin et de Jean. Firmin Caron est né dans le premier quart du XVe siècle. Jean Caron a dû voir le jour vers la même époque.

Maintenant, quoi de plus naturel que de supposer que Jean et Firmin étaient deux frères, élevés ensemble dans l'une ou l'autre maîtrise, à Bruges peut-être, comme le font conjecturer les renseignements que nous avons recueillis sur les écolâtres d'Oudenbourg, qui tous venaient de l'ancienne métropole commerciale de la Flandre.

Si ces écolâtres ne devaient pas rigoureusement être clercs, nous ne serions pas étonné de voir une identité de personnage dans le Jean Caron, directeur de la maîtrise d'Oudenbourg, et le Jean Caron, garde de l'hôtel du duc de Brabant, par commission de 1470 (1).

Les fonctions d'écolâtre n'étaient pas brillantes à Oudenbourg, car elles se trouvaient souvent vacantes, faute de solliciteurs. Il n'est donc pas étonnant que Jean Caron, — qu'un certain Vande Vere remplaça après un an de gestion, comme le prouve l'extrait de 1564, cité ci-dessus, — aura cherché, à améliorer son sort, peut-être avec l'intervention efficace de Firmin Caron.

---

(1) Ce dernier est cité par M. Fétis, d'après « le registre n° 4 des chartes. » Le dépôt n'est pas indiqué. Il y a lieu de croire que le registre appartient aux Archives du royaume, et que M. Fétis aura tenu le renseignement de M. Pinchart.

On trouve dans les comptes d'Oudenbourg, à l'année 1467, un article intéressant relatif à la situation précaire de l'école musicale de l'église de cette ville :

« Item, ghegheven in hosscheden meester Niclaus Gandolf, als scolaster vander scole hier vander stede, dewelke burchmeester ende scepenen, by noden, in pachte nemen moesten, by dat zee, by quaden regemente, te ruwine stoet; daeraf betaelt vanden jaer lxvij ende lxviij : x lib. par. elcx yaers. Commen, alzoot by quitance blyct . . . . xx lib. par. »

Voilà bien des conjectures, hasardées peut-être. Au fait, si on s'en tenait au peu de renseignements que l'on possède sur les anciens maîtres, et notamment sur ceux des XIVe et XVe siècles, on risquerait de ne jamais percer les ténèbres qui enveloppent leur vie et leurs ouvrages. Les inductions et les hypothèses sont donc permises en l'absence de preuves rigoureuses, et si elles ont souvent une base chancelante, elles ont souvent aussi le mérite de mettre sur la voie de la vérité et d'élargir le champ de l'investigation.

Il a été touché un mot sur les mystères joués par les chantres du chœur. Les écoliers de la maîtrise célébraient aussi la fête de l'*Évêque des Innocents* et le « collége entier de l'église » participait aux réjouissances bruyantes et parfois licencieuses du *Pape des Fous,* à en juger par les deux passages qui suivent, empruntés aux registres de la comptabilité communale d'Oudenbourg, de 1465 et de 1468 :

« Item, ghesonden upten x^{en} van lauwe, den bysscop vanden scolieren, als hy zine maeltyd gaf, j kanne rynsch, te viij s. den stoop, ende j kanne te iiij s. den stoop, valent . xxx s. p. »

« Item, te costen ghedaen als ons ledich vader de ezelpaeus, mynheere de prelaet ende prioor van Sinte-Pieters in Oudemburch, 't gheheele college vander kerke, mynheere de deken van Oudemburch ende andre prochiekerken, te wetene : Zantvoorde, Westkerke, Begheem, Ronuxem (1) ende Ettelgheem, ende

(1) Aujourd'hui Bekeghem et Roxem.

meer andre notable persoonen, die metter stede quamen eten,
ende den voorscreven ledich vader de ezelpaeus ghezelscip
deden. Overal . . . . xviij lib. xvij s. p. »

La mention de ces vieilles coutumes ne nous éloigne pas
trop de notre sujet, car la musique y avait sa part essentielle, comme on peut le voir par un extrait des comptes
de la ville d'Ostende, de 1540, ainsi conçu :

« Ghepresenteert den xxviij[en] in decembre, de collegie vander nieuwer kercke huerlieder feeste houdende vanden bisscop
vanden Innocenten, ende daer mede rydende ende zynghende
achter strate, zes cannen wyns, bedraghende ende hier betaelt,
iij lib. xvj s. par. »

XXIX.

De Vos (Laurent),

Compositeur du XVIe siècle. — Avant de passer en France, il est maître de
chant de la cathédrale d'Ypres. — Il a pour prédécesseur, un certain
Pevernaege. — La direction de la maîtrise de Saint-Martin, à Ypres. —
L'enseignement et les élèves. — Départ de Laurent De Vos. — George
Cousyn, organiste. — Jean Langhedul, raccoutreur d'orgues, nommé,
dans la suite, organiste et facteur d'orgues du roi de France, Henri III
ou Henri IV. — Son épitaphe. — Michel Langhedul.

Laurent De Vos « homme de grand renom au noble art
de musique, » selon le chroniqueur Jean Doudelet, naquit
à Anvers vers 1533. Il fit ses études à la cathédrale de cette
ville, et y reçut les ordres. Dans la suite, il n'est plus question de lui, aux registres que M. de Burbure a compulsés,
et il faut enjamber une trentaine d'années pour retrouver
des traces de son existence. Laurent De Vos, en effet, remplissait, vers 1580, les fonctions de maître des enfants de
chœur de la cathédrale de Cambrai. M. Fétis en conclut,
avec raison, que le musicien « a occupé quelque autre position dans une des églises de Belgique, avant d'être appelé

à Cambrai. » Toutefois, M. Fétis ne spécifie pas la localité où le compositeur alla se fixer.

Nous ne pourrions dire où De Vos se rendit immédiatement en quittant Anvers; mais nous savons où il résida avant de passer en France. En 1577, il alla remplir l'emploi de maître de chant de la cathédrale d'Ypres, comme nous l'enseignent les comptes de cette église, conservés aux Archives du royaume.

Un certain Pevernaege, apparemment le frère du célèbre compositeur, occupait, avant lui, le même poste. Il se trouve cité, à l'année 1577, pour avoir touché sept mois et demi de gages, du 1er janvier à la mi-juin, date à partir de laquelle De Vos prit la direction du chœur et de la maîtrise de Saint-Martin :

« Magistro cantûs Pevernage pro suo ordinario stipendio, pro septem mensibus cum medio quibus servivit in hoc anno, et Laurentio De Vos pro reliqua parte anni, simul. . . lij lib. »

Pevernaege mourut alors, car, en la même année, il est donné à sa veuve une gratification de trois livres parisis :

« Viduae magistri cantûs Pevernage pro eo quod ipsi Domini gratiosè concesserunt loco distributionum, post defunctum maritum . . . . iij lib. »

Il fut enterré dans le pourtour du chœur de Saint-Martin :

« Judoco Vander Beeke, fabro murario, pro reponendo pavimento in ambitu, ad sepulturam magistri cantûs. . . xij st. »

Le maître de chant de Saint-Martin recevait, outre ses gages, le logement gratuit et tout ce qui était nécessaire à son entretien. La maison qu'il occupait, servait également d'habitation aux enfants de chœur. Ces écoliers étaient instruits, par ses soins, dans les principes du plain-chant, et, par un maître spécial, dans ceux de la langue latine. Ce maître résidait au séminaire, dont la maîtrise de Saint-

Martin n'était probablement alors qu'une dépendance. Les extraits suivants des comptes de Saint-Martin de l'année 1577, en font foi, outre qu'ils nous apprennent les prénoms de quelques enfants de chœur et le genre de livres dont ils se servaient :

« Bibliopolae magistro Petro de Vrieze, pro libris puerorum chori usitantium seminarium; pro Clemente, Etimologia, in-4°, per Plantinum, iiij st.; pro libro chartaceo unius manus, iij st., pro colloquiis Sylvii, j st. ix den.; pro duobus libris chartaceis, iij st., iij den., simul xij st.

Pro Adriano, puero chori, Etymologia, in-4°, iij st. Liber chartaceus unius manûs, iij st.; duo libri chartacei mediae manûs, iij st. iij den. Colloquia Sylvii, j st. d.; simul xij st.

Pro Joanne, puero chori, Dictionarium vernaculo-latinum, vj st.

Liber chartaceus unius manûs, iij st., pro omnibus pueris chori Dictionarium triglotton, x st., simul xix st.

Paeschendalle, puero, dùm migraret ad seminarium, manus chartae, cum pennis, etc.

Liber chartaceus, pro pueris chori, pro inscribendis responsiis matutinalibus et brevibus, iij st.

Pro charta ad usum puerorum chori, defuncto magistro cantûs Pevernage, ij st.

Pro Clemente, puero chori, Catechismus Canisii, ij st.

Pro eodem, liber chartaceus, pro inscribendis annotationibus, iij st.

Pro majore Christiano, puero chori, Epistolae selectae Ciceronis, pro ascensu, ij st. »

A ces prénoms, il faut joindre ceux de Pierre, de George, d'Henri, de Guillaume et de Chrétien (*minor?*) ce dernier reçu en 1577 et admis au séminaire l'année suivante.

Laurent De Vos ne resta pas longtemps à la direction de cette maîtrise. Il résigna ses fonctions au mois de septembre 1578, et il y fut remplacé immédiatement par un autre

Pevernaege, le fils peut-être de celui qui occupait l'emploi au commencement de 1577.

La peste sévissait à Ypres. Les événements prenaient un caractère de haute gravité. Déjà en 1578, les comptes de l'église de Saint-Martin accusent un passif considérable. Quand l'irruption des Gueux eut lieu, tout fut pillé et dévasté. La plupart des ecclésiastiques prirent la fuite, les enfants de chœur furent congédiés.

Ce fut sans doute à l'approche de l'orage, que Laurent De Vos donna sa démission et qu'il se réfugia en France. On connaît le reste. Ayant eu la maladresse de composer un motet dont les paroles retraçaient les malheurs que Cambrai avait endurés sous le gouvernement tyrannique d'Inchy, il fut arrêté et pendu sans forme de procès. Cette iniquité s'accomplit vers la fin de janvier 1580.

Certain George Cousyn fut organiste de Saint-Martin à Ypres, pendant la gestion de Laurent De Vos. Aucune particularité ne se rattache à ce nom.

Il n'en est pas de même de Jean Langhedul, rajusteur des orgues de Saint-Martin, cité en 1577 et 1578 :

« Joanni Langhedul, pro conservandis organis . . 1 sch. »

Ce simple raccoutreur d'orgues a été honoré d'une épitaphe, d'où il faut inférer qu'il fut élevé au poste d'organiste et de facteur d'orgues du roi de France, Henri III ou Henri IV. Fils de Michel Langhedul et natif d'Ypres, il mourut à Gand le 6 février 1592. Il aura sans doute renoncé à son emploi d'Ypres, pour les mêmes raisons qui obligèrent Laurent De Vos à résigner le sien.

L'épitaphe en question se trouvait dans l'église des Dominicains à Gand, devant la chapelle du *Doux Nom de Jésus*. Au-dessus figurait un blason. Nous la transcrivons ici d'après les *Inscriptions funéraires de la Flandre orientale :*

HIER LICHT BEGRAVEN DEN EERSAMEN ENDE DISCRETEN
M^r JAN LANGHEDUL, FILIUS Mr MICHIELS,
GEBOREN VAN IPERE, IN SYNEN TIJDT ORGHELMAKER
ENDE ORGANISTE VAN DEN CONINCK VAN VRANCKERICKE,
IN ZYNE STADT VAN PARIS.
DIE OVERLEET IN 'T JAER 1592,
DEN 6^{en} VAN SPORCLE.

BIDT VOOR DE ZIELE.

Jean Langhedul appartenait sans doute à toute une famille de facteurs d'orgues, du moins la qualification de
meester que l'épitaphe assigne à son père, Michel Langhedul, permet de croire que celui-ci avait exercé la même
profession. Michel Langhedul l'obtient ailleurs en 1568,
tandis que nous n'en voyons pas encore pour Jean Langhedul, à la même année (1) :

Me Michiel Langhedul, over 't verloop van xij lib. tournois
t'jaers; hierover . . . . vj lib. t.

Jan Langhedul, f^s Michiel, over 't capitael van vierentwintich
ponden tournois t'jaers . . . . iij^e iiij^{xx} iiij lib. t.

Les comptes de l'église de Saint-Martin à Ypres, cités
plus haut, nous fourniront, dans la suite, quelques autres
renseignements inédits.

(1) Registre aux impôts du quartier d'Ypres, aux Archives du royaume,
f°s 48 v° et 81 v°.

XXX.

Vanden Gheyn (Pierre),

Fondeur de cloches du XVIe siècle. — Il fournit les timbres du carillon
établi, en 1539, dans la nouvelle tour de l'hôtel-de-ville d'Oudenbourg. —
Le *voorslag* de l'ancien *scepenhuuse*. — Roland Van Weghelen, maître
horloger à Gand. — Construction et composition du nouveau carillon. —
Les autres travaux de Pierre Vanden Gheyn. — Jacques Vanden Gheyn,
son associé. — Cloche de 1527, coulée par Guillaume Vanden Gheyn, père
de Pierre Vanden Gheyn.

Les fondeurs de cloches ont droit à une mention, tout
comme les facteurs d'orgues et de clavecins. Ceux surtout
qui ont présidé à la construction de ces gigantesques orchestres aériens, nommés carillons, méritent d'être tirés de
l'oubli.

Les renseignements suivants complètent les notes que
M. Xavier Van Elewyck a fournies sur les fondeurs de cloches de la famille Vanden Gheyn, dans une notice intéressante (1).

Au commencement du XVIe siècle, la petite ville d'Oudenbourg, qui n'est plus aujourd'hui qu'un village, avait
atteint un certain degré de prospérité. Célèbre en Flandre
par sa foire aux chevaux et par son *ommegang*, organisé
en l'honneur de saint Amand, Oudenbourg possédait deux
sociétés de rhétorique et deux gildes de tir, qui établissaient
fréquemment des concours et participaient à ceux des villes
limitrophes.

Le *scepenhuuse* étant délabré, le magistrat manda des
architectes de Bruges, et ceux-ci opinèrent pour une reconstruction complète de l'édifice. Bientôt les devis et les plans

(1) *Matthias Vanden Gheyn, le plus grand organiste et carillonneur belge
du XVIIIe siècle, et les célèbres fondeurs de cloches de ce nom depuis 1450
jusqu'à nos jours*, Louvain, 1862, in-8°.

furent tracés, et la première pierre du nouvel hôtel-de-ville fut posée au mois d'août 1524 (1).

Le beffroi achevé, on résolut de remplacer l'ancien *voorslag* à trois timbres, par un carillon assorti de cloches pouvant former une mélodie.

L'expression *voorslag* continua d'être appliquée à ce jeu perfectionné, bien que la signification littérale du mot n'indique qu'une simple sonnerie, annonçant l'heure, *voor de slag*, avant le coup. Alors, elle prit la signification de prélude, comme le constatent les lexiques de Plantin et de Binnart (2). D'Arsy assigne au *voorslag* une dénomination assez étrange : il le nomme : « des appeaux qui sonnent devant l'heure. »

Outre la monotone succession de trois cloches précédant la frappe de l'heure, l'ancien beffroi d'Oudenbourg ne retentissait que du son, plus uniforme encore, des trompes ou clairons des ménestrels, appelés de Bruges pour célébrer la foire. L'extrait suivant des comptes de la première de ces villes, en date de 1468, le témoigne :

« Item, betaelt Cornelis de Beer met zinen medeghesellen, van hier te speylene, nuchtens ende savens, up 't beelfroode vander stede, in de jaermaerct. . . . . . xxiiij s. par. (3). »

En 1538, le pensionnaire d'Oudenbourg se rendit à Malines et à Anvers, à l'effet de s'entendre avec un fondeur de cloches pour l'établissement d'un nouveau carillon :

« Item, den pencionaris te Mechelle ende Andwerpe, omme

(1) M. Piot donnera, à ce sujet, des détails plus circonstanciés, qu'il ne nous appartient pas de faire connaître.

(2) Le premier date de 1573, l'autre de 1699.

(3) Plus tard, notamment en 1523, ils jouaient à la procession de Saint-Sacrement, à l'*ommegang* de Saint-Amand, et le premier jour de mai :

« Den menestriers van Brugghe die hier in costumen zyn te spelene ter
» waerdicheit van den heligen Sacramente ende vanden processie van Sint
» Aernoudts daghe ende meydaghe. In al, t'jaers, ix lib. xij s. par. Comt de
» voorscrevene ij jaeren . . . . xix lib. iiij s. par. »

te bevoorwaerden ende coopen een nieuwe voorslach aen 't orloige deser stede, van neghen clocken, ende daerinne ghevaciert x daeghen, te xxx s. par. 's daechs . . . . xv lib. par. »

Une sorte de célébrité devait être attachée aux fondeurs
de ces deux localités, pour avoir mérité le choix du magistrat d'Oudenbourg.

En même temps, on s'adressa à Roland Van Weghelen,
horloger à Gand, pour la confection d'une nouvelle horloge :

« Item, Jacob Van Lippevelde te Ghend aen Me Roeland Van
Weghelen, orlogemaker, omme 't werck te vermanen, drie
daghen . . . . xxxvj s. par. »

« Item, meester Lieven Van Weghelen, orlogemakere vander
stede van Ghend, van een nieuwe orloige alhier ghelevert ende
ghestelt t'hebbene, per ordonnance . . . ij^e xxxvj lib. par. »

Si l'hôtel-de-ville avait un nouvel instrument, l'église devait avoir le sien, et un organiste de la cathédrale Saint-
Donat, à Bruges, fut chargé de rédiger le contrat aux
termes duquel la susdite église devait être mise en possession d'un nouvel orgue :

« Item, de courpse [burchmeestere van de courpse] met M^e
Joos de Budt te Brugghe, omme te doen visiteeren ende advies
te nemen up 't werck vander orghele in de keerke alhier; elc
j^{en} dach . . . . xxxij s. par. »

« Item, den orghelmeester van Ste Donaes in Brugghe, omme
ghevisiteert thebbene zekere ordonnance van eender orghele
ende dat ghestelt naer zyn advis . . . . lij s. par. »

Toutefois, les comptes communaux gardent, dans la suite,
un silence complet sur ce dernier projet, soit qu'il n'y ait
pas été donné suite, soit que l'église ait dû en supporter
seule tous les frais.

L'entrepreneur du carillon avait, depuis un an environ,
passé marché avec le magistrat, quand celui-ci apprit, à son
grand étonnement, que rien n'avait été exécuté encore, et
que le fondeur avait changé de résolution :

« Item, de zelve courpse met Cristoffel Keytaert, omme te coepen ende bevoorwaerden een voorslach aen 't horloige alhier, mids dat decoopman vander eerste voorwaerde peniteerde ende gheenen macht en haede omme leveren, zoot de zelve rappoorteerde. Daerinne de courpse x daeghen ende Cristoffel vj daeghen, gaende, keerende ende besoingnierende, ghevaciert hebben, te xxx s. par., xxiij lib. par. »

« Item, den zelven met meester Joes Crispyns ende Lieven Van Weghele, orloigemaeker in Ghend, ter zelver stede, omme te bescauwen ende visiteren het werck, thien andere daeghen, te xxx s. par. 's daechs, ende heer Joos vij daeghen, te xxxij s. par., ende Me Lieven voor zyn costen ende vrecht, v lib. xij s. par. Comt . . . . xxxj lib. xvj s. par. »

Était-ce avec un fondeur de Malines ou d'Anvers que l'arrangement avait été conclu? nous l'ignorons. Tout ce que nous pouvons dire, c'est que l'horloger gantois Van Weghelen s'était chargé de la livraison du carillon, et que c'était lui que les échevins voulaient attraire en justice, lorsqu'ils connurent l'abandon du travail (1539) :

« Item, de courpse te Ghend, omme in justicie meester Lieven Van Weghele te betreckene ende omme leveringhe vanden voorslaeghe t'hebbene v daghen, te xxiiij s. par. 's daechs,
vj lib. par. »

« Item, her Joes Crispyns, van cooperdraet int voorslach van 't orlogie gheerboort . . . . xvij s. par. »

Toujours est-il que, immédiatement après, Pierre Vanden Gheyn, de Malines, reçut, directement, ou par l'intermédiaire de Van Weghelen, la commande des timbres pour le nouveau carillon :

« Eerst, Govard de Steenbacker ghesonden anden clockgieter te Mechelle met missive, omme te verstaene de staet van de wercke, bevoorwaert in masse . . . . xl s. par. »

« Item, Vincent, de knape van Cornelis Hiesebout, te Mechelle, met missive ande clockghieter, in formâ bevoorwaert. xl s. par. »

Sur le champ, trois petites cloches arrivèrent à destination, par voie de Bruges :

« Item, de zelve courpse te Brugghe, omme drie zo vier schel-
len van de voorslaeghe aldaer ghearriveert te ontfanghen j^{en} dach,
xvj s. par. »

Et bientôt, grâce aux soins actifs de Pierre Vanden
Gheyn, toutes les cloches, au nombre de dix, furent ter-
minées :

« Item, Pieter Vander Gheynste [*sic*], voor de leveringhe van
de thien clocken van de zelve voorslaeghe, weghende t'saemen
zeven hondert eenentachtentich ponden, te vj s. par. elc pont.
Compt . . . . ij^c xxxiiij lib. vj s. par. »

« *En marge :* « By hemlieden missive houdende de betalinghe,
metgaders oock noodich ander quitance. »

Le poids total de ces cloches, comme on le voit ci-dessus,
était de sept cent quatre-vingt-et-une livres. Chaque livre
ayant été cotée à six sous, Vanden Gheyn reçut, pour son
travail, la somme de deux cent trente-quatre livres parisis.

Ce fut Liévin Van Weghelen qui dirigea les travaux d'appropriation. On lui accorda, à ce sujet, une gratification
supplémentaire :

« Item, meester Lieven Van Weghele, orloigemaker van
Ghend, van een voorslach ghemaect t'hebbene up de huerclocke
alhier, van neghen clocken, by voorwaerde, xlv lib. xij s. par.,
ende van overwercke vj lib. viij s. Comt. . . . lij lib. par. »

En marge : « Te weten : boven xx lib. vj s. par., betaelt ende
gherekent by de voorgaende rekeninghe ; by quictance van
lxxij lib. par. »

« Item, den voornoemden meester Lieven van Weghelle, mids
dat den sallaris van de voornoemde wercke cleene ghenouch
was ende grootelich 't selve ghesupporteert, noch toegheleyt,
viij lib. viij s. par. »

Un maître de chant de Malines, assisté de Gilles de
Buenes, chanoine-chantre d'Oudenbourg, fit l'expertise du

carillon, et le trouva « de bon accord et harmonie, » d'après les termes du contrat :

« Item, eenen zanckmeester van Mechelle assisterende Me Gillis de Buenes, omme te ontfanghene de clocken vanden voorslaeghe alles up goede accorde en armonye, naer voorwaerde . . . . xxiiij s. par. »

Le jeu du carillon était adapté à un cylindre, mù par un poids. Des fils de laiton correspondaient aux marteaux des cloches :

« Aernoud Karel, slotemaeker, van diverssche yserwerck aen stedehuus boven en beneden gheoirboirt : een nieuwe wiel aen 't orloige te stellen, ix ponden coperdraet aen 't voorslach te leveren, ende het loot te verstellen ende proporcioneeren, t'samen per ordonnancie. . . . . lv lib. xiiij s. par. »

« Item, de slotemaekere alhier, van x clippellen in de clocken te leveren ende generaelic alle het ander yzerwerck gheorboort omme die te hanghen . . . . x lib. par. »

Jacques Vanden Gheyn, fondeur à Malines, probablement l'oncle et l'associé de Pierre, reprit les cloches du *voorslag* primitif :

« Ontfaen van Jacob Vander Gheynste (*sic*), clockghietere van Mechelle, van die scellen vanden oude voorslaeghe alhier, weghende c lxxvj ponden, te iiij s. par. elc pont,

xxxv lib. iiij s. par. »

Le tout étant en ordre, un accident survint au nouvel instrument aërien et nécessita l'intervention de maître Jean Stalloen, chantre de Saint-Donat à Bruges :

« Item, Heere Jan Stalloen, zangher van Ste Donaes, in Brugghe, omme 't voorslach vander huerclocke gherepareert thebbene,

iij lib. par. »

Quel était ce Pierre Vanden Gheyn ? Il n'y a, sur lui, que fort peu d'informations à recueillir dans les notices consacrées aux cloches et aux carillons.

La tabelle généalogique de la famille Vanden Gheyn, que MM. Raymaekers et Dellafaille donnent dans leur opuscule sur la tour de Saint-Rombaud, à Malines (1), mentionne un Pierre Vanden Gheyn, fils de Guillaume, qui mourut le 14 mars 1561. Nous croyons reconnaître en lui le constructeur du carillon d'Oudenbourg. Il y a encore du même fondeur, dans la tour de l'église de Notre-Dame, à Malines, une cloche datant de 1533, et qui porte pour inscription :

PEETER VANDEN GHEIJN ME FECIT MDXXXIII (2).

Un inventaire de cloches, dressé en 1579 et conservé aux Archives communales d'Audenarde, cite une cloche fondue par Pierre Vanden Gheyn pour l'église de Renaix, en 1544 (3). Elle pesait neuf cent seize livres. On y voyait représentés un Christ et une Vierge, entourés d'une auréole. Elle portait, entre autres inscriptions :

MARIA BEN IC, VAN PIETER VAN GHEIN GHEGHOTEN.

Le même inventaire mentionne une cloche fondue dans les ateliers de Guillaume Vanden Gheyn, le père de Pierre, en 1527. Elle pesait douze cents livres, et on y lisait :

WILLEM VANDEN GHEIN ME FECIT. MARIA ES MYNEN NAEM, HEER ADRIAEN VANDER SCRICK ENDE JAN VANDEN VACKEN ENDE PIETER DE SCHEEDER DEDEN MY MAKEN.

Les Vanden Gheyn et les Waghevens de Malines peuvent être comptés au nombre des plus anciens constructeurs de carillons des Pays-Bas, et peut-être de l'Europe.

---

(1) *Geschiedkundige wandeling op Sint Rumoldus toren te Mechelen.* Mechelen, 1863, in-12, p. 33.

(2) *Matthias Vanden Gheyn*, etc., p. 3.

(3) Il a été question de cet inventaire dans notre *Notice sur les carillons d'Audenarde*, insérée dans les *Annales de la Société royale des Beaux-Arts et de Littérature*, *à Gand*, t. VI, pp. 169 et 170.

XXXI.

Sale (François),

Compositeur du XVIᵉ siècle. — Son nom, sa patrie et son éducation musicale.
— Obligé de quitter la Belgique, à cause des bouleversements politiques,
il est nommé maître du chœur à Hall, dans le Tyrol. — Rectification à ce
sujet. — Des académies musicales s'organisent en Allemagne. — Il se livre
à la composition, à l'exemple de plusieurs de ses compatriotes, émigrés
comme lui. — Il collabore à la collection : *Patrocinium musices*, publiée à
Munich. — L'épître dédicatoire de son premier ouvrage. — Erreurs de
M. Fétis. — Il est nommé musicien de l'empereur Rodolphe II, à Prague. —
Son deuxième et troisième ouvrage.

Sala est le nom d'une grande rivière d'Allemagne; c'est
aussi le nom de diverses localités et de familles, la plupart
espagnoles ou italiennes.

Le musicien dont nous allons nous occuper, François
Sale, ayant parfois adopté l'*è* grave, comme terminaison de
son nom, il serait difficile de décider s'il faut attribuer l'origine de sa famille à *Sala,* dont *Salè* pourrait être considéré
alors comme le génitif, ou bien au local où nos anciens échevins donnaient audience, *Aula,* comme *de Zale* à Ypres, et
la Salle à Valenciennes (1).

Après tout, cette question nous intéresse peu, puisque
le musicien déclare formellement appartenir à la nation
belge. Il signe la préface de l'un de ses ouvrages : *Fran-*

(1) Il y avait des familles de Salle et de la Salle. Elles empruntaient probablement leur nom à un village du Hainaut. En 1579, un capitaine Salle gou-
vernait Bourbourg, et, en 1504, un certain Mathieu Vander Zalen, fils de
Jean, comparaissait devant les échevins de Grammont. Il y avait, en 1577, un
pensionnaire du Franc de Bruges, appelé Laurent de Aula. Enfin, en 1493,
un Renier Sael, chapelain à la chapelle royale de La Haye, reçoit quatre livres
treize sous, pour avoir écrit, dans les grands registres de chant, des messes
et des motets. Voyez, pour ce dernier, le *Navorscher,* 2ᵉ série, 5ᵉ année, 1865,
p. 145.

ciscus Sale, Belga, et il y fait l'éloge de son pays en des termes qui respirent le plus sincère patriotisme :

« Depuis longtemps, dit-il, l'étude de la divine musique
» fleurit chez nos Belges, au point que, du sein de leurs
» écoles, surgirent quelques maîtres qui allèrent propager
» les principes de leur art, dans l'Italie et les autres pays
» de la chrétienté. »

Rien d'étonnant si François Sale aimait son pays natal. Il y reçut, jeune encore, *ab ineunte aetate,* l'éducation musicale. Dans la suite, il y parvint sans doute à quelque emploi de chantre ou de maître de chant, jusqu'au jour où les événements de la Réforme l'obligèrent à chercher une position sur le sol étranger : « La Musique, ajoute-t-il, terrifiée
» par le bruit des armes, céda le pas à Mars et alla établir
» son siége ailleurs. »

Elle fit le choix de l'Allemagne (1). A partir de ce moment, l'on vit s'élever partout de nouvelles académies de musique, *nova passim collegia parari.*

Le but artistique et moral de ces institutions nous paraît ressortir clairement des rimes suivantes, empruntées à une composition musicale à cinq voix de Jean André Herbst, qui ouvre un recueil de chansons et de sonates, publié par ce maître, à Francfort sur le Mein, en 1626, et que M. Fétis n'a pas connu :

> Concurrite, ô symphonistae charissimi,
> Properate, ô auditores spectatissimi,
> Adest enim dies consueta collegii nostri musici,
> In qua exercetur jucunda musica,
> Pellitur tristitia, augetur laetitia,

---

(1) « Les écoles se fermèrent au milieu de luttes sanglantes, dit M. Henne
» dans son *Histoire du règne de Charles-Quint*; nos musiciens ne trouvèrent
» plus, dans la patrie opprimée, ni inspirations, ni ressources, et l'Allemagne,
» recueillant nos proscrits et nos émigrés, ramassa le sceptre musical qui
» s'échappait de nos mains. »

Relaxantur vires,

Confortantur debiles.

In hac die nil auditur aliud nisi dulcis melodia,

Bona conversatio, verba honesta.

Bibite mediocriter,

Et favete musicis semper.

On en érigea une à Hall, dans le Tyrol, sous les auspices de l'archevêque de Saltzbourg. Ce fut là que la princesse Madeleine accueillit notre musicien et le fit présider au chant du chœur de l'église. Les termes de *chori magister,* dont il se sert, sont formels à cet égard.

M. Fétis nie cette particularité de la carrière de François Sale, et prétend qu'il était « simple ténor du chœur de » la princesse Madeleine. » Et pourtant, quelques lignes plus loin, le musicologue cite le titre de l'une de ses compositions où ce fait est consigné en toutes lettres (1). Si, par hasard, M. Fétis avait des doutes sur la signification de l'expression *chori magister,* il devrait les dissiper à la lecture de ce qu'il a écrit au sujet du terme *phonascus,* appliqué à George De le Hèle, et qui, selon lui, « désignait » alors ceux qui dirigeaient l'exécution de la musique au » chœur (2). » Or, *chori magister* et *chori rector* signifient littéralement la même chose.

Certains compatriotes et collègues de François Sale, contraints comme lui de quitter leur foyer, adoucirent les peines de l'exil, en s'adonnant assidûment à la composition. Le protégé de la princesse Madeleine résolut de les imiter, en livrant au jour les prémices de son talent, *ingenii mei primitia.*

C'étaient des motets en chant grégorien qu'il mit en harmonie contrepointée, genre de musique qui, selon lui, était généralement ignoré dans les contrées qu'il parcourut. Par

---

(1) *Biographie universelle des musiciens,* t. VII, p. 377.

(2) Ibid., t. IV, p. 286.

ses soins, il jouit à Hall d'une grande vogue, grâce à l'adjonction de quelques voix auxiliaires.

Il fut sans scrupule sur l'excellence de ce mode de chanter les louanges de Dieu, vu qu'un autre Belge, très-savant dans son art, Jacques De Weert, en offrit jadis un exemple qui provoqua l'admiration de tous, à la diète d'Augsbourg, en présence de l'empereur Maximilien II et de plusieurs musiciens attachés à des princes. Il dut se rendre, d'ailleurs, aux conseils de quelques amis, désireux de voir ses manuscrits vulgarisés par la presse.

Un insigne honneur allait bientôt lui échoir. En 1573, le célèbre imprimeur de musique Adam Berg, à Munich, publia le premier volume d'une superbe collection d'ouvrages de musique, en grand format in-folio. Elle avait pour titre : *Patrocinium musices,* et les frais en étaient supportés par les ducs de Bavière.

La collection se divise en dix volumes imprimés en grands caractères, pour l'usage des chœurs d'église, et dans lesquels les parties des différentes voix sont mises en regard. Chaque série est composée de cinq volumes. La première ne renferme que des œuvres de Roland de Lassus. Interrompue après la mort du duc Albert, la publication ne fut reprise qu'en 1589, sous le règne de Guillaume II. Les volumes publiés depuis cette époque forment la deuxième série.

Ce fut à cette série que Sale fut admis à collaborer. Joindre son nom à celui de Lassus, qui était le plus illustre entre tous, et cela dans une publication monumentale éditée au sein de l'Allemagne, c'était là, il faut l'avouer, un hommage éclatant rendu au mérite.

Cette deuxième série comprend d'abord six messes de Roland de Lassus, puis les motets de Sale. Ces deux volumes appartiennent à 1589. Le troisième volume, édité en 1591, est dû à Antoine Blaise Ammon, originaire du Tyrol. Le quatrième, qui vit le jour en 1594, a pour auteur César

Zaccari, de Crémone. Le cinquième, qui porte la date de 1598, émane encore de Sale. C'est un recueil de motets renfermant une messe pour la fête de Noël.

Remarquons, en passant, que de ces dix énormes volumes, huit ont été fournis par des Belges.

L'ouvrage de 1589 a pour titre : *Missarum solenniorum, tam sanctorum quam festorum officia labentis anni, in catholicae ecclesiae usum, harmonicè contrapunctum ac suavissimè concinnata, sicque antea in lucem non œdita, Serenissimae reginae Magdalenae chori Halae ad Ænum magistro Francisco Sale autore. Tomus primus. Anno M. D. LXXXIX.* In-f°.

Il est orné d'un joli frontispice gravé sur bois, représentant des emblèmes et des armoiries. Le tout encadre un groupe de quatorze musiciens jouant de divers instruments. L'un d'eux touche une épinette rectangulaire, placée sur une table et pouvant avoir tout au plus une vingtaine de grandes touches. Nous pourrions décrire plus exactement le clavier, si le bras de l'exécutant n'empêchait d'en voir la disposition.

L'ouvrage devait former trois tomes. Nous ignorons s'ils ont paru. Celui de 1598, que nous citons plus loin, est-il le deuxième ?

C'est la préface du recueil qui nous a servi à éclaircir certains points de la biographie de François Sale. Ce ne sont pas les seuls qu'il faille signaler, et M. Fétis, soit dit en passant, n'en avait point soupçonné l'existence. Il n'y a jusqu'ici que ce document que l'on puisse consulter avec fruit sur le musicien et sa première production; nous avons donc cru devoir le reproduire *in extenso* :

« Reverendissimo atque illustrissimo principi Domino, D. Wolf-
gango Theodorico, D. G. archiepiscopo metropolitanae Salis-
burgensis ecclesiae sedis apostolicae legato, etc., Domino suo
clementissimo.

» Qui aliquid operis in lucem dedêre hactenus, Reverendissime
Princeps, in more omnes habuisse video uti virum aliquem
supra communem hominum sortem, vel naturae, vel fortunae
dotibus excellentem circumspicerent, cujus nomini id conse-
crantes, et praesidium sibi adversus malos, et commendationem
apud bonos comparare possent. Eos cur in his ingenii mei pri-
mitiis edendis sequi, Reverendissimae Vestrae Celsitudinis aus-
picium mihi et praesidium quaerere potissimum voluerim, paucis exponam. Viguit dudum, apud Belgas nostros, praeclarum
divinae musices studium, atque ita viguit ut ex illorum officina
non nulli prodierint, qui per Italiam, caeterasque orbis christiani provincias id artificiosè propagarunt.

» Sed postquam Belgia nostra fatali quadam vecordia, bellum
sibi intestinum accersivit, factum est uti Musica armorum stre-
pitu territa, Marti tandem cedere, et novam sibi sedem quaerere cogeretur. Ab eo tempore videre est, plurimis per Germa-
niam locis, novos huic arti patronos, nova passim collegia
parari, qua una re, patriae desiderium, et exilii ultrò suscepti
sortem, mihi cum multis bonis viris communem, aequiori animo
ferendam maximè duco. Et sicut in eo, Dei optimi maximi,
artium honestarum conservatoris singulare beneficium gratus
agnoscere vellem, ita quoscumque in re musica mihi progres-
sus, ab ineunte aetate facere licuit, eos ad ipsius laudes cele-
brandas referre decrevi.

» Ne igitur inter alios, qui musicam novis quotidie operibus
ornatiorem reddunt, solus ego immunis essem, eam partem,
quae hactenus non perinde in usu habetur, pro ingenii mei tenui-
tate tractandam suscepi, et cantiones illas sacras, quae in missae sacrificio, juxta romanum ritum, cantu gregoriano (quem
vocant) cani per integrum annum solent, iis modulis donavi,
qui, vulgari voce, contrapunctum appellantur. Cum enim ea
pars, aut (ut melius dicam) id totius musicae practicae funda-
mentum, praeterquàm in paucis aliquot principum aulis, pror-

sus ignotum, vel non satis pro dignitate cultum esse scirem,
gratam profectò rem illis me esse facturum putabam, qui ad
quamvis cantilenam alias ex tempore voces adjungere, nondum
didicissent, si ea interim darem, quibus, si volent, uti in tem-
plis poterunt, donec cum reliqua musica, hoc quoque artificium,
ad plurium cognitionem perveniat; quod futurum non diffido,
cum pulcherrimum juxta ac utilissimum sit ejus exercitium, et
quod ipso usu, citra difficultatis taedium, adlubescit.

» Cui qui operam dare volet (velle autem omnes, qui musici
esse desiderant, debent) habebit in his nostris, quae sequatur,
et in quibus, non sine delectatione videat, quo modo ex discor-
dibus inter se sonis, concors et concinna nascatur harmonia.
Neque exempla deerunt, quibus supra vulgarem hujus artificii
modum, vox una alteram eliciat sequacem sibi, eodem prorsus
sono, aut aliquo intervallo, ad quintam puta, vel altiore vel de-
missiore, qua in re doctissimum nostra aetate musicum D. Jaco-
cum Werthium, Belgam, utrumque imitari libuit, qui jam olim
in comitiis Augustanis, coram divi Maximiliani Caesaris, et
aliorum principum musicis, .cum summa omnium admiratione
ejus artis specimen ex tempore dedit.

» Haec igitur in lucem emissurus (cum, juxta proverbium,
occultae musicae nullus sit usus) ex amicorum quorundam consilio, Reverendissimam Vestram Celsitudinem, ex omnibus artis
nostrae fautoribus elegi, quae statim ab initio gubernationis,
inter alia decora, quibus Ecclesiam sibi à Deo concessam exor-
nare nititur, musicum quoque collegium instituit, quo facto,
musicam sibi cordi esse declaravit. Neque enim abs re facturus
esse visus sum, si has cantilenas pietati antea et Dei divorumque
cultui sacratas, ejus honori ac famae potissimum dedicarem, qui
iis ipsis promovendis sedulam navare operam, omnium hominum sermone praedicatur. Verba sane ipsa quin sacrosancta sint,
nemo sanus negaverit, quibus si ex modulis nostris aliquid com-
mendationis accesserit, abundè voto meo satisfiet : sin minus,
vel hi saltem ab illis aliquam gratiam mutuabuntur. Ego quoad
potui, præstiti, judicium hujus mei conatus musici aliis relin-
quo. Id vero adfirmare possum, non defuisse mihi benemerendi
voluntatem, qua una maximè haec ab omnibus aestimari velim.

» Accipiat itaque, hujus operis in tres tomos distinguendi,

primum ex illis, Reverendissima Vestra Celsitudo, eoque animo,
quo pietatem ipsam ejusque cultricem musicam amplexa est,
prosequatur, meque adversus malevolorum morsus, vestri nominis patrocinio tueatur, et si gratum hoc munusculum erit,
alia posthac maturiori judicio facta, quod (uti spero) una cum
aetate incrementum sumet, expectet.

» Ex his verò si quid vel usu ipso vel imitatione juventus ac-
cipiet emolumenti, id omne Reverendissimae Vestrae Celsitu-
dini, cui hanc operam humillimè dicavi, acceptum ferre debebit.
Quam ut Deus ecclesiae suae diu incolumen servet, oro, et, si
quicquam veri meus augurat, opto.

» Datum Halae ad Ænum, 7 Augusti, à Christo nato super
sesquimillesimum, octuagesimo nono anno.

» Reverendissimae Vestrae Celsitudinis observantissimus et
humillimus,

> FRANCISCUS SALE, Belga. »

Le volume de François Sale ne contient pas des messes,
comme le croit M. Fétis, qui probablement n'a pas eu l'occasion de le parcourir, mais des hymnes particulières, qui
se chantaient à certaines fêtes de l'année, pendant la messe,
propria sanctorum. On en jugera par la nomenclature des
morceaux du recueil :

« INDEX OFFICIORUM QUAE IN HOC LIBRO CONTINENTUR, QUINQUE ET
SEX VOCUM.

» I. Sancti Andreae apostoli. II. Nicolai episcopi. III. Con-
ceptionis Mariae. IV. Thomae apostoli. V. Nativitatis Christi,
in prima missa. VI. In summa missa, sex vocum. VII. Stephani
prothomartyris. VIII. Joannis evangelistae. IX. Circumcisionis
Christi, sex vocum. X. Epiphaniae, sex vocum. XI. Conver-
sionis Pauli. XII. Purificationis Mariae. XIII. Matthiae apostoli.
XIV. Annunciationis Mariae. XV. De communi Sanctae Mariae,
Conceptione, Nativitate, Visitatione, ac Praesentatione ejusdem
Mariae. »

Afin de donner au lecteur un échantillon du style musical
de François Sale, nous reproduisons ci-contre, en notation

ANTIENNE

DE

FRANÇOIS SALE.

1589.

moderne, les premières mesures de l'hymne *Asperges,* qui se composent d'imitations serrées et qui comprennent le motif en plain-chant, avec l'entrée successive des soprani, de l'alto, du ténor et de la basse. C'est tout ce que l'exiguité de notre format nous permet de publier (1).

Ce fut sans doute cet ouvrage qui fit sa réputation en Allemagne, et qui contribua à améliorer sa position. Quatre ans après, notamment en 1593, nous le voyons installé à Prague avec le titre de musicien de l'empereur Rodolphe II, *musicus caesareus.* La haute protection de Roland de Lassus aurait-elle été étrangère à cette nouvelle faveur?

Voici le titre de l'ouvrage qu'il publia dans la capitale de Hongrie :

Francisci Sale, musici Caesarei, Sacrarum cantionum, omnis generis instrumentis musicis, et vivae voci accomodatarum, hactenusque non editarum, liber primus. Cum gratia et privilegio imperiali. Pragae, typis Georgii Nigrini, anno M.D.XCIII. In-4° obl.

On voit dans l'épître dédicatoire adressée à son bienfaiteur Wolfgang Rumphius, baron de Wielroes et Wietraw, et conseiller intime de Sa Majesté, qu'il était déjà depuis quelque temps au service du souverain comme musicien de sa chapelle particulière, *sacrae Caesaris majestatis chori musicus.* Or, l'œuvre de Sale est datée du 31 décembre 1592. Conséquemment, son arrivée à Prague aura suivi de très-près la publication de son premier ouvrage.

M. Fétis dit que c'est dans cette dédicace que Sale décline sa qualité de Belge. Le fait est inexact; mais, en supposant qu'il fût réel, il conviendrait d'ajouter que déjà,

---

(1) M. Robert Van Maldeghem, dans son recueil musical *Cecilia,* met : *Franciscus Sale* AUCTORE, prend la princesse Madeleine pour la patronne spirituelle de l'église, et adopte, comme titre spécial de l'œuvre de François Sale, le titre général de la grande collection de Munich : *Patrocinium musices.*

dans sa première production, le musicien s'était fait une gloire d'enregistrer cette particularité, comme on a pu le voir. Avions-nous tort de dire que M. Fétis n'avait pas lu l'ouvrage ?

A la page 12 des *Sacrarum cantionum,* apparaît un motet de George De le Hèle : *Nonne Deo subjecta erit anima mea?* le même qui fut couronné au concours d'Évreux, en 1576. Cette particularité a encore échappé à M. Fétis. Elle prouve, entre autres, que Sale avait des relations avec le maître de chapelle de Philippe II, et que celui-ci ne jugeait pas indigne de joindre ses inspirations à celles de son compatriote.

Voici la liste des pièces émanées de François Sale :

« QUINQUE VOCUM : Veni Sancte Spiritus. — Contere Domine fortitudinem. — Benedicimus Deum coeli. — Exiit sermo inter fratres. — Da pacem Domine. — Quanti mercenarii. — Secunda pars : Non sum dignus. — Innuebant patri ejus. — Secunda pars : Joannes est nomen ejus. — Cantantibus organis. — Secunda pars : Biduannis ac triduannis.

» SEX VOCUM : Benedictus Dominus Deus. — Secunda pars : Honor virtus et potestas. — Maria Magdalena. — Secunda pars : Maria Magdalena. — Victimae paschali, cum cæteris versibus. — Dic nobis Maria quid vidisti. — Sepulchrum Christi viventis. — Angelicos testes. — Surrexit Christus spes mea. — Credendum est magis. — Scimus Christum surrexisse. — Dum complerentur. — Vincenti dabo edere. — Secunda pars : Qui vicerit non laedetur. — Beatus vir qui non abiit. — Sæpe expugnaverunt me. »

Ici vient, selon l'ordre chronologique, le recueil de motets que Sale composa en 1597, et qui figura, un an après, dans la collection : *Patrocinium musices,* à Munich. C'est le suivant :

In natalem Domini Jesu-Christi Salvatoris nostri motetum 5 vocum, et missa, ad ejus imitationem composita. Auctore Francisco Sale, musico Caesareo. Monachii, 1598, in-f°.

La dédicace, remplie de formules laudatives, contient quelques lignes sur le mode d'exécution de l'ouvrage. Comme elle est laconique, nous lui accordons ici une place :

« Admodum reverendo in Christo patri, Domino Nicolao, insignis monasterii Henrichaw antistiti vigilantissimo, Domino fautori ac patrono suo, multum colendo.

» Est hoc à natura optimo cuivis ac ingenio homini inditum, admodum R. D., ut bene de se merentibus grati aliquod animi ostendat argumentum. Et merito. Ea enim beneficii omnis est ratio, ut non nisi merita compensari gratia posse videatur. Quamobrem cùm ego superioribus temporibus, ob ternos artis meae musices foetus, tibi oblatos, triplici ac liberalissimo proemio abs te sim affectus, non possum committere, quin meritorum in me tantorum, memorem me et fuisse, et esse vel novo rursus benevolentiae signo, demonstrem.

» Ecce enim tibi cantum illum Ecclesiae perveterem, atque ad piam in animis hominum laetitiam conciliandam, aptissimum : *Exultandi tempus est, Deus homo factus est*, necnon missam V vocum, ad ejus imitationem compositam, quae instar dialogi, in choro et organo, mutuis intervallis (quod interposita signa satis superque demonstrant) decantari potest, sub nominis tui patrocinio in lucem emissam, offero, eamque fortunatissimi novi anni loco, qui post paulo, Deo duce, inchoabitur, dedico.

» Tu velim pro tua erga me innata benevolentia, hoc exile studium meum, hilari, gratoque animo suscipias, ac me nunquam non in tuorum numero habeas. Quod ubi abs te consecutus fuero, nae (*sic*) meam in praesenti concentu musico operam bene collocatam arbitrabor.

» Iterim Deus ter optimus maximus te mihi, tuisque omnibus, ac toti suae ecclesiae diutissimè salvum incolumemque conservet. Vale.

» Pragae, Calen. novemb. M.D.XCVII.

» Admodum R. T. D. observantissimus,

» Franciscus Sale, Caesareus musicus. »

Au nombre de certaines adresses en vers qui figurent au commencement et à la fin du recueil, nous en remarquerons une qui corrobore ce que nous avons dit plus haut touchant l'expression : *chori magister*. C'est celle-ci : « *Author ad phonascum sive rectorem chori.* » Il en résulte encore que Sale était resté, depuis 1593, simple musicien de l'empereur. Peut-être avait-il l'emploi de *componista, sive cantionum conditor*, comme Créquillon, sous Charles-Quint.

Quoi qu'il en soit, à partir de 1598, nous perdons François Sale de vue, et sa troisième publication, que nous venons de citer, *terni artis meae foetus*, comme il la nomme, est la dernière trace de son existence qui soit parvenue jusqu'à nous.

XXXII.

Platpays (Jacques),

Musicien originaire de la Morinie. — Il est attaché à la chapelle de Charles-Quint, à Madrid. — Sa mort tragique. — Son épitaphe, due à Jean Everard, dit *Joannes Secundus*. — Une joueuse de psaltérion à Bruxelles, vers 1533. — Adrien Pichart, maître de chapelle de Charles-Quint. — Son épitaphe et une monodie qui le concerne.

Originaire de la Morinie, ou du moins élevé dans cette partie de l'ancienne Gaule (1), Jacques Platpays fut attaché à la chapelle de l'empereur Charles-Quint, en qualité de premier chantre ou de maître de chant. Il remplit ces fonctions avec distinction, et, avant d'y être appelé, il avait déjà donné ailleurs des preuves marquantes de son savoir.

Se trouvant à Monçon, dans l'Aragon (2), probablement avec la suite du monarque, il alla s'égarer dans les montagnes qui avoisinent cette ville, lorsqu'un traître se rua

---

(1) La Morinie répondait au nord de l'Artois et à la Flandre française. Elle comprenait les anciens diocèses de Saint-Omer, de Boulogne et d'Ypres.

(2) *Montissonium* ou *Montio*, petite ville située au confluent de la Posa et de la Cinca, à deux lieues au-dessous de Bolbastro.

sur lui et l'assassina lâchement. Peut-être se livrait-il aux plaisirs de la chasse, quand le fer meurtrier le frappa.

C'est Jean Everard, dit *Joannes Secundus,* qui nous a transmis ce fait, dans une touchante élégie latine, qui appa-remment a été gravée sur la pierre tumulaire du musicien.

Secrétaire de Jean Tavera, archevêque de Tolède, le poëte néerlandais a habité Monçon. Il a chanté les char-mes de cette localité pittoresque dans des vers qui sont des modèles de grâce et d'élégance. Il y a écrit, entre autres ouvrages, un poëme : *Regia Pecuniae,* qu'il envoya, au mois d'octobre 1533, à son ami Pierre Clericus.

Nul doute que c'est pendant son séjour à Monçon qu'eut lieu le meurtre de Jacques Platpays.

On peut donc assigner ce fait à l'année 1533. La plupart des petites pièces de Jean Everard sont accompagnées de notes laconiques qui expliquent les circonstances où elles furent écrites. Celle qui concerne Jacques Platpays, porte : « Obiit Montissonie in Arragonià. » Du reste, le poëte lui-même ne tarda pas à aller rejoindre son compatriote. Il mourut à Tournai en 1536.

Voici cette pièce, d'après l'édition des œuvres de Jean Everard, revue par P. Scriverius (1) :

JACOBI PLATPAYS, MORINI, MUSICI IMPERATORIS CAROLI V, EPITAPHIUM.

Cui sors innocuo frustra quaesiverat hostem,
Armavit socias in mea fata manus.
Perfidus incauto ferrum dimisit in armos,
Labentem solis destituitque locis.

---

(1) Joannis Secundi *Opera, accuratè recognita ex museo P. Scriverii.* Lug-duni Batavorum, 1631, p. 185. Cette édition contient un charmant portrait de Jean Everard, que nous croyons devoir signaler aux amateurs. — L'épi-taphe relative à Jacques Platpays, se trouve aussi dans les *Deliciae poetarum belgicorum,* t. IV, p. 219.

SANGUINE RORANTES CAEDEM LACHRYMANTUR OLIVAE,
   SUB QUIBUS EXPIRANS ULTIMA VERBA DEDI.
ET MEA TURMATIM GEMUERUNT FATA VOLUCRES,
   HAEC FUIT UNA MEAE CONSCIA TURBA NECIS.
FLETE PIAE VOLUCRES : ET NOS QUOQUE FLEVIMUS UMBRAS,
   CLARAQUE SUNT CANTU MULTA SACELLA MEO.
INFANTEM TELLUS MORINUM NUTRIVIT AMOENA :
   ARRAGONUM MONTES SUNT MIHI PRO TUMULO.
CÆSARIS ANTÈ FOCOS SOLENNIA SACRA PEREGI,
   QUAM PETEREM MORIENS NON FUIT ARA MIHI.
CAERULEOS SPARSI FUMOS ANTE ORA DEORUM,
   SANGUINE STYX LATÈ NUNC RUBET ATRA MEO.
TU QUICUNQUE CUPIS MELIORI OCCUMBERE FATO,
   SUSPECTUM FIDEI NOBILE NOMEN HABE (1).

Ces beaux vers peuvent se traduire ainsi, en prose libre :

« En vain mon innocence m'avait protégé contre une main coupable; une conspiration s'est formée et armée contre mes destinées.

» Un perfide me plongeant par surprise le fer dans le sein, m'a privé de la lumière du jour.

» Et maintenant les oliviers au pied desquels j'ai rendu le dernier souffle, pleurent ma mort.

» Les oiseaux en foule sont venus gémir sur ma dépouille mortelle, et ces douleurs d'une tourbe ailée sont le seul témoignage de ma triste fin.

» Ah! pleurez, doux et naïfs oiseaux! nous aussi nous avons versé des larmes sur les morts, et rendu célèbre, par nos élégies, plus d'un oratoire.

» Jeune, j'ai puisé ma nourriture dans le sein de mon beau pays des Morins; en ce moment, j'ai pour tout tombeau les montagnes des Aragonais.

---

(1) Ce dernier vers fait allusion à quelque circonstance inconnue de la vie du poëte. Il peut s'interpréter de diverses façons. La version que nous donnons nous semble la plus rationnelle.

» Dans le palais de l'empereur, j'ai présidé aux solennités sacrées; en mourant, les secours de la religion m'ont fait défaut.

» J'ai fait tourbillonner devant la face des Dieux la vapeur bleuâtre de l'encens; maintenant mon sang est mêlé aux eaux du Styx et en rougit les ondes.

» Oh! toi qui désires finir tes jours sous de meilleurs auspices, mets-toi en garde contre la célébrité : elle ne porte pas bonheur. »

Nous en saurions peut-être plus long là-dessus, si nous avions pu rencontrer l'édition des *Itinera III, hispanicum, gallicum et belgicum,* de Jean Everard, faite par les soins de Daniel Heinsius, en 1618, et que cite Swertius. C'est en vain que nous l'avons cherchée, et l'édition hollandaise de 1821, qui a la prétention d'être complète, ne contient que le voyage de l'écrivain en France.

Tour à tour poëte, orateur, peintre, sculpteur et graveur, Jean Everard était doué d'un rare esprit d'observation, et il n'était pas insensible aux accents de la musique. Voici ce qu'il raconte, à propos de son séjour momentané à Bruxelles :

« Je fus hébergé de la manière la plus commode à Bruxel-
» les, à l'enseigne : *A la ville d'Anvers,* où, entre autres
» choses, une joueuse de psaltérion (*filia psalteria*) m'im-
» pressionna et m'égaya vivement. Elle tira des cordes de
» son instrument une harmonie divine, et sa voix mélo-
» dieuse surpassait encore l'exquise sonorité qu'exhalait le
» psaltérion (1). »

(1) Édition précitée, p. 302. Nous traduisons *filia psalteria* par joueuse de psaltérion, bien que le dérivé de *psalterium* laisse subsister un doute sur le genre d'instrument à cordes que touchait la jeune musicienne ambulante de Bruxelles. D'après Ducange : « Psalterium dicitur canora cythara decem
» chordarum coaptata, quae cum plectro percutitur; nablum vero duodecim
» sonos habens digitis tangitur. » Selon le même savant : « Nablum, quod
» graecè appellatur psalterium, ad similitudinem cytharae barbaricae in
» modum Delta. » Il semble résulter de ces deux définitions, que la musi-

Dans son poëme intitulé : *Silvarum liber*, Jean Everard a consacré à Orphée une églogue, qui est pleine de nobles élans et d'inspirations élevées.

Ne terminons pas ce paragraphe sans mentionner un autre musicien de Charles-Quint, que François Haemus a célébré dans ses poésies (1). C'est Adrien Pichart, qui, après avoir été maître de chapelle du puissant empereur, devint chanoine à Courtrai, où il termina ses jours.

Il y a sur lui une épitaphe très-louangeuse, conçue en ces termes :

> MAGNI CÆSARIS ADRIANUS ILLE
> PHONASCUS TUMULO SUB HOC QUIESCIT :
> IDEM PERPETUUS VICES PER OMNEIS,
> SPECTATUSQUE COMES, CELEBRIS IDEM
> VITA, MORIBUS, ERUDITIONE.

Puis, il a fourni le sujet d'une *monodie*, dont voici le commencement :

> Lector viden' supra caput
> Tabulam, elegantis erudita quam manus
> Pictoris ad vivum dedit?
> Hic Christus orbis ille vindex perditi
> Phase celebrat ultimum
> Apostolis septus duobus et decem,
> Jam se immolaturus patri.
> Hunc Adrianus ille, clarus Caesaris
> Phonascus ille Caroli,
> Vivensque adhuc spiransque Christo dedicat,
> Tumulumque supra funebrem

cienne maniait une sorte de *nablum*, ayant la forme d'un delta grec Δ, et dont les cordes étaient pincées par les doigts, au lieu de l'être par un *plectrum*. En 1555, le comte de Devonshire écrivit de Bruxelles à Thomas Gresham, pour le prier de lui avancer l'argent nécessaire pour l'acquisition d'une *scyheraine*. Serait-ce d'un instrument semblable que parle Jean Everard? Voyez *State papers office; domestic*, 1547-1580.

(1) FRANCISCI HAEMI *Poemata*, p. 32 à 34.

Suum locavit, ut maneret posteris
Ejus memoria sæculis.

Et debito quidem locavit tempore,
Ceu praescius mortis suae.

» Lecteur, ne vois-tu pas au-dessus un tableau dont la saisissante expression est due à la main exercée d'un peintre élégant?

» Ici, le Christ, vainqueur d'un monde corrompu et prêt à s'immoler à son père, célèbre la dernière scène, entouré de ses douze apôtres.

» Adrien, l'illustre maître de chant de Charles-Quint, l'a fait suspendre, de son vivant, sous ses yeux, au-dessus de son monument funèbre, afin que la mémoire de ce musicien reste dans les souvenirs de la postérité.

» Il l'a fait placer, en temps utile, avec le pressentiment de sa fin. »

Adrien Pichart mourut, âgé seulement de quarante-neuf ans, comme nous l'apprennent les deux vers :

Bis ipse lustra quattuor,
Ter treis et annos insuper compleverat.

Ses travaux, comme ceux de Jacques Platpays, ne nous ont point été révélés jusqu'ici dans nos archives. Il y a toutefois plaisir pour nous de consigner ici le nom de ces deux musiciens, vu la haute position qu'ils ont occupée et la réputation dont ils ont joui de leur vivant. Qui sait si un jour leurs noms ne pourront point être ajoutés à la liste des maîtres qui ont fait honneur à leur pays?

XXXIII.

Froidmont (Libert),

Savant théologien de la première moitié du XVIIᵉ siècle. — Il est auteur d'une dissertation humoristique sur l'enseignement de la musique aux princes. — Traduction de cette pièce. — Notes concernant l'emploi des instruments de musique dans les églises, à cette époque. — Noms de famille empruntés à divers instruments.

Libert Froidmont, en latin *Fromondus*, docteur en théologie, né à Haccourt, près de Visé, en 1587, remplaça son ami Jansénius dans la chaire d'Écriture sainte, à l'Université de Louvain, et fut un des théologiens auxquels le célèbre évêque confia le soin de revoir son *Augustinus*. Il mourut à Louvain, en 1653, laissant un grand nombre d'ouvrages remarquables, et, entre autres, les *Saturnalitiae coenae*, livre fantasque, caustique, que la *Biographie universelle* de Didot ne cite pas, et dont Becdelièvre tronque le titre.

Ce livre renferme un chapitre consacré à l'examen de cette question : « S'il faut apprendre la musique aux princes? » Il y a là des saillies d'un cachet si original et si neuf, que nous n'avons pu résister au désir d'en mettre la traduction sous les yeux du lecteur. On y verra que le genre humoristique, si en vogue de nos jours, était parfaitement cultivé par les savants du XVIIᵉ siècle.

Nous avons essayé de traduire aussi littéralement que possible. Ce qu'il y a parfois d'obscur dans les idées, n'est imputable qu'à l'auteur lui-même, qui s'en excuse expressément dans la préface de son ouvrage : « Sachez, lecteur, » dit-il, que tout ceci est particulièrement composé en rêve, » et pardonnez-moi si un voile recouvre ce que j'écris dans » ces conditions. »

A part ces *nugae difficiles*, la production de Froidmont atteste non seulement une lecture immense et une érudition profonde, mais elle décèle une finesse d'observation, une verve incisive et une souplesse de style qui rappellent le grand Érasme.

Voici le chapitre en question :

Faut-il apprendre la musique aux princes ?

« Non, dit notre grand Juste-Lipse, le premier des politiques que nous ayons eu depuis des siècles. Je dis le premier, et ne croyez pas que ce soit pour faire chorus avec tous ces roquets qui ont pourléché sa doctrine, vous savez avec quelle envie. Notre Lipse donc, je dirais volontiers le mien si je n'écoutais que la sympathie qu'il m'inspire, n'est pas de cet avis. « Dans l'éducation d'un prince, dit-il, je méprise trop ces arts trop mous, la poésie et la musique; » mais, adoucissant un peu son premier jugement, il ajoute bientôt : « Au moins, n'en vois-je pas la nécessité. » Suivant sa coutume, il a renfermé, dans un seul mot, les motifs de son opinion, et il ne les a pas autrement développés : c'est parce que ces arts sont « trop mous. » Je le ferai pour lui, sans toutefois m'étendre trop longuement sur ce sujet.

» La musique est, en effet, un art mou et efféminant, et il convient, il faut même qu'un prince soit homme. De tous les gouvernements, il n'y en eut jamais de pire que celui des femmes et des efféminés. Je n'en veux d'autre preuve que cette menace de l'oracle divin : *Effoeminati dominabuntur eis.* Or, l'expérience est là pour confirmer cette action énervante de la musique. Il suffit de jeter un coup-d'œil sur ceux qui s'y adonnent avec trop d'ardeur. Ils paraissent à la fois tenir moins de l'homme que de la femme ou de l'eunuque. Bodin appelle *humanité*, cet amour de la musique chez les Français; qu'il prenne garde que ce ne soit plutôt effémination, légèreté et libertinage, car la musique s'accommode fort bien aussi avec ces deux derniers. Je dirais volontiers qu'elle remplit la tête de vent et qu'elle excite dans les reins un châtouillement dangereux. Le noble prince, vraiment, qui se distinguerait par ces vertus et qui laisserait dominer par elle son esprit livré aux plus frivoles bagatelles ou aux plus basses inclinations, et devenu incapable de s'élever aux objets sérieux, est réellement digne d'un prince.

Mais, sans cela même la musique y réussit fort bien par sa propre molesse.

» Ajoutez que cet art était vil autrefois et laissé, sinon exclusivement aux classes les plus dégradées, aux moins aux histrions et aux ivrognes. C'est ce que les poëtes avaient fort bien compris en refusant à Jupiter, le roi des Dieux, la lyre et le chant. A ne considérer que le physique du chanteur, c'est encore un métier ridicule. Minerve ayant essayé de souffler dans une flûte, fut si mortifiée de sa grimace, qu'elle rejeta l'instrument. On rapporte la même chose d'Alcibiade, et les Athéniennes profitèrent de la leçon. Regardez-moi donc ce soliste. Voyez-le bâiller à faire sauver, dans le giron maternel, les petits enfants tremblant à sa vue comme devant une apparition de Croquemitaine ou de quelque vorace Gargantua.

» L'âge et l'habitude nous familiarisent avec cette difformité, sans quoi nous ferions bientôt comme ce digne Hollandais (ce n'est pas un conte que j'invente, c'est une histoire très-vraie), qui, plus sourd qu'un pot, ne manquait cependant pas une occasion d'assister à un concert. Par signes ou par écrit, quelqu'un s'avisa de lui demander comment il pouvait prendre tant de plaisir à ce qu'il n'entendait pas : « *Wat is dat ?* » répondit-il dans son langage flamand : « *Ick sie geerne gaepen !* » Le brave homme s'amusait beaucoup de voir ces musiciens bâiller, et cela lui semblait un exercice bien divertissant.

» Cependant, condamner la musique, ce serait faire preuve d'autant de démence que les Ménades, qui mirent en pièces Orphée, les délices du genre humain. La musique adoucit la barbarie primitive des mortels; elle noue leurs premiers liens et leurs premiers rapports; elle possède en elle-même une influence merveilleuse sur les passions de l'âme. Le mode phrygien entraîne, le lydien inspire la mélancolie, le dorien le recueillement. Je ne m'amuserai pas à glaner de banales citations dans les auteurs tant sacrés que profanes; le témoignage du fils de Sirach me suffira. J'omets aussi, comme trop vulgaire, l'exemple de Fabius. Et puis, je craindrais de défendre cette thèse avec tant de chaleur, que je finirais par me laisser aller à soutenir tout le contraire de ce que je veux démontrer. D'ailleurs, sur qui tomberait mon blâme?

» C'est un instinct si généralement répandu chez tous les animaux ! La mer a ses syrènes. L'air est peuplé d'autant de virtuoses ailés que les rochers, tous frédonnant, gazouillant, ramageant, piaulant, rossignolant dans la feuillée. Quelle trompette plus sonore que la voix du merle ? Quelle lyre plus variée que celle de Philomèle ? Quelle flûte plus aiguë que le cri de l'hirondelle ? Parmi nos oiseaux domestiques, quel organe plus criard que celui de la cane ou du paon, à l'approche de la pluie ? Avec quelle ostentation roucoulent galamment, par un beau jour, les amoureuses colombes ! Le coq flamand embouche la trompette, quand il a triomphé de sa belle. Le coq d'Inde, dans sa colère cramoisie, semble rire au nez de tous ces artistes de basse-cour. La nature n'a pas oublié les quadrupèdes. Le cheval hennit la haute, la vache beugle la basse, l'âne brait la contre et la brebis bêle sentimentalement le ténor.

» Le charme de la musique séduit les hommes eux-mêmes. C'est en chantant que le laboureur confie à la terre ses espérances, que le vigneron émonde son plant et presse ses grappes, que le jardinier élague son verger et récolte les trésors de Pomone. Qui ne connaît ces psaltérions rustiques, ces chalumeaux, ces pipeaux agrestes qui charment les loisirs du pâtre ? A la maison cependant, la ménagère active trompe, en chantant, les ennuis de sa tâche, et le refrain de la berceuse endort ou récrée son tendre nourrisson. Entrons-nous à l'église ? Là, ce sont des luths, des lyres frémissantes, des clairons, des flûtes, des cornets, des trompettes, qui marient leurs accords aux accents majestueux de l'orgue, *gargarisant* les louanges du Seigneur.

» Pourquoi donc blâmerais-je en mon prince une distraction si agréable ? Soit, direz-vous, qu'il écoute, mais qu'il ne chante pas. Assurément, je préfère cela à le voir cultiver la harpe de Néron, non moins odieux pour ce fait, à mon sens, que pour sa cruauté et ses débauches. Que le prince apprenne donc la musique, mais avec le tempérament que demande notre peripatéticien, c'est-à-dire dans sa première enfance et avec la mue. Que ce soit là son premier cours et sa première occupation. Adulte et capable de s'adonner à des objets plus sérieux, qu'il renonce à cette étude ; qu'il se contente alors du rôle d'auditeur. Notre Lipse a-t-il exigé davantage? Provisoirement, je ne le crois pas. Mais, dira-t-on, pourquoi conseillai-je l'étude d'un art, si j'en proscris l'exercice? C'est qu'une oreille exercée apprécie mieux les beautés et le charme de la musique. Nous ne sommes pas des Spartiates, en somme. Des rustres et des ignorants sont peu aptes à porter un jugement sur une composition élégante.

» J'aurais encore une autre raison pour augurer de l'infériorité de la noblesse, dans un pays où elle ne s'adonnerait qu'au maniement des armes et dédaignerait l'art de toucher agréablement les cordes d'un luth ou de soupirer de douces mélodies. Une société dont ces heureux exercices ne resserreraient pas les liens, serait évidemment une société rude et farouche, où les esprits emportés accompliraient peut-être des exploits nouveaux et tenteraient de briser le respect de toute autorité. Volontiers les armes se fraieraient un chemin à la gloire, quand il n'est pas de voie plus douce pour la conquérir. »

Que dites-vous de cette tirade? Froidmont raconte peut-être sa propre histoire. Il aura appris la musique dans l'enfance, puis, renonçant à cette étude, il se sera contenté du rôle d'auditeur. Ce qu'il écrit, prouve, du moins, qu'il n'avait pas renoncé à l'étude philosophique de cet art, si efféminant selon lui, et qu'il en comprenait la mission éminemment civilisatrice.

En ce qui touche l'usage de jouer de toutes sortes d'instruments à l'église, à l'époque où vivait l'auteur, on n'ignore pas que, de tous temps, la musique mondaine s'introduisit dans les cérémonies religieuses. A Rome, on n'hésitait pas à donner l'exemple. On lit, en effet, dans une brochure intéressante du violiste français Maugars (1) : *Response faite à un curieux sur le sentiment de la musique d'Italie,*

---

(1) Cette brochure a été rééditée récemment par M. Thoinan, chez A. Claudin, à Paris. Une biographie de Maugars précède le *factum* du célèbre violiste du XVIIe siècle.

écrite à Rome, le 1er *octobre* 1639, que « dans les antiennes,
» ils firent de si bonnes symphonies, d'un, de deux ou
» trois violons avec l'orgue, et de quelques archiluths
» joüans de certains airs de mesure de ballet, en se répon-
» dant les uns aux autres. » Maugars lui-même, n'impro-
visa-t-il pas, dans l'église des Français à Rome, « en
» présence de vingt-trois cardinaux qui assistèrent à la
» messe, » des variations sur la viole, après le *Kyrie Elei-
son* et l'*Agnus Dei?*

En France, vers 1670, on jouait des menuets et d'autres
danses dans les églises.

Dès les temps les plus reculés, certains instruments
cités par Froidmont (1) et d'autres encore, étaient très-
populaires. A une époque qu'il serait difficile de préciser,
quelques-uns de ceux qui les jouèrent, reçurent des dé-
nominations qui sont restées, dans la suite, des noms de
famille. Aussi, aux XIVe et XVe siècles, rencontrons-nous
des appellations de ce genre, précédées d'un nom de baptême, et positivement légales. A preuve celles-ci : *de Pipere,*
le flûtiste; *Vander Luute,* du luth; *Cisterman,* l'homme au
sistre; *de Vedelaere,* le violoniste; *de Harpeneer,* le harpiste; *de Trompere,* le trompette; *Sacqueboute,* saque-
butte (2); *Akar,* naquaire, toutes appellations qui n'ont
pas d'autre origine.

En 1509, nous voyons un *Nicolaus de Chitarâ,* de Binche, au nombre des lauréats de l'Université de Louvain.

---

(1) En voici les noms latins, tels qu'il les donne : *pastoritium nablium* (ou
nablum), *cicuta, avena, testudo, lyra, lituus, fistula, cornu, tuba.*

(2) Ancien nom français du trombone. Les Allemands appellent cet instrument *Posaune.*

XXXIV.

Delin (Albert),

Facteur de clavecins tournaisien de la deuxième moitié du XVIIIᵉ siècle. — Il n'a laissé d'autres traces de son existence que ses instruments. — Description de ceux-ci. — Mort d'Antoine Dulcken, célèbre facteur de clavecins allemand, établi à Anvers. — Sa veuve et son fils Jean Dulcken vont s'installer à Bruxelles. — Documents qui les concernent. — État de gêne où ils se trouvent. — Ils demandent et obtiennent la permission de voyager, avec les produits de leur fabrique, dans les principales villes de Brabant, sans être soumis au droit de tonlieu. — Importance des instruments portant la firme des Dulcken.

Albert Delin, facteur de clavecins, n'a laissé d'autres traces de son existence, à Tournai et dans les environs, que les instruments qui portent son nom et dont les collectionneurs se disputent vivement la possession.

M. César Snoeck, à Renaix, qui s'est créé le plus beau musée d'instruments de musique du pays (1), a fait de vaines recherches pour découvrir quelques renseignements qui puissent servir de point de répère dans la biographie du facteur tournaisien. Nous en sommes réduit à consigner, jusqu'à nouvel ordre, les dates qui figurent sur ses produits, et dont la plus récente est 1770. La plus ancienne remonte à 1750. Cette période de vingt ans forme vraisemblablement le centre de l'époque d'activité d'Albert Delin.

Toutefois, ne poussons pas trop loin les hypothèses. Un registre des Archives du royaume, intitulé : *Dépouillement des besognés d'inspection des contrôleurs, sur l'objet des manufactures, fabriques et productions de l'année 1764* (2),

---

(1) Nous avons consacré à ce superbe musée un article développé, dans l'*Écho du Parlement* du 15 juillet 1863.

(2) Conseil des finances, registre nº 830.

MARQUE D'ALBERT DELIN, FACTEUR DE CLAVECINS.

ne renferme aucune indication touchant la facture des clavecins à Tournai. Le nom d'Albert Delin y est conséquemment laissé à l'écart.

Cette omission a une cause qui nous échappe complé-
tément. Albert Delin était-il établi ailleurs en 1764? Son
atelier offrait-il trop peu d'importance pour nécessiter un
contrôle? Nous ne savons.

Ce que nous pouvons affirmer, en toute sécurité, c'est
que ses clavecins ne sont précisément pas des chefs-
d'œuvre. Petits de forme, maigres et grêles de son, ils
s'adressaient aux artistes privés des moyens de se procurer
les somptueux clavecins de Ruckers ou de Dulcken, que
recherchaient surtout les personnages aisés et occupant un
certain rang dans le monde.

Nous en connaissons quatre de lui, que nous allons
décrire sommairement :

Le premier est de l'année 1750. Il porte, dans un cartouche entouré d'ornementations fleurdelisées : A. DELIN ME FECIT
TORNACI, 1750. Il a trente-et-une touches noires pour les
tons entiers de la gamme et vingt-et-une touches blanches
pour les demi-tons. La première sonne l'*ut* de la deuxième
octave inférieure. La caisse, de forme pentagone, repose
sur un support de cinq pieds, qui s'en détache à volonté. Au
milieu de la table d'harmonie, faite d'excellent sapin, on
voit la marque en étain doré du facteur tournaisien. Elle
représente un génie ailé, tenant une lyre et entouré des
lettres A.—D. C'est une imitation ou plutôt une contre-
partie de l'étiquette que portent les clavecins d'André
Ruckers (1).

Nous reproduisons, en regard, la marque d'Albert Delin.

---

(1) Nous en avons vu un exemplaire au Musée d'antiquités d'Anvers. On y
conserve aussi un clavecin à queue de Jean Bull, portant une rosace avec
les lettres J. P. B. entrelacées, et l'inscription : JOANNES PETRUS BULL ME FECIT
ANTVERPIAE, ANNO 1779.

Le deuxième clavecin, confectionné en 1765, a quatre octaves et deux notes, dont la première sonne l'*ut*, deuxième octave inférieure. Les touches sont comme celles du clavecin précédent. La caisse, également pentagone, est peinte en bleu avec des lisières d'argent. La table d'harmonie est parsemée de rosaces, encadrant la marque au génie ailé. Sur toute la longueur de la planchette qui borde les touches, on lit : ALBERTVS DELIN ME FECIT TORNACI, 1765.

Les deux autres clavecins datent de 1766 et 1770. Ils ont la même forme, la même inscription (année à part), et la même marque que celui de 1765 (1).

Nous sommes moins dépourvu de renseignements touchant une famille de facteurs de clavecins du milieu du XVIIIe siècle : les Dulcken, de Hesse, dont les produits, plus importants à coup sûr que ceux d'Albert Delin, eurent une réputation européenne.

Voyons d'abord ce qu'en disent les livres.

Burney, dans son journal musical : *The present state of music in Germany, the Netherlands and United Provinces,* a écrit sur les facteurs de clavecins établis à Anvers, un paragraphe caractéristique qui n'a pas été assez remarqué, et où les Dulcken ont une mention fort honorable.

En voici la traduction littérale (2) :

---

(1) Ces quatre clavecins font partie du musée de M. César Snoeck. Un cinquième clavecin, datant de 1756, nous a été exhibé en 1863. Il a la forme de celui de 1750.

(2) « The famous harpsichord makers, of the name of Ruckers, whose works have been so much, and so long admired all over Europe, lived in this city [Antwerp] : there were three, the first, and the father of the other two, was John Ruckers, who flourished at the beginning of the last century.

» His instruments were the most esteemed, and are remarkable for the sweetness and fullness of their tone. On the left hand of the soundhole, in the bellies of these instruments, may be seen a large H, the initial of Hans, which, in the Flemisch language, means John.

» André, the eldest of John's sons, distinguished his work, by an A. in the sound-hole. His large harpsichords are less esteemed than those made by any

« Les fameux facteurs de clavecin, du nom de Ruckers,
» dont les ouvrages ont été si nombreux et si longtemps
» admirés dans toute l'Europe, vécurent dans cette ville (An-
» vers). Il y en avait trois de ce nom : le premier et le père
» des deux autres était John Ruckers, qui florissait au com-
» mencement du dernier siècle.

» Ses instruments sont les plus estimés et tout remar-
» quables pour la suavité et l'ampleur de leur son. Au côté
» gauche de l'ouverture, dans le cœur de ces instruments,
» on voit la lettre H, initiale de *Hans,* qui en flamand
» signifie Jean.

» André, l'aîné des fils de John, marquait ses produc-
» tions par un A vers l'ouverture. Ses grands clavecins sont
» moins estimés que ceux qui ont été faits par qui que ce
» soit portant son nom, mais ses ouvrages de moindre
» dimension, comme ses épinettes et ses virginals, sont ex-
» cellents.

» Les clavecins de Jean, le plus jeune des fils, bien qu'ils
» ne soient pas aussi bons que ceux du père, sont cepen-
» dant très-estimés par la délicatesse de leur ton; on peut
» reconnaître ses instruments à la lettre I sur l'orifice.

» Le facteur de clavecins le plus distingué après eux,

---

one of that name; but his small work, such as spinets, and virginals, are
excellent.

» Jean, the youngest son's harpsichords, though not so good as those of the
father, are very much esteemed for the delicacy of their tone; his instruments
may be known by the letter I, in the sound-hole.

» The harpsichord-maker of the greatest eminence, after them, was J. Dan.
Dulcken; he was Hessian. At present there is a good workman at Antwerp,
of the name of Bull, who was Dulcken's apprentice, and who sells his double
harpsichords for a hundred ducats each, with only plain painted cases, and
without swell or pedals.

» The work too of Vanden Elsche, a Flamand, has considerable share of
merit; but, in general, the present harpsichords, made here after the Rucker
model, are thin, feeble in tone, and much inferior to those of our best makers in England. » *The present state,* etc., Londres, 1773, t. I, pp. 47 et 48.

» était **J. Dan.** Dulcken; c'était un Hessois. En ce moment,
» il y a à Anvers un excellent facteur du nom de Bull (1),
» ancien apprenti de Dulcken, et qui vend ses doubles cla-
» vecins cent ducats chaque, avec caisses simplement pein-
» tes et sans pédales.

» L'ouvrage de Vanden Elsche (2), un flamand, a un
» mérite considérable; mais en général, les clavecins ac-
» tuels, construits ici d'après le modèle de Ruckers, sont
» médiocres, faibles de ton et de beaucoup inférieurs à ceux
» de nos meilleurs facteurs d'Angleterre (3). »

Une traduction de l'ouvrage de Burney, avec commentaires, que M. Fétis, qui ne connaît pas le hollandais, taxe
d'excellente, a été publiée en 1786, à Groningue, par Jac-
ques-Guillaume Lustig, habile organiste. Elle a pour titre :
*Rijk gestoffeerd verhaal van de eigenlijke gesteldheid der
hedendaagsche toonkonst, of Karel Burney's Dagboek van
zijne, onlangs gedaane, musicale reizen door Frankrijk,
Italie en Duitschland.* Or, elle est très-inexacte en maint
endroit, et c'est pour écarter toute méprise à ce sujet que
nous donnons en note le texte original.

---

(1) Voir la note de la p. 193.

(2) Ce facteur est cité dans les *Recherches sur les facteurs de clavecins et
les luthiers d'Anvers,* de M. Léon de Burbure, du moins nous y trouvons, à
l'année 1717, un Jean Vanden Elsche, *aliàs* Van Elsen.

(3) Cette dernière assertion pourra paraître exagérée. Burney remarque
ailleurs, en parlant d'Allemagne, que les facteurs d'instruments à clavier
de ce pays perfectionnent mieux leurs produits à l'étranger que dans leur
patrie; cela tient, selon lui, au prix élevé qu'ils reçoivent de leur labeur.
Actuellement en Angleterre, poursuit-il, où le travail est le mieux rénuméré,
les facteurs de clavecins déploient la plus grande habileté dans la confection
de leurs instruments. Il résulte de là que quelques-uns des bons facteurs de
clavecins établis à Londres, étaient Allemands. Cela nous rassure sur le
patriotisme exagéré de Burney.

Laborde, dans son *Essai sur la musique,* confirme indirectement le fait.
Après avoir dit, ce qui n'est pas démontré, que le piano fut inventé en Saxe,
au milieu du siècle dernier, il ajoute : « De la Saxe, l'invention a pénétré à
»Londres, d'où nous viennent tous ceux [les pianos] qui se vendent à Paris. »
T. I, p. 349.

Gerber renvoie à Burney, mais fournit un renseignement que le musicologue anglais n'a pas donné : l'établissement de Jean Dulcken à Anvers, vers 1750 (1).

M. Fétis parle d'un Jean-Louis Dulken (*sic*), né à Amsterdam, en 1761, et qui apprit, dans sa ville natale et à Paris, sous la direction de son père (?), l'art de confectionner des clavecins, forte-pianos et autres instruments. Ce doit être un petit-fils d'Antoine, ou peut-être un fils de notre Jean. M. Fétis ajoute : « Les pianos qu'il y a fabri-» qués (à Munich), étaient si estimés pour la qualité du son » et le fini du mécanisme, qu'ils se sont répandus non seu-» lement dans toute l'Allemagne, mais même en Suisse et » en Italie, et qu'ils y ont été fort recherchés (2). » Le talent de luthier était donc héréditaire dans la famille Dulcken.

Quelques notes, tirées des Archives du royaume, vont, sinon compléter, du moins renforcer les données qui précèdent.

Antoine Dulcken, facteur de clavecins à Anvers, venait de mourir vers 1763. Sa veuve, assistée de son fils Jean Dulcken, avait continué d'exercer à Anvers la même industrie, réputée alors la meilleure qui fût aux Pays-Bas.

Mais, l'usage des clavecins était en déchéance à Anvers, tandis qu'il augmentait à Bruxelles, où journellement on en expédiait un grand nombre. Ceux des *grands concerts* sortaient des ateliers de la veuve Dulcken.

Celle-ci résolut alors d'aller s'établir à Bruxelles. Les transports étaient difficiles et chanceux, et les frais qui en résultaient étaient assez considérables. Il valait mieux se trouver au centre de ses opérations.

---

(1) « DUL[C]KEN (JOHANN DANIEL), ein klaviermacher aus Hessen, liess sich » gegen 1750 zu Antwerpen nieder, wo er schöne Flügel verfertigte. Sieh » *Burney's Reisen*, Band I. » — GERBER's *Neues historisch-biographisches Lexikon der Tonkünstler*, t. I, p. 947.

(2) *Biographie universelle des musiciens*, t. III, p. 7. Le huitième et dernier volume de ce dictionnaire vient de paraître (septembre 1865).

La réputation des produits de la fabrique d'Antoine Dulcken fut telle, que, quand le facteur vint s'installer à Anvers, le magistrat avait cru devoir lui accorder le droit de bourgeoisie et l'exemption des droits imposés sur les objets de consommation.

Sa veuve espéra obtenir le même résultat à Bruxelles. Elle se trompa, comme on va voir.

Le 22 avril 1763, elle adressa au conseil des finances une requête conçue en ces termes (1) :

« La veuve d'Antoine Dulcken, en son vivant faiseur de clavecins à Anvers, nous aïant exposé, par la requête ci-jointe (1), qu'elle seroit d'intention de transporter cette fabrique, avec son fils Jean Dulcken qui continue à y travailler, en cette ville de Bruxelles, moïennant qu'il nous plût de lui accorder le droit de bourgeoisie, avec l'exemption de ceux imposés sur les quatre espèces de consommation, ainsi que de toutes charges bourgeoises; nous la remettons au conseil pour qu'il nous informe, par extrait de protocole, de ce qu'il pense sur la demande de la suppliante.

» Bruxelles, le 22 avril 1763. »

Suscription : « Au conseil des finances. »

Le conseil jugea prudent et opportun d'attendre l'avis des États de Brabant et du magistrat de Bruxelles.

Voici le premier :

« Myne heeren en die gedeputeerde der heeren Staeten van Brabant, raport gehadt hebbende van de wederkeerende requeste gepresenteert aen Syne Conincklycke Hoogheyt, wegens de weduwe van A. Dulcken, inwoondersse der stadt Antwerpen, hun toeghesonden ten eynde van advies, by brieff geschreven vuyt Haere Majesteyts raede van finantien, van den 25en deser, seggen :

---

(1) Cette requête manque. Elle est du 21 avril 1763. Le contenu en est analysé dans la lettre du magistrat de Bruxelles, que nous reproduisons plus loin.

» Dat, by den voet ofte regulative voorgescreven ten opsichte van de bestieringhe der domeynen ende geaprobeert by haere Doorluchtighste Hoogheyt de aertshertoginne Marie Elisabeth, den 7 november 1737, onder andere articlen 23, 18 besproken, dat, ten opsichte van het deel Haere Majesteyt competerende in de rechten van de nieuwe poorters deser stadt, aen niemandt gheenen quytschel en soude verleent worden, 't zy wegens de Majesteyt, 't zy wegens de Staeten;

» Den geest van welcke clausule by myns heeren oock constantelyck is ingevolgt gheweest, in de adviesen die hun op diergelycke versoecken van quytschel door Haere Majesteyts raede van finantien van tydt tot tydt syn gevraeght geweest;

» Ende oversulckx voor soo veel de suppliante eensgelyckx dusdaenighen quytschel komt te versoecken, en konnen myne heeren hun oock maer gedraeghen tot de voorseyde clausule ende hunne voorgaende adviesen;

» Des te meer dat er alhier geene questie en is van eene nieuwe fabrique ofte conste in het landt innetebrenghen, mits de suppliante ende wijlen haeren man alreede soo langhe jaeren tot Autwerpen hebben gewoont, ende de conste van clavecingels te maecken aldaer hebben geoeffent; in welcke stadt sy alsdaer in soo vele voordeelen genoten hebbende, gelyck sy seght, oock wel kan continueren te blyven;

» En wat raeckt den vrydom der imposten op de vier specien van consomptie, mits sy ende haeren man den selven alleenelyck tot Antwerpen en noijnt genoten en hebben, soo en isser gheene rede om de welcke men haer den selven soude toestaen tot Brussel.

» Gedaen tot Brussel, den 28en april 1763. »

L'avis du magistrat de Bruxelles est de la teneur suivante :

« Messeigneurs,

» Nous avons reçu la requête présentée à Son Altesse Royale par la veuve d'Antoine Dulcken, vivant feseur de clavecins à Anvers, sur laquelle vos seigneuries requièrent notre avis par leurs lettres du 3 du courrant mois de juin.

» La suppliante expose qu'elle a conservé, conjointement avec son fils Jean Dulcken, la fabrique des clavecins, toujours réputés parmi les meilleurs qui aient paru dans les Païs-Bas.

» Qu'en cette considération, le magistrat d'Anvers accorda à son mari et à sa famille le droit de bourgeoisie et l'exemption des droits sur les espèces de consommation et des charges bourgeoises, au tems de son établissement en ladite ville, exemption qu'ils continuent encore à la remonstrante.

» Elle allègue que l'usage de cet instrument est considérablement déchu en la même ville et augmenté à Bruxelles, où elle a livré plusieurs pièces, et où elle en livre journalièrement aux amateurs, ajoutant que les clavecins des grands concerts sont de sa fabrique, ainsi que ceux des personnes de goût.

» C'est à cette préférence qu'elle attribue les conseils qu'elle reçoit de s'établir en cette ville, de la part des maîtres de cet instrument, à cause de la difficulté des fraix et du risque qu'ils trouvent à les faire venir d'Anvers.

» Mais les faveurs dont elle jouit, la retiennent à prendre ce parti, à moins, dit-elle, que S. A. R. ne daignât la désintéresser avec sa famille, en lui fesant obtenir, des États de Brabant et du magistrat de la ville, les mêmes exemptions dont elle profite en la ville d'Anvers.

» A ces causes, elle demande qu'elle puisse jouir en cette ville, en y exerçant sa fabrique, du droit de bourgeoisie et de l'exemption des droits de consommation sur les quatre espèces, et de toutes charges bourgeoises, pour elle et sa famille.

» Nous ignorons quelles peuvent être ses exemptions en la ville d'Anvers. Elle insinue d'y avoir joui de la franchise des impôts. Cette allégation est erronée, et ce manque de bonne foi nous fait soupçonner la fidélité de ce qu'elle avance à l'égard des droits de la ville.

» Quoi qu'il en soit, le traitement qu'on lui auroit fait en la ville d'Anvers, ne doit point servir de règle par rapport à celle de Bruxelles. Il se peut que, dans la première, on ait été bien aise de se procurer ou de retenir, par des faveurs, un artiste qui, par sa nouveauté ou à cause de ses talens, formoit, en la même ville, un établissement qui méritoit de la distinction.

» Mais, nous ne sommes pas dans le même cas à Bruxelles.

Nous y avons eu, de tout tems, et nous y avons encore des ouvriers en toutes sortes d'instrumens, et, entre autres, de fe-
seurs de clavecins, qui sont en état d'en fournir de très-bonne
qualité.

» Ces maîtres n'ont jamais joui ici de la moindre exemption,
soit d'accises soit d'autres charges bourgeoises, et, si l'on com-
mençoit une fois à ouvrir cette porte, il n'y a ni artisan, ni tra-
fiquant, ni homme de métier qui ne pût prétendre, à beaucoup
plus juste titre, de jouir des mêmes prérogatives.

» Vos Seigneuries ne savent que trop combien nous avons de
peine à faire face, par les revenus de la ville, aux charges dont
elle est obérée, et, par conséquent, nous avons lieu d'espérer
qu'en consultant S. A. R. sur la demande de la suppliante,
elles se détermineront pour la faire éconduire, elle entière, de
s'établir en cette ville, où il lui sera permis d'exercer son art
sans contradiction de personne, puisqu'il est indépendant de
tout métier.

» Nous avons l'honneur de vous dire très-respectueusement,
messeigneurs, de Vos Seigneuries

» Les très-humbles et très-obéissants serviteurs,

» Les bourguemaîtres, échevins, trésoriers, receveurs et
conseil de la ville de Bruxelles,

                                    » L.-J. Dezadaleere.

» Brusselles, 18 juin 1763. »

En résumé, la décision fut négative. L'allégation de la
veuve Dulcken, concernant son exemption des impôts à
Anvers, fut révoquée en doute. Mais, dans la supposition
qu'elle fût vraie, on opina, de part et d'autre, ceci :

1° Que Bruxelles eut, de tout temps, des luthiers, et
notamment des facteurs de clavecins, d'un mérite distingué; 2° que ces industriels n'ont jamais joui de la moindre
exemption, soit d'accises, soit d'autres charges bourgeoises; 3° que si on établissait un précédent, tous les ouvriers auraient droit d'exiger les mêmes avantages; 4° que
les revenus de la ville ne suffisaient pas à faire face aux

charges dont elle était obérée; et 5° que la veuve pouvait s'établir librement à Bruxelles, son métier ne relevant d'aucune corporation.

Le conseil se rangea à l'avis de ces deux autorités, comme le témoigne l'extrait suivant du protocole du conseiller Baudier, en date du 30 juillet 1763 :

« La veuve d'Antoine Dulcken, en son vivant faiseur de clavecins à Anvers, demande, par sa requête cy-jointe, remise au conseil par décret de S. A. R. du 22 avril dernier, de transporter en cette ville cette fabrique avec son fils Jean Dulcken, qui continue à y travailler, moïennant qu'il lui soit accordé le droit de bourgeoisie, avec l'exemption de ceux imposés sur les quatre espèces de consommation et des charges bourgeoises, ainsi que ceux du magistrat d'Anvers accordés à son mari, au tems de son établissement en ladite ville.

» Le conseil a remis cette requête à l'avis des députés des États de Brabant et du magistrat de cette ville. L'un et l'autre disent, par leurs rescriptions cy-jointes, que c'est à tort que la suppliante avance qu'elle et son mari auroient joui de la franchise des impôts ; et ce manque de bonne foi à l'égard de cet article leur fait douter de la fidélité de ce qu'elle avance à l'égard des droits de la ville d'Anvers, dont elle dit de jouir.

» Au surplus, comme cet établissement n'est point nouveau, et qu'il y a ici des ouvriers en toutes sortes d'instruments qui ne jouissent d'aucune franchise, ils concluent à ce que la suppliante soit éconduite de sa demande, elle entière, de s'établir en cette ville, où il lui sera permis d'exercer son art sans contradiction de personne, d'autant qu'il est indépendant de tout métier.

» Le conseil pense comme les avisans, et, en conséquence, il estime que le bon plaisir de S. A. R. pourrait être d'éconduire la suppliante de sa demande, elle entière, de s'établir ici, ainsique le magistrat de cette ville le propose. »

Il ne restait donc à la veuve Dulcken d'autre parti à prendre, que de continuer à résider à Anvers ou de s'établir

à Bruxelles, sans le moindre espoir de faveurs ou de privilége. Elle opta pour ce dernier parti.

A peine installée à Bruxelles, les choses ne marchèrent
pas, paraît-il, au gré de ses désirs, soit que les facteurs de
clavecins lui fissent une trop rude concurrence, soit que
le débit des instruments se fût ralenti. Ses magasins restè-
rent encombrés, et pour ne point se trouver en proie à la
misère, elle résolut de parcourir les principales villes du
Brabant, avec ses marchandises, dans l'espoir de les écou-
ler plus facilement.

A cet effet, elle s'adressa au trésorier des domaines et
finances, pour lui demander la faveur de transporter ses instruments sans imposition des droits de tonlieu, comme le
constate la pièce qui suit :

« A Messeigneurs les trésoriers et conseilliers des domaines et
finances de l'Impératrice Reine apostolique.

» Remontre très-humblement la veuve d'Anthoine Dulcken,
qu'elle a eu l'honneur autrefois de représenter requette à Son
Altesse Roïale, renvoïée au conseil des domaines et finances
de Sa Majesté, pour pouvoir se dégarnir des ouvrages perfec-
tionnés et en état d'être délivré par son défunct mari, ne lui
restant que le fruit à percevoir desdits ouvrages, pour pouvoir
vivre et entretenir sa famille. Se trouvant éconduite par Vos
Seigneuries de la demande qu'elle a eu l'honneur de leur faire
le 21 avril 1763, supplie Vos Seigneuries de ne pas la laisser
dans la disette du pain avec sa famille, chargez des marchandises en clavecins.

» Elles sont trop charitables et incliens (sic) à soulager les
pauvres veuve et orphelins, que pour ne point favorablement
recevoir le très-humble recours que ladite pauvre désolée prend
vers Votre Seigneurie Illustrissime, les suppliant très-humblement que, tout ce considérez d'une juste commisération et veu
l'art de son défunct mari, la pauvre veuve se trouvant chargez
des fruits de ses ouvrages, sans pouvoir en proffiter. C'est pourquoi la suppliante les supplie de pouvoir se transporter à An-

vers, Louvain et autres lieues (*sic*) de Brabant, avec ses ouvrages des clavecins, francq et libre des droits imposés, d'autant
qu'elle ne sçait si même elle aura le bonheur d'en débitter
quelques pièces.

» C'est la grâce, etc.

» L. J. DE PLANCHON, *junior.*

» Bruxelles, le 8 may 1784. »

En marge : « Résolu d'accorder à la suppliante sa demande. »

L'exemption des droits de tonlieu lui fut octroyée par
a lettre suivante, adressée aux officiers préposés à la perception de ces droits :

« La veuve d'Anthoine Dulcken nous aïant demandé de pouvoir transporter à Anvers, Louvain et autres lieux de Brabant,
les ouvrages de clavecins, délaissés par son défunt mari,
exempts des droits de tonlieux, Nous vous faisons cette pour
vous dire que nous lui avons accordé sa demande. Nous vous
ordonnons, en conséquence, de dépêcher les dits ouvrages sur
ce pied, en faisant mention de la date des présents dans les dé-
pêches que vous lui délivrerez pour chaque transport.

» A tant, etc.

» LE BARON DE TUDOR.

» Bruxelles, le 10 mai 1764. »

La position critique de la veuve Dulcken s'améliora-t-elle
au moyen de cet expédient? Son séjour à Bruxelles fut-il
de longue durée? c'est ce que des documents ultérieurs
nous apprendront peut-être un jour. La naissance d'un
Jean-Louis Dulcken, petit-fils d'Antoine, à Amsterdam
en 1761, ne nous paraît pas encore clairement démontrée. Il est possible que le fils d'Antoine Dulcken essaya
de se fixer à Amsterdam, avant de se résoudre d'aller habiter Bruxelles.

Quoi qu'il en soit, les clavecins portant la firme des
Dulcken sont rares, pour ne pas dire introuvables. Fabriqués par des luthiers exotiques, ces instruments n'en offrent
pas moins de l'intérêt pour l'histoire de la lutherie en Bel-

gique, et ils serviront utilement de point de comparaison avec ceux qui appartiennent aux fabricants du pays proprement dits. Peut-être l'excellence de ces produits les a-t-il fait rechercher avidement par les amateurs étrangers, par les Anglais surtout.

Qui sait s'ils ne garnissent point actuellement, à titre de meuble antique, le musée de quelque lord millionnaire !

XXXV.

De Hollandre (Charles-Félix),

Compositeur de musique d'église, mort en 1750. — Rectifications et additions à sa notice biographique. — Inventaire, dressé par lui, en 1734, des ouvrages de musique trouvés au jubé de l'église de Sainte-Walburge, à Audenarde, et de ceux légués à ladite église par son prédécesseur, maître François De Mey. — Reproduction de cet inventaire, avec annotations biographiques et bibliographiques. — Deux listes d'ouvrages de musique, également annotées, et datant de 1750 et de 1752.

Une notice sur Charles-Félix De Hollandre a été publiée par nous, en 1856, dans les *Annales de la société royale des Beaux-Arts et de Littérature* (1). En la résumant dans la *Biographie universelle des musiciens,* sans indication de source, M. Fétis a cru devoir y joindre certains détails complémentaires, entre autres, l'admission de Charles-Félix De Hollandre comme enfant de chœur à l'église de Sainte-Élisabeth, à Mons, avant sa réception à l'abbaye de Cambron, où il acheva ses études musicales, et l'enseignement musical donné par le même De Hollandre au Père Le Quoint, récollet, auteur de plusieurs compositions religieuses. Si rien ne s'oppose à admettre le premier fait, tout concourt, au contraire, à rejeter le second.

_____

(1) T. VI, p. 114, avec musique et fac-simile d'écriture. Quelques tirés à part ont été faits de ce petit travail.

Nous avons dit que De Hollandre eut pour élève le
Père Treels, excellent organiste du couvent des Récollets
à Audenarde, le même qui a transmis divers renseignements sur la carrière de son maître. Du nom de Treels à
celui de Le Quoint, la distance est grande. Puis, si De Hollandre est né, comme le constate M. Fétis, vers les dernières années du XVIIe siècle, comment se peut-il que son
élève, nous voulons dire celui que M. Fétis lui assigne, ait
pu éditer, en 1706, des œuvres aussi considérables que
celles dont le catalogue d'Étienne Roger, d'Amsterdam, fait
mention (1)? Notons que Le Quoint était déjà prêtre,
et que ses ouvrages, écrits pour la plupart à cinq parties réelles, annoncent un musicien consommé dans l'art
de la composition. Trop souvent M. Fétis, en possession
d'un renseignement dont il ne sait que faire, le glisse adroi-
tement dans la biographie d'un musicien qui n'a que de
lointaines analogies avec lui. Nous aurons l'occasion de
signaler, à leur place, ces étranges abus d'emploi.

Depuis la publication de notre notice, nous avons su que
De Hollandre postula, le 22 octobre 1728, la place de
maître de chant de la cathédrale de Tournai, et qu'il
échoua dans sa démarche (2). Puis, il nous a été permis
d'ajouter à la nomenclature des œuvres du musicien, une
messe de *Requiem* et deux messes solennelles, qui avaient
échappé à nos recherches (3).

En 1734, quand De Hollandre succéda à De Mey, dans
les fonctions de maître de chant de l'église de Sainte-
Walburge à Audenarde, il dut, selon les formalités reçues,
dresser un inventaire détaillé de toutes les œuvres musicales appartenant au jubé de cette église. Cet inventaire,

---

(1) Voyez la liste ci-après.
(2) Note de M. l'abbé Voisin, communiquée à M. Xavier Van Elewyck.
(3) Voyez plus loin la liste de 1752

nous l'avons sous les yeux, et il nous a paru assez intéressant pour être publié avec les commentaires qu'il nécessite. Nous le donnons donc ci-après.

Les œuvres anonymes, d'ailleurs en petit nombre, en ont été élaguées. Toutes appartiennent au XVIIᵉ siècle ou au début du XVIIIᵉ, et émanent de musiciens italiens, allemands et néerlandais. Ces dernières forment la majorité. Elles complètent celles que renseigne la liste publiée au § XV de ce travail.

L'inventaire est divisé en deux parties, dont l'une contient les ouvrages trouvés au jubé de Sainte-Walburge, et l'autre ceux qui ont été légués à cette église par maître François De Mey. Malgré l'absence de certains prénoms de compositeurs, il fournit des données précieuses sur l'histoire musicale d'une époque qui est loin d'être connue. Ces données servent en quelque sorte d'étapes dans la biographie de musiciens encore obscurs, et dans celle de musiciens qui ont eu de la réputation, comme les Benedictus, les Hamal et les d'Ève.

Nous y avons joint deux petites listes, l'une dressée fort probablement par le successeur intérimaire de Charles-Félix De Hollandre, mort en 1750, l'autre par son successeur effectif, Pierre-Nicolas Rochefort, installé en 1752. Cette dernière nous signale quelques prénoms omis dans l'inventaire de 1734, et se termine par une note, d'où il résulte qu'une foule de compositions, maintenues au répertoire du jubé de l'église de Sainte-Walburge, à Audenarde, en furent écartées et vouées à l'oubli, comme étant surannées et devenues impropres au service.

On connaît notre manière d'annoter, par les listes de Jean-Baptiste Dandeleu et de Jean-François Libau, publiées précédemment. Nous n'y apporterons qu'une seule modification. Au lieu de fatiguer l'attention du lecteur par des redites trop multipliées, nous entourerons de guillemets les titres d'ouvrages et les noms de compositeurs qui n'ont pas été cités dans la *Biographie universelle des musiciens*. Ce répertoire servira, comme plus haut, de base d'information.

Nous avons communiqué, en 1857, quelques extraits du présent inventaire à M. Fétis, pour être utilisés, à sa demande, dans le dictionnaire dont nous parlons. Non seulement M. Fétis ne nous cite pas, mais il dénature, selon son habitude, les documents dont il fait usage, en y mêlant des détails de pure fantaisie que personne ne saurait envisager comme sérieux. Ainsi, il dit positivement que les œuvres d'Antoine Guislain étaient manuscrites, alors qu'aucun indice ne permet de faire une affirmation semblable; il avance que les ouvrages mentionnés dans la liste de 1734 reposent dans les archives de l'église de Sainte-Walburge à Audenarde, tandis que c'est la liste elle-même qui y est conservée; il remplace les désignations générales de parties instrumentales, par des désignations spéciales, comme s'il avait vu les œuvres où elles sont employées, et l'on sait que ces indications offrent des différences aussi nombreuses que variées.

Nous avons cru devoir laisser subsister, dans la liste de 1734, un seul ouvrage anonyme, à savoir une *Passion* à trois voix. Or, De Hollandre passe pour être l'auteur de méditations sur la Passion, également à trois voix, qui se chantent dans les deux églises paroissiales d'Audenarde. Des doutes subsistent sur cette attribution. Voici un indice pour aider à rechercher l'auteur véritable, et cet indice n'est autre qu'une composition similaire, enregistrée par De Hollandre lui-même, à l'époque où il vint prendre possession de son nouvel emploi.

L'inventaire de 1734 est de la teneur suivante :

LISTE GÉNÉRALE DE LA MUSIQUE APPARTENANT A L'ÉGLISE PAROCHIALE A AUDENARDE.

Toutes les partitures de monsieur Guillain : « Messe à l'honneur de Ste Walburge, 1721. — Messe, 1719. — Messe, 1706. — Missa solemnis, 1709. — Missa solemnis, 1713. — Te Deum laudamus. — Magnificat, sans instruments. — Miserere, 1715. — Mottet à l'honneur de St Jacques, 1715. — Prose de Pâques, 1715. — Mottet à l'honneur de St Jacques, 1718. — Mottet : Lux luxit. — Mottet, 1716. — Mottet de Ste Barbe, 1713. — Mottet de St Joseph, 1719. — Mottet de St François, 1717. — Mottet de St Ignace, 1715. — Mottet, 1716. — Mottet de St Jacques, 1715. — Mottet de St Albert, 1718. — Mottet de St Albert, 1719. — Solo de l'Élévation, 1716. — Jubilé pour Mr Nollet, 1716. »

Ces œuvres, dont la plus ancienne date de 1706, ont été écrites dans l'intervalle de seize années. En y joignant celles que l'on trouve citées plus loin, on arrive au chiffre de trente-cinq. M. Fétis, dans une notice dont les éléments ont été réunis par nous, se borne à indiquer le genre de chacune d'elles. Et pourtant la liste complète en a été mise sous ses yeux ! Nous avons fait des démarches à Douai, pour avoir des détails biographiques sur Antoine Guislain, natif de cette ville ; mais elles n'ont point abouti. Il remplaça en 1721 Étienne De Milt, cité au § XI de ces recherches. Mort en 1719, il eut pour successeur Pierre-François Gaudblomme, de Rooborst, près d'Audenarde (1). Nous rencontrons dans la *Notice sur les collections musicales de Cambrai*, etc., de M. De Coussemaker, des messes à quatre et à six parties d'un certain Guilliani, citées d'après un catalogue de l'imprimeur parisien Ballard, de 1744. Ces ouvrages, dus à un homonyme italien ou italianisé d'Antoine Guislain, ont échappé à M. Fétis, apparemment parce qu'ils ne figurent point dans l'index alphabétique qui accompagne la publication de M. De Coussemaker.

Mottet italien del signor Giuseppe Aldrovandiny, très-beau.

Ce motet est probablement tiré de l'un des trois recueils de musique sacrée du compositeur italien, publiés en 1701 et 1703. Nous voyons dans le catalogue de musique de Roger, de 1706, des motets à deux et trois voix, en partie

---

(1) Pierre-François Gaudblomme acheta, en 1725, pour l'église de Sainte-Walburge d'Audenarde, un nouvel ouvrage intitulé *Christophoro*, d'après un passage des comptes de cette église, ainsi conçu : « Betaelt aen heer ende » P.-F. Gaudblomme, ghewesen sangmeester, tot het coopen van een nieuw » werck musicque, gheintituleert *Christophoro*, bestaende in twaelf motetten, » v lib. xij sch. par. »

avec instruments, sous la désignation d'œuvre premier. C'est évidemment une réimpression. Les autres ouvrages d'Aldrovandini appartiennent au répertoire dramatique et symphonique.

LISTE DE TOUTE LA MUSIQUE TROUVÉE SUR LE DOCSAL.

L'œuvre de Fiocco le fils; 8 livres.

Ce Fiocco le fils, est ce Jean-Joseph Fiocco, qui fut maître de musique de la chapelle royale, et ce Jean-Joseph Fiocco faut-il le confondre avec Joseph-Hector Fiocco, fils de Pierre-Antoine, qui a une notice dans Fétis? Quoi qu'il en soit, Jean-Joseph Fiocco est auteur de quelques œuvres aujourd'hui oubliées. Son *Opus primum* est consigné dans le *Catalogue de la bibliothèque musicale de De la Fage*, sous le n° 1596, en ces termes : « Fiocco (Jean-Joseph), sacri » concentus quatuor vocibus ac tribus instrumentis modulandi. Opus primum. » A Amsterdam, aux dépens d'Estienne Roger, in-4°. Bassus continuus. » Cette œuvre est rarissime, et De la Fage en fait mention dans sa *Petite bibliothèque* au n° XXVIII. Nous avons avons vu ensuite de Jean-Joseph Fiocco, une partition de huit psaumes ou motets à deux voix, achetée aux enfants de l'auteur, le 22 juin 1772, par J.-F. Libau, prêtre à Bruxelles, dont il a été question au § XV de ces recherches. Ces psaumes sont les suivants :

« 1. Super flumina Babylonis, à 2 dessus ou canti e basso continuo. — » 2. Benedicam Dominum in omni tempore, canto e basso. — 3. Cantate Do- » minum canticum novum, alto e basso. — 4. Quemadmodum desiderat cervus, » canto e tenor. — 5. Ad supremam cœli mensam, canto ed alto. — 6. Omnes » gentes ad Jesum venite, alto e tenor. — 7. Exultate Deo adjutori nostro, canto » ed alto. — 8. Usque quo Domine oblivisceris me in finem, canto e tenor. »

Dans l'*Almanach de la Cour*, Jean-Joseph Fiocco figure comme maître de musique de la chapelle du gouverneur, aux années 1745, 1746 et 1749. M. Éd. Grégoir le mentionne aussi. Voir la liste de Jean-François Libau au § XV de ces recherches, où nous citons, d'après le catalogue d'Étienne Roger de 1706, une messe et des motets de Jean-Joseph Fiocco à 1, 2, 3, 4 et 5 voix, et à 3, 4 et 5 instruments.

Les œuvres de Fiocco le père; 10 livres.

Par Fiocco le père, on entend probablement Pierre-Antoine Fiocco, vénitien de naissance, qui fut maître de chapelle de l'église de Notre-Dame du Sablon à Bruxelles. M. Fétis cite de lui une messe et des motets à 1, 2, 3, 4 et 5 voix, gravés à Amsterdam, chez Roger, mais sans mentionner de date. Ce recueil figure dans le catalogue de cet éditeur de musique, à l'année 1706. Fiocco père apparaît dans le même catalogue, avec un recueil de dix sonates pour flûtes, qu'il a composées en collaboration de Guillaume Croft, Pepusch et Pez.

L'œuvre de Bassany; 4 livres.

Il est difficile de préciser le contenu de cet ouvrage, les recueils de musique sacrée de Bassani étant nombreux et divers.

L'œuvre de Grossy; 7 livres.

Il s'agit ici, très-vraisemblablement, du chevalier Charles Grossi, car André Grossi ne composa que des œuvres instrumentales. Douze sonates de ce dernier sont citées sans date par M. Fétis. Or, nous les voyons dans le catalogue de musique d'Étienne Roger, de 1706. Peut-être n'est-ce qu'une réimpression; mais, en tout cas, cette date marque une étape.

« L'œuvre 3 de Vermeeren; » 10 livres.

« L'œuvre 1 de Vermeeren; » 8 livres.

« L'œuvre 2 de Vermeeren; » 8 livres.

Les renseignements nous manquent sur l'auteur de ces trois ouvrages. Dans la petite liste de 1752 qui termine ce paragraphe, le prénom Antoine précède le nom de Vermeeren.

« L'œuvre 3 » de Benedictus; 8 livres.

Cet ouvrage et le suivant émanent d'un compositeur néerlandais, Benedictus à Sto Josepho, surnommé en France Grand Carme. Il est permis de croire qu'ils consistent en compositions sacrées. M. Fétis n'assigne pas de date à l'œuvre huitième de ce moine musicien. Or, cet œuvre figure dans le « Catalogue des livres de musique nouvellement imprimés (vers 1700), à Amsterdam, chez Estienne Roger. » Nous y trouvons, avec l'indication d'œuvre neuvième, une messe et des motets à 1, 2 et 3 voix et instruments, compositions que M. Fétis ne cite pas.

« L'œuvre 2 » de Benedictus; 8 livres.

« L'œuvre 3 de Bart; » 9 livres.

Est-ce un parent de Barth, maître de musique de Saint-Bavon à Gand, dans la deuxième moitié du XVIIIe siècle? Il est plus probable qu'il s'agit ici de Guillaume Baert, cité dans la liste de 1752, que nous reproduisons plus loin.

« L'œuvre de Verlit; » 7 livres.

L'auteur de cet ouvrage n'est autre, croyons-nous, que Gaspard de Verlit, natif de Mons, qui fut pendant dix ans sopraniste à la chapelle royale de Bruxelles, sous le gouvernement de l'infante Claire-Isabelle-Eugénie et du cardinal-infant Don Ferdinand, et qui, devenu habile dans l'art d'enseigner la musique, fut nommé maître de chapelle en diverses églises, puis parvint à la dignité de chapelain d'autel en la susdite chapelle royale, sous l'archiduc Léopold-Guillaume et de Don Juan d'Autriche. Voulant obtenir, pour ses bons et loyaux services, quelques gratifications du gouverneur, il se fit délivrer, en 1658, deux certificats, qui témoignent de son talent et de sa moralité. Nous croyons devoir les reproduire ici. Voici le premier document :

« Je soubsigné atteste que Gaspar de Verlit, natif de la ville de Mons en
» Haynau, a esté enfant de la musicq à la chapelle royale de Bruxelle, l'espace
» de dix ans, soubs les Sérénissimes Isabelle et Ferdinand, de glorieuse mé-
» moire, ayant grandement profité dans l'art de la musicq, par laquelle il
» s'est rendu capable de l'estat de maîtrisse en divers lieux, parquoy grande-

» ment util au service de l'église, et maintenant de chapelain d'autel dans
» ladite chapelle royale, soubs les Sérénissimes princes, l'archiduc Léopold et
» son Altèze Royale d'Austriche, avec toute diligence et satisfaction de ses su-
» périeurs, sans mercède aulcune ny récompense, méritant néantmoins, pour
» ses bonnes coustumes et louables qualitez, que ses services soient fidelle-
» ment considérez. [Sans signature].

Collata concordat cum suo originali, quod attestor,

A. Paon, *notarius*,

1658.

Le deuxième certificat est ainsi conçu :

« Ego infrascriptus, testor Gasparem de Verlit, ecclesiae nostrae pho-
» nascum, necnon regis capellae sacellanum, optimis moribus et laudabili
» vitae consuetudine conspicuum, promotione honorificâ esse dignissimum.
» Signatum erat : J. V. Willigen, pastor Sti Nicolai, Bruxellis, 1658.

» Collata concordat cum suo originali, quod attestor,

» A. Paon, *notarius*,

» 1658. »

Gaspard de Verlit était encore chapelain de la chapelle royale de Bruxelles
en 1663, avec Guillaume Borremans, Dominique Alexis, Lambert Hulin et
Tobie Péronne. Le registre aux comptes de la recette générale des finances,
où nous trouvons cette citation, écrit le nom de Verlit avec un *h* final et sup-
prime la particule *de*. Plus loin, il y a, dans la présente loi, mention d'autres œuvres du même musicien.

L'œuvre 47 de Cazzatti; 8 livres.

Cazzati est un compositeur italien, mort en 1677. Son œuvre quarante-
septième consiste en motets à 2, 3, 4, 5 voix, avec ou sans violon, et édités
à Bologne en 1668.

« L'œuvre de Cocx; » 8 livres.

Un Jean Cocx ou Cocq était maître de chant de la confrérie de Notre-Dame,
à la cathédrale d'Anvers, en 1667.

« L'œuvre de Dorré; » 8 livres.

« L'œuvre de Maiscoque; » 9 livres.

« L'œuvre 1 de Mouqué; » 9 livres.

Nous voyons, dans le catalogue d'Étienne Roger, de 1706, un article ainsi
conçu : « Motets de Mr Mouqué, à 1, 2, 3, 4 et 5 voix, avec instruments. »
Il s'agit ici, croyons-nous, d'un compositeur alors vivant.

« L'œuvre 2 de Dorré; » 11 livres.

Compositeur déjà cité.

« L'œuvre de différents auteurs : Vander Loo; » 10 livres.

Nous ignorons à quel titre le nom de Vander Loo figure ici, si c'est comme
collecteur ou comme auteur. Un Jean Van Loo fut maître de chant à l'église
de Sainte-Walburge, de 1696 à 1699.

« L'œuvre 4 de Benedictus; » 9 livres.

Voyez ci-dessus.

L'œuvre 1 de Benedictus; 10 livres.

Cet ouvrage, selon M. Fétis, contient des messes, des litanies et des motets, imprimés à Anvers, en 1666, in-4°. Voyez ci-dessus.

« L'œuvre 7 de Benedictus; » 9 livres.

Voyez ci-dessus.

L'œuvre 1 de Rathgeber; 8 livres.

L'œuvre 2 de Rathgeber; 10 livres.

Cet œuvre et le précédent sont mentionnés dans les lexiques de Walther et de Gerber, le dernier avec l'année 1723.

« L'œuvre 1 » de Delien; 9 livres.

Le nom de ce musicien sonne un peu celui du facteur de clavecins qui a fait l'objet du paragraphe précédent. Un abbé du nom de Gauthier Delien ou Deleije était organiste de la cathédrale d'Anvers, de 1687 à 1702.

« L'œuvre de Procureur; » 8 livres.

Plus loin, il y a, dans une liste de 1752, « een werk van Smet, procureur. » Toutefois, dans le cours de cette liste et de la suivante, le nom de *Procureur* est toujours donné comme nom d'auteur et peut-être de famille.

« L'œuvre 3 » de d'Ève; 9 livres.

L'œuvre premier de ce compositeur flamand, œuvre que M. Fétis ne cite pas, consiste en une messe et en des mottets à 1, 2, 3, 4 et 5 voix et 5 instruments. Il est mentionné dans le catalogue de musique d'Étienne Roger, de 1706, et il a été vraisemblablement gravé chez lui. Nous voyons dans le même catalogue : « Les Trios de Mr d'Ève pour les flûtes, violons et haut- »bois; seconde édition considérablement augmentée et gravée en taille douce. » Ce recueil a été également passé sous silence par M. Fétis.

« L'œuvre 5 » de R. Père Le Quoint; 11 livres.

Le catalogue d'Étienne Roger, de 1706, cite de ce musicien : « Psalmi breves » pro omnibus omnino totius anni vesperis, à 1, 2, 3, 4 et 5 vocibus, et 2 vel 3, » vel 4 instrumentis; — Missae, Litaniae, Mottetti et Tantum ergo, à 5 vocibus » et 5 instrumentis, op. 3a. — Sonates à 2 violons, 1 haute-contre, une basse » de violon et une basse continue, op. 3a (?). » Il contient encore, sous les ini- tiales de L. R. P. L. Q. (le révérend père Le Quoint?) des « Pièces en trio » pour les flûtes, violons et haut-bois, composées à la manière italienne et à la » manière françoise. »

« L'œuvre 1 » de Van Steelant; 10 livres.

Voyez sur ce compositeur, au § XII de ces recherches.

L'œuvre de Planicizky; 5 livres.

C'est sans doute la collection de douze motets : *Opella ecclesiastica* (Augs- bourg, 1723), dont il est question ici.

« L'œuvre de Verlit; » 10 livres.

Probablement une œuvre analogue à celle mentionnée plus haut, et y faisant suite.

« L'œuvre 4 » de Pez; 5 livres.

Le nom de Jean-Christophe Pez fait double emploi dans la *Biographie universelle des musiciens*, de Fétis, d'abord à PETZ, puis à PEZ. Tous deux sont auteurs d'un *Prodromus optatae pacis*, publié à Augsbourg, en 1703. Mais l'un est dans le format in-4°, l'autre dans le format in-f°. Nous trouvons du premier, dans le catalogue d'Étienne Roger, de 1706, neuf suites à deux flûtes ou violons et basse continue, op. 2a; et des « Sonate a tre col » violoncello, op. 1a. » Remarquons que le *Prodromus* forme l'œuvre deuxième dans Fétis.

L'œuvre 1 de Teller; 13 livres.

C'est un recueil de motets et de messes publié à Augsbourg, en 1726.

« L'œuvre de Bart; » 9 livres.

Pour ce compositeur, voyez plus haut.

« L'œuvre de Bart; » 8 livres.

Même remarque. Ce recueil et le précédent forment sans doute son œuvre premier et deuxième.

« L'œuvre 5 de Berkelaers; » 9 livres.

Il nous a été impossible de rien trouver sur ce musicien, qui doit être flamand, attendu que son œuvre quatrième et d'autres, cités plus loin, sont composés sur des paroles flamandes.

L'œuvre 1 de Dumont; 8 livres.

Il s'agit ici sans doute d'Henri Dumont, compositeur liégeois; mais nous ignorons ce que renferme cet œuvre premier, aucune biographie ne donnant des renseignements à ce sujet.

« L'œuvre de Godefrido; » 11 livres.

« L'œuvre 1 de Quercus; » 8 livres.

Est-ce Quercus ou Curcus, cité plus loin? La première supposition est la plus probable.

« L'œuvre de Royet; » 9 livres.

L'œuvre de Reineri; 7 livres.

Voici sans doute quelque recueil de motets d'Ambroise Reiner, qui fut maître de chapelle de l'archiduc d'Autriche Ferdinand-Charles, vers le milieu du XVIIe siècle. Les autres musiciens de nom appartiennent à une époque trop reculée de celle-là ou trop rapprochée de la nôtre pour pouvoir être attribués à l'œuvre en question.

L'œuvre de Cazatti; 5 livres.

Voyez plus haut.

« L'œuvre de Grossy; » 4 livres.

Même remarque.

« L'œuvre 4 de Grossy; » 5 livres.

Même remarque.

L'œuvre de Cazzati; 5 livres.

Voyez plus haut.

L'œuvre de Cazzatti; 5 livres.

Même remarque.

L'œuvre 2 de Pietkin; 6 livres.

Nous ignorons de quoi se compose cet œuvre, les *Sacri concentus* étant le seul recueil imprimé dont les biographes fassent mention.

« L'œuvre de Finatty; » 6 livres.

« L'œuvre 3 de Dromal; » 3 livres.

« L'œuvre 13 de Tarditti; » 3 livres.

C'est un recueil de motets de 1637.

« Messe de Dromal, » à 4 voix.

L'œuvre de Tarditti; 6 livres.

« L'œuvre 2 de Vignally; » 5 livres.

« L'œuvre 2 de Henius; » 5 livres.

Probablement faut-il lire Hennius, et, dans ce cas, le recueil appartiendrait Gilles Hennius, qui fut maître de chapelle de Ferdinand, archevêque-électeur de Cologne et prince de Liége, vers le milieu du XVII⁰ siècle.

« L'œuvre 3 de Loiselle; » 9 livres.

Voyez au § XII de ce travail.

« Mottet de chœur de Guillain, » à 5 voix et 3 instruments.

Voyez au début de cette liste.

« Mottet de chœur de Haussart, » à 5 voix et 5 instruments.

« Mottet de chœur d'Hurtado, » à 4 voix et 3 instruments.

Voyez au § VIII de ce travail.

« Mottet de chœur de Poiroix, » à 5 voix et 3 instruments.

« Mottet de chœur de Vande Ville, » à 5 voix et 3 instruments.

Voyez, sur ce compositeur, au § XII de ces recherches.

« Mottet de chœur de Sclobas, » à 4 voix et 3 instruments.

Il faut lire, croyons-nous, Schlobas. Un musicien de ce nom fut maître de chant à l'église de Sainte-Walburge, à Audenarde, de 1662 à 1681. Il avait rempli antérieurement les mêmes fonctions à l'église de Saint-Julien, à Ath. Nous trouvons, à ce sujet, dans le *Liber capitularis Pastorum Aldenardensium :*

« [1662.] IVa octobris. Domini omnes, post summum sacrum capitulariter
» congregati, acceptarunt Dominum [Arnoldum Schlobas] presbyterum pho-
» nascum ecclesiæ S^{ti} Juliani Athi, ad officium phonasci hujus ecclesiae, ita
» tamen ut deferat testimonium vitae ac morum antequam ad residentiam
» veniat.

» XIX^a novembris, venit Mr Arnoldus Schlobas, presbyter, ad residentiam,
» in qualitate phonasci nostrae ecclesiae. »

« Mottet de chœur de Vande Ville, » à 5 voix et 3 instruments.

Voyez deux articles plus haut.

« Mottet de grand chœur de d'Ève, » à 4 voix et 3 instruments.

Voyez plus haut.

« Mottet de chœur de Procureur, » à 4 voix et 3 instruments.

Voyez plus haut.

« Mottet de chœur de s^r Hurtado, » à 3 voix et 3 instruments.

Voyez plus haut.

« Mottet de Cureus, » à 6 voix et 3 instruments.

« Mottet de Guillain, de l'année 1716, » à 8 voix et 3 instruments.

Voyez en tête de cette liste.

« Mottet de Guillain : Audite mortales, » à 3 voix et 3 instruments, 1721.

« Mottet de Samponi, 1679, » à 3 voix et 3 instruments.

Un peu plus loin, il y a un motet de Zamponi. Cette ortographe nous paraît
la meilleure.

« Mottet de Sancta Trinitate, de Pietquain, » à 3 voix et 3 instruments.

Voyez plus haut.

« Mottet de Vande Ville, » à 3 voix et 4 instruments.

Voyez plus haut.

« Mottet de Zamponi, » à 3 voix et 3 instruments.

Voyez quelques lignes plus haut.

« Mottet du St Esprit, de Lamberti, » à 2 voix et 3 instruments.

Plus loin, le mot *organista* et la date de 1697 sont joints au nom de Lamberti. Malgré ces indications, nous n'avons pu trouver de renseignements sur
ce musicien.

« Mottet de Lamberti, » à 3 voix sans instruments.

« Mottet, canto solo, et 3 instruments, » de Guillain.

« Mottet de Guillain, canto solo, » et 4 instruments.

Voyez en tête de cette liste.

« Mottet, canto solo, » de d'Ève, à 3 instruments.

Voyez plus haut.

« Mottet, canto solo, » de Philion, à 3 instruments.

« Mottet, canto solo, » et 5 instruments, de Paule, 1685.

Plus loin, on a Paularoli. Est-ce de lui qu'il s'agit ici? Un J. Paul est cité comme maître de chant de la confrérie du Saint-Sacrement, à la cathédrale d'Anvers, de 1693 à 1704.

« Mottet, canto solo : Salve velatum, » de Guillain, à 5 instruments.

Voyez au début de cette liste.

« Mottet, canto solo, » de Guillain, et 3 instruments.

Même remarque.

« Mottet, tenore solo, » de Hantson, et 3 instruments.

« Mottet, basso solo, » de Vande Ville, et 3 instruments.

Voyez plus haut.

« Mottet, basso solo, de Liere, » et 4 instruments.

Est-ce de Guillaume Laliere, dont il s'agit ici? Il fut prêtre et maître de chant à l'église de Sainte-Walburge, à Audenarde, de 1681 à 1684.

Mottet de Cazzatti, à 3 voix.

Motet emprunté probablement à l'un des nombreux recueils de musique sacrée de Cazzati. Voyez plus haut.

« Mottet de Lamberti, » à 3 voix.

Voyez plus haut.

« Mottet de Mouqué, » à 3 voix.

Voyez plus haut.

« Mottet de Hurtado, » à 3 voix.

Voyez plus haut.

« Mottet de Campra, » à 2 voix.

Toute la musique de ce compositeur appartient au répertoire lyrique et dramatique. Pourtant, le catalogue d'Étienne Roger, de 1706, mentionne deux livres de motets de Campra, d'où le morceau ci-dessus et ceux qui apparaissent plus loin, peuvent avoir été détachés.

« Mottet du sr d'Ève, » à 2 voix.

Voyez plus haut.

« Mottet de Lamberti, » à 2 voix.

Voyez plus haut.

« Dies irae de sʳ Steelant, » à 4 voix sans instruments.

Voyez plus haut.

« Mottet de A. P. Munic, » à 5 voix et 5 instruments.

Mottet de Cazzatti, à 2 voix, sans instruments.

Motet extrait sans doute de l'un des recueils de Cazzati. Voyez plus haut.

« Ave Maria et Tantum ergo, à 4 voix, écrit de Mᵣ De May. »

Maître Jacques-François De Mey, prêtre, après avoir été maître de chant à l'église de Saint-Jacques, à Gand, remplit les mêmes fonctions à l'église de Sainte-Walburge, à Audenarde, en 1726. Il mourut en 1733. Il légua à cette dernière sa nombreuse collection de compositions musicales, comme on peut le voir en tête de la liste reproduite ci-après.

« Litanies de la Sᵗᵉ Vierge, de Porocini, » à 5 voix et 3 instruments.

« Messe de Goutière, » à 4 voix et 4 instruments.

Un François Goutier, prêtre, fut maître de chant à Lierre, en 1741.

« Messe de Sᵗᵉ-Walburge de Guillain, » à 4 voix et 5 instruments.

Voyez au début de cette liste.

« Messe de Goutière, » à 5 voix et 3 instruments.

Voyez quatre lignes plus haut.

« Messe de Guillain, » à 5 voix et 3 instruments.

Voyez au début de cette liste.

« Messe de Guillain à la Vierge, à 4 voix et 4 instruments. »

Même remarque.

« Messe pour les morts, de Lamberti, » à 4 voix sans instruments.

Voyez plus haut.

« Messe de Sardonius, Requiem, » à 6 voix, sans instruments.

« Messe de Lamberti, » à 5 voix et 3 instruments.

Voyez plus haut.

« Deux messes du sʳ Dromal, » à 6 voix, sans instruments.

Voyez plus haut.

« Messe de Sardonius, » à 5 voix, sans instruments.

« L'œuvre 2 du père Le Quoint, sans instruments; » 6 livres.

L'œuvre 1 de Hacquart, sans instruments; 9 livres.

Cet œuvre n'est pas cité dans Fétis. Le recueil de motets à 3, 4 et 5 voix, avec instruments, du même musicien, que M. Fétis mentionne sans date, doit avoir été gravé vers 1700, vu qu'il figure dans le « Catalogue des li- » vres de musique nouvellement imprimés à Amsterdam, chez Étienne Roger; » catalogue qui a été publié à cette époque. Le nom de Hacquart s'écrivait aussi Hakart. Nous voyons dans le catalogue de 1706, de l'éditeur prénommé, un recueil de pièces pour viole de gambe, que M. Fétis mentionne sans date. Il est vrai que ce peut être une réimpression. Le même catalogue de 1706 cite des motets de Hacquart à 1, 2, 3, 4, 5, 6 et 7 voix, dont la première édition parut, selon M. Fétis, en 1674.

L'œuvre de Baltasar Richart, de l'année 1631; 8 livres.

C'est un recueil de litanies qui a vu le jour à Anvers, chez Pierre Phalèse. Il faut un *d* final au lieu d'un *t*, au nom de l'auteur.

L'œuvre 1, Simphonie de Correlli; 4 livres.

Ce recueil du célèbre virtuose et compositeur italien est purement instrumental. Il a été réimprimé à Amsterdam, chez Roger, vers 1706.

L'œuvre 4 de Correlli; 6 livres.

Même observation.

L'œuvre 3 de Correlli; 4 livres.

Même observation.

« L'œuvre 1 de Van Wicchel; » 5 livres.

Chanson de nouvel an, de Guillain, à 4 voix et 3 instruments.

« L'œuvre 4 de Berckelaers, » en flamand; 10 livres.

Voyez plus haut.

« L'œuvre 3 de Berkelaers, » en flamand; 10 livres.

Même remarque.

« L'œuvre de Verlit, » en flamand; 6 livres.

Voyez plus haut. Remarquons que Gaspard de Verlit, que nous supposons être l'auteur des deux ouvrages cités simplement sous le nom de Verlit, est wallon de naissance.

La Passion du Seigneur, à 3 voix.

C'est l'ouvrage anonyme dont il est question dans les observations qui précèdent cette liste.

« L'œuvre 2 de Berckelaers, » en flamand; 6 livres.

Voyez plus haut.

« L'œuvre de Berckelaers, » en flamand; 7 livres.

Même remarque.

LISTE DE LA MUSIQUE QUI VIENT DE MONSIEUR DE MEY, MAITRE
DE CHANT DÉFUNCT, DE L'ANNÉE 1734, PAR TESTAMENT.

« Messe de Mr Huré, » à 6 voix et 5 instruments.

« Messe de Hève, » à 6 voix et 6 instruments.

Hève est mis ici pour d'Ève. Voyez plus haut.

« Messe de Govaerts, » à 6 voix et 6 instruments.

« Messe de Le Teneur, » à 6 voix et 5 instruments.

« Messe de Guillain, » 1709, à ... voix et 4 instruments.

Voyez en tête de la liste précédente.

« Messe de Trevisani, » à 5 voix et 9 instruments.

« Messe de Fiocco, » à 5 voix et 3 instruments.

Voyez plus haut.

« Messe de Bréhy, » à 4 voix et 3 instruments.

Nous avons cité des ouvrages de ce musicien dans la liste publiée au § XV.

Messe de Pez, à 4 voix et 4 instruments.

« Messe de Bonfilon, » à 4 voix et 3 instruments.

« Messe noire de Procureur, » à 4 voix et 3 instruments.

Messe noire s'entend ici probablement pour messe écrite en notation noire.
Voyez plus haut.

« Deux messes de Procureur, » à 4 voix et 3 instruments.

Même observation.

« Messe et mottet de Pauw, » à 4 voix, sans instruments.

« Messe de Requiem de Steelant, » à 6 voix et 5 instruments.

Voyez plus haut.

« Messe de Requiem de Wever, » à 4 voix et 3 instruments.

Plus loin, il y a un « Dies irae à 4 voix et 4 instruments de Veyvere. » Un
De Wever était carillonneur à Anvers, dans la deuxième moitié du XVIIe
siècle.

« Messe de Requiem de Geerst, » à 4 voix sans instruments.

« Mottet de Guillain, » à 4 voix et 4 instruments.

Voyez en tête de la liste précédente.

« Mottet de Massart, » à 4 voix et 3 instruments.

Mottet de Teller, à 4 voix et 3 instruments.

« Mottet : Victima paschalis, de Guillain, » à 4 voix et 4 instruments.

« Mottet : Alma Virgo, de Guillain, » à 4 voix et 4 instruments.

Voyez, pour ce motet et le précédent, en tête de la liste précédente.

« Mottet de Hornes, » à 4 voix et 4 instruments.

« Mottet de Fiocco, » à 4 voix et 3 instruments.

Voyez plus haut.

Mottet de d'Ève, à 4 voix et 3 instruments.

Voyez plus haut.

« Mottet de Cureus, » à 6 voix et 3 instruments.

Musicien déjà mentionné.

« Un mottet : Veni Creator, de Cureus, » à 5 voix et 3 instruments.

Même remarque.

Mottet de Le Taneur, à 5 voix et 3 instruments.

Plus haut on a Le Teneur.

« Mottet de Vande Vecle, » à 5 voix et 3 instruments.

Voyez plus haut.

« Mottet de sʳ Benedictus, » à 5 voix et 3 instruments.

Est-ce une composition faite en l'honneur de saint Benoît, ou due au musicien néerlandais Benedictus à Sᵗᵒ Josepho, déjà plusieurs fois cité dans cette liste? Nous optons pour la deuxième supposition.

« Mottet : Fugiant, de Guillain, » à 5 voix et 4 instruments.

Voyez au début de la liste précédente.

« Mottet de Goutière, » à 5 voix et 3 instruments.

Musicien déjà cité.

« Mottet de Le Tenneur, » à 5 voix et 3 instruments.

Voyez plus haut : Le Taneur et Le Teneur.

« Mottet de Fiocco, » à 5 voix et 4 instruments.

Voyez plus haut.

« Mottet de d'Ève Alfonze, » à 5 voix et 5 instruments.

Même remarque.

Dies irae de d'Ève, à 4 voix, sans instruments.

Même remarque.

« Dies irae de Veyvere, » à 4 voix, et 3 instruments.

« Mottet : Commendationes, de Procureur, » à 5 voix et 5 instruments.

Voyez plus haut.

Mottet : Quam dilecta, de Campera, à 3 voix, sans instruments.

Voyez plus haut.

Mottet : Dissipa, de Campera, à 3 voix, sans instruments.

Même remarque.

« Mottet : O Deus, du s^r Cureus, » à 3 voix et 3 instruments.

Musicien déjà cité.

« Mottet de Cocx, » à 3 voix et 3 instruments.

Musicien déjà cité.

Mottet de s^r Bassany, à 3 voix et 3 instruments.

Ce motet est probablement emprunté à l'un des nombreux recueils de musique sacrée de ce compositeur italien. Un de ces recueils est cité plus haut.

Mottet de Melanny, à 2 voix et 3 instruments.

Ce motet est extrait, selon toute apparence, de l'un des recueils de musique sacrée de ce maître italien.

Mottet de Campera, à 2 voix, sans instruments.

Voyez plus haut.

Mottet de Bernier, à 2 voix, sans instruments.

Ce motet figure vraisemblablement dans l'un des recueils de ce musicien français.

« Mottet de Procureur, » à 2 voix et 3 instruments.

Voyez plus haut.

Mottet de Campera, à 2 voix, sans instruments.

Voyez plus haut.

« Mottet de Fiocco, » canto solo et 3 instruments.

Voyez plus haut.

« Mottet de Paule, » canto solo et 5 instruments.

Auteur déjà cité. Voyez plus loin.

« Mottet d'Albycastro, » canto solo et 3 instruments.

Le nom véritable de l'auteur est Weissenburg. Albicastro a composé neuf ouvrages, qui ont été gravés à Amsterdam, chez Roger. M. Fétis, qui en donne le titre très-inexactement, ne fournit aucune indication sur la date de leur publication. Or, elles se trouvent mentionnées dans le catalogue de Roger, de 1706. Il est probable que ce n'est là qu'une réimpression. M. Fétis fait naître Albicastro « vers la fin du XVIIe siècle. » Il y a quelque chose de hasardé dans ce renseignement; cela ressort de la date de 1706, assignée comme limite extrême de la publication des neuf œuvres d'Albicastro. Comment, d'ailleurs, le musicien eût-il pu servir dans la guerre de la succession, qui eut lieu en 1700 ?

« Mottet de Paularoli, » canto solo et 5 instruments.

On a déjà eu deux fois *Paule* seul, une fois avec la date 1685. Voici Paularoli. Peut-on croire à l'identité des deux personnages ? Faisons remarquer que Paularoli n'est autre que le vice-maître de chapelle de l'église de Saint-Marc, à Venise, Charles-François Paularoli, à moins que ce ne soit son fils Adolphe Paularoli, qui remplit les mêmes fonctions et qui fut élevé à la place de maître de chapelle en 1740.

« Mottet de Paularoli, » canto solo et 4 instruments.

Même observation.

« Mottet de Guillain, » canto solo et 3 instruments.

Voyez au commencement de la liste précédente.

« Mottet du s^r Sergiers, » canto solo et 3 instruments.

Un Paul Serigiers fut nommé, en 1716, maître de chant de la confrérie de Notre-Dame, à la cathédrale d'Anvers.

« Mottet de Procureur, » canto solo et 4 instruments.

Voyez plus haut.

« Mottet de Potter, » canto solo et 3 instruments.

Mottet d'Ève, canto solo et 4 instruments.

« Mottet de Martinelli, » ténor solo et 3 instruments.

Mottet d'Ève, alto solo et 5 instruments.

Voyez plus haut.

« Mottet de Fiocco, » alto solo et 3 instruments.

Même remarque.

« Mottet de Polaroli, » alto solo et 3 instruments.

Compositeur cité plus haut.

Mottet de Campera, alto solo et 3 instruments.

Voyez plus haut.

Mottet de Bernier, alto solo et 3 instruments.

Voyez plus haut.

« Mottet de Procureur, » basso solo et 3 instruments.

Voyez plus haut.

« Litanies de Porosini, » à 5 voix et 3 instruments.

Voyez plus haut.

« Te Deum de Hurtado, » à 6 voix et 3 instruments.

Voyez plus haut.

« Te Deum de Bréhy, » à 4 voix et 4 instruments.

Voyez plus haut.

« Magnificat de La Croix, » à 6 voix, sans instruments.

« Magnificat de Verlit, » à 6 voix et instruments.

Voyez plus haut.

« Alma de Verlit, » à 6 voix et 3 instruments.

Même remarque.

« Ave Regina de Bernier, » à 3 voix sans instruments.

Voyez plus haut.

« Regina de Durren, » à 4 voix et 3 instruments.

« Regina de Jole, » à 5 voix et 3 instruments.

Salve, à 5 voix et 5 instruments, de Lamberty, organista, 1697.

Voyez plus haut.

Salve Regina de Benedictus, à 3 voix et 3 instruments.

C'est vraisemblablement un motet extrait de l'un ou l'autre recueil de Benedictus à Sto Josepho, cité au début de cette liste.

« Salve Regina de Malegheer, » à 4 voix et 3 instruments.

« Salve Regina de Solamino, » à 2 voix et 4 instruments.

Salve Regina, canto solo, de Benedictus, et 3 instruments.

Même remarque que pour le *Salve Regina* de Benedictus à Sto Josepho, cité quelques lignes plus haut.

« Tantum ergo et Ave Maria de Jaegere, » à 4 voix et 3 instruments.

« Tantum ergo de Jaegere, » à voix et 4 instruments.

« Ave Maria de Guillain, » à 4 voix et 3 instruments.

Voyez en tête de la liste précédente.

« O Salutaris de Wevere, » à 5 voix et 3 instruments.

Voyez plus haut.

« Mottet de Urtado, » à 6 voix et 3 instruments.

Urtado est mis ici erronément pour Hurtado. Voyez plus haut.

« Mottet de Procureur, » à 5 voix et 3 instruments.

Voyez plus haut.

Six simphonies de Torelli, à 3 instruments et basse continue.

Ce sont probablement les *Sei sinfonie a tre e sei concerti a quattro* [*istromenti*], op. 5a; Bologne, 1692, in-f°. Les œuvres sixième et septième, du même auteur, ont été gravés à Amsterdam, par Étienne Roger, vers 1700. Leur titre diffère de celui que donne M. Fétis, qui, d'ailleurs, ne fournit pas de date.

Le soussigné confesse d'avoir rendu par ordre du Magistrat de cette ville d'Audenarde, toutes les pièces de la musique en cette liste reprises, promettant de les reproduire entre les mains du Magistrat étant requis. Fait au Collége, le 20 janvier 1734. Étoit signé : C. F. DE HOLLANDRE.

———

Les offertoires de Rathgeber; 30 livres.

Les offertoires de Lichtenauer; 8 livres.

« Les messes » de Lichtenauer; 2 livres.

Lichtenauer n'est connu que par la composition de 24 offertoires, édités à Augsbourg, en 1736, les mêmes peut-être que ci-dessus.

Vingt-quatre simphonies de Ragheber; 7 livres.

Te Deum de C.-F. De Hollandre.

Compositeur qui fait l'objet de ce paragraphe. Il est cité encore plus loin.

« Deux messes italiennes » de Hamalle.

Il s'agit ici et aux trois articles suivants, du compositeur Henri-Guillaume Hamal, de Liége.

« Deux mottets de chœur, » du même auteur.

« Mottet à 2 voix et instruments, » du même.

« Deux messes sans instruments, » du même.

Six Salve Regina sans instruments, de De Hollandre.

Sept Alma sans instruments, du même auteur.

Une messe sans instruments, du même.

Six Ave Regina sans instruments, du même.

Cinq Regina Cœli sans instruments, du même.

Un Regina avec instruments, du même.

Douze mottets à 2, 3 et 4 voix, sans instruments, du même.

INVENTARIS GHEHAUDEN VAN ALLE HET MUSIECK... BEVONDEN OP DEN DOCKSAEL COMPETERENDE AEN DE KERCKE VAN Ste WALBURGHE BINNEN AUDENAERDE, OP DEN 27 NOVEMBER 1752, ALS VOLGT :

1. Van meester Amael, « een misse. » — 2. « Een misse » van Amael. — 3. « Eene dito. » — 4. « Eene dito » van Amael. — 5. Het werk van Teller. — 6. « Vyf differente wercken » van

Ratgheber. — 7. « Noch een werck van den zelven voor d'instrumenten. » — 8. « Misse ende mottet » van Lichtenhauwer. — 9. Een werck van Fiocco de jonghe. — 10. Een werck van Christe Pez. — 11. Een werck van Planicizky. — 12. Een mottet van Dromal. — 13. « Een werck van Guillelmo Baert. » — 14. Een werck van Tarditi. — 15. Een werck van Bassany. — 16. « Een werck van Le Quoynte. » — 17. « Een werck van Anthone Vermeeren. » — 18. « Het werck van Arnolde ab Appelthorn. » — 19. Een werck van Fiocco den auden. — 20. Een werck van Carolus Haccart. — 21. « Het werck van Ferdinando De Moor. » — 22. « Een werck van Moucqué. » — 23. « Een werck van Smet, Procureur. » — 24. Acht messen van d'Hollander. — 25. Eenen Te Deum van dito d'Hollander. — 26. « Een misse van Requiem van dito d'Hollander. » — 27. « Twee missen van dito d'Hollander. » — 28. Ses Tantum Ergo. — 29. Lauda Sion, in acht mottetjens.

Nos 1, 2, 3 et 4. Amael est mis fautivement pour Hamal. — No 13. Le prénom Guillaume est joint ici au nom de Baert. Il manque à la liste de 1734, où il y a simplement : « L'œuvre de Bart. » — No 17. Vermeeren est cité précédemment, mais sans le prénom d'Antoine. — No 18. Ouvrage et auteur cités pour la première fois. — No 20. Le prénom de Charles manque à la liste de 1734. — No 21. Ouvrage et auteur non mentionnés dans les listes précédentes. — No 23. Serait-ce le même que Procureur, plusieurs fois cité plus haut? Smet et Procureur forment-ils deux auteurs distincts? — Nos 28 et 29. Motets qui émanent sans doute de Charles-Félix De Hollandre, à qui ce chapitre est consacré.

Alle het aud musieck het welck den sanghmeester niet meer en wilt employeren, is gethransporteert in de caemer van de kerckmeesters.

Cette déclaration finale nous montre, mieux que tout autre document, l'état de décadence où était tombée la musique d'église à Audenarde, au milieu du XVIIIe siècle. Deux grandes collections, renfermant des œuvres de la plus sérieuse valeur, sont mises au rebut par la volonté du nouveau maître de chant de Sainte-Walburge. Les chantres étaient-ils incapables d'interpréter la plupart d'entre elles? Le public leur préférait-il les compositions

WELKOM-LIED

de

1628

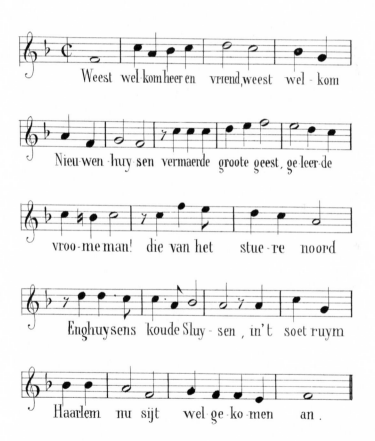

Weest wel-kom heer en vriend, weest wel - kom

Nieu-wen - huy-sen vermaerde groote geest, ge-leer-de

vroo-me man! die van het stue-re noord

Enghuysens koude Sluy-sen, in 't soet ruym

Haarlem nu sijt wel-ge-ko-men an.

qui ont été jugées dignes d'être maintenues au répertoire du jubé ?

A coup sûr, le style concertant commençait à envahir nos temples. Il semblait qu'on fût saturé des grandes mélopées à harmonies consonnantes, qui y vibraient depuis des siècles, et qui élèvent si puissamment l'âme vers le Créateur. Il fallait à tout prix les rhythmes cadencés des drames mondains et les broderies instrumentales des concertos à la mode, que l'Italie nous avait transmises.

Quelle que soit la destinée de toutes les compositions sacrées où se déploient avec profusion des éléments qui n'appartiennent pas au genre, on déplorera toujours la perte des richesses musicales dont les deux catalogues précités nous ont transmis le titre, ne fût-ce que comme témoignage des efforts qui ont été tentés par certains maîtres estimés pour maintenir intact le dépôt précieux des traditions léguées par les illustres musiciens néerlandais des XVe et XVIe siècles.

XXXVI.

Helmbreker (Corneille),

Organiste de l'église de Saint-Bavon, à Harlem, pendant la première moitié du XVIIe siècle. — *Welkomlied* à quatre parties, composé par lui en 1628. — Importance de cette chanson, eu égard à l'époque où elle fut écrite. — La prétendue invention de Monteverde. — Chanson de nouvel an de Corneille Helmbreker, datant de 1629. — Les deux pièces, imprimées sur des feuilles volantes, ont été jointes à un opuscule rarissime. — Corneille Helmbreker expertise, en 1605, le grand orgue d'Alkmaer. — Il est carillonneur à Harlem.

En regard de cette page, on peut voir la reproduction d'une charmante mélodie populaire du XVIe siècle, qui se chantait sur les paroles : « O nuit, jalouse nuit ! »

Le 24 octobre 1628, lors de l'installation de Guillaume

Van Nieuwenhuyzen en qualité de recteur de la grande école de la ville de Harlem, cette mélodie fut exécutée, à quatre voix, sur des paroles dictées par la circonstance.

L'auteur de cette composition était Corneille Helmbreker, organiste de l'église de Saint-Bavon à Harlem, lequel eut un fils, Théodore Helmbreker, qu'il destinait à la musique, mais qui préféra la carrière de peintre, où il parvint à se faire un certain nom.

Ni le musicien, ni son *Welkomlied* contrepointé n'eussent attiré notre attention, s'ils ne se fussent rapportés à une époque où une transformation importante s'opéra dans l'art musical et changea complétement les bases de l'édifice harmonique.

Des maîtres italiens de la fin du XVIᵉ siècle, introduisirent insensiblement, et pour ainsi dire à leur insu, la dissonnance naturelle de septième, frappée à toute volée et sans préparation. C'est dans le style particulier, appelé *madrigalesco*, que cette innovation harmonique eut lieu.

M. F.-A. Gevaert, qui a étudié à fond les maîtres italiens de la fin du XVIᵉ et du commencement du XVIIᵉ siècle, dit, au sujet de cette grande réforme : « Déjà dans les pre-
» miers madrigaux de Caccini, composés, d'après son té-
» moignage, bien avant la fin du XVIᵉ siècle, la tonalité, la
» chute des cadences, la modulation, ne diffèrent en rien de
» ce qui se fait dans les compositions les plus modernes.
» L'accord de septième dominante arrive régulièrement à
» chaque fin de phrase, et se trouve indiquée par la basse
» chiffrée. Je vous prie de noter en passant que ces compo-
» sitions sont antérieures de plusieurs années à celles de
» Monteverde, où l'on a cru trouver le premier exemple de
» cette harmonie. Cependant Caccini, qui n'est pas sobre
» d'observations sur l'exécution de sa musique, ne se croit

» pas obligé de justifier ni d'expliquer cette prétendue har-
» diesse (1). »

M. Fétis, après avoir rempli ses livres de subtilités de
tout genre pour essayer d'attribuer à Monteverde seul l'invention, si invention il y a, de la dissonnance naturelle de
septième employée sans préparation, revient longuement
sur cette question dans son répertoire biographique, en
défiant quiconque de trouver la moindre dissonnance de ce
genre dans toute la musique religieuse ou mondaine du
XVIᵉ siècle. Le défi n'est pas sérieux. S'il n'était pas réduit à néant par les considérations qu'a fait valoir M. Gevaert, on en sentirait l'inconvenance et la témérité à la
lecture des notices que M. Fétis a consacrées aux maîtres
italiens des XVIᵉ et XVIIᵉ siècles, et qui prouvent surabon-
damment que le musicographe n'a pas connu la majeure
partie des productions de ces maîtres, et qu'il fonde ses
assertions sur quelques exemples isolés.

Pour nous, nous persistons à croire que la fameuse dissonnance, comme la plupart des innovations phénoménales,
n'a pas d'inventeur proprement dit, et qu'elle est le produit
lent et successif de l'expérience des artistes.

Il était important de savoir si, dans le genre du madrigal
et dans celui de la chanson proprement dite, la modification
transmise par l'Italie avait déjà pénétré aux Pays-Bas, au
premier quart du XVIIᵉ siècle (2). Or, la question peut se
résoudre négativement par l'examen de la composition de
l'organiste harlémois, Corneille Helmbreker.

(1) *Étude sur l'origine et la forme de l'air, pendant la première période de
l'opéra italien (de* 1609 *à* 1730), insérée dans les *Bulletins de la Société des
compositeurs;* Paris, 1863, 1ʳᵉ année, p. 13.

(2) Les Pays-Bas avaient des relations artistiques très-suivies avec l'Italie,
et, au milieu du XVIIᵉ siècle, peut-être même avant, les œuvres des maîtres
italiens y étaient parfaitement connues, comme le prouve une inspection
attentive du catalogue de la bibliothèque musicale de Jean-Baptiste Dandeleu, publié au § VII de ce travail.

Le musicien se sert encore d'une sorte de style *osservato*, qui était celui du XVIe siècle. Il prend la chanson : « O nuit, jalouse nuit ! » pour thème unique, et il l'encadre dans des imitations plus ou moins régulières, plus ou moins ingénieuses. Le ténor entre en matière; le premier soprano le suit de près; puis apparaît le deuxième soprano, et enfin la basse s'annonce également. Toutes les cadences s'opèrent sans l'intervention du quatrième ni du septième degré. Toutefois l'allure générale du morceau fait pressentir un prochain affranchissement des barrières qui entravaient l'essor de l'imagination et qui l'asservissaient à des manœuvres puériles. Le contrepoint de la chanson n'est dépourvu ni d'expression ni de grâce.

On fut longtemps à se dégager complétement de la routine, car, plus d'un siècle après, c'est-à-dire en 1752, nous trouvons la même roideur de formes dans une chanson anonyme appelée : *les Cris de la rue*, et publiée par M. Snellaert, dans la deuxième édition de ses *Oude en nieuwe Liedjens* (1).

Corneille Helmbreker se servit du thème du *Welkomlied* d'une façon plus régulière et plus développée, dans une *Gelukwenschinge* faite, le 1er janvier 1629, au nouveau recteur Van Nieuwenhuyzen. Cette composition, également à quatre parties, est supérieure à la première, par un agencement plus heureux des parties vocales. On sent que le

---

(1) Gand, 1864. Ecrit à trois voix dans le style fugué, ce morceau offre une peinture vive et originale de l'agitation bruyante des rues de Gand, au XVIIIe siècle, dans le genre de celle que George Kastner a essayé de retracer symphoniquement pour la ville de Paris actuelle. A part certaine roideur dans les mouvements, roideur qui annonce peut-être un musicien d'église, le morceau est d'une facture remarquable et qui atteste des études solides, ce qui eût paru paradoxal, il y a quelques années, où l'on était convenu d'envisager le XVIIIe siècle comme une époque dépourvue de compositeurs éminents, en Belgique s'entend. Il se termine par le chant du couvre-feu, ce chant qui ennuyait tant Voltaire, quand il dut faire un relai dans la grande cité flamande.

musicien, qui se trouvait à l'étroit dans le cadre d'une simple chanson, a pris ici un élan plus spontané dès qu'il a
pu se mouvoir avec moins de gène. C'est d'ailleurs une
sorte de motet d'église, plus le mouvement et la franchise
indiqués dans le thème même.

Il faudrait recueillir soigneusement toutes les productions
musicales qui forment l'intermédiaire entre le motet d'église
et la chanson. Jusqu'ici, on semble n'avoir eu en vue que
ces deux genres, et l'histoire, pour être complète, doit tenir
compte de toutes les manifestations de l'art, n'importe la
forme qu'elles ont revêtue. D'ailleurs, l'ancienne musique
de solennité, que nous appelons aujourd'hui cantates, a
laissé peu de traces. Toutes les pièces, nées de circonstances particulières, ont disparu avec elles. A ce titre, le
morceau de 1629 mérite également de fixer l'attention.

Le *Welkomlied* et la *Gelukwensching* sont imprimés sur
des feuilles volantes, en format in-4° oblong, jointes deux
à deux. De petits cahiers, perdus maintenant, en auront
été formés. Sorties des presses d'Adrien Roman, en 1629,
qui s'est servi, à cet effet, des notes mobiles de D.-V. Ho-
renbeeck, ces pièces ont été réunies à l'opuscule qui surgit
à l'occasion de la cérémonie indiquée plus haut. Elles doivent être aujourd'hui d'une rareté excessive (1).

En voici le titre exact : *Oratio de scholastici muneris
difficultate, habita à Guilhelmo de Nieuwenhuysio, in prima-
rio Harlemensis gymnasii auditorio*, Σὺν δεῷ καὶ ἐπ' ἀγαθῇ τύχῃ,
susceptâ illius regendi provincia, ix kal. novemb. ciↄiↄcxxiix
(1628). Harlemi, Adrianus Roman, 1628, in-4°, de 91 p.

M. Fétis et, ce qui est plus surprenant, le biographe
Vander Aa, ne disent mot de Corneille Helmbreker. Gérard
Havingha, dans son opuscule : *Oorspronk en voortgang
der orgelen* (2), le cite au nombre des organistes qui furent

---

(1) Nous en devons la communication à M. Cuypers-Van Velthoven.
(2) Alkmaer, 1727, in-12, p 157.

appelés, en 1645, à expertiser le grand orgue d'Alkmaer. Havingha ajoute qu'il était en même temps carillonneur d'Harlem.

XXXVII.

Créquillon (Thomas),

Célèbre musicien du XVIᵉ siècle. — Rectification à son sujet. — Il est compositeur de la grande chapelle musicale de Charles-Quint en 1547 et 1548. — Musiciens attachés à cette chapelle. — Motets de Thomas Créquillon, de Jean Lestainier et de Nicolas Payen. — Gaspard Payen, violiste de Charles-Quint et de Philippe II. — Instruction, donnée à Gand, aux enfants de la chapelle musicale de Bruxelles.

M. Fétis, dans sa *Biographie universelle des musiciens*, dit que Thomas Créquillon a été attaché à la grande chapelle musicale de l'empereur Charles-Quint. Il cite, à l'appui de son assertion, et en renvoyant aux *Trophées de Brabant*, un état de la maison de ce souverain, dressé, dit-il, en 1545 ou 1547. Puis, deux lignes plus loin, il donne, d'après le même document, la composition de la « grande chapelle » de Charles-Quint, « à une époque qui n'est pas déterminée, » selon lui, et il y fait figurer Thomas Créquillon en qualité de « chantre et componiste de la musique. »

On ne saurait être ni plus inexact ni plus diffus.

D'abord, l'état de la maison de Charles-Quint figure dans Butkens, non à la page 103, mais aux pages 106 et 107. En second lieu, cet état est positivement des années 1547 et 1548, d'après le même auteur. Enfin, il ne comprend pas seulement le nombre des voix, mais le nom même de chaque musicien.

Comme cette liste offre de l'intérêt, nous allons la reproduire intégralement, d'abord d'après la source latine à laquelle Butkens a puisé, puis d'après la traduction que

l'historien en a faite. Les deux listes se compléteront mutuellement.

La liste latine, nous l'extrayons d'un opuscule fort rare,
dont le titre est : *Catalogus familiae totius aulae Caesareae
per expeditionem adversus inobedientes usque Augustam
Rheticam omniumque principum, baronum, etc. ibidem in
comitiis anno 1547 et 1548 praesentium, per Nicolaum
Mameranum.* Coloniae, 1550, in-12. La voici :

« Sᴀᴄᴇʟʟᴜᴍ. Sacellum duplex est : majus nimirùm ac minus.
Majus vocant, in quo solennis, et summa, quam vocant, missa
per cantores cantu ac modulatu figurativo decanitur. Minus, in
quo inferioris missae sacrificium legendo tantum peragitur.

» Sᴀᴄᴇʟʟᴜᴍ ᴍᴀᴊᴜs. Magister Cornelius Canis, praefectus sacelli.
— Jacobus Panierus, sacellanus. — Simon Albus Gallus, sacellanus. — Petrus Payenus, sacellanus. — Petrus Hoyerus,
sacellanus, mortuus Augustae, 9 decembr. anno [15]47. — Magister Thomas Crequillon, cantor et cantionum conditor, quem
vulgò componistam vocant.

» Cᴀɴᴛᴏʀᴇs. *Vox pressa; Bassus :* Mathias Rudumel. —Johannes
Hermannus. — Petrus Musteaus. — Antonius Coquus. — *Vox
media; Tenor :* Michael Lupus. — Victor ab Harlemio, mortuus
Ulmae, 2 martii anno [15]47. — Petrus Brabantius. — Nicolaus Lenglesius, jàm demissus. — Hupertus Hauteletus. —
Joannes Bertaus. — *Vox alta; Altus :* Carolus Bursa. — Antonius Cauvenbergus. — Egidius à Molendino. — Natalis Tonne-
quinus. — *Vox acuta; Discantus :* Johannes Custodis. — Pueri
decem.

» Magister Adrianus Lovius, sacrista et puerorum sacelli prae-
ceptor. — Magister Johannes Lestannier, organista. »

La liste, traduite par Butkens, est celle-ci :

« Lᴀ ᴄʜᴀᴘᴇʟʟᴇ. Il y avait la grande et la petite chapelle. On
appelle la grande chapelle celle où l'on chante la grand'messe
avec musique, et la petite où l'on disait les messes basses.

» Dᴇ ʟᴀ ɢʀᴀɴᴅᴇ ᴄʜᴀᴘᴇʟʟᴇ. Maître Corneille De Hont, prévost
de la chapelle. — Jacques Panier, chapelain. — Simon Le Blanc,

chapelain. — Pierre Payen, chapelain. — Pierre Hoyer, chapelain. Il mourut à Augsbourg, le 9 décembre 1547. — Maître
Thomas Créquillon, chantre et componiste de la musique.

» Chantres. — *Basse* : Mathieu Rudimel. — Jean Hermans. —
Pierre Hermans. — Pierre Musteaux. — Antoine Le Queux. —
Ténor : Michel Loup. — Victor de Haerlem, mort à Ulric, le
2 mars 1547. — Pierre le Brabançon. — Nicolas Langles, ren-
voyé. — Hubert Hautelet. — Jean Berthaut. — *Haute-contre* :
Charles Bursa. — Antoine Cauwenberg. — Égide Du Molin. —
Noël Tonnequin. — *Dessus* : Jean Custode. — Dix enfants. —
Maître Adrien Lovius, sacristain et maître des enfants de la
chapelle. — Maître Jean Lestannier, organiste. »

Nous ne répondons pas de la traduction de Butkens.
Dans cette double version (du français ou du flamand en
latin, et du latin en français), beaucoup d'inexactitudes ont
dû être commises. Elles ne pourront être redressées qu'à
l'aide de pièces où les noms ont conservé leur forme primitive. Nous aurons l'occasion de faire ces rectifications,
au fur et à mesure que les noms se présenteront dans le
cours de ce travail.

Comme on le voit au titre de l'opuscule de Mameranus,
tous ces musiciens accompagnèrent Charles-Quint dans
son expédition d'Allemagne contre les rebelles. Outre
Thomas Créquillon, nous y remarquons deux autres artistes moins connus : Corneille Canis et Jean Lestainier ou
Lestannier. De Corneille Canis, il a été dit un mot au
§ IX de ces recherches. Quant à Lestainier, il est cité pour
avoir composé deux motets, qui ont été insérés dans un
recueil imprimé à Augsbourg, en 1548. Le compositeur
Nicolas Payen, de Soignies, figure au même recueil, avec
le titre de musicien de la chapelle de Charles-Quint. C'est
saus doute un frère du chapelain Pierre Payen.

Un frère bien avéré de Nicolas Payen, à savoir Gaspard
Payen, fut violiste de Charles-Quint et de Philippe II,

ainsi que chantre de ce dernier souverain, comme le démontre un document espagnol de 1559, que nous tenons
à reproduire. C'est une requête de Gaspard Payen à Philippe II, dans laquelle il dit avoir accompagné Charles-
Quint, comme joueur de viole, *musico de vihuela d'arco* (1),
dans de nombreux voyages, sans avoir été suffisamment
rétribué. Il ajoute qu'il remplit encore le même emploi,
concurremment avec celui de chantre de Sa Majesté, sans
toucher d'autres gages que ceux qui proviennent de ces dernières fonctions; que, chargé de dettes, il désirerait obtenir
la prébende de l'écolastrie de Bruxelles, vacante par la mort
de maître Philippe d'Atrick, et, à défaut de ce bénéfice,
l'office de concierge de la chambre des comptes à Lille,
également vacant, ou toutes autres fonctions convenables à
un laïc. Il fait valoir les grands services rendus par deux
de ses frères, l'un comme archer de Charles-Quint, et l'autre comme maître de chapelle de Sa Majesté, ce dernier
« étant souffrant au lit, avec bien peu d'espoir de se relever. » La prédiction de Gaspard Payen s'accomplit bientôt
après, car Nicolas Payen mourut la même année, c'est-à-
dire en 1559. Le pétitionnaire fut-il heureux dans sa
démarche? C'est ce que nous n'avons pu vérifier. Voici le
document espagnol :

« Gaspar Payen, cantor de Vuestra Magestad, hermano del
maestro de la capilla, dize que ha servido muchos años a Su

---

(1) L'expression *vihuela d'arco* peut paraître singulière, la viole n'étant
jouée qu'au moyen d'un archet. Mais, comme dit Brossard, il en est qui ont
confondu l'ancienne *viola* avec la lyre, le luth, la cithare ou rote, instruments
à cordes pincées, et dès-lors cette expression revêt un sens logique. Elle a
peut-être la même signification que *viola di braccio*, qui s'applique à toutes
les violes répondant à l'ancienne haute-contre, taille et quinte, et dont la
basse s'appelait *viola di gamba*. Elle permet de supposer enfin que les instruments à cordes pincées, du genre de ceux que nous venons de nommer,
étaient en grande vogue en Espagne, du temps de Gaspard Payen, et que
la *vihuela d'arco* dont il jouait, était pour ainsi dire une nouveauté.

Magestad Caesarea de gloriosa memoria, de musico de vihuela
d'arco, haviendole seguido por los viajes que en agl tiempo hizo
con harto trabajo gastando mas de lo que montavan sus gajes,
y agora sirve a Vuestra Magestad de cantor de la capilla, allende
le qual todas las vezes que ha sido menester, ha servido tambien
de musico de vihuela d'arco, sin llevar mas gajes que los de
cantor, y hastagora nunca se le ha hecho merced ninguna. Porlo
qual se halla empenado y muy necessidado, suplica por tanto a
Vuestra Magestad que en esta consulta de los beneficios y officios
sea servido, proveerle de l'officio ecclesiastico de l'escolastrie de
aqui de Brusselles, que vaca por muerte de maestre Phelippe
d'Artrick, el qual officio ha sido en el rotulo de los cantores de
la capilla de Vuestra Magestad, y si en esto no huviesse lugar,
suplica a Vuestra Magestad que, por respetto de lo suso dicho y
teniendo tambien consideracion a los buenos servicios del maestro de capilla, su querido hermano, el qual esta en la cama
doliente con muy poca esperança de salud, y tambien a otro
hermano suyo que murio e nel servicio de Su Magestad Caesarea,
haviendole servido ocho o diez años de archer, Vuestra Magestad
le haga merced del officio de portero della camera de cuentes
de Lille, que vaca a presente, o de algun otro officio o pension,
que hombre layco pueda tener. Para que con ello pueda reme-
diarse y entretenerse y continuar e nel servicio de Vuestra Magestad, como lo dessea hazer hasta la muerte (1). »

On trouve aussi des compositions de Thomas Créquillon,
de Corneille Canis, de Jean Lestainier et de Nicolas Payen
dans le recueil : *Evangelica Dominicorum et Festorum
dierum musicis numeris pulcherrimi comprehensa et or-
nata,* imprimé à Nuremberg de 1554 à 1556 (2).

On verra, au paragraphe suivant, que les enfants de la
chapelle musicale d'Espagne étaient instruits dans les
belles-lettres à Alcala. Nous avons sous les yeux un extrait
qui prouve que les sopranistes de la chapelle de Bruxelles

---

(1) Archives générales du royaume, Conseil privé, liasse n° 20.
(2) Nous l'avons déjà mentionné au § IX de ce travail.

recevaient, pendant l'époque de la mue, une instruction pareille à Gand. Le voici :

« Au recteur des Fratres (1) à Gand, pour entretenir, nourrir, et apprendre cinq enffans de la chappelle du Roy, l'espace de trois ans, durant qu'ilz muent de voix, à xxxvj lib. par an.

c iiij ˣˣ lib. »

Cet extrait est emprunté à un registre de la chambre des comptes, aux Archives générales du royaume, intitulé : *État général des domaines de tout le Pays-Bas depuis 1551, f° 59.*

XXXVIII.

Turnhout (Jean),

Compositeur du XVIᵉ siècle. — Son nom et ses fonctions. — Il sollicite et obtient du gouverneur des Pays-Bas un subside supplémentaire pour l'entretien de six enfants de chœur de la chapelle royale de Bruxelles. — Sa requête et l'apostille qui l'accompagne. — Philibert Van Tournoult, enfant de la grande chapelle de Philippe II. — Pierre de Manchicourt, Pierre Maillart et George De le Helle, musiciens éminents, cités au rôle de 1563. — Liste, arrangée par ordre alphabétique, de tous les autres musiciens des Pays-Bas, mentionnés dans le même document.

Turnhout, de Turhout ou Van Turnhout nous semblent des noms de famille. M. Fétis prétend que Gérard et Jean Turnhout, deux compositeurs belges, empruntent leur nom à la petite ville de Turnhout, dans la province d'Anvers. Si le cas s'est présenté pour leurs ancêtres, il ne s'est plus reproduit, croyons-nous, pour des artistes vivant à une époque où la plupart des appellations, tirées de localités, étaient devenues patronymiques, comme l'attestent les noms de Van Aelst, Van Wetter, Van Audenarde, Van

_____

(1) Il s'agit ici, croyons-nous, des frères de l'ordre de G. Groote, dont l'historique a été fait par Delprat.

Meenen, Van Assche, Van Damme, Van Gheeraerdsberghe, et ceux d'une foule de familles éncore existantes, mentionnées dans les anciens papiers publics.

Jean Turnhout remplissait les fonctions de maître de chapelle de Philippe II et du cardinal Albert, archiduc d'Autriche, gouverneur des Pays-Bas. Il parvint au premier de ces emplois en 1586. Il avait dans ses attributions l'instruction et l'alimentation de six enfants de chœur, pour lesquelles on lui allouait dix-huit écus par mois.

En 1596, la cherté des subsistances le contraignit de solliciter une augmentation d'appointements, ou plutôt un subside supplémentaire, pour être à même de suffire aux frais que nécessitait l'entretien de ses élèves.

S'étant adressé, dans ce but, au gouverneur des Pays-Bas, il en reçut une réponse favorable avec la concession, par forme de gratification, d'une somme deux cents livres.

Sa requête est conservée aux Archives générales du royaume (1). Nous la donnons ici textuellement :

« A Son Excellence,

» Remonstre très-humblement Joan Turnhout, maistre de la chapelle du Roy et de Vostre Excellence, comme pour la chierté du temps qui court au bled et de toutes sortes de vivres, estant chargé de six enfants de cœur, qui chantent à la dicte chappelle, avecq seullement trois escuz pour chascun par mois, pour leur alimentation, qu'est fort peu, au moyen de quoy il luy est fort mal possible de les nourrir plus avant sur lesdicts trois escuz par mois, sans avoir quelque avantaige ou *adjouda de costa* de la très-noble libéralité de Vostre Excellence. Pourquoy supplie très-humblement icelle estre servie en considération de ce que dessus et ses bons et loyaulx services par luy faictz à Sa Majesté l'espace de dix ans, d'ordonner que luy soit donné quelque *adjouda de costa,* soit sur les licentes en Anvers, ou ailleurs où icelle trouvera convenir. Quoy faisant, etc. »

(1) Dans la collection des papiers d'État et de l'audience, liasse n° 1248.

L'apostille qui accompagne la requête est ainsi conçue :

« Son Excellence aïant oy le rapport du contenu en ceste requeste, et, le tout considéré, a, pour et au nom de Sa Majesté,
donné et accordé au suppliant, par forme de mercède et *adjouda
de costa*, la somme de deux cens livres, du pris de quarante
groz monnoye de Flandres la livre, une foiz à en estre payé
par les mains du receveur général des finances, Christople
Godin, ordonnant lettres patentes eu estre dépeschées. Faict à
Bruxelles, le premier de febvrier xvᵉ quatre-vingtz-seise.

» JEHAN DE FUENTES, CHARLES D'ARENBERG,
» J. DE DRENCWAIRT, D'OVERROEPE, G. DE MÉRODE. »

L'orthographe de la requête, en ce qui concerne le nom
du musicien, est-elle la seule qu'il faille adopter définitivement, et l'omission de la particule *de* ou *van* est-elle rigoureuse? Nous ne le croyons pas, et un document, également
officiel, vient confirmer nos doutes. Nous trouvons au rôle
de 1563, un Philibert Van Tournoult, désigné, en qualité
de sopraniste de la chapelle royale, pour jouir, à tour
d'ordre, de certains bénéfices provenant « de chapelles de
» Hollande. » Si, comme on peut le supposer, le jeune
chantre était parent de Gérard et de Jean Turnhout, il y a
lieu de pencher pour l'adjonction de la particule *van*,
qui d'ailleurs serait conforme à l'origine flamande de la
famille (1).

Le nom de Philibert Van Tournoult se trouve perdu au
milieu d'une foule d'autres dont il est important de faire le
dépouillement, au point de vue de l'histoire de la musique
aux Pays-Bas. Nous allons nous livrer à cette opération,
dans l'espoir de pouvoir apporter quelques lumières nouvelles dans cette branche si imparfaitement connue. Don-

---

(1) En nous servant, au § XVI, de la particule *de,* nous ne connaissions
point encore le document de 1596, auquel nous nous rallions provisoirement. Constatons encore qu'un Jacques de Turnhoudt fut commis et receveur
des vivres et munitions à Luxembourg, en 1562.

nous d'abord l'entête complet de la pièce qui a pour titre
Le rolle de l'année XVe LXIII :

« S'ensuit la déclaration des dignités, canonies, pré-
» bendes, cures, cousteries et scholasteries, hospitaulx et
» aultres bénéfices du patronaige du Roy des Espagnes et
» archiduc d'Austrice, duc et comte de Bourgogne, de
» Brabant, etc. nostre souverain seigneur, estants à la col-
» lation et disposition en les Pays d'Embas et de Bour-
» gogne, auxquelles, par ordonnance de Sa Majesté, sont
» subscriptes et dénominées les personnes qu'elle veult et
» entend estre pourveues des dicts bénéfices, chascun à son
» tour selon l'ordre et par la manière cy-après déclarée... »

Les premiers musiciens qui s'offrent au regard, sont :
Pierre de Manésicourt, Pierre et Charles Maillart et George
De le Helle. Arrêtons-nous un instant à ces noms :

MANÉSICOURT (Pierre DE), ou plutôt DE MANCHICOURT,
maître de chapelle, est désigné pour la prébende de Courtrai « pour Adrien Le Febure, son nepveu. » On ignore
l'époque précise de sa mort, mais on sait, par un document
officiel, daté du mois de juillet 1564, qu'il avait cessé de
vivre alors. Comme il se trouve encore au rôle de 1563,
son décès doit avoir eu lieu à l'une de ces deux années.

M. Fétis le fait naître vers 1510, tandis que pour le
moins il a dû voir le jour dès 1500. Ce qui corrobore notre
opinion, c'est un passage cité par M. de la Fons-Mélicocq,
dans un livre fort peu connu (1), et d'où il résulte que Pierre
de Manchicourt organisait, en 1525, des ébattements pour
la « grande école » de Béthune, dont il était directeur. M. de
la Fons-Mélicocq résume ainsi son extrait : « En 1525,

---

(1) *Les artistes et les ouvriers du nord de la France et du midi de la Belgique, aux XIVe, XVe et XVIe siècles.* Béthune, 1848, in-8°, p. 228. A la
page 246, se trouve un « Me Vaspatien Clément, M^e de la grande escolle de ceste
» dicte ville [Béthune]. » Serait-ce un parent du fameux compositeur, Jacques
Clément, dit *non papa ?*

» m^e Pierre de Manchicourt, maistre de la grante escole,
» recevait xx^s, pour certains jus et esbatements par lui et
» ses escolliers, faits au-devant de la halle, le jour du di-
» manche gras, xie de février. »

Ce n'est pas apparemment de l'école chapitrale de Béthune qu'il s'agit ici. En tout cas, la musique n'aura pas
été étrangère aux branches de l'enseignement du jeune
artiste, et l'exemple que nous avons produit de Jean
Caron (1), écolâtre d'Oudenbourg, qui, outre ses fonctions
de directeur des ébattements de cette petite cité, enseignait
le latin, le flamand et le plain-chant, peut nous servir de
guide à ce sujet. La musique d'ailleurs faisait partie de
l'instruction populaire au moyen-âge, comme nous le dé-
montrerons plus loin.

Remarquons encore que le scribe de Béthune, qui a dû
connaître parfaitement l'orthographe du nom du jeune
magister, fait précéder ce nom de la particule *de,* que les
biographes ont retranchée unanimement. Nous la lui resti-
tuons, pour plus d'exactitude.

Des motets de Pierre de Manchicourt ont été insérés
dans le recueil : *Evangelica Dominicorum,* etc., imprimé à
Nuremberg, de 1554 à 1556, et cité au § IX de ce travail.

Maillart (Pierre), enfant de la chapelle, « désigné aux
» chapelles et personnats de Haynault », devenu ensuite
chanoine-chantre, et l'auteur d'un livre de théorie musicale
fort curieux, imprimé à Tournai, sa ville natale, en 1610.
Contrairement à ce que prétend M. Fétis, qui veut que
Pierre Maillart n'ait pas quitté le pays et « fit son éducation
» musicale à la maîtrise de Cambrai, en qualité d'enfant de
» chœur, » voici ce même Pierre Maillart installé en 1563,
à la chapelle flamande de Philippe II, en Espagne, en la
même qualité. Des motets de Pierre Maillart ont été pu-

(1) Voyez au § XXVIII de ces recherches.

bliés dans le recueil imprimé à Nuremberg, mentionné quelques lignes plus haut.

Charles Maillart, son frère sans doute, figure aussi dans le même rôle, comme enfant de la chapelle, avec la désignation des « chapelles de Valenciennes » pour bénéfice.

HELLE (George) ou mieux DE LE HELLE, enfant de la chapelle, désigné comme prébendaire pour « les chapelles » d'Artois, » devenu ensuite maître de chapelle de Philippe II, à la mort de Gérard Turnhout, arrivée en 1580. A peine investi de ces dernières fonctions, George De le Helle eut à soutenir un procès contre un certain maître Noël Listeville, qui avait su se faire donner et qui prétendait conserver le bénéfice de la chapelle castrale de Lens, en dépit des droits que George De le Helle avait à l'obtenir par tour de rôle. L'affaire était en suspens devant le conseil d'Artois, lorsque George De le Helle résolut de s'adresser au conseil privé du souverain, où il envoya une requête qui débute en ces termes :

« AU ROY,

» Remonstre, en toutte humilité, George De la Hèle, maistre de la chapelle de Vostre Majesté, en court d'Espaigne, comme il est tiré en justice par devant ceulx du conseil en Arthois, par maistre Noël Listeville, prétendant droict en la chapelle castrale de Lens, en vertu de certaine prétendue permutation qu'il prétend avoir faict par l'adveu et l'aggréation de l'archiducq Matthias, avec feu l'archidiacre Rosa, à une aultre chappelle, et nonobstant que aultre conseil n'est juge compétent en matière de bénéfices du droict patronage de Vostre Majesté (comme est la dicte chappelle castrale), que Vostre Conseil privé, à l'exclusion de tous aultres, etc. »

Le conseil privé, par lettre du 31 octobre 1581, opina que le droit de revendiquer « des bénéfices jà auparavant » acquis et affectez à ceux dénommés au rôle, » ne pouvait lui être ôté par personne. Muni de cette décision, George

De le Helle revint à la charge, pour démontrer que, comme
« depuis la confection dudict rolle, y estant icelluy de la
» Helle inscript, il y auroit droict acquis audict bénéfice
» litigieux dépendant dudict patronaige de Sa Majesté, de
» manière que, à son préjudice, ledict archiducq n'en au-
» roit peu disposer; » et il demanda lettres de provision
in formâ.

Les pièces subsidiaires du débat manquent, mais il y a
lieu de croire que gain de cause fut donné à notre musicien.
Nous avons rapporté ces détails, pour ne rien laisser igno-
rer en ce qui concerne un artiste de la valeur de George
De le Helle.

Nous laissons suivre, dans l'ordre alphabétique, les
autres noms de musiciens cités dans le rôle de 1563, en les
accompagnant de toutes les particularités qu'il nous a été
possible de recueillir sur eux. La désignation des bénéfices
qui devaient leur être affectés n'étant pas inutile à plusieurs
égards, nous avons cru devoir la joindre à notre liste, en
y comprenant certains chapelains sur le compte desquels
il y a doute quant aux fonctions précises qu'ils remplis-
saient. Disons toutefois que le chapelain des hautes messes
était un musicien instruit, qui parvenait souvent à l'emploi
de maître de chapelle.

Bavais (Michel), enfant de la chapelle. « Aux chapelles
» de Mons. »

Bontflour (George), basse-contre. « Aux prébendes de
» Ste-Veerle (Sainte-Pharaïlde) ou chapelle du chasteau de
» Gand; aux prébendes de Zierickzee. »

Boven (Sre Jean) ou Booven, basse-contre. « Aux pré-
» bendes de Zierickzee et de la Haye. »

Bulteau (Mre Jean), chapelain. « Aux prébendes de la
» halle à Valenciennes. »

Bus (Thomas), enfant de la chapelle. « Aux chapelles
» de Mons. »

Buys (Nicolas), haute-contre. « Aux prébendes d'Arschot
» et d'Eindhove. »

Carlier (S^{re} Jean), chapelain des hautes messes, c'est-à-
dire chantre en chappe des messes solennelles. « Aux pré-
» bendes de Lyere (Lierre) et de Gorcum. »

Caudron (S^{re} Jean), basse-contre « de Sa Majesté. » « Aux
» prébendes de Geervliet et du vieil chasteau de Hesdin. »

Clermortier (Gilles), taille. « Aux prébendes d'Ander-
» lecht et de Becke (Beeck?). »

Cloot (Martin), haute-contre. « Aux prébendes d'An-
» derlecht. »

Clouwain (Mre Pierre), basse-contre, marié. « Aux cous-
» teries d'Artois, et aux cousteries d'Artois pour son fils. »

De Bietere (Chrétien), enfant de la chapelle, étudiant
à Alcala. « Aux chapelles de Bryele et de Oostvoorne. »

De Bouck (Michel), De Boucq ou De Bock, organiste,
marié. « Aux cousteries de Flandres, aux chapelles de Bra-
» bant, d'Oultremeuse et d'Artois; aux cousteries du comté
» de Namur, réservées au Roy; aux personnats, cousteries,
» hospitaulx de Brabant et Oultremeuse. »

Un musicien, pour être ainsi favorisé par la munifi-
cence royale, devait posséder un talent remarquable. Aussi
le nom de Michel De Bouck apparaît-il souvent dans le récit
des solennités publiques. L'artiste se trouvait à Termonde
le 15 avril 1568, où on lui offrit quatre lots de vins, comme
l'attestent les comptes de cette ville, qui l'appellent « orga-
» niste de la Majesté royale d'Espagne, » c'est-à-dire de
Philippe II :

« Geschoncken ten selven daghe (XV^{en} april) aen Mre Maichiel
de Bocq, organist van de C. M^t van Spaingin, iiij kannen
wyns . . . . vij s. par. »

Michel de Bouck serait-il orginaire·de Termonde? Il
vivait encore en 1585.

Diest (Antoine), enfant de la chapelle. « Aux chapelles
» de Flandres. »

Du Hot (Pierre), ou mieux Du Hotz, « maître de la
» chapelle de Son Altèze (Marguerite de Parme). » « Aux
» prébendes de Lens. » En 1560, il avait demandé et obtenu la prébende de Condé, vacante par la mort de Robert
De la Porte, chantre de Philippe II (1).

Duquesne (Mre François), chapelain des hautes messes.
« Aux prébendes d'Aire. »

Eyse (Mre Oudard), chantre et chapelain de Philippe II.
« A l'une des prébendes de Ste-Veerle et chapelle au chas-
» teau de Gand. »

Gandi (Brice), enfant, étudiant à Alcala. « Aux chapelles
» et personnats de Haynault. »

Gérard (Jean), haute-contre. « Aux prébendes de Ni-
» velles; aux cousteries de Flandres; aux personnats, cous-
» teries et hospitaulx de Brabant et Oultremeuse. »

Guedifer (Mre Guillaume), haute-contre, marié. « Aux
» prébendes de Nivelles; aux cousteries de Bryele (Brille) et
» Oostvoorne. »

Haultoir (Nicolas), taille. « Aux prébendes de la halle
» à Valenciennes. »

Haynault (S^re Grégoire), chapelain des hautes messes.
« Aux prébendes du Tholle (Tollen) et de Hoignies (Oignies). »

Houguenet (Mre Louis), chapelain des hautes messes.
« Aux prébendes de Lens. »

Housart (Mre Nicaise), chantre de la chapelle de Philippe II. « Aux prébendes de Termonde. »

La Murette (Michel de), enfant, étudiant à Alcala.
« Aux chapelles de Brabant et Oultremeuse. »

(1) Pinchart, *Archives des Arts*, etc., t. II, p. 234.

La Oultre (M^re), chantre-chapelain des hautes messes. « Aux prébendes d'Aires et de Condé. »

Larrénois (Baudouin), haute-contre. « Aux prébendes » du vieil chasteau de Hesdin. »

La Vallée (De), enfant de la chapelle. « Aux chapelles » de Mons; aux chapelles et personnats de Haynault. »

Locquembourg (François de), haute-contre. « Aux pré- » bendes d'Anderlecht. »

Locquembourg (Gaspard), enfant de la chapelle. « Aux » chapelles de Valenciennes. »

Locquembourg (Melchior de), enfant de la chapelle. « Aux chapelles de Mons, de Brabant et d'Oultremeuse. »

Malines (Jean de), taille. « Aux prébendes d'Eindhove; » aux prébendes de premier de Bois-le-Duc, dont il est » fustré par l'éveschié. » Un recueil anonyme de chants spirituels, à deux parties : *Den boeck der geestelijcke sangen,* publié d'abord à Anvers en 1631, puis réimprimé à Gand, a pour auteur véritable un capucin appelé Luc de Malines.

Mennecourt (S^re Gérard), chapelain du conseil d'État. « Aux prébendes de Condé; à l'une des prébendes de » Ste Veerle et chapelle du chasteau de Gand. »

Marchant (S^re Géry), basse-contre. « Aux prébendes de » Lens. »

Morel (Mre Jean), basse-contre de la chapelle de Phi- lippe II. « Aux prébendes de Béthune et du viel chasteau » de Hesdin. » Peut-être est-ce le père de Nicolas Morel, maitre de chant de la cathédrale de Rouen.

Nepotes (George), chapelain de Philippe II. « Aux pré- » bendes de St Martin, à Middelbourg. »

Nicaise (M^re), taille. « Aux dignetés d'Arthois. »

Padbrouck (David), enfant de la chapelle. « Aux cha- » pelles de Hollande; aux chapelles de Bryele et Oost-

» Veurne. » Est-ce un parent de Corneille Padbrué, célèbre musicien de Haerlem, auquel Vondel a adressé une
strophe louangeuse?

Pevernaige (Antoine), enfant de la chapelle. « Aux cha-
» pitres d'Arthois et de Flandres. » Aucun renseignement
ne nous est parvenu sur cet homonyme et contemporain
d'un grand compositeur belge. Est-ce un fils d'André Pevernage? On a vu, au § XXIX, deux Pevernage comme
maîtres de chant à Ypres.

Renard (Charles), enfant de la chapelle. « Aux chapelles
» de Valenciennes et du comté de Namur. »

Reys (François), chapelain du conseil privé. « Aux cha-
» pelles du comté de Namur. »

Richardi (Folcard), enfant de la chapelle. « Aux cha-
» pelles de Mons. »

Rodart (Antoine), enfant de la chapelle. « Aux cha-
» pelles et personnats de Haynault. »

Roignart (Mᵉ Jean), haute-contre. « Aux prébendes de
» Poligny et aux chapelles du comté de Bourgogne. »

Saultoir (Nicolas), taille. « Aux prébendes de Dinoix
» (Luxembourg). »

Van Brabant (Jean), enfant de la chapelle. « Aux cha-
» pelles de Flandres. » Au § précédent nous avons cité un
Brabantius, que Butkens traduit par *le Brabançon.*

Van Couwenhove (Adrien), taille, marié. « Aux cha-
» pelles de Hollande, et, pour son nepveu, aux prébendes
» de Sᵗ-Martin, à Middelbourg. » En 1568, une lettre pa-
tente lui est dépêchée, à l'effet de « recouvrer certain nom-
» bre des enfans de cœur. »

Van Couwenhove (Paul), enfant de la chapelle. « Aux
» chapelles de Hollande. »

Van Loo (Mathias), basse-contre, marié. « Aux cous-

» teries de Hollande et de Zélande ; aux prébendes de
» Lyeve. »

Le rôle qui nous a fourni ces renseignements, existe en
copie du temps aux archives de la ville d'Utrecht. Il a été
reproduit textuellement au tome II de l'intéressant recueil :
*Archief voor kerkelijke en wereldsche geschiedenissen,
inzonderheid van Utrecht,* publié par le savant M. Dodt
van Flensburg.

XXXIX.

Willaert (Adrien);

Illustre compositeur belge du XVIe siècle. — Extension de sa famille le long
des côtes maritimes de la Flandre. — Le lieu de sa naissance. — Valeur du
témoignage de Jacques De Meyere, son compatriote et contemporain, qui le
dit originaire de Roulers. — Le témoignage de Zarlino, élève de Willaert,
qui le fait naître à Bruges, n'existe pas. — Analyse des *Dimostrationi harmoniche* de Zarlino invoquées, à ce sujet, par M. Fétis. — Autres preuves en
faveur de la ville de Roulers. — Le portrait d'Adrien Willaert. — Jugement
contradictoire porté sur ses œuvres par M. Fétis et Zarlino — La vraie
anecdote concernant le séjour de Willaert à Rome.

Les Willaert abondent le long des côtes maritimes de la
Flandre. Des centaines de noms de cette famille ont été
rencontrées par nous dans les vieux comptes d'Ostende, de
Nieuport et d'Oudenbourg (1). Que résulte-t-il de la gé-

(1) Citons quelques exemples. Ostende, 1549 : Arnoud Willaert. ouvrier.
— Nieuport, 1461 : Pierre Willaert, prêtre, dit sa première messe le 20 janvier; 1461 : Vincent Willaert, bourgeois aisé, mort vers 1464; 1463 : Péronne Willaert, mariée à Roger Van Craynest; Michel Willaert, député par
le magistrat, près les états de Flandres à Ypres et à Bruges; 1482-1490 :
Jean Willaert, bourgeois pauvre; 1499 : Arnoud Willaert, ouvrier; 1485-1489 :
Chrétien Willaert, bourgeois aisé; 1489 : Richard Willaerds, tavernier; sa
veuve, retirée à Leffinghe, paie, en 1510, comme droit d'issue, la somme de
18 livres, 8 sous; 1523-1524 : Michel Willaerd; 1541 : Chrétien Willaert,
« dinare van den vryen, binder juridictie ende buyten vander heerlicheyt
» van Lombaertzyde. » — Oudenbourg, 1525 : Éloi Willaert, ouvrier, etc.

néologie produite par M. Fétis, d'après des renseignements
dus à M. de Burbure, ou plutôt à M. Weale? Rien assurément, si ce n'est une homonomie fortuite et sans la moindre utilité pour l'histoire du grand musicien. Toutes les
cités en peuvent fournir de semblables, et les prénoms
d'Adrien étaient aussi communs alors qu'ils sont rares
aujourd'hui.

A l'égard des témoignages, nous nous en référerons toujours plus volontiers à ceux qui émanent d'un compatriote,
qu'à ceux que nous apporte un étranger, fût-il de la meilleure foi du monde. Ainsi Zarlino disant qu'Adrien Willaert
était né à Bruges, même en invoquant la déposition de
Willaert lui-même, ne me semble guère plus croyable
qu'un Parisien de nos jours, qui ferait naître Gevaert à
Gand, comme le cas s'est déjà offert plus d'une fois.

Il convient donc, jusqu'à meilleure information, de s'en
tenir purement et simplement à la déclaration de l'historien
Jacques De Meyere, qui écrivait à l'époque où Willaert était
au début de sa carrière (1531), et qui, généralement bien
informé en ce qui concerne ses contemporains, n'avait aucun intérêt à dépouiller Bruges d'une illustration qui aurait
pu lui appartenir (1).

M. l'abbé Carton est de notre avis, et nous aimons à

---

(1) Transcrivons en entier le passage de Meyerus où il est question
d'Adrien Willaert : « Fecunda insuper genetrix est Flandria laudatissimorum
» cantorum. Siquidem vocum nobilitate quàcumvis christiani orbis gente
» certare potest. Testes sunt Alexander, nuper Philippi principis cantor,
» Petrus Vicanus, cantor maximi principis Caroli, Adrianus Vuillardus, Rosi-
» laria oriundus, cantor regis Ungariae, Thomas Martinus, cum fratribus
» Petro ac Joanne, patriâ Armentarius, monachus nunc, ut audio, Carthu-
» siensis in Ambianis. Vulgus in factitandis patrio sermone rithmicis cantile-
» nis mirum se praestat artificem, licet non injuriâ quidam ab Erasmo taxen-
» tur, qui lasciviam illis intermiscere solent. Inter hydraulas verò, dictos vulgo
» organistas, celeberrimam obtinet famam Brugis ad Virginis Jacobus Cœcus,
» ab oculorum labe cognomen sortitus. » Res Flandricae, Brugis, 1531, pet.
in-4°, f° 43. Nous reviendrons sur les autres musiciens cités par l'historien.

consigner ici son opinion judicieuse et impartiale : «Quel-
» ques historiens, dit-il, font naître Willaert à Bruges sur
» l'autorité de Zarlino, qui écrivait dans un pays étran-
» ger, et pour qui Roulers devait être une commune in-
» connue. L'historien De Meyere, son contemporain, et qui
» écrivait du vivant de notre musicien, assure qu'il est né
» à Roulers (1). » M. de Coussemaker, l'érudit musicographe, partage également notre manière de voir (2).

Mais qui, le premier, a invoqué le témoignage de Zarlino ? C'est M. Fétis. Or, comme l'autorité du musicologue
est loin d'être infaillible, — on a pu s'en convaincre abondamment, — il nous a plu de vérifier à la lettre son assertion, et, nous n'hésitons pas à le dire, M. Fétis, en ce point
comme en bien d'autres, a mystifié le lecteur de la façon la
plus audacieuse.

Nous allons, à l'aide d'un dépouillement exact et consciencieux, fournir la preuve péremptoire de ce que nous avançons. Précisons d'abord les termes dont M. Fétis se sert
pour soutenir son allégation.

L'auteur de la *Biographie universelle des musiciens* dit,
dans la première édition de son livre, que Willaert « na-
» quit à Bruges, en Flandre, vers 1490, suivant les divers
» renseignements que Zarlino, son élève, nous a conservés
» dans ses écrits. » En note, il rejette l'opinion de M. de
Reiffenberg qui, dans sa *Lettre à M. Fétis,* donne Roulers
comme lieu de naissance de Willaert, d'après Jacques De
Meyere s'entend. Puis il affirme que c'est dans un entretien
que Willaert eut avec Zarlino, son élève, avec François

---

(1) *Biographie des hommes remarquables de la Flandre occidentale*, t. IV,
p. 312. La biographie d'Adrien Willaert a été tirée à part sous le titre de :
*Notice sur Adrien Willaert, précédée de quelques détails sur les musiciens de
la Flandre occidentale.* Bruges, 1849, in-8°.

(2) *Notice sur les collections musicales de la Bibliothèque de Cambrai*, etc.
Paris, 1843, p. 82.

Viola, maître de chapelle du duc de Ferrare, également son élève, et Claude Merulo, organiste de Saint-Marc, à Venise, que le premier « conta les événements de sa vie » rapportés par Zarlino (dans ses *Raggionamenti*). »

A ces lignes, M. Fétis ajoute, dans la deuxième édition de son dictionnaire biographique : « Zarlino, élève de ce » grand musicien, tenait de lui-même qu'il était né à Bruges. » D'ailleurs, plusieurs documents authentiques, au nombre » desquels sont les testaments du maître, prouvent invinci- » blement qu'il avait vu le jour dans cette ville (1). Suivant » les renseignements fournis par le même Zarlino, l'époque » de la naissance de Willaert devrait être environ 1490; » mais Caffi recule cette date jusqu'en 1480. »

En ouvrant les *Dimostrationi harmoniche* de Zarlino, voici, en résumé, ce que nous lisons au début du premier *Raggionamento* :

Au mois d'avril 1562, Alphonse d'Este, duc de Ferrare, se rendit à Venise, soit pour contempler la noble et riche cité, soit pour y traiter de quelques affaires d'importance. Il y fut reçu avec les honneurs dus à son rang. Les

---

(1) Pourquoi ne point citer les textes qui établissent le fait? C'eût été chose si simple. Le grand compositeur pouvait avoir des parents à Bruges : on vient de voir que les côtes maritimes de la Flandre foisonnent de familles portant son nom. M. Fétis préfère aligner pompeusement un arbre généalogique, où se voit un Adrien Willaert, prêtre, et ajouter à sa tabelle cette naïveté : « Adrien, » prêtre, n'est pas le compositeur, qui fut marié; mais les prénoms identiques » indiquent que ce maître fut parent de ceux dont on voit ici la généalogie! » Charmant! D'après M. Fétis lui-même, le père du musicien se nommait Denis, et le père de l'ecclésiastique mourut en 1533.

Un autre ecclésiastique, du nom de David Willart, et qui vécut dans la première moitié du XVIe siècle, est le collaborateur d'un livre de voyages conservé en manuscrit à la Bibliothèque publique de Valenciennes, et dont le titre est : « Le sainct voyage de Jérusalem, faict par Pierre le Boucq, filz de » Pierre et de Jenne Vastare, valenciennois. 1548. Recoeillé par sire David » Willart, prestre aiant servi de chapelain audit Pierre durant le voiage. » J. MANGEART, *Catalogue descriptif et raisonné des manuscrits de la Bibliothèque de Valenciennes*. Paris, 1860, p. 446.

meilleurs musiciens de sa cour l'accompagnaient, et, entre autres, François Viola, son maître de chapelle et mon ami intime. Nous étant rencontrés un jour, nous nous acheminâmes vers la place de Saint-Marc, et voyant la cathédrale ouverte, nous y entrâmes précisément à l'heure des vêpres. Nous nous prîmes à admirer et la somptueuse richesse de l'édifice et la magnificence éblouissante des chefs-d'œuvre de peinture qui le décorent. Entretemps les vêpres se terminèrent, et nous vîmes venir à nous l'aimable et excellent organiste, Claude Merulo, de Correggio, lequel avisa Viola et le reconnut. La conversation ne s'interrompit point, et, en quittant l'église, nous nous dirigeâmes vers la demeure du célèbre Adrien Willaert, maître de chapelle de Saint-Marc, et alors souffrant de la goutte. Il avait reçu la visite du susdit seigneur en société de plusieurs gentilshommes. Il put entendre combien ses compositions étaient appréciées, quoique la vogue en eût cessé pour ainsi dire. Et, pendant que la conversation roulait tantôt sur la musique, tantôt sur les liens sympathiques qui existaient dans le petit groupe, survint un ami de maître Willaert, nommé Désiré, et natif de Pavie, en Lombardie. Mon vif désir était d'entendre raisonner de la musique, soit comme art, soit comme science. Aussi bien, après l'échange de quelques communications concernant le nom, la patrie et la profession de chacun de nous, de façon à être renseignés immédiatement sur la condition du nouvel arrivé, celui-ci, s'étant tourné vers nous, s'expliqua en ces termes... (1).

(1) « Gli anni di nostra salute erano gia pervenuti al numero di MDLXII, » et era il mese di Aprile, quando l'illustrissimo sign. Donno Alfonso d'Este, » duca di Ferrara, per cagione di videre una bella, nobile e ricca città, non » solamente gloria, splendore e riputatione della bella Italia, ma anco di » tutto 'l christianesimo, e forse per altri suoi negotii d'importanza, vene à » Vinegia, onde dalli nostri sign. illustrissimi Venetiani con solennissima » pompa e regali apparati, si come è lore costume di ricevere tutte quelle » persone, che sono di alto affare, fù ricevuto. Havea questo sig. seco menato

Ce n'est point ici que Willaert a déclaré à son élève Zarlino le lieu de sa naissance. Évidemment, les derniers

» i migliori musici, che appresso di lui si ritrovavano, tra i quali (lasciando
» gli altri, per non esser lungo) era Francesco Viola suo maestro di capella,
» e mio singolare amico. Questi venutomi un giorno à ritrovare, e presomi
» in sua compagnia, si aviassimo verso la bellissima piazza di S. Marco. La
» onde vedendo aperto il suo famoso e ricco tempio, che di belli e finissimi
» marmi, con una gran copia di colonne, è fabricato, percioche gia era l'hora
» del vespero, entrammo in esso, e pascendo la vista per un buon pezzo di
» tempo, con belle pitture, che ivi si ritrovano da buoni e eccellenti maestri
» di mosaico antico e moderno lavorate, insieme andavano ragionando della
» lor bellezza e della richezza del detto tempio, e della spesa grande, che in
» esso fanno li nominati signori illustrissimi, come quelli, che sono stati
» sempre religiosi e à Dio devoti, per adornarlo di quelle cose, che vedono
» esser necessarie e convenevoli, e portino bellezza, decoro e maestà al culto
» divino. Mamentre che noi, con sommo piacere andavamo molte cose dis-
» correndo, essendo gia finito il vespero, eccoti comparere il gentilissimo
» M. Claudio Merulo da Corregio, soavissimo organista del detto tempio, il
» quale vedutoci, accostato che si hebbe à noi, e conosciuto il Viola : dopo
» gli abbracciamenti fattisi l'uno all' altro, si ponemmo à sedere. Il perche
» essendosi tra noi di molte cosi degne e honorate, si come il luogo richie-
» deva, per un pezzo ragionato, fatto dissegno di partirsi, tutti insieme di
» un parere prendessimo il camino verso M. Adriano Vuilaert, allora maestro
» di cappella della illustrissima signoria; il quale poco lontano dimorava,
» per conto di visitarlo, percioche molestato dalle podagre, non si partiva
» di casa; à fine che la presenza di tanti suoi amici amore voli e carissimi,
» gli apportasse qualche sollevamento. Arrivati adunque che noi fussemo,
» e ritrovato che il sopra nominato sig. poco innanzi era stato à vederlo con
» una bella, degna e honorata copia di signori e gentil' huomini, dopo molti
» ragionamenti havuti da una parte e l'altra; i quali commemoravano le
» cortesie, che questo sig. excellente molte volte usato gl' havea, et quanto
» care gli erano le sue compositioni, e come per lui erano venute à luce una
» grandissima parte di quelle cose, che egli havea composto, le quali stavano
» quasi sepolte. Et insieme havendo con buon proposito discorso molte cose
» della musica e della nostra amicitia, à caso arrivuò un degno et honerato
» gentil' huomo forastiero, amico di M. Adriano, venuto simigliantemente
» per cagione di visitarlo. Questi grandemente si dilettava della musica; ma
» sopra ogni altra cosa desiderava udir ragionare delle cose dell' arte et della
» scienza : perciochè per molti anni innanzi studiato havea nella filosofia,
» e havea letto molti autori greci e latini, i quali di musica trattavano. Di
» questo il nome era Desiderio, et era di natione Lombardo, da Pavia. Hora,
» dopo un lungo ragionamento di varie cose insieme fatto, havendo esso da
» quello, che detto si havea compreso, chi eravamo, il nome di ciascheduno
» di noi, il cognome, la patria e la particolare nostra professione; cosi an-

mots de l'exorde contiennent l'indication d'une confidence de Willaert, mais la confidence elle-même reste un mystère.

Le théoricien n'a imaginé cette sorte de mise en scène, que pour introduire ses divers interlocuteurs, qui sont au nombre de cinq, comme nous venons de voir : Désiré le Lombard, oublié par M. Fétis, Adrien (Willaert), François (Viola), Claude (Merulo) et Joseph (Zarlino). L'entretien, quoi qu'en dise M. Fétis, se fait de la façon la plus simple et la plus naturelle. La matière, il est vrai, roule sur des choses pédantesques et tout-à-fait dans le goût de l'époque; mais le ton est constamment vrai et dépouillé de tout artifice.

De temps en temps, Zarlino ménage une éclaircie au milieu du dialogue, pour soulager l'attention du lecteur, et pour lui rappeler les titres de ses interlocuteurs, s'il était venu à les perdre de vue.

Ainsi, Willaert répondant à Viola, déclare ne pouvoir se rappeler exactement les détails de l'entretien qui eut lieu entre Maggio et Pigna. Il l'engage à s'y prendre de diverses façons, pour préciser ses souvenirs. Bien jeune encore, Willaert se rendit à Paris pour y étudier le droit romain. Mais Dieu en décida autrement, et, à peine eut-il commencé ses études, qu'il les quitta résolûment pour s'adonner à la musique (1).

» cora noi à pieno conosciutolo e informatoci delle sue qualità e conditioni, » voltatosi questo gentil'huomo verso di noi, in co'tal guisa incominciò un » nuovo ragionamento... » — *Dimostrationi harmoniche*, Venezia, 1571, in-f°, pp. 1 et 2.

(1) « FRANCESCO... Se bene può essere che io habbia udito alle fiate quello » che sia dimostratione, da i colloquij del Maggio e del Pigna nostri, grandi » huomini nelle letere, havuti spesse fiate co'l nostro sig. Duca, e con altre » persone segnalate, tuttavia, per non esser mia professione, non me ne » posso cosi à pieno ricordare. La onde facendo quello, che detto havete, non » potra à essere à noi senon di grande utilità. ADRIANO. Lo dovete fare per ogni » modo : perche ancora io non mi ricordo troppo bene queste cose, se bene » essendo giovane le udì nel studio di Pariggi, quando mi diedi al studio delle » leggi imperiali. » *Id.*, p. 8.

Selon Zarlino, le monde avait besoin d'un pareil maître, et ceux qui se délectent de l'art et de la science de la musique, lui doivent d'avoir dévoilé bien des mystères. Ensuite Zarlino, dans des termes un peu enthousiastes, exprime sa satisfaction que Willaert ait abandonné les sciences pour embrasser une carrière dans laquelle il devait un jour occuper un si haut rang (1).

Ici, rien encore touchant le lieu natal de Willaert. Serons-nous plus heureux dans la suite?

Zarlino, après avoir complimenté Willaert sur son excellente mémoire (le musicien flamand venait de citer par cœur quatre versets d'Horace) : « Des gens malicieux, dit-il, » blâmaient beaucoup mon maître, en louant outre mesure » Josquin Desprès, car ces éloges étaient faits sans bonne » intention. En définitive, ajoute-t-il, ils n'aident nullement » la cause de Desprès, tandis que, sans le vouloir, ils ser- » vent celle de Willaert (2). »

(1) « DESIDERIO. Voi siete stato in Pariggi, M. Adriano, per quello che ha- » vete gia detto. ADRIANO. Fui, e incominciai à studiare, ma Iddio ha voluto, » che io insegni musica alle fine. GIOSEFFO. Messer Domenedio molto bene » sapea, che il mondo havea dibisogno di un pari vostro, però ci diede voi » à fine che haveste ad illuminar quelli, che si dilettano di questa arte cosi » nobile, et dira anco di questa scienza, percioche se non foste stato voi, non » mi sarei posto à vedere cosi intresecamente, come io ho fatto, e cosi » minutamente le cose della musica, ma mi sarei riportato, come hanno fatto » molti, al giudicio di altri, e mi sarei attenuto à quello, che io havessi » ritrovato scritto da altri scrittori, credendoli e persuadendomi, che cosi » fusse, come hanno scritto. Però fu ben fatto, che lasciaste lo studio della » leggi e attendesti alla musica, essendo, che in questa tenete hora 'l primo » luogo, et Iddio lo fa sebene non siete senza giudicio, se in quella profes- » sione havesti tenuto il terzo. ADRIANO. Cosi ha piaciuto à Dio, e me non » contento. FRANCESCO. Ve ne potete contentare, Messere, ma lasciamo da un » canto queste cose... » *Dimostrationi harmoniche*, p. 11.

(2) « GIUSEPPO. Veramente, Messere, che voi sciete un buon scolare, perche » vi havete tenuto molto bene à memoria la lettione, che io gia vi lessi sopra » questi versi, a proposito di quei maligni, che cantando le vostre cose, biasi- » mavano molto voi, lodando fuori d'ogni proposito grandemente Giosquino » con parole, ma con i fatti, ad loro dispetto lodano voi, e venivano a bia-

Où est-il question ici du berceau de l'artiste flamand?

A propos de la place que doit occuper une voix, dans un ensemble harmonique de voix mêlées, Willaert invoque l'exemple de certains anciens musiciens, et cite en particulier Josquin Desprès, Jean Okeghem, le maître de Josquin, Gascogne, et Jean Mouton, son maître à lui, Willaert (1).

Ce n'est pas ici, à coup sûr, que des révélations ont été faites sur l'origine du musicien.

Plus loin, le chapitre des talents innovateurs fournit à Willaert ces réflexions : « Je me rappelle, dit-il, une belle » sentence écrite au jurisconsulte Tribonien. Je l'ai lue à » Paris, quand j'y faisais mes études de droit romain. Elle » est conçue en ces termes : — Celui qui améliore une chose » non encore arrivée à un certain degré de perfection, mé- » rite plus d'éloges que celui qui en est le premier in- » venteur (2). »

Le livre est scruté d'un bout à l'autre. Consultez-le à votre tour, lecteur, et vous pourrez contrôler par vous-même notre opération. En attendant, nous défions quiconque d'y trouver autre chose touchant la vie de Willaert, que ce que nous venons de résumer, ou que dit le texte original

---

» simare il lodato ; perchioche ne i conserti loro non adoperano cosa al- » cuna di Giosquino, ne di alcuna sua cosa se ne servono ; ma si bene » delle vostre, il che vi è di somma laude... » *Dimostrationi harmoniche*, p. 82. Zarlino fait peut-être ici allusion à l'anecdote que nous relatons plus loin.

(1) « Adriano. Questi ch'hanno questa opinione sono in errore. Et mi ri- » cordo che innanzi di noi quei buoni antichi Giosquino, il suo maestro » Gio. Ocheghem, Gascogne, et il mio precettore Gio. Motone, in molti luoghi » delle loro compositioni l'hanno posta nella parte grave, senza aggiungerle » altro intervallo. » *Id.*, p. 88.

(2) « Adriano... Et mi soviene hora una bella sentenza, lasciata scritta da » Giustiniano imperatore à Triboniano giureconsulto, in una epistola nel » principio delle Pandete, la quale vidi, quando mi dava al studio delle leggi » imperiali in Pariggi, che dice in questa maniera : Colui che emenda una » cosa che non sia stata fatta con sottilità, è piu da lodare che colui che la » ritrovò prima... » *Id.*, p. 212.

rejeté en note. C'est à dessein que nous avons placé ici ces pièces justificatives, un peu trop abondamment peut-être (1).

Notre mobile est la recherche de la vérité. Si nous nous trompons, comme cela pourrait se faire, il ne nous en coûtera guère d'avouer notre erreur. M. Fétis, au contraire, après avoir dit dans plusieurs de ses écrits, et notamment dans la première édition de son dictionnaire biographique, que Willaert était natif de Bruges, sans tenir compte de l'autorité de Jacques De Meyere, invoquée par M. de Reiffenberg, n'a pas voulu se donner un démenti dans ses écrits postérieurs, et, loin de produire une preuve qui vaille, il soutient, encore une fois, ses affirmations avec une nouvelle opiniâtreté.

Or, nous ne sommes pas à bout d'arguments.

Pour savoir si on rencontre des traces de la famille d'Adrien Willaert dans les archives relatives à Roulers, nous avons compulsé d'abord les comptes de cette ville, dont on possède une série de doubles aux Archives du royaume, et, en ouvrant le premier registre, qui malheureusement ne commence qu'en 1688, nous y avons avisé un Nicolas Willaert, cité comme tuteur des enfants d'un certain Gilles Levy. L'inventaire des archives de Roulers, dressé en 1836 par la magistrature de cette cité, ne renfermant que l'indication de deux registres du XVe siècle « presque usés et » indéchiffrables, » nous crûmes d'abord ne point devoir y recourir, la mention qui précède nous paraissant suffisante jusqu'à la découverte d'un document directement en rapport avec notre musicien. Les autres papiers conservés à l'hôtel-de-ville de Roulers, tels que l'inventaire les enregistre, nous semblaient d'ailleurs insignifiants.

---

(1) Les deux autres ouvrages de Zarlino, à savoir les *Istituzioni harmoniche* (Venezia, 1558, in-f°), et les *Sopplimenti musicali* (Venezia, 1588, in-f°), ont été inutilement interrogés par nous à cette même fin.

Vérification faite de ces papiers, il se trouve que le dépôt d'archives de la ville de Roulers est loin d'être dénué d'intérêt pour l'histoire. Nous avons pu parcourir, entre autres, une série de comptes communaux qui s'étend de 1499 jusqu'en 1576, sauf quelques lacunes. La série de registres de la mense des pauvres, quoique moins riche, remonte plus haut que 1499. Aux années 1450, 1455, 1456, le chapitre des droits perçus sur les baux et rentes, nous a révélé une Catherine Willaerds, propriétaire à Beveren, village contigu à Roulers. Serait-ce une tante de notre glorieux compatriote? Toujours est-il que, en croire des traditions locales méritant une entière confiance, une famille Willaert a occupé, de temps immémorial, une vieille maison située dans la rue des Religieuses (*Nonnestraet*). Aujourd'hui cette famille est dispersée, bien que Roulers compte encore maint habitant portant le nom de Willaert(1).

Le superbe portrait original d'Adrien Willaert, que nous donnons en regard de cette page, porte l'inscription : Adriani Willaert Flandri effigies. Pourquoi *Flandri* et non *Brugensis?* Avouons qu'il n'en coûtait guère de mettre cette dernière épithète en place de l'autre, si Bruges, ville parfaitement connue à Venise, avait été le lieu de naissance du compositeur flamand; tandis qu'il eût dû en coûter beaucoup pour échanger l'épithète de *Rosiliarensis* contre celle de *Flandri,* Roulers étant une petite ville obscure et portant un nom qui ne pouvait être que malsonnant aux oreilles italiennes.

Adrien Willaert, tel qu'il est reproduit ici, accuse au

---

(1) Il nous est extrêmement agréable de rendre ici hommage à l'intelligence et au dévoûment du secrétaire communal de Roulers, M. Van Eeckhoute. Avec une bonté prévenante dont nous ne saurions trop faire l'éloge, M. Van Eeckhoute a mis à notre disposition tous les vieux registres conservés à l'hôtel-de-ville de Roulers, et il s'est prêté, de la façon la plus courtoise, à toutes les demandes qne nous lui avons faites relativement à l'objet de nos recherches.

EFFIGIES. ADRIANI WILLAERT FLANDRI

moins soixante-dix ans. Le portrait a été gravé en 1559; il en résulte que le musicien a dû naître vers 1490, date que les biographes assignent provisoirement à cette naissance. Sa physionomie est bien flamande, et, quoique labourée par les souffrances (1) et les travaux, il est facile d'y voir des identités frappantes avec la race qui habite les côtes maritimes de la Flandre.

Au-dessus du portrait se trouve l'inscription : « Con gra- » tia et privilegio della Illustrissima Signoria di Venetia e » di tutti il Principi christiani, come ne i loro privilegi » appare. » Au-dessous on lit : « In Venetia, appresso di An- » tonio Gardano, 1559. »

Notre planche, comme celle qui représente Josquin Des-près au § XIV, a été exécutée par le procédé photolithographique de MM. Simoneau et Tovey, à Bruxelles. C'est donc la gravure même que le lecteur a sous les yeux (2). Le peintre Hauman paraît avoir utilisé un croquis de ce portrait pour son tableau : *Adrien Willaert faisant exécuter devant le doge de Venise une messe de sa composition,* tableau dont il a été fait une superbe lithographie. Mais, comparaison faite, il est facile de voir que les traits exécutés par le peintre sont purement fantaisistes.

Des œuvres du maître sont contenues dans le recueil de Jean Berg : *Evangelica Dominicorum et Festorum,* imprimé à Nuremberg, de 1554 à 1556 (3).

Parlant des compositions en général de Willaert, M. Fétis dit : « Son style a de la sécheresse dans la plus grande » partie de ses ouvrages. Il écrit avec pureté et a des re-

---

(1) On a vu plus haut que le maître était affligé de la goutte.

(2) Grâce à l'obligeant intermédiaire de M. De Coussemaker, nous avons pu obtenir le cliché même qui a servi au transport sur pierre. M. De Coussemaker possède, dans sa précieuse bibliothèque musicale, un superbe exemplaire de la *Musica nova* de Willaert, où se trouve, au verso du frontispice, le portrait en question.

(3) Il a déjà été cité plusieurs fois ici, notamment au § IX.

» cherches habiles dans l'agencement des parties; mais on » y aperçoit toujours l'effort du travail. » A cette appréciaciation, opposons celle de Zarlino lui-même, qui a joui non seulement du commerce du maître, mais qui a vécu dans l'intimité de ses œuvres : « Chaque jour, dit-il, on voit » beaucoup d'autres compositions, dues au très-excellent » Adrien Willaert, lesquelles abondent en inventions char- » mantes et gracieuses, outre qu'elles sont savamment et » élégamment tournées (1). » Comment des productions qui passent pour lourdes et arides aux yeux de M. Fétis, ont-elles pu paraître jolies et avenantes au plus fameux théoricien du XVIᵉ siècle? D'autres que moi se chargeront d'expliquer cette énigme (2).

L'anecdote suivante, rapportée par M. Fétis, démontre l'inanité d'un pareil jugement : « Zarlino, dit-il, nous ap- » prend, dans ses *Institutions harmoniques* (lib. IV, c. 35), » que Willaert arriva à Rome en 1516, sous le pontificat » de Léon X, et qu'il entendit le 15 août, jour de la fête » de la Vierge, exécuter, sous le nom de Josquin Després, » le motet de sa composition : *Verbum bonum et suave*. Le » maître se plaignit de la malveillance des chanteurs de la » chapelle pontificale, qui, après avoir été informés du nom » de l'auteur de ce motet, ne voulurent plus le chanter. »

Outre que cette anecdote réfute les appréciations de M. Fétis, elle prouve, une fois de plus, sa manie d'arranger les faits, car la moitié de l'historiette est de l'invention

---

(1) « Ma per non esser lungo furò fina, massimamente perche ogni giorno » si veggono molte altre compositioni. composte dallo excellentissimo » Adriano Vuillaert, le quali, oltra che sono piene di mille belle e leggiadri » inventioni, sono anche dottamente e elegantemente composte. » *Istitutioni harmoniche*, p. 327.

(2) Parmi les musicographes allemands qui font l'éloge de Willaert, nous ne pouvons nous dispenser de citer le savant Reissmann, qui, dans son bel ouvrage : *Allgemeine Geschichte der Musik* (Munich, 1863-1864, 3 vol. in-8°), consacre plusieurs pages, appuyées d'exemples, au célèbre musicien flamand.

de l'auteur de la *Biographie universelle des musiciens*, lequel s'est inspiré, il est vrai, de Gerber (1).

La voici dans toute son intégrité, d'après les *Istituzioni harmoniche*, invoquées par M. Fétis : « Enfin, pour mon- » trer encore jusqu'où peut aller la malignité et l'ineptie » des hommes, je vais citer un exemple qui me vient à la » mémoire. L'excellentissime Adrien Willaert est le héros » d'une aventure qui eut lieu à la chapelle du Souverain » Pontife. C'était au temps de Léon X, lorsque Willaert » arriva de Flandre en Italie. On chantait, sous le nom de » Josquin (Desprès), le motet : *Verbum bonum et suave*, » une des plus brillantes compositions de l'époque. L'artiste » affirma, comme c'était la vérité, que cette composition » émanait de lui. Eh bien! l'ignorance et la méchanceté » prévalurent au point que les chantres renoncèrent à chan- » ter le morceau dans la suite (2). »

(1) Gerber dit : « Hier (zu Rom) wurde er nicht wenig überrascht, als er » fand, dass die Päbstliche Kapelle am Marientage seine Motette : *Verbum bo-* » *num*, nicht nur gewöhnlich, aber unter Josquin's Namen, aufzuführen » pflegte, sondern ihm selbige auch als eins der besten Stücke dieses Meisters » bekannt machen wollte. Aber kaum hatte er ihnen versichert, dass nicht Jos- » quin, sondern er der wahre Verfasser dieser Komposition sey, als sie selbige » aus Neid zurücklegten und nie wieder aufführten. » *Neus hist.- biogr. Lexikon der Tonkünstler;* Leipzig, 1814, t. IV, p. 578. Ce qui peut se traduire ainsi : « Là (à Rome), il ne fut pas peu surpris d'apprendre que la chapelle papale » avait l'habitude d'exécuter, le jour de la Vierge, son motet : *Verbum bonum*, » mais sous le nom de Desprès, et comme un des meilleurs de ce maître. A » peine eut-il certifié que lui-même était l'auteur de cette composition, que, » par envie, ils la mirent de côté et ne la chantèrent plus. »

(2) « Ma per mostrare anco quanto possa alcuna volta la malignita e la » ignoranza insieme de gli huomini, mi soviene hora alla memoria quello » intravenne all' excellentissimo Adriano Vuillaerte, in Roma nella capella del » Pontefice, quando vene di Fiandra in Italia al tempo di Leone decimo, che » cantandosi sotto 'l nome di Giosquino il motetto : *Verbum bonum et suave,* » il quale si soleva cantare ogni festa di nostra Donna; et era tenuto per una » delle belle compositioni, che a quei tempi si cantasse, dicendo lui che era » il suo, come era veramente, tanto valse la ignoranza, overo (dirò più modes- » tamente) la malignità di quei cantori, che mai più lo volsero cantare. » P. 428. Le livre IV et le chapitre 35 sont erronément indiqués par M. Fétis.

Il n'est question ici ni du 15 août, ni de l'année 1516, ni des plaintes formulées par Willaert contre la malveillance des chanteurs de la chapelle pontificale. Malgré la mésaventure qui lui arriva quand la supercherie fut dévoilée, Willaert a dû être flatté, ce nous semble, de la vogue dont jouit longtemps, grâce à un nom célèbre, sa composition, car un motet de Desprès, au rapport de Zarlino, était regardé alors comme chose précieuse, *cosa rara*.

Avions-nous tort de dire, au début de ce paragraphe, que M. Fétis avait mystifié ses lecteurs?

XL.

Grassi (Bernardino),

Musicien de l'Infante Isabelle, gouvernante des Pays-Bas. — A la demande de l'archiduc Léopold, il se rend à Vienne, en 1631, pour y composer les divertissements exécutés à l'occasion du mariage de Ferdinand III, roi de Bohême et de Hongrie, avec Marie-Anne d'Autriche, fille de Philippe III, roi d'Espagne. — Ballet-comédie exécuté dans une circonstance semblable, au palais de Bruxelles, en 1650. — Félicitations que l'Infante Isabelle reçoit sur le talent déployé par Bernardino Grassi à Vienne.

De grandes fêtes se préparaient à Vienne en 1631. Ferdinand III, roi de Bohême et de Hongrie, allait épouser Marie-Anne d'Autriche, fille de Philippe III, roi d'Espagne. Dès le mois de novembre 1630, on était occupé, dans la famille impériale, à prendre les arrangements nécessaires pour la solennité.

L'embarras était grand en ce qui concernait l'organisation de la musique. François Compagnolo, de Modène, l'habile maître de chapelle de l'archiduc Léopold, venait de mourir. Il fallait un artiste d'un talent éprouvé comme le sien pour présider aux exécutions musicales et pour composer les morceaux de circonstance.

L'archiduc eut recours à l'infante Isabelle, gouvernante des Pays-Bas. Il lui écrivit d'Inspruck, le 24 novembre 1630, pour lui demander le concours de Bernardino Grassi, attaché à la chapelle de cette princesse. Il donnait pour motif de cette préférence, l'éloge qui lui avait été fait de ce compositeur, pendant son séjour à Ratisbonne, et l'expérience toute particulière qui lui était attribuée pour l'arrangement de toutes sortes de divertissements musicaux (*in Zuerichting allerhandt Kurzweilen sonderbare guete experiens tragen sollen*).

La lettre de l'archiduc n'entre pas dans d'autres détails; mais il est permis de supposer que le terme *Kurzweilen*, amusements, s'applique moins à des danses pures et simples, qu'à ces pièces de comédie, mêlées de danses, qu'à l'imitation de la France, on exhibait alors dans toutes les cours de l'Europe.

Nous avons sous les yeux le livret d'une de ces pièces (1). Il porte pour titre : *Le balet du monde, accompagné d'une comédie en musique, l'un et l'autre donnez à la resjouyssance publique sur le sujet de l'heureux mariage de Leurs Majestez, en présence et par ordre de Son Altesse Sérénissime l'Archiduc Léopolde, etc., au palais de Bruxelles, le dernier jeudy du carneval* 1650. Bruxelles, Hubert-Anthoine Velpius, 1650, in-4°, de 18 pages.

Il s'agit là sans doute du mariage de Philippe IV, roi d'Espagne et des Indes, avec Marie-Anne d'Autriche, mariage qui eut lieu le 8 novembre 1649, et, dans ce cas, le prince par ordre de qui le spectacle eut lieu, n'est autre que le fils de l'empereur Ferdinand II, qui gouverna les Pays-Bas de 1647 à 1662.

Rien de plus plat ni de plus inepte que ce livret. Les plus basses flatteries et les plus fades allusions y coudoient

---

(1) Il est conservé à la Bibliothèque royale de Bruxelles, section II, n° 14518.

les pantomimes les plus burlesques et les plus grossières. C'est vraiment à n'en pas croire ses yeux. Deux sujets, l'un purement mythologique, l'autre allégorique, y marchent de front, sans la moindre intrigue qui vaille, sans le moindre art dramatique dont il faille tenir compte. La musique a dû y remplir un rôle non-interrompu, et la partie descriptive, comme le chœur des vents, n'en aura pas formé la page la moins intéressante. Dans le ballet, c'est l'orchestre qui aura prédominé; dans la comédie, c'est au chant qu'aura été dévolu le rôle principal.

Le scenario est court. C'est un motif qui nous porte à le reproduire ici en entier, comme spécimen de l'art scénique et chorégraphique du temps. Le voici :

ARGUMENT DE LA COMÉDIE.

Après la destruction de la ville de Troye, Ulisse, faisant voile vers son royaume d'Itaque, est diverty de sa routte par les malices de Vénus, protectrice des Troyens, et jetté sur les costes de l'isle de Circé, ceste fameuse magicienne, où ses soldats estants descendus pour la recognoistre, sont changez en statues par un enchantement inévitable à Ulisse mesme, si par les instructions de Mercure il ne sçavoit s'en deffendre, mais non pas des charmes de l'amour, auxquels il se rend par les artifices de Vénus, avec ce succez touttefois qu'il en obtient de Circé la délivrance de ses compagnons; après quoy il pratique la sienne suivans les advis de Mercure, dont Circé se désespère; et Vénus, piquée de cet affront, porte ses plaintes à Jupiter, ainsi que faict Mercure la justification d'Ulisse et la sienne.

ACTEURS.

NEPTUNE. — CHŒUR DE TRITONS. — ULISSES, ROY D'ITHAQUE. — EURILOQUE, CAPITAINE. — MERCURE. — VÉNUS. — CIRCÉ, REYNE MAGICIENNE. — ARGESTE, VIEILLE MAGICIENNE. — UN SATYRE. — DEUX CAVALIERS ENCHENTEZ. — CHŒUR DE VENTS MUETS. — CHŒUR DE DAMOISELLES. — CHŒUR DE SATYRES QUI DANÇENT. — CHŒUR DE CAVALIERS DÉSENCHANTEZ, QUI DANÇENT. — JUPITER. — CHŒUR DE DÉITEZ CÉLESTES, SÇAVOIR : MARS, MERCURE, VÉNUS, APOLLON.

SUBJECT DU BALET.

L'Univers qui, en touttes ses contrées, recognoit et chérit la domination d'Espagne, luy rend un hommage de joye sur le subject de l'heureux mariage de leurs Majestez. Toutte la nature contribue aux pompes de ceste solemnité : la céleste par ses Dieux, la sublinaire par ses Éléments, l'animale par ses Passions, et la politique par le concours de ses nations; le tout distribué en diverses entrées suivans l'ordre des quattre parties de la terre.

OUVERTURE DE LA SCÈNE.

Neptune, estonné de voir la Mer dans une désobéissance extraordinaire contre luy, en demande la cause aux Tritons qui lui apprennent, comme la beauté de la Reyne Austrienne, ayant eu le pouvoir de calmer les flots par sa seule présence, au passage qu'elle en venoit de faire, Jupiter luy en avoit adjugé l'empire comme à une déité plus digne de le posséder; à quoy Neptune aquiessant, résigne son droict entre les mains de leurs Majestez en faveur de leur mariage, conviant les quattre parties de la terre de le ratifier par un tesmoignage public de leur joye. Ce qu'elles font premièrement touttes ensemble par un concert en forme de dialogue, où elles disputent l'honneur de la fidélité et obéissance vers leurs Majestez, finissant par un accord et conspiration mutuelle de vouloir concourir à leur grandeur et satisfaction, par l'employ de toutes leurs forces.

Puis, chascune à part luy vient rendre ses devoirs dans les entrées de trois nations principales, entremeslées dans les actes de la comédie, suivant cest ordre :

LE BALET.

L'EUROPE. Première partie.

PREMIÈRE ENTRÉE.

Bacchus, à qui touche non-seulement de représenter la joye, mais encor de la causer, après en avoir fait bonne part aux Suisses, les conduict à la Cour pour y en porter les marques avec les offres de leur service.

SECONDE ENTRÉE.

L'élément de l'Eau, ne pouvant estre mieux représenté que par soy-mesme, paroist soubs le nom de Thétis, accompagnée des Vénétiens, ses anciens amys, avec un soing qui sembleroit tenir de la jalousie, s'ils estoient capables d'en concevoir pour un Roy, dont la puissance ne leur peut estre qu'advantageuse.

TROISIESME ENTRÉE.

Saturne, dont l'influence froide et mélancolique causeroit volontiers l'hyver, mesme dans le ciel et dans l'empire de la chaleur et de la lumière, trouve, à l'abord des dames de ceste Cour, une douce température à sa froideur, et à celle des Finlandois qu'il y conduict.

LA COMÉDIE. Acte premier.

SCÈNE PREMIÈRE.

Ulisse, *seul.*

Ulisse, attendant le retour de ses compagnons, se plaint de la rigueur de sa fortune, de la persécution des Dieux, et des longues erreurs de sa navigation.

SCÈNE II.

Euriloque, Ulisse.

Ulisse aprend d'Euriloque l'adventure de ses soldats, la curiosité qui les porta d'entrer dans la grottè de Circé, et leur transformation; en suitte de quoy il se picque du désir de les mettre en liberté, et renvoye Euriloque à la garde du navire.

SCÈNE III.

Mercure, *en habit de berger,* Ulisse.

Mercure, soubs ce desguisement, instruict Ulisse touchant le chemin de la caverne, et les moyens de résister aux enchantements, luy donnant à cest effect la fleur du contrecharme; après quoy, se couvrant de nuée, il reprend sa forme accoustumée. Ulisse le recognoit pour son Dieu tutélaire, luy rend grâces, et s'achemine vers la grotte.

SCÈNE IV.

Vénus *seule.*

Elle tesmoigne son dessein d'arrester Ulisse dans ceste isle, pour empescher son retour en Ithaque, et donner temps aux galants de Pénélope de pouvoir réussir en leur poursuitte.

SCÈNE V.

CIRCÉ, SES DAMOISELLES, ARGESTE.

Leur entretien est touchant; les formes d'animaulx qui leur
plaisent le plus, et qu'elles souhaittent à leurs amants; où
Argeste donne plus que les autres dans les bons mots et la
raillerie.

SCÈNE VI

ULISSE, CIRCÉ, SES DAMOISELLES, ARGESTE.

Ulisse, encor incognu de Circé, luy fait instance pour la
délivrance de ses compagnons, se laisse attire par ses caresses
jusques à boire dans la couppe qu'elle luy présente, dont ne
voyant suivre l'effect ordinaire de la transformation, elle se
met en devoir de le toucher de sa verge; mais luy, se ressouve-
nant de l'advis de Mercure, se deffend avec l'espée, oblige Circé
à luy demander pardon, et, s'estant fait recognoistre pour ce
qu'il est, la rend amoureuse de sa valeur, le devient de sa
beauté, et, par une convention mutuelle, obtient le désenchan-
tement de ses soldats.

SCÈNE VII.

CHŒUR DES VENTS, ULISSE, CIRCÉ, SES DAMOISELLES, ARGESTE.

Circé, après avoir endormi Ulisses par les douceurs de son
chant et de sa flatterie, va préparer son palais, et commande
aux Vents d'y transporter Ulisses.

SCÈNE VIII.

PREMIER SATIRE, CHŒUR DES SATYRES.

Il déclare la commission qu'il a de Circé, de prendre soing
de ses jardins et des animaulx qu'elle y tient enfermez, ordonnant aux satyres de les dresser à la dance, en laquelle ils
font paroistre aussitost leur disposition et dextérité merveilleuse.

LE BALET.

L'AMÉRIQUE; SECONDE PARTIE.

PREMIÈRE ENTRÉE.

Junon, qui, disposant des richesses et du mariage, en fait
naistre par conséquent le désir, se vante d'avoir contenté celuy
du Roy en ce qui touche sa plus chère prétention, et de vouloir
satisfaire aux nécessitez de son estat par l'abondance de ses

riches métaulx, qui se tirent de la montagne de Pothosi dans le Pérû, protestant de l'affection et fidélité des mineurs qui la suivent, et qui font vanité du mestier qu'ils exerçent, pour avoir beaucoup de conformité avec la profession d'un amour pur et sincère.

SECONDE ENTRÉE.

Zéphir, ce doux modérateur de l'élément de l'air, comme les autres vents n'en sont que les tirans, le représente en sa plus parfaite température, et tel qu'il est respiré par les Mexicains, qui, soubs la conduitte de ce Dieu, viennent faire parade de leur légèreté et disposition dans la dançe, et confirmer les vœux de leur constance et naïfveté innocente, en ce qui touche les devoirs de leur subjection.

TROISIESME ENTRÉE.

Flore, de qui le propre est non-seulement de porter l'image du printemps, mais aussi d'en produire les effects partout où elle passe, vient offrir toutes les raretez de celui de la Floride, duquel pourtant ses habitants semblent ne regretter pas beaucoup l'esloignement, pour jouyr de la présence de beautez qu'ils ont rencontrées dans la Cour.

LA COMMÉDIE, ACTE SECOND.

SCÈNE PREMIÈRE.

ARGESTE, LE SATYRE.

Argeste, contrefaisant la passionnée pour ce satyre, luy en fait accroire par un entretien de badineries amoureuses, et le laisse trompé.

SCÈNE II.

ULISSE, CHŒUR DES STATUES.

Ulisse loue la beauté de Circé et les délices de son palais, les statues duquel jettant quelques plaintes mal articulées, qui semblent implorer son secours, se font recognoistre pour ses soldats, auxquels il le promet, quelque péril qu'il y rencontre.

SCÈNE III.

MERCURE, *seul.*

Mercure, estant descendu du ciel pour s'opposer aux ruses que Vénus prépare contre Ulisse, la voyant venir avec Circé, se cache affin de découvrir le secret de leurs pratiques.

SCÈNE IV.
VÉNUS, CIRCÉ, ET MERCURE RETIRÉ.

Vénus instruit Circé de tous les artifices propres à gagner l'affection d'Ulisse.

SCÈNE V.
VÉNUS, MERCURE.

Mercure entre en contestation avec Vénus, pour la deffence d'Ulisse.

SCÈNE VI.
ULISSES, CIRCÉ, CHŒUR DES STATUES.

Circé, qui voit l'esprit d'Ulisses peu disposé à luy complaire, pour sa mélancolie causée par la disgrâce de ses compagnons, le prend par ses intérests, et affin de luy donner plus aisément de l'amour, lui oste la tristesse, accordant, à sa prière, la restitution de leur première forme, dont il paroist incontinent un merveilleux effect en leur souplesse à dançer un balet.

LE BALET.
L'AFRIQUE; TROISIESME PARTIE.
PREMIÈRE ENTRÉE.

L'Espérance, qui fait prophétiser aux hommes les choses qu'ils désirent le plus, enseigne à une troupe d'Égiptiens et d'Égiptiennes, diseurs de bonne advanture, les suittes favorarables du mariage du Roy, ainsi qu'elle les a aprises de la déesse Pallas, qui la représente comme estant fille des pensées de Jupiter, lesquelles ne sont capables d'aucune erreur ny mensonge.

SECONDE ENTRÉE.

Prométhée, pour s'approprier tout-à-fait le feu qu'il a ravy du ciel, ne veut faire qu'une mesme chose avec luy, en cédant pourtant la divinité aux yeux de la Reyne, et renonçant pour jamais à la proffession qu'il faisoit d'exercer ses brigandages sur les eaux avec les pirates de Mauritanie, pour s'attacher désormais au service de leurs Majestez et des dames.

TROISIESME ENTRÉE.

L'esté, représenté par le Soleil, n'estime plus l'honneur ni la richesse de ses moissons, en comparaison des biens que cest auguste mariage doibt produire au monde, et les Éthiopiens, chez lesquels elle est continuellement, viennent, soubs la conduitte de cest astre, offrir toutte la fecondité de leur royaulme, nonobstant quoy ils appréhendent de n'estre pas bien reçeus des dames, à cause de leur difformité.

LA COMÉDIE; ACTE TROISIESME.

SCÈNE PREMIÈRE.

CIRCÉ, ULISSE, SES DAMOISELLES, ARGESTE.

Circé habille Ulisse de sa main, après l'avoir despouillé de sa prudence et résolution; à quoy ses damoiselles et Argeste contribuent par leurs caresses et mignardises.

SCÈNE II.

VÉNUS, *seule*.

Vénus triomphe de la victoire qu'elle a remportée sur Ulisse en faveur de Circé, se promettant de luy en conserver la jouyssance perpétuelle.

SCÈNE III.

MERCURE, ULISSE.

Mercure destrompe Ulisse, et, le rappellant à la mémoire de sa patrie, de sa femme et de ses enfants, luy fait résoudre son partement.

SCÈNE IV.

CIRCÉ, ARGESTE, ULISSE.

Circé employe les reproches, les flatteries, les promesses et tous autres moyens de persuasion, pour regagner Ulisse; de quoy ne pouvant venir à bout, elle a recours aux menaces, et s'en va soliciter tout l'enfer pour sa vengeance.

SCÈNE V.

EURILOQUE.

Euriloque, ayant disposé touttes choses pour l'embarquement, reçoit Ulisse dans le vaisseau qui fait voile, après l'avoir pourtant attendu quelque temps avec crainte et impatience, dans l'incertitude de ce que luy estoit arrivé.

SCÈNE VI.

VÉNUS, MERCURE.

Vénus se plainct du tort que Mercure luy a fait, en luy arra-

chant ceste riche despouille de l'amour d'Ulisse; sur quoy ils
entrent en desbat, et, comme Vénus proteste d'en demander
justice à Jupiter, Mercure s'envole vers luy, pour luy porter
ses deffences.

LE BALET.

L'ASIE; QUATRIESME PARTIE.

PREMIÈRE ENTRÉE.

Cupidon, qui n'estoit auparavant que le démon d'amour,
en est devenu le Dieu, s'estant purifié dans les chastes yeux de
la Reyne, protestant désormais de ne souffrir plus aucune im-
pureté dans les affections des hommes, dont il fait paroistre
un grand effect, par la réduction des amazones à régler la liberté de leurs amours dans les loix du mariage.

SECONDE ENTRÉE.

Le muable Prothée, après tant de changements qu'il a fait
voir de tous temps dans la nature, et mesme dans la fortune,
par la révolution des empires du monde, s'oblige à remettre
la terre qu'il représente, dans une seule forme de gouvernement, soubs celuy de sa Majesté, laissant pourtant aux Chinois
la variété de leurs couleurs, pour en faire offre à l'embellissement de ceste journée, en tesmoignage de leur joye.

TROISIESME ENTRÉE.

Pomone, la déesse des fruicts, dont l'empire des Turcs est
extrêmement fertil, vient présenter à leurs Majestez touttes les
richesses de son automne, et particulièrement à la Reyne,
ceste pomme d'or destinée à la plus belle; et, pour avoir désormais plus de moyens de fournir à leur table tout ce qu'elle a
de plus exquis, elle fait perdre aux Ottomans cest appétit des-
reiglé de leur ambition, pour leur en donner un autre plus
légitime, qui est celuy de la paix, tesmoignant le désir qu'ils
ont de goûter d'un fruit si délicieux, pourveu qu'ils ayent
l'honneur de le recevoir de la main d'un si grand monarque.

LE GRAND BALET.

Jupiter, interressé dans le bonheur de Sa Majesté, comme
estant entre tous les princes celuy sur lequel il se repose du
gouvernement de la plus grande partie du monde, oblige les

principaulx de sa Cour céleste à combler de toutte sorte de prospéritez son auguste mariage, espanchant sur luy et sur la Reyne, comme ils offrent de faire, les grâces qui sont propres à leur influence : Mars la force, Apollon la sagesse, Pallas l'industrie, et Vénus la beauté, faisant voir la conspiration de leurs bonnes volontés par un concert de musique; après quoy ils invitent les palladins, choysis de tous les royaulmes de la terre, à tesmoigner, par l'addresse de leurs pas, celle qui doit servir de guide à leur courage, pour contraindre les ennemis du Roy à luy demander la paix, et pour maintenir la gloire des beautez de la Reyne.

Le musicien qui composa la musique du ballet et de la comédie ci-dessus, était sans doute maître de chapelle de la cour de Bruxelles. Jusqu'ici, il nous a été impossible de rien découvrir à son sujet, les comptes de la recette générale des finances de 1640 et de plusieurs années suivantes n'existant point aux Archives générales du royaume. Que ce soit à Bernardino Grassi ou à l'un de ses successeurs que revient l'honneur (si honneur il y a) de l'ouvrage, il importe peu en définitive, puisque la partition est perdue et qu'il nous est permis seulement de retracer les caractères généraux de la double composition qu'il a fallu écrire.

Grassi avait une grande réputation à Bruxelles, comme on vient de voir. Il aura voulu la soutenir dignement à Vienne. Aussi les conjoints royaux se montrèrent-ils particulièrement satisfaits de son talent, et l'archiduc Léopold s'empressa-t-il de remercier vivement l'infante de lui avoir accordé le concours d'un artiste aussi distingué (1). Sa tâche étant remplie, Grassi retourna à Bruxelles, pour y diriger la musique de la Semaine-Sainte.

---

(1) Cette lettre de l'archiduc Léopold, datée de Vienne le 24 mars 1631, et l'autre lettre du même, écrite à Inspruck le 24 novembre, sont conservées aux Archives du royaume, dans la collection des papiers de la secrétairerie d'État allemande, sous les nos 134 et 145.

Le maître n'est mentionné par aucun biographe. Il figure ici par la même raison qui nous a déterminé à enregistrer Fabio Ursillo.

XLI.

De Fyne (Hermès),

Maître de chant de la chapelle de Jacques de Luxembourg, gouverneur de la Flandre. — Honneurs qui lui sont rendus à Grammont et à Courtrai, en 1520 et 1528. — Un organiste, attaché à la même chapelle, joue de l'épinette devant Marguerite d'Autriche, en 1526. — Inductions à ce sujet. — Un joueur d'épinette d'Anvers se fait entendre devant la susdite princesse, en 1522. — De qui ces virtuoses apprirent-ils leur art ? — Deux livres de tablature instrumentale imprimés à Anvers, en 1529 et 1568. — Ils procèdent sans doute d'une publication allemande du même genre, datant de 1511. — La famille des instruments polycordes à clavier. — Description d'un clavicorde du XVe siècle. — L'épinette et ses variétés touchées par des mains royales. — Apparition des polycordes à clavier en France et en Italie. — Description d'un clavecin italien de 1548. — Apparition des polycordes à clavier en Espagne, en Écosse, en Irlande et en Angleterre. — Leur usage dans les communautés religieuses, etc. — Une épinette au service de l'Académie de musique de Mons, au XVIIe siècle. — Invasion du piano-forté. — Droits prélevés à son entrée aux Pays-Bas.

Un prêtre, du nom d'Hermès De Fyne, était attaché, en qualité de chapelain et de maître de chant, à la chapelle de Jacques de Luxembourg, comte de Gavere, seigneur de Fiennes, gouverneur et capitaine-général de Flandre. Son passage à Grammont et à Courtrai est constaté, de 1520 à 1528, dans les comptes communaux de ces villes. A son arrivée, le vin d'honneur lui fut offert avec empressement, comme à un personnage de grande distinction :

« Ghepresenteert den xiij^en in ougste her Hermes, cappelain van mynen heere van Fiennes, ende Jan Bloeme, drie cannen beaunen van viij s. den stoop; es xxxvj s. (1). »

« Den capelaen ende zanckmeestre van mynen heere van Fiennes, ij cannen (2). »

(1) Comptes de la ville de Grammont, année 1520.
(2) Comptes de la ville de Courtrai, années 1526-1528.

« Ghepresenteert ten zelven daghe (up sente Bertolmeeus
dagh) her Hermès De Fyne, t'anderen tyde capellaen gheweest
van mynheere van Fiennes, etc., twee cannen beaune, ten zelven pryse; es xxxiij sc. (1). »

Devons-nous saluer en lui l'un des premiers joueurs d'é-
pinette aux Pays-Bas, ou du moins l'un des plus anciens
virtuoses de cet instrument dont parlent nos archives?
Toujours est-il permis de supposer que Jacques de Luxembourg avait à ses gages un de ces musiciens habiles qui
cumulaient souvent, avec l'emploi de maître de chapelle,
celui d'organiste ou de harpiste.

L'impossibilité où nous nous trouvons de constater l'i-
dentité d'Hermès De Fyne avec un joueur d'épinette anonyme de la même époque, également attaché au service du
gouverneur de Flandre, n'est point si regrettable toutefois,
et nous voyons bien moins d'intérêt à savoir le nom exact
du virtuose, qu'à enregistrer, pour en enrichir l'histoire
musicale de ces contrées, le fait d'un concert donné sur
une épinette, dès 1526, au palais de Marguerite d'Autriche. Ce fait est consigné, en termes positifs, dans l'extrait
qui suit :

« A l'organiste de monsieur de Fiennes, la somme de sept
livres, dont madame [Marguerite d'Autriche] luy a faict don,
en faveur de ce que le second jour de décembre XVᵉ XXVI,
il est venu jouer d'ung instrument, dit espinette, devant elle
à son disner (2). »

Quatre ans auparavant, c'est-à-dire en 1522, un organiste d'Anvers, dont le nom est omis aussi, avait amené,
au même palais à Bruxelles, deux de ses jeunes enfants,

_____

(1) Comptes de la ville de Grammont, année 1528.
(2) Compte de la recette et dépense de l'hôtel de Marguerite, « rendu par
» Jean de Marnix, seigneur de Thoulouze, conseiller, trésorier et receveur gé-
» néral de toutes les finances de ladite archiduchesse. » Archives du royaume,
registre nᵒ 1802, fᵒ iiijxx xviij.

qui se firent entendre sur une épinette pendant le diner de l'auguste princesse. Le passage transcrit ci-dessous le témoigne :

« A ung organiste de la ville d'Anvers, la somme de VI livres, auquel madicte dame [Marguerite d'Autriche] en a fait don, en faveur de ce que, le xvᵉ jour d'octobre XVᶜ XXII, il a amené deux jeunes enffans, filz et fille, qu'ils ont jouhé sur une espinette et chanté à son disner devant elle (1). »

Faisons remarquer que Jacques de Fiennes, outre la résidence principale qu'il tenait à Gand, séjournait parfois ailleurs, pendant la bonne saison, et notamment au bourg de Sotteghem. Voilà donc un instrument naissant, connu non-seulement dans des centres populeux des Pays-Bas, comme Gand, Bruxelles et Anvers, mais encore dans de petites localités de Flandre.

Nous disons *instrument naissant*, car la circonlocution dont le scribe se sert, au premier de ces articulets, sem-ble indiquer que la vogue de l'épinette n'en avait point encore rendu le nom familier. Le clavicorde était en usage bien avant cette époque, comme nous le verrons, et quan-tité d'instruments de la famille de celui dont l'épinette est issu, se jouaient par tout le pays.

Où et de qui ces virtuoses apprirent-ils leur art, si art il y avait? quelle était la configuration des instruments qu'ils touchaient? Ces deux questions, n'hésitons pas à le dire, sont d'une solution très-difficile, vu la rareté des documents découverts jusqu'ici. Ce n'est pas un motif de ne point en aborder l'examen provisoire.

Déjà en 1568, on imprimait à Anvers une méthode in-strumentale, appelée alors tablature, où l'art de jouer du clavicorde était enseigné sous forme de dialogues. Le titre en est : *Dit is eē seer schoō boecxke om te leere makē alder-*

---

(1) Compte-rendu par Jean de Marnix, etc., registre n° 1798, fᵒ vijxx iij vᵒ.

hande tabulatuere uuten discante. Daer duer men lichtelyck
mach leere spelen op clavicordiu, luyte en fluyte. Gheprint
Thantwerpen op de Lombaerde veste in den Witten Hase-
wint, by Jan Van Ghelen, ghesworen boeckprinter der
C. M. anno 1568. In-4°, dern. sig. 115. « C'est dit, de
» Reiffenberg, un ouvrage curieux qui est en dialogue entre
» un maître et son élève. Il est orné de planches et de mu-
» sique notée, gravées sur bois (1). »

Cet opuscule, d'une excessive rareté et que de Reiffenberg a eu en sa possession, est resté jusqu'ici lettre close
pour nous, parce que nous n'avons pu parvenir à savoir
par quel dépôt elle a été acquise. Il en est une autre,
d'une date bien antérieure, mais dont malheureusement
le titre n'est point si étendu. Il est intitulé simplement :
Livre à faire et ordonner toute tablature hors le discant.
Anvers, 1529, in-4°. Malgré ce laconisme, il est permis
d'induire des mots *toute tablature,* que le clavicordium
était compris dans la série d'instruments enseignés par
l'auteur (2).

(1) *Lettre à M. Fétis.*

(2) De Quinsonas, *Matériaux pour servir à l'histoire de Marguerite d'Au-*
triche, t. II, p. 301. L'archiduchesse touchait-elle elle-même une épinette, ou
avait-elle à ses gages un virtuose spécial pour cet instrument? L'une et l'autre
suppositions sont possibles, puisque nous rencontrons à la page 346 du
tome III du même ouvrage, parmi les pièces justificatives, ce passage extrait
des archives de Dijon et compris dans l'*Inventorium Castri-Pontis Yndis* (Inventaire du château de Pont-d'Ain), de 1531 : « Una espinetta cum suo
» estuys. » L'auteur du livre précité dit en note : « Épinette ou psaltérion. »
Cela n'est pas rigoureusement exact, puisque l'épinette est le psaltérion
transformé, ou plutôt mécanisé. L'inventaire du manoir de Marguerite d'Autriche comprend encore deux soufflets d'orgues, «soffleti orgarum, » et une
horloge en fer ayant deux « vernetes apti ad percutiendum simballum, cum
suo tabernaculo. » M. de Quinsonas dit à ce sujet : « Nous ignorons ce que
» signifie *vernetes;* il y a sans doute erreur de la part du scribe : ce sont
» peut-être deux personnages ou jaquemarts pour frapper les heures sur le
» timbre, ce qui était déjà alors fort usité. Cette horloge du château de Pont-
» d'Ain devait être de grande dimension. » *Id.,* t. I, pp. 188 et 189.

Cette publication de 1529 est-elle la primitive, et peut-on accorder à Anvers l'honneur d'avoir produit la première méthode de clavicorde aux Pays-Bas? Cela devient très-douteux, si on rapproche le titre de cette sorte de grammaire instrumentale du titre d'une autre publication, qui semble avoir avec celle-là des affinités très-grandes, et qui vit le jour en Allemagne, en 1511. C'est la suivante : *Musica getutscht und ausgezogen durch Sebastianum Wirdung, Priester von Arnberg, und alles Gesang aus dem Noten in die Tablaturen dieser benennten dreyer Instrumenten, der Orgelen, der Lauten und der Floeten, transferiren zu lernen.* Bâle, 1511, petit in-4° obl.

Les préceptes y sont formulés également en dialogue. Ils concernent non-seulement le luth et la flûte, mais le clavicorde et l'épinette. Rappelons-nous que nos anciens ouvrages musicaux passaient, tous les ans, aux principales foires d'Allemagne (1), et qu'à leur tour ceux de ce pays s'étalaient sur nos places publiques. Ainsi s'explique, selon nous, la prompte vulgarisation, en langues française et flamande, de l'opuscule de Wirdung.

Hâtons-nous de dissiper la confusion que pourraient faire naître dans l'esprit du lecteur, les mots, alternativement employés, de clavicorde, d'épinette ou de clavecin. « Le » psaltérion et le tympanon, comme dérivés du *quânon* (une » des variétés du psaltérion triangulaire), ont produit, en » se combinant avec l'antique monocorde, plusieurs instru- » ments formant une classe spéciale, celle des instruments » à cordes et à touches, parmi lesquels il faut citer le ma- » nicorde ou manicordion, l'épinette, le clavecin, le clavi- » corde, et comme dernier appareil perfectionné de ce » groupe instrumental, le piano-forté, nommé simplement » aujourd'hui piano. » Telle est l'opinion d'un érudit sur

(1) Voyez au § XVI de ce travail. M. Fétis écrit erronément *Virdung*.

l'origine de nos instruments à clavier (1). L'écrivain est plus explicite quelques lignes plus loin, et nous croyons devoir encore lui laisser la parole :

« Ce fut probablement du temps de Gui d'Arezzo, dit-il, » que l'on commença à transformer le monocorde en in- » strument à toucher ou à clavier. De ce moment l'appareil » primitif eut un assez grand nombre de cordes; les cheva- » lets, au lieu d'être mobiles, furent fixés d'avance sur ces » cordes, qu'on mit en vibration au moyen de morceaux de » bois ou de languettes faisant l'office de plectres, quand on » abaissait les touches auxquelles elles correspondaient. Ce » perfectionnement ou plutôt cette invention fut non-seule- » ment profitable à l'étude de l'harmonie, mais elle pro- » duisit bientôt un véritable instrument de musique, qui » passa du domaine de la théorie et de l'enseignement dans » celui de la pratique. L'usage s'en répandit bientôt de tous » côtés, et il reçut en France les divers noms de *clavicorde* » ou *claricorde, manicorde* ou *manicordion, clavicymbalum,* » *clavicymbel, harpicorde, symphonie, doucemelle, virginale.* » Celui d'épinette exprimait, selon Scaliger, un instrument » de ce genre, dans lequel les languettes de bois étaient » remplacées par un bout de plume de corbeau (2). »

Grâce à un précieux manuscrit conservé à la Biblio- thèque publique de Gand, il nous est permis d'émettre un jugement sur la configuration et le mécanisme d'un des instruments cités plus haut. De forme trapézoïde ou plutôt rectangulaire, cet instrument est monté de huit cordes, auxquelles correspondent autant de touches. Ces touches font mouvoir huit languettes de bois ou de cuivre, huit *claves,* destinées à frapper les cordes sous lesquelles elles

---

(1) Georges Kastner, *Parémiologie musicale de la langue française.* Paris, 1866, gr. in-4º, p. 389; et *Les Danses des morts, dissertations et recherches.* Paris, 1852, gr. in-4º, pp. 232-233 et 270-271.

(2) *Parémiologie musicale, loc. cit.*

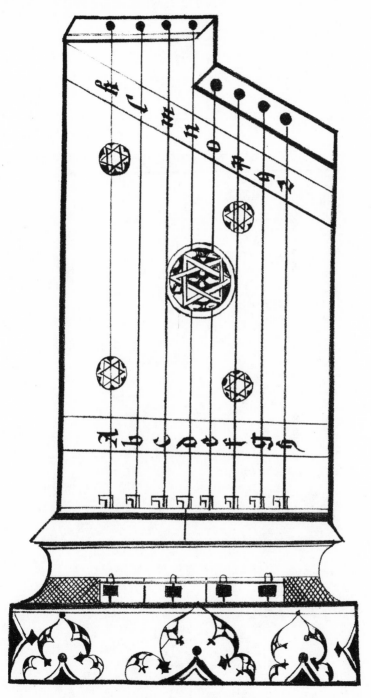

CLAVICORDE DU XVᵉ SIECLE

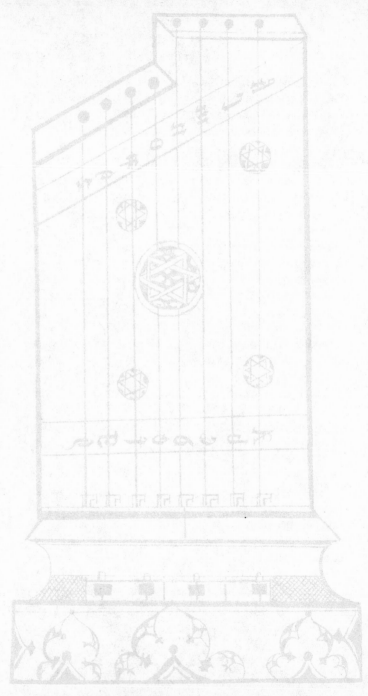

CLAVICORDE DU XVIe SIÈCLE

sont placées. Bien qu'appelé *clavicimbalum* par le scribe,
il nous paraît évident que cet instrument n'appartient ni à
la famille de l'épinette ni à celle du clavecin, vu qu'il n'y
a trace de plume de corbeau, *spina*, aux languettes. Ce
n'est donc qu'une sorte de clavicorde, et sa construction
correspond beaucoup à la description que fait d'un instrument de ce genre M. Hullmandel, dans l'*Encyclopédie méthodique* (1). Voici ce qu'il dit :

« La forme du clavicorde est carrée; il n'a qu'une corde
» pour chaque son, et sa seule mécanique est une languette
» de cuivre attachée à l'extrémité de chaque touche au-
» dessous de la corde qu'elle doit frapper. L'avantage de
» cette languette est d'augmenter et d'adoucir le son en ap-
» puyant du doigt plus ou moins fort sur la touche, et son
» inconvénient est de le hausser ou de le baisser en même
» temps. La simplicité de sa construction a permis d'en
» réduire la longueur souvent au-dessous de deux pieds.
» Quelques-uns de ces instruments ont même été divisés de
» manière à pouvoir être repliés. »

La table de résonnance de notre clavicorde est percée
d'une grande ouïe, qui occupe le centre. Les quatre rosaces qui l'entourent, ressemblent à autant de petites ouïes,
et rappellent, par leurs triangles cléchés et enlacés, les deniers d'Ypres du XIIIᵉ siècle. Une rentrée a été pratiquée
au côté postérieur de l'instrument, pour faciliter la tension
des quatre cordes supérieures. Aucune ornementation d'ailleurs, si ce n'est quelques ogives lobées, peintes ou sculp-
tées, au-dessous du clavier.

Cette forme embryonnaire, on le conçoit, offre un grand
intérêt par sa grossièreté même, et les exemples en sont

---

(1) *Musique*, t. I, p. 285. Tenons note de ce que dit encore, à ce sujet,
M. KASTNER, dans *les Danses des morts :* « Ordinairement l'épinette avait des
» sautereaux armés de plumes, quelquefois des marteaux de bois dur. » Et
attendons la confirmation de son opinion.

extrêmement rares. L'instrument n'apparaît point dans le manuscrit comme un spécimen de la facture du temps, mais comme un exemple de l'application de la division du monocorde au système des polycordes à clavier. L'auteur a emprunté son modèle à un clavicorde qu'il avait à la main, et il ne juge pas opportun de dire qu'il fait chose insolite en traçant sa figure. L'instrument paraît donc accuser un long usage. Reste à savoir s'il appartient à nos contrées, et de quelle époque il date : deux questions auxquelles il convient de s'arrêter un instant.

Déclarons-le tout d'abord, ces questions sont complétement insolubles pour le moment, et la comparaison seule des principaux monuments de la lutherie des Pays-Bas avec ceux sortis des ateliers de lutherie étrangers, pourra jeter quelque jour sur ces ténèbres.

Le manuscrit auquel nous avons emprunté le dessin de notre *clavicimbalum*, a pour titre : *De diversis monocordis, tetracordis, penthacordis, extacordis, eptacordis, etc. Ex quibus diversa formantur instrumenta musica*. Il est anonyme, et rien ne concourt à lever le voile épais sous lequel le théoricien s'est abrité. Nous y voyons bien un *Jacobus de Montibus* (Jacques de Mons, Van Mons ou Vanden Berghen?), cité concurremment avec le romain Boèce, à propos de l'adoption des trois genres grecs : le chromatique, l'enharmonique et le diatonique. Mais, si Boèce, un théoricien étranger, est invoqué comme autorité dans un écrit émané de notre pays, pourquoi un théoricien belge, supposé que *Jacobus de Montibus* ait cette qualité, ne pourrait-il pas être pris à témoin dans un livre originaire d'une autre contrée?

En outre, le manuscrit est apographe. Le copiste est un certain maître Antoine, de Saint-Martin-Akkerghem, à Gand, sur lequel personne ne nous a fourni quelques renseignements. Nous en jugeons ainsi par la conformité de son écriture avec celle d'autres traités musicaux auxquels il est joint, notamment le *Proportionale musices* de Tinctor. Si le traité anonyme n'existe nulle part, soit en original, soit en copie, il y a là, ce nous semble, un indice aidant à constater sa provenance belge. Qui sait s'il n'émane pas de Tinctor lui-même? Les préceptes ont peu d'importance et ne comportent que quelques feuillets. Tinctor aurait pu l'écrire, à titre d'essai, au commencement de sa carrière musicale, et sans tenir à y apposer son nom. Nous donnons ces hypothèses pour ce qu'elles valent.

Certains traités du recueil de Gand portent une date positive et ont été copiés en 1503 et 1504. Il n'y a donc aucune témérité à assigner, à celui qui nous occupe, une date approximative, et à faire remonter notre polycorde à clavier au milieu du XVᵉ siècle. A cette époque le clavicorde était assez répandu. Le clavecin était plus rare, et même nous doutons s'il en existe des exemples. Notre instrument serait l'unique de ce genre, s'il était bien avéré qu'il n'appartînt point aux *croustiques,* pour nous servir d'un mot de Lichtenthal (1). Mais il en est autrement, nous croyons l'avoir prouvé, et, à côté des raisons que nous avons alléguées, il en est une encore qui, bien que spécieuse en apparence, n'en mérite pas moins une mention ici.

Le manuscrit original aura porté vraisemblablement le mot en raccourci de *clavic,* surmonté d'un trait horizontal. Au temps où le petit traité de la division des cordes vit le jour, cette abréviation aura pu signifier *clavicordium.* Mais, à l'époque où maître Antoine de Saint-Martin-Akkerghem en fit la copie, ne serait-il point arrivé, la vogue naissante du clavecin aidant, que la signification du mot eût été modifiée, par la substitution de la terminaison *ordium* en *imbalum* ?

Tant d'interpolations de ce genre ont eu lieu, sans mo-

---

(1) *Dictionnaire de musique,* verb. CEMBALO.

tif, par ignorance ou par distraction du scribe. Ici, le changement de la syllabe finale a sa raison logique et plausible. Du reste, les mots de *clavicordium* et de *clavicimbalum* peuvent avoir eu le même sens, ou bien encore le dessin peut avoir été pris inexactement.

Voici, dans son intégrité, le texte du passage qui se rapporte à notre instrument. Comme nous l'avons dit, il roule sur le système octocordal de Pythagore, dont nous n'avons point, pour le moment, à nous occuper. Il servira simplement de preuve ici à l'authenticité du dessin du clavicorde :

« Hic sentiit dyapason sex esse tonorum, qui inter paranete et nete diesim constituens, et inter lychanos et mese apothome, que simul juncta tonum faciunt : et sic cum ceteris quinque tonis dyapason sex tonorum esse indicavit. Quem Ptolomeus egiptius reprehendit, tale octocordum componens, ut sequitur :

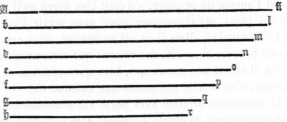

Qui ipsum octocordum ita dividit. Dividatur corda 𝔄 𝔟 per 9 et in octavo parte ejus sit 𝔩 eritque 𝔄 𝔣. a 𝔟 a 𝔩. sesquioctava et sic de reliquis. Erunt igitur 6 toni rursus. Tunc dividatur nervus medius ad 𝔣, erit igitur 𝔄 𝔣. dupla ei que est 𝔥 𝔷 pulse namque simul 𝔄 𝔣. 𝔥. 𝔷. dyapason consonantiam resonabunt. Si vero 𝔤. 𝔭. percusseris erit paulo acutior quam 𝔥. 𝔯. et transcendunt 6 diapason toni consonantiam. Ex isto octocordo tale formatur instrumentum quod dicitur clavicimbalum. »

L'épinette a-t-elle été inventée, au XVᵉ siècle, par quelque moine industrieux, vivant dans l'intimité d'un instrument à plectre et jouissant des loisirs nécessaires pour mûrir sa découverte? Il est bien entendu que nous parlons ici plus particulièrement de l'épinette que du clavicorde, issu directement du psaltérion, et dont l'origine ne sera peut-être jamais exactement déterminée. Le clavicorde nous sert, par la similitude de sa *testatura*, à nous orienter dans la marche obscure et capricieuse de son rival naissant. Il est de toute évidence que, dès le XVe siècle, la théorie du clavicorde aura été utilisée par ceux qui jouaient de l'épinette ou du clavecin.

Au premier quart du XVIe siècle, les instruments de la famille de l'épinette auront été monopolisés, chez nous, par les organistes et les maîtres de chant. Au deuxième quart, les polycordes à clavier se seront frayés rapidement un passage dans le monde. On voit les grandes dames s'en emparer à l'envi pour charmer leurs loisirs et en faire le confident de leurs pensées. Les rois et les reines même les prennent pour leurs instruments favoris. Ainsi Charles-Quint, à l'âge de huit ans, jouait du manicorde, sous la direction d'un organiste de Lierre, maître Van Viven, et l'archiduchesse Éléonore s'amusait, dès 1516, à toucher d'un clavicorde sorti des ateliers du facteur anversois Antoine Mors (1). L'extrait relatif à Charles-Quint, bien que reproduit déjà dans les *Archives du Nord de la France,* ne sera pas déplacé ici :

« Août 1508. A maistre Van Viven, demourant à Lierre, la somme de trente et une livres cinq solz dudit pris que, par le commandement de mesdis seigneurs et de madite dame (la gouvernante) le dit receveur général lui a baillié et délivré comptant, pour un manicordium, monté et accoustré comme il appartient, que mondit seigneur a fait prendre et acheter de lui pour

(1) Pinchart, *Archives des Arts,* etc., t. I, p. 7. L'archiduchesse Éléonore, sœur aînée de Charles-Quint, avait alors dix-huit ans. Née à Louvain en 1498, elle perdit, à l'âge de huit ans, son père, l'archiduc Philippe d'Autriche. Elle fut élevée à la cour de Charles-Quint.

ladite somme, par marchié fait avec lui pour icellui apprendre à jouer pour son desduit et passe-temps, pour ce icy sa quictance, XXX lib. V s. »

On sait, d'autre part, que la reine Élisabeth d'Angleterre aimait passionnément le clavecin (1). La vogue de cet instrument fut complète dans tous les pays voisins des Pays-Bas, dès le milieu du XVI° siècle.

En Italie, un écrivain florentin, André Naccheri, qui vécut à la fin du XV° siècle ou au commencement du XVI°, consigna, dans un manuscrit, qui malheureusement est égaré, entre autres instruments de son temps, des clavecins et des épinettes, *cembali e cembanelle* (2). Nicolas Vicentini, élève d'Adrien Willaert, construisit, après 1546, un *arcicembalo* qui avait plusieurs claviers divisés. Le but du musicien était de faire une application pratique du genre diatonique, chromatique et enharmonique des anciens Grecs. Deux ans après, c'est-à-dire en 1548, Zarlino, autre élève

<hr>

(1) Reproduisons, à ce sujet, une anecdote curieuse rapportée dans la *Biographie universelle* de Michaud : « Elle (Élisabeth) avait un goût particu-» lier pour la musique bruyante, et, pendant ses repas, un concert de douze » trompettes et de deux timbales, avec les fifres et les tambours, faisait re-» tentir la salle. Elle avait d'ailleurs la prétention d'exceller sur le clavecin; » et lorsqu'elle reçut l'ambassadeur Melvil, en 1564, ayant appris que Marie » Stuart jouait de cet instrument, elle donna ordre à lord Hundson de con-» duire l'ambassadeur, sans affectation, dans une pièce d'où il pût l'entendre » jouer elle-même. Melvil, comme transporté par l'harmonie ravissante de ces » accords, ouvrit la porte, et la reine, affectant d'être piquée d'avoir été sur-» prise ainsi, n'oublia cependant pas de lui demander s'il croyait que la reine » d'Écosse fût plus forte qu'elle sur cet instrument. » T. XIII, p. 60. La reine Élisabeth naquit en 1533 et mourut en 1603. L'ambassadeur écossais, dont il est question ici, était chargé d'une mission diplomatique de Marie Stuart.

(2) Francesco Doni, *Seconda Libreria*, édition de 1551, pp. 27 et 28. — Sont-ce, à proprement parler, des clavecins et des épinettes que l'auteur a voulu désigner? C'est la signification que leur donne M. Fétis. Mais le doute est permis en présence de ces lignes de M. Kastner : « Les Italiens ont quelque-» fois appelé *cembalo* une espèce de tympanon, et *clavicembalo*, le clavecin; » mais ordinairement *cembalo* désigne dans leur langue le tambour de bas-» que. » *Parémiologie musicale*, p. 390.

de Willaert, fit fabriquer, peut-être à l'imitation de son condisciple, un clavecin dont la *testatura* permettait de formuler en intervalles très-déterminés les trois genres susdits.

Le dessin de l'instrument nous a été conservé dans les *Istitutioni harmoniche*. Il nous permet d'apprécier l'immense distance parcourue par le génie italien, dans le perfectionnement du clavecin, à partir de la forme grossière reproduite par le manuscrit de Gand. Au commencement du XVIIe siècle, les Ruckers passèrent pour des inventeurs ingénieux. Ils ont, en effet, amélioré certains détails de mécanisme (1); mais la coupe architecturale de l'instrument fut poussée, d'un bond, en Italie, à un degré de perfection qui n'a point été dépassé pendant trois

(1) Nous avons vu, aux §§ XIII et XXXIV, ce que Van Blankenburg et Burney disent des clavecins de Ruckers. Voici le jugement que porte M. HULLMANDEL sur ceux du chef de cette maison : « Hans Ruckers, dit-il, donna à cet instru-
« ment [le clavecin] nn son plus fort, plus brillant et plus animé, en joignant
» aux deux cordes à l'unisson un troisième rang de cordes plus fines et plus
» courtes que les autres, et accordées à l'octave supérieure. On l'appelle petite
» octave. Hans Ruckers monta ses clavecins, moitié en cordes de cuivre pour
» les sons graves, et moitié en cordes de fer pour les sons aigus. Il fit, à l'i-
» mitation de l'orgue, un second rang de touches, dont l'objet fut de produire
» des nuances, en faisant entendre trois cordes sur un clavier et une seule sur
» l'orgue. Il porta l'étendue du clavier à quatre octaves, d'*ut* à *ut*, en ajou-
» tant quatre sons graves aux quarante-cinq dont il était composé avant lui.
» Ce qui a surtout distingué cet habile facteur, est la qualité, la plénitude
» et l'égalité du son qu'il a données à ses clavecins, par d'heureuses propor-
» tions, par un soin extrême dans le choix du bois dont il formait les tables
» de ses instruments, par l'attention avec laquelle il rapportait les fils du
» bois de ces tables pour que rien n'interceptât la vibration, et par la gra-
» dation qu'il observait dans leur épaisseur, proportionnée aux différents
» nombres de vibrations entre les sons graves et aigus.
» Les premiers clavecins de Hans Ruckers sont de la fin du XVIe siècle.
» Ce facteur avait été menuisier à Anvers. Il quitta son premier métier pour
» s'adonner entièrement à la fabrication des clavecins. Cette circonstance
» prouve que ces instruments étaient fort répandus alors. Hans et ses deux
» fils, Jean et André, presque aussi habiles que lui, en envoyèrent un nom-
» bre prodigieux en France, en Espagne, en Angleterre et en Allemagne. »
Encyclopédie méthodique; Musique, t. I, p. 286.

siècles, et qui se perpétue, de nos jours, dans les pianos à queue (1).

Pour permettre au lecteur de juger de la physionomie du clavecin de 1548, nous donnons en regard une reproduction photolithographique de l'instrument.

Il fut construit, à Venise, sur les indications de Zarlino, par un luthier nommé Dominique Pesarese, et non Pesaro, comme dit M. Fétis, lequel, au surplus, ne donne pas la date de la fabrication. Pesarese, au rapport de Zarlino, était un facteur d'un mérite exceptionnel, *raro ed eccellente fabricatore*. Mais, donnons le passage entier relatif à la construction de ce curieux clavecin :

« A l'avenir, chacun sera à même de construire un in-
» strument semblable à celui que j'ai montré. Cet instru-
» ment commode produira les modulations et harmonies
» propres aux trois genres cités. Et ce n'est pas chose dif-
» ficile, attendu que j'en ai fait faire un à Venise, en 1548,
» dans le but de signaler le procédé par lequel on pourra
» réaliser les effets chromatiques et enharmoniques : c'est
» un clavecin que j'ai encore, facturé par Dominique Pesa-
» rese, constructeur d'un mérite rare et qui excellait dans la
» fabrication de semblables instruments. Dans ce clavecin,
» les demi-tons majeurs sont divisés non-seulement en qua-
» tre parties, mais les mineurs le sont également, de façon
» que chacun d'eux se trouve divisé en quatre parties. On
» pourra en construire d'autres différemment ; mais il y
» aurait peu d'utilité à le faire, parce qu'on y multiplierait
» les cordes sans nécessité, par le moyen desquelles on ne

(1) « C'est en Italie, dit le bibliophile Jacob, que les instruments à cordes
» de métal et à clavier, de la même famille (que le clavicorde ou manicor-
» dion), tels que l'épinette, paraissent avoir reçu les premiers perfection-
» nements qui devaient bientôt rendre inutile le psaltérion et le faire oublier
» tout-à-fait. » *Curiosités de l'histoire des Arts*, Paris, 1858, in-12, p. 398.

Interprétation du clavier.

CLAVECIN DE 1548

» pourrait exprimer des accords plus suaves que ceux qu'é-
» mettent les cordes de notre instrument (1). »

Les touches du clavier de Zarlino sont ingénieusement
disposées pour la réalisation des trois genres en question.
Elles forment deux octaves, dont la seconde se termine au
la de notre diapason normal. Nous joignons à la planche
une traduction en notation moderne du clavier de Zarlino.
Inutile d'ajouter que les cordes du clavecin ont été arbitrairement échelonnées par le graveur.

Suivant Burney, l'instrument existait encore à Londres
en 1770. Il avait été en possession d'une certaine dame,
appelée Moncini, et veuve du compositeur Piscetti (2). Rien
ne s'oppose à croire qu'il est conservé soigneusement dans
l'un ou l'autre musée archéologique de la capitale d'Angle-

(1) « Potrà adunque ciascuno per lo avenire fabricare uno istrumento
» alla simiglianza di quello ch' io hò mostrato. Il quale sara commodo et
» atto a servire alle modulationi et harmonie di ciascuno delli nominati tre
» generi. Et questo non sarà ad alcuno difficile, percioche uno de tali istru-
» menti feci fare io l'anno di nostra salute 1548 in Vinegia, per vedere in
» qual maniera potessero riuscire le harmonie chromatiche et le enharmo-
» niche; et fu un clavocembalo, et è anco appresso di me; il quale fabricò
» maestro Dominico Pesarese, raro et eccellente fabricatore di simili istru-
» menti. Nel quale non solamente li semituoni maggiori sono divisi in due
» parti, ma anche li minori di maniera che ogni tuono viene ad essere diviso
» in quattro parti. Et encora che se ne potessero far de gli altri con diverse
» divisionin; ondimeno da loro si haverebbe poca utilita, percioche in loro
» senza alcuna necessità sarebbono moltiplicate le chorde; le quali (oltra le
» mostrate) non sarebbono atte ad esprimere altri concenti più dilettevoli, di
» quelli che fanno udire quelle che sono collocate nel mostrato istrumento. »
Istitutioni harmoniche. Venezia, in-fo, pp. 163 et 164.

(2) « In a letter to Mason the poet, dated Florence, sept. 1770, Burney
» says : — This instrument was invented by Zarlino, in order to give the
• temperament and modulation of the three *genera*, the diatonic, chromatic,
» and enharmonic. It was made under Zarlino's direction, in the year 1548,
» by Dominico Pesarese : it is now in the possession of signora Moncini,
» widow of the late composer, Piscetti. — In the subsequent letter, he
» says : — Zarlino's spinet or small harpsichord is now in London. — »
RIMBAULT, *The Pianoforte, its origin, progress, and construction*. London,
1860, in-4o, p. 68.

terre. Il est étonnant qu'un monument si vénérable de la lutherie ancienne, ne soit pas l'objet d'une haute faveur dans le monde de l'érudition musicale (1).

On vient de voir combien les instruments à clavier étaient répandus en France, à des époques qui, bien qu'indéterminées, sont toujours antérieures, pour le clavicorde et ses variétés, au XVIᵉ siècle. Les épinettes doivent avoir été en grande faveur du temps de Marot, puisque le poëte de la Renaissance en parle en divers endroits de ses poésies (2). Il dit, entre autres :

> Souventes fois, par-devant la maison
> De monseigneur, viennent à grand' foison,
> Donner aubade à coups de hacquebutes,
> D'un autre accord qu'épinettes ou flûtes.

Il résulte de là que l'épinette était alors l'instrument de congratulation par excellence, et servait aux sérénades et aubades données aux gens de distinction. Ce rôle a dû être d'autant plus fréquent, plus prodigué, que l'instrument, petit de format et d'un transport facile, puisqu'il n'avait point encore de supports, faisait l'office d'un groupe de musiciens, formait un concert véritable, tout en ne réclamant que le concours d'un seul virtuose.

En 1557, parut à Alcala un traité de musique, conte-

---

(1) Selon M. DE PONTÉCOULANT, le Musée-Clapisson, installé maintenant au Conservatoire impérial à Paris, renferme une épinette construite en 1523. Cette date est-elle bien authentique? La question mérite d'être examinée soigneusement, et celle de la provenance de l'instrument éveille non moins d'intérêt. « Nous avons eu le bonheur d'être admis dans le sanctuaire, dit » M. de Pontécoulant, et nous avons tout d'abord admiré, au milieu de tant de » richesses, un chef-d'œuvre. C'est une petite épinette renfermant cinquante- » deux cordes, d'un travail parfait et d'une conservation étonnante. Cet in- » strument porte pour étiquette : FRANCESCO DE PORTALESQUI, VERONEN., MDXXIII. » *Organographie*, t. I, p. 273. Nous savons que le musée de Cluny possède, sous le nº 2824, une épinette italienne de 1572. Mais, que ne doivent pas contenir les collections de l'Angleterre?

(2) Marot naquit en 1495 et mourut en 1544.

nant, entre autres, une tablature de l'épinette, *tecla*. L'auteur, don Enrique Valderravano, originaire du royaume de Léon, avait publié, dès 1547, un traité de viole. Or, nous l'avons dit plus haut : quand la théorie s'empare d'un instrument, il faut croire que la vogue de celui-ci a dû être grande. L'Espagne était donc au même point d'avancement, pour les polycordes à clavier, que les autres nations européennes.

M. Richault, après avoir constaté que Caxton, dans sa traduction du roman : *The Knyght of the Toure,* imprimé en 1484, parle de l'emploi du clavicorde par les anciens ménestrels français, donne divers extraits authentiques, d'où il résulte que le monocorde et le clavicorde étaient très-populaires, en Écosse et en Irlande, aux XVe et XVIe siècles. Il cite aussi, pour l'Angleterre, plusieurs passages qui démontrent, entre autres, que le *claricymbalum* fut joué, en 1502, au *Westminster Hall,* à Londres, par douze demoiselles, à l'occasion d'un divertissement donné à Catherine d'Espagne (1).

L'objet de cette courte revue est de démontrer que les Pays-Bas ont, sinon devancé, du moins suivi de près les principales nations de l'Europe dans l'emploi du clavecin. Nous aurons l'occasion de revenir sur cette matière.

Il en est de l'origine du clavecin, comme de toutes les origines. On est allé d'abord en tâtonnant; puis, sans se donner la peine de puiser aux sources authentiques, on s'est mis, de guerre lasse, à généraliser des faits particuliers. Mieux eût valu une stérilité complète que cette abondance d'inductions forcées, tirées d'une imagination trop complaisante. Tout cela est ingénieusement groupé, mais ne résiste pas aux données positives de la science.

Il y a donc énormément à refaire sous ce rapport. Si

(1) *The piano forte, its origin,* etc., pp. 42 et 43.

le mouvement scrutateur des archivistes se poursuit avec
la même ardeur, nous ne serons pas éloignés du but, d'ici
à peu de temps. Et déjà nous avons pu fournir quelques
éclaircissements sur l'itinéraire suivi par le nouvel instrument, aux XVe et XVIe siècles. Il nous reste à compléter
ces informations, par quelques notes sur les différents rôles
qui lui furent assignés, en nos contrées, à des époques
plus rapprochées de nous.

Nous avons vu le clavecin s'installer dans les communautés religieuses. Toutes les variétés de l'instrument s'y
maintinrent et y fleurirent jusqu'à son détrônement par le
piano-forté. L'article suivant du *Dictionnaire de Trévoux*
fournit sur l'usage du manicorde, dans ces asiles pieux, des
détails qu'on chercherait vainement ailleurs :

« Manicordion, instrument de musique fait en forme d'épinette, qui a 49 ou 50 touches ou marches, et 70 cordes, qui
portent sur cinq chevalets, dont le premier est le plus haut, les
autres vont en diminuant. Il y a quelques rangs de cordes à
l'unisson, parce qu'il y en a plus que de touches. Chaque chevalet en contient divers rangs. Il y a plusieurs petites mortaises
pour faire passer les sauteraux armés de petits crampons d'ai-
rain, qui touchent et haussent les cordes, au lieu de la plume
de corbeau qu'ont ceux des clavecins et des épinettes. Ce qu'il
y a de particulier, c'est qu'il a plusieurs morceaux d'écarlate ou
de drap, qui couvrent les cordes, depuis le clavier jusqu'aux
mortaises, qui rendent le son plus doux, et l'étouffent tellement
qu'on ne le peut entendre de loin; d'où vient que quelques-
uns le nomment *épinette sourde* ou *muette*. Aussi est-il particulièrement en usage chez les religieuses, qui apprennent à en
jouer et qui craignent de troubler le silence du dortoir. Cet
instrument est plus ancien que le clavecin et l'épinette, comme
témoigne Scaliger, qui ne lui donne que 35 cordes. Du Cange
dérive ce mot de *monocordum*, supposant que cet instrument n'a
qu'une corde; mais il se trompe. On dit proverbialement et bur-
lesquement qu'une fille a joué du *manicordium*, quand elle a eu

quelque amourette secrète qui a duré longtemps sans faire du bruit (1). »

A l'abbaye de la Thure, à Solre-sur-Sambre, les dames, tout en jouant de plusieurs instruments à cordes, tels que le violon, la viole, etc., ne négligeaient pas de toucher de l'épinette, et, à en juger par un passage d'un mémorial de leur couvent, elles prétendaient se servir d'un instrument qui fût excellemment conditionné sous tous les rapports :

« La mesme année (1708), nous avions achetté une espinette à Mr Demaret, à Maubeuge, notre organiste. Ne l'ayant pas trouvée propre, nous l'avons fait vendre à Mons, le 5e novembre 1711. On l'avait achettée vingt écus courant. On l'a revendue seize escus en piesce, ce qui fait les vingt courant; ainsy il n'y a pas de perte (2). »

Les inventaires dressés vers la fin du XVIIIe siècle, dans toutes les communautés religieuses des Pays-Bas, par ordre de Joseph II, contiennent la mention d'une foule de clavecins et d'épinettes dont on faisait usage dans ces asiles de paix.

Le clavecin s'introduit aussi dans nos maisons échevinales, et le magistrat, aux fêtes et aux banquets qu'il donnait au *scepenhuuse,* avait un instrument spécial, pour en rehausser l'éclat. C'est sans doute pour se munir d'un instrument pareil, que le magistrat de La Haye chargea, en 1613, l'organiste Pierre Alewyns De Voix, d'acheter pour son compte un clavecin à queue, qui lui fut délivré à raison de 150 livres (3).

---

(1) T. IV, p. 588. Kilian aussi se sert du mot *monochordum* pour désigner le manicorde, et il nomme virginale un instrument dont les religieuses (les vierges), font un fréquent emploi. « Virginael (Spinet). Monochordum, cla» vecymbalum et virginale; *vulgò :* instrumentum musicum virginibus fre» quens. » Voir au supplément de son dictionnaire des mots bâtards.

(2) Archives du royaume, registre n° 24.

(3) Pieter Alewijns de Voix (1612, f. 274 en 1635, f. 294); ten behoeve

Le clavecin envahit également nos sociétés d'agrément, et, cela va sans dire, nos académies de musique. Il existe à la section judiciaire du dépôt des archives de l'État, à Mons, un dossier coté n° 31731 du « procès des confrères » académistes de Notre-Dame de Messine, à Mons, contre » les mambours de cette paroisse, » au sujet d'une épinette qui avait été donnée à l'académie de musique (placée sous le patronage de Notre-Dame de Messine) par feu le sieur Manissart, « prêtre, noble et musicien. »

Dans leur requête, en date du 23 août 1719, les académistes disent qu'ils ont été en possession privée de l'épinette dont il s'agit, jusqu'au siége de Mons, en 1691, époque où l'orgue de l'église de Notre-Dame de Messine ayant été détruit, l'épinette fut posée sur le jubé de cette église; qu'elle continua d'être sous leur direction et à leur entière disposition; mais que, depuis quelques mois, les mambours de la paroisse ayant fait placer un orgue sur le jubé, l'épinette fut transportée chez le mambour Tevelle, où elle se trouve, et que ce membre refuse de la remettre au valet de l'académie, pour servir à une messe que celle-ci doit chanter à la chapelle de Saint-Roch sur le Rempart.

Dans les autres pièces du dossier, on voit que de précieux instruments de l'académie avaient été enlevés, malgré la sentence d'excommunication prononcée par l'archevêque de Cambrai contre ceux qui oseraient emporter des instruments ou des papiers de musique de ladite académie, sans la permission de ses membres. On y lit encore que l'épinette avait servi jusqu'en 1691, à des « concerts particu- » liers que les confrères faisaient entre eux, » et « aux » musiques qu'on appelait *le chapelet,* qui avaient lieu tour » à tour chez les académistes pour s'exercer. »

van den magistraet kocht hij, in 1613, voor 150 pond « een clavesimbel » met een staert. » *Navorscher,* 1865, p. 143.

L'affaire se termina par un accord, en vertu duquel les mambours remirent l'épinette, sous récépissé, chez l'avocat Dupuis, suivant la proposition de l'académie (décembre 1719) (1).

Nous avons dit, au § XXXIV, que les somptueux clavecins des Ruckers d'Anvers étaient employés par les familles de haute volée, tandis que les petits clavecins ou épinettes, tels que ceux confectionnés par Albert Delin, de Tournai, ne servaient qu'aux amateurs de moindre condition et aux clercs de petites villes et de villages.

Vers la fin du XVIIIᵉ siècle, il y eut une véritable invasion de clavecins et de pianos-forté dans notre pays. La plupart étaient destinés aux salons des nobles. Pour en donner une idée, nous allons grouper quelques notes à ce sujet, en y comprenant les instruments en transit.

1771 : Deux clavecins, l'un venu de Suisse, l'autre d'Angleterre, pour Chrétien Romberg, à Bruxelles; piano de Londres, pour Frédéric Romberg, à Bruxelles, en destination de la Lorraine. — 1778 : Piano venant de La Haye, pour le comte Respani. — 1785 : Piano fabriqué par Van den Casteele, à Bruxelles, et expédié le 6 juin à Ostende, par L. Boutmy, pour être ramené à Bruxelles au mois de janvier suivant; piano de la veuve Limelette, expédié d'Ostende en France; piano pour A. Boutmy, à Bruges. — 1787 : Clavecin pour le sieur Crumpipen, et un autre, venu de Bonn, pour J. Facius; piano arrivé de Vienne, pour les dames de Würben et de Schafgotsch, chanoinesses à Mons. — 1791 : Piano pour le nommé Rigel; piano, de la même provenance, pour le professeur de cet instrument Gallar; pianos pour la vicomtesse d'Antichamp, arrivée de France, pour la comtesse de Bachy, la vicomtesse de Choiseul, le

---

(1) Nous tenons ces détails de M. Léopold Devillers, sous-conservateur des Archives de l'État à Mons, et, pour les insérer ici, nous n'avons fait que transcrire. Nos sincères remercîments au vaillant archiviste.

vicomte Walsh-Ferrant, Mme Ducluzel, le sieur Defumeron-
De Verrière, retiré à Namur, la vicomtesse de Pardieu, la
vicomtesse de Caraman, la baronne de Béthune, domiciliée
à Tournai, le chevalier de Montignac (1), le comte de Choiseul, tous venus de France, à la suite des troubles qui
avaient éclaté dans ce pays; piano arrivé de Cologne, pour
les frères Overman. — 1792 : Clavecin expédié du collége
de Liége; clavecin ramené de Hollande, où il se trouvait depuis 1774; un autre arrivé de France, pour les enfants du
duc de Beaufort. — Pianos pour la comtesse d'Auberville,
la marquise de Belsunce, le duc de Villequier, le comte de
Dion, la comtesse de Bachy, tous originaires de la France;
piano de Maestricht, pour le couvent de Berlaimont, à
Bruxelles, etc.

Les droits d'entrée pour les clavecins et les pianos-forté
étaient exorbitants. On en jugera par l'ordonnance suivante, émanée du conseil des domaines de Joseph II, et
datée du 9 janvier 1786 :

« Ceux du conseil des domaines et finances de l'Empereur
et Roi, ont, pour et au nom de Sa Majesté, statué, comme ils
statuent par les présentes, que, par provision et jusqu'à autre
disposition, il sera perçu pour droits d'entrée, outre les droits
de convoi et de tonlieux, dans le cas où ces droits opèrent, cent
trente florins par pièce, sur toutes sortes de clavecins ou forte-
pianos, qu'on fera venir de l'étranger en ce pays, soit que l'importation s'en fasse par eau ou par terre.

» La présente ordonnance aura lieu dans les départements de
Bruxelles, Tirlemont, Turnhout, Anvers, St Philippe, St Nico-
las, Gand, Bruges, Ostende, Nieuport, Ipres, Courtray, Tournay,
Mons, Chimay, Charleroy, Namur, Marche, Luxembourg, S^t
Vith, Herve, Navagne et Ruremonde.

---

(1) Pour plus d'exactitude, constatons que l'instrument en destination de
ce personnage, était un piano organisé. On appelle ainsi u.. piano auquel
un orgue a été adapté.

» Ordonne le Conseil, à tous ceux qu'il appartiendra, de se régler en conformité des présentes, qui devront être affichées aux lieux ordinaires des bureaux des droits et de sortie, afin que personne ne puisse en prétexter ignorance.

» Fait au conseil des domaines et finances de Sa Majesté tenu à Bruxelles, le neuf janvier, mil sept cent quatre-vingt-six. Signé : LE BARON DE CAZIER, G. BAUDIER, S. H. GILBERT (1). »

Ces droits ont été modifiés peu après, comme le témoigne l'extrait ci-après, emprunté à un protocole des finances :

« Les droits d'entrée sur les clavecins et forté-pianos ont été fixés, par disposition du 9 janvier 1786, à fl. 130, dans la vue de favoriser les luthiers de ce pays, et, par disposition du 30 juin 1788, ces droits qui, dans le vrai, étaient prohibitifs, ont été réduits à 15 p. % de la valeur. »

Quand le séjour aux Pays-Bas des étrangers, possesseurs d'un clavecin ou d'un piano-forté, ne se prolongeait pas outre mesure, on faisait déclarer leur instrument en transit, et, dans ce cas, les frais étaient diminués à raison d'un demi pour cent de la valeur de 12 sous.

XLII.

Van Lummene (Guillaume),

Auteur présumé d'une marche guerrière au son de laquelle les membres du serment de Saint-Georges, à Audenarde, participèrent, en 1411, au siége de Ham, Nesle et Roye, en Picardie. — La famille du musicien et les hautes fonctions administratives dont il fut investi. — Mutilations faites à la mélodie, en 1804. — Elle a maintenant le caractère d'une composition du XVIIIe siècle. — Chanson du serment de Saint-Georges, à Audenarde, datant également du siècle dernier.

Au temps que nos milices bourgeoises s'armaient pour défendre les frontières menacées, de nombreux chants guerriers ont dû jaillir du cerveau de nos musiciens. Par

(1) Cette ordonnance a été imprimée à Bruxelles, chez Pauwels, en format in-fo.

une déplorable fatalité, tous ces chants ont disparu sans retour, et, à part quelques couplets intéressants transmis d'âge en âge sur les lèvres du peuple, une foule de mélodies patriotiques portant l'empreinte de l'exaltation la plus noble, ont péri avec les circonstances qui les avaient fait naître.

Une de ces mélodies est parvenue jusqu'à nous, mais mutilée et travestie de la façon la plus déplorable. Elle date, paraît-il, du commencement du XVe siècle, et se rapporte à l'antique serment de Saint-Georges d'Audenarde.

En 1411, Jean sans Peur voulant écraser le parti des Orléanais en France, lança dans les plaines de Picardie une soixantaine de mille hommes empruntés à nos communes flamandes, qui se ruèrent sur Ham, Nesle, Roye, Chauny, et mirent le siége devant Montdidier. Toutes ces milices étaient subdivisées par villes et par connétablies, selon les anciens usages; toutes suivaient leurs bannières, sans obéir aux ordres des chevaliers bourguignons.

Le 23 août 1411, les archers de Saint-Georges d'Audedenarde se mirent en campagne avec dix escouades, deux étendards, un trompette à cheval, six voitures de bagages, autant de d'attirail de guerre, un chapelain et trois cuisiniers. Ils participèrent à la prise de Ham, de Roye, etc., et se trouvèrent côte à côte avec les Gantois, sous les remparts de Montdidier. « Si sembloit, à voir leurs tentes, dit » Monstrelet, pour le grand nombre qu'il y avoit, que ce » fussent grandes bonnes villes, et pour vrai, quant tout » fut assemblé en un seul ost, ils se trouvèrent de cinquante » à soixante mille combattants, sans compter lesdites com- » munes, sans les varlets, dont il y avoit sans nombre, et » retentissoit tout le pays du bruit qu'ils faisoient. »

C'est à cette expédition que se rattache la mélodie susmentionnée. Sorte de *Marseillaise* des Audenardais, elle fut composée, à en croire un témoignage dont nous aurons à vérifier la valeur, par Guillaume Van Lummene, dit Van Marke, doyen de la société de Saint-Georges. Ce personnage appartenait à une noble et antique famille, et il remplit, à diverses reprises, les fonctions d'échevin et de chef-tuteur, de 1414 à 1449. En 1436, il fut député par le magistrat d'Audenarde à Gand, à Termonde et ailleurs, pour aider à régler le différend survenu entre ceux de Bruges et le souverain. Il contribua aussi au siége de Calais.

A voir les hautes fonctions administratives dont Guillaume Van Lummene fut investi, on peut croire sans trop risquer de se tromper, qu'il a fait les études dans lesquelles étaient comprises autrefois le *quadrivium,* et que conséquemment il a appris, selon la méthode du temps, tout ce qui se rapportait à la musique. Du moins, il a dû connaître assez cet art, pour composer, à un moment donné, une mélodie susceptible d'être chantée par de grandes masses en surexcitation.

L'œuvre qui lui est attribuée se trouve inscrite, avec toutes sortes d'arrangements modernes, dans le plus vieux registre de la société de Saint-Georges (1). On lit en tête du morceau :

« Willem Van Lummene, deken van het Gilde van Ste Joris, ten jare 1400 thien, gemaekt dese marce en opgetrocken met syn confraters tegen de Fransche, hunne vyanden, den 23 augusty 1411. »

Au-dessous se trouve :

« Deze marce verduistert zynde, is vernieuwt door Pieter Antoon Grau, f[s] Basil, den 22 april 1804. »

Point n'était besoin cette déclaration, pour être désillusionné au sujet de cette prétendue composition du XVe

(1) Ce registre, de même que tous les vieux papiers de la société de Saint-Georges, ont été déposés, il y a une quinzaine d'années, aux Archives communales d'Audenarde.

siècle. Le moindre musicien, après l'avoir parcourue fugitivement, éprouvera un pénible sentiment de surprise et croiraà une vraie mystification. En vain essaiera-t-on, par un patriotisme outré, de faire accroire le contraire. Il faudra se rendre à l'évidence, et n'éprouver que des regrets.

En effet, rien, dans cette production, n'annonce le XVᵉ siècle : ni la mélodie, ni le rhythme, ni la contexture générale du morceau. Le thème a une allure franche et dégagée, l'accentuation rhythmique est fortement accusée, l'agencement des périodes est régulier et logique; mais tout cela, croyez-moi, porte la physionomie bien nette du XVIIIᵉ siècle. Avec uu peu de bonne volonté, on pourrait distinguer, aux quatrième et cinquième mesures, quelques traits originaux de hautbois, supposé que le morceau ait été purement instrumental, ce qui est fort douteux. Ces similitudes se bornent là toutefois, et on est beaucoup plus disposé à y trouver des réminiscences empruntées aux partitions les plus en vogue de la deuxième moitié du dernier siècle, témoin la cadence finale, qui est absolument celle du quartetto du bal de *Don Juan*.

La notation du XVᵉ siècle est loin d'être facile. Si la marche de Guillaume Van Lummene est arrivée intacte jusqu'en 1804, on peut supposer que Pierre Grau n'aura pu la déchiffrer convenablement, et qu'il n'en aura donné qu'une sorte de paraphrase fantaisiste, d'où les notes réelles auront été écartées pour la plupart. Si une transcription antérieure en a été faite, qui nous dit que le copiste a reproduit intégralement l'original? Dans ce cas, Pierre Grau n'est pas seul coupable. Ce dont il faut le blâmer positivement, c'est d'avoir fait disparaître le manuscrit même, apographe ou non, de façon à enlever tout moyen de contrôle. Peut-être le retrouvera-t-on un jour dans ses papiers.

Au commencement de ce siècle, la confrérie de Saint-Georges à Audenarde, après une longue suppression, fut reconstituée sur ses anciennes bases et reprit son ancienne splendeur. C'est sans doute à l'occasion de cette réorganisation, que la vieille marche fut exhumée et reçut son ajustement moderne. Pierre Grau était alors un des plus habiles musiciens de la Flandre. Il aura eu la partie belle pour imprimer à l'œuvre de Guillaume Van Lummene le cachet du jour (1).

(1) Nous nous honorons d'avoir été l'un des nombreux élèves de ce musicien distingué. Mais la vérité, toujours plus forte que le respect dû à un éminent artiste, nous oblige à constater ici un fait qu'il nous eût été impossible de déguiser. M. Grau a d'ailleurs plus d'un titre au souvenir de la postérité, comme on va voir.

Pierre-Antoine Grau naquit à Audenarde le 27 janvier 1765. Il fut élève de Sceppers, d'Alost, pour le clavecin, l'orgue et le carillon. Nommé organiste de Notre-Dame de Pamele à Audenarde, il acquit dans ces fonctions une réputation méritée. Il devint non moins habile à manier le clavier du carillon, car on rapporte que la place de carillonneur à Bruges lui fut offerte, et qu'il la refusa, préférant habiter sa ville natale. Le clavecin ou le piano firent surtout ressortir son talent d'exécution, et, d'après le témoignage des premiers musiciens du pays, ce talent eût brillé avec éclat dans une ville de premier rang. Tous les instruments à cordes lui étaient, du reste, familiers, et, dans un orchestre, il tenait indifféremment le premier violon, l'alto, le violoncelle ou la contrebasse.

On comprend de quelle utilité était un artiste de sa valeur, dans les sociétés musicales. Aussi, le vit-on, de bonne heure, à la tête de toutes les réunions où la musique remplissait un rôle. Il fut un des organisateurs de l'association dramatique, qui, le 16 août 1796, se constitua sous le titre de : *Vereenigde Konstminnaren der Rijm- Spraak- en Zangkunde*, et qui joua les opéras-comiques les plus en vogue. Il fut tour à tour directeur, trésorier et commissaire de la *Maatschappy van Schoone Kunsten*, formée, en 1818, de trois associations différentes, et qui eut, comme la société de Gand, une section spécialement consacrée à la musique. Dans l'une de ces associations, celle dite du *Concert et de l'Harmonie*, M. Grau s'était distingué, dès le commencement de ce siècle, comme virtuose, et plus d'une composition pour le piano, arrangée par lui, éveilla l'admiration des connaisseurs.

Ces compositions, assez nombreuses, paraît-il, sont conservées en famille. On y garde aussi divers morceaux pour orgue et pour carillon. Nous possédons de lui une petite méthode de piano, qui joint la clarté à la précision. C'est celle qui servit, dès 1834, à notre instruction. A partir de cette époque, la santé de M. Grau devint chancelante. Il eut une attaque d'apoplexie en 1839, et le 28 février il fut enlevé à l'art et à ses nombreux admirateurs. Sa mémoire nous sera toujours chère. Comme propagateur de l'art musical, jamais peut-être Audenarde n'en eut de semblable.

Nous la donnons ici telle quelle en regard, pour prouver que nous ne redoutons pas l'examen des archéologues. Après tout, elle forme un morceau très-agréable, et qui, puissamment instrumenté, pourrait être intercalé avec succès dans un opéra dont le sujet se déroulerait au XVIIIᵉ siècle. Elle se joue au carillon d'Audenarde tous les ans, lors du tir solennel de la société de Saint-Georges (1).

On y exécute aussi, à la même époque, une charmante mélodie qui porte le nom de *Liedje van Sint-Jooris*, chansonnette de Saint-Georges. Elle se chante communément aux banquets de la société et à toutes les réunions joyeuses où la coupe de l'amitié se vide fraternellement. D'un ton aisé et naturel, d'un rhythme franc et accentué, elle reflète une bonhomie familière, pleine d'abandon et d'ingénuité, qui est la marque distinctive du caractère flamand. Cette simplicité n'exclut point un certain mérite de facture.

Évidemment la chanson de Saint-Georges a été faite par un excellent musicien : le rhythme et l'harmonie sont à cet égard des indices certains. Quelle expansion touchante dans le refrain, et avec quel tact la cadence est interrompue à l'antépénultième mesure! Le chanteur, le verre à la main, semble se recueillir un instant avant de faire vibrer

(1) La marche de Saint-Georges, copiée avec le plus grand soin, nous a été expédiée à Bruxelles en 1861. L'amateur qui voulut bien nous faire cet envoi, fut très-étonné d'apprendre que le morceau était loin d'avoir la valeur archéologique qu'il lui supposait. Il ne se rendit point à nos observations réitérées. Voulant clore définitivement un débat où les affirmations tenaient lieu de preuves, nous eûmes recours à M. De Coussemaker, et voici ce que le savant musicographe nous répondit : « Cher monsieur, la marche dont vous » m'avez envoyé la copie ci-jointe, ne me paraît pas pouvoir être la musique » originale de 1410. Elle a, comme vous le faites très-bien remarquer, tout » le cachet moderne du XVIIIᵉ siècle. Je ne crois même pas que ce soit une » version corrompue de l'ancienne mélodie ; ce n'est donc plus même un » souvenir traditionnel. » Cet avis ayant été communiqué à l'amateur, celui-ci crut ne devoir point insister davantage. Il nous écrivit : « Devant cette opi- » nion, il faut s'incliner. »

MARCHE

du Serment des Arbalétriers de Saint-Georges (à Audenarde)

CHANSON

du même Serment.

la dernière note de son air, qui sera le signal d'enthousiastes libations.

Cette chanson nous paraît appartenir aussi au XVIIIe siècle. Il nous a été impossible d'en retrouver les paroles. Force nous est donc de nous borner à une simple reproduction du texte musical, tel qu'il se joue au carillon.

La publication des airs patriotiques de nos cités permettra de former plus tard une petite galerie de mélodies nationales qui ne sera pas dénuée d'importance. La moindre localité a son musée archéologique. Est-ce que l'ancienne musique chevaleresque n'aurait pas son album illustré? Déjà nous pouvons mentionner, en fait de reproductions de ce genre : la marche des arbalétriers de Ciney (1), le chant national de Liége : *Valeureux Liégeois* (2), le *Doudou* de Mons (3), etc.

Il faut espérer que ces intéressantes exhumations se poursuivront. Nous nous efforcerons d'y fournir peu à peu notre modeste contingent. Nous avons recueilli, pour figurer dans ce travail, toute une série d'anciennes mélodies patriotiques de la Flandre.

FIN DU PREMIER VOLUME.

---

(1) *Annales de la Société archéologique de Namur*, t. VIII, p 27. La marche porte en tête ces mots : « Restituée par M. Charles Schlögel. » Nous ne comprenons pas bien en quoi consiste cette restitution.

(2) *Bulletin de l'Institut archéologique liégeois*, t. II, p. 112.

(3) Reproduit, entre autres, sur la couverture de la notice : *Gilles de Chin et le Dragon, ou l'Épopée montoise*, par L. Fumière. Mons, in-12. Consultez, à ce sujet, l'excellente *Bibliographie de l'Histoire du Hainaut*, par M. JULES DELECOURT.

TABLE

ANTOINE (maître), copiste musical, 280, 281.

Anvers. *Abbaye de Saint-Michel;* maître de chant : LOISEL (Jean), 52, 53, 55. — Carillonneur : DE WEVER , 220. — Carillons, 65. — Débit de clavecins, 204. — *Église collégiale de Notre-Dame;* chapelain-chantre : NÉPOTIS (Jean), 126; maitres de chant : COCX ou COCQ (Jean), 212; FIOCCO (Joseph-Hector), 86; PAUL (J.), 217; SÉRIGIERS (Paul), 223; organistes : VANDEN BOSCH (P.-J.), 83; DELIEN ou DELEYE (Gauthier), 213; musiciens : DEVOS (Laurent), 157, 158, 160. — *Église de Saint-André,* sépulture de HENNIN (Claude), musicien, 104. — *Église de Sainte-Walburge,* chantres : MESSAUS (Guillaume), 103, 104, 105. — Facteurs de clavecins : BULL (Jean-Pierre), 193, 194; DULCKEN (Antoine), 197; DULCKEN (Jean), (Jean-Daniel) et (veuve d'Antoine), 197, 198, 199, 200, 201, 202; VANDEN ELSCHE, 193, 194; RUCKERS (les), 65, 66, 67, 68, 69, 285, 293; RUCKERS (André), 194, 195, 285; RUCKERS (Hans ou Jean, le père), 69, 194, 195, 285; RUCKERS (Jean, le fils), 194, 195, 285. — Facteurs d'orgues : RUCKERS (les), 70. — Fondeurs de cloches, 163, 165. — Impressions musicales, 5, 6, 26, 32, 34, 35, 36, 37, 53, 55, 95, 103, 121, 122, 159, 213, 219, 275. — Imprimeur de musique : PHALÈSE (Pierre), 53, 55, 103. — Joueur d'épinette, 275. — Organistes, 274, 275. — *Société de Sainte-Cécile,* 131. — Théoricien musical : WAELRANT (Hubert).

APPELTHORN (Arnoud AB), compositeur, 226.

ARCHICYMBALUM ou ARCHICEMBALO, 61, 284.

ARCHILUTH, 96, 191.

ARDESI (Carlo), compositeur, 23.

Armentières. Chantres originaires de cette ville : MARTINUS (Thomas), (Petrus) et (Joannes), 249. — *Société de Sainte-Cécile,* 132.

Arnhem. Impression musicale, 7. — *Ordo musicorum,* 130.

ARNOLDO FLANDRO, compositeur, 23.

Arschot. Chantre prébendé : BUYS (Nicolas), 244.

ALESSANDRA (Chatarina), compositeur, 27.

Audenarde. *Associations dramatico-musicales,* 299. — Carillon, 299, 300. — Chanson du Serment de Saint-Georges, 296, 297, 298, 299, 300, 301. — Chant funèbre des *Kersauwieren* (confrères de la Marguerite), 48, 49, 50, 51, 52. — Concerts d'harmonie, 299. — *Couvent des Récollets;* organiste : TREELS (le père), 206. — *Église de Sainte-Walburge,* maîtres de chant : CLARISSE (Josse), 135; DE MEY (Jacques-François), 206, 207, 218, 220; DE MILT (Étienne), 48, 209; GAUDBLOMME (Pierre-François), 209; GUISLAIN(Antoine), 209; DE HOLLANDRE (Charles-Félix), 206, 208; LALIERE (Guillaume), 217; ROCHEFORT (Pierre-Nicolas), 207; SATAEINGNE (Johan), 134; SCHLOBAS (Arnoud), 215, 216; VANDER LOO (Jean), ou VAN LOO, 48, 212; musique employée au jubé, 207 à 227. — Marche guerrière de Saint-Georges, 296, 297, 298, 299, 300. — Musiciens : VAN LUMMENE (Guillaume), 297, 298, 299; GRAU (Pierre-Antoine), 299. — Réception de PATHIE (Roger), organiste, 46 et 47. — *Société de Sainte-Cécile,* 133, 134, 135. — *Société des Beaux-Arts,* 299. — *Société d'harmonie,* 135.

AUDISTER (J.), compositeur, 84.

AVENA. *Voy.* CHALUMEAU.

B.

BAERT (Guillaume), ou BART, compositeur, 211, 214, 226.

BALLENUS (Georgius), chantre, 3.

BAN (Jean), compositeur, 61.

BARBÉ, compositeur, 44.

BARGNANI (Ottavio), compositeur, 27.

CANTONE (Seraphino), compositeur, 30.

CAPUANA (Marco), compositeur, 37.

CARDON (Simon), compositeur, 116.

CARILLON, 8, 9, 10, 60, 64, 65, 162, 163, 164, 165, 166, 167, 168, 276, 299, 300.

CARLIER (Jean), chapelain-chantre, 244.

CARMEN, compositeur, 125.

CARON (Firmin), compositeur, 153-155.

CARON (Jean), chantre et écolâtre, 154, 155, 241.

CASATI (Petro), compositeur, 87.

CASATI (Théodore), organiste, 87.

CASSALIUS (Ludovicus), compositeur, 26.

CASTELBIANCO. Voy. VAN BLANKENBURG.

CASTOLDI (Gio. Giacomo), compositeur, 21, 24.

CASTRO (Jo. DE), ou CASTRO, compositeur, 21, 95.

CAUDRON (Jean), chantre, 244.

CAULERII, compositeur, 116.

CAUVENBERGUS (Antonius), ou CAUWENBERG, 233, 234.

CAZZATI, compositeur, 212, 214, 215, 217, 218.

CÉCILE (sainte), patronne des musiciens, 130, 133, 134, 135.

CELANO (Giacomo), compositeur, 36.

CEMBALO, CEMBANELLO, 284.

CESARIS, DE KEYSER, 125.

CHALUMEAU, AVENA, 189.

CHANCY, compositeur, 37.

CHARLES-QUINT, joueur de manicorde, 283.

CHELI. Voy. VIOLON.

CHEIL (Andrea), compositeur, 23.

CHITARRONE. Voy. GUITARE.

CHRÉTIEN, minor, sopraniste, 159.

CICUTA. Voy. FISTULA.

CIMBALUM, 276.

CIMBEL. Voy. TYMPANON.

Ciney. Marche des arbalétriers, 301.

CISTRE, 30.

CITHARE OU ROTE. Voy. CYTHARA.

CLAIRON, 189.

CLARISSE (Josse), maître de chant, 135.

CLAVECIN, 65, 66, 67, 68, 69, 70, 192 à 205, 277, 278, 281, 282, 283, 284, 285, 286, 287, 289, 290, 291, 292, 293, 294, 295, 299.

CLAVICEMBALO, CLAVICIMBALUM, CLAVICYMBEL, 278, 280, 284, 289, 291.

CLAVICORDE, CLARICORDE, 275, 276, 277, 278, 280, 281, 282, 283, 286, 288, 289.

CLEMENS non papa, compositeur, 27, 44, 95, 116, 240.

CLEMENS, sopraniste, 159.

CLERMORTIER (Gilles), chantre, 244.

CLOOT (Martin), chantre, 244.

CLOUWAIN (Pierre), chantre, 244.

COCX, compositeur, 212, 222.

COCX (Jean) ou COCQ, maître de chant, 212.

COECUS (Jacobus), organiste, 249.

COELPUT (Judocus), chantre, 4.

COMA (Annibale), compositeur, 22.

COMANEDO (Flaminio), compositeur, 28, 30.

COMPAGNOLO (François), maître de chapelle, 262.

Condé. Chantres prébendés : DE LA PORTE (Robert), 245; LA OULTRE, 246; MENNECOURT (Gérard), 246. — Maître de chant prébendé : DU HOT (Pierre), 245.

CONFORTO (Gio. Luca), compositeur, 27.

CONSILIARIUS. Voy. RATHGEBER.

CONSILIUM (Jacques), DE RAEDT, compositeur, 125.

COICK (LE). Voy. LE COICK.

CONTREBASSE, 299.

COOLS (Gilles), ménestrel, 17.

DESPRÈS (Josquin), compositeur, 44, 72, 73, 74, 255, 256, 260, 261, 262.

DESQUESNES (Jean), chantre et compositeur, 91, 92, 93.

DE SCHRYVER. *Voy.* GRAPHEUS.

DE VIC (Pierre). *Voy.* VICANUS.

DE VOIX (Pierre-Alewijn), organiste, 291.

DE VOS (Laurent), compositeur, 157, 158, 159, 160.

DE WACHTER. *Voy.* CUSTODIS.

DE WEERT (Jacques), compositeur, 172.

DE WEVER, carillonneur, 220.

DE WINDE (Paul), organiste, 4.

DIEST (Antoine), sopraniste, 245.

Dinoix. Chantre prébendé : SAULTOIR (Nicolas), 247.

DIRUTA (Girolamo), compositeur, 28.

DODELET, maître de musique, 87.

DOGNAZZI (Francesco), compositeur, 25, 29.

DORRÉ, compositeur, 212.

Douai. *Église des Frères mineurs;* culte de sainte Cécile, 131, 132 — Lieu de naissance de GUISLAIN (Antoine), compositeur, 209.

DOUCEMELLE, 278.

DOUDELET, compositeur, 87.

DOUDELET, violoncelliste, 87.

DOYKIN (Joseph), chantre, 109.

DROMAL, compositeur, 215, 218, 226.

DU FAY (Guillaume), compositeur, 105, 106, 107.

DUFLERUX (Lambertus), chantre, 4.

DU HOT (Pierre), ou DU HOTZ, maître de chapelle, 245.

DULCKEN (Antoine), facteur de clavecins, 197, 198.

DULCKEN (J. Dan.), facteurs de clavecins, 195, 196.

DULCKEN (Jean-Louis), facteur de clavecins, 197, 204.

DULCKEN (les), facteurs de clavecins, 193, 194.

DULCKEN (veuve d'Antoine et Jean), facteurs de clavecins, 197, 198, 199, 200, 201, 202, 203, 204, 205.

DU MOLIN (Égide). *Voy.* MOLENDINO (Egidius A).

DUMONT, compositeur, 214.

DUMONT (Henri), compositeur, 214.

DUQUESNE (François), chapelain-chantre, 245.

DUQUYN. *Voy.* QUINNUS.

DURANTE, compositeur, 86.

DURINGO (Richardo) ou DURING, compositeur, 36, 38.

DURREN, compositeur, 224.

E.

Eindhoven. Chantres prébendés : BUYS (Nicolas), 244; MALINES (Jean DE), 246.

ÉLÉONORE (l'archiduchesse), joueuse de clavicorde, 283.

ÉLISABETH, reine d'Angleterre, joueuse de clavecin, 284.

ÉPINETTE, 20, 31, 173, 274, 275, 277, 278, 282, 284, 286, 287, 288, 290, 291, 292, 293.

EREMITA (Giulio), compositeur, 23.

Ettelghem. Chantres, 156.

ÈVE (D'), compositeur, 213, 216, 217, 220, 221, 223.

EYSE (Oudard), chantre, 245.

F.

FAIGNIENT (Noé), compositeur, 95.

FATTORINO DA REGGIO, compositeur, 24.

FELIS (Stephano), compositeur, 22.

FEO, compositeur, 86.

MATTHYS (Cornelius), chantre, 4.

MATTHYSZ (Paul), marchand de musique, 111.

Maubeuge. Épinette, 291. — Organiste : DEMARET, 291.

MAUGARS, violiste, 190, 191.

MEDICI (Julio), compositeur, 30.

MÉLANNY, compositeur, 222.

MENNECOURT (Gérard), chapelain-chantre, 246.

MERCHER (Mathias), compositeur, 24.

MERULA (Tarquinio), compositeur, 35.

MERULO (Claude), organiste, 251, 252, 253.

MESSAUS (Guillaume), compositeur, 103, 104, 105.

Middelbourg. *Église de Saint-Martin;* chantres prébendés : NEPOTIS (George), 246; VAN COUWENHOVE (Adrien), 247.

MILANUZZI (Carolus ou Carlo), compositeur, 29, 33.

MOLENDINO (Egidius A), ou DU MOLIN, chantre, 233, 234.

MOLIN (DU). *Voy.* DU MOLIN.

MOLINARI (Simon), compositeur, 26, 27.

MONOCORDE, MONOCHORDUM, MONOCORDUM, 277, 278, 290, 291.

Mons. *Académie de Notre-Dame de Messine,* 292, 293. — Air patriotique : le *Doudou,* 301. — Chantres prébendés : BAVAIS (Michel), 243; BUS (Thomas), sopraniste, 243; LA VALLÉE (DE), 246; LOCQUEMBOURG (Melchior), 246; RICHARDI (Folcard), 247. — Concerts, 292. — *Église de Sainte-Élisabeth;* sopraniste : DE HOLLANDRE (Charles-Félix), 205. — *Église de Notre-Dame de Messine;* orgue, 292. — Séances de musique nommées le *Chapelet,* 292. — Épinette, 291, 292, 293. — *Église de Saint-Germain; société de Sainte-Cécile,* 134.

MONS (Jacques DE ou VAN). *Voy.* MONTIBUS (Jacobus DE).

MONTANUS (Jean) ou BERG, éditeur de musique, 44, 45.

MONTANUS (Philippus), chantre, 3.

MONTE (Philippo DE), compositeur, 22, 44.

MONTEVERDE (Claudio), compositeur, 23, 24, 25, 28; 32, 61, 228, 229.

MONTIBUS (Jacobus DE), DE MONS, VAN MONS ou VANDEN BERGHEN, théoricien musical, 280.

MOREL (Jean), chantre, 246.

MOREL (Nicolas), maître de chant, 246.

MOREL (Clément), compositeur, 118.

MORI (Jacobus), compositeur, 27.

MORS (Antoine), facteur de clavicordes, 283.

MORTARIUS (Anthonius), compositeur, 26.

MOUQUÉ ou MOUCQUÉ, compositeur, 212, 217, 226.

MOUTON (Jean), compositeur, 44, 256·

MUNIC (A. P.), compositeur, 218.

MUSTEAUS (Petrus) ou MUSTEAUX, chantre, 233, 234.

N.

NACCHERI (André), didacticien musical, 284.

NABLUM ou NABLIUM, 183, 191.

Namur. Musicien prébendé : POIGNARD (Charles), 8.

NANINO (Gio. Maria), compositeur, 22.

NAQUAIRE, 191.

NEGRO (Giulio Sampietro DEL), compositeur, 25, 26.

NENNA (Pomponio), compositeur, 22, 30, 32.

NEPOTES (Georges), chapelain-chantre, 246.

NEPOTIS (Jean), DE NÈVE, chantre, 126.

NERVIUS (Léonard), compositeur, 121, 122, 123.

NICAISE, chantre, 246.

LA

MUSIQUE AUX PAYS-BAS

AVANT LE XIXe SIÈCLE.

DOCUMENTS INÉDITS ET ANNOTÉS.

**Compositeurs, virtuoses, théoriciens, luthiers ;
opéras, motets, airs nationaux, académies,
maitrises, livres, portraits, etc.**

AVEC PLANCHES DE MUSIQUE ET TABLE ALPHABÉTIQUE,

PAR

EDMOND VANDER STRAETEN.

TOME DEUXIÈME.

BRUXELLES,

G.-A. VAN TRIGT, ÉDITEUR-LIBRAIRE,

30, RUE SAINT-JEAN.

1872.

Le baromètre de la musicologie en Belgique ous est fourni par les concours de l'Académie royale. Quatre questions y ont été proposées, depuis une quinzaine d'années. Aucune n'a reçu une solution satisfaisante. Qu'adviendra-t-il des autres ?

A voir le revirement qui s'opère en ce moment sur toute la surface du pays, une régénération efficace nous semble prochaine, du moins dans la branche importante de l'histoire musicale.

Ce que M. Devillers a recueilli pour les annales musicales de Mons, M. Wytsman pour les chansons populaires de Termonde, M. Génard pour l'opéra d'Anvers, M. Fourdin pour le carillon d'Ath, M. Goovaerts pour les éditions phalésiennes, M. Van de Casteele pour les ménestrels brugeois et pour deux maîtrises importantes de l'ancienne capitale de Flandre (1), peut être considéré, à juste titre, comme un sérieux acheminement vers la réédification voulue.

« Maintenant, dit Mouy, on n'est plus admis à parler des choses du passé, si l'on n'augmente point la somme de ce qui est connu, ou bien si l'on ne rectifie quelque opinion erronnée. Sinon à quoi bon avoir écrit ? »

Ce judicieux programme est le nôtre, et l'on verra, par le présent volume, la nouvelle part de collaboration que nous y apportons. Voici d'ailleurs, en raccourci, les principales matières inédites dues à nos investigations :

Compositeurs. — Gaspard Van Weerbeke, dit *Gaspard,* maître de chapelle du duc de Milan (xvᵉ siècle);

Chrétien Janssone, dit *Hollander,* maître de chant de l'église de Sainte-Walburge à Audenarde (xvıᵉ siècle);

Gilles Bracquet, maître de chant de l'église de Saint-Martin à Ypres (même siècle);

---

(1) Ce dernier travail en collaboration avec l'auteur de ce livre. Inutile de citer, et pour cause, les compilateurs qui retournent en tous sens les livres connus pour en extraire des choses n'ajoutant pas un iota aux faits intéressants de notre histoire musicale.

Géry De Ghersem, maître de chapelle des archiducs Albert et Isabelle (xviie siècle). Traduction d'un fragment d'une de ses messes à sept voix ;

Pierre-Antoine Fiocco, dit *le vieux,* maître de chapelle de la cour à Bruxelles (xviiie siècle) ;

Joseph-Hector Fiocco, maître de chant de l'église de Sainte-Gudule à Bruxelles (même siècle);

Ignace Vitzthumb, maître de chapelle de la cour à Bruxelles (même siècle). Son portrait photolithographié.

Virtuoses. — Constantin Huyghens, gentilhomme luthiste et poëte (xviie siècle). Son portrait photolithographié ;

Philippe Vermeulen, luthiste et théorbiste élevé à Rome, puis attaché à la cour de Bruxelles (même siècle).

Instruments. — Clavecin. Sa vogue dans les salons et les concerts. Recueil rarissime de pièces pour clavecin. Reproduction photolithographique du frontispice de cette œuvre, ainsi que du frontispice d'un livre fort curieux de didactique instrumentale datant du commencement du xvie siècle. Facteurs de clavecins. Marque photolithographiée de l'un d'eux, attribuée à la famille des Couchet d'Anvers.

Carillon. Notice sur le carillon d'Ypres. Son origine et ses développements successifs. Les premiers carillonneurs de cette cité.

Luth. Monographie du luth aux Pays-Bas, à partir du xive siècle jusqu'à la fin du xviiie. Le luth à la cour, aux foires, aux processions, aux concerts, à l'église.

OPÉRA ET ORATORIO. — Monographie de l'opéra à Bruxelles, depuis son origine jusqu'au milieu du xviiie siècle. Ballet-opéra au palais des gouverneurs-généraux. Opéra français, italien et flamand. Premier spécimen de critique musicale, en 1706. Fac-similé du titre d'un livret d'opéra de 1715. Reproduction de la marque théâtrale du maréchal de Saxe, pendant les campagnes dites de Flandre.

Le drame musical à Furnes, au xviie siècle.

Naissance et développement de l'oratorio à Bruxelles (xviiie siècle).

ACADÉMIES, MAÎTRISES, CONFRÉRIES. — Académie de musique (lyrico-dramatique) à Bruxelles, au xviiie siècle. Chapelle musicale des gouverneurs-généraux en la même ville. Maîtrise de l'église de Notre-Dame du Sablon. Reproduction d'une fuguette didactique du xviie siècle.

Académie de musique à Tournai, au xviie siècle.

Académie de musique à Mons. Ses statuts. Connestablie des ménestrels, en la même ville, au xviie siècle. Son règlement.

Annales de la maîtrise de l'église de Saint-Martin à Ypres : maîtres de chant et organistes ; leur origine, leur gestion, leurs compositions, leurs élèves. Introduction successive des instruments de musique. Gilde de Sainte-Cécile.

Confrérie de ménestrels placés sous l'invocation de sainte Cécile, à Louvain, au xvie siècle. Son règlement.

Associations musicales diverses à Wesemael, Hasselt, Valenciennes, Lierre, Bruges, Arras, Lille, Courtrai, Douai, Alkmaar, Utrecht, Deventer, Gand, du xve au xviiie siècle.

Concert de musique, dit de *Sainte-Cécile,* à Binche, au xviiie siècle.

CHANTS ET CHANSONS. — *Les Fillettes d'Ypres,* chanson à quatre parties, du xvie siècle, par Gilles Bracquet. Chanson flamande de *Notre-Dame du Tuin,* à Ypres (xviie siècle), et cantate des *Rosieren,* de la même ville (xviiie siècle). Avec une planche.

Chanson flamande des *Trois Rois* (xviiie siècle). Avec une planche.

Concours de chant organisés à Audenarde, à Furnes et à Ostende, au xvie siècle.

Impressions musicales. — Les Phalèse à Louvain
et à Anvers, aux xvie et xviie siècles.

Jean Van Geertsom, à Rotterdam, au xvii^e
siècle.

Van Ypen, à Bruxelles, au xviiie siècle.

Wauters, à Gand, au même siècle.

On a désiré voir régner partout un enchaînement plus logique. C'est vouloir aller trop vîte en
besogne. Si nous avions dû viser à une régularité
plus précise, notre plan eût été absolument
impraticable, des découvertes journalières venant
renverser de fond en comble les points établis.

Il est évident pour ceux qui connaissent un
dépôt d'archives, où tout est imprévu et fortuit,
que la corrélation intime entre chaque renseignement déterré ne saurait s'obtenir qu'à la suite de
trouvailles ultérieures et par l'œil perspicace d'un
savant dont la mission serait d'élucider chaque
matière spéciale.

On continuera donc à utiliser les informations
nouvelles le mieux que l'on pourra, quitte à s'en
rapporter aux rapprochements particuliers ame-
nés par la table onomastique. Le mouvement
musical d'un pays comme le nôtre est si complexe
et si varié, que rien de ce qui le concerne ne
doit être omis *à priori*. C'est au coordonnateur
futur à choisir, dans ce milieu immense, ce qui

lui convient pour dépeindre les hommes et les choses.

Jadis, on se contentait d'affirmer pour toutes preuves. *Magister dixit* était une formule qui répondait à tout, qui satisfaisait à tout. Les investigations de détail étaient taxées d'oiseuses, de superflues. On se contentait de tailler dans le gros de l'histoire, selon son système ou son caprice, et on s'affublait, après cela, d'une forme pompeuse, pour mieux s'imposer aux lecteurs frivoles.

Une multitude de faits sont restés ainsi une énigme capable de fatiguer bien longtemps encore les œdipes de la science. L'ortographe même des noms « ce supplice pour quiconque se livre à des recherches historiques, » selon M. Fétis, était tronquée impitoyablement et livrée à l'arbitraire le plus absolu.

Aujourd'hui, des milliers de faits nouveaux surgissent de toutes parts et viennent apporter leur bienfaisante clarté dans le dédale des controverses. Ce n'est point en ce moment solennel qu'il serait permis de compter sur son omniscience et de s'imposer par la seule voie de l'autorité. La parole est aux documents authentiques.

Fiat lux ! En traçant ces mots, nous formons des vœux ardents et sincères pourque l'épanouissement de la vérité se fasse complet et prompt, particulièrement dans le domaine de l'histoire musicale, et notre ambition serait satisfaite, si, après quelques années de labeurs couronnés d'un plein succès, l'on pouvait inscrire au fronton du nouvel édifice scientifique : *lux facta est!*

ORDRE DES PLANCHES.

LA MUSIQUE AUX PAYS-BAS

AVANT LE XIXᵉ SIÈCLE.

DOCUMENTS INÉDITS ET ANNOTÉS.

I.

Ghersem (Géry De),

Compositeur des xviᵉ et xviiᵉ siècles. — Disette de renseignements sur ce musicien éminent. — Informations de l'historien Catulle et du biographe Gerber dénaturées par M Fétis. — Géry De Ghersem quitte Tournai, sa ville natale, pour se rendre en Espagne. — Il devient maître de chapelle du roi Philippe II. — De retour aux Pays-Bas, il remplit, à Bruxelles, les fonctions de maître de musique de la cour. — Deux requêtes de Géry De Ghersem datées de 1620. — Il dirige la musique exécutée aux funérailles de la reine Marguerite d'Autriche. — Musiciens placés sous ses ordres. — Musiciens de la chapelle du gouverneur-général, dirigés en 1618, par Jean Van Turnhout. — Il assiste, en 1621, aux obsèques de l'archiduc Albert. — Il permute, l'année suivante, une prébende — Son épitaphe — Ses œuvres et celles de Philippe Rogier, son maître, éditées par ses soins en Espagne. — Description du recueil qui les contient. — Philippe Bernard, maître de chant de la cathédrale de Tournai. — Erreur de M. Fétis. — Académie de musique à Tournai. — Importance des renseignements qui la concernent. — Invasion de la musique moderne dans l'église. — Les sociétés musicales aux Pays-Bas. — Réflexions y relatives. — Académies, confréries, gildes, etc. à Delft, Louvain, Wesemael, Hasselt, Mons, Valenciennes, Lierre, Bruxelles, Bruges, Arras, Lille, Courtrai, Donai, Alkmaar, Utrecht, Deventer, Gand. — Curieuse chanson flamande des Trois Rois. — Souvenirs qui s'y rattachent. — Les paroles et la musique.

M. Fétis a singulièrement dénaturé les laconiques renseignements que les livres nous fournissent sur le célèbre maître belge, Géry De Ghersem. Il n'avait qu'à copier ces renseignements. Au lieu de cela, il a préféré retourner chaque phrase, pour mieux déguiser ses emprunts, et, en recourant à ce procédé qui lui est familier, il a apporté une confusion regrettable dans les dates et dans les faits.

Pour redresser ces erreurs, il convient de remonter aux sources, tant imprimées que manuscrites, qui existent sur l'habile musicien, et, comme les premières informations émanent des livres, arrêtons-nous d'abord à celles-ci. Nous les combinerons ensuite avec les archives, pour arriver à établir quelques points précis au milieu des doutes.

Le premier écrivain qui ait fourni des détails biographiques sur Géry De Ghersem, est, croyons-nous, André Catulle. Né à Tournai, cet écrivain a consacré à ses concitoyens illustres un ouvrage fort curieux, que l'on ne saurait se passer de consulter en parlant de l'antique cité. Il a vécu à l'époque où Géry De Ghersem prenait sa retraite à Tournai, et, comme lui, il avait une prébende à la cathédrale de cette ville. N'étaient certaines inexactitudes assez sérieuses, on pourrait supposer qu'il a recueilli de la bouche même du musicien toutes les particularités qu'il rapporte.

Le lecteur sera de notre avis, quand il aura sous les yeux le texte même d'André Catulle. Le voici :

« Quid dicam de viris illustribus et peritis in musicâ? Nusquam ferè præstantiores et majores numero quàm Tornaci reperiuntur. Inter eos excelluit Georgius De la Hele, primùm ibi ecclesiæ cathedralis phonascus, qui composuit missas illas graves et sonoras typis plantinianis editas, et nonnulla alia opera musicalia ad usum officii divini accomodata, cum aliquot cantilenis etiam impressis, admirabilis symphoniæ et artis. Ob cujus scientiæ excellentiam à Philippo rege secundo in Hispanias evocatus, ut capellæ regiæ in musicis præesset, secum è symphoniacis ecclesiæ cathedralis Tornacensis abduxit Petrum Maillartium, Gaugericum De Ghersem et N. Mussele, qui tali præceptore postea in præstantissimos musicos evaserant, quemadmodùm eorum opera musicalia typis edita testantur, et quidem Maillartius ex Hispanià redux primùm ecclesiæ cathedralis Tornacensis phonascus, deindè canonicus, non solùm practicè musicus fuit, sed et theoricè librum eminentiorem de tonis musices in lucem emisit. Gaugericus De Ghersem, postquàm ex ephebis excessit, ab eodem rege Philippo secundo in Hispaniis detentus, ibi capellæ regiæ præfectus musicalis fuit. Postea patriæ dulcedine allectus ex Hispanià revertens, capellae aulæ Bruxellensis uti phonascus præfuit, deinde ab oratoriis Serenissimorum Archiducum Alberti et Isabellæ conjugum, demum ab iis sede, episcopali vacante, jure regaliorum præbendam obtinuit Tornacensem. Quanta hujus viri fuit in arte et melodià musices superexcellentia, ex ejus missis impressis, mottettis aliquot et cantilenis (quas *villansichas* Hispani vocant) de Nativitate Domini et solemnitate Epiphaniæ, meliùs à peritis aure percipi, quàm scriptis et ore exprimi potest. Tertius Mussele in ordine patrum capucinorum sancti Francisci piè vixit, et in Domino non ita pridem obdormivit (1). »

« Que dirai-je, s'écrie-t-il, des hommes célèbres et habiles dans la musique? Nulle part peut-être on n'en rencontre de plus éminents ni de plus nombreux qu'à Tournai. Parmi eux se distingua George De la Hèle, d'abord maître de musique de la cathédrale de cette ville, et qui composa des messes graves et sonores, éditées à l'imprimerie plantinienne, et plusieurs autres œuvres musicales adaptées à l'office divin, ainsique quelques chansons d'un art et d'une symphonie admirables, également imprimées. La

(1) Andreas Catullius. *Tornacum civitas metropolis et cathedra episcopalis Nerviorum.* Bruxellæ, 16ː2, in-4°, p. 100.

renommée de sa science lui ayant valu l'honneur d'être appelé en Espagne par Philippe II, dont il devint le maître de chapelle, il emmena avec lui des chantres de la cathédrale de Tournai, à savoir : Pierre Maillart, Géry De Ghersem, et N. Mussele, qui, guidés par un tel maître, devinrent plus tard de fort excellents musiciens, comme l'attestent leurs œuvres divulguées par la presse, et même, ledit Maillart, nommé à son retour d'Espagne premier maître de chant de la cathédrale de Tournai, puis chanoine, fut non-seulement musicien-praticien, mais, il mit au jour, comme musicien-théoricien, un livre d'un mérite supérieur, relatif aux tons de la musique (1). Géry De Ghersem, à peine sorti de l'âge de puberté, fut retenu en Espagne par le même Philippe II, où il dirigea la musique de la chapelle royale. Après, brûlant du désir de retourner dans sa patrie, il vint remplir les fonctions de maître de musique de la cour à Bruxelles, puis de l'oratoire des archiducs Albert et Isabelle; enfin, un canonicat étant vacant à Tournai, il l'obtint par leur intervention. Une oreille exercée peut mieux apprécier que ne le saurait rendre la voix ou la

---

(1) La permission accordée à Pierre Maillard pour l'impression de son livre, date du 19 août 1609. Elle est ainsi conçue :

« Sur la requeste présentée aux Archiducz noz souverains princes et seigneurs, de la part de Pierre Maillart, chantre et chanoine de l'église cathédrale de Nostre-Dame, en Tournay, contenant qu'il a composé certain livre intitulé : *Les Tons de M. Pierre Maillart, chantre et chanoine de l'église de Nostre-Dame de Tournay*, lequel désirant faire imprimer, et ne pouvant se faire sans permission de Leurs Altèzes Sérénissimes, il a supplié très-humblement qu'il leur plaise luy accorder congé et licence de faire imprimer le dict livre par tel imprimeur que bon luy semblera, avecq privilège pour dix ans, et sur ce luy faire dépescher acte en tel cas pertinent. Leurs Altèzes, etc. ce que dessus considéré, etc.

A la marge supérieure: « Fiat. Congé d'imprimer avecq privilége pour dix ans, avec interdiction à tous aultres. Faict à Bruxelles, ce 19 d'aougst 1609. » Archives générales du Royaume, Conseil privé, liasse n° 163.

plume, à quel haut degré d'art mélodieux cet homme sut s'élever dans ses messes imprimées, dans quelques-uns de ses mottets, et dans ses chansons appelées *villansichas* en Espagne, de la Nativité et de l'Épiphanie. Le troisième enfin, Mussele, entra dans l'ordre des capucins de saint François, y mena une vie sainte et mourut il n'y a guère longtemps. »

Ainsi, selon Catulle, De Ghersem fut emmené en Espagne par George De la Hèle, lorsque Philippe II appela celui-ci pour diriger sa chapelle musicale. Il avait à peine quitté l'âge de puberté. C'est alors peut-être que, selon un usage généralement suivi, on le plaça dans l'une ou l'autre école en Espagne, à Alcala peut-être, pour y faire ses humanités. Il avait été, selon toute vraisemblance, sopraniste à la cathédrale de Tournai, et George De la Hèle, devinant en lui une nature richement organisée, l'aura pris sous sa protection. Devenu adolescent, il sera entré au service de Philippe II, d'abord comme chantre, puis, à la mort de son maître, ou du successeur de celui-ci, comme directeur de la chapelle royale.

M. Fétis, au lieu de consigner ces particularités, a préféré copier, et mal copier Gerber, qui nous paraît avoir résumé assez fidèlement les informations de Catulle (1). Après avoir tronqué la version de Gerber, M. Fétis s'engage, sans le savoir, dans une série de contradictions étranges (2), et, entre autres, il envisage alternativement Géry De Ghersem comme chantre et comme maître de chapelle. « Géry De Ghersem, longtemps chanteur de la chapelle flamande de Philippe II, dit-il, avait quitté l'Espagne pour rentrer en Belgique! »

Quand Géry De Ghersem s'éloigna-t-il de Tournai, com-

(1) *Lexikon der Tonkünstler*, t. ii, p. 315.

(2) *Voy.* l'article Rogier (*Philippe*), de la *Biographie universelle des musiciens*, 2me édition.

bien de temps resta-t-il en Espagne, et à quelle époque revint-il dans sa patrie?

Il résulte de deux pièces, conservées aux Archives du Royaume, et qui seront reproduites plus loin, que c'est en 1585 qu'il se rendit en Espagne et que c'est en 1604 qu'il revint dans son pays pour entrer au service du gouverneur-général des Pays-Bas. George De la Hèle partit pour l'Espagne, en 1581. Une lettre d'Alexandre de Parme, datée de Mons le 5 août de la même année, le démontre positivement. Le prince y fait l'éloge de George De la Hèle, maître de chapelle, qui se rend en Espagne. Outre qu'il vante son protégé comme homme, il le préconise comme artiste, en l'appelant l'un des meilleurs musiciens des Pays-Bas. Un certificat très-intéressant de Michel De Bocq, organiste de Philippe II, accompagne cette lettre. Michel De Bocq y dit que dès longtemps il a tenu George De la Hèle « pour l'un des rares hommes en son art qu'il ne cognoissoit en ces pays de par deçà. » Il sait, ajoute-t-il, qu'avec grand honneur, il s'est toujours acquitté des fonctions qu'il a remplies, tant dans la chapelle de l'église métropolitaine de Malines, que, depuis sept ans, dans celle de l'église de Tournai, « ayant tousjours eu pour disciples des enfants les mieux chantans qui se retrouvoient par deçà. » Si bien que ceux du chapitre, voulant récompenser ses services, l'ont pourvu d'un canonicat de leur église. George De la Hèle mourut à la fin de 1590 ou au commencement de 1591. Conséquemment Géry De Ghersem n'a pu recevoir longtemps ses précieuses leçons. Son deuxième maître fut, en effet, Philippe Rogier, qui succéda à George De la Hèle, dans l'office de maître de chapelle de Philippe II, en Espagne. Mais n'anticipons pas sur les faits.

En 1620, une prébende fut vacante, en l'église collégiale d'Oirschot, par la mort de Jean Hovius, ou Van der Hoven. Géry De Ghersem la sollicita pour un de ses neveux, Pierre De Ghersem. La même année, il fit une

démarche semblable pour un autre de ses neveux Géry
Le Roist. Il dit, dans ses deux requêtes, que depuis seize
ans il a été attaché au service du gouverneur-général des
Pays-Bas, et qu'il avait déjà passé dix-neuf ans en Espagne.
Voilà] des renseignements bien précis. Aux inductions
intéressantes qui en découlent, joignons-en une dont
l'importance n'est pas moindre. Le maître a quitté Tournai,
en 1585, au sortir de l'âge de puberté. En supposant
qu'il avait alors atteint l'âge de quatorze ans, il se trouve
que sa naissance doit avoir eu lieu vers 1570. Les requêtes sont rédigées en espagnol. La première est de la
teneur suivante:

SERENISIMO SENOR.

Gery De Ghersem, maestro de la capilla de V. A., dize
ha que sirve a Vestra Alteza diez y seis ános aviendo servido a Su Magesdad antes en Espána diez y nuebe, en todo
el qual tiempo nuenca se le ha hecho merced para alguno
de sus parientes, aunque en diversas occasiones de lo ha
supplido à Vestra Alteza, de presente se offrece en que
poderle hazer merced por lo qual supplica à Vestra Alteza
muy humilmente se sirva de proveer en uno de sus sobrinos
estudiantes llamado Pedro De Ghersem, de diez y nuebe
ános, un canonicato de Oirschot que esta vaco, y si en esto
no ubiere, lugar sea uno de Condé de dos que al presente
vacan, que en ello recibira muy senalada merced de Vestra
Alteza [1620].

L'autre pièce porte ce qui suit:

SERENISIMO SENOR.

Gery De Ghersem, capellan del oratorio y maestro de
la capilla de Vestra Alteza, dize que despues de aver servido
a Su Magestad en Espána diez y nuebe anõs lo dexo (con-

tada la expectacion que tenia de sus servicios) para venir a servir a Vestra Alteza a quien ha servido poco menos de diez y ocho años, en el qual tiempo ha supplido a Vestra Alteza por diversas vezes y en diferentes occasiones le haza merced de algun beneficio, canonicato o pension, para uno de sus sobrinos estudiante, y hasta ahora lo ha podido alcançar ; de presente se offrece un canonicato que vaca por muerte de N.; a Vestra Alteza supplica muy humilmente le haza merced del para un sobrino suyo llamado **Gery Le Roist** de diez y ocho años que en ello recibira muy senalada merced.

Suscription : Serenisimo Senor Gery De Ghersem, capellan del oratorio y maestro de la capilla de **V. A.** Serenisima ; 15 Junij [1620].

Le document qui va suivre atteste non-seulement que Géry De Ghersem était maître de la chapelle de la cour à Bruxelles, en 1611, mais il donne la liste du personnel de cette chapelle, soit vingt-sept chantres et musiciens, non compris six enfants de chœur et deux maîtres de musique, en tout trente-cinq personnes. On a vu, au premier volume de ces recherches (1), la nomenclature des musiciens attachés à la chapelle de Charles-Quint, à plus d'un siècle de distance. Entre cet intervalle, une révolution politique et religieuse avait surgi, et une révolution musicale allait changer les lois de l'art. On verra s'il y a lieu de faire des doléances sur la décadence de la musique au XVIIᵉ siècle, et si nos maîtres, en obéissant à d'autres principes, ont tant démérité de leurs prédécesseurs.

Le document est emprunté à la déclaration des frais occasionnés par les funérailles de ... « feue de très-bonne mémoire très-haute et très-puissante princesse, Madame Marguerite, archiduchesse d'Austriche, royne

(1) *La musique aux Pays-Bas avant le* XIXᵉ *siècle*, tome I, p. 255.

d'Espagne, célébrez en la chapelle de la cour des archiducs, en leur ville de Bruxelles, les douzième et trei-
zième jours de décembre, en l'an seize cent onze ... »

A maistre Géry Gertsem, maistre de la chapelle, dix aunes
de drap au prix de vj ₶. x s. l'aune. . . . lxiij ₶.

A sires Nicolay Hantaye, onze aunes, Nicolay Dancamp,
Pedro de Campos, Johan Stephano, Jean Vilain, Martin
de Beaufort, Jérôme de Lacana, Thomas Pérès, Gérard
Hallebay, Jehan Basseau, Jacques Colet, tous chapelains,
Petro Philippe, organiste de la chapelle, et Pedro Raymont,
maître de la musique de la chambre, à chacun dix aunes de
drap, au prix de six livres l'aune, revenans ensemble à cent
trente une aunes et audit prix, à la somme de v^e iiij^{xx} vj ₶.

Nicolas Vander Meulen, varlet de l'oratoire, de la moyenne
baye, quattorze aunes qui reviennent à . xxx ₶ xvj s.

A maître Jean Van Turnhout, maître de la chappelle,
dudit drap de six livres, neuf aunes et demye, qui font lvij ₶.

A Erasme Saligher, sacristain de la chapelle, Pierre
Maréchal, aussy sacristain, Nicolas Van Ranst, Philippe
Van Ranst, Jean Cocquiel, Laurent Vander Linden, Rey-
nault dela Boca, Nicolas de Robles, Philippe Vermeulen,
Abraham de Vos, Daniel Noiriam, Jean Volckaert, Antoine
Chambris, Jean Vander Meulen, Gaspar Van Ranst, Pierre
Cornetta, Joachim Zacharias, Matheo Langhedult, Jérôme
Lievens, Jacques Leclercq, Pierre Hagebert, Josse de Potter,
Jean de Beaumont, Christophre Robbes, Antoine Dalleux,
Alonso Rodrigues, Jean Hotel, tous chantres et musiciens,
en nombre de vingt-sept personnes, à chacun neuf aunes de
drap au prix de iiij ₶. x s. l'aune, montant ensemble à deux
cent quarante trois aunes et à la somme de m. iiij^{xx} xiij ₶. x s.

Aux six enfans de cœur de ladite chapelle, chacun un

manteau et longue casaque qu'est à l'avenant de cinc aunes
et demie de drap audit prix de iiij ₤. x s. l'aune, à la
somme de. . . . . CXLVIIJ ₤. x s.

Jean Van Turnhout figure ici sans doute à titre de
vice-maître de chapelle. Les renseignements de M. Fétis
sur ce musicien ne vont que jusqu'en 1600. Outre ces
deux maîtres, il y en avait, comme on vient de voir, un
troisième, appelé « maître de la musique de la chambre. »
Ce qui est pour le moins singulier, c'est que la liste
du personnel formant la musique du gouverneur-général
des Pays-Bas, en 1618, donne pour premier maître de
chapelle Jean Van Turnhout au lieu de Géry De Ghersem.
On va voir notre musicien installé à son poste aux années
1621 et 1622. On l'y sait déjà en 1620. Où se trouvait-il en
1618? Mystère impénétrable jusqu'ici :

DEN LYST VANDEN MUSICIEENS VANDER CAPPELLE VAN
HAER HOOCHEDEN.

1. Inden iersten den sangmeester Mr Jan Turnhout. —
2. Ten tweeden den sangmeester vande caemer Mr Peeter
Rimonte. — 3. Monsr Jacques Rose, sanger ende cappellaen.
— 4. Monsr Jacques Du Mollin, sanger ende cappellaen.
— 5. Monsr Hercules Le Fort, sanger ende cappellaen. —
6. Monsr Frans Du Brey, cappellaen. — 7. Den organist
Mr Peeter Philips. — 8. Den 2^e organist Mr Peeter Walrant. — 9. Den blaser meester Frans Vander Elst. —
10. M. Jan Hennin, basconter. — 11. Jan Dooson, basconter. — 12. Anthoin De Leu, basconter en fourrier. —
13. Nicolas Crincx, tenor. — 14. Philips Havelyn, tenor.
— 15. Jan Steffe, tenor. — 16. Jan De Quesnes, haulcontre. — 17. Peeter Hagebaert, haulcontre. — 18. Jero-
nimus Lievens, hoochcontre. — 19. Monsr Pierre De Campis,
deçus. — 20. Monsr Marcus Mande, espaingnolle.

21. M. Philips Van Ranst. — 22. M. Nicolas Van Ranst. — 23. M. Arthon, cornettist, englois. — 24. Hans Ver-meulen. — 25. Hans Volckaert. — 26. Hans Cockille. — 27. Hubert Hautflet. — 28. Jaspar Van Ranst. — 29. Armant N. cornettist. — 30. Den sacristeyn Jan De Heyn. — 31. Nicolaes Vander Meulen, sacristeyn. — 32. Erasmus, sacristeyn (1).

Géry De Ghersem était prêtre.

Dans les *Trophées de Brabant* (2), on voit une relation de la pompe funèbre de l'archiduc Albert, mort le 3 Juillet 1621, et cette relation renferme une liste des chapelains de la cour, au nombre desquels figure Géry De Ghersem. La voici : « Pierre Philippe, organiste, Jacques Daelman, Denis Hannibal, Léonard Tardy, Pierre Glin, Engelbert Cox, Pierre Dalleux, Charles Caulier, Hiérosme Kelderius, licencié, Jean Van Rainst, Nicolas Hotin, Jean-Estienne Ceresa, Gérard Hallebaye, Pierre Champis, Géry Ghersem, chapelain de l'oratoire et maître de la musique de la chapelle de la cour. »

En 1622, Géry De Ghersem permuta une prébende qu'il possédait en l'église de Sainte-Waudru, à Mons, avec une autre attachée à l'église de Saint-Gobert, à Bruxelles, et qui appartenait à Théodore De Ghersem, « clercq du diocèse de Tournay. » Les lettres de collation réciproque sont datées du 23 décembre.

L'année de sa mort nous est fournie par Rombaut (3), qui nous apprend en même temps que le maître eut un canonicat à Sainte-Gudule, à Bruxelles, en 1608 :

---

(1) Ed. Van Even, *Brabandsch Museum*, année 1860, p. 199. Document tiré du ms. N° 7, f° 11 des Archives communales de Louvain.

(2) T. iii, p. 114.

(3) *Histoire de Bruxelles*, t. ii, p. 144.

« Géri De Gerssem, dit-il, passoit pour un des meilleurs musiciens de son temps. Il devint maître de musique de la chapelle royale des archiducs Albert et Isabelle, qui le nommèrent à un canonicat à Sainte-Gudule, en 1608, ensuite de la cathédrale de Tournai, où il mourut, et fut enterré dans l'église de Sainte-Marie sous cette épitaphe:

« MONUMENTUM MEMORIÆ VENERABILIS VIRI DOMINI

GAUGERICI DE GHERSSEM,

HUJUS ECCLESIÆ CANONICI, QUI OBIIT XXV MAII MDCXXX. »

Pour la date de sa promotion au canonicat de Tournai, à savoir, le 24 décembre 1614, elle nous est transmise par M. Lecouvet (1), qui rapporte en même temps que cette promotion eut lieu par suite de la mort de Michel d'Esne, arrivée le 2 octobre de la même année.

De Ghersem n'est pas resté inactif en Espagne. Il n'eut peut-être pas d'occasions de populariser son talent. Il les fit naître. Philippe Rogier, son maître et son prédécesseur à la direction de la chapelle royale, à Madrid, l'avait chargé, par testament, d'éditer ses œuvres, et Philippe II, alors roi d'Espagne, avait bien voulu promettre son appui à cette publication. L'idée lui vint d'ajouter au recueil une composition de son cru, et il l'exécuta avec une modestie qui l'honore réellement. On en jugera par la dédicace suivante dont il a fait précéder l'ouvrage:

PHILIPPO TERTIO, HISPANIARUM REGI CATHOLICO.

Cum præceptor meus Philippus Rogerius, capellæ regiæ phonascus, (catholice Rex, idemque optime et augustis-

---

(1) *De l'instruction publique au moyen-âge*, dans le *Messager des sciences historiques*, 1856, p. 162 M. Lecouvet reproduit également l'épitaphe consacrée à Géry De Ghersem dans la cathédrale de Tournai. Elle ne diffère guère de celle que l'on vient de lire.

sime) harum me suarum lucubrationum hæredem testamento instituisset, mandassetque ut eas (unius etiam Missæ opusculo quod ipse composueram superaddito) quam brevissimo possem tempore typis excuderem, in lucemque proferrem, hujusque editionis Philippus II, pater tuus felicissimæ gloriosissimæque memoriæ Rex, cujus ipse semper fuit studiosissimus, desiderio ardentissimo teneretur, juberetque eam suis expensis quamprimum evulgari, animadvertens ego et regis jussum et supremam testatoris voluntatem v.... (1) legis obtinere, nihil antiquius habui, nihil in animo propensius, quam ut et subditi erga dominum .... et haredis erga testatorem grati officii, pro virili mea satisfacerem, quæ rationes se deessent, ... quæ discipulum magistro non secus ac filium patri obligat, satis superque esse debuisset, ne ce.......... substraherem. Cùm igitur totum jam opus exegerim, non sine magnis meis laboribus, quò .... nulla brevitati consulens præscindenda, nonnulla etiam superaddenda reliquisset, fact............ pretium duco, si illud non alteri quam Majestati tuæ consecrem. Cui enim potius inge .... simique autoris opera quam totius orbis Regi maximo atque præstantissimo dedica .... giam istam atque præexcellentem Majestatis tuæ dignitatem atque celsitudinem, eximi .... vinas animi dotes, quæ omnem orationem et cogitationem longè superant, silentio conteg... .... dem Philippus Rogerius in arte musica ita præclarus atque excellens, ut palmam veteribus sustulerit, ...ctoria spem posteris præripuerit. Suscipiat igitur benignitas et humanitas tua quinque Missas à magistro meo mirifico concentu harmoniàque compositas. Unam verò meam, quæ tametsi quatenus ab ingenioli mei exiguitate profecta

---

(1) Les lacunes indiquées par des points, n'ont pu être convenablement rétablies. Elles proviennent d'une déchirure à la marge du papier. Le précieux volume en question est conservé à la Bibliothèque publique de Tournai et nous a été gracieusement communiqué par M. Wilbaux, conservateur de ce dépôt.

est, cum illis non dico contendere, sed neque conferri queat, si tamen pro ea, quà illam Majestati tuæ offero voluntate perpendatur, nec illis impar erit, nec indigna quæ sub tanto nomine in lucem prodeat. Quodsi, ut spero ac sperare debeo, tua benignitas fecerit, animum adjiciet ut majora deinceps atque melioria præstem : quæque minus erubescam oculis tuæ Majestatis offerre, quam Deus optimus maximus sospitem incolumemque quam diutissimè christianæ Reip. servet.

Majestatis tuæ nutibus obsequentissimus,

GAUGERICUS DE GHERSEM.

Cette publication, format in-f° plano, sur gros papier, en notes carrées parfaitement lisibles à distance, et offrant sur deux pages ouvertes les parties en regard, ressemble beaucoup à celle du *Patrocinium musices* de Munich, et paraît n'en être qu'une imitation. Les initiales sont à encadrements fleuronnés. Le titre n'existe plus: un long usage l'aura détérioré complètement. Une preuve qu'on s'est servi du recueil, c'est que, dans la messe: *Philippus Rex*, partout où le ténor entonne ces mots suivis de: *Hispaniæ Rex*, on a substitué, à la plume, les paroles chantées par les autres voix (1). La messe: *Dirige gressus meos* ne comportait pas de *Hosanna*, ou peut-être celui que Rogier avait écrit, offrait des lacunes, aux portées vides qui suivent le *Benedictus*, lacunes que De Ghersem n'aura pas osé remplir à l'impression. Une plume qui, comparaison faite, est bien celle de ce maître, s'est chargée de ce soin. Cet *Hosanna*, écrit en mesure $^3/_2$, aurait-il été retrouvé dans les papiers de Rogier?

Le recueil contient 257 pages. A la fin de l'index, où De Ghersem se déclare l'auteur de la sixième messe

(1) Aux pages 100 et 101.

à 7 voix : *Ave Virgo sanctissima*, et se nomme l'élève de Rogier, une plume, de la première moitié du xviie siècle, a joint ces mots : « Et ecclesiæ cath. Torn. canonico, ac magistro D. Philippi Bernard, ejusdem cath. phonasco. » Ce qui veut dire que De Ghersem fut chanoine de la cathédrale de Tournai, et professeur de Philippe Bernard, maître de chant de la même cathédrale. Ces deux renseignements ne manquent pas d'intérêt. Vieux et infirme peut-être, De Ghersem, muni d'une prébende à la cathédrale de Tournai, aura utilisé les loisirs et adouci les ennuis de sa position, en formant des élèves. Admirable mission ! Après avoir exercé des fonctions éminentes en Espagne, le voilà qui, revenu dans son pays natal, transmet à ses successeurs, à ses concitoyens peut-être, le dépôt de ses traditions scientifiques, pour en perpétuer en quelque sorte la durée. Nous venons de voir qu'elles subissaient alors une transformation radicale. Loin de devenir inutiles, c'est sur elles peut-être que les premières innovations se seront greffées, semblables aux pierres d'un vieil édifice, qui servent de base à un édifice nouveau.

Philippe Bernard a-t-il fait honneur à son maître ? il est difficile de le dire, aucune œuvre de lui ne nous étant connue. Pendant au moins vingt-deux ans, de 1634 à 1656, il fut maître des enfants de chœur, assisté d'un professeur de latin et d'écriture. Comme il ne fut remplacé que le 8 avril 1658, son décès doit avoir eu lieu entre cette date et 1656 (1).

Voici l'ordre qu'occupent les messes de Philippe Rogier : La première messe : *Philippus Rex*, à quatre voix, commence à la page 1re ; la deuxième : *Inclyta stirps Jessae*,

---

(1) Ces renseignements sur Philippe Bernard nous ont été communiqués obligeamment par Mgr. Voisin, vic.-gén. de la cathédrale de Tournai.

également à quatre voix, débute à la page 36; la troisième: *Dirige gressus meos,* à cinq voix, à la page 70; la quatrième: *Ego sum,* à six voix, à la page 106; la cinquième: *Inclina Domine,* aussi à six voix, à la page 154; la sixième, due à De Ghersem: *Ave Virgo sanctissima,* à 7 voix, s'ouvre à la page 206. Le recueil a été imprimé à Madrid, en 1598: *Matriti, apud Joannem Flandrum, MDXCVIII.*

A l'égard de la messe de De Ghersem, dire qu'elle émane d'un grand musicien n'est pas exagérer son mérite. Le thème du début n'est que la pierre fondamentale d'un immense monument: il traverse l'œuvre entière. Que de hardiesse de conception et que d'ingéniosité dans les détails! Trois voix font un canon, pendant que les autres accompagnent dans le style du contrepoint fugué. Le *Credo,* construit en imitations serrées, d'une remarquable vigueur, offre aux mots: *Resurrectio mortuorum,* une ascension diatonique des basses, effectuée sur douze notes, et qui semble dépeindre au vif cet article de la foi catholique. En maint endroit, il semble que le musicien ait voulu pousser, jusqu'aux dernières limites, les exigences du style *osservato,* et son œuvre est, pour ainsi dire, le dernier édifice musical élevé en système de consonnances, système, qui, on le sait, a dû céder la place à un autre élément, dont est issue la musique dramatique moderne.

Nous avons fait reproduire en regard le début de cette composition architecturale, traduit en notation usuelle et purgé, autant que possible, des fautes d'impression qui s'y étaient glissées. C'est tout ce que le cadre de notre publication nous permet de donner. Espérons que ce travail sera repris un jour sur une plus vaste échelle.

M. Fétis dit, en parlant de George De la Hèle: « Il ferme glorieusement pour l'école belge le seizième siècle, et c'est par lui que se termine la série des maîtres de cette grande école, qui fut si haut placée pendant deux

MESSE À SEPT VOIX
DE
GÉRY DE GHERSEM.

DÉBUT DU KYRIE.

siècles. » Nous ne saurions souscrire à ce jugement, car
les messes de Philippe Rogier et de Géry De Ghersem,
son élève, sont là pour en faire voir l'insigne fausseté.

Catulle ne se borne pas à mentionner les musiciens
de Tournai, il fournit aussi des renseignements, d'une
valeur capitale, sur une académie de musique érigée
en cette ville vers le milieu du xviie siècle (1). Donnons,
avant tout commentaire, le texte intégral de ces précieuses informations :

Habet etiam hoc nobilitas Tornacæna, ut specialiter
musicâ delectetur, cujus et Academiam in ædiis propriis
aperuit, sub certa legum disciplina, nobilis vir Servatius
De Cambri : ad quam conveniebant singulis septimanis plerique è nobilitate et clero musici et fidicines præstantiores.
In quâ congregatione sæpiùs vidi amplissimum dominum
Nicolaum Du Fief, etiam cùm esset consiliarius regius,
necnon clarissimos viros Michaëlem De Cambri, J. V. licen-
tiatum eruditissimum, majestate corporis et animi dotibus
admirabilem, urbis ac magistratûs primarium assessorem ;
necnon Joannem Baptistam De Mœnens, etiam jurisconsultum
et magistratui à consiliis ; necnon alios viros litteratos, quibus
musica serviebat ad recreandum animos studio vel curâ defa-
tigatos. « Musica enim in convivio, ait sapiens, tamquam sma-
ragdus auro. » Si alios Tornacenses in arte musicæ peritiores
recensere voluero, opus hîc esset longam Iliadem contexere.
Tantùm pro coronide dixero, quod in ecclesiâ cathedrali Tor-
nacensi non admittitur musica illa levis, mollis et sine arte
flaccida, nullo ex octo tonis regulata, seu plurium tonorum
sive modorum mutatione et confusione contexta. Qualem, teste
Genebrardo, in suâ chronologiâ ad annum Christi 1572,
arresto reprobavit senatus regius Parlementi Parisiensis, ex
occasione Academiæ musicalis ibi noviter introductæ ; cujus
confirmatio à rege petebatur, neque potuit obtineri : cum

(1) ANDREAS CATULLIUS, *Tornacum.... Nerviorum*, p. 102.

istius Academiæ musica, neque foret diatonica, neque en-
harmonica, neque chromatica, sed ex tribus, sine regula
et arte, confusa vocibus, fidibus et fistulis non aptè com-
mixta. Subiit aliquando mirari, quomodo adhuc hodie to-
lerentur istius farinæ in musicis magistelli, seu potius
musastri, qui nulli tono seu regulæ et arti adstricti, au-
riumque titillationi tantùm studentes, musicam tripudialem
in ecclesiis introducere non verentur. Unde contigit juvenes
ac puellas à devotione abstrahi: cùm tamen musica pro
attentione, recollectione ac elevatione mentis in Deum et
in cœlestem illam harmoniam, in ecclesiis adhibeatur. Qualis
confusa ac sine arte musica, ut dixi, nunquam Tornaci
fuit approbata; sed talis quæ gravitati officii divini immixto
organo correspondeat. Qualem nempe in suis motectis et
missis, Rolandus Lassus, Cyprianus à Rore, Prenestinus,
Andreas Pevernage, Georgius De la Hele, Petrus Maillartius,
Gaugericus De Ghersem, et alii in hac arte periti compo-
suerunt. Sed jam satis de musicis Tornacensibus pro insti-
tuto nostro egimus. Forsan erit ut aliquam aliquando sym-
bolam et ego in hujus artis perfectionem scriptis et typis
conferam, si mihi otia faciat et vitam protrahat Deus,
omnium scientiarum fons et origo.

Donc, au dire de Catulle, la noblesse de Tournai se
distinguait de son temps par un goût spécial pour la
musique. C'est ainsi qu'un noble personnage, Servais de
Cambry, avait ouvert dans sa propre maison une académie musicale qui avait ses règles particulières. Là se
réunissaient chaque semaine un grand nombre d'amateurs
de l'art, nobles ou ecclésiastiques. J'y ai vu souvent,
ajoute le même écrivain, Nicolas Du Fief, même quand
il était conseiller royal, Michel De Cambry, savant jurisconsulte, Jean-Baptiste De Moenens, aussi jurisconsulte,
et, comme le précédent, membre du magistrat, et enfin
un grand nombre d'autres hommes instruits pour qui
la musique était une récréation. Je n'en finirais pas,

ajoute-t-il, si je voulais rappeler tous les autres tournaisiens habiles dans cet art. Je dirai seulement pour terminer que, dans la cathédrale de Tournai, n'est point admise cette musique légère, molle (1), flasque et sans art, n'ayant aucun des huit tons, mêlée de plusieurs tons ou modes altérés. Pareille musique fut désapprouvée, à en croire la chronologie de Génébrard, par un arrêt du parlement de Paris, vers l'an 1572, à l'occasion d'une académie de musique qui venait d'y être récemment fondée. On avait, à cet égard, demandé la sanction royale, mais elle ne put être obtenue, vu que la musique de cette académie n'était ni diatonique, ni enharmonique, ni chromatique, mais mêlée improprement des trois genres, et où, sans règle ni art, les voix aussi bien que les instruments à cordes et les instruments en bois étaient confondus. On en est venu à s'étonner comment jusqu'à ce jour, on ait pu tolérer les petits maîtres de cet acabit, ou plutôt ces musicâtres, qui, affranchis de tout mode, de toute loi et de tout art, s'évertuent simplement à provoquer un châtouillement de l'oreille, et vont même jusqu'à introduire la musique de danse, *musicam tripudialem* (2), dans l'église. De là vient que la jeunesse des deux sexes est détournée de la dévotion, au lieu que la musique, dans les églises, serve à contenir l'esprit, à le recueillir et à l'élever vers Dieu et vers sa céleste harmonie. Cette musique bâtarde, d'où tout art est banni, comme je viens de le dire, n'a jamais été agréée à Tournai, mais celle qui répond à la gravité

(1) Nous suivons jusqu'ici l'excellente version que donne de ce passage M. Lecouvet dans son travail sur l'*Instruction publique au moyenâge*. Le reste, relatif à des détails techniques extrêmement intéressants, et que M. Lecouvet a cru devoir omettre, a été traduit le plus fidèlement possible par nous. Voy. le *Messager des sciences historiques*, année 1865, p. 165.

(2) De *tripudium*, sorte de danse qui s'exécute en trépignant du pied.

du lieu et où l'orgue intervient, comme les motets et les messes ayant pour auteurs Roland Lassus, Cyprien De Rore, Prænestinus, André Pevernage, George De la Hèle, Pierre Maillart, Géry De Ghersem, etc.

Catulle termine en disant qu'il écrira peut-être un jour un ouvrage sur la musique. Il est à regretter, dit M. Lecouvet, qu'il n'ait point mis cette promesse à exécution; comme il avait été lui-même chantre de la cathédrale de Tournai, nous posséderions peut-être plus de renseignements sur les maîtres de chapelle de cette basilique (1).

Il s'agit ici, à n'en pas douter, de l'introduction de la dissonnance naturelle et du mode majeur dans la musique d'église. On comprend le dépit de Catulle. L'écrivain, en recourant à l'ironie, voire même au dédain sarcastique, pour flageller les novateurs, reflétait les doctrines reçues à la cathédrale de Tournai, où, depuis des siècles, la science traditionnelle se continuait, par l'organe des maîtres les plus renommés. Il voyait avec peine l'invasion de la musique moderne, qu'il déclare, à quatre reprises différentes, dépourvue de tout cachet artistique. C'était la routine s'insurgeant contre le progrès, le pédantisme systématique contre l'inspiration franche, qui, pour la première fois, brisait le moule scolastique où la pensée avait été emprisonnée pendant des siècles (2). Comprend-on maintenant l'intérêt qu'offre, au point de vue de notre histoire musicale, le passage que nous venons de reproduire? C'est une étape au seuil d'un monde de créations nouvelles, ouvertes par l'affranchissement du génie musical. Autre chose est l'introduction de la musique de danse dans l'église. Catulle, en la flétrissant, obéit à un sentiment de juste indignation que nous partageons.

---

(1) *Messager des sciences historiques,* année 1865, p. 164.

(2) Voy. GEVAERT, *Origines de la tonalité moderne* et *Chefs-d'œuvre de la musique vocale italienne,* introduction; *La musique aux Pays-Bas,* t. I. p. 228.

On a déjà donné (1) quelques renseignements sur certaines associations de musique aux Pays-Bas dont l'existence n'avait été révélée nulle part. Le moment est opportun de publier, sur ce même sujet, une nouvelle série de documents également inédits pour la plupart. Les sociétés pieuses seront en minorité, non parceque nous les excluons systématiquement de notre travail, mais parcequ'elles auront plus loin, avec les écoles et les maîtrises, leur place distincte et particulière.

On continuera à se renfermer rigoureusement dans une interprétation pure et simple du texte donné. N'y aurait-il point quelque témérité à vouloir tirer des conclusions générales de quelques faits isolés? Tant de diversités bizarres s'offrent encore dans chacune des sociétés exhumées de l'oubli, qu'on est tenu à renoncer absolument à aucun travail d'homologation, avant une plus ample moisson de documents. Deux mots cependant.

Il n'y eut, en dehors des gildes vouées à l'exécution de la musique sacrée dans les églises, que des associations de ménestrels, lesquelles dégénérèrent, comme on sait, en associations de ménétriers. Quelques-unes adoptèrent un règlement pieux ou se rangèrent sous la bannière d'un saint. D'autres appartenaient à des sociétés de rhétorique, comme à Delft, au xviᵉ siècle, où les confrères de la *Rapenblomme* chantaient des chansons à plusieurs parties avec accompagnement d'instruments. Cela résulte de la charte de ladite chambre littéraire, datant de 1581, et où on lit entre autres:

Een liedeken op dees sin daer tusschen singt voirdachtigh
Met hermonij of musyck hout goede maet,
Of met een soet stemmeken dats oock niet quaet;
Den bestdoender die sal men zyn bedinckende,
Met ses heerlicke wijnkannen tot een chiraet,
Den tweede vier, den derden twee als silver blinckende,
Mer die best pronuncieert sal men zijn schinkende
Een wynstoop voor die so const beminnende zyn (2).

---

(1) *La musique aux Pays-Bas*, t. ı, pp. 152 à 147.
(2) Sᴄʜᴏᴛᴇʟ, *Geschiedenis der rederykers in Nederland*, t. ı, p. 295.

Plus tard on s'aida, pour l'accompagnement du chant, d'un clavecin ou d'un petit orgue d'église (1). On tenait beaucoup à la bonne diction, comme on le voit par le passage cité. Si la musique vocale et instrumentale était cultivée avec autant de ponctualité dans une association où elle devait n'être qu'un élément accessoire, qu'était-ce dans les associations où elle occupait le premier rang?

Quand le drame naquit, quand la musique moderne fut créée, les académies surgirent de toute part. A l'instar de ce qui se passait à Paris (2), il y eut, parmi nous, des réunions particulières, ayant pour objet la culture de la musique d'ensemble. Puis, l'académie royale de musique se constitua. A son exemple, on organisa dans nos principales villes des réunions dramatiques. Bruxelles et Tournai donnèrent l'"impulsion. Enfin, le but de ces réunions s'élargit considérablement, et tous les genres furent abordés à la fois: motets, oratorios, drames lyriques, opéras, symphonies, ballets, etc.

De toutes les institutions artistiques, celles qui avaient pour objet la culture de la musique, ont laissé le moins de traces, parceque l'action du temps et l'empire de la mode ont eu le plus de prise sur elles. Bon nombre n'ont fait qu'apparaître pour ainsi dire. Ces considérations n'ont point ralenti le zèle de nos investigations. Avec de la persévérance, on pourra, il faut l'espérer, arriver à reconstituer l'histoire de chacune d'elles, sinon en détail, du moins dans ses traits les plus caractéristiques.

LOUVAIN. — Le 3 décembre 1502, le magistrat de Louvain approuve les statuts d'une société musicale érigée en cette ville, sous l'invocation de sainte Cécile. L'acte dressé à ce sujet est le plus ancien document de ce genre qui soit parvenu jusqu'à nous. Les membres fondateurs

---

(1) Schotel, *Geschiedenis der rederykers in Nederland,* t. i, p. 300.
(2) *La musique aux Pays-Bas,* t. i, p. 129.

sont des joueurs de harpe, de luth, de viole, de *griel-kens* et de flûte, au nombre de six : Pierre Faye, Nicolas et Jean Van Huelen, Jean Van Hoegaerden, Erasme De Smet et Gilles Coppens. Ils avaient proposé pour patron saint Job ou tout autre saint au choix de la ville. Le magistrat décide de placer l'association sous les auspices de sainte Cécile. Il y aura un doyen. On admettra des confrères forains. Voici cet acte :

De bruerderschap der consteneers vander muysycken nae-dien Peeter Faye, Claes ende Jan Van Huelen, gebruede-ren, Jan Van Hoegaerden, Raes De Smet, Gylys Coppens, als consteneers der muysycken vander herpen, luyten, veelen en grielkens, ende fluyten, ingebooren en ingheseten poerters deser stad van Loevenen, in den name van hen selven, ende van weghen hueren adherenten, consteneers der voir-genoemde muysycken, ingesetenen der selver stadt, commen syn byden raide der selver stadt, opdoende ende te kennen ghevende, hoe dat zy gheerne opsetten, ordineeren en stellen soude een bruederscap ende daertoe hebben eenen patroen ofte patroenersse, het ware de heylige vrient Goids Job, of eenen anderen dien der stadt best beliefde ; ende dat in de selve bruederscap een jegelyck soude mogen commen, op alsulcken incomgelt als den raide van der stadt daerop ordineeren soude; ende dat de selve brueders jaerlycx soude moeghen kiesen eenen hooftman die hen soude moeghen regeeren, ter eeren van hueren patroen ofte patroenersse, op dat de selve bruederscap te badt soude moghen werdden onderhouden; ende dat elc consteneere der voirscreven muysycken van bynnen ende van buyten voor syn incom-gelt der voirscreven bruederscap gheven en betalen soude sesse rinsguldens te xx st. 't stuck, te wetene : eenen rinsgulden daereff ten tyde van den incommen, en alsoo voorts alle jaren eenen rinsgulden, daeraf te betalen tot dat de voorscreven ander vyf rynsgulden vol betaeld syn sullen, ende dit in behulp ende onderhouden van den al-tare en bruederscap, met sulcker macht de gebrekelyckste

te mogen executeren uutpandingen van hueren goeden oft
met achtingen van hueren persoone, naedien en dat te
mynsten twee werf gemaent sal wesen; ende dat alle andere
persoonen, twaren clercken of andere, de voirscrevene muysycke beminnende gheen consteneers synde van den vorscreven
spelen, en hen darmede niet gheneerende in de vorscreven
bruederscap, sullen moghen comen op den wijn van vier stuyvers, om alsoo een mynnelyke vergaderyng te maken ende ton-
derhouden, ende elc van hen alle jare eene colve te gheven,
ghelyk de goede mannen der rhetorycke van de Roosen
en andere jaerlycx hueren colve gheven; ende dat hoofman
altyt macht hebben soude om de vorscreven consteneers te
ontbieden op huere caemer, die sy daertoe nemen sullen
als des van noode syn soude op eene sekere boete, by
u heeren daertoe te ordineren, ende alst seer nootelyk
ware op dobbel boete; ende dat gheen consteneere van
gheenderhande muysycken buyten der stadt van Loeven
woonachtig en alsoo tot eenighen tyde in de selve stadt
commende, om hem daermede in de selve stadt te genee-
rende, hem daermede niet en sal mogen generen noch
behulpen anders dan op te Loeven kermesse, hy en sal
yerst de vorscreven bruederscap aenghenomen hebben, ende
daerinne ontfanghen syn, ende de poorterie der stadt ont-
fangen hebben, ende borchtocht stellen voor tvoldoen van
den incomghelde oft pande setten in handen vander regeer-
deren, de bruederscap goet genoeg synde, of gehouden
de selve pennynghen ghereed op te leggen ten onderhoude
vanden aultare die voirscreven consteneers in der kerken
van Sinte Peeters daertoe vercrygen sullen. Ende de voorscreven
supplianten willen hen aen een yegelyken kwyten die huer
te doen sal hebben, dat men geen redene en sal hebben des
te beclagen, ende dat elc consteneere djaergelt dwelc daerop
gheordonneert sal wordden, sculdigh te betalen eer hy hem
metter selver consten sal mogen geneeren, ende dat op de
pyne die men daerop ordonneren sal ende de verboerte van
hueren instrumenten als tot behoef van den vorscreven altare.

Soe es byden selven raede geordineert ende overdraeghen dat
men vortane ter eeren Goids en synder ghebenedyder moedere
der maghet Marie ender rynder maghet sinte Cecilien, houden
sal een brueferschap daerinne de vorscreven consteneers
gehouden sullen syn te comen, ende de selve maghet sinte
Cecilie syn sal huere patroenersse ; ende een yeghelyc binnen
der stadt vast en overtyt woenende daerinne sal moghen
comen ghevende voor syn incomgelt een pondt was ofte vier
stuyvers daervoren; ende dat de selve brueders metten
meesten ghevolge sullen moghen maken hooftman dien sy
sculdich sullen zyn gehoorsaem te wesen, en tsynen onbie-
dene te compareren op de boete van eender plecken ende
op een dobbel boete van twee plecken, ende dat soo dicke
ende menigwerven alst van noode es, de brueders tot behoef van den bruederscap ende welvaer der selve te ont-
biedene. Ende dat elc ingesetene der selve stadt consteneere
vander muysycke synde, die in de selve bruederscap bynnen
desen ierster jare niet en compt, ende nae djaer vorleden
synde comen wilt, geven sal voor syn incomgelt eenen
rinssche gulden. Ende elc consteneer van buiten sal sculdich
syn te gheven, voor syn incomgelt, vier rinssche gulden,
te weten: terstont eenen rinsgulden, daervan ende d'ander
drie, den eenen daeraf binnen eenen jare daer nae volgende, den tweesten bynnen eenen jaere daer nae volgende,
ende den derden bynnen eenen jare daer nae volgende sal,
ende daervoor setten goede borgen ofte pande goetsgenoeg
synde. Ende alle andere persoenen gheen consteneers van
der muysycke wesende, sullen in deselve bruederscap moghen
comen, om een pont was of vier stuuvers daervoren, ende
elc brueder sal sculdich syn der patroenersse eenen silveren
penninck te gheven voor syn jaergelde ende der bruederscap vier stuyvers, ende totdien eenen colve van twee
ende eenen halven stuyvers; ende om des wille dat gheen
van den brueders onredelyck nemen en soude den ghenen
die hy in deser stadt dienende, soe es ooc geordineert
dat elc hebben sal s'daeghs sesse stuuvers sonder de drie

stuuvers die hy hebben sal van den kercganghe, ende sculdich syn een yeghelycke gereet te syne in de bruyloften,
voer feesten ende diergelycke, op te verbuerte van sesse
gulden hollants, ende niet moeghen meer eysschen op de
verbeurte van gelycken koere des selven; in desen wutge-
scheyden syn de stadts pypers, nu en in toecomenden
tyde wesende die in geen van des vorscreven es gehouden
en sullen wesen; ende die van buyten in des vorscreven
bruederscap commen om des vorscreven es, sullen onge-
houden syn de poorterien deser stadt te aenvaerden, ten
sy dat sy dat doen willen, en goeds moets willen, etc.
Coram Berghe, burgimagistro, Hovene, substituto, Borch,
Ledeleere, scabinis, et pluribus aliis de consilio. Decembris
iij xv⁰ secundo (1).

La corporation est abolie le 19 Janvier 1522, comme
il conste des lignes suivantes empruntées au même registre :

Op heden xix⁰ january a⁰ xxi stilo Brabantiæ, es dese
ordonnantie ende caerte byden raede vander stadt, naedien
Pieter Freye en sekere andere vanden regimente vander
muysycken, om zekere redene den raede daertoe moverende,
geaboleert ende ten nyete gedaen, ende gheconsenteert dat
een yegelyck voortaen sal moeghen spelen, betalende sinte
Cecilien jaerlyck op hairen dach eenen silveren penninck.

Le terme de *grielken*, instrument de musique, nous
embarrasse quelque peu. Nous l'avons vainement cherché
dans les vieux lexiques flamands et dans les nombreuses
notes que nous avons recueillies sur les instruments de
musique aux Pays-Bas. M. Stallaert pense qu'il s'agit
d'un instrument à friction, soit une vielle. En forçant
l'étymologie du mot, on pourrait le ramener peut-être

---

(1) Registre intitulé *Grootghemeyn boeck der stad Loven*, aux Archives communales de Louvain, n⁰ 85, p. 386. Communiqué gracieusement par l'érudit conservateur du dépôt, M. Van Even.

à *grille*, *krekel*, *ratel*, crécelle. Mais alors il est permis de se demander quelle figure un instrument aussi insignifiant qu'une crécelle aura faite à côté du luth et de la harpe, dans une gilde composée généralement d'artistes, *consteneers*. La crécelle, en effet, n'exige aucune habileté, et ne s'emploie que dans les offices de la Semaine Sainte, comme c'était peut-être aussi le cas jadis.

Comme nous le fait observer très-judicieusement M. Désiré van de Casteele, *grielken* signifie clairon, trompette. En effet, le glossaire de Roquefort donne les mots: *greille*, *gresle*, instrument à sons aigus (delà *grelloier*, sonner de cet instrument); *gresle*, trompette ou cor à sons fort aigus, dont on se servait pour annoncer les repas, comme le prouvent ces vers du *Roman de Perceval*:

> Mi sire Rex a fait sonner
> Un gresle pour l'eve donner.

Donc, à n'en pas douter, le terme flamand *griel* ou *grielken* se dérive de *greille*.

Grâce au dédain qu'ont professé nos savants pour tout ce qui concerne la musique d'autrefois, nous en serons réduits longtemps encore à des conjectures touchant certains instruments dont la vogue n'a été qu'éphémère ou dont les transformations ont été nombreuses. Mieux vaut avouer son incompétence que de faire, à tout propos, étalage d'érudition sans rien résoudre. Quant aux solutions trouvées après coup, il est trop facile de les faire valoir, en se servant des travaux d'autrui.

WESEMAEL. — M. Serrure, père, a publié dans le *Messager des sciences historiques* (1) un méreau en plomb fort curieux dont le type semble appartenir au commencement du xvie siècle. Il représente, à l'avers, saint Job,

---

(1) Année 1857, p. 465.

assis sur un fumier, la tête entourée d'une auréole,
la barbe épaisse et le corps rempli d'éruptions. A côté
de lui, deux musiciens, dont l'un joue du galoubet et
bat du tambour; l'autre tient un luth, et non une mandoline. Leurs costumes offrent un grand intérêt pour
l'histoire de nos ménestrels.

Au revers, on voit pour armoiries trois aigles, avec l'inscription en caractères gothiques : Sente · iob · van · Wesemale.
bibt · voor · ons. Ces armoiries sont celles de Gui de Brimeu,
sire d'Humbercourt, qui, après l'extinction de la famille
Wesemael, acquit, en 1472, cette terre. On sait que le
village de Wesemael était jadis une des plus célèbres
baronnies du duché de Brabant. La dignité de maréchal,
héréditaire du duché, était attachée à cette résidence.

L'église de Wesemael conservait autrefois une image
très-vénérée de saint Job, qui attirait beaucoup de pèlerins atteints de certaines maladies honteuses. M. Serrure
en conclut que la présente pièce peut être assimilée aux
médailles pieuses de Notre-Dame de Hal, de Montaigu, et
d'autres sanctuaires célèbres. Il croit la supposition d'autant
mieux fondée, que son « exemplaire porte un petit trou
au-dessus de la tête du saint! » M. Serrure nous permettra de n'être point entièrement de son avis. La médaille,
si médaille il y a, pourrait bien provenir aussi d'une
corporation de musiciens du genre de celles que nous
avons déjà citées. Rien n'empêche de supposer que ces
associations se sont établies dans les villages populeux
aussi bien que dans les villes d'importance. Or, il y
avait, vers la même époque, outre les musiciens attachés
à l'église paroissiale de Wesemael, une chapelle musicale
établie au château de la même localité, et dont le directeur
était maître Jean Picot (1). C'est ce que nous apprennent

---

(1) On verra ailleurs une note de 1526, relative à un certain Renaud
Ducerf, dit Picot, ex-tambourin de Marguerite d'Autriche.

les comptes de Nieuport, d'où nous extrayons, entre autres, le passage suivant:

Den x^{sten} in lauwe [1492 n. st.], meester Jean Picot, capellaen en sangmeester van mynheer Van Brimieux, i canne wyns; comt xxxij st.

Cette double phalange d'exécutants n'aurait-elle point pu se réunir en corps, sous l'invocation du saint de la localité, qui était, avec sainte Cécile et sainte Marie Madeleine, le patron des musiciens? Les sociétés de rhétorique et de tir avaient aussi leurs musiciens spéciaux.

Ce n'est pas tout. En 1850, M. Piot a fait connaitre, dans la *Revue de la numismatique belge* (1), un repoussé frappé en l'honneur du même saint Job. On y voit le patron de Wesemael, assis sur un fumier, la tête nimbée et le corps rempli d'ulcères. Devant lui, deux musiciens jouent de la trompette. La légende, en caractères gothiques, porte: Sanctus Job + de + Weesmale + 1491. Puis vient l'écu à trois aigles formant les armes de Brimeu. M. Piot dit, à ce sujet, qu'un collége de sept chapelains était annexé à l'église de Wesemael, et que, selon une déclaration faite par le curé, en vertu de l'édit de Joseph II du mois de Janvier 1786, il y existait une fondation particulièrement destinée au culte de saint Job. On y chantait chaque mercredi une grand'messe en l'honneur de ce saint. Cela suffit pour assigner aux deux pièces énigmatiques une destination bien différente de celle de M. Serrure. Mais il y a plus. Ce ne sont pas des malades qui viennent implorer l'intercession de saint Job; ce sont des musiciens qui viennent donner une aubade à leur patron. Or, si l'on refuse d'y voir un méreau de ménestrel, bien que plus d'un document autorise cette supposition (2),

(1) 1re série, t. vi, p. 146; pl. i, fig. 10.

(2) Voici ce qu'on lit, entre autres, dans les comptes de la ville de Gand, à l'année 1697: « Betaelt aen Heyndrick Le Marichal, by myn

on voudra y reconnaître du moins une sorte de méreau de chantre, en expliquant le sujet que comportent les deux pièces, par le concours de musiciens qui annuellement venaient, en tête des pèlerins de Louvain et des localités voisines (1), se faire entendre devant l'image de saint Job.

Une difficulté plus sérieuse s'offre pour l'interprétation de l'objet que saint Job présente à ses visiteurs. Est-ce un instrument de musique? Est-ce le têt avec lequel celui qui symbolise la résignation chrétienne nettoyait ses plaies? Est-ce un plateau ou une bourse pour recevoir l'aumône? Ou bien serait-ce un pain, marqué d'une croix, comme le représente le bas-relief du sarcophage de Junius Bassus? Dans ce dernier cas, la main aurait reçu et non donné. Quoiqu'il en soit, aucun instrument de musique à notre connaissance n'affecte la forme de l'objet en question, et dès-lors la difficulté ne nous concerne point directement. On pourra se convaincre de ce que nous avançons, à l'aide des deux dessins que nous avons graver en regard de cette page. (Fig. 1 et 2.)

HASSELT. — Un médaillon ovale, d'une fabrique grossière, avec bélière et chaînette, et qu'entoure un petit cercle d'argent, atteste que cette ville a possédé autrefois une confrérie de sainte Cécile. Voici comment il est décrit dans la *Revue de la numismatique belge* (2). Avers: S· CECIL. — ORA· P· N· Buste droit et nimbé de la patronne des musiciens, tenant une palme de la main droite, et appuyant la gauche sur la poitrine; à côté,

---

heeren scepenen ghecommitteert tot het uytgheven ende distribueren van de looden van de schalmeyers ten pensioene deser stadt, telcker reyse ghespeelt hebbende op het Belfort, over syn pensioen, ij lb. gr. » Ces plombs servaient de contrôle et écartaient les fraudes, inhérentes aux paiements globaux.

(1) Van Gestel, *Historia archiepiscopatús Mechliniensis*, t. i, p. 229.

(2) 1re série, t. vi, p. 145.

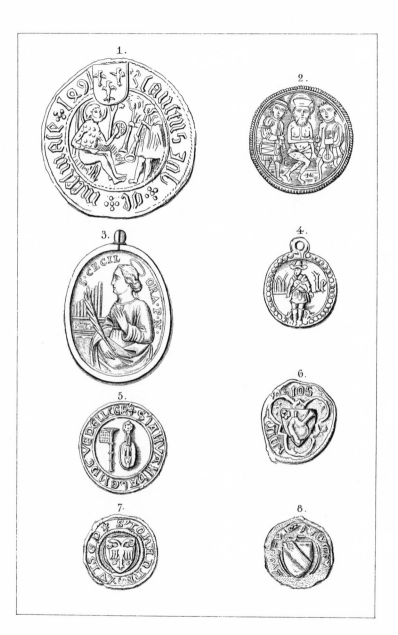

CONFRÉRIES MUSICALES

Méreaux, Médailles et Sceaux.

un orgue. Revers: SANC-TE-LAMB- ORA·P. Buste gauche
du saint, en habits pontificaux, tenant la crosse dans la
main droite, et appuyant la main gauche sur le cœur.
Dans le champ, à droite, l'image de la Vierge, tenant
l'enfant Jésus et assise dans les nuages, apparaît à saint
Lambert. (Fig. 3.)

MONS. — La ville de Mons a possédé, entre autres gildes
artistiques, une association de sainte Cécile et une académie
musicale. Les deux documents qui s'y rapportent ont trop
d'importance, selon nous, pour que nous hésitions à les
placer *in extenso* sous les yeux du lecteur, bien qu'elles
aient déjà vu le jour ailleurs. Il est vrai que, dans la
Revue où elles ont paru, leur place est si désavantageuse,
qu'elles risquent de passer inaperçues. En les groupant
ici autour des autres documents de même nature, elles
acquièrent un intérêt dont elles semblaient être dépour-
vues, au milieu de matières sans la moindre analogie
avec l'objet dont elles font mention.

Voici d'abord la charte originale, en date du 4 avril
1588, portant institution d'une confrérie des joueurs de
sainte Cécile, que l'on nommait aussi du *Rossignol*. Les
traits de mœurs n'y manquent pas, comme on verra. Elle
est de la teneur suivante:

Copie littérale des lettres patentes institutives
de la connestablie des joueurs d'instruments (1).

Sçacent tous présens et advenir, que les personnes joueurs
d'instruments de la ville de Mons, nous ayans présenté

---

(1) Ces lettres, transcrites sur parchemin et auxquelles est appendu
le sceau échevinal, ont été publiées, pour la première fois, par M.
Lacroix, ci-devant conservateur des archives de l'État à Mons, dans les
*Mémoires et publications de la société des sciences, des arts, et des
lettres du Hainaut,* t. v. 1re série, p. 154.

requestre, adfin qu'il leur fût accordé certaines ordonnances,
selon lesqueles ilz et chacun de la connestablie se debvra
d'oresenavant régler dont après le tout avoir esté mis en
délibération de conseil, ont esté conclutes et déclarées celles
cy-après suyvantes :

Premiers, que tous joueurs de ladicte ville, debveront
estre de ladicte connestablie et payer pour leur entrée chacun la somme de cincq gros, pour employer à faire célébrer
la messe chacun mois, pour pryer Dieu et madamme sainte
Cécile, pour les âmes des trespassez d'icelle connestablie,
à laquele messe debveront adsister tous joueurs et ceulx
de ladicte connestablie, sauf légitisme excuse, à peine d'en-
cheyr en cincq solz tournois chacun.

II. Item, que les maistres de ceste connestablie feront
aorner la chapelle de saincte Cécile, en l'église de monsieur sainct Germain, dont le jour de ladicte saincte tous
confrères se debveront trouver au logis de l'un des maistres, ou au lieu ordonné, pour par ensamble s'acheminer
bien et honestement en ordre à l'église, oyr les vespres
et salus, et au lendemain, jour de ladicte sainte, semblablement se trouver au lieu désigné, pour aller à la messe
et à l'offrande, à peine de chacun défaillant de deux solz,
pour estre converty aux frais de ladicte chapelle et office
divin.

III. Item, que au retour dudict office, ceulx qui voldront
compaignier les maistres au disner le polront faire, sans
touteffois y estre constrains, en payant leur escot également.

IIII. Item, que tous joueurs payeront pour chacune nopce
qu'ils joueront, où que ce soit, chacun joueur deux solz
tournois.

V. Item, que tous deniers à Dieu qui se donneront,
debveront estre mis ou blocque de ladicte chapelle.

VI. Item, que en ladicte connestablie y polront entrer
aultres personnes que joueurs d'instruments, si comme organistes et musiciens, par le consentement des maistres, en

payant chacun an dix solz tournois, et jusques au nombre de quarante, et non plus, comprins les joueurs, qui debveront estre gens de bonne conduitte, famés et renommés, sans en pooir accepter d'aultres.

VII. Item, que tous joueurs qui présentement sont demorans en ladicte ville y poldront demorer le reste de leur vie, sans estre subiects de passer maistrise, saulf doresenavant y seront subiectz tous ceulx qui voldront gaignier leurs vies au jeu d'instrumens, et debveront sçavoir jouer des quattre sortes d'instrumens cy-après, si comme : haulbois, cornet, flutte et violon ; et pour passer à maistre debveront sçavoir jouer deux pièces de musicque de chacun instrument susdict, de teles chansons que les maistres auront choisy, payant pour les droitz au proffict de la chapelle huict livres tournois, et à chacun desdictz maistres pour leurs peines, vingt solz tournois.

VIII. Item, que tous les apprentiers joueurs debveront avant pooir passer maistre, ou jouer avecq maistre, estre deux ans apprenans sur maistres, saulf qu'ilz polront jouer restons et banquetz avant avoir passé maistrice, et ce sur amende de soixante solz tournois pour chacune fois au proffit de ladicte chapelle.

IX. Item, advenant quelque compaignie de joueurs estrangiers pour jouer quelque nopce ou bancquet en la ville, debveront payer demy droict portant quattre livres chacun, et à leur deffaulte se polront lever leurs instruments, pour les deux tierchs desdictes quattre livres appertenir à la chapelle, et l'aultre aux pauvres de ladicte ville.

X. Item, est deffendu que, durant le sainct temps de quaresme, nulz desdis joueurs ne polront jouer pour bancquets ou aultres recréations, sur peine de pugnition arbitraire et payer vingt solz au prouffit de la chapelle.

XI. Item, que tous ceulx de ladicte connestablie se debveront trouver aux enterremens, vigilles et services des trépassez, sur l'amende de deux solz pour chacune fois,

lequel office se debvera faire aux despens de ladicte connestablie ; et s'y debvera chacun de ladicte connestablie
faire célébrer une messe le lendemain dudict service pour
l'âme du deffunct ou deffuncte, chacun à ses despens, si
bon leur semble.

XII. Item, que tous confrères seront tenus et subiectz
à toutes semonces et assamblées qui se feront par le coman-
dement des maistres, suyvant congié obtenu de messieurs
eschevins, sur cincq sols.

XIII. Item, seront esleus quatre maistres pour entendre
et solliciter au bien et advenchement de ladicte connestablie,
lesquelz seront tenus de rendre compte chacun an par devant
nous et noz successeurs, de tous prouffitz receuz durant
leur année, en la présence de tous ceulx de ladicte connestablie ; et après iceulx rendus, se debveront eslire deux
nouveaux maistres, pour avecq les deux restez de vieux,
emprendre le meisme cherge.

Toutes les queles ordonnances, nous avons réservé et
réservons de les pooir amplyer ou diminuer selon la nécessité, et de ce en donner interprétation en cas de difficulté.

Et adfin que les choses prédictes soient entretenues, servies et stables, pour approbation de vérité, avons à ces
présentes lettres faict mettre et appendre le seéle eschevinal
d'icelle ville de Mons ad ce ordonné, la contre-partie duquel
est ou ferme de Charles Goubille, eschevin.

Ce fut faict, accordé et publyé à la brétecque, à la
Maison de Paix, le quatriesme jour du mois d'apvril, an
de grâce notre Seigneur quinze cens quatre vingtz et huit.

Moy présent greffier,

Le Roy, 1588.

Suivent les articles additionnels que voici:

Le cinquiesme jour de jullet, quinze cens quatre-vingtz
et huict, accordé aux dis joueurs que, tous apprentiers

debveront payer pour droict d'apprentissage la somme de vingtz solz au prouffict de la chapelle, saulf les filz de maistres, la moitié.

Que nulz maistres ne polront avoir qu'un apprentier tant qu'il auera accomply son terme auquel il est subiect envers son maistre, sur amende de vingt-cincq livres au prouffict de la chapelle.

Que lesdis joueurs ne polront marchander qu'une nopce sur ung meisme jour, meismes ne polront jouer à aultres nopces qu'à celles qu'ilz aueront premièrement marchandé, sur amende de chacun soixante solz à tel prouffit que dict est.

Que le cas advenant que quelques joueurs ayent marchandé quelques nopces pour deux ou trois compaignons, et advenant qu'il restât quelcun de leurs compaignons sans gaignaige, iceluy polra marchander avecq aucuns d'aultres compaignies, en appellant les aultres compaignons pour faire marchié avec luy, sur soixante solz d'amende comme prédict.

Moy présent greffier,

Le Roy, 1588.

Item, que tous filz de maistre ayant achevé leur terme et passé maistrise ne polront apprendre aulcuns serviteurs, n'est qu'il ayent preint estat de mariage, ou qu'il aient vingt-cincq ans au plus, sur l'amende de vingt-cincq livres pour chacune fois au prouffit de la chapelle.

Ces statuts sont accompagnés d'un *Registre de la Confrérie saincte Cécile en la ville de Mons, l'an mil chincq cent quatre-vingt et huyct*. Ce registre s'arrête au 14 février 1660, pour les inscriptions des confrères admis dans la confrérie. L'acte d'admission de 1588, qui renferme les noms des premiers maîtres, est ainsi conçu :

Nous soussignés jueurs d'instruments et maistres de la confrayrie madame sainte Cécile de la ville de Mons, certyfions à tous que, le xiij^e du mois de may du présent an mil chincq cens quatre-vingt et huict, qui se sont présentés de passer à maistres Nicolas de Hestrud, filz Jan, le tout l'ung après l'autre (*sic*), ont esté examinés et jués avec nous les maistres et aultres compaignons à ce requis et appellés, si comme: Germain et Jan Segault, frères, Jan de Hestrud et Jan Monysseur, tous quattres maistres en ceste année, et Paul Segault, Jan Bauduyn, Jan Segault, filz Germain, lesquels ont tous trois estés trouvés suffisant de passer à maistre, etc.

Nous laissons suivre maintenant le document relatif à l'institution académique de la ville de Mons. En voici le titre et la teneur:

Loix, règles et ordonnances de l'académie musicale en la ville de Mons; 1678 (1).

Dans ceste Académie ne seront receues que personnes honestes qui sçachent chanter et qui aiment la musique, et ce, du consentement des confrères et à la présentation de l'intendant, qui donnera premier son suffrage, comme en toutes autres choses, et puis les plus vieux selon leur admission.

Celuy qui y sera admis, devra sitost s'obliger aux présentes loix et ordonnances et donner quelque œuvre de musique ou LX sols pour estre employez en achat des livres musicaux, et outre ce, quelque courtoisie à sa discrétion pour le jubé, et une pièce au valet de l'Académie telle aussi qu'il voudra.

Afin que bon ordre ait en ladite Académie, trois personnes seront esleues pour déservir les charges cy-après, sçavoir: un intendant, un directeur et un receveur, à choisir par la pluralité des voix.

---

(1) *Annales du cercle archéologique de Mons*, t. vii, p. 470, d'après une minute conservée aux Archives de l'État, à Mons.

Lesquelles charges se renouvelleront tous les trois ans, ou tous les ans, si l'un ou l'autre d'eux le souhaite, hormis que le directeur de la musique pourra estre continué si l'on n'en trouve pas de plus idoine, et que mesme il pourra exercer aussi l'office d'intendant, au cas que le sort tombe sur luy.

Le devoir de l'intendant sera d'avancer les propositions et de faire scemoncer les académistes par le valet, lorsqu'il y aura sujet de quelque assemblée, et principalement lorsqu'il y aura un lieu particulièrement désigné.

Il aura l'œil et l'intendance sur les instruments et sur les livres musicaux, en telle sorte que personne ne puisse en prendre pour s'en servir, sans sa participation et adveu.

Il prendra soin, avec le receveur, du disner ou du souper qui se fera le jour de Ste Cécile, sans qu'autre s'en mesle ny puisse contredire à ce qu'il ordonnera.

Le devoir du directeur sera de conduire la musique tous les jours que l'on chantera la messe à Nostre-Dame de Messines et aux lieux accoustumez, et de distribuer les parties à qui il trouvera mieux convenir.

Il aura encore le soing de préparer la musique, de prendre conoissance de toutes les messes et des plus beaux motets que l'on a, pour s'en servir aux occasions et à proportion des voix qui se présenteront, et ce, à l'adionction de quelque zélé qui se présentera pour l'assister, et qui déservira cette charge lorsque le directeur sera absent.

Le receveur sera obligé de faire collecter les amendes et les sommes à payer, par le varlet, si mieux il n'aime les demander luy-mesme, et devra en tenir notice pour en faire le renseignement au bout de l'an.

Il aura le pouvoir, à l'intervention de l'intendant ou du directeur ou du plus vieux confrère, de donner quelque fois sur lesdites amendes et sommes, un pot ou deux d'absynte, les jours des samedys, à quelques chantres mercenaires ou estrangers, pour les attirer.

Tous les samedys, se chantera la messe solemnelle en musique dans l'église paroichiale de Messines audit Mons, entre nœuf heures et demie et dix, et quiconque des soubsignez confrères y manquera ou se trouvera après le dernier coup sonné, payera deux solz d'amende, et cela sans excuse d'absence ny de maladie.

Le jour de Ste Cécile, elle se chantera entre dix heures et dix heures et demie, au mesme lieu, sous peine de douze solz à celuy qui manquera ou s'y rendra après le dernier coup sonné, hormis que les absens de la ville et malades tenans maison seront excusez.

Et tous se debvront trouver au lieu et à l'heure désignez par l'intendant pour l'accompagner ce jour, et celuy qui voudra s'en excuser, devra le luy faire sçavoir huict jours auparavant, sous peine de payer demy escot.

Le jour ensuivant, on chantera la messe des trépassez pour les âmes des confrères décédez, au mesme lieu, à la mesme heure que les jours des samedis et sous pareille amende pour les défaillans.

Le jour des âmes, ils chanteront une messe des trespassez, tant pour les âmes de leurs parens que pour les confrères décédez, aux mesmes charges qu'à l'article précédent.

On sera obligé de se trouver aux messes que l'on chante ordinairement aux Pères-Carmes et aux Pauvres Clarisses, entre les dix heures et dix heures et demie, sous peine d'un patard à celuy qui viendra après le Kyrie commencé.

Le lendemain de la Trinité, se fera une messe solemnelle à la dite église de Messines, entre les dix heures et dix heures et demie: qui y manquera ou qui s'y rendra après le dernier coup sonné, payera six solz.

Lorsqu'un confrère viendra à mourir, on devra prier Dieu pour son âme et se trouver à ses funérailles, si l'on en a la commodité; mais l'on sera tenu d'estre présent à la messe qui se chantera pour luy, le jour et l'heure que désignera l'intendant, sous peine de douze solz à celuy qui sera en faute, exceptez les malades tenant logis, et les absens de la ville.

Si quelque confrère est griefvement malade, et s'il requiert une messe à l'honneur de la Vierge, afin d'estre soulagé et secouru, on ne la luy refusera point.

Dans toutes les assemblées qu'ils seront, les juremens sont défendus, et s'il y arrive quelque débat et querelle, il y aura une amende ou peine arbitraire à décider par le corps et à souffrir par celuy qui sera dans le tort.

Lorsque l'on aura trouvé quelque place commode, on y fera l'assemblée, tous les mois une fois, pour s'y divertir par la musique, depuis trois heures après midy jusque cincq au plus sy l'on est d'humeur.

Cependant, chacun desdits confrères soubsignez furnira un patard, toutes les semaines, ou quatre sous tous les mois, au receveur, pour estre employez en ce que luy et l'intendant général jugeront mieux à propos pour l'entretien et l'avantage de l'Académie.

Qui voudra s'exempter de toutes charges et amendes, le pourra faire parmy payer une livre de gros d'avance chaque année au receveur, à l'effet que dessus; et qui voudra sortir absolument et pour tousiours de ladite Académie, devra fournir trois patacons pour sa sortie et pour son adieu.

Les articles ci-dessus ont été acceptez par lesdits soubsignez, qui se sont réservez le pouvoir de les changer, augmenter et diminuer, s'estant submis aux amendes et charges y déclarées, et promis d'entretenir le tout inviolablement.

Fait à Mons, le ...... xvie septante-huict.

Les concerts de Mons, appelés le *Chapelet*, ne proviennent-ils pas d'un ancien *puy* de musique, où le chapel de roses était donné en prix dans les concours? Il en est touché un mot à la rubrique qui va suivre.

VALENCIENNES. — On y comptait une institution dite du « Salut en musique » et érigée à la chapelle de

Saint-Pierre. Elle donna naissance, en 1697, à une
Académie de musique, qui fut soumise à la surveillance
d'une commission composée d'échevins, et qui était à la
fois une école où l'on formait des élèves et une espèce
de société où l'on donnait des concerts (1).

Nous lisons dans le règlement que publie M. De Coussemaker (2), d'après Hécart, auteur de recherches sur le
théâtre de Valenciennes, l'article caractéristique que voici :

> Et comme rien ne peut tant contribuer à instruire et
> perfectionner les jeunes gens à la musique et au jeu des
> instrumens, que les exercices fréquens et les concerts qui
> se font dans les assemblées, il sera establi une Académie,
> à laquelle se devront trouver tous lesdits musiciens de la
> chapelle de St-Pierre, pour y chanter et jouer par chacun
> d'eux la partie qui lui sera donnée une fois chaque semaine à
> tel jour et heure qui sera marquée par lesdits s^{rs} commis
> et les académiciens, à peine par les défaillans estre privés
> de la valeur de leur plomb de ce jour-là, pour l'argent
> qui proviendra de ces défauts estre employé en achats de
> livres de musique ou d'instruments nécessaires, tant pour
> ladite chapelle, que pour l'Académie.

Valenciennes réclame, comme on sait, l'honneur d'avoir
donné l'exemple des associations connues sous le nom
de *Palinods*, et que l'on signale à Amiens, à Caën, à
Rouen, à Dieppe et dans plusieurs autres villes du nord
de la France. Le chapel de roses y récompensait la plus
belle chanson ; des jetons furent frappés en leur honneur.
Rigollot (3) en cite, entr'autres, un qui porte: POUR.
LES. CHANTRES. DU. PUY. SANCTA. MARIA ORA PRO NOBIS.

---

(1) DE COUSSEMAKER, *Notice sur les collections musicales de la Bibliothèque de Cambrai*, etc. pp. 74 et 222.

(2)   Id.   p. 222.

(3) *Monnaies des évêques, des innocents et des fous.* Paris, 1837, pp.
128—132.

Toutes ces associations étaient placées sous la protection de la Vierge.

LIERRE. — Le philologue flamand Willems, qui vit le jour en 1790, rapporte que, dans son enfance, il prit part à des jeux de mystères donnés par les *Cecilianen* de l'église de Saint-Gommaire à Lierre. Les mystères étant représentés par une confrérie musicale, on peut croire qu'ils ne se composaient pas uniquement de scènes dramatiques, et que la musique y avait une part considérable (1).

BRUXELLES. — La ville de Bruxelles a dû posséder d'ancienne date une gilde placée sous l'invocation de sainte Cécile. En voici quelques traces :

[22 novembre 1719]. Les principaux amateurs de l'Académie de musique de cette ville, aiant obtenu la permission de faire chanter, dans la chapelle royale de la cour, une messe solemnelle pour célébrer la fète de sainte Cécile, leur patronne, ladite messe, à laquelle officia monsieur le prince de Gand, fut exécutée avec l'applaudissement général de plusieurs personnes de distinction et autres qui s'y sont trouvez (2).

Le 22 [novembre 1730], fète de sainte Cécile, S. A. S. assista, dans la chapelle royale de la cour, à la messe solennelle que les musiciens de la cour firent célébrer à l'honneur de la dite sainte, leur patronne (3).

La même formule se reproduit presque régulièrement d'année en année jusqu'en 1740. Les concerts de la cour devinrent très-fréquents depuis le commencement du XVIIIᵉ

---

(1) SCHOTEL, t. I, p. 17. Comme nous l'avons dit, Charles-Quint jouait du manicordion. Il se trouva, en 1508, à Lierre, pour éviter la contagion de la peste qui s'était déclarée à Malines, où, suivant M. Henne, le prince passa la plus grande partie de son enfance.

(2) *Relations véritables,* du 24 Novembre 1719.

(3)   *Id.*   id.   1730.

siècle. On en parlera ailleurs. Nous ignorons l'époque de la création des concerts du comte Bonneval dont parle De Reiffenberg dans sa *Lettre à M. Fétis* (1). Il nous est conséquemment impossible de dire s'ils ont quelque chose de commun avec les « grands concerts » dont il est parlé dans une requête de la veuve Dulcken, fabricante de clavecins (2).

BRUGES. — Il existait, à Bruges, en 1628, un oratoire consacré à sainte Cécile, et un autre oratoire dédié à la Vierge Marie de la chandelle d'Arras, fréquenté par les joueurs d'instruments (3).

« Sacellum sanctæ Ceciliæ, musicorum. — Sacellæ beatæ Mariæ de Candela atrebatensi, ludentium instrumentis musicis. »

Aucun renseignement plus explicite ne nous est parvenu au sujet de la dite association de sainte Cécile. Quant à l'autre, elle a été l'objet d'une excellente étude due à la plume du jeune et intelligent archéologue M. Désiré Van de Casteele (4). Il reste à compléter ses informations, par quelques indications relatives à la confrérie-mère et à celles qui, comme l'association de Bruges, en dérivèrent directement.

ARRAS. — C'était en l'an 1105. Un fléau terrible, nommé le *mal des ardents*, exerçait les plus cruels ravages sur les malheureux habitants d'Arras. La Vierge, touchée de leurs gémissements, se présenta à deux mé-

(1) P. 317. Un René de Bonneval est cité dans Fétis, d'après la correspondance de Grimm.

(2) *La musique aux Pays-Bas*, t. I, p.

(3) Voy. *Analectes pour servir à l'histoire ecclésiastique de la Belgique*, t. II, p. 19. Les renseignements en question émanent d'un document intitulé: *Rapport adressé au Souverain Pontife Urbain VIII, par Denis Christophori, évêque de Bruges, sur l'état de son diocèse, en 1628*.

(4) Voy. *Annales de la société d'émulation*, 3ᵉ série, t. III, p. 55.

nétriers, Itier, de Saint-Pol, et Norman, du Brabant. Elle leur ordonna de prévenir l'évêque d'Arras, Lambert de Guînes, qu'elle leur remettrait dans la cathédrale de cette ville un cierge de cire blanche, leur promettant la guérison des malades qui auraient bu de l'eau dans laquelle on aurait fait couler quelques gouttes de cette cire mystérieuse. La Vierge, selon la pieuse légende, apparut en effet à l'évêque et aux ménétriers, et leur confia le cierge miraculeux, qui rendit bientôt la santé à tous les infortunés atteints de l'épidémie (1).

Telle est l'origine de l'un des pèlerinages les plus fréquentés de cette contrée. Dans le dit des *Taboureurs* (tambours), attribué d'abord à Rutebeuf par de Roquefort, puis à un autre trouvère, par M. Jubinal, et que M. Dinaux (2) croit être un artésien, on trouve résumée ainsi la tradition :

> La douce mère de Dieu aura son de viele,
> A Arras la cité fist cortoisie bele :
> Aus Jougleors dona sainte digne chandele
> Que n'oseroit porter le prior de la cele.

Selon M. Dinaux (3), la confrérie de la sainte Chandelle a une origine qui la lie tout-à-fait à l'art de la ménestrandie. « Aussi, ajoute l'écrivain, existait-il, en la paroisse de Notre-Dame de la Chaussée, à Valenciennes, une chapelle dédiée à Notre-Dame du Puy, protectrice des puys, ou concours de poésie, si en vogue à Valenciennes dès le xiiie siècle, dans laquelle chapelle se gardait une chandelle de cire formée des gouttes qui découlent du cierge miraculeux d'Arras, lequel ne se consume jamais, comme l'on sait. La chandelle de Notre-

(1) Aug. Terninck, *Notre-Dame du Joyel, ou Histoire légendaire et numismatique de la chandelle d'Arras*. Arras, 1852, p. 86.
(2) *Les Trouvères artésiens*, p. 9.
(3) Id. p. 10.

Dame du Puy était tous les ans portée en procession, le dernier dimanche d'août, par le plus jeune ménestrel qui se trouvait à Valenciennes. Il était suivi de tous les autres ménétriers de la ville, jouant de diverses sortes d'instruments, et cela en mémoire des deux jongleurs Itier et Pierre Norman, à qui la Vierge délivra la chandelle miraculeuse. »

M. Terninck ne fait point mention de cette confrérie, issue pourtant de celle d'Arras. Il cite entre autres les suivantes, que nous présumons avoir formé, comme l'association-mère, une gilde musicale en même temps qu'une société pieuse :

LILLE. — Une parcelle de la sainte Chandelle d'Arras, aussi appelée cierge des Petits Ardents, fut accordée à la ville de Lille. Le pape Innocent VI, dans sa bulle de 1355, la nomme arbre de vie, et on prétend qu'elle a été donnée aux lillois par l'évêque lui-même, qui auparavant y avait été chantre dans l'église collégiale de Saint-Pierre. Plusieurs papes enrichirent d'indulgences la confrérie de Lille. Déposé dans une chapelle située en face de l'hôtel-de-ville, où il resta environ quatre siècles, le Joyel fut transporté, à la suite de quelques démolitions, dans la vaste chapelle de Notre-Dame-de-Lorette, qui le garda jusqu'en 93. La confrérie fut nombreuse, et il en existe une petite médaille en plomb, ronde et à bélière, de la fin du XVIe siècle. Elle représente, à l'avers, la Vierge portant l'enfant Jésus; à sa gauche, un homme à genoux, qui lui fait l'offrande d'un cierge allumé; à sa droite le mot IOIEL, qui rappelle le titre de la chapelle et sa confrérie. Le revers nous montre, dans un entourage en grainetis, l'un des ménétriers, Itier et Norman vêtu à l'espagnole et jouant du violon; il divise l'inscription 𝕷𝕴𝕷𝕷𝕰, tracée en lettres gothiques. Sans aucun doute, une confrérie de musiciens était annexée à cette gilde pieuse.

Nous avons fait graver le revers du jeton sous le n° 4 de la planche : *Confréries musicales.* L'explication des n°⁵ suivants aura lieu plus loin (1).

COURTRAI. — Semblable confrérie a existé aussi à l'abbaye de Groeninghe, près de Courtrai, dès l'an 1285. La vogue en fut très-grande. Un volume publié à Lille en 1681, raconte plusieurs faits qui y sont relatifs. Il reste à déterminer la part que la musique y a prise. C'est l'œuvre des érudits de la localité.

DOUAI. — L'origine de la confrérie de Notre-Dame du Joyel à Douai, suivant Fatou, ne remonterait qu'à 1644, où elle reçut, des mains de Jean Despiers et du grand-prieur de l'abbaye d'Anchin, une partie du cierge de Pecquencourt. Cependant nous voyons dans la biographie du peintre douaisien Jean Bellegambe, que le père du célèbre artiste, George Bellegambe, fut plusieurs fois président d'une association musicale, dite la confrérie de « Notre-Dame du Joyel ou du Joyau. » Or, Jean Bellegambe naquit vers 1475 (2). Conséquemment, la date de l'érection de la gilde peut être reculée au moins de deux siècles. Remarquons qu'ici, comme à Bruges, et très-probablement comme partout ailleurs, dans les vingt villages et villes où elle fut fondée, la confrérie pieuse de Notre-Dame du Joyel est toujours doublée d'une association de musiciens, placée sous sa tutelle.

ALKMAAR. — D'après Havingha (3), deux zélés amateurs de cette ville, fondèrent peu de temps avant 1727, et dans leur propre habitation, un *collegium musicum,* auquel ils vouèrent tous leurs soins et qui avait pour

---

(1) *N.-D. du Joyel,* etc. p. 90, pl. II, n° 2.
(2) *Biographie nationale,* t. II, p. 127.
(3) *Oorsprong en voortgang der orgelen.* Alkmaer, 1727, p. 86.

objet la culture de la musique instrumentale. C'étaient les frères André et Laurent Schagen, qui moururent quelque temps après cet acte de patriotique dévoûment. Reproduisons le passage relatif à cette fondation:

De twee heeren Andries en Laurens Schagen, zyn zeer groote handhavers en kenners van de zang en speelkonst geweest; welke heeren Schagen saliger nagedachte ons in haar moet doen roemen dat die heeren met al hunne poogingen de speelkonst hebben aangequeekt, een *collegium musicum* in haar huys hebben aangelegt en nagehouden, tot eenen sonderlingen opgang der speelkonst.

UTRECHT. — Il existe encore actuellement un *collegium musicum* à Utrecht. Nous en ignorons l'origine. Il est présumable qu'elle date d'avant ce siècle.

DEVENTER. — Un *collegium musicum* y fut fondé le 1ʳ août 1623. Luc Van Lenninck, organiste de la grande église, en devint le directeur. Un canon de lui, à plusieurs voix, fut inscrit dans l'album de la nouvelle académie.

GAND. — On y érigea une société de Sainte-Cécile en 1810, « pour répandre parmi les amateurs le goût de la musique (1) ». Il est vraisemblable que cette société n'est point la première qui ait été fondée sous ce patronage. Ce n'est peut-être que la continuation d'une autre qui a existé avant la Révolution Française. Tel est le contingent de notes que nous avons pu recueillir jusqu'ici sur les associations musicales aux Pays-Bas.

L'intervention des musiciens de profession fut réclamée en mainte fête de famille. L'ancienne coutume, par exemple, de célébrer chez le riche aussi bien que chez le pauvre la solennité de l'Épiphanie, est encore en vigueur en Flandre. En dépit des tendances innovatrices du siècle,

(1) Voisin, *Description de la ville de Gand*, p. 375.

cette coutume, en réalité fort ancienne, persiste, parce qu'elle est incrustée dans nos mœurs et qu'elle procure aux paisibles réunions du foyer, de ces jouissances intimes que nul plaisir bruyant, cherché au milieu de saturnales licencieuses, ne saurait remplacer. Le Flamand élevé dans les mœurs de ses pères, tient à son intérieur de famille, et tout ce qui est fracas extérieur, lui repugne invinciblement.

Willems, dans ses *Oude en vlaemsche liederen*, Hoffmann von Fallersleben, dans ses *Horæ Belgicæ*, et M. De Coussemaker, dans ses *Chansons populaires des Flamands de France*, donnent de nombreux couplets relatifs à la fête des Rois. La plupart sont traditionnels. Ils se chantaient simplement et sans apprêt, en renforçant le refrain, quand il y en avait, d'une reprise à l'unisson. Leur caractère impersonnel, du reste, excluait toute prétention à l'art, et on y voyait plutôt le cachet d'une inspiration spontanée que la marque d'un travail combiné.

Au xviiie siècle, peut-être plus tôt encore, car les documents précis font défaut, une sorte de coquetterie se glissa dans la mode de fêter, avec de joyeux couplets, la fête des Rois. La vogue, dont les concerts jouissaient alors, en fut cause. On chantait partout, dans le plus somptueux palais comme dans la plus humble maisonnette, et partout on s'aidait d'instruments pour soutenir et pour commenter la voix. Les tableaux et les gravures du temps le témoignent. Nous en connaissons avec des groupes de chanteurs et d'instrumentistes occupés, sous les frais ombrages d'un parc, à exécuter des concerts.

La chanson des Rois s'enrichit d'un accompagnement à cordes, et, comme on le présume bien, des airs spéciaux furent composés pour la circonstance. Les placards, contenant en bloc les billets à tirer le roi, furent ornés de cette musique nouvelle. Outre que les virtuoses s'en servaient, ils permettaient encore aux auditeurs de suivre note par note l'exécution. On en débitait des milliers d'exemplaires chaque année. Malheureusement ces feuilles volantes, destinées à un usage éphémère, ont été anéanties la plupart.

Nous avons sous les yeux une de ces planches. Elle a été imprimée à Audenarde, vers le milieu du xviiie siècle. Bien qu'elle ne porte point de nom de localité, laphys ionomie des caractères, correspondant exactement à ceux de l'imprimeur Pierre-Jean Vereecken, est péremptoire à ce sujet. La première moitié de la feuille offre seize petites gravures en bois (1), à côté desquelles se trouve un quatrain suivi d'un refrain. Le premier couplet porte :

KONING.

Mits ik heden ben uw koning,
Lieve vrienden, in dees wooning,
Het is myn wil en myn bevel,
Dat gy hier drinckt en sneukelt wel.

(*Refr.*) Wilt eens schinken,
Dan eens drinken,
En roept dat de kele klinkt,
Vivat, onzen koning drinkt!

L'autre moitié de la feuille renferme la musique de ces rimes. Elle est pour *canto primo con violino primo, canto secondo con violino secondo* et *basso*. Les chiffres placés sur la portée de la basse et qui en font une basse continue, permettent d'y joindre un accompagnement de harpe ou de clavecin. Ce dernier instrument, fort répandu alors, concourait souvent aux exécutions du chant.

« Il parait, dit M. Vander Meersch (2), que l'imprimeur Vereecken avait déjà imprimé ces billets des Rois pendant son séjour à Gand (3). Ces feuilles rapportaient

---

(1) L'image représentant le *speelman*, ou ménétrier, n'est pas sans importance pour les costumes de ces musiciens. L'usage d'imprimer en placards les images des Trois Rois nous paraît fort ancien, mais sans adjonction de musique, croyons-nous.

(2) *Audenaerdsche bibliographie*, p. 51.

(3) L'imprimeur Vereecken s'établit à Audenarde, en 1752.

annuellement un joli revenu, surtout à l'approche des Trois-Rois, dont nos pères (1), tant de la classe élevée que de la classe infime, célébraient fort joyeusement la fête. Peut-être est-ce un fait isolé, que l'impression de ces chansons avec leur accompagnement instrumental. »

Cette dernière réflexion du bibliophile audenardais pourrait bien être fondée, en ce sens que l'année 1752, correspondant à l'époque de l'occupation française en Flandre, sous Louis XV, il n'est pas impossible que la mode de chanter à table, avec deux violons et une basse, alors en vogue en France, ait pu s'implanter dans les mœurs des Flamands.

Au frontispice d'un *Recueil de chansons*, imprimé à La Haye en 1723, se trouve une vignette représentant un salon élégant en style Louis XV, où des personnes assises à table interrompent leur repas, en chantant en chœur. Près de la cheminée, aux cartouches élégants, s'offrent trois musiciens, deux violons et une basse, qui accompagnent les voix. Dans la place du fond, dont la porte est ouverte, on voit un cercle de danseurs, se balançant gaiement aux sons de la musique du salon voisin. C'est, en quelque sorte, la synthèse d'une coutume qui fut générale en France, aux xviie et xviiie siècles, et que notre pays, aussi bien que la Hollande, adopta avec empressement.

On vient de voir que les parties vocales de l'air des Rois sont exclusivement pour voix de soprani. Étaient-elles destinées aux dames seules ou aux enfants? Il s'agirait de savoir si d'autres placards ne contenaient point des parties pour voix d'hommes. En tout cas, il est possible que, dans certaines villes, des enfants initiés à leur partie, faisaient le tour des bonnes maisons, la veille des Rois, pour y interpréter une chanson, comme

---

(1) Et les habitants actuels de la contrée.

le font encore des enfants des villages voisins, la veille de Noël ou du nouvel an (1). La cérémonie finie, ils recevaient quelques sous de gratification, et continuaient leur pérégrination autour de la ville. Maintefois, nous avons vu dans les comptes des communes de Flandre, que des chanteurs venaient égayer le repas de nos pères. La voix des enfants était soutenue par un accompagnement confié à des artistes de profession, et c'est en cela encore que les ménestrels, dont nous nous sommes occupés, auront été utiles à leurs semblables.

La mélodie de notre chanson, dont nous plaçons une reproduction en regard du texte, est d'une franchise toute flamande. La première période renferme huit mesures; la deuxième n'en comporte que six. Il y a là, en apparence, une inégalité rhythmique. Selon nous, cette inégalité, si elle existe, a son charme. Il fallait faire trancher le refrain avec le couplet, et c'est ce que l'auteur du thème en question a fort bien compris et réalisé. Autre chose est l'irrégularité harmonique qui se remarque à la sixième mesure. En publiant sa composition, le musicien, s'il n'avait pas fait les études techniques voulues, aurait dû au moins en confier la révision rigoureuse à un homme compétent.

---

(1) L'étoile au bout d'un bâton qui servait d'enseigne emblématique aux virtuoses rustiques, a complètement disparu à Audenarde. Le *rommelpot* n'apparaît plus que rarement.

CHANSON
DES
TROIS ROIS.

CANTO 1º
con Violino 1º

Midts ik he-den ben uw Ko-ninǵ, lie-ve vrien-den in dees

CANTO 2º
con Violino 2º

Midts ik he den ben uw Ko ninǵ, lie ve vrien den in dees

BASSO.

wooninǵ, het is myn wil en myn be vel dat ǵy hier drinkt en sneukelt wel. Wilt eens

wooninǵ, het is myn wil en myn be vel dat ǵy hier drinkt en sneukelt wel. Wilt eens.

schincken dan eens drinken, en roept dat de ke le klinkt: Vi vat on sen Ko ninǵ drinkt.

schincken dan eens drincken, en roept dat de ke le klinkt: Vi vat on sen Ko ninǵ drinkt.

II.

Janssone (Chrétien),

dit *de Hollander*, célèbre compositeur du xvɪᵉ siècle. — **Singulières
méprises sur son nom.** — **La famille hollandaise des Janssone.** —
— **Naissance et éducation du musicien, à Dordrecht.** — **Sa nomination
comme maître de chant de l'église de Sainte-Walburge, à Audenarde,
en 1549.** — **État déplorable de la musique de cette église.** — **Négociations relatives à la susdite nomination, et détails sur les fonctions assignées à Janssone.** — **Documents à ce sujet.** — **Réformes
opérées par le musicien et gratifications qu'il reçoit du magistrat.**
— **Les chantres de l'évêque d'Utrecht et les instrumentistes communaux d'Anvers, à Audenarde.** — **Janssone expertise le nouveau carillon
de la localité.** — **Son départ pour l'Allemagne.** — **Sa collaboration
au *Novum et insigne opus*, édité à Nuremberg, en 1558.** — **Chansons
de lui imprimées à Anvers.** — **Erreurs de M. Fétis.** — **Liste complète des compositions fournies par Janssone au *Novus Thesaurus
musicus*, de Pierre Joanelli, à Venise.**

M. Fétis s'est complétement mépris sur le nom véritable du compositeur célèbre qui forme l'objet de ce
paragraphe. Plaçant la notice qu'il consacre au musicien
sous la rubrique : Hollander *(Chrétien)*, il affirme que
ledit musicien s'appelle définitivement Chrétien Jans,
scindant ainsi, sans la moindre raison, l'appellation pa-
tronomique Janszone, qui eût dû rester unie.

On se demande de suite ce que M. Fétis fait du mot
zone. L'étonnement redouble en se livrant à une simple réflexion. *Jans* ne peut être le nom véritable du
contrepointiste néerlandais, puisqu'il a dû former le
nom de baptême de l'un des ancêtres de l'artiste, *Jans
zone*, fils de Jean. Si Chrétien est le nom de baptême
du contrepointiste, il en résulte que son nom de famille
est inconnu. Voilà à quoi aboutit la puérile argumentation de M. le directeur du conservatoire de Bruxelles.

Au lieu de faire des subtilités philologiques, laissons
la parole aux documents ; c'est toujours à eux qu'il faut
recourir en premier et en dernier ressort.

Le nom de Janszone est très-connu en Hollande et en Flandre, surtout sur les côtes maritimes (1). Il a revêtu diverses formes qui toutes se ressemblent au fond. La prononciation, l'incurie et le caprice des scribes ont amené ces variantes. En voici quelques unes, prises au hasard : Guillaume Janssone, juge-arbitre à Gand, en 1415 (2) ; Baudouin Janszone, charpentier à Damme, en 1417 (3) ; Ambroise Janszoen, verrier à Dordrecht, en 1487 (4) ; Antoine Janszuene, procureur des religieuses à Spermaille, en 1498 ; Jansseune, abbé de Bergues St-Winoc, en 1702 (5). Parfois, comme on le verra, Janszone est abrévié ainsi : *Jansz.*

Nous venons de citer un Janszoen à Dordrecht, en 1487. La liste des magistrats qui ont gouverné cette ville, foisonne de noms pareils, aux xve, xvie et xviie siècles. Il y avait à Dordrecht une famille qui faisait le commerce d'ardoises (6) et de chaux (7), et qu'on

---

(1) La terminaison *son*, commune à presque toutes les langues du Nord, se retrouve en flamand dans les mots Janson, Adamson, Pierson et probablement aussi dans Janssens, Martens, Claessens, etc. DELA FORTERIE, *Analogie des langues flamande, allemande et anglaise* (mémoire couronné), p. 55, note.

(2) ED. DE BUSSCHER, *Peintures murales gantoises*, p. 18, note 1re.

(3) *Comptes de la ville de Damme.*

(4) AL. PINCHART, *Archives des Arts*, dans le *Messager des sciences historiques*, p. 450. — Un Gérard Janssone, verrier, se rencontre dans les comptes de Courtrai, à l'année 1550.

(5) *Bulletin du Comité flamand de France*, t. II, p. 198. — La ville d'Amsterdam possédait, aux xvie et xviie siècles, toute une famille de littérateurs et d'artistes du nom de Janson, Janszoen, et, entre autres, Jacques Janson, dit Jansenius, docteur en théologie et en déchant à Saint-Pierre à Louvain. mort en 1625.

(6) « Ghegheven ende betaelt Pietren Janssone van Dordrecht, up de somme van xxv lb. x s. gr. de welke men hem sculdich es, voor xxxm scaelgien die hy onsen Vrouwen ghelevert heeft, elc duyst hier ghelevert voer xviij s. gr., lopt in al xxv lb. x s. gr. » *Comptes de la confrérie de N.-D.* à l'église de Termonde, année 1486.

(7) « Ghyselbert Janssone, coopman van Dordrecht, over de leveringhe van twee scepen dortz calc... xxxiij lb. xj s. den. » *Comptes de la ville de Gand*, du 11 mai 1560 au 10 mai 1561, fo 200.

rencontre assez fréquemment dans les comptes communaux de Flandre. Serait-ce celle dont est issu notre maître?
Qu'il soit né à Dordrecht, cela résulte clairement de
ce qui va suivre, et même il y a lieu de supposer
qu'il y reçut son éducation musicale, car la collégiale
de cette ville possédait depuis 1366, c'est-à-dire depuis
la fondation d'Albert de Bavière, un chœur de douze
chanoines, où l'on chantait et récitait les offices, *waar
men was singende en lesende* (1).

Quand les études d'un musicien étaient achevées, l'occasion d'un placement immédiat ne s'offrait pas toujours.
Il lui fallait parfois se contenter d'une position modeste,
en attendant mieux. C'est ce qui arriva sans doute à
Janssone, lorsqu'il se décida à accepter les fonctions de
maître de chant à l'église de Sainte-Walburge, à Audenarde. Peut-être avait-il déjà fait ses preuves antérieurement ailleurs.

A l'arrivée du musicien, la ville d'Audenarde s'était
embellie considérablement, grâce à une prospérité indus-
trielle que les manufactures de tapisseries y faisaient
règner depuis plus d'un siècle. Seulement, par suite d'un
relâchement de discipline dans le clergé, les cérémonies
religieuses ne s'effectuaient plus qu'avec une extrême
irrégularité. La veuve de Charles-le-Téméraire, Marguerite d'York, qui avait un pied-à-terre à Audenarde, s'en
plaint expressément, dans une lettre publiée par Jules
Ketele (2) et que nous jugeons inutile de reproduire.

L'effet de cette lettre ne fut pas immédiat sans doute;
mais, à l'année 1549, on peut voir, dans les registres
de Sainte-Walburge, diverses traces d'améliorations sérieuses apportées dans la musique du chœur et du jubé.
Nous en avons touché un mot ailleurs (3). L'augmenta-

---

(1) Math. Balen, *Beschrijvinghe der stad Dordrecht*, p. 90.
(2) *Messager des sciences historiques*, année 1842, p. 330.
(3) *Recherches sur la musique à Audenarde*, p. 20.

tion du traitement du maître de chant était au nombre de ces modifications. C'est peut-être ce qui séduisit Janssone.

Peu avant son admission, nous remarquons, dans les comptes de l'église de Sainte-Walburge, trois articles de paiements faits à des messagers, pour des voyages à Dordrecht et à Saint-Trond. Les messagers avaient pour mission de s'entretenir avec les maîtres de chant de ces localités. D'une part Janssone, qui est certainement en cause ici, à raison de Dordrecht, sa ville natale, était-il maître de chant en cette localité, ou s'agit-il de simples renseignements qui étaient demandés sur son compte, avant son engagement définitif à Audenarde, au maître de chant dont il reçut des leçons? D'autre part, Janssone venait-il de Saint-Trond, ou bien les marguilliers d'Audenarde tenaient-ils seulement à avoir en vue un autre artiste, en cas de non-réussite dans leurs négociations avec le musicien dordrechtois? Les deux versions sont également admissibles :

An diversche boden die ghevachiert hebben om de affairen deser kercken: eest Adriaen Siers die by laste van den tween cureyten ghezonden was te Dort anden zangmeestere . . . . iij ℔. xii sch.

Item, an Coenraert Tienpont die anderwerf by laste van Willem Cabeliau ghezonden was tot Dordrecht met zeker brieven. . . . . iij ℔. par.

Item, an Jan Dumont van ghesonden gheweest hebbende an den zangmeestere van Ste Truwen. . . . ij ℔. par.

Le contrat que le curé de Sainte-Walburge passa avec le musicien hollandais, date du 1er juin 1549. Il nous a été conservé intégralement, et il offre de l'intérêt non-seulement au point de vue de la musique de la localité, mais pour l'étude de l'enseignement général de la musique aux Pays-Bas. Chrétien Janssone, dit *de Hollandere*, remplaça maître Antoine Lierts, qui avait quitté la ville. Son jeton de présence au chœur (1), lui valut, outre une messe du Saint-Sacrement à diriger, une somme annuelle de soixante-douze livres parisis. Ses émoluments extraordinaires, provenant de messes et d'obits (2), célébrés au chœur, et des messes célébrées pour les corps de métier à leurs autels respectifs, lui rapportèrent trente-trois livres quinze escalins parisis. Il faut y joindre trente-sept livres quatorze escalins provenant des saluts à diriger, tant en l'honneur du Saint-Sacrement qu'en l'honneur de la Vierge, et une pension extraordinaire, distincte de ses gages, s'élevant à la somme de cent cinquante-quatre livres.

A l'égard de la maîtrise qu'il dirigea, il reçut, pour la nourriture de quatre enfants détachés de l'école des pauvres, la somme de cent cinquante-quatre livres. Entretenus et pourvus de toutes choses, aux frais de l'église, il devait les façonner au service du chœur, leur apprendre, deux fois par semaine, le chant grégorien, composer pour eux des versets, des graduels et d'autres chants religieux, sans se permettre de les placer à une école autre que celle qui serait désignée par les curés. Quant à Janssone, il lui fallait chanter, avec la convenance que réclamait son poste, à tous les services funèbres, et s'acquitter enfin de ses fonctions de façon à n'exiger, pendant le terme de six ans, aucune augmentation de salaire. En cas de départ avant le dit terme, il avait à payer un dédit de deux cents florins carolus. De son côté, le curé s'engageait à ne pas le destituer sans motifs suffisants. Tel est le résumé de la pièce dont nous faisons suivre le texte:

---

(1) Voir, sur les jetons de présence de Ste-Walburge, nos *Recherches sur les méreaux d'Audenarde et d'Eyne*, p. 2, et notre notice sur la musique de la même ville, déjà citée.

(2) Dits *reefteren*.

Wel es te wetene, dat eersamen ende discreten meester Pieter Vanden Hende, licenciaet ende tweeste portioniste der keercke van sente Wouborghe binnen Audenaerde, commen ende ghecompareerd es in propren persoone vor scepenen deser voorscrevene stede, kennende ende lydende ende by desen kent ende lydt, gheconfereert hebbende in handen van Christiaen Janszone (1), gheseyd de Hollandere, de officie van sangmeesterscepe, die by den vertrecke van Mr Antheunis Liers, binnen der vornoemde keercke ghevachiert es, hem toesegghende dat d'loot van zynder distributie in den choor, met de messe van den heleghen Sacramente, hem weerdich wesen sal ter sommen van twee ende tzeventich ponden par. 't jaers; ende dat zyne winnynghe extraordinaire zo wel van den messen ende reefteren die ghedaen werden binnen den choor, als ooc de messen van den neerynghen, die men ter tyt van nu doet binnen der keercke, jaerlicx weerdich wesen sal xixiiii ponden xv sch. par. ende ooc synen salaris vanden loven zo wel van den heleghen Sacramente als van Onzer Vrouwen love, jaerlicx hem weerdich wesen zal xxvij ℔. xiiii sch. par. Ende om dat den vornoemden sangmeestere veel te bedt ende heerlicker hem zoude exerceren in 't faict van zynder officie, so hebben Willem Cabeliau ende Jacob Walrave, als keerckmeesters in desen tyt, by expressen consente ende auctorisatie van mynen heeren scepenen, den voornoemden sangmeestere belooft ende beloven by desen, jaerlicx te ghevene vor syn pensioen ordinaire boven 't ghuent vorscreven, de somme van hondert viere ende viftich ponden par. Belovende voorts hem jaerlicx te ghevene andere hondert viere ende viftich ponden par. voor den montcosten van vier aerme kinderen die men lichten zal uuter aermer schole, omme ten dienste van coraelen te voughene, dewelcke coraelen, van alle andere nootzakelicke alimentacie,

---

(1) La forme du nom, telle qu'elle se présente dans l'acte que nous reproduisons, est, croyons-nous, la véritable.

te costen van der keercken, onderhouden sal wesen zullen.
Den welcken staet ende conditien, belovende de vornoemde
eersame ende discrete heeren portionisten ende cureten der
vornoemde keercken, reverentelick te obedierene ende hem
behoorlick te quytene in de godelicke diensten, ende de
jonghe kinderen huerlieder sanck gregoriane welte leerene,
tweewaerf binnen der weke, dat up zulcke daghen als
den schoolmeester daertoe gheordeneert heeft en ordonneren
zal, makende vor de selve kinderen veersekins, gradialen
ende ander zaeken, die bequame wesen zullen tot den
keerckzanghe, zonder dat hy de kinderen, die hy binnen
zynen huuse hauden zal, elders zal moghen ter scholen
senden dan ter scholen van den cureten ghestelt, ofte die
daertoe ghestelt sal werden. Belovende voorts t'allen uut-
vaerden ende messen van requiem, te singhene als den
sanghmeestere toebehoort; belovende voorts in alzulcker
vorme ende manieren wel ende heerlick zyn officie te be-
dienene, zonder dat hy binnen dese naeste zes jaeren om
eenighe meerdere proffyten ofte anderseins, vermoghen en
zal hem van deser stede in ander steden ofte lande te vertreckene, up de peyne van twee hondert karolus guldenen,
die hy in dat gheval belooft heeft ende belooft by desen
der keercken te betalene vor sulcke schaeden ende inte-
resten al zu daer by zaude dooghen; vor welcke amende
proffitable Ysaac Van Bareghem ende Joos Waelkins, als
in propren persoone vor scepenen daer toe comparerende,
hemlieden gheconstitueert hebben elc voor anderen ende
een voor al, borghe ende principael, verbindende daerinne
huerlieder persoon ende goet waert ghestaen ende ghele-
ghen mochte werden, tzy binnen der stede ofte der buuten.
Dies heeft de vornoemde meestere Pietere, scepenen ende
kerckmeestere belooft, den voorscreven Hollandere niet te
benemene binnen den vornoemden termyn van der zes
jaeren, zonder souffissante ende behoorlicke cause daertoe te
hebbene, in welck gheval datter souffisante ende behoorlicke
cause waere, zullen ghesamelic by elcx anders adveue ende raede,

hem vermoghen te destituerene. Actum ende aldus ghepasseert, present heere ende wet, den eersten Juny xvᵉ xlix.

Le 5 juillet suivant, un autre contrat, relatif aux deux choraux, fut passé entre Janssone et le curé. Il y est stipulé qu'ils apprendront le plain-chant, la musique, la lecture et l'écriture tant flamande que latine. Deux noms de choraux sont nous parvenus, savoir: Frans Chiers, fils de Godefroid, et Jonas, décédé en 1550.

Les registres de compte de l'église nous donnent, sur les sopranistes, quelques détails de pure administration. C'était bien, en somme, une réorganisation complète qui s'effectua, chaque préambule de registre le désigne clairement par les mots de *nieuwe institutie vander musycke*. De nouvelles orgues avaient été construites, dès 1547, par Corneille de Moor d'Anvers (1). L'écolâtrie, qui avait été précédemment cumulée avec l'office de maître de chant (2), avait un titulaire particulier, qui était Liévin Boone. On connaît les chantres qui faisaient l'office du chœur (3). L'organiste, Michel Maes, touchait deux orgues, une petite et une grande. Le contrat relatif à ses fonctions fut passé le 15 Juillet 1550. Il n'offre qu'une sèche nomenclature de services religieux auxquels l'organiste dut participer. Michel Maes quitta la ville en 1558, pour aller occuper le même poste à l'église de Saint-Jean à Gand. Il y joignit plus tard celui d'arrangeur et de notateur du carillon du beffroi (4).

Le talent et le zèle de Janssone durent être appréciés grandement, car de temps en temps des gratifications extraordinaires lui échurent, tant de la part du clergé que de la part du magistrat. Les comptes communaux de 1552 portent entre autres:

(1) Voy. *Recherches sur la musique à Audenarde*, p. 21.
(2) Sous maître Antoine Lierts.
(3) Voy. *Recherches sur la musique à Audenarde*, p. 21.
(4) *Comptes de la ville de Gand*, année 1577, fᵒ 173.

Crispiaen Janszone gheseit de Hollander, sanghmeester,
voor syne diligentie ghedaen in 't exerceren van zynen dienste in de kercke, hopende dat hy daerinne continueren
sal, ix ℔ par.

Ce passage prouve mieux que de gros documents, le
cas qu'on faisait de ses services. Des chantres attachés
à l'évêque d'Utrecht vinrent à Audenarde, en 1554, sans
doute à l'invitation du maître :

Ghepresenteert den vıııᵉⁿ Septembre, de zangers van den
biscop van Utrecht, drie cannen wyns, ııı ℔ xıı sch. par. (1).

L'année suivante, c'était le tour des joueurs-gagistes de
la ville d'Anvers :

Ghepresenteert den xvıᵉⁿ in hoymaent, zes schalmeyers
van Antwerpen, 't samen vier cannen wyns, iiii ℔. xvi
sch. par. (2).

En 1556, Janssone fut appelé à expertiser les cloches
du nouveau carillon établi dans la tour de l'hôtel-de-
ville :

Betaelt Chrispiaen Janssens, gezeid Hollander, sanghmeester, voor zeker occupatie by hem ghedaen by laste
van scepenen, in 't prouven van de nieuwe clocken, iii ℔
par. (3).

Comme ses prédécesseurs, il eut, du magistrat, la
fourniture gratuite du bois à brûler servant à son ménage :

Item, betaelt Christiaen Jansins, sangmeestere deser
stede, vor een hondert haudts als hem ghegheven was sulck

(1) *Comptes de la ville d'Audenarde*, année 1554.
(2) *Id.*, année 1555.
(3) *Comptes de la ville d'Audenarde*, année 1556.

als zyn vorsaeten hadden, ten pryse alst de stede betaelt, te wetene viij ℔. xij st. par. (1).

Pour ne rien omettre de ce qui concerne le séjour de Janssone à Audenarde, constatons que, en 1550, les enfants de la maitrise se choisirent un Évêque des Fous, coutume dont les traces sont pour ainsi dire nulles dans les archives de cette ville, et qui pourtant ailleurs ont laissé de si profondes racines:

Noch betaelt voor 't gone verleyt is voor de coralen, te wetene, van twee figueren, 5 schell., voor den Bisschop 8 schel. (2)

Voilà le terme de l'engagement de Janssone expiré. Le clergé, de plus en plus terrifié et gêné dans ses finances par les bouleversements de la Réforme, aura jugé prudent de ne pas renouveler le contrat qui le liait envers le musicien. De son côté le maître, attiré probablement par l'espoir d'une succession plus lucrative dans d'autres églises, surtout à l'étranger, aspirait sans doute aussi à se dégager vis-à-vis de ses commettants. Son départ aura donc eu lieu par consentement mutuel, et il était inutile de torturer de nouveau les textes, à ce sujet, comme le fait M. Fétis, pour essayer de tirer la lumière d'un acte si clair par lui-même. La démission acceptée, Janssone reçut, pour ses frais de voyage et comme un gage de la satisfaction qu'avait éprouvée le magistrat durant les six années de sa gestion, une somme de douze livres parisis:

Betaelt Chrispiaen Janszone, sanghmeester deser stede gheweest hebbende, uut zekere consideratien ende omme nieuwe dienst te gaen zouckene, de somme van xii ℔ par. (3).

---

(1) *Comptes de la ville d'Audenarde*, année 1552.
(2) *Comptes de l'église de Sainte-Walburge*, année 1550.
(3) *Comptes de la ville d'Audenarde*, année 1557.

Les mots *zekere consideratien* pourraient‚ encore laisser entendre que le musicien se trouvait dans la gêne. Ce qui en résulte à toute évidence, c'est qu'il était libre d'engagement, *omme nieuwe dienst te gaen zouckene*, et qu'il ne fut pas appelé immédiatement au poste de maître de chapelle du roi de Bavière, comme le prétend M. Fétis. Il aura certainement fait refleurir l'art musical à Audenarde. Ses années de séjour en cette ville forment peut-être la plus grande période de prospérité que la musique de Sainte-Walburge aura atteinte. Nous nous trompions donc en disant, à propos de Charles - Félix de Hollandre, que c'était vraisemblablement le seul maître de chant qui méritât de passer à la postérité. Tout est imprévu dans les investigations d'archives (1).

Peu après son arrivée en Allemagne, c'est-à-dire en 1558, Janssone eut la chance de voir insérer trois de ses compositions dans le grand recueil: *Novum et insigne opus musicum*, édité à Nuremberg par Jean Montanus, et où figurent des motets des plus célèbres contrepointistes, *clarissimorum symphonistarum*. On jugera de l'importance de cette collection, par les noms de ceux qui y ont fourni des morceaux: Josquin De Pres, Loyset Piéton, Fevin, Certon, Jachet, Joannes Mouton, Dela Faige, Isaac, Ludovicus Senffel, N. Gombert, Dominicus Finot, Joannes Morales, Petrus Massenus, Joannes Chastelain, Pionier, Eustachius Barbion, Clemens non Papa, N. Wismes, Leonardus Paminger, Baston, Thomas Crequilon, Manchicourt, Joannes Clève, Jacobus Vaet, Jobs Von Brand, Verdelot, Adrian Willart, Constantin Festa, Arnol. de Bruck, Joan. Lupus, Arnoldus Caen, Maillart, Antonius Galli, Joan. Continuus, Jachet Berchem, Joannes de Bachi, Du Beron, Her. Matth. Werrecoren, Vincentius Ruffus, Dominicus Phinot, Joannes Courtois, Henricus Isaac, Goudimel, Clemens Morel,

(1) *Recherches sur la musique à Audenarde*, p. 25.

Joannes Castelleti, Benedictus, Consilium, A. Tubal (1).

La collaboration honorable de Janssone au recueil précité, a été passée sous silence par M. Fétis. Deux motets : *Te Deum Patrem* et *Laudem dicite Deo nostro* sont insérés sous les nᵒˢ 53 et 54, dans le premier volume du *Novum et insigne opus;* le troisième motet : *Dominus Deus vester,* figure sous le nᵒ 31, dans le troisième et dernier volume.

Quand tous les recueils de ce genre auront été compulsés soigneusement, on rencontrera sans nul doute des compositions de Janssone antérieures à celles-ci. Et déjà une collection de chansons amoureuses, imprimée chez Tilman Susato à Anvers, en 1549, conséquement pendant le séjour du maître à Audenarde, renferme plusieurs compositions de lui sous le nom de *Christianus De Hollande.* M. Fétis, qui cite ce recueil, dans la notice relative à Pierre de Rocourt, néglige de rattacher le fait de cette collaboration de Janssone à la biographie de celui-ci. Nous lui laissons la responsabilité entière de la réflexion qu'il fait au sujet des auteurs de la collection d'Anvers, en disant qu'ils étaient « tous ecclésiastiques. »

M. Fétis eût mieux fait, ce nous semble, d'éviter une nouvelle bévue concernant le lieu natal de Pierre de Rocourt, qu'il assigne au village de Rocourt, près de Liége. Inutile de répéter, à ce sujet, les observations précédemment con-

---

(1) Nous donnons ces noms sous la forme qu'ils revêtent dans le recueil de Nuremberg. Plusieurs d'entr'eux, bien qu'étant des maîtres illustres du xvıᵉ siècle, ont été omis par M. Fétis. Le passage suivant de la préface retrace le plan de cette grande publication : « Visum est autem locupletare eas [cantiones] etiam aliis non minus elegantibus carminibus, tum Josquini, tum aliorum symphonistarum, tam veterum quam recentiorum: adhibito tamen judicio, ne sine discrimine temere quoslibet, verum illis mihi deligerem, qui arte et diligentia doctissimis quibusque satisfecerunt, et quorum carmina tum propter artificiosissimam compositionem, tum propter summam concentuum suavitatem plerisque præstantissimis musicis probantur, perinde atque apicula ex amœnissimis hortis dulcissimos quosque flosculos carpit et collegit. »

signées dans notre travail. Qu'il nous soit permis simplement de consigner ici, en passant, la présence à Furnes
d'un certain Guillaume De Rocourt, succédant, en qualité
de chapelain de la loi à Furnes, à Jean Ghiselin, mort
le 14 Décembre 1545 (1). De Rocourt était donc un nom
patronymique, et il n'est pas impossible que Pierre et
Guillaume de Rocourt, tous deux chapelains vers le milieu
du xvie siècle, aient été deux frères.

A l'égard de la collaboration de Janssone à l'un des
recueils les plus splendides et les plus considérables qui
aient vu le jour au xvie siècle, le *Novus Thesaurus musicus*
de Pierre Joannelli, imprimé en 1568, à Venise, la valeur
des morceaux fournis audit recueil par le compositeur
hollandais, mérite sans contredit une nomenclature spéciale.
C'est, à coup sûr, par la série nombreuse et importante
de compositions qu'il y inséra, que Janssone s'est placé
au rang des premiers contrepointistes de son époque.
Nous joignons à la liste les noms des collaborateurs de
Janssone, selon l'ordre qu'ils occupent dans le recueil :

Jacobus Regnart, Joan Louis.
De Adventu Domini. Christianus Hollander ; à 5 vocibus :
  « Excita potentiam tuam, Domine Deus. »
Mathias Zapfelius, Henricus De la Court, Petrus Speilier,
Jacobus Reynart, Michael Des Buissons, Georgius Prenner,
Joan. Castileti, Verdiere.
De Circuncisione Domini. Christianus Hollander ; à 6 :
  « Postquam consummati essent dies octo. »
Jacobus Vaet.
In Epiphania Domini. Christianus Hollander ; à 6 : « Tres
  veniunt reges parva ad præsepia Christi. »
Michael Deiss, Alexander Uutendaler, Simon De Roy,
Joannes Chaynée.

---

(1) *Comptes de la Châtellenie de Furnes.*

In Quadragesima. Christianus Hollander; à 4: « Pater peccavi in cœlum et coram te. »

Mathias Zapfelius, Orlando Lasso, Stefanus Machu, Franciscus de Novoportu, Antonius Galli, Joan. De Cleve.

De Resurrectione Domini. Christianus Hollander; à 8: « Christus resurgens a mortuis stetit in medio discipulorum. »
Joannes Deslins.

De Sancto Spiritu. Christianus Hollander; à 5: « Repleti
sunt omncs Spiritu Sancto. »
Philippus Le Duc, Wilhelmus Formellis.

De Dominicis diebus. Christianus Hollander; à 4: « Junior
fui, etenim senui et non vidi justum derelictum. » « Sic
Deus dilexit mundum, ut filium suum unigenitum daret. »
« Laudate Dominum, omnes gentes. » « Deus adjutor meus,
ne dereliquas me. » « Qui moritur Christo vivit. » A 5:
« Agnosce, Domine, creaturam tuam. » « Christe salus ho-
minum, rex invictissime regum. » « Educ me, o Domine,
Deus meus. » A 6: « Da pacem, Domine, in diebus nostris »
« Vitam quæ faciunt beatiorem. » « Auxilium meum a
Domino. »
Adamus De Ponte, Jacobus De Wert, Guilelmus Formelis,
Jacobus De Broucke, Andreas Pevernaege.

De S. Joanne Apostolo et Evangelista. Christ. Hollander;
à 5: « Valde honorandus est Beatus Joannes. »
Lambert De Sainne.

De Conversione Sancti Pauli. Christianus Hollander; à 6:
« Saulus cum iter faceret, apropinquavit Damasco. »

De S. Joanne Baptista. Christ. Hollander; à 4: « Inter
natos mulierum non surrexit major Joanne Baptista. »

De Extremo Judicio. Christianus Hollander; à 6: « Nolite
mirari, quia veniet hora. »
Josquin De Près, Georgius Tréhou.

In laudem invictiss. Rom. Imp. Max. II. Christianus Hollander; à 6: « Nobile virtutum culmen, Rex inclyte, Salve. »

In laudem Inclitæ Domus Austriæ. Christianus Hollander;
à 8: « Austria virtutes aquilas augustaque signa eriget. »

In laudem magnifici Domini Domini Joannis Trautson,
liberi baronis in Sprechenstein, etc. camerarii intimique
consiliarii et supremi curiæ præfecti. Christianus Hollander; à 8: « Vos mea magnanimi proceres, quibus ampla
senatus cura viennensis commissa est. » « Casta nove-
narum jacet aula subacta sororum. »

III.

Van Weerbeke (Gaspard),

Illustre musicien du xvᵉ siècle, natif d'Audenarde et maître de chapelle du duc de Milan. — Découverte de ces deux particularités
dans les archives communales d'Audenarde — Il est reçu avec honneur dans cette localité, en 1499. — La famille présumée du maître
et son éducation. — Un nommé Gaspard Warrebeke, prébendaire,
en 1480, de l'église de Saint-Donat, à Bruges. — Erreur de M. Fétis
au sujet d'un ténoriste de la cathédrale d'Anvers. — Générosité des
Sforza. — La forme flamande du nom de Van Weerbeke dans l'*Odhe-*
caton, où le maître insère une chanson. — Étrange méprise commise par M. Fétis au sujet du titre de l'une de ses messes. — Renseignements sur le célèbre recueil qui les renferme. — Autres
inexactitudes. — Louis Voet, maître de chant de la Sainte-Chapelle
à Dijon, en 1537, et un nommé Gilles, chantre de François Iᵉʳ,
à la même époque: tous deux également natifs d'Audenarde.

Voici un nouvel exemple des services que rendent les
anciens registres de comptabilité, à l'histoire artistique.
Une seule ligne détermine la patrie, marque le lieu de
naissance d'un glorieux musicien du xvᵉ siècle. Heureux
scribe! Écoutons-le :

Ghepresenteert Jaspard Van Weerbeke, sangmeester van
den hertoghe van Milanen, xiiiᵉ in novembre, iiii stoepe
wyns, xxxiiii sch. par.

Cela se lit dans les comptes communaux d'Audenarde
de l'année 1490. Chaque cité flamande avait l'habitude,

comme on sait, de verser le vin d'honneur aux personnages
de distinction, peu après leur arrivée. Gaspard Van Weerbeke méritait doublement cette gracieuseté, et comme
maître de chant du duc de Milan et comme enfant
d'Audenarde.

Il appartenait sans doute à une famille de bateliers ou
de pêcheurs, car un Jean Van Weerbeke a en fermage, en
1458, le *droit de transport par eau* d'Audenarde à Tournai,
et, en la même année, un Adrien Van Weerbeke paie
à la ville d'Audenarde onze livres douze sous pour son
fermage de la pêche sur les fossés d'Audenarde qui
s'étendent de la porte de Bever à la porte d'Eyne (1).
Parmi les descendants de cette famille, on voit un Gérard
Van. Weerbeke, qui fit partie de la troupe de ménestrels
aux gages du magistrat (2), et qui, en 1532, fut chargé
de sonner de la trompette à l'entrée de la reine Marie
de Hongrie à Audenarde (3). C'était peut-être un neveu
de l'illustre maître.

Celui-ci, encore enfant, aura reçu son éducation littéraire et musicale à la maîtrise de Sainte-Walburge de
cette ville, où, comme partout ailleurs, on enseignait
à la fois la théorie et la pratique de l'art. Il aura chanté
le soprano au chœur de cette église, puis, faisant preuve
de dispositions exceptionnelles, il aura été envoyé dans
une école plus importante pour y achever ses hautes
études. En 1480, un Gaspard Warrebeke figure parmi
les *Possessores* xxi^æ *prœbendæ unius ex affectis gradua-
tis in jure*, de l'église de Saint-Donat à Bruges (4). Si
c'est de notre musicien qu'il s'agit ici, à quel titre aura-
t-il obtenu cette prébende?

---

(1) *Comptes de la ville d'Audenarde*, année 1458.

(2) *Id.*, année 1529.

(3) *Id.*, année 1532. Nous avons recueilli sur cette famille une foule
de détails curieux, mais d'un intérêt trop local pour être enregistrés ici.

(4) FOPPENS et ABENTS, *Compendium chronologicum... ecclesiæ cathedralis S. Donatiani brugensis*. Brugis, 1751, p. 168.

M. Fétis rapporte que, en revenant de l'Italie, il alla
remplir les fonctions de chantre à la collégiale d'Anvers,
où il fut considéré comme un des plus habiles: nouveau fait dont l'erreur peut être démontrée. D'abord, un
pareil déplacement ne saurait avoir eu pour cause une
augmentation de position, attendu que l'histoire nous
apprend que les ducs de Milan traitaient on ne peut
plus somptueusement leurs musiciens : « *Della musica hebbe*
[*Galeazzi Maria Sforza*] *tanto gusto, che da diverse
parti con grossi stipendi condusse musici eccellentissimi* (1). »
Une direction musicale à cette cour, valait bien mieux,
ce nous semble, qu'une place de chantre à la cathédrale
d'Anvers. Il a donc fallu un motif grave pour déterminer Gaspard Van Weerbeke à quitter les hautes fonctions qu'il .remplissait à Milan : les révolutions ou l'état
débile de sa santé peuvent avoir amené cette détermination.

En arrivant à Audenarde, il avait pour compagnon
de voyage le tapissier du duc de Milan, un de ses compatriotes sans doute, qui, séduit peut-être par les rapports
que le maître de chant faisait du luxe qu'on déployait
à cette cour, se sera mis aux gages du prince. Inutile
d'ajouter que les tapissiers d'Audenarde avaient, à cette
époque (2), une renommée européenne.

Mais abandonnons les suppositions touchant les fonctions
de chantre prétendûment remplies par Van Weerbeke à
la cathédrale d'Anvers, en constatant simplement que le
fameux Gaspard le chantre, assimilé à l'illustre maître
dont nous nous occupons, était fabricant de vermillon (3).

---

(1) Scipion Barbuo Soncino, *Sommario delle vite de duchi di Milano,
cosi visconti, come sforzeschi, raccolto da diversi auttori.* In Venetia
presso Giralomo Porro, padouano, 1574, in-fo, p. 11.

(2) « Ghepresenteerd den tappissier vanden hertoghe van Melanen iiij
stoepen wyns te Jacop Meers, van viij st... xxxij st. » *Comptes de la
ville d'Audenarde,* année 1490.

(3) Son nom de famiile était Rommelin. Il est cité, d'après M. De
Burbure, de 1500 à 1513—1514, époque de sa mort.

Van Weerbeke avait un nom peu euphonique et qui a dû froisser les oreilles italiennes. Aussi est-il généralement connu sous son prénom de Gaspard. *Gaspar, compositore famoso*, dit Baïni. On pourrait objecter que d'autres compositeurs ont dû porter ce prénom, et que, conséquemment plusieurs productions lui auront été attribuées par erreur. Cette objection tombe devant un fait cité par Ambroes (1). Ce savant historien remarque que la forme flamande du nom de Van Weerbeke apparaît dans l'*Odhecaton* de cette manière: *Uerbeck*. Cette signature tronquée figure sur une chanson à trois parties: *La Stangetta*, que l'écrivain allemand trouve assez faible.

Les titres qu'il a conquis au souvenir de la postérité résident dans les œuvres qu'il fit éditer, chez Petrucci à Venise, l'un des premiers typographes qui se sont servis de caractères mobiles pour l'impression de la musique. L'un de ces deux recueils est appelé: *Misse Gaspar*. M. Fétis en fait: *Messer Gaspar*. La deuxième messe a pour titre *Venus bant*, ceinture de Vénus. M. Fétis met: *Venus bauth*, et traduit: beauté de Vénus. *Risum teneatis!* Ce n'est pas tout. Le directeur du conservatoire de Bruxelles prétend, à propos de ce recueil de messes, que tous les exemplaires en sont incomplets. Le lycée philharmonique de Bologne possède un exemplaire complet et magnifiquement conditionné.

C'est en faisant allusion à cet exemplaire, que nous avons blâmé ceux que la chose concernait, en 1862, d'avoir laissé enlever, à la vente de Gaspari, de Bologne, un exemplaire où il manquait seulement la partie de ténor et que l'on pouvait faire compléter à l'aide d'une ingénieuse transcription (2). Le même exemplaire a figuré,

---

(1) *Geschichte der Musik*. Breslau, 1868, iii er Band, p. 247.

(2) *Écho du Parlement*, du 18 janvier 1862. La vente de la bibliothèque de Gaetano Gaspari, a eu lieu le 29 janvier suivant.

quelque temps après, dans le catalogue de A. Asher à
Berlin, avec le prix de fr. 175 (1). La grande somme
pour un gouvernement! Nous ignorons où le recueil est
définitivement passé.

C'était le cas pour M. Fétis de faire sur ce maître
distingué du xvᵉ siècle une étude esthétique et historique.
Ambroes supplée à cette lacune, et nous renvoyons
à ses observations. Vous verrez que M. Fétis utilisera
quelque part de ce travail analytique, où l'éloge d'ailleurs
domine. Ajoutons que M. Fétis se trompe encore quant
au titre d'une messe de Van Weerbeke que renferment
les *Fragmenta missarum*, imprimés en 1508, chez Petrucci
à Venise. Ce titre porte littéralement : « N'as-tu pas vu
la Mistoudina? » Il devient sous la plume de M. Fétis :
« Vas-tu pas (ne veux-tu pas?). » La parenthèse est de
M. Fétis. A toutes ces erreurs, M. Fétis a encore joint
l'incroyable contradiction que nous avons signalée au
premier volume de ces Recherches (2).

Pour en finir avec toutes ces balourdises, nous ferons
remarquer que l'auteur de la *Biographie universelle des
musiciens* annonce pompeusement, à l'article Gaspard,
la précieuse découverte que nous avons faite, aux archives communales d'Audenarde, relativement au nom et
à la patrie du maître, tandisque ailleurs, dans la notice
pamphlétaire qu'il nous décoche, il prétend que nous
n'avons découvert que des notes. Que s'est-il passé de
la lettre G à la lettre V ? Nous l'ignorons. Nous croyions
que la première loi du biographe devait être l'impar-
tialité. M. Fétis, nous en appelons à tout lecteur sensé,
a pris exactement le contre-pied de cette vérité.

Nous avons dit que Van Weerbeke reçut, selon toute

---

(1) Ce catalogue porte le nᵒ 68, et a paru en 1862. L'ouvrage de
Van Weerbeke est resté inconnu à Antoine Schmid, auteur d'une
excellente monographie concernant Petrucci.

(2) *La musique aux Pays-Bas avant le* xixᵉ *siècle*, tome i, p. 149.

apparence, son éducation musicale à la maîtrise d'Audenarde. Le même cas s'offrit, un demi-siècle plus tard,
pour Louis Voet. Dans trois lettres autographes d'un
caractère intime et qui ont été publiées ailleurs (1), le
musicien parle, avec une amabilité expansive, de ses
amis de Sainte-Walburge, et notamment d'un nommé
Godefroid et d'un certain M^r De Croisilles, qu'il appelle
« son maître. » La famille de Louis Voet est fréquemment citée, au xvie siècle, dans les archives locales.
Entre autres, nous y rencontrons un Louis Voet, probablement le père de l'artiste, qui mourut en 1526.
Mathieu de Casteleyn, le nomme *componiste*, c'est-à-dire
poëte, dans sa *Déploration* :

> Meester Gillis Lammens track ook van hier
> Metten componiste Loeyken Voet.

En 1533, Louis Voet (le nôtre) quitta Audenarde,
et se rendit à Beaune, puis à Dijon, où il fut d'abord,
à l'en croire, « aux gages de l'empereur Charles-Quint. »
En 1536, vers les Pâques, il était attendu à la cour
du souverain. Devait-il participer, comme chantre, aux
offices de la Semaine-Sainte ? Quoiqu'il en soit, nous le
voyons installé, en 1537, en qualité de maître de chant
de l'église de la Sainte-Chapelle, à Dijon, avec la per-
spective d'un canonicat (2). Devenu acolyte, l'année suivante, il comptait venir célébrer sa première messe dans
sa ville natale, et revoir, par la même occasion, tous ses
vieux amis. A-t-il entrepris le voyage ? Nous ne le savons.

---

(1) Voyez le t. ii de nos *Aldenardiana*. Ces lettres sont conservées
aux Archives générales du royaume. Nous en devons la communication à notre collègue M. Van Hollebeke.

(2) Fondée au xiie siècle, la Sainte-Chapelle à Dijon eut, en dehors
de quatre personnats, un chapitre de vingt chanoines à la collation
du duc de Bourgogne. Une maîtrise y fut établie, en 1424, par
Philippe-le-Bon, moyennant 200 livres. Il y avait quatre enfants de
chœur, pour l'entretien desquels on donna la terre de Fouchanges.

Il parle aussi d'un concitoyen, nommé Gilles, qui était attaché, comme chantre, à la chapelle de François Ier, « à raison de quinze sous par jour. » C'est, selon toute probabilité, le même Gilles que les comptes communaux désignent dans les lignes suivantes, relatives à l'année 1542 :

Ghepresenteert den sanghere van den conynck van Vrank-rycke, ii cannen wyns van x sch. den stoop, in't Gulden Cruuce, xl sch. par.

Qu'eût fait, en effet, le chantre de François Ier, dans la petite ville flamande, au milieu d'une guerre à outrance entre la France et les Pays-Bas, sinon profiter des vacances que la suspension des services à grande musique lui offrait peut-être, pour aller embrasser sa famille et visiter ses camarades d'enfance?

IV.

Richard (Balthasar),

Corniste de la chapelle de l'infante Isabelle, au xviie siècle. — Lacunes dans les renseignements fournis par M. Fétis sur ce musicien. — Il parvient à faire nommer aux fonctions de maître de musique de l'église de N.-D. du Sablon, à Bruxelles, Jean Corbisier, en 1657. — Incapacité de celui-ci. — Examen auquel il est soumis et fraude par lui commise. — Curieuse relation à ce sujet. — Projet de réorganisation de la musique du jubé de N.-D. du Sablon. — Fuguette de Jean Tichon, maître de musique de la chapelle royale, en 1660.

Balthasar Richard, natif de Mons, est connu comme auteur d'un recueil de motets de litanies, imprimé à Anvers en 1631, et dont le titre est: *Litaniæ beatissimæ Mariæ Virginis Lauretanæ, 5, 6, 7, 8, 9 et 12, tam vocibus quam instrumentis modulatæ, quibus missa octonis vocibus adjuncta est. Componebat Baltazar Richard, Hannonius Montensis, S. Mae Isabellæ, Hispaniarum infantis, in aulae ejus sacello in Belgio cornicena, cum basso continuo ad organum.* Antverpiæ, apud hæredes Petri Phalesii, MDCXXXI, in-4°.

M. Fétis, en reproduisant ce titre, écrit *cornicen*, ce qui l'a empêché très-probablement de préciser les fonctions que remplissait le musicien à la chapelle de l'infante Isabelle à Bruxelles. Avec un peu plus d'attention, il eût restitué facilement ce terme de basse latinité, qui a pour équivalent *cornator*, joueur de cor (net), et qui n'est autre que *cornicena*, qui sonne du cor, *che sona cum corno*, comme dit Ducange, d'après un glossaire latin-italien (1).

Il était d'autant plus important de spécifier l'emploi de Balthasar Richard, que l'organisation de nos anciens orchestres est moins connue, et que, une fois de plus, il y a lieu de constater que des fonctions en apparence infimes, étaient remplies souvent, dans nos principales églises, par des musiciens consommés dans la science musicale. Il est vrai que, à la chapelle-musique de nos souverains, les places d'une certaine importance étaient vivement sollicitées, et qu'il fallait souvent se contenter d'un emploi secondaire avant de parvenir à une place plus élevée.

Que Balthazar Richard ait été un musicien instruit, c'est ce que la publication dont il est auteur laisse voir clairement, et c'est ce qui résulte aussi d'un fait qui eut lieu à Bruxelles en 1660, non sans éclat toutefois, au grand détriment du musicien, comme il conste d'un dossier conservé à la section judiciaire des Archives du royaume. C'est toute une histoire qui nous initie aux mœurs des musiciens de l'époque, et qui nous four-

(1) *Cornicena* est l'équivalent de *cornator, buccinator, qui cornu inflat.*

nit quelques détails précieux sur l'enseignement musical
à Bruxelles, détails trop rarement enregistrés dans les
pièces pour les laisser échapper ici.

Nommé maître de chant de l'église de N.-D. du Sablon à Bruxelles, au mois d'octobre 1657, sur la promesse faite par Balthasar Richard que, en une année
de temps, le nouveau directeur se mettrait entièrement
au courant des devoirs de sa charge, Jean Corbisier,
venu on ne sait d'où, donna bientôt des preuves d'une
incapacité telle que les musiciens de ladite église crurent
devoir faire, à ce sujet, une déclaration écrite adressée
au prince de la Tour et Taxis. C'étaient Jean Meulepas,
Dominique Alexis, Tobie Van den Péron, chapelains-
chantres, et Jean-Baptiste Le Grand, musicien. Leur certificat porte la date du 7 février 1660. Le 1er mars,
Jean Corbisier fut mandé chez le marguillier en chef,
pour subir un examen. Un thème lui fut proposé, pour
y adapter une composition à cinq parties. Après avoir
consacré deux heures à cette opération, Corbisier dut
reconnaître qu'il avait de la peine à se tirer d'affaire,
car il n'avait pas produit une seule note, bien qu'il eût
été complétement abandonné à lui-même. On lui soumit
alors un autre thème à quatre parties seulement, pour
être traité en manière de fugue. Il y travailla de quatre
à six heures du soir, et, sa composition ayant été
soumise à Gaspard Verlit, maître de chant de l'église
de Saint-Nicolas, celui-ci déclara la nullité complète de
l'œuvre.

Le prince de la Tour et Taxis convoqua les anciens
de la gilde, à l'effet de leur exposer la nécessité de
choisir un maître de chapelle qui fût expert dans la
composition musicale, et qui donnât d'autres preuves de
capacité qu'un certificat de Balthasar Richard et les promesses de celui-ci. La gilde proposa un nouveau délai,
fut d'avis, en attendant, de charger un jeune homme,
nommé Antoine, de l'instruction des choraux, et promit

de faire toutes les démarches nécessaires pour arriver à connaître au juste le degré de capacité du maître de chapelle. Ce à quoi le marguillier consentit.

Sans perdre de temps, la gilde appela Corbisier dans son local, et le mit en présence des maîtres de chant de Saint-Nicolas, de Saint-Géry et de Sainte-Catherine. Le prince de la Tour et Taxis lui ayant soumis différentes fugues, à quatre et à cinq parties, empruntées aux meilleurs auteurs, les maîtres de chant de Saint-Nicolas et de Saint-Géry demandèrent qu'on laissât à Corbisier toute latitude pour le choix de la composition à traiter, contrairement à ce qui eut lieu à l'examen du père de Corbisier, lequel, ayant traité presqu'instantanément le sujet d'une fugue donné par Tichon, maître de musique de la chapelle royale, fut admis à l'exclusion d'un grand nombre d'autres postulants. Le prince de la Tour et Taxis insista, mais vainement, pourque le procédé fût appliqué au fils Corbisier.

Aussi, le maître de chant de Saint-Nicolas ne tarda-t-il pas à exhiber des paroles de saint Augustin, destinées à être mises en musique. Corbisier les prit avec lui dans un salon contigu au local, où il resta de trois heures de relevée à six heures du soir. Il en sortit en montrant une composition faite sur une ardoise, et dont il avait une copie sur papier. Bien que toute communication avec le dehors eût été impossible, une fraude audacieuse fut découverte. Au milieu de la composition était insérée une petite fugue que, la veille, maître Tichon avait fait parvenir, par l'intermédiaire d'une certaine personne, au prince de la Tour et Taxis, et dont il avait gardé une copie, remise à N. Platteborse, grand-doyen de la gilde, qui la montra aussi au dit prince, séance tenante. Or, cette fugue était la partie la plus importante de la production de Corbisier.

Quel fut son auxiliaire en cette circonstance? Sans s'arrêter à ces difficultés, le prince de la Tour et Taxis demanda

à la cour, que Corbisier fût soumis à un examen des
plus rigoureux, afin de savoir définitivement si les capacités qu'il s'attribuait, n'étaient point dérisoires.

La source où nous puisons ces renseignements, est
une requête adressée au chancelier de Brabant par le
prince de la Tour et Taxis, marguillier en chef de l'église
du Sablon. Nous le laissons suivre ici littéralement, malgré son étendue:

AEN MYNE HEERE DEN CANCELLIER, ETC.

Verthoont heer Lamoral Claude Franchois, grave van La
Tour ende Tassis, als opperkerckmeester der kercke van
Onse Lieve Vrouwe op den Savel, dat die van de groote
Gulde deser stadt Brussele in de maent van October ses-
thienhondert ende sevenenvyftich provisionelyck hebben aengenomen den persoon van Corbisier, om te doen die functie van sangmeester der voorschreven kercke, op de beloefte
als doen gedaen by Baltazar Richard, van dat hy den
selven Corbisier binnen den tyt van een alsdoen toecomende
jaer absolutelyck soude bequaem maecken tot het bedienen
van 't selve ampt ofte officie. 't Is nu soo dat synde aen
den heere verthonder over eenige maenden te kennen gegeven geweest by heeren Jan Meulepas, Dominicus Alexis
ende Tobias Van den Peron, alle priesters cappellaenen ende
musiciens der voorschreve kercke, midtsgaeders by Jan
Babtista Le Grand, insgelycx musicien der selve kercke, dat
den voornoempden Corbisier nyet en hadde die capicityt
gerequireert tot dusdaenich employ, als blyckt by hun verclaeren gegeven voor notaris ende getuygen, op den seven-
sten february lestleden hier mede gaende, den selven heere
verthoonder heeft goet gevonden den selven Corbisier te
doen commen t'synen huyse, op den ieersten meert daer naer,
ende hebbende aen den selven ghegheven eene materie tot
het maecken eender compositie met vyff partyen, en heeft
den selven soo veel nyet connen doen dat hy daer op

eene enckele note soude hebben geformeert, van den tween
tot den vier uren naer noene dat hy daer mede besich is
geweest, d'welck hy aen den heere verthoonder bekent
hebbende, oock nyettegenstaende dat hy ter dyer fine is
gelaeten geweest in het cabinet desselffs heere verthoonder
om nyet verstroyt oft van jemant gestoort te worden, heeft
den selven heere verthoonder hem gegeven eene andere
materie veele lichter als die voorgaende, om alleenelyck met
vier partyen te maecken eene fugue waer van het begintsel
was gestelt met noten, hebbende daer aen gevrocht van
den vieren tot naer den sessen 't savonts, dan alsoo dit
stuck wercx is gesien gewest by Jaspar Verlith, sangmeester
van Sinte-Nicolaes binnen dese voorschreven stadt, van den
welcken den heere verthoonder heeft versocht dat hy daer-
over syn oordeel soude willen geven naer syn consientie,
soo heeft den selven Verlith verclaert dat de selve compositie nyet en conste voor goet aengenomen worden, gelyck
dat insghelycx blyckt by syne certificatie gestelt op de
selve compositie; ingevolghe van den welcken willende den
heere verthoonder hem quyten van syn devoer ende obli-
gatie in de selve qualityt van opperkerkmeester, heeft den
selven opden elffsten der voorschreven maent meert doen
vergaederen die ouderlingen der voorschreven gulde ende
aen de selve in hunne [presentie] laeten sien die voorschreven stucken, hun versoeckende t'saemenderhandt onder
te willen stellen ten eynde die voorschreven kercke soude
worden versien (gelyck syn meer andere) ende ghemainte-
neert in haere oude possessie van te hebben eenen sangmeester die goeden componist is, doch te vergeeffs, want
al ist dat vuyt die voorschreven stucken claerelyck blyckt
van d'incapacityt des voorschreven Corbisier, ter contrarien
van den welcken hy oock geene andere getuygenisse en
heeft weten by te brengen als van den voorschreven Richard,
die hem de selve nyet wel en heeft connen weygeren,
ooghmerck nemende op de voorschreven gelofte, hoe wel
hy die gegevene contrarie certificatie nyet en heeft derven

houden staende in de voorgeroerde vergaederinge, wesende
daer toe tot meermaelen gepraemt by den heere verthoonder, hebbende alleenelyck gesegt dat hy den voorschreven
Corbisier soude bequaem maecken binnen sesse maenden,
thoonende daer mede hoe luttel gelooff aen dusdaenige syne
declaratie moeste ghegeven worden, midts hy van in de
voorschreven maent van octobris sesthien hondert sevenen
vyftich hadde verclaert ende beloeft (gelyck voorseyt is)
dat den selven Corbisier binnen den alsdan toecomenden
jaere absolutelyck soude bequaem maecken, soo ist nochtans dat wesende, die van de voorschreven groote gulde
daer op by den heere verthoonder vrindelyck ende instan-
telyck gemaent ende versocht resolutie te willen nemen
conform syne voorgemelde propositie, tot den meerderen
dienst ende oirboir der voorschreven kercke, oft dat men
ten minsten naerdere debvoiren soude doen neffens die
sangmeesters van de andere kercken om volcomentlyck on-
derricht te wesen watter was van de capaciteyt oft incapaciteyt des voorschreven Corbisier, d'welck emmers met fondament ende redene nyet en conste gheweygert ofte ontseyt
worden, sy in plaetse van tot d'een ofte het ander te willen
verstaen, hebben begeert dat den selven Corbisier noch soude
genieten een volle jaer boven die twee jaeren ende vier
maenden die hy alreede genoten hadde tot grooten ondienst
ende prejudicie der voorschreven kercke, om hem tot het
voorschreven sangmeesterschap bequaem te maecken, wesende
den selven ondienst ende prejuditie van de kercke des te
meer considerabel, dat die choralen die ten coste der selver
kercke worden onderhouden ende geleert van den voorschreven Corbisier, hunnen pretensen ende selff noch ter
scholen gesondene meester nyet en hebben gehadt, noch
voor het toecommende alnoch nyet en sullen connen hebben
hunne noodighe onderwysinge, ende dat men daeromme is
genootsaeckt geweest seker onderhoudt te geven aen eenen
jongelinck genaempt Anthoen, om te suppleren het gebreck
van de selve choralen, den welken men sal moeten refor-

meren als wesende sonder redene tot laste van de kerke;
over allen het welck by den heere verthoonder syne clach-
ten gedaen geweest synde aen desen hove, ten eynde 't selve
sonder forme van proces ende op sommiere informatie daer
over te nemen soude gelieven daer inne te doen versien
naer behooren, hebben die van de voorschreven groote
Gulde, vreesende metten rechte geconfondeert te worden,
totten heere verthoonder gesonden eenige gedeputeerde van
hun corpus, om hem te versoecken dese saecke metter minnen
te willen termineren, presenterende te doen alle noodighe
debvoiren om t'informeren over die capacityt van den voorschreven Corbisier, dwelck den heere verthoonder hun dyen-
volgende toegestaen hebbende, doch op conditie dat sy de
selve debvoiren souden doen sonder vuytstel ofte verlies
van tyt, en hebben sy daer toe, midts andere hunne occu-
patien, nyet connen vaceren voor den twintichsten der voor-
leden maent may, alswanneer sy den voorschreven Corbisier
hebben ontboden in hunne camer, beneffens die sangmeesters
van de kercken van Ste Nicolaes ende Ste Guericx ende
eenen anderen die sy seyden te wesen sangmeester van
Ste Catheleyne, ende den heere verthoonder hem aldaer oock
laeten vinden hebbende, heeft aen den selven Corbisier voor-
gedraegen differente fuguen met vyff ende vier partyen
getrocken vuytte beste musiecke boecken, daer op die
voorgenoempde twee ierste sangmeesters geseght hebbende
dat men nyet gevueghelyck en conste componeren op eene
materie gegeven by eenen derden, ende dat men den voorschreven Corbisier moeste laeten in syne libertyt van op
eenige woorden te maecken alsulcken compositie als hem
gelieven soude, d'welck nochtans is contrarie aen de proeve
die men heeft gedaen in de voorschreven camer ten regarde
van den vaeder des voorschreven Corbisiers, aen den welcken
is gegeven geweest eene fugue dan van s^{r} Tichon, meester
van de musiecke van de conincklycke capelle, aen den
heere verthoonder, op den sessentwintichsten der voorschreven maent may, geseght heeft te hebben eene copye, ende

op welcke fugue den selven vaeder, sonder eenighe swaericheyt
ende op den staenden voet alsdoen, heeft ghemaeckt eene
compositie die hem heeft doen prefereren aen een groot
getal van andere medepretendanten, ende waeromme den
heere verthoonder oock heeft gehouden dat men 't selve oock
wel mochte doen ende observeren ten regarde van den
hove, ende dat den selven geene swaericheyt en soude gemaeckt hebben van te volgen d'exempel van synen vaeder,
soo ist dat hebbende die voorschreven sangmeesters dies
nyettegenstaende ghepersisteert dat men den voorschreven
Corbisier soude mogen laeten maecken eene compositie op
sekere woorden, den sangmeester van Ste Nicolaes voorschreven vuyt sekeren boeck die hy by hem hadde, heeft
getrocken eenighe woorden van Ste Augustyn ende de selve
gegeven aen den voorschreven Corbisier om daerop te
maecken syne compositie, ende synde daer mede getrocken
in sekere plaetse gelegen neffens die voorschreven camer,
is aldaer gebleven van den dry uren ende een halff tot
sessen 't savonts dat hy daer vuyt gecommen is, om aen
de vergaederinge te thoonen die compositie die hy hadde
gemaeckt op eene schaillie, ende de welcke hy oock gestelt
hadde op pampier om tegens malcanderen (gelyck dat oock
geschiedt is) geconfronteert te worden, ende alhoewel dat
hy in de voorschreven plaetse was gesloten geweest ende
dat nyemandt en conste tot hem aldaer hebben acces anders
als passerende door die camer alwaer wirde gehouden die
vergaederinge, soo wordt nochtans bevonden dat in't midden
van de voorschreven compositie is geinsereert die fugue
die den voorschreven Tichon 's daechs te voorent hadde gestelt in handen van sekeren persoon om aen den heere
verthoonder te worden ghelevert, waer van hy oock eene
copye hadde behandicht aen N. Platteborse, tegenwoordichlyck overdeken van de voorschreven gulde, den welcken
de selve oock hadde laeten sien aen den heere verthoonder
in de voorschreven camer, waer door claerlyck is ontdeckt
die fraude ende bedroch dyer is in den handel vanden voor-

schreven Corbisier, den welcken, nyet tegenstaende het voorverhaelde, wel heeft weten te volgen die voorschreven fugue
wesende het beste deel van zyne compositie; desen aengemerckt
ende dat het importeert te weten wie den persoon is die
de selve fugue aen den voorschreven Corbisier heeft gegeven, ende wie consequentelyck hem behulpsaem geweest is
om die voorschreven bedrieghelycke compositie te stellen
ende hem alsoo te geven eenen scheyn van capaciteyt die
hy nyet en heeft ende effectivelyck oock moet bekennen
nyet te hebben, gemerckt hy d'opinie oft reputatie daer
van pretendeert te krygen by sinistre ende bedriechelycke
practycke hier toe gevuegt, dat het meer als tyt is dat
die voorschreven kercke worde ontlast van het onderhoudt
d'welck nu soo langen tyt is gegeven geweest aen den
voorschreven jongelinck genaempt Anthoen, om te suppleren
het gebreck van de choralen die ten coste der selver kercke
oock worden onderhouden ende daegelycx hunne lessen
hebben moeten haelen ende leeren by den voorgemelden
Richard, ter saecke van de incapaciteyt des voorschreven
Corbisier, die selffs daegelycx oock moet gaen leeren by
den selven Richard, soo ist dat den heere verthoonder, in
quytinghe van syn debvoir, hem keert tot ten hove, oidt-
moedelyck biddende dat den selven gelieve, tot ontdeckinghe
der voorschreven fraude t'ordonneren dat den voorschreven
Corbisier, in sekere beslotene plaetse hem daer toe te assigne-
ren, sal hebben te maecken eene andere compositie ende
dat op de eene fugue op de welcke nyet en sal vallen te
seggen, ende met het observeren van alsulcken precautien
als men sal goedt ende noodich vinden om te beletten dat
hem nyemant in de selve compositie bedrieghelyck en as-
sisteren, gelyck dat ten regarde van de voorverhaelde ghe-
schiedt is, om 'tselve gedaen, ende de selve de novo te
maeckene compositie, by sangmeesters oft andere persoonen
hun des verstaende, gesien ende geexamineert synde, alsdan geoordeelt te worden naer behooren, oft den voorschreven
Corbisier is hebbende die capaciteyt die hy hem wilt toe-

schryven ende de welcke hy moet hebben om die voorschreven kercke als syne voorsaeten in de qualityt van
sangmeester te mogen dienen, laetende oock ten oordeel
van den hove wat voordere debvoiren sullen moeten gedaen
worden om t'achterhaelen wie tot de voorverhaelde fraude
in prejudicie ende achterdeel der voorschreven kercke heeft
gecoopereert; alles ten fine dat de voorseyde kercke mach
worden gemainteneert als vooren in haere oude possessie
van te hebben eenen sangmeester die goet ende expert componist is. D'welck doende, etc. (1).

Sy gecommuniceert aen Jan Corbisier om hier tegen te
seggen binnen acht daegen naer de communicatie. Actum
den vierthienden juny sesthien hondert tsestich, ende was
onderteeckent Loyens.

Communicatie facta per me, op den vyffthienden juny
duysent sesse hondert tsestich, onderteeckent Christyn.

La déclaration d'incapacité faite, au sujet de Balthasar
Richard, par les musiciens de l'église de N.-D. du Sablon,
à Bruxelles, et dont il a été question dans le document
précité, est de la teneur suivante:

Op heden den vij^{en} dach der maent february 1660, voor
my Jan Sdroogen, als openbaer notaris byden souverainen
raede van syne conincklycke majesteyt geordonneert in Brabant, geadmitteert en geapprobeert binnen Brussele reside-
rende, ende ter presentien van getuygen hieronder genoemt,
syn gecompareert in propre persoonen d'eerwerdighe heeren
Jan Meulepas, oudt 42 jaeren, Dominicus Alexis, oudt 40
jaeren, ende Tobias Van Peron, oudt oock 40 jaeren, alle
dry priesters, ende Jan Baptista Le Grand, oudt 26 jaeren,
alle musiciens der kercke van Onse-Lieve-Vrouwe op den

(1) Nous devons la connaissance de cette pièce ainsique de la suivante à notre collègue M. Galesloot.

Saevele, dewelcke affgevraegt by myn heere den grave van
La Tour ende Tassis, etc., in de qualiteyt van opperkerckmeester deser selver kercke, op de bequaemicheyt ende capaciteyt van Jan Corbisier, tegenwoordichlyck sangmeester der
voorschrevene kercke, hebben eenvoudelyck verclaert midts
desen op hunne manne waerheyt, in de plaetse van gestaeffde
eede dyen sylieden presenteren te doen voor alle hoven en
gerichten daer des van noode ende sylieden aensocht sullen
wesen, dat den voorschreven Corbisier is ombequaem om
te connen bedienen ende sich behoorlyck te quyten in
syne voorschrevene functie van sangmeesterschap der voorschrevene kercke, allegerende oock eenvoudelyck voor
redenen ende fondament van hun voorschreven verclaeren,
dat hy egeene jonghers en kan leeren; item, door het
mancquement van maete; item, dat hy nyet en heeft het
gehoor om die musiciens wederomme te brengen op hunnen
thoon; item, omdat hy nyet en can componeren soo ende
ghelyck aen eenen sangmeester is betaemende; ende naer
lecture by my notaris aen voorschrevene comparanten gedaen van dit hun verclaeren, hebben daerby gepersisteert
ende geconsenteert hier van by my notaris gemaeckt ende
gedepescheert te worden acte oft instrument publicq, een
ofte meer, in behoorlycke formen; dits aldus gedaen ende
gepasseert binnen Brussele, ter presentien van sieur Jaecques
Piveelt ende sieur Jan-Franchois Balais, als getuygen hier
over geroepen ende gebeden; ende is die minute deser
byde voorschreven comparanten, beneffens my notaris voorschreven onderteeckent. *Quod attestor;* ende was onder-
teekend Sdroogen.

Ce n'est pas tout, et une requête du prince de la
Tour et Taxis, adressée à la cour, va nous permettre
de pénétrer encore plus avant dans les secrets de la
maîtrise de N.-D. du Sablon, si déconsidérée déjà par
le fait de l'incapacité de son directeur. Cette requête,
en date de 1660, roule principalement sur les réformes
à opérer dans le personnel de la maîtrise.

Il s'agira, dit le suppliant, d'établir, par un nouveau règlement, si la nomination des maîtres de chant de l'église du Sablon appartient aux marguilliers ou à la grande confrérie, et si cette place, de même que celle d'organiste et de carillonneur (1), sera donnée par faveur ou par mérite; en outre si les gages, convertis en traitement fixe, seront augmentés par continuation, bien que l'employé occupe une maison gratis. Les marguilliers pourront nommer, au service de l'église, autant de musiciens-prêtres qu'on en a eus de 1645 à 1649, savoir: une basse nommée Job, deux tailles appelées Petit et Meulepas, une sous-taille, Hiery, deux haut-chantres, Vieuwaerier et Philippi. La musique sera pourvue d'une bonne basse, en remplacement de N. De Costre, dépourvu d'un organe suffisant et de l'aplomb qui convient, et de plus nommé indûment avec une augmentation d'un florin par semaine. On réformera anssi le nommé Anthoen, chargé de suppléer à l'incapacité notoire de Jean Corbisier, et par-là à charge de l'église. Finalement, ledit Corbisier, bien que retribué suffisamment pour donner à ses élèves une nourriture substantielle, ne leur fournit en somme que du pain et du lait battu, régime débilitant dont les voix de ces enfants se ressentent nécessairement. La famille de Corbisier est mieux traitée sous ce rapport, et la portion assignée aux choraux y passe tout entière, tandisque ceux-ci, au grand déshonneur de l'église, se voient contraints d'aller demander à leurs parents une alimentation qui leur est refusée à la maîtrise. Delà l'urgence de ne nommer que des prêtres aux fonctions de maître de chant, comme cela se fait dans les autres églises de Bruxelles, car la charge n'est pas mince, pour un séculier, d'entretenir des enfants et de leur inculquer

---

(1) Ou peut-être de *sonneur*, car il ne s'agit ici que d'un emploi de ce genre, du moins à en juger d'après le document que nous avons sous les yeux.

l'instruction et la vertu. Le cas concerne surtout un jeune maître comme Corbisier, qui, au lieu de donner aux enfants le bon exemple, s'absente souvent jusque bien avant dans la nuit, et n'a point rougi de s'être vanté d'avoir eu commerce illicite avec une femme. Parfois en rentrant, la nuit, il apporte le trouble dans la maison, tempestant et jurant, au point de faire trembler de tous leurs membres les choraux confiés à ses soins. Or, c'est un pareil maître de chant que la grande gilde prétend maintenir en sa charge, malgré son incapacité et malgré la fraude dont il s'est rendu coupable. L'église de N.-D. du Sablon a intérêt à posséder un maître instruit et rangé, comme elle en a eu toujours précédemment.

Le rapport fait sur cette requête, par la grande gilde, était ainsi motivé: La nomination et la démission des maîtres de chapelle de N.-D. du Sablon dépend de la grande gilde, et toutes les affaires qui s'y rapportent, concernent, en première instance, le magistrat. La cour, à laquelle s'adresse la Tour et Taxis, n'a rien à voir dans la chose. Si Corbisier était prêtre, il relèverait du souverain. Appelé devant le bourgmestre, Corbisier dirait qu'il n'a point été nommé aux fonctions de maître de chant, comme « l'un des meilleurs et des plus habiles compositeurs de musique; » qu'il lui a suffi de connaître le chant, de le pouvoir enseigner; qu'il importe peu, surtout dans les églises inférieures aux collégiales et aux cathédrales, que le maître de chant soit compositeur, et compositeur rompu aux subtilités du métier; que, pour en arriver à produire un ouvrage ordonné savamment, il faut un temps moral assez considérable, et que deux heures sont loin de suffire à développer un thème proposé *ex industriâ;* que, pour sa gouverne, il entend assez bien la composition musicale, et que partant, il se croit, sans jactance, en état de remplir l'office qui lui est dévolu.

Qu'advint-il ensuite? Les pièces manquent pour con-

FUGUETTE
DE
JEAN TICHON.

naître l'issue du procès. Les archives de l'église pourraient nous dire si Corbisier a été maintenu dans ses
fonctions. L'histoire gagnerait-t-elle à savoir le fait? L'es-
sentiel ici sont les détails que les documents révèlent.
Quant à Balthasar Richard, qui fut immiscé dans la
fraude du maître de chapelle du Sablon, on ne sait ce
qu'il en advint après le *fiasco* moral de son protégé et
élève.

Une pièce précieuse nous a été pourtant conservée:
c'est la fuguette de Jean Tichon (1), maître de la chapelle
royale, en 1660, la même dont Corbisier se servit dans
la dernière épreuve qu'il dut subir. D'abord, Jean Tichon,
n'a point, que nous sachions, laissé d'autres traces de
son talent de compositeur; puis, entre toutes les productions de cette époque, vulgarisées par les presses de
Phalesius, aucune ne porte ce cachet d'école, ni ne nous
initie aussi directement à l'enseignement des maîtrises
d'alors. Singulière destinée de cette pièce! La voici qui
sert maintenant de spécimen d'étude aux historiens de
l'art. Elle porte pour inscription, « Copie escrite après
la copie par moi Jaspar De Verlit, maistre de la musique de Sᵗ-Nicolas à Bruxelles. »

Ce qu'on nommait fugue, au XVIIᵉ siècle, ne méritait
aucunement ce nom. On se contentait d'une série d'imitations, pour les différentes voix, sans plus: « La fugue,
dit Masson, est un chant qui doit être répété ou imité
par une partie ou par plusieurs; ce qui se fait par le
moyen de quelques pauses que l'on donne à une partie. »

---

(1) M. Fétis parle, *verbo* A KEMPIS, d'un testament de Jean Tichon
qu'il nous a été impossible de retrouver aux Archives. Rombaut cite
(II, p. 153,) un Barthélemi Tichon, chantre de Sainte-Gudule, et
(I, p. 157,) un Sébastien Tichon, chanoine de la même cathédrale, ce
dernier né à Tirlemont. Le maître de chapelle de la cour, mentionné
encore en 1663, ne serait-il point également originaire de cette localité?

(2) *Nouveau traité des règles de la composition de la musique*; 3ᵐᵉ
édition. Paris, 1705, in-8°, p. 103.

Plus loin le même auteur ajoute : « La fugue est un chant qui doit avoir quatre ou cinq notes ou environ, lesquelles doivent être sur les cordes essentielles du mode que l'on traite (2). » Pendant que ce théoricien français, qui fut maître de musique de la cathédrale de Châlons, écrivait ces puérilités, le grand Bach enrichissait l'art de ses géniales conceptions et faisait de la fugue quelque chose de monumental. Brossard, contemporain de Masson, se borne à énumérer toutes les espèces de fugues que les subtilités d'école ont inventées, sans donner une bonne définition de l'espèce.

A l'égard de la fraude commise, n'allons pas, [d'un acte si isolé, tirer une conclusion générale, et prétendre, comme on l'a déjà fait, que l'enseignement musical était singulièrement déchu aux Pays-Bas, au xviie siècle. Les fraudes existaient autrefois comme elle existent de nos jours, malgré les précautions dont on s'entourait pour les éviter, et, en tout temps, les médiocrités vaniteuses, en recourant à des artifices inavouables, ont usurpé la place des capacités modestes.

V.

Van Geertsom (Jean),

Les Susato et les Phalèse n'ont pas épuisé la liste des grandes impressions musicales mises au jour dans les Pays-Bas. D'autres typographes continuèrent leur tâche, sinon avec autant de succès, du moins avec un zèle consciencieux dont l'histoire doit tenir compte.

Voici, pour commencer, un nom qui sera peut-être nouveau pour le lecteur, du moins il a échappé jusqu'ici à tous les biographes spéciaux: Jean Van Geertsom, établi à Rotterdam au milieu du xviie siècle. C'est le catalogue du fonds Van Hulthem, à la Bibliothèque royale de Bruxelles, qui nous le fournit, grâce à quatre cahiers incomplets renfermant des chansons et motets à voix diverses.

Les deux premiers cahiers appartiennent à un recueil dont le titre est: *Canzonette amorose libro, a una, doi, tre voci concertate per cantare nel cimbalo, spinetta, thiorba o altro simile instrumento, raccolte da Gio. Van Gheertsom, con una serenata a tre di Marco Aurelli.* In Rotterodamo, appresso Giovanni Van Geertsom, mdclvi. In-4°. Ils en forment les parties de basse et de basse continue. Après vient une épître adressée par le collecteur et imprimeur à un certain Renier Groenhout.

Dans cette dédicace, Van Geertsom s'étonne de voir surgir si peu de productions recréatives dans un pays où elles étaient si nombreuses autrefois. C'est à peine, dit-il, si on en pourrait citer qui soient dignes de ce nom. « La source serait-elle tarie, par hasard? Cela est peu croyable, puisque l'Italie abonde en mélodies d'une pureté inimaginable. Il y a là une cause dont je ne veux point aborder l'examen cette fois. Mais, attendu que tant de maîtres écrivent journellement des compositions dévotieuses, on a cru bon de publier ces *canzonette,* pour mettre la musique de chambre au niveau de la musique d'église. » Il dédie l'ouvrage à Renier Groenhout, en signe de reconnaissance. Il a reçu de son protecteur des bontés si grandes, qu'il passerait à bon droit pour un ingrat s'il en gratifiait un autre.

Quelles étaient les bontés extrêmes que Renier Groenhout octroya au typographe rotterdamois? Il n'y a, à cet égard, que des conjectures à émettre, car les descriptions locales que nous avons consultées en vue de connaître les qualités du Mécène, ne nous ont rien appris, rien révélé. Était-ce un amateur de musique passionné, doué de fortune, et qui aura procuré à l'imprimeur Van Geertsom les moyens de monter un atelier assez bien conditionné pour reproduire les chefs-d'œuvre de l'art? Il est permis de le supposer.

Nous comprenons mieux le silence que garde celui-ci au sujet des causes qui amenèrent la rareté de productions musicales éditées dans un simple but de divertissement. L'intolérance religieuse avait règné dans la patrie d'Érasme, comme partout ailleurs aux Pays-Bas, et les placards les plus sévères avaient été lancés contre ce genre d'impressions, pour lesquelles il fallait d'ailleurs une autorisation préalable. Mais pourquoi, en la même année 1656, qui vit paraître les *Canzonette amorosi*, Van Geertsom s'avise-t-il d'éditer un recueil de motets, lui qui trouvait, tout à l'heure, tant de compositions de ce genre et si peu de l'autre? Les chansons érotiques n'eurent-elles pas de vogue? Abandonna-t-il sa première idée? Il va de soi que nous sommes encore obligés ici de nous contenter de suppositions.

La dédicace de Van Geertsom étant le seul document relatif à cet imprimeur néerlandais, on nous saura gré peut-être de la reproduire en entier:

AAN MIJN HEER REINIER GROENHOUT.

MIJN HEER,

Het is ten hoogsten te verwonderen dat die gewesten des werelts, de welcke so vruchbarig voor desen waren voortbrengende, waarmede den mensch vermoeit van overtollige bekommeringen, sijn selven konde herstellen in sijnen voorigen staat, nu onlangs so dorre schijnen geworden te zijn, dat men in eenige jaren herwaarts, het minste niet en heeft konnen achterhalen, het geene eigentlijk dienen soude tot oprecht vermaak. Soude by avonture de ader

uitgeput zyn? Ofte, zoude den Hemel al het vernuft
t' seffens van soo veel treffelijke mannen de werelt ontrukt
hebben? Het en is niet te gelooven, terwijlen Italien ons
in overvloet mededeelt, ende dat vande aldersuiverste fon-
teinen deser eeuwe, de aldersoetste harmonien die men soude
konnen bedenken. Maar daar schuilt iets anders, het gene
voor dese reise de penne verswygen wil. Ende also het
geene dagelijks van so groote meesters uitgaat eigentlyk
is voor de kerke, ende haar einde is tot devotie te ver-
wekken het binnenste van 's menschen gemoed, is de resolutie genomen deze canzonnetten in het licht te geven, op
dat, gelijk aan andere overvloedig gegeven is, daar de kerke
ende musijk seer dikmaals bij malkanderen zijn, aan ons
ook niet en ontbreke, daar de musijk ende de kamer susters
geworden zijn. Ik kome dan tot U, mijn Heer, ende steu-
nende op het onfeilbaar fondament van uwe aldergrootste
genegentheit tot mijwaarts, en konde aan niemand anders
dit werk opgedragen worden dan aan U, mijn Heer, aan wien
ik soo verplicht ben, dat in gevalle de resolutie gevallen
hadde aan andere het selfde toe te eigenen, de vrientschap
de welke mijn Heer so overvloedelijk over mij uitstort,
aan alle de werelt genoegsaam te toone soude stellen de
aldergrootste ondankbaarheid met de welke ik soude recom-
penseeren so overgroote genegentheit. Dit alleen bidde ik
dat mijn Heer dit klein werk belieft in dank te nemen,
ende te aanveerden dese kleine gifte, so gelijkse UE. opge-
offert wort, dat is uit een goed herte, tot een erkentenisse
(al hoewel ongelijk) van soo veel benefitien van nu af ont-
fangen. Ende en slaat niet so seer acht op dit kleintjen,
maar op mijne goede wille, die beroofd zijnde van de occasie,
wenscht mijn Heer duisent diensten te konnen bewijsen
ende te blijven van herten ende affectie, mijn Heer,

sijn E. onderdanigsten dienaar,

JOANNES VAN GEERTSOM.

A l'exception de Marco Aurelli, aucun collaborateur n'est cité dans le recueil. Cinq morceaux sont à voix seule, à *canto solo* :

1° Deh soffri mio cuore. — 2° Fauciulle tenete. — 3° Palme, palme. — 4° Vittoria mio cuore. — 5° Il vostro splendore.

Cinq autres sont à deux voix, réparties ainsi :

1° E spento l'ardore ; canto e basso. — 2° Fermate il volo ; canto e basso. — 3° E pur vuole il ciel ; doi canti. — 4° Begl'occhi ; duoi canti. — 5° Donna se m'ami ; alto e tenore.

Le reste est écrit à trois voix, comme suit :

1° Piu non dorma ; doi canti e basso. — 2° Pensai che col fugire ; canto tenore e basso. — 3° Quei finti tuoi sguardi ; doi canti e basso. — 4° Libertà, libertà ; duoi canti e basso. — 5° Tutt' è capprici ; alto, tenore e basso. — 6° Chi nasce infelice ; id. — 7° Ch' io taccia ; id. — 8° Speranze gitene altrove ; id. — 9° A merò chi mi strugge ; canto, tenore e basso. — 10° Nò nò nò sempre ; alto, tenore e basso. — 11° Il uscir de la mia stella ; id. — 12° E ti par poco amore, id. — 13° Dirò le bellezze, id. — 14° Occhi belli ; id. — 15° Chi sospirar mi sente ; canto, alto e basso.

Nous ne saurions rien de ce Marco Aurelli, car les biographes le passent sous silence, si les cahiers dont il va être question ne nous révélaient une particularité qui caractérise la position qu'il occupait et le lieu où il avait fixé son domicile. Jean-François Marco Aurelli, qui s'écrivait aussi Marcorelli, était maître de chapelle de la *Chiesa nova* à Rome. De plus, il est auteur d'un motet inséré dans le recueil suivant, formé exclusivement de pièces dues à des musiciens de la première moitié du xviie siècle : *Scelta di motetti di diversi eccellentissimi autori raccolti da Gio: Van Geertsom, a due e tre voci,*

*con il basso continuo per l'organo, clavicembalo, spinetto
o altro instrumento simile.* (Cantus secundus). In Rotterodamo, appresso Giovanni Van Geertsom, all' ensegna de
la reyna di Pologna, in de Meulesteegh, ᴍᴅᴄʟᴠɪ. In-4°,
de 48 pages avec la table.

A l'exception d'un seul, tous les collaborateurs de ce
recueil étaient des maîtres italiens attachés à des églises
de Rome, comme directeurs de musique. Outre l'auteur
cité, Marco Aurelli, il faut nommer ceux-ci : Jacques
Carissimi (église de Saint-Apollinaire), Bonifiace Gratiano
(église de Jésu), Étienne Fabri (église de Saint-Louis-
des Français), Antoine-Marie Abbatini (église de Sainte-
Marie-Majeure), François Foggia (église de Saint-Jean de
Latran), Horace Benevoli (église de Saint-Pierre), Silvestre
Durante (église de Sainte-Marie-in-Transtévère), Paul Tarditi
(église de la *Madona di Monti*), et Joseph Tricario, natif
de Galliopoli, petite ville du royaume de Naples. M. Fétis
le dit originaire de Mantoue, et ne cite de lui que deux
opéras, représentés en 1662 et 1665.

Les morceaux à deux voix sont répartis comme suit:

1° Jᴀᴄᴏᴍᴏ Cᴀʀɪssɪᴍɪ, Laudemus virum. — 2° Bᴏɴɪꜰᴀᴛɪᴏ
Gʀᴀᴛɪᴀɴɪ, Quousque. — 3° Sᴛᴇᴘʜᴀɴᴏ Fᴀʙʀɪ, Inquietum est.
— 4° Aɴᴛᴏɴ Mᴀʀɪᴀ Aʙʙᴀᴛɪɴɪ, Dilatatae sunt. — 5° Fʀᴀɴᴄɪsᴄᴏ
Fᴏɢɢɪᴀ, Adjuva me, Domine. — 6° Gɪᴏ. Fʀᴀɴᴄ. Mᴀʀᴄᴏʀᴇʟʟɪ,
Jubilate gentes. 7° Fʀᴀɴᴄɪsᴄᴏ Fᴏɢɢɪᴀ, Terribili sonitu.

Ceux à trois voix se trouvent dans l'ordre que voici :

1° Sᴛᴇᴘʜᴀɴᴏ Fᴀʙʀɪ, Si Deus pro nobis, 2 canti e basso.
— 2° Hᴏʀᴀᴛɪᴏ Bᴇɴᴇᴠᴏʟɪ, Fortitudo mea, 2 canti e basso.
— 3° Sɪʟᴠᴇsᴛʀᴏ Dᴜʀᴀɴᴛᴇ, Bellica defixos, alto, tenor e basso.
— 4° Jᴀᴄᴏᴍᴏ Cᴀʀɪssɪᴍɪ, Surgamus eamus, alto, tenor e
basso. — 5° Fʀᴀɴᴄɪsᴄᴏ Fᴏɢɢɪᴀ, Alleluja, beatus vir, 3 canti.
— 6° Jᴀᴄᴏᴍᴏ Cᴀʀɪssɪᴍɪ, Audite sancti, 2 canti e basso. —
7° Fʀᴀɴᴄɪsᴄᴏ Fᴏɢɢɪᴀ, Hodie apparuerunt, 2 canti e tenore.

— 8° Bonifatio Gratiani, Dilectus Deo, 2 canti e tenore.
— 9° Horatio Benevoli, Venite, 3 canti. — 10° Giuseppe
Tricario, Repleatur os meum, 2 canti e tenore. —
11° Bonifatio Gratiani, O bone Jesu, 2 canti e tenore. —
12° Paolo Tarditi, Laudabo nomen tuum, 2 canti e tenore.

Au même volume est joint un recueil d'autres motets
formé par un certain *Floridus, canonicus de Sylvanis
à Barbarano*, et que nous allons faire connaître. Il porte
pour titre: *R. Floridus, canonicus de Sylvestris à Barbarano, alias cantiones sacras ab excellentissimis musices
auctoribus concinnatas, suavissimis modulis, tribus vocibus
cum organo, in lucem edendas curavit.* Rotterodami,
typis Joannis Van Gheertsom, ad insigne reginae Poloniae,
anno 1657. In 4°.

Nous y trouvons quelques musiciens absents du recueil
précédent, à côté d'autres que le lecteur connaît déjà,
à savoir: Jean Marciani, François Margarini, Jean Bicilli,
tous trois omis par M. Fétis; Mario Savioni, attaché
à la chapelle du pape, et Florido, basse à l'église
du Saint-Esprit, à Rome, d'après l'entête du morceau
dont il est l'auteur. Ce dernier est-il le même que le
Floridus qui a attaché son nom au recueil? Faut-il le
confondre avec François Florido, maître de chapelle à
Saint-Jean de Latran vers le milieu du xviie siècle, et
qui imprima à Venise, de 1647 à 1664, divers recueils
de motets à plusieurs voix? Bornons-nous à conjecturer
que le mysterieux chanoine *de Sylvestris*, omis par tous
les biographes, pourrait bien être natif de Barbarano,
bourg de l'ancien royaume Lombard-Vénitien, à moins
qu'il n'ait vu le jour à Barberano, petite ville des États
pontificaux.

Quoiqu'il en soit, voici l'index des auteurs et des
morceaux:

1° Jacomo Carissimi, Vidi impium superexaltatum. —
2° Mario Savioni, Dixerunt impii. — 3° Silvestro Durante,

Adest solemnitas inclyta. — 4° Giovani Bicilli, Jubilemus, exultemus. — 5° Giuseppe Tricario, O admirabile nomen Jesu. — 5° Florido, Jubilemus in templo Dei. — 6° Stephano Fabri, Triumphum laudabilem beati. — 7° Francesco Marcarini, Omnes in jubilo laetantes canite. — 8° Bonifatio Gratiani, Exaudi Domine vocem deprecationis. — 9° Horatio Benevoli, Sit mundo laetissima, sit jucundissima. — 10° Francesco Foggia, In memoria aeterna. — 11° Giovanni Marciani, Quasi oliva pullulans. — 12° Melos rusticum: quem vidistis pastores. — 13° Bonif. Gratiani, Mediâ nocte clamor magnus factus est. — 14° Jacomo Carissimi, Praevaluerunt in nos inimici nostri. — 15° Gio. Bonetti, Domine, contra fidem tuam insurrexerunt.

A l'égard des impressions musicales de Jean Van Geertsom, elles paraissent ressembler étonnamment à celles de Pierre Phalèse, son contemporain; mais un examen attentif écarte bien vite cette comparaison. L'aspect des premières est aride et monotone. On sent que Van Geertsom vit dans un milieu paisible et isolé. Aucune ornementation; pas la moindre lettrine pittoresque. Il ne manque pas de goût; il est trop hors de portée des centres artistiques. Les autres productions ont, au contraire, une physionomie souriante et gracieuse. Leurs nombreuses initiales fleuronnées et leurs culs-de-lampe fantaisistes annoncent un typographe établi dans une localité où les beaux-arts sont cultivés avec succès. La justification des textes diffère d'ailleurs, et Phalèse nous semble l'emporter sur son confrère pour la correction. Van Geertsom était musicien. Son nom placé en tête d'une collection de motets, éditée par lui, le prouve, et, s'il fut parent de Géry De Ghersem, maître de chapelle du roi d'Espagne, il est permis de croire que son éducation musicale ne se sera point bornée à de simples notions élémentaires.

La présence à Rotterdam d'un imprimeur musical, au temps où les presses de Phalèse fonctionnaient encore avec activité, c'est-à-dire au xviie siècle, doit confondre ceux qui ont prétendu que la décadence musicale aux Pays-Bas était complète à cette époque. Nous verrons, en ce siècle comme au siècle suivant, d'autres typographes musicaux se révéler par des productions nombreuses et importantes.

Anvers soutient le mouvement et le dirige en quelque sorte. Bruges s'y mêle de loin en loin. Gand et Bruxelles surgissent à leur tour. Liège ne reste point en arrière. Puis la Hollande participe également à l'élan qui anime nos principales villes. Au premier abord, toutes ces constatations paraissent des choses de pure curiosité. Mais en y regardant de plus près, l'on ne tarde pas à reconnaître que les noms et les dates qui en jaillissent ont une importance dont il convient de tenir compte.

Nous croirions faillir à notre mission, si nous ne communiquions le résultat de nos recherches à cet égard. Tout incomplet qu'il sera, il pourra néanmoins offrir quelques points de repère propres à être utilisés dans le travail d'homologation qui s'effectuera plus tard, et qui aura pour objet l'origine, les progrès successifs et la décadence de la typographie musicale en caractères mobiles aux Pays-Bas. Une pareille étude, bien superficielle il est vrai, a déjà été faite pour la France.

Ce qu'il importe surtout de ne point négliger, c'est de décrire exactement chaque œuvre, sans omettre même le nom du possesseur, car peu de parties sont complètes, et, grâce à la désignation du propriétaire de chacune d'elles, il y aura moyen de restituer l'ouvrage en son entier, soit par des copies habilement faites, soit par des acquisitions successives. Les compositeurs anciens, comme on sait, ne faisaient point de partitions de leurs œuvres. La complication de leur système de notation empêchait tout travail de ce genre.

VI.

Fiocco (Joseph-Hector),

Compositeur distingué de la première moitié du xviiie siècle. — Il est successivement vice-maître de chapelle de la cour à Bruxelles, maître de
chapelle de l'église de N.-D. à Anvers et de Sainte-Gudule à Bruxelles.
— Découverte d'un rarissime recueil de pièces de clavecin émané de sa
plume. — L'épître dédicatoire, la préface et l'époque de la publication
de l'ouvrage — Le frontispice. — Appréciation des pièces et importance
de la trouvaille. — Publication à Bruxelles de sonates pour divers instruments par Guillaume Fesch et Henri-Jacques De Croes. — Mention
d'œuvres pour clavecin de Charles-Joseph Van Helmont et de Jacques
Boutmy, également éditées à Bruxelles. — Jacques Boutmy, natif de
Gand, est nommé organiste de Sainte-Gudule, en 1711. — Gommaire-
François De Trazegnies, organiste de N.-D. à Anvers, est originaire de
Grammont. — Messes et motets de Pierre Bréhy. — Analyse d'un opuscule
didactique d'une rareté excessive, publié à Anvers en 1568, et renfermant la tablature du luth, de la flûte et du clavicorde. — Le frontispice.
— Extraits curieux. — Marques de Simon Haghen et de Jean Couchet,
facteurs de clavecins à Anvers. — Un clavecin de Jean-Daniel Dulcken,
de 1747. — Vogue des concerts à Bruxelles, et engouement de la noblesse pour le clavecin. — Concurrence suscitée par les facteurs de
clavecins anglais aux luthiers belges. — Mathias Bremers et Ermel, père
et fils, facteurs de clavecins à Bruxelles, en 1785. — Certificats qu'obtiennent leurs produits. — Droits exorbitants prélevés à l'entrée des
pianos-forté et des clavecins aux Pays-Bas.

Ce qu'il nous a été permis de recueillir d'inédit sur
la carrière artistique de Joseph-Hector Fiocco, se borne
à peu de chose (1). Né à Bruxelles, à ce que l'on prétend,
vers la fin du xviie siècle, il apprit dès l'âge le plus

(1) M. Fétis n'a pas soupçonné le mérite des trois artistes du nom
de Fiocco auxquels nous allons consacrer quelques faits nouveaux,
non dénués d'intérêt, croyons-nous. N'ayant point rencontré de biographies toutes faites, M. le directeur du Conservatoire de Bruxelles
s'est borné, comme d'habitude, à copier les dates fournies par les
lexiques. Ce que nous avons donné d'inédit précédemment, joint aux
notes qui vont suivre, renforcera considérablement les choses vingt
fois rééditées.

tendre, sans doute par les soins de son illustre père, Pierre-Antoine Fiocco, les principes de l'art qu'il devait enrichir plus tard de délicieuses créations. Il rapporte, en effet, de lui-même, qu'il était « né dans la musique. » Nous le voyons installé en 1729, comme vice-maître de chapelle de la cour à Bruxelles. Son frère, Jean-Joseph Fiocco, étant, par droit de naissance sans doute, parvenu à la dignité de premier maître de musique à la même cour, il dut se résigner à chercher ailleurs une augmentation de position, et il opta, quelque temps après, pour la direction de la maîtrise de la cathédrale d'Anvers. Il renonça toutefois à cet emploi, le 16 mars 1737, pour succéder, en la même année, à Pierre Bréhy, dans les fonctions de maître de musique de Sainte-Gudule à Bruxelles. L'extrait qui suit en fait foi :

A Joseph-Hector Fiocco, maître de musicque de l'église collégiale de Ste Gudule, la somme de cent livres par forme de gratification, pour estre distribuez aux musiciens et instrumentistes qui assisteront au service solemnel qui se fera en ladite église pendant l'octave du St-Sacrement de miracle de la présente année, par ordonnance de neufiesme juillet xviie trente sept . . . . c liv. (1).

Là se bornent nos renseignements sur Joseph-Hector Fiocco. Son livre de pièces pour clavecin nous occupera davantage, car c'est, sans contredit, le plus ancien recueil en ce genre qu'il nous ait été donné de parcourir. En voici le titre exact : *Pièces de clavecin, dédiées à Son Altesse Monseigneur le duc d'Arenberg, etc. etc., composées par Joseph-Hector Fiocco, maître de musique de l'église cathédrale d'Anvers, etc. cy-devant vice-maître de la chapelle royale de Brusselles. OEuvre premier.* Imprimé et gravé à Brusselles, chez Jean-Laur^t. Krafft. In-f^o oblong, de 33 pages.

---

(1) *Comptes de la recette générale des Finances*, aux Archives générales du Royaume, année 1737, f° 248.

Dans une épître dédicatoire adressée au duc d'Arenberg, le musicien parle de la générosité de son protecteur et lui témoigne sa vive reconnaissance pour les
bontés qu'il en reçut. Aurait-il été, jeune encore, maître
particulier de clavecin du prince? Serait-ce grâce à son
intervention puissante qu'il fut nommé maître de chapelle de la cathédrale d'Anvers? En tout cas, l'œuvre
fut publiée, comme on vient de le voir, pendant qu'il
remplissait ces hautes fonctions.

La dédicace en question est conçue en ces termes:

A SON ALTESSE MONSEIGNEUR LE DUC D'ARENBERG, PRINCE DU
St-EMPIRE, CH^r DE LA TOISON D'OR, GRAND D'ESPAGNE DE LA
P^{re} CLASSE, GÉNÉRAL D'ARTILLERIE DE SA M^{té} IMP. ET CATH^e,
COL^{el} D'UN RÉGIMENT D'INFANTERIE ALLEMAND, ETC., GRAND
BAILLY OFFICIER SOUVERAIN DU PAYS ET COMTÉ D'HAINAU, GOU-
VERNEUR ET CAP^{ne} GÉN^l DE LA D^{te} PROVINCE, ETC. ETC.

Monseigneur,

La liberté que je prens ne seroit point pardonnable si
les extrêmes obligations que je dois à V. A. ne sembloient
me le permettre. Quoique né dans la musique, et pour
ainsi dire élevé par elle-même, elle m'eût peut-être refusé
ses faveurs, si la générosité de V. A. ne m'avoit mis en
état de les mériter. De cette manière, Monseigneur, c'est
plutôt le fruit de vos bontez que j'ose vous présenter,
que mon propre travail. Agréez, s'il vous plaît, le témoignage de ma reconnoissance, il me sera toujours cher,
puisqu'il me procure la satisfaction de publier partout ce
que je vous dois, aussi bien que la soumission profonde
et respectueuse avec laquelle j'ai l'honneur d'être, Monseigneur, de Votre Altesse

Le très-humble et très obéissant serviteur,

J.-H. FIOCCO.

Reste à déterminer approximativement la date de la publication. Il s'agit ici, à n'en pas douter, de Léopold-Philippe-Charles-Joseph d'Arenberg, qui est regardé, à juste titre, comme l'un des princes qui ont répandu le plus d'éclat sur cette noble maison, et qui, amateur zélé des arts et des lettres, se plaisait à étendre sa bienveillance sur ceux qui les cultivaient. On pourrait, en dépouillant chronologiquement ses divers titres, arriver à fixer une date plus ou moins voisine de celle où parut le recueil de Joseph-Hector Fiocco. Mais une simple réflexion suppléera à ces fatigantes recherches. L'auteur était vice-maître de la chapelle de la cour en 1730. Il revint à Bruxelles en 1737. C'est donc entre ces deux dates qu'il convient de placer l'apparition de l'ouvrage.

Le graveur en est Jean-Laurent Krafft, de Bruxelles (1). Soit dit en passant, on a fait preuve de perspicacité, dans la liste de la *Biographie nationale,* en se contentant d'écrire Jean-L. Krafft, au lieu de Jean-Louis Krafft, que donnent Delvenne et d'autres biographes résumés par Nagler. Notre signature tranche la question, à moins qu'il n'y ait eu deux graveurs du nom de Jean-Louis et de Jean-Laurent, vivant à Bruxelles à la même époque, et, qui plus est, possédant le même style et le même genre: ce qui nous paraît assez peu probable. Ce sont ces erreurs de détail qui ont mis la confusion dans la biographie d'une foule de nos artistes.

Après la dédicace, viennent quelques laconiques explications *ad lectorem.* Elles sont de la teneur suivante:

Je me suis contenté de ne donner que ces deux suites de pièces pour un essai. Si elles ont le bonheur de plaire, j'en donnerai bientôt deux autres composées dans d'autres tons. J'ai ajouté ici une petite table de divers agrémens

(1) C'est le père de François-Joseph Krafft, qui fut maître de chapelle de la cathédrale de Saint-Bavon à Gand.

PIECES DE CLAVECIN,

Dediées

A son Altesse Monseigneur le

DUC D'ARENBERG, &c. &c.

Composées

Par Joseph Hector Fiocco, *Maitre de Musique de l'Eglise Cathedrale d'Anvers, & cy devant Vice-Maitre de la Chapelle Royale de Bruselles.*

OEUVRE PREMIER.

Imprimé en graue o Bruselles

Prez Jean Laur. Krafft

photolithographie de Simonau et Toovey   procédés Asser et Toovey

dont il faut se servir pour bien jouer ces pièces, quoiqu'ils soient connus par les œuvres de plusieurs auteurs. Cependant, comme il y a beaucoup de personnes qui les ignorent, j'ai cru qu'il étoit nécessaire d'en donner l'explication.

Puis, l'auteur donne la résolution des divers signes d'agrément dont il fait usage dans le cours de son livre. On les trouvera dans les méthodes de clavecin, et, pour indiquer des publications plus modernes, dans le *Trésor des Pianistes* de Farrenc et dans les *Clavecinistes* de Méreaux. Enfin vient la

TABLE DES PIÈCES CONTENUES DANS CE LIVRE.

Première suite. 1° L'Angloise. — 2° L'Harmonieuse. — 3° La Plaintive. — 4° La Villageoise. — 5° Les promenades d'Etterbeeck. — 6° L'Inconstante. — 7° L'Italienne. — 8° La Françoise. — 9° L'Adagio. — 10° L'Alegro. — 11° L'Andante. — 12° La Vivace. — *Seconde suite.* 13° L'Allemande. — 14° La Légère. — 15° La Gigue. — 16° La Sarabande. — 17° L'Inquiette. — 18° La Gavotte. — 19° Les Menuets. — 20. Les Sauterelles. — 21° L'Agitée. — 22° Les Zéphirs. — 23° La Musette. — 24° La Fringante.

Comme on pourra le voir à la réduction photolithographique que nous en donnons ci-contre, le frontispice de l'œuvre de Joseph-Hector Fiocco est d'une remarquable ordonnance architecturale, et certains détails sont traités avec une exquise élégance. Au milieu, on voit une tablette où est inscrit le titre de l'ouvrage, titre surmonté d'une frise. De deux côtés, un trophée de musique dans un encadrement rectangulaire, et une guirlande de verdure enroulée d'un ruban dont le bout est soutenu par un ange. A la base de la tablette, deux anges assis dans des rinceaux de feuillages de fleurs et de fruits et tenant une corne d'abondance. Au dessous, l'inscription du graveur. Sur la frise, les armes dudit duc d'Arenberg ainsi composées: écu de gueule à trois fleurs de néflier d'or boutonnées d'argent, sommé d'un bonnet ducal et entouré du collier de la Toison d'or, le tout sur un manteau encadrant un cartouche. Supports: à dextre un lion d'or couronné, à senestre un griffon couronné de même. De deux côtés, un vase sculpté. Le tout orné de draperies.

Le seul exemplaire connu jusqu'ici se trouve en notre possession. Nous le rencontrâmes, en 1869, chez un brocanteur à Bruxelles, peu après la mort de M. Lados, organiste de la cathédrale de Sainte-Gudule. Il provient probablement de la bibliothèque de cet artiste, acquise en grande partie par ledit brocanteur.

Ce n'est pas seulement comme rareté bibliographique et comme curiosité de la gravure ancienne qu'il convient d'examiner la partition de Fiocco. Elle mérite un intérêt bien plus grand comme production musicale, et à ce titre, nous commencerons par demander si réellement elle n'appartient point à toute une série de compositions pour clavecin s'étendant du milieu du xvie au milieu du xviiie siècle, et formant ce qu'on est convenu d'appeler une école. Incontestablement Fiocco s'est révélé dans un centre musical préparé à comprendre et à goûter son œuvre. Il a dû y avoir et des maîtres du clavecin et des élèves nombreux. Ces maîtres auront, de leur côté, publié des ouvrages, peut-être remarquables. Il s'agit donc de savoir si, à l'instar de l'Italie, de l'Allemagne et de la France, les Pays-Bas ont possédé, durant trois siècles, une école de clavecin illustrée par des virtuoses et des compositeurs pour cet instrument. La question mériterait d'être examinée sérieusement, et la présente trouvaille y fournit déjà un argument décisif, au moins pour une époque: la première moitié du xviiie siècle.

Les pièces du recueil appartiennent à des genres divers. Il en est dont les types sont empruntés aux anciennes danses. D'autres sont purement descriptives; quelques-

unes relèvent de l'expression sentimentale. Enfin, on en
voit qui sont conçues dans le style brillant et soutenu
des grands maîtres, comme le vivace, qu'on serait tenté
de prendre pour un allegro de sonate de Scarlatti. La
gigue ressemble davantage à Haendel. L'entrée en matière et certaines manœuvres de la basse contribuent
surtout à faire naître cette similitude. Cette gigue est
charmante de tous points. Ailleurs, c'est la grâce et l'esprit de Couperin qui dominent. En nous servant de ces
comparaisons, notre intention est moins de faire connaître les modèles dont s'est servi Fiocco, que de préciser
notre appréciation, en l'absence de tout autre moyen de
contrôle. Évidemment, Fiocco garde son originalité propre,
et, selon nous, le trait caractéristique auquel on le reconnaît, c'est la progression, employée par lui dans
chaque morceau avec des variantes aussi ingénieuses qu'a-
gréables. Pour les vraies formules, c'est là une recette
commune à laquelle tout compositeur, qui n'est pas doué
du vrai génie créateur, se voit obligé de se conformer.
Elle établit une sorte de point de contact, qui permet à
l'auditeur de se reconnaître. Voilà pourquoi les créateurs
sont généralement incompris au début de leur carrière.
Ils s'emparent d'une formule, en la transformant et en
l'idéalisant.

Ce à quoi nul n'a pu échapper, c'est l'emploi des
ornements parasites, lequel augmenta en raison des progrès de l'inspiration mélodique. La sonorité défectueuse
du clavecin amena ces abus. « Dans les morceaux d'expression, dit Méreaux (1), les clavecinistes croyaient,
en accumulant les pincés, les ports de voix, les trem-
blements, etc. suppléer aux nuances, aux oppositions,
qui constituent l'expression du chant, mais que seule
l'élasticité du son permet de reproduire. » Si Fiocco ne

(1) *Les clavecinistes*, p. 8.

put s'y soustraire, du moins il n'employa pas jusqu'à l'excès l'impérieuse mode des agréments.

Toutes ses pièces, dont le cadre ne dépasse pas les dimensions d'un rondeau, sont écrites à trois parties réelles, qui fonctionnent sans désemparer. C'est la marque d'un musicien habile et expérimenté. Son harmonie est généralement irréprochable, à part les licences tolérées à l'époque où il vivait. Il n'a que de sages hardiesses, sans doute pour ne pas rebuter les exécutants, qui appartenaient, en dehors des gens du métier, presque tous à la noblesse. C'est peut-être aussi ce qui l'a empêché d'écrire à quatre et à cinq parties réelles. Le morceau intitulé: *les Promenades d'Etterbeeck,* offrent quelques négligences qui contrastent avec les soins qui ont présidé à la facture du morceau précédent.

Fiocco, on le sent bien, est un claveciniste de grande force. On a nommé, fort étourdiment selon nous, Mathias Vanden Gheyn, talent essentiellement bourgeois, « le plus grand organiste et le plus grand carillonneur du XVIIIe siècle.» Fiocco était un artiste de distinction avant tout. Il vécut durant les premières et les dernières années de sa carrière, au milieu de l'élégante cour de Bruxelles, et, sans le moindre doute, son style musical s'en ressent à chaque page. Quand on a entendu sa phrase enguirlandée, coquette et tendre, nous oserions presque dire, avec Xavier Aubryet: « On est tout étonné de ne pas trouver à la sortie une chaise à porteurs ou une vinaigrette; on se croit les cheveux poudrés; on se cherche une épée au côté. » En un mot, on se représente l'époque de Louis XV en musique. Fiocco s'est amoindri pour se mettre à la portée des virtuoses amateurs. Delà la facilité, la régularité du doigté. Delà cette sobriété dans les développements, et ce soin continu d'éviter toute difficulté sérieuse. Les passages les plus compliqués ne sont, en réalité, que des thèmes doublés ou variés. Malgré cela, la coupe de chaque morceau est très-serrée, et le style de ses miniatures musicales n'a rien perdu sous le rapport de la vérité et du naturel de l'expression. Ajoutons que les motifs sont conduits magistralement, et que, tout en semant partout la variété piquante, il ne s'égare jamais dans des divagations oiseuses. Ce qu'il appelle un essai, est, selon nous, un vrai coup de maître.

Fiocco a-t-il réalisé sa promesse de fournir une deuxième œuvre, en cas de réussite? Nous l'ignorons. L'œuvre première pour clavecin, publiée suivant les biographes à Augsbourg, est peut-être une réimpression de celle-ci, si elle n'émane de quelque parent de l'auteur. Toutes nos recherches pour retrouver cette deuxième œuvre, si elle a existé, ont été infructueuses. En revanche, plusieurs désignations d'œuvres dues à d'autres maîtres, au nombre desquelles figurent deux ouvrages pour clavecin, se sont offertes à nos investigations. Toutes ont vu le jour à Bruxelles, à ce qu'il paraît, car Bruxelles prit aussi part au mouvement qui se produisit partout dans la typographie musicale. Ce qui est surprenant, c'est que jusqu'ici les informations obtenues sur cette intéressante question, ne remontent pas au-delà du commencement du xviiie siècle. Pourtant Bruxelles a dû, ce nous semble, posséder, au siècle précédent, des imprimeurs de musique, tout comme Anvers et Louvain. Voici le peu que nous avons pu recueillir jusqu'ici sur les impressions musicales, nous ne disons pas les imprimeurs musicaux, de Bruxelles.

Un ouvrage de Guillaume Fesch, que Fétis ne mentionne pas, y a vu le jour, dans la première moitié du xviiie siècle. En voici le titre: *VI Sonate a violino, o flauto traversiero col basso, per l'organo, dedicate al signore Giacomo Gerardo Knyff, piu volte borgomastro della città, ed ora nobile canonico graduale della chiesa cathedrale d'Anversa, etc.* Bruxelles, sans date [avant 1731?]; grand in-4°. Il serait difficile de dire, pour le moment, quel est le graveur de ce rarissime recueil (1).

Il y avait alors à Bruxelles, comme on le verra plus loin, un engouement extraordinaire pour la musique concertante. Aussi, les maîtres de cette localité tinrent-ils à honneur de fournir leur contingent à ce genre si en vogue.

Le premier recueil, composé par Henri-Jacques De Croes, parut en 1734, d'après les *Relations véritables*. Voici ce que nous y lisons, à la date du 8 octobre de la même année :

AVERTISSEMENT. Le s^r De Croes, componiste et maître de musique du prince de la Tour et Tassis, aïant fait graver un livre de musique, contenant 6 concerts et 6 sonates, avertit que ceux qui souhaiteront d'en avoir, les trouveront chez le s^r Viccidomini, musicien de la cour, demeurant proche de la vieille halle au bled en cette ville. Les 6 concerts sont à violino primo obligato, violino secondo obligato, violino primo di ripieno, alto viola et cembalo, et les 6 sonates sont à quatre parties. Le prix de l'œuvre complet est d'une pistolle, et pour les concerts ou sonates seuls on ne paie que la moitié.

Voilà sans doute ce Viccidomini, impliqué dans l'affaire de l'association de Saint-Job, rapportée précédemment (2). Basse de viole de la chapelle royale, il faisait en même temps le commerce de musique, si pas l'industrie d'imprimeur.

En 1737, parut l'œuvre deuxième de Henri-Jacques De Croes, comme l'attestent encore les *Relations véritables* du 13 septembre :

AVERTISSEMENT. Le s^r De Croes, maître de musique de Mg^r le prince de la Tour et Tassis, a fait graver et imprimer

---

(1) Catalogue Heussner, 1862, n° 55.
(2) Voy. le t. ɪ de la *Musique aux Pays-Bas,* p. 140.

son deuxième œuvre de musique, qui consiste en quatre sonates ou divertissemens composés pour la chambre dans le goût moderne, et en quatre concerts pour la flûte traversière obligato, violino primo ripieno, violino secondo, alto viola et basso continuo. Ces quatre concerts pour la flûte sont composés à la portée du violon, et on peut jouer aussi la partie de la flûte à violino obligato. Ceux qui souhaitteront de l'acheter pourront s'adresser chez lui à Brusselle, et le prix en est huit florins argent courant de Brabant.

Notons, en passant, que les mots de « maître de musique du prince de la Tour et Taxis » confirment ce que nous avons dit au sujet de la position occupée par De Croes, avant sa nomination aux fonctions de maître de chapelle de Charles de Lorraine (1).

C'était le tour de Charles-Joseph Van Helmont, qui, en la même année 1737, fit graver deux compositions pour le clavecin. Le même journal nous renseigne ce fait, au 17 décembre :

AVERTISSEMENT. Le s^r Charles-Joseph Van Helmont, directeur de la musique de l'église paroissiale de Notre-Dame de la chapelle, et de la chapelle roïale espagnole, aïant composé un œuvre de musique pour le clavecin contenant deux pièces de suite, qu'il a fait graver et imprimer, avertit que ceux qui en souhaiteront, pourront s'adresser chez lui, au coin de la rue du Percil près du Meyboom en cette ville, et il les vend deux florins.

Toujours d'après les *Relations véritables*, Jacques Boutmy, un parent sans doute de Laurent Boutmy, fit paraître au mois d'avril 1738, son premier recueil de morceaux pour clavecin :

Le sieur J. Boutmy, maître de clavescin du prince de la Tour et Tassis, a fait graver à ses frais son premier

(1) Voy. le t. 1 de la *Musique aux Pays-Bas*, p. 15.

livre de pièces de clavescin, qui consiste en 43 planches
distribuées en deux suites d'un goût nouveau. Il a donné
tous ses soins à cet ouvrage pour en rendre l'exécution
facile et à la portée de tout le monde, sans cependant
s'être écarté du beau toucher du clavescin. Ceux qui souhaiteront de l'achetter, pourront s'adresser chez ledit sieur
Boutmy, rue des Quatre Vents près la Montagne des Aveugles
à Brusselle, et le prix en est une demie guinée.

Jacques Boutmy fut nommé organiste de l'église de
Sainte-Gudule, à Bruxelles, le 14 janvier 1711. Le document suivant, conservé aux Archives générales du Royaume,
en fait foi:

Comme par la mort de feu le sʳ Guillaume à Kempis (1),
en son vivant prestre et organiste de l'église collégiale de
Sᵗ-Michel et Gudule en cette ville de Bruxelles, vient à
vacquer ledit office et charge d'organiste de ladite église,
nous, maîtres de la fabrique de l'église susdite, voulant [nous]
pourveoir d'un homme habile et expert, avons, après avoir
ouy et entendu les avis des plus célèbres et habiles musiciens de cette ville, comme aussi ayant eu l'avis du sʳ
Hercule-Pierre Bréhy, présentement nostre maistre de musique, touchant la capacité, mœurs, conduite et fidélité
de ceux qui se sont présentez à ladite charge et office,
avons, ayant tout bien et meurement considéré, donné
et conféré, comme nous donnons et conférons ladite charge
et office d'organiste par cette au sʳ Jacques Boutmy, avec

---

(1) Un Jean-Florent à Kempis, probablement son père ou son oncle,
est auteur d'un recueil de noëls ainsi intitulé: *Cantiones natalitiae
tam vocibus quam instrumentis accomodatae, authore Joanne-Florentio
à Kempis, parochialis ecclesiae S. Mariae Virginis Bruxellis organista.*
Antwerpiæ, P. Phalesius, 1657, in-4°; de 24 pages pour la basse-
continue. Un cahier en a été vendu, en 1869, chez Bluff, à Bruxelles.
M. Fétis n'a point connu cet ouvrage, et apparemment il n'a point
vu ceux qu'il cite du même auteur, attendu qu'il le nomme simplement Florent, sans ajouter son premier nom de baptème, Jean.

tous profits, gages, émoluments, droits, prérogatives et
honneurs y appartenants, pour estre par luy exercé, profité et en jouir, sa vie durante. En foy de quoy, avons
fait dépescher cette et signer par nostre receveur. Ainsy
fait en l'assemblée des vénérables et nobles messieurs les
maîtres de la fabricque susdite, le quatorzième janvier mil
sept cent et onze.

Cette collation at ainsy esté faite en la maison dudit
Boutmy, par messieurs François Caproens, chanoine, le
vicomte de Vueren et le baron de Rieseghem, comme maîtres
de ladite fabricque, ainsy qu'ils m'ont déclaré et ordonné
d'en tenir notice.

A. Beauregard, recep. fab.

On s'est servi du texte de cette nomination, dans un
procès que Jean-Frédéric Faber eut à soutenir, en 1742,
contre les maîtres de la chapelle de Notre-Dame, en
la cathédrale d'Anvers. Jean-Frédéric Faber, qui était à
la fois organiste de l'église de Saint-Jacques, de celle
de Saint-Georges et de la maison professe des Jésuites
à Anvers, avait pu se faire nommer également au poste
d'organiste du salut de Notre-Dame, en remplacement
de Jean-Baptiste Govaerts, ou plutôt de son fils Jean-
Carlo Govaerts, qui avait été jugé inapte au service, à
cause de son ignorance de la basse continue. Mais pour
des raisons trop peu intéressantes pour être énumérées
ici, il avait été démissionné de son emploi, et Gommaire-François De Trazegnies, le principal organiste de
la cathédrale, avait été provisoirement chargé, à sa place,
de faire le service quotidien des saluts de Notre-Dame.
Le conseil de Faber se fondait donc sur le document
précité, pour prétendre que les fonctions d'organistes
étaient inamovibles ou conférées à vie. Un autre prétexte
pour écarter Faber fut mis en avant. On voulait que
le musicien, n'étant point brabançon, n'avait aucun droit
à l'obtention de la place en question. Cette ridicule chicane,
mise à néant par le conseil de Faber, donna lieu à la

production de trois exemples d'organistes, remplissant
un emploi élevé dans des cathédrales du Brabant, sans
avoir la qualité de brabançon. Le passage du mémoire
rédigé à cet effet, est ainsi conçu:

Meynen sy misschien dat de organistschappen, beyaert-
speelders ende musicanten onderworpen syn aen de plac-
caerten ende blyde incompsten dicterende dat al de officien
in Brabant moeten worden bedient ende geexerceert door
inboorlingen van den selven lande van Brabant, sy syn
grootelykx geabuseert: de officien hier vooren geroert, en
syn geen weireltlycke ampten; sy hebben eyghentlyck de
natuer van geestelycke beneficien ende worden *qua tales* aen
de principaelste liefhebbers die daer toe concurreren, en
selfs by publicque gazetten worden geadverteert en inge-
roepen. Sy worden, *inquam,* alsoo by concours geconfereert
aen de persoonen die meest ervaeren syn in de voorschrevene
conste, sonder aenschouw te nemen ofte sy brabanders,
luyckenaers, spaignaers oft italiaenen syn.

Daervan syn menigvuldighe exempels. Men heeft met
de schrifture van replicque overgegeven de collatie van d'heer
Boutmy, gewezen organist van Sinte Gudula alhier. Den
voorschreven Boutmy en was gheenen brabander: hy was
gebortigh van Ghendt, provincie van Vlaenderen. Sieur
D. Rayck, luyckenaer van geborte, is geweest organist
van de cathedrale kercke van Antwerpen, daer naer tot
Loven, ende nu actuelyck tot Ghendt. Sieur Treseniers (1),
actuelen organist van de groote orgel binnen de voorschreven
cathedrale kerke van Antwerpen, is gebortigh van Geeraerts-
bergen, land van Aelst, in de voorschrevene provintie van
Vlaenderen. Men soude noch meer als vyf-en twintigh van
de selve exempels connen voor den dagh brengen; maer

---

(1) De Trazegnies. Six divertissements pour clavecin ont été
publiés sous le nom de F.-J. De Trazegnies, chez Melle Andrez, éditeur
de musique à Liège, vers la fin du xviiie siècle.

de notoiriteyt van het voorschreven feyt, dispenseert van voorder beweys te doen.

Résumons: Gommaire-François De Trazegnies, qui touchait, en 1743, les grandes orgues de la cathédrale d'Anvers était natif de Grammont; Dieudonné Raick, dabord organiste de la même cathédrale, puis organiste à Louvain, et finalement à Gand, avait vu le jour à Liége; Jacques Boutmy, jadis organiste de Sainte-Gudule à Bruxelles, avait pour lieu natal la ville de Gand (1). La première et la dernière de ces informations sont inédites. La dernière surtout nous met sur les traces d'une famille de musiciens qui a eu, jusqu'en ces derniers temps, de dignes représentants de l'art.

Appelé, le 8 mai 1714, à expertiser un carillon fondu par Guillaume Witlocx, à Anvers, Jacques Boutmy, en compagnie de J.-F. Van Dyck, carillonneur à Lierre, de Jean Van Yschot, carillonneur de Saint-Michel [à Anvers?] et de Baudouin Bollengier, carillonneur à Bruges, signe un certificat où il s'intitule: organiste de Sainte-Gudule à Bruxelles, joueur de hautbois, de viole de gambe, de flûte, clavecin, etc. C'était un vrai encyclopédiste instrumental du temps.

Voici encore un renseignement, extrait des *Relations véritables* du 14 mai 1737, et relatif à des compositions qui ont été probablement éditées à Bruxelles:

Avertissement. Feu m^r Bréhy, maître de musique de l'église collégiale de St-Michel et Ste-Gudule à Brusselle, ayant composé plusieurs messes en musique à deux chœurs avec des cors de chasse sur toutes sortes de tons, beaucoup de motets à plein chœur et à voix seule, des anti-

---

(1) Un certain Boutmy figure comme maître de clavecin à Gand, dans la liste des souscripteurs au recueil d'airs de danse pour clavecin édité en cette ville dans la deuxième moitié du xviiie siècle, par d'Aubat de St-Flour.

phones pour toute l'année, etc.; sa veuve avertit ceux qui voudront s'en accomoder qu'elle s'en deffera à juste prix.

Comme on le voit, cette note nous fournît approximativement la date de la mort de Pierre-Hercule Bréhy, musicien dont nous avons déjà parlé dans le volume précédent et qui a été mentionné quelques lignes plus haut. Un graveur bruxellois du nom de J.-C. Rousselet, publia, d'après M. Van Elewyck, *Six pièces de clavecin*, composées par Dieudonné Raick. Le recueil doit avoir paru avant 1753, car c'est « l'œuvre premier » de l'éminent organiste liégeois, et M. Vander Haeghen, dans sa *Bibliographie gantoise*, cite du même musicien *Six petites suites de clavecin, flûte ou violon*, qui virent le jour à Gand, vers le mois d'avril 1753, chez le graveur Wauters, imprimeur de *Trois sonates de clavecin*, du même Raick, citées également par M. Van Elewyck.

Outre cela, le graveur Van Ypen, à Bruxelles, publia, vers la fin du xviiie siècle, diverses œuvres musicales, et, entre autres : 1° Trois messes à quatre voix que mentionne M. Fétis, et dont un exemplaire est conservé, au rapport de M. le chanoine Vande Putte, au jubé de l'église de Courtrai ; 2° Un cahier de danses composé par le nommé Trappeniers, maître de danse du duc de Lorraine et intitulé: *Recueil de contredanses avec premier violon et basse continue;* et 3° des sonates pour clavecin ou piano-forté dues à « Van Malder, op. vii; » sonates côtées « 7 livres 4 sols » et citées dans le *Catalogue de musique vocale et instrumentale* dudit Van Ypen.

Les *Épreuves des caractères de la fonderie de Mathias Rosart*, pour 1789, à Bruxelles, nous montrent plusieurs spécimens de musique de plain-chant et de ce qu'il appelle « la petite musique, » c'est-à-dire les chansons (1). Inutile

---

(1) Nous ignorons s'il y a aussi de ces spécimens dans les *Épreuves des caractères de J.-Fr. Rosart*, publiés en 1768, avec le portrait du fondeur, né à Namur en 1714. — Catalogue Veyt du mois de février 1868, n° 274.

[In this reprint edition, the red areas of the original illustration are indicated by a gray tone.]

d'ajouter que tous les renseignements qui précèdent ont
été omis par les bibliographes. Évidemment, le noyau
d'une école de clavecin belge apparaît au xviiie siècle;
quand les œuvres dont on connaît les indications auront
été retrouvées, on pourra commencer par y assigner un
certain caractère, qui peut-être tranchera, plus ou moins,
avec celui des écoles voisines. Restent à explorer les
xvie et xviie siècles.

A l'égard du premier, il nous est permis maintenant
de compléter ce qui a été dit touchant le rarissime
opuscule de didactique instrumentale imprimé à Anvers
en 1568; car la chance nous est échue de le voir en
nature. Il est bien entendu que nous n'en extrairons
que ce qui concerne le clavicorde, instrument polypho-
nique dont est issu le piano. Tout ce qui regarde le
clavicorde, son origine, sa tablature, sa construction,
nous intéresse vivement. Le luth et la flûte, deux instruments dont il est encore parlé dans le curieux opuscule
en question, offrent moins d'importance et ne manquent
pas de méthodes. Il est vrai, comme dit l'auteur du petit
traité, que la connaissance du luth vous initie aux secrets de la harpe, du psaltérion et de certains autres
instruments de la même famille. Mais il ajoute que la
science du clavicordium mène à celle de l'orgue, du
clavecin, de la virginale, de l'hepécorde (sìc) et de tous
les instruments à clavier.

Le frontispice que nous avons fait graver dans toute
son exactitude naïve et grossière, y comprises les parties tintées de rouge, offre la synthèse du clavicorde, du luth
et de la flûte, outre le titre que nous avons déjà reproduit (1).
Au revers, commencent, avec un court préambule, les

(1) *La Musique aux Pays-Bas*, t. i, p. 275. L'opuscule est conservé
à la Bibliothèque royale de La Haye. Nous en devons la communication à l'obligeante complaisance de Mr Campbell, conservateur dudit
dépôt.

leçons. Nous omettrons tout ce qui se rapporte à la division de l'ouvrage et aux généralités préliminaires de la musique, pour arriver directement à l'entretien sur le clavicorde, « instrument, dit le maître, qui s'apprend pour jouer de l'orgue dans les églises. » Cette définition ouvre un vaste champ aux conjectures, quant à l'usage qui a été fait originairement du clavicorde. Ce n'était donc point, au début, un instrument d'agrément?

DIE MEESTER. Dat clavicordium ende die ander instrumenten hoe men die maken mach dat en sal ick u hier niet seggen noch beschryven voorder dant u noodt is om weten na der const van musicam. Jae oock die stellinghe der tabulatuere op die clauwieren dat cleeft musicam ane, daeraf wil ick u gheerne onderscheet doen ende beschryven u daer tverstant af, soo ic best mach.

DIE JONGHE. Dat is tghene dat ick begheere.

DIE MEESTER. Clavicordium geloof ick dat zyn die instrumenten die welcke Guido Aretinus monocordium ghenoempt heeft. Jae vander eender siden weghen. Ende dat wordt af ghedeylt oft af ghemeten, nae den diatonischen gheslachte alleen beschreven ende ghereguleert. Daer af vindt ick ghenoech beschreven in haerlieder boecken, dat sulck monocordium een langhe viercante leye is ghelyck eender kisten oft eenen coffere. In welcker layen d'eene side ghetrocken wordt die afghedeylt is met allen consonanten, door die proportien, die alle dinghen bringhen in zyn wezen ende statueren. Welcke divisien al gheteeckent worden met poinctkens. Op den binnensten grondt van desen monocordium staet noch ghefigureert eenen cirkel duer den welcken die thoonen luyden oft huere gheluyt gheven. Die divisen die op den achtersten siden vanden selven monocordium staen dat wort ghenoemt den steeck. Ende hier aen so ghaets vele weder dat monocordium goet is oft quaet. Want den steeck dats den thoon die sine proportien houden. Op die voorseide pointkens daer hier voor geruert is, sal men op elck setten eenen sluetele. Door welke ick dencken wille dat nu gheheeten wordt clavicordium.

Die jonghe. Wildy my nu niet segghen hoe men dat clavicordium oft die divisen afmeten sal?

Die meester. Daer af suldy verstants ghenoech vinden in desen teghenwoordighen boecke, emmers na myn duncken dat u behoeffelyck ende noot wesen sal. Daer omme soo wil ick u nu ghaen vervolghen ende leeren die tabulatuere hoe ghy die stellen sult op uwe werck te weten op dye clauwieren vanden clavicordium.

Die jonghe. Wel ick verstae u herde wel. Maer met wat substantien en sal dit voornoemde clavicordium syn thonen gheluyt gheven?

Die meester. Men saldere op spannen stalen draet, van den ghelycksten ende minsten dat men ghecryghen mach, oft moghelyck is om vinden. Ende dat sal men stellen na uutwysen van der musiken so dat wel behoorlyck is na sinen consonnancie.

Die jonghe. Hoe meenighen sluetel moeten wel syn op dit voorseyde instrument?

Die meester. Als Guido van den monocordio gheschreven heeft alleenlyck voor hem nemende diatonicum genus. So schynt dat dat clavicordium niet meer ghehadt en heeft dan twintich sluetelen alles. Gelyc als hier staen in desen figueren:

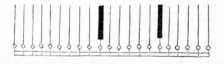

Nu soe synder meer andere hier nae ghecomen diet versuptylt hebben, soo dat syt vermeerdert hebben. Ende hebbe Boëtium oock ghelesen, die nae den anderen gheslechte dit noemt cromaticum, dwelck 't monocordium afdeylt.

Die jonghe. Ghy segt my vele van den vremden vocabulen ofte gheslechten. Segt my doch wat dat diatonicum genus es, ende dan voorts van den anderen.

Die meester. Diatonicum genus is, als Boëtius spreect in den eersten boeck synder Musika, in den xxi^e capittele, ghelyck dyatesseron dat wy een quaert heeten, ofte twee gheheel thoonen. Ende eenen halven thoone werdt gheheeten semithonium ofte dat vier sluetelen ofte vier stemmen maken. Want vier sluetelen dat is diatesseron ofte twee geheel thoonen, ende eenen minderen semithonium. Ende aldus van ghelycken.

Die jonghe. Aengaende dat ghy gheseyt hebt dat dit clavicordium nu versubtylt is oft vermeedert. In wat manieren is dat te verstaene?

Die meester. Sommige die maectent nu wel van viere octaven, so dat noch veel meer sluetelen hebben moet dan voren ghefigureert staet. Nochtans soo en syn die selve niet anders dan een repeticon der eerster stemmen der drie octaven. Als hier in deser figueren. Ende dese figuere is nu aldermeeste ghemeyne dwelck men nu meest useert:

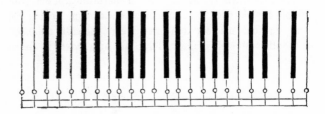

Die jonghe. Wilt my nu wat verstants gheven vanden lakenne dat op dat clavicordium ghevlochten is. Weder dat neempt oft geeft, ofter ware oft niet en waere?

Die meester. Dat laken dat ghy daer op ghevlochten siet staen dat is van grooten noode daer. Want sonder dat en sout gheen proporcie van resonantien gheven, maer het soude staen clincken ende cresselen alle eenderhande thoon. Ende midts desen ghevlochten lakene, so hevet zyn volcomen resonancie van tertien tot tertien, van quinten tot quinten.

Die jonghe. Ghy hebt nu geseyt hier vore dat het clavicordium nu seer versubtylt is. Hoe menigen sleutel moet men nu alles hebben op dat clavicordium ?

Die meester. Ghy moet nu op een gerechtich clavicordium hebben xxxviij sluetelen, maer eer ic voorder afsegghen sal, soo sal ick u hier eerst een figuere stellen op musica (1). Het is grootelyck van noode dat ghi den figuere wel sekerlycken vast op die hant hebt. Want het is scala musicalis sive manus Guidonis Aretini. Ende dit is den gama ut na dat conterpoint, daer men alle noten bi discanteren mach nae den sluetel daer si inne staen.

Die jonghe. Hier heb ic al te cleynen verstant af.

Die meester. Soo sal ict u van breeder verhalen om volcomender verstant daer af te gheven. Ghi sult weten dat er zyn vyve concordancien . . . .

Ici vient l'application, très-connue, du système de notation au clavier d'un clavicorde de grande dimension, lequel se composait, comme celui de l'orgue, de vingt-huit touches. Les leçons se terminent par une chanson flamande à trois voix arrangée en tablature de clavicorde, et dont les paroles sont :

> Een vrolyck wesen myn oochkens saghen
> Wien ick ghetrouwicheyt moet toeschryven;
> Al wilt haer jonst uut liefden dryven,
> Nae dese gheen ander in myn behaghen.

(1) La figure en question, comme le dit d'ailleurs l'auteur, n'est autre que la main guidonienne, qui se trouve dans tous les traités musicaux du moyen-âge. Inutile donc de la reproduire.

Jusqu'ici, nous le répétons, aucune œuvre spéciale pour
le clavecin, écrite aux Pays-Bas pendant le xvie siècle,
n'est parvenue jusqu'à nous. Il en est de même, croyons-
nous, pour le siècle suivant. Et pourtant, que de fabricants de clavecin, rien que dans la seule ville d'Anvers (1)!
Toutes les compositions, surgies alors, sont-elles perdues
sans retour? Nous n'osons le croire, et nous espérons
toujours que les archives de nos vieilles cathédrales et
abbayes viendront combler ces importantes lacunes. En
attendant, ajoutons quelques renseignements nouveaux à
ceux que nous avons donnés sur les facteurs de clavecins belges (2).

Quatre clavecins sont venus enrichir le musée d'instruments, si fourni déjà, de M. César Snoeck à Renaix. Le
premier porte une marque au génie ailé, avec les lettres S — H. Tout nous porte à croire qu'il sort des ateliers
de Simon Haghens d'Anvers, un contemporain du célèbre
Jean Ruckers. C'est la même facture, la même ornementation.

Le deuxième clavecin offre encore la marque susdite,
avec les lettres J — N — C. On en trouvera un fac-
similé ci-contre. Il y a eu, au xviie siècle, selon M.
De Burbure, une famille anversoise de facteurs de clavecins du nom de Couchet, à savoir: Jean Couchet, qui
entra dans la gilde de Saint-Luc, en 1641—1642; Joseph
Couchet, probablement son fils ou son neveu, qui fut
admis dans la même gilde en 1665; Jean Couchet, le
fils de Jean, qui devint membre de Saint-Luc en 1696;
et Abraham Couchet, reçu à la fois, dans la susdite gilde
en 1666, et comme peintre et comme facteur de clavecins. Ce dernier étant écarté, parce que l'initiale de son

---

(1) Voy. l'excellente notice de M. De Burbure sur les luthiers d'Anvers,
ainsique le *Ligghere* de la gilde de Saint-Luc de la même ville,
publié par Valerius, etc.

(2) *La Musique aux Pays-Bas*, t. i, pp. 192 et 278.

MARQUE DE FACTEUR DE CLAVECINS,

attribuée à la famille des Couchet,

d'Anvers.

Bruges. J. Petyt, Lith.

nom ne s'adapte point aux lettres de la marque J. — N—C, lequel des trois autres Couchet prendrons-nous pour l'auteur du clavecin en question? Le choix est difficile, et nous attendons l'apparition du deuxième volume du *Ligghere* de Saint-Luc à Anvers, pour nous prononcer à cet égard. Si l'un d'eux a un second prénom, commencant par un *n*, la question sera vite tranchée.

Le troisième clavecin est de format ordinaire et comporte deux claviers à cinq octaves plus deux notes, et quatre registres. Il a été agrandi du côté droit pour lui donner l'étendue qu'il possède actuellement. Il n'avait primitivement, selon toute apparence, que quatre octaves et demie. On y lit la double inscription : JACOBVS VANDEN ELSCHE ME FECIT A° 1710. — JOHANNES HEINEMAN REFECIT A° 1790. D'abord, pour Vanden-Elsche, est-ce le même dont Burney fait l'éloge (1)? C'est lui, à coup sûr, que M. De Burbure nomme « un des derniers facteurs qui exercèrent leur profession à Anvers. » Il ne fut reçu dans la gilde de Saint-Luc qu'en 1717, ce qui tend à prouver qu'il exerça précédemment son métier ailleurs. Quant à Jean Heineman, il avait selon toute apparence ses ateliers à Anvers, en 1790, puisque M. De Burbure cite de lui un clavecin à queue construit en cette ville, en 1793. Il était affligé de cécité.

Le clavecin qui nous reste à mentionner, est de Jean-Daniel Dulcken (2). L'exemplaire est d'une bonne conservation, bien que les touches du clavier portent les traces d'un long emploi. Il se compose de cinq octaves et de trois registres. Sur la planchette qui borde le clavier, on lit l'inscription : JOANNES-DANIEL DULCKEN FECIT ANTVERPIÆ, ANNO 1747. Des fleurs élégantes, peintes à l'eau, garnissent la table d'harmonie. L'ouïe

---

(1) Voy. *La Musique aux Pays-Bas*, t. I, pp. 195 et 196, où nous avons donné erronément à Jacques Vanden Elsche le prénom de Jean.

(2) *Id. loc. cit.*

est formée de lettres enlacées, en guise de monogramme. Grâce au millésime 1747, il nous est permis de mieux préciser la date de l'arrivée de Jean-Daniel Dulcken à Anvers, date qui jusqu'ici n'avait été donnée qu'approximativement.

Le moment était favorable. Le goût des concerts, tant particuliers que publics, avait pris une extension inusitée. La marquise de Prié, excellente virtuose sur le clavecin, avait donné un quart de siècle auparavant, ainsique nous le verrons bientôt, une active impulsion au mouvement. Le marquis de Prié lui-même, qui était, comme on sait, conseiller d'État, s'ingénia à mettre partout les concerts à la mode. L'exemple partait donc d'en haut, et il trouva bientôt un grand nombre d'imitateurs. Toute la noblesse de Bruxelles s'éprit d'un ardent engouement pour les réunions musicales. C'était à qui eût donné la plus belle soirée musicale, ou qui se fût distingué en qualité de virtuose. De nombreuses traces de cette époque de dilettantisme, nous sont restées dans les *Relations véritables*. Nous les consignons ici dans leur sèche concision :

1721, le 8 août. — Concert de musique, pour la naissance de S. M. l'Impératrice régnante.

Le 3 octobre. — Mercredi, jour de naissance de S. M. impériale et catholique, très-beau concert.

Le 4 novembre. — Fête de saint Charles-Boromée. Concert très-agréable.

Novembre. — Il y eut, le soir, chez Leurs Excellences un souper magnifique, accompagné d'un très-agréable concert.

1722, le 24 mars. — Concert donné par le marquis de Westerloo.

Le 24 novembre, fête de sainte Élisabeth, très-agréable concert.

1723, le 5 février. — Mercredi, beau concert de musique, à l'hôtel du prince de Hornes.

Le 9 février. — Vendredi, concert de voix et d'instruments chez le marquis de Prié.

Le 15 janvier. — Lundi, concert de musique.

Le 19 janvier. — Dimanche, concert de musique.

1724, le 2 février. — Beau concert de voix et d'instruments les plus renommés, chez le marquis de Prié.

Le 3 octobre. — Dimanche, au grand théâtre, un très-beau concert de voix et d'instruments.

Le 7 novembre. — Dimanche, saint Charles, au grand théâtre, quelques cantates en musique.

1725, le 13 novembre. — Lundi, le comte de Calemberg donna aux sérénissimes princes de Bavière, un très-beau concert suivi de bal.

1726, le 17 mai. — Dimanche, à la cour un très-beau concert de musique.

Le 27 décembre. — Vendredi, un agréable concert de musique (1).

1731, le 24 juillet. — Au couvent de Berlaimont (chanoinesses régulières de Saint-Augustin) Son Altesse Sérénissime dina avec la communauté, qui eut l'honneur de présenter, après les vêpres, à Sadite Altesse, un concert de musique chanté par quelques religieuses, et accompagné de plusieurs instruments.

1734, le 4 novembre. — A la fête de saint Boromée, vers le soir, S. A. S. se rendit au grand théâtre, où on lui donna une belle sérénade italienne, vocale et instrumentale; elle en donna l'entrée libre au public.

1736, le 14 février. — Dimanche, à l'occasion du mariage de S. A. R. le duc de Lorraine avec l'archiduchesse Marie-Thérèse ..., la Sérénissime Gouvernante entendit un magnifique concert dans l'appartement des États de Brabant, que lesdits États y avaient fait préparer.

(1) Nous clôturons ici la liste des concerts ordinaires donnés à la cour. Les oratorios chantés à la chapelle de la cour, pendant la semaine sainte, seront énumérés au chapitre suivant.

1737, le 22 janvier, il y eut un concert particulier au palais, en présence de madame l'Archiduchesse Gouvernante, où messieurs Fabio (1) et Carnavasso jouèrent l'un l'archiluth et l'autre du violon, dont S. A. S. parut très-conteute, de même que les seignrurs et dames de la cour.

1738, le 9 août, S. A. S. dina au château de Mariemont, où un musicien italien joua de la harpe en la dernière perfection.

Le 21 août, la Sérénissime Gouvernante se rendit au château de Fay, où Mr de Gognies, prévôt de Binche et seigneur de Fay, lui donna le divertissement de la pêche, et d'un beau concert de musique.

1739, 1er mars. — Ces jours passez, madame l'Archiduchesse assista au palais à un beau concert de musique, où le comte de Pergen joua du clavessin, le comte de Verschoviz du violon, le comte Colowrat du lût, et le comte Hoyos de la basse de viole.

La virtuosité prit une telle extension, vers le milieu du xviii⁰ siècle, que les luthiers anglais s'ingénièrent à faire la concurrence à nos fabriques d'instruments, et, il faut le dire, ils réussirent à obtenir la vogue, surtout quant au piano. Il est vrai d'ajouter que, à la naissance de l'instrument, nos facteurs de clavecins ne mirent pas toute l'activité nécessaire à l'acclimatation de ce puissant engin de la musique moderne. Les préjugés et la routine l'emportèrent, et, entretemps, les fabricants anglais réalisaient des perfectionnements de tout genre qui durent nécessairement influer beaucoup sur l'écoulement de leurs produits. Outre cela, ils attiraient chez eux, à l'aide de forts salaires, les meilleurs ouvriers de nos ateliers de lutherie (2).

(1) Fabio Ursillo, fameux archiluthiste, dont il a été parlé au t. i, do *la Musique aux Pays-Bas*.

(2) Voir tout ce que nous avons dit à ce sujet dans le t. i de l'ouvrage prémentionné.

On conserve aux Archives générales du Royaume une requête de 1785, où plusieurs facteurs de clavecins bruxellois se plaignent à qui de droit de l'état d'abandon auquel sont voués leurs produits, par suite de la concurrence pernicieuse que leur fait la lutherie anglaise, et ils demandent pour faire cesser cet état de choses, à ce qu'il plaise au gouvernement de frapper, d'une imposition exorbitante, les clavecins et les fortépianos venant de l'étranger. La requête est ainsi conçue :

A MESSEIGNEURS LES TRÉSORIER GÉNÉRAL ET CONSEILLERS COM-MIS DES DOMAINES ET FINANCES DE SA MAJESTÉ IMPÉRIALE ET ROYALE,

Messeigneurs,

Mathias Bremers, J.J. Ermel père, Eugène Ermel fils, NN. et NN., respectivement habitans et facteurs de clavessins à Bruxelles, à Mons, à . . . . . et à . . . (1), prennent très-humblement la liberté de vous représenter avec le plus profond respect qu'ils se sont appliqués avec la plus grande assiduité à porter leur art à un degré de perfection qui fait aujourd'huy convenir les amateurs connoisseurs que les clavessins, nommément ceux à marteaux vulgairement dits forté-piano, qui sont travaillés par eux, égalent les meilleurs qu'on fait en Angleterre, preuve les déclarations cy-jointes qu'on pourrait au besoin centupler.

Cependant, tel est le préjugé et le goût pour ce qui se fabrique chez l'étranger, que les productions de leur art restent en stagnation et que bien loin d'en recueillir les fruits, à peine en trouvent-ils un débit qui fournit au jour la journée leur nécessaire. Une situation pareille, Messeigneurs, n'éguise point l'industrie, n'invite point les

(1) Ces réticences sont pour le moins singulières dans une requête où tout doit être précis et régulier.

arts ni ne tente les artistes, mais retrécit le génie et fait languir cette branche de commerce.

Vos soins, Messeigneurs, qui, dans tous les temps, s'étendent principalement à encourager les arts, ne se refuseront sans doute pas à venir au secours des remontrans, et où qu'ils sont plus qu'en état de fournir tout ce que le païs pourra demander de clavessins, ils osent vous supplier, Messeigneurs, d'établir un droit de dix louis par clavessin ou forté-piano venant de l'étranger, qui est le seul moyen d'empêcher qu'on en établisse ici des magazins, assurera un débit de ceux qui se fabriquent dans ce païs et ranimera cette branche de commerce; les remontrans l'espèrent avec d'autant plus de confiance, que cette imposition ne tombera nullement sur une denrée de nécessité, mais uniquement sur un objet de goût et de curiosité. C'est la grâce, etc.

Nous croyons ne devoir point omettre de reproduire également les certificats joints au *factum* de Mathias Bremers et cⁱᵉ, bien que, par un effet étrange qui ne saurait être celui du hasard, ils se ressemblent presque tous. Il y a là des noms à recueillir, qui ont leur signification pour l'objet dont nous nous occupons.

Je sousigné déclare que le sieur Ermel père et fils m'a livré un forté-piano organisé fait par lui égalé au moins en qualité aux meilleurs forté-piano que j'ai entendus venant d'Angleterre. En foi de quoi j'ai signé.

Mons, le 10 octobre 1785.

Martigny, comtesse de Choiseul Meuse.

Nous soussignées déclarons que le sʳ Mathias Bremers nous a livré un clavecin à jeux de buffle et un forté-piano dont nous sommes parfaitement contentes.

Bruxelles, le 30 novembre 1785.

De Chanclos, comtesse de Cruquenbourg,
Thérèse, comtesse de Chanclos.

Je soussigné déclare que le sieur Ermel père et fils m'a livré plusieurs forté-piano simple et organissé fait par lui égal au moins en qualité aux meilleurs forté-piano que j'ai entendus venant d'Angleterre. En foi de quoi j'ai signé cette.
A Bruxelles, le 30 septembre 1785.

G. STAES.

Le soussigné député de la noblesse des États du pays et comté de Hainaut, déclare d'avoir acheté du sieur Hermel, demeurant à Mons, un forté-piano organisé très-bien conditionné, tant pour le son mélodieux que pour l'aisance du jeu et la solidité de l'ouvrage.
Fait à Mons, le 8 octobre 1785.

LE COMTE JOSEPH DE SAINT-GENOIS.

Le dit achat fait depuis sept ans.

Je soussigné déclare que le sᵣ Mathias Bremers m'a vendu et livré en 1780 un clavessin supérieurement travaillé et ayant un jeu en buffle formant le piano ; que la bonté de cet instrument égale au moins tous ceux que j'ay entendu venant d'Angleterre, et que nombre d'anglois amateurs ont avoué n'en point avoir entendu de meilleur à Londres, et que même milord Losson m'a dit que s'il devoit résider en cette ville, il ne ferait aucune difficulté de m'en offrir cent guinées. En foy de quoy j'ay signé le présent.
A Bruxelles le 3 octobre 1785.

AUDEBERT.

Je soussigné déclare que le sᵣ Mathias Bremer m'a vendu et livré un clavessin supérieurement travaillé et ayant deux jeux en buffle formant le piano, que la bonté et le raisonnement sont supérieurement bons, pour lesquelles j'ai paié quarante-cinq louis, et ils m'ont offert douze cents florins pour ce clavessin.
Fait à Brussel, le 21 novembre 1785.

J.-C. VANDER BRUGGHEN.

Je soussigné déclare que le s^r Bremers m'a livré un clavessin dit forté piano fait par lui égal au moins en qualité aux meilleurs clavessins que j'ai entendus venant d'Angleterre. En foi de quoi j'ai signé cette.

A Bruxelles, 28 septembre 1785.

B. C. LIMPENS.

Je soussignée déclare que le s^r Bremers m'a livré un clavesin fait par lui, dont je suis parfaitement satisfaite.

Fait à Bruxelles, le 14 octobre 1785.

LA COMTESSE DE DURAS née COMTESSE D'ÉLISSEM.

Je soussigne et déclare que le sieur Bremer m'a livré plusieurs forté-piano et clavecin fait par lui égal au moins en qualité et beauté que les meilleurs forté-piano et clavecin venant d'Angleterre. En foi de quoi j'ai signé cette.

A Bruxelles, le 22 novembre 1785.

G. STAES, organiste de la cour.

Je certifie d'avoir accordé tous les clavecins et fortépiano qui ont été faits par Mathias Bremers, et j'ose certifier n'en avoir jamais vu ni entendu de mellieurs et mieux faits que les siens, puisqu'ils surpassent en bonté et beauté tous ce que nous avons reçu d'Angleterre dans ce païs.

Fait à Bruxelles, le 22 octobre 1785.

GUILL. HINNE, organiste de l'église ducale du Sablon, et accordeur de clavecins et forté-piano (1).

(1) Pour ne rien omettre de ce qui concerne le clavecin et son emploi aux Pays-Bas, constatons que le prix exigé, au xviiie siècle, pour accorder led^{it} instrument, était une demi-couronne. C'est du moins ce que nous apprend un livret de dépenses d'un nommé Devaux, qui habitait, avec sa femme, le château de Monplaisir. On y lit, entre'autres, l'annotation suivante, faite, croyons-nous, par Mme Devaux : « Accordeur de clavesin, payé une couronne, pour deux fois ; le 9 novembre 1779. »

Je soussignée déclare que le sieur Bremers m'a livré un forté-piano fait par lui, dont je suis parfaitement satisfaite. Fait à Bruxelles, le 21 octobre 1785.

J.-S. Desclé née Dansaert.

Je soussigné déclare que le s^r Ermel père et fils m'ont vendu un forté-piano organisé fait par eux égal au moins aux meilleurs forté piano d'Angleterre. Fait à Mons, le 7 octobre 1785.

R. D'ergy.

Nous soussignez déclarons que les forté-piano simples et organisés faits par le sieur Ermel père et fils égalent au moins en qualité aux meilleurs forté-piano que nous avons entendus venant d'Angleterre.

J.-B. Sauton, organiste de la paroisse de
Ste Elisabeth et de m^{rs} les magistrats de
la ville de Mons; Antoine-Joseph Fétis,
organiste du très-illustre chapitre de S^{te}-
Waudru à Mons; Antoine-Joseph Sotteau,
organiste de la collégiale et du chapitre
de Saint-Germain à Mons.

Quel accueil fit-on à la requête, en haut lieu? L'analyse des rapports qu'elle provoqua, va nous l'apprendre.

Les droits prohibitifs sur les instruments de musique sont fixés à 10 p%, outre 1 p% lorsqu'ils entrent par mer ou par l'Escaut. « Il est reconnu que les suppliants font très-bien les clavecins, piano-forté organisés et autres, et ce seroit autant de gagné si l'on se pourvoyoit de ces articles dans le pays. » Le conseil estime qu'on pourrait imposer 15 p% de la valeur des produits, outre 1 p% de convoi. Telle est, en somme, la teneur du protocole rédigé par les conseillers d'État et de Finances Baudier et Delplancq, à la date du 31 décembre 1785.

Les talents des suppliants sont distingués et leurs instruments sont « excellents et recherchés. » Mais un droit de dix louis par clavecin serait un droit prohibitif, source de fraudes au préjudice des suppliants, car les caisses entreraient à basse valeur sous le titre d'ouvrages de bois; les tuyaux, les sauterelles, les cordes passeraient pour des quincailleries et des merceries. S'il y a lieu de favoriser les suppliants, il serait préférable que l'augmentation ne dépassât par 15 p % de la valeur. C'est l'avis de P. J. Mangez, substitut du directeur du bureau de la régie, avis émis le 19 décembre de l'année susdite.

Reste celui des sieurs Gruyer et Simon « officiers principaux de la ville de Bruxelles. » Le voici: « Quoique les instruments de musique soient en quelque sorte un objet de luxe, mais devenu nécessaire par le goût de la musique généralement répandu, il n'est pas vrai qu'on puisse impunément prohiber ou imposer à des droits prohibitifs l'entrée des instruments étrangers, puisque c'est ce malheureux système qui est la source de la fraude et la mère du monopole, et qu'à l'égard des instruments, comme à l'égard de tout autre espèce de marchandises, un droit supportable et acquitté est un avantage réel pour les marchandises analogues fabriquées dans le pays qui ont en avance l'impôt de ces droits...» Conclusion: si au taux des droits actuels les facteurs d'instruments de ces pays ne peuvent se soutenir, ils ne méritent aucune attention. Le document porte la date du 15 décembre 1785.

En dépit de ces opinions, il fut résolu de prendre en considération la demande des requérants, et, le 9 janvier 1786, parut un octroi qui décréta « pour droits d'entrée, outre les droits de convoi et de tonlieu, dans le cas où ces derniers droits opèrent, cent trente florins par pièce sur toutes sortes de clavecins ou forté-pianos qu'on fera venir de l'étranger, soit que l'importation s'en fasse par eau ou par terre. »

Nos facteurs de clavecins s'en portèrent-ils mieux? La solution du problème qui, du reste, n'est pas des plus aisées, dépasse les limites chronologiques assignées à ce travail. Nous espérons bien voir surgir la lumière, grâce à l'un ou l'autre de nos musicologues qui prendra pour objet de ses investigations le présent siècle.

VII.

Fiocco (Pierre-Antoine),

Célèbre compositeur des xviie et xviiie siècles. — Éclaircissements obtenus sur sa famille. — Il est d'abord vice-maître, puis maître de chapelle de la cour à Bruxelles. — Ses prédécesseurs, dans ces emplois, à partir du milieu du xviie siècle. — Sa mort arrivée le 3 novembre 1714. — Ses compositions religieuses. — Ses prologues d'opéra exécutés en 1695 et 1697. — Éloge de son caractère et de son talent. — Son fils Jean-Joseph Fiocco lui succède dans les fonctions de maître de chapelle. — Naissance du drame religieux moderne à Bruxelles. — Oratorio de Pierre Thori. — Série d'oratorios composés de 1728 à 1740, par Jean-Joseph Fiocco. — Autres oratorios exécutés à la chapelle royale. — Origine de l'opéra à Bruxelles. — Ballets-comédies en 1634, à l'hôtel d'Orange, et en 1650, au palais du gouverneur-général. — Mélodrame de la *Finta pazza*, et l'opéra de *Circé*, en 1655. — *Andromède*, pièce à machines, en 1661. — La *Descente d'Orphée aux Enfers*, par la troupe de Melle Montpensier. — Opéras, ballets et comédies avec musique, en français, en italien et en espagnol, exécutés de 1662 à 1700. — Libretto du ballet dansé à l'occasion du mariage de Léopold d'Autriche. — Opéras de Lulli. — Construction d'un théâtre public, par l'architecte italien Bombarda. — Octroi dont il est gratifié en 1705. — Érection d'une Académie de musique. — Opéras, la plupart de Lulli, et autres ouvrages représentés par elle. — Octroi concédé à Jean-Baptiste Meeus. — Représentations données par des troupes italiennes, dirigées successivement par Peruzzi et par Landi, de 1727 à 1736. — Documents divers à ce sujet. — Interrègne. — Représentations données par les comédiens du maréchal de Saxe en 1748. — Un libretto rarissime. — Ballet héroïque, musique du sieur Leclair. — La troupe italienne de l'impresario Grosa, en 1749. — Vitzhumb, chef d'orchestre du théâtre de la Monnaie. — Son talent, son portrait.

La confusion qui régnait dans la généalogie des Fiocco, tend à se dissiper. Voici Pierre-Antoine Fiocco, le père

de Joseph-Hector, dont il vient d'être question, et de
Jean-Joseph, sur lequel nous fournirons plus loin quelques particularités intéressantes. Les erreurs, commises
au sujet de ces deux derniers artistes, ont leur source,
croyons-nous, dans le mode adopté, de leur vivant, de
les désigner uniquement par leur second nom de baptême. Ainsi, le prénom d'Hector remplaçait ceux de
Joseph-Hector, et le prénom de Joseph supplantait ceux
de Jean-Joseph. Qui ne prendrait aujourd'hui le contre-
pied de cette coutume, et ne considérerait le Joseph
Fiocco conventionnel comme le Joseph-Hector Fiocco des
papiers publics?

Pierre-Antoine Fiocco, dit le vieux, fut d'abord vice-
maître, ou comme on disait alors, « lieutenant » de la
musique de la cour à Bruxelles. On le voit cité, pour
la première fois, en cette qualité, en 1696. En remontant quelques années, nous trouvons d'abord Honoré
Dève, comme maître de musique de la chapelle royale,
en 1669 (1). Il remplissait encore ces fonctions en 1684,
puisque, à cette année, il recommanda, dans les termes
suivants, un musicien pour la chapelle des gouverneurs:

MESSEIGNEURS,

Le maistre de la chapelle royale de cette cour vient
très-humblement advertir vos Seigneuries Illustrissimes de
leur donner part que Henry Garnevelt, instrumentiste de
la chapelle royale, est mort, dont cette place doit estre
nécessairement pourvue par Christiaen Dewit, fagotiste,

(1) Serait-ce un parent de Denis Dève, qui fut nommé, le 9 juillet
1614, sergeant-major du terce d'infanterie wallonne du comte d'Hoog-
straeten? *Patentes militaires*, liasse n° 1148. D'autre part, il y a eu
un maître de chapelle de Sainte-Walburge, à Audenarde, du nom d'Alphonse Dève. C'était probablement le fils d'Honoré Dève.

lequel a servi trente ans et tousjours observez son service et que sans luy on n'a peu faire l'office pontifical (1).

HONORÉ DÈVE,
maistre de la chapelle royale.

Il a sous ses ordres d'abord Chrétien Minne, puis
Nicolas Van Ranst. Ce dernier adressa en 1690, au tré-
sorier-général du roi, une requête aux fins d'obtenir le
paiement des musiciens « étrangers » qui furent employés,
par ordre du gouverneur-général, aux funérailles de la
reine d'Espagne. Devenu en même temps chapelain de
la chapelle royale, Nicolas Van Ranst décéda au mois
d'avril 1695. Il fut remplacé dans ses fonctions de chapelain par Charles Maton.

Nous voyons ensuite à sa place, en 1693, Pierre Thori,
mentionné, comme maître de chapelle de la cour, jusqu'en 1706, où nous le perdons entièrement de vue.
C'est probablement peu après cette date que le vice-maître
Pierre-Antoine Fiocco lui succéda. Du moins, il était
installé en 1712, comme le démontre l'article suivant
des registres de la recette générale des finances :

A Pierre-Antoine Fiocco, maistre de la musicque de la
chapelle royale de la cour, la somme de quatre mille quatre
cent cinquante livres dudit prix, en une lettre de descharge
de pareille somme datée du trente-siesiesme de mai mille
sept-cent douze, levée sur Nicolas Le Blon, receveur des
droits à Gand, dont il est fait recepte cy-devant ... pour
et à quoy monte une demie année des gages de ceux de
la chapelle royale, y compris ceux des trois prédicateurs
de Sa Majesté, échus le vingt-cinq de novembre dernier, etc.

(1) Le dernier considérant de cette requête s'explique par une phrase
de la supplique de Chrétien De Witte « estant très-nécessaire, dit-il
de lui-même, pour soustenir la musique, principalement en quaresme
et la septmaine saincte ès Passions que l'on y chante sans orgues. »

Il mourut le 3 novembre 1714, suivant un autre article des mêmes comptes ainsi conçu:

A la vefve de Pierre-Antoine Fiocco, vivant maistre de la musicque de la chapelle royale, la somme de six cent livres dudit prix en une lettre de descharge de pareille somme levée cejourd'huy sur François-Xavier Borrens, receveur desdits droits à Bruxelles, dont est fait recepte cy-devant fol. 125, pour une demie année des gages de feu sondit marit de maistre de musicque susdit, commencée le vingt-sixiesme de may xvii° quattorze et finie le vingt-cincquiesme de novembre ensuivant, et ce sans prendre qu'il est venu à mourir le troisiesme de novembre dernier, selon l'ordonnance de relievement en dépeschée le vingt-troisiesme d'octobre xvii° quattorze, par icelle ordonnance et quittance y servante vueues en l'estat dudit mois fol. 31 v° cy rendues, ladite somme, etc.

Sous sa direction eurent lieu de grandes exécutions musicales, que les chroniques du temps mentionnent laconiquement. Là ne se borna pas le rôle du musicien. Il composa des motets et des messes pour la chapelle royale. Les *Relations véritables* enregistrent, au 25 octobre 1711, une messe et un *Te Deum,* qui furent exécutés solennellement par les musiciens du gouverneur-général:

[1711]. Dimanche, 25 de ce mois [d'octobre], jour destiné pour rendre des actions de grâces à Dieu, dans les villes de ces provinces, pour l'élection faite à Francfort du roi Charles III au trône impérial, on fit, dans notre église collégiale, une messe solemnelle, suivie du *Te Deum,* chanté par la musique de la chapelle roïale, l'un et l'autre de la composition du sr Fiocco, au son de la grosse cloche et au bruit d'une triple salve roïale de l'artillerie de toutes nos batteries. Les cours supérieures en robe de cérémonie et le magistrat en corps y assistèrent.

A l'égard des productions scéniques de Pierre-Antoine Fiocco, elles paraissent avoir eu plus de succès encore que ses compositions religieuses, car les *Relations véritables*, d'ordinaire si réservées dans leur approbation, se servent, à deux reprises, de l'épithète de *fameux*, c'est-à-dire célèbre, en relatant les représentations du Grand Théâtre précédées d'un prologue de musique dû à la plume du maître.

Le prologue d'opéra formait autrefois toute une pièce et servait de prélude à un ouvrage dramatique ; mais il était parfois distinct de l'ouvrage. C'était le début de l'art. Dans les deux cas, les personnages faisaient l'apologie de l'auteur, et, dans les villes de cour, les fades allusions au monarque règnant ne manquaient pas. Il y avait des prologues politiques. Un évènement marquant, une victoire décisive ou une naissance auguste donnaient lieu à la composition d'un prologue de ce genre. Nous croyons que ce fut le cas pour les pièces mises en musique par Fiocco, et dont malheureusement pas une seule n'est parvenue jusqu'à nous. Le talent du maître s'y sera montré dans toute sa plénitude, il y a lieu de le supposer. Comme on le verra plus loin, le souverain règnant ou son gouverneur-général assistaient souvent aux pièces où le prologue de circonstance était de mise.

Au mois de janvier 1695, Fiocco fit exécuter, à l'occasion de la première représentation d'*Amadis*, un prologue de sa composition, dont leurs altesses électorales et toute la cour furent extrêmement satisfaites. Au mois de novembre de la même année, un succès pareil lui échut à la première représentation d'*Acis et Galathée*, qu'il avait fait précéder d'un prologue relatif à la prise de Namur. L'année suivante, il écrivit un nouveau prologue, fort applaudi, pour la première exhibition de *Bellérophon*, et en 1697, il composa un ouvrage semblable, au sujet de la conclusion de la paix, pour l'opéra de *Thésée* (1).

---

(1) Nous donnons plus loin le texte même relatif à ces représentations.

Fiocco est surnommé le *trop bon* dans un opuscule
satirique qui sera analysé plus loin et qui se rapporte
au Grand Théâtre de Bruxelles, dont il était directeur,
en 1705 et 1706. Voici les lignes qui le concernent:

TROP BON, qui est un bel homme blond, d'une belle
phisionomie et de la taille ordinaire, prompt à servir ses
amis également comme ceux qui, sans l'être, ont quelque
mérite d'eux-mêmes. Aisé à persuader, sincère dans ses
promesses, tant qu'il a agi seul, mais que le grand accès
qu'il a donné à deux ou trois flatteurs, a fait passer parmi
bien des gens pour fourbe par leurs pernicieux conseils,
ausquels, aïant ajouté trop de foy, il n'a pu s'empêcher
de se détourner de sa droiture ordinaire sous les prétextes
inventez par les mêmes flatteurs dont ses intérêts propres
ont été la victime. Timide dans ses entreprises, cherchant
à contenter tout le monde, ce qui est très-difficile dans
un corps composé de tant de têtes, qui rarement se trouvent
d'accord. Les personnes éclairées ont sçu toujours lui rendre
justice malgré la calomnie, dont quelques génies de travers ont voulu noircir sa réputation. Merveilleux dans les
productions de son art.

« Merveilleux dans les productions de son art! » Cet
éloge ne vaut-il pas à lui seul tout ce qu'on pourrait
dire de plus flatteur du musicien, et, combiné avec celui
que lui adressent les *Relations véritables*, ne donne-t-il pas
la plus haute idée d'un personnage à peine connu par
les biographes? Ce que nous avons pu recueillir d'inédit sur lui, aidera, nous l'espérons, à réhabiliter quelque
peu sa mémoire et engagera nos musicologues à lui consacrer une notice spéciale, digne de lui.

Son fils Jean-Joseph Fiocco lui succéda dans les fonctions de maître de chapelle de la cour à Bruxelles. A
l'époque où il produisit son premier oratorio, Jean-Joseph
Fiocco eut la chance en quelque sorte de faire une innovation. Le drame sacré florissait depuis longtemps en

Italie, où il avait pris naissance. L'Allemagne, la France et l'Angleterre en faisaient leurs délices; mais nulle part, que nous sachions, les Pays-Bas ne l'avaient adopté d'une manière définitive. Jusqu'à preuve du contraire, nous inclinons à croire que l'oratorio, qui, en Italie, vers la fin du xviie siècle, était aussi en vogue que l'opéra (1), et qu'on y exécutait sur la scène avec les costumes voulus, n'a pas laissé de grandes traces de son existence aux Pays-Bas, avant l'avènement de Jean-Joseph Fiocco. Peut-être le père de l'artiste et son collègue Pierre Thori, qui était également originaire d'Italie, a-t-il fait naître le goût ici, goût modeste d'abord avant de devenir populaire. Ce qui nous porte à faire cette supposition, c'est qu'en remontant à l'année 1706, nous ne trouvons que la mention sommaire d'un ouvrage de ce genre dans les *Relations véritables* de Bruxelles. Peut-être était-ce la première fois que les accents élevés de l'oratorio retentirent au palais de cette ville.

« Le carême de l'année 1706, dit M. le docteur Coremans, amena une sorte d'évènement pour la haute société de Bruxelles. Ce fut la première exécution, à la chapelle de la cour, de l'oratorio: *Les Vanités du monde,* par Pierre Thori, et qui fut précédé d'un discours, en forme de prologue, par le père Lancier. Cet oratorio produisit un effet extraordinaire sur l'électeur et sur tout l'auditoire. Les circonstances devaient singulièrement rehausser l'éclat de la cérémonie. L'électeur n'offrait-il pas lui-même un exemple frappant de l'instabilité et de la vanité de toutes les choses d'ici-bas ? Il fit reprendre encore deux fois l'ouvrage, le dimanche de la mi-carême et le vendredi suivant (2). » Pour plus d'exactitude, laissons la parole à la gazette du temps :

---

(1) Il finit, commé on sait, par ne plus former qu'un concert spirituel, tout en conservant sa forme dramatique.

(2) *Miscellanées de l'époque de Maximilien-Emmanuel,* dans le *Compte-rendu des séances de la commission royale d'histoire,* 1re série, t. xi, p. 630.

[1706]. — Vendredi, 5 de ce mois [de mars], S. A. S. assista dans la chapelle roïale du palais à un oratoire, chanté par la musique de la cour, sur la *Vanité du monde*, de la composition du s^r Pietro Thori.

Le 12 au soir, on répéta par ordre de S. A. S., dans la chapelle roïale du palais, l'oratoire en musique sur la *Vanité du monde*, de la composition du s^r Pietro Thori, maître de la chapelle roïale, conseiller et surintendant de la musique de S. A. S., qui y assista avec les seigneurs et dames de la cour, et un grand concours de monde.

Vendredi, 19 de ce mois, S. A. S. fit répéter pour la troisième fois, dans la chapelle du palais, l'oratoire sur la *Vanité du monde* (1).

Nous avons dit plus haut qui était ce Pierre Thori. Le souvenir de cette triple cérémonie devait déjà s'être dissipé en 1728, époque à laquelle Jean-Joseph Fiocco fit exécuter le premier oratorio émané de sa plume. Il était intitulé la *Tempesta de' Dolori*, d'après les *Relations véritables* que nous avons sous les yeux. Voici le texte de l'article :

Bruxelles, 26 mars 1728. — Il y eut, mardi soir, à la chapelle roïale de la cour, un oratoire italien nommé *la Tempesta de' Dolori*, dont la musique est de la composition du sieur Fiocco, maître de la musique de ladite chapelle, pendant lequel le père De Lille, de la compagnie de Jésus, prècha en françois, et auquel son Altesse Sérénissime assista, ainsi qu'elle a fait aux autres offices de la semaine sainte.

La même année, on interpréta *Il Pentimento d'Acabbo*, dont l'auteur n'est pas cité, mais qui a dû faire plaisir aux augustes auditeurs :

---

(1) *Relations véritables.*

24 déc. 1728. — Il y eut mardi au soir, fête de saint
Thomas, apôtre, un bel oratoire, intitulé: *Il Pentimento
d'Acabbo* (1), qui fut chanté dans la chapelle roïale du
palais, par la musique de la cour. S. A. S. y assista dans
sa tribune, ainsique toute la noblesse et beaucoup de monde.

Fiocco fit successivement exécuter sous sa direction,
par les musiciens de la cour, les oratorios suivants de
sa composition: *la Morte vinta sul Calvario*, en 1730;
Giesu flagellato, en 1734 et 1735; *Il Transito di s. Giuseppe*,
en 1737, 1738, 1739 et 1740; le *Profezie evangeliche
di Isaïa*, en 1738 et 1740. Voilà bien des ouvrages qui
ont dû rendre célèbre son auteur. Ce n'est pourtant que
par conjecture que nous pouvons juger de l'effet qu'ils
produisirent, et l'oratorio *Il Transito di s. Giuseppe*,
joué pendant quatre années consécutives, a eu visiblement
le pas sur les autres:

[1730]. Mardi 4 de ce mois [d'avril], Son Altesse
Sérénissime assista dans la chapelle Royale de la Cour à
un oratoire italien intitulé: *la Morte vinta sul Calvario*,
qui fut universellement applaudi, et dont la musique étoit
de la composition du s^r Fiocco, maître de la chapelle roïale.

[1734]. Le 23 de ce mois [d'avril], madame la Sérénissime Gouvernante assista, dans la chapelle de la cour,
à un oratoire intitulé: *Giesu flagellato*, mis en musique
par le s^r Fiocco, maître de musique de la chapelle royale.

[1735]. Le 5 de ce mois [d'avril], madame la Sérénissime Gouvernante entendit dans la chapelle du palais un
oratoire en musique intitulé: *Giesu flagellato*.

[1737]. Le 3 de ce mois [d'avril], l'après-midi, S. A. S.
entendit dans la chapelle du palais, un oratoire intitulé:
Il Transito di s. Giuseppe, chanté par la musique.

(1) Le libretto de cet oratorio se trouve à la fin du volume des
Relations véritables de l'année 1728, aux Archives du Royaume.

[1738]. Le 19 [mars], l'après-midy, S. A. S. entendit dans la chapelle du palais un oratoire en musique intitulé: *Il Transito di san Giuseppe.*

[1739]. Le 18 de ce mois [de mars], veille de la fête de saint Joseph, madame la Sérénissime Gouvernante assista dans la chapelle du palais aux premières vêpres, et à un oratoire intitulé: *Il Transito di san Giuseppe.*

[1740]. Le 19 [mars], l'après-midi, S. A. S. entendit dans la chapelle du palais un oratoire intitulé: *Il Transito di san Giuseppe.*

[1739]. Le 24 de ce mois [de mars], la Sérénissime Gouvernante assista dans la chapelle du palais à l'office divin, et l'après-midi à un oratoire intitulé: *le Profezie Evangeliche di Isaïa,* dont la poésie est du s^r Zeno et la musique du s^r Fiocco, maître de la musique de la chapelle de S. A.

[1740]. Le 12 [avril], S. A. S. assista, dans la chapelle du palais, à un oratoire en musique intitulé: *les Prophéties d'Isaïe.*

Il est fort probable que, parmi les oratorios dont l'énumération va suivre, il s'en trouve encore dont la paternité peut être attribuée au directeur de la musique de la cour de Bruxelles; le laconisme de la gazette locale ne nous a pas permis d'élucider cette question :

[1731]. Le 16 [mars], l'après-midi, il y eut un oratoire en musique des *Sept Douleurs de la Vierge* et une prédication française.

[1732]. Le 4 de ce mois [d'avril], S. A. S. tint chapelle publique à la cour, et assista l'après-midi à un oratoire intitulé: *L'Amor della Redentione,* après lequel on chanta le *Miserere.*

[1732]. Le 8 de ce mois [d'avril] au soir, il y eut à la cour un oratoire italien intitulé: *Christo nell' orto,* auquel madame la Sérénissime Gouvernante assista.

[1736]. Le 27 de ce mois [de mars], madame notre

Sérénissime Gouvernante entendit dans la chapelle du palais un oratoire en musique intitulé : *la Passione di Jesu Christo.*

[1737]. Le 12 [mars], la Sérénissime Gouvernante assista à l'oratoire, dans la chapelle du palais, sur les *Sept Douleurs de la Vierge,* qui fut chanté par la musique.

Le 16 du même mois, *Oratoire de la Passion.*

[1738]. Le 4 [avril], S. A. entendit ici un oratoire en musique intitulé : *Christo nel orto.*

[1738]. Le 28 [avril], la Sérénissime Gouvernante entendit dans la chapelle du palais, un oratoire des *Sept Douleurs de la Vierge,* qui fut chanté par la musique.

[1739]. Le 20 de ce mois [de mars], fête de Notre-Dame des Sept Douleurs,.. S. A. S. entendit un oratoire intitulé : l'*Amor della Redentione.*

[1740]. Le 8 [avril], oratoire en musique intitulé : *Les Sept Douleurs de la Vierge.*

Jean-Joseph Fiocco était encore maître de chapelle royale à Bruxelles, en 1749, suivant le *Calendrier de la cour.*

Pour la première fois, le nom de ces drames sacrés, en tant que représentés à Bruxelles, apparaît dans un livre. Il n'existe, en outre, sur l'ancien opéra français et italien de cette ville, aucun travail de quelque valeur, et les auteurs de l'*Histoire de Bruxelles* ont dû se borner, faute de documents spéciaux et sérieux, à copier certains faits révélés dans un almanach rarissime (1). Ce n'est que vers le milieu du siècle dernier que le jour commence à se faire sur cette matière, et précisément alors les renseignements cessent d'offrir de l'intérêt. Or, ce qui est curieux et important par-dessus tout, c'est de savoir comment l'opéra de Bruxelles prit naissance, et les pièces du répertoire français et italien

---

(1) *Spectacle de Bruxelles* pour 1767 et 1768, lequel ne contient que d'insignifiantes anecdotes copiées par d'autres almanachs du temps et reproduites en grande partie dans l'*Annuaire dramatique* de 1840.

qui s'y jouèrent pendant le premier siècle qui suivit son
érection. Nous allons aligner une série de faits et de documents destinés à apporter sur cette double question
quelques utiles informations.

La cour de Bruxelles, jalouse de ce qui se passait à
l'étranger, en fait d'exhibitions scéniques, surtout en
France, où depuis 1645 l'opéra venait de naître, voulut se mettre au niveau de ces splendeurs jusqu'alors
inouïes, et, la nouveauté aidant, on eut bientôt au palais de
Bruxelles des spectacles pour le moins aussi attrayants
que ceux qui se donnaient dans la capitale de France.
Rien n'y manquait : machines, trucs, décors, costumes,
musique, danses, tout était organisé de la façon la plus
habile. C'est-là, croyons-nous, que se forma le noyau
de l'opéra bruxellois. Il ne put naître et grandir que
sous l'impulsion d'une association. Delà l'érection de l'*Académie de musique*.

Il prit aussi ses éléments de vie dans les représentations qui avaient lieu aux divers colléges dirigés par
des religieux, et notamment par les Jésuites. En général, les Jésuites purent être considérés comme ayant
contribué largement à la fondation et à la propagation
du drame lyrique, dans les principales cités des Pays-
Bas. Leurs établissements étaient fréquentés par la bonne
bourgeoisie et par la noblesse. L'opéra venant à surgir
avec le prestige de ses machines et l'attrait de sa musique, les Jésuites l'adoptèrent avec empressement et s'en
servirent comme d'un excellent moyen de propagande.
La chorégraphie, qui en formait un des éléments essentiels, ne fut pas négligée, et les programmes du temps
nous ont transmis le scénario des ballets qui se dan-
saient chez eux, avec les noms des principaux danseurs.
Les Augustins suivirent leur exemple.

De temps immémorial, Bruxelles possédait des sociétés
qui, sous le nom de *Rhetorica*, se livraient à des exercices littéraires et dramatiques. La musique n'y inter-

venait qu'à titre secondaire; mais bientôt, ces associations eurent à compter avec les spendeurs de l'opéra, et peu à peu elles se virent obligées de modifier leur répertoire pour lui donner un caractère plus conforme au goût du temps.

A peine l'opéra venait-il de naître au palais de Bruxelles, que, par suite d'encombrement, on sentit la nécessité de construire une salle spéciale pour les représentations de comédie et d'opéra. Le public y fut admis, moyennant une rétribution raisonnable. Le nouveau théâtre continua de fonctionner sous la protection du gouvernement. Ses vicissitudes furent diverses et singulières, comme on va voir.

Et dabord, ne négligeons pas un renseignement précieux fourni par Beauchamps (1) d'après la *Gazette* de 1634, et relatif à un ballet dansé à l'hôtel d'Orange à Bruxelles, en présence du cardinal-infant, le 10 décembre de la susdite année (2).

Ce ballet était dédié au cardinal-infant, contre la première intention des danseurs, qui l'avaient destiné pour

---

(1) *Recherches sur les théâtres de France.* Paris, 1735, in-4°, t. III, p. 48.

(2) Nous trouvons, quelques années plus tard, une troupe de comédiens attachés au même hôtel. L'un d'eux, Antoine Cossart, natif de Beauvais, mourut à Bruxelles, vers la fin de 1653. Il laissait quelques biens, provenant de ses économies, mais il était sans héritiers, et il n'avait fait aucun testament. Ses camarades furent autorisés à partager son mobilier, et, par décret du gouverneur-général en date du 22 janvier 1654, l'État se réserva le reste, jusqu'à ce qu'il en fût autrement disposé. L'inventaire des costumes scéniques d'Antoine Cossart offre de l'intérêt pour le futur historien de la comédie à Bruxelles. Bornons-nous à y signaler « une haulte chausse avec des bas pour représenter le docteur Fériol » et « un habit en trousse de Philemort avec le mantelet à l'espaignol. » Quant à la moralité des acteurs, le préambule de leur requête porte ceci : « Les commédiens de feu messire le prince d'Orange remonstrent très-humblement à V. A. que, depuis trois ans, sous son adveu et sa protection, ils ont eu l'honneur de représenter devant elle et aux lieux de son obéissance, sans qu'il y ait eu aulcune plainte formée contre eulx de leurs vies et mœurs... »

le mariage du prince de Ligne, ce qui piqua au vif la comtesse de Nassau, qui prit delà occasion de se décharger de la dépense des flambeaux de la salle et de celle de la collation qui eut lieu après le spectacle. On y représenta la Renommée et sa Suite, composée des bruits de la musique et de ses tons; le Mont-de-Piété, ses créanciers et ses débiteurs; les Amours volages, coiffés de girouettes et vêtus de miroirs et de plumes sur du taffetas de Chine; la Banque, les Modes du temps passé et du temps présent, et le Jugement de Pâris.

Voici, en raccourci, le libretto de cet ouvrage, intitulé: *Balet des princes indiens dansé à l'arrivée de Son A. R., le cinquiesme jour de décemb.* 1634:

SUJET DU BALET.

Première entrée. Monsieur le comte de Moucron fait la première entrée soubz l'habit de la Renomée, laquelle au bruit des victoires et des triomphes de S. A. R. et des perfections des dames de sa court, vient rendre hommage et à l'un et aux autres soutenant, que les Échos des solitudes les plus escartées ne parlent jamais d'autre langage que celui de leurs louanges.

Seconde entrée de la musique. Elle paroit vestue d'une robe plicée en tuyaus d'orgue et toute couverte de notes de musique, portant pendus à sa seinture six divers instrumens et dansant au son d'une épinette d'Alemaigne qu'elle tient soubz le bras et qui sonne toute seule.

Troisiesme entrée des six tons. Ces six enfans de la musique vestus de mesme en hommes, paressent ensuite et abordant leur mère prenent chacun un de ses instrumens qu'elle porte et en jouent tous ensemble chantant des vers à la louange des dames. Premier récit.

LE MONT-DE-PIÉTÉ. *Première entrée,* dancée par messieurs: le conte de Bossu, le conte de Moucron, gentilhommes; le conte d'Ostrat et le sᵣ de Gordon, valetz de chambre.

Seconde entrée, dancée par messieurs: le conte de Bassigny, peintre, le baron de Vangles, mathelot, le conte de Foucamberge, clerc, et le duc Dolano, arracheur de denz.

Troisiesme entrée, dancée par messieurs: le conte de Beaumont, marquis de la Viéville, damoiselles, le prince de Ligny, le prince de Cimé, chaperonnes, et le marquis de Vestreloo, hollandoise.

Les amans volages. *Première entrée*, dancée soubz des habitz tous couvertz de miroirs, par messieurs : le conte de Bossu, le conte de Moucron, conte d'Ostrat, baron de Vangle et le sr de Gordon.

Seconde entrée, dancée soubs des habits de plume, par messieurs : le duc Dolano, le conte de Bassigny, le prince de Cimé, marquis de la Viéville et son gentilhomme.

Troisiesme entrée, dancée soubs des habits de tafetas de la Chine couverts de girouètes et coiffez d'un moulin à vent, par messieurs: le marquis de Vestrelo, conte de Mègue, conte de Beaumont et le gentilhomme de monsieur le viconte de Gan.

Entrée d'un Moscovite, et second récit aux dames.

La blanque, où soubz des habitz de différentes nations, dansent : messieurs le conte de Bossu, turc; conte de Moucron, more; conte de Bassigny, scite; conte de Mègue, topinambour; duc d'Olano, more; le sr de Gordon, sauvage; et le baron de Vangles, topinambour.

Entrée et concert de quatre pages vestus de toile d'argent jouant du l'hut.

Les modes. *Première entrée*, dancée par messieurs: le prince de Ligny, conte de Foucambergue, conte d'Ostrat, païsans à la vieille mode; duc d'Olano, marquis de la Viéville, et baron de Vangles, bergers à la nouvelle mode.

Seconde entrée, dancée par messieurs : le conte de Bassigny et le conte de Mègue, foulx.

Troisiesme entrée, dancée par messieurs: le conte de Bossu, damoiselle à la vielle mode; le conte de Moucron, damoiselle à la nouvelle mode; marquis de Vestrelo, huque à la vielle mode et le gentilhomme de monsieur le viconte de Gan, huque à la nouvelle mode; prince de Cimé, et le conte de Beaumont, païsanes à la vieille mode et à la nouvelle mode.

INTERMÈDE *du Jugement de Paris et des machines.* Un ciel aparent se fait voir après que les nuages qui le couvrent se sont peu à peu dissipez, et ce ciel s'entrouvrant, on voit encore descendre lentement un grand globe estoilé, d'où sortent les trois déesses accompagnées de Mercure.

Entrée des trois Déesses et de Mercure, dancée par messieurs: le conte de Foucanbergue, Junon; le duc d'Olano, Minervė; le marquis de la Vieville, Vénus; et le conte de Mègue, Mercure.

Entrée de la Déesse Discorde, dancée par un des gentils hommes de monsieur le marquis de la Viéville. Cette déesse couverte d'une robe parsemée de flammes portant un flambeau à la main, jète en dansant au milieu des déesses une pomme d'or, où il y a écrit dessus: *c'est pour la plus belle,* et à mesme temps disparoît. Les déesses prennent cette pomme et la regardent en dansant tousiours, et à l'instant une grande machine joue qui fait voir, avec autant d'admiration que d'estonnement, un bois et un rocher sur lequel le s^r de Gordon, vestu en berger qui représente Pàris, est assis jouant de la musette en gardant ses tropeaux.

Il est choisi pour juge du consentement des déesses, et, après les avoir considérées en dansant ensemble, pressé d'un sentiment particulier de raison et de justice, il donne la pomme à madame la princesse de Falsbourg, non seulement comme à la plus belle, mais encore comme à une des plus vertueuses et des plus parfaites de son sexe.

Entrée d'Orphée. Troisiesme récit aux dames.

Le grand BALET *de Parade,* dancé par les mesmes seigneurs. Les princes indiens, nepveux du soleil aux dames... (1).

─────────────

(1) Ce libretto, imprimé à Bruxelles chez François Vivien, ne contient que trente pages in-4°. Il est excessivement rare. La Bibliothèque royale de Bruxelles en possède un exemplaire. La dédicace, qui est

Les ballets n'étaient d'abord que des danses figurées. Certains beaux-esprits y joignirent des vers, qu'on récitait à la louange des danseurs. Ensuite ces récits furent dialogués, mis en musique et chantés. Bientôt on en fit de vrais spectacles dont on empruntait le sujet à la mythologie ou aux romans de chevalerie. Les danses qui en formaient auparavant la partie essentielle, n'en furent plus que les intermèdes. Quand on réfléchit que les opéras durent leur origine aux faibles commencements des ballets, on est surpris de voir de si minces choses en produire de grandes.

« Ce qui distingue, ce qui caractérise les ballets de cour, dit Paul Lacroix, ce sont les noms des seigneurs et des dames qui y figuraient à côté des rois et des princes. Les vers que le poëte leur applique directement ou indirectement renferment souvent les particularités les plus intéressantes, les personnalités les plus étranges ... On ne confondra pas ces ballets de cour avec les ballets de théâtre : ceux-ci ne sont que des jeux scéniques ornés de musique et de danse ; les autres sont, pour ainsi dire, des satires en action et des galeries de portraits historiques. »

Ici vient se placer, selon l'ordre des dates, le *Balet du monde, accompagné d'une comédie de musique,* exécuté, au palais de Bruxelles, pendant le carnaval de 1650. On en a vu le libretto dans le premier volume de ces recherches (1). Ce ballet-comédie, donné à l'occasion du

---

signée P. DE LA SERRE, auteur du *Roman de la cour de Bruxelles,* où sont dépeints plusieurs divertissements de ce genre, annonce que l'ouvrage a été composé à l'occasion de l'arrivée de S. A. R. en ces pays. M. le bibliophile JACOB (Paul Lacroix), dans la liste des ballets qu'il publie dans le premier volume de ses *Ballets et mascarades de la cour sous Henri IV et Louis XIII,* (1581 à 1652. — Genève, 1868) et dont il réédite les livrets, donne, à l'année 1634 et pour Bruxelles, un *Ballet des princes radieux.* C'est apparemment une faute d'impression ou une mauvaise lecture.

(1) P. 264 à 272.

mariage de Philippe IV avec Marie-Anne d'Autriche, est grotesque sans doute, mais en parcourant les arguments des ballets dansés, à la même époque, à Paris et ailleurs, on s'aperçoit que l'art chorégraphique n'y était guère plus avancé. Bruxelles obéissait à la mode.

Nous rencontrons dans la *Correspondance du conseil de Brabant* (1), une nomenclature des personnages de distinction qui assistèrent à cette solennité artistique. Ce document est trop intéressant pour qu'on ne désire en trouver ici le texte littéral. Le voici :

LISTE DES MESSIEURS DU CONSEIL DU ROY EN BRABANT, DE LEURS COMPAIGNES, FILZ ET FILLES, DÉNOMMEZ POUR VEOIR LA COMMÉDIE ROYALE, ETC. LE 24 DE FEBVRIER 1650.

Monsieur le chancellier.

Monsr le conseiller Van Thulden, avecq deux filz et une fille; font quatre personnes.

Monsr le conseillier Bourgeois, avecq madame et trois personnes.

Monsr le conseillier Schotte, avecq quatre personnes.

Monsr le conseillier Ricart, sa compaigne, son fils et cincq niepces.

Mons[r] le conseillier d'Ongelberghe, sa compaigne et deux autres personnes.

Mons[r] le conseillier Ryckewaert, sa compaigne, deux filz et deux filles.

Mons[r] le conseillier Stockmans, sa compaigne et deux autres personnes.

Monsr le conseillier Vivens, sa compaigne et deux personnes.

Monsr le conseillier Vanden Winckele, avec sa compaigne et deux personnes.

Monsr le conseillier Bailly, avecq une personne.

Monsr le conseillier Vanden Eede, sa compaigne et trois personnes.

(1) Aux Archives générales du Royaume, registre n° 28, f° 56.

Monsr le conseillier et advocat fiscal, sa compaigne et une personne.

Monsr le conseillier Biel, avecq une personne.

Monsr le conseillier Van Male, sa compaigne et trois personnes.

Monsr le conseillier Vanden Brugghe, sa compaigne et trois personnes.

Monsr le procureur-général, sa compaigne et trois filles.

Monsr le greffier Ghindertaelen, sa compaigne et trois personnes.

Monsr le greffier De Merseke, sa compaigne et trois personnes.

Monsr le secrétaire Loyens et sa compaigne.

Monsr le secrétaire Gaillard, sa compaigne et deux personnes.

Monsr le secrétaire Happart, avecq trois personnes.

Monsr le secrétaire De Witte, avecq une personne.

Monsr le secrétaire Steenhuyse, sa compaigne et deux personnes.

Monsr le secrétaire De Freu, avecq sa compaigne.

Monsr le secrétaire Steenwinckel, avecq trois personnes.

Font en tout le nombre de cent et ung.

C'est grâce aux *Relations véritables*, ce *Moniteur* du temps, qu'il nous est permis de suivre, comme pour l'oratorio, les représentations d'opéra données à la cour de Bruxelles. Par malheur, la série des premières années de cette gazette offre quelques lacunes irréparables (1). Ainsi, il ne nous est guère possible de savoir au juste quelle

(1) La Bibliothèque des Archives du Royaume renferme une belle série de cette gazette, mais à partir de 1653 seulement. La Bibliothèque Royale possède une collection offrant également des lacunes. Toutefois elle a tout ce qui a paru de la première année, 1649, où elle s'appelait *Courrier véritable des Pays-Bas*, et l'année 1652. Les collections de Paris ne commencent qu'en 1654. Les années 1653 et 1654 sont exclusivement consacrées aux faits militaires.

était la comédie chantée qui se donna au palais de Bruxelles, en 1650, où se célébra le mariage de Philippe IV, roi d'Espagne. Ce qu'il est permis de constater, c'est que Bruxelles suivit de près Paris dans l'enfantement de l'opéra. Le 14 décembre 1645, un mélodrame italien en cinq actes de Giovan-Battista Balbi et Torelli, *la Festa teatrale della Finta Pazza*, fut représenté devant Louis XIV et sa cour, dans la salle du Petit-Bourbon, à Paris. C'est le plus ancien embryon d'opéra dont on conserve le souvenir, et il ouvre le répertoire général du Théâtre de l'Opéra français (1). Était-ce la *Finta Pazza* « farce ornée de musique, de danses et de tous les prestiges de la mise en scène » que la cour de Bruxelles admira tant en 1650 ? Une reprise en eut lieu en 1655, dans une circonstance que les *Relations véritables* mentionnent.

Le 23 décembre 1654, arriva à Anvers la reine Christine de Suède, qui aimait beaucoup, comme on rapporte, les lettres et les arts. D'Anvers elle passa à Bruxelles, où on lui fit une réception des plus somptueuses. « Au mois de février suivant [1655], lisons-nous dans l'*Histoire de Bruxelles*, on représenta devant elle, dans la grande salle du palais, l'opéra de *Circé*, sur un théâtre qui coûta, dit-on, plus de 80,000 florins (2). »

Une *Histoire de Léopold-Guillaume, archiduc d'Autriche* (3), *depuis 1647 jusqu'à sa mort 1662*, manuscrit formé de chroniques et d'extraits divers, par Losano (4), fournit sur cette représentation quelques détails que nous ne pouvons manquer d'utiliser ici :

---

(1) Castil-Blaze, *L'Académie impériale de musique*, t. ii, p. 419; [Durey de Noinville], *Histoire du Théâtre de l'Académie de musique en France*, p. 18.

(2) T. ii, p. 74. MM. Henne et Wauters citent, à ce sujet, Aytzema et les *Brussels Eertriumphen*.

(3) Et gouverneur-général des Pays-Bas, de 1647 à 1656.

(4) M.S. n° 800.

Pendant l'hyver, l'on présenta, au dépent du roy,
l'opéra d'*Ulisses*, présenté par la music de ce prince [l'archi-
duc]. Le comte Fuensaldagne, général d'armes et grand-
maistre de l'archiduc, fit présenter par les officiers espagnols
la comédie de *Samson*, laquelle, à la fason d'Espagne,
fut très-bien exéceuté et remply des dances, représentant
tous les nations de l'Europe en particulier. L'opéra et cette
comédie furent présentées sur un grand théâtre mis sur la
grande sale de la cour, du costé des bailles. L'anphithéâtre
fut dressé du costé des murailles de la chapelle du palais,
et ce fut la ville qui fit dresser cette anphithéâtre très-
relevée pour y plasser, au premier rang dans des loges,
tous les consaulx collatéraux, au second rang les chambres
des comptes et ceux du magistrat de cette ville; sur les
bancs mis aux deux costés de la loge pour la royne Christine
et Léopolde, se placèrent les dames et les seigneurs, et
plus bas les communs gens de distinction.

Le jour qu'on présenta la comédie de *Samson*, qui fut
le 4ᵉ jour (*sic*) après l'opéra, il y eut grand bal sur le
mesme théâtre. Le prince de Ligne vint prier la rayne de
vouloir danser avec luy pour comenser le bal, car de ce
temps-là un cavalier venoit prendre une dame pour danser,
et puis elle un cavalier, et insi jusque à 20 cinc ou trente
couple l'on dansa fort avant dans la nuict (1).

Les *Relations véritables* donnent des renseignements non
moins précieux à recueillir sur une comédie-opéra, vrai-

---

(1) Fᵒ 152. Le professeur de danse de la cour, depuis 1649, était
un nommé Adrien-Pierre La Grève. Nous le savons par le procès qu'il
eut à soutenir, en 1669, contre la confrérie des ménétriers, ayant
pour patron saint Job, laquelle prétendait pouvoir le contraindre d'accepter chez elle les fonctions de prévot, *het prooistschap*, sous peine
d'avoir à fermer sa salle de danse et à renoncer à l'enseignement de
cet art. La Grève crut devoir se mettre à l'abri des priviléges que
lui conférait son titre de « domestique de la cour royale », et il produisit, à ce sujet, plusieurs certificats qui lui donnèrent gain de
cause. Ils sont conservés à la section judiciaire, aux Archives du Royaume.

semblablement celle de *Circé*, détachée du *Ballet du monde*, auquel elle servit antérieurement d'intermède:

1655, le 6 février. — La reine Christine de Suède, qui est toujours ici dans le palais, servie et traittée comme devant avec tous les honneurs possibles, aïant témoigné beaucoup d'estime et de la curiosité pour la rare et magnifique comédie chantée qui fut représentée pour les réjouissances du mariage de Leurs Majestez, de laquelle cette princesse avait ouï raconter les merveilles, et S. A. S^{me} aïant trouvé à propos de lui en donner le divertissement, entre les autres parmi lequels le carnaval se passe, les ordres furent donnez, il y a quelques jours, pour en redresser le téâtre et les machines, dans le grand salon, et tous les personnages et acteurs s'étant préparez et aïant refait leurs équipages, jeudi au soir cette comédie fut représentée en présence de Sa M^{té}, le prince de Condé y assistant, avec S. A. S^{me} et tous les cavalliers et les dames de la cour parées fort richement. En sorte qu'une si belle et illustre assistance augmenta infiniment l'éclat et la pompe du spectacle, et que, par ce moïen, l'agréement et l'admiration qu'il causa, surpassa de beaucoup tout ce qui en réussit, il y a quelques années qu'il fut représenté pour la première fois.

Le 13 février. — La comédie chantée, qui fut représentée jeudi 4 de ce mois, dans le salon du palais, a été si aggréable à la reine de Suède, qu'aïant désiré de la voir encor une fois, elle fut de rechef représentée dimanche au soir, comme l'avoit été le samedi une autre comédie espagnole, et le furent d'autres encore lundi et mardi, avec beaucoup de satisfaction de cette grande princesse.

La suite du voyage de la reine Marie-Christine est connue. Partie de Bruxelles, le 12 septembre 1655, la reine se rendit à Inspruck, où elle fit publiquement abjuration du luthérianisme. Elle assista le même jour à une pièce de théâtre que la ville fit jouer pour elle; sur quoi les

protestants dirent que « Christine ayant donné le matin
la comédie aux catholiques, il était bien juste que ceux-ci
la lui rendissent à son tour. » C'est pour elle que le
célèbre Scarlatti composa son premier opéra à Rome, en
1680. La représentation eut lieu dans le palais même
de la reine de Suède.

Dans l'éloge que fait de l'archiduc Léopold-Guillaume
et de son règne le chroniqueur Losano (1), il est un
paragraphe qui mérite d'être reproduit :

Il deffendit les théâtres de halles et ces comédies où
l'on ne parle que de Vénus et de Cupidon ; il permit seulement celles qui peuvent divertir innocemment sans offenser
les yeux et les oreilles chastes. Pour quel effect une troupe
des comédiens françois jouoient sur la Montagne de s¹ᵉ
Élisabeth, et tous les dimanches, mardy et jeudy, après
qu'ils avoient . . . . (2), ils venoient en cour pour
présenter sur un théâtre qui estoit dressé dans la sale
du quartier . . . . . . Léopold se plasoit dans une loge mise
[à côté] du théâtre, et les maistres d'hostel avoient le soin
d'inviter les dames, lesquels il souhaitoit qu'il vindroient
voir la comédie, donc les comédiens, tous les hyvers, donoient
une liste des pièces qu'il avoient étudié, et il le fesoit dire
chacque foys le jour de devant ce qu'il vouloit qu'on
présenta. Pendant la comédie, l'on donoit quelques rafre-
chissement, des confitures et licqueurs.

Voilà le goût des pièces à grand spectacle implanté.
L'élan une fois donné, une série d'ouvrages va se succéder d'année en année, à des intervalles plus ou moins
irréguliers, car les plaisirs du théâtre sont un bienfait
que procure la paix, et plus d'une fois les fanfares de
la guerre viendront interrompre ces passe-temps enchan-
teurs. Le cas s'offrit sans doute durant les années qui

(1) M.S. précité, f⁰ 161 v⁰.
(2) Lacune provenant d'une déchirure dans le papier.

se sont écoulées de 1655 à 1661, du moins notre annaliste garde un silence complet relativement aux récréations scéniques de la cour.

1661, le 19 février. — Entre les divertissements du carnaval, ausquels invite cette aggréable saison de paix, les plus fréquentez dans cette cour sont ceux de la comédie, représentée avec tous les aggréements par la trouppe des comédiens françois de mademoiselle d'Orléans, qui produisent tous les jours sur le téâtre des pièces des plus excellentes en diversité et en artifice et industrie, particulièrement les grandes machines d'*Andromède* de Corneille, qu'ils ont fait voir cette semaine avec entière satisfaction et admiration de toutes les personnes de condition de la cour, et d'une infinité d'autres qui en ont été spectateurs.

La pièce dont il s'agit ici fut jouée, pour la première fois, par la troupe royale de Paris, au Petit-Bourbon, au commencement de 1650. Parsemée de chants, elle rappela, par la magnificence du spectacle, les opéras de Venise. Elle eut quarante-cinq représentations; les machines étaient encore de l'invention de l'italien Torelli. On y représenta le cheval Pégase par un véritable cheval, ce qui n'avait jamais été vu en France, et peut-être en Belgique (1). L'auteur de la notice sur Corneille, dans la *Biographie universelle* de Didot, dit à ce sujet :

« La même année (1650), *Andromède,* pièce à machines, à décorations magnifiques et à grand spectacle, dont le sujet est tiré des *Métamorphoses* d'Ovide, eut quarante-cinq représentations, ce qui était alors un succès prodigieux. Ainsi, le créateur de la tragédie et de la comédie en France y donna la première idée d'un genre de spectacle d'où plus tard devait naître l'opéra, ses machines et ses ballets. »

(1) Voy. le *Mercure galant* de 1682.

« L'*Andromède* de Corneille, dit Voltaire, est aussi supérieure à *Orphée*, que *Mélite* l'avait été aux comédies du temps. »

Il est difficile de préciser ce qu'était la troupe de Melle d'Orléans. Nulle part nous ne trouvons le moindre renseignement à cet égard. Anne-Marie-Louise d'Orléans, duchesse de Montpensier, fille de Gaston d'Orléans (frère de Louis XIII et de Marie de Bourbon), était une princesse de beaucoup d'esprit et d'une érudition fort au-dessus des personnes de son sexe. Elle aimait les savants et elle avait fait de l'histoire et des belles-lettres une étude assez profonde. Moyennant les 500,000 livres de rente dont elle jouissait, elle put satisfaire ses caprices en fait d'exhibitions scéniques et payer largement les acteurs. La troupe qu'elle subventionnait était sans doute désœuvrée à Paris pendant la guerre, et c'est ce qui l'aura amenée à Bruxelles. La princesse même ne vint point en cette ville, du moins les mémoires du temps, y compris les mémoires autobiographiques qu'elle laissa, se taisent à cet égard.

1661, le 5 mars. — Le carnaval s'est achevé avec les divertissements accoutumez, principalement celui de la comédie, les comédiens de mademoiselle d'Orléans aïant excellé surtout en la représentation de la *Descente d'Orphée aux enfers,* merveilleuse pour ses rares machines et magnifiques changements du téâtre, qui ont ravi et parfaitement satisfait toute la cour et les autres spectateurs.

Il est évident qu'il s'agit ici d'une sorte d'opéra ou du moins d'une comédie avec chant et à grand spectacle. Il ne peut être question de la tragédie de Lépine, donnée en 1623, sous le titre de : *Le mariage d'Orphée, sa descente aux Enfers et sa mort par les Bacchantes.* Il est peu probable aussi que la pièce de Bruxelles ait quelque ressemblance avec la tragédie de Chapoton, jouée par la troupe royale, en 1640, et dont le titre est: *Le mariage d'Orphée et d'Euridice ou la grande journée des machines*. Tout porte à croire que la troupe de Melle d'Orléans joua la tragi-comédie d'*Orphée et Euridice*, qu'on considère comme le premier opéra, et dont la composition est attribuée à l'abbé Perrin. Le cardinal Mazarin fit venir des musiciens d'Italie pour monter cet ouvrage, dont la première représentation eut lieu, au Palais Royal, en présence de Leurs Majestés, le 5 mars 1647. Dans son *Traité des Ballets*, le père Ménétrier retrace le plan de cette pièce, les différents changements de tableaux (1), les vols et les machines qui y parurent et dont la magnificence éblouit tout le monde. Le texte était primitivement en vers italiens; mais, vu son immense succès, on peut croire que, bientôt après, une traduction française en aura été faite. Si notre attribution est réelle, l'opéra aura débuté, parmi nous, dans des conditions exceptionnelles. La partition de l'*Orfeo e Euridice*, interprétée, en 1647, par des musiciens italiens mandés par Mazarin, émane d'un des plus célèbres compositeurs du xviie siècle, Luigi Rossi, sur lequel M. Fétis ne nous a donné qu'une insignifiante notice.

1662, le 25 [août], jour de s^t Louis. — Le soir, fut représenté au palais une comédie espagnole, sous le titre des *Amazones*, avec un ballet, où la richesse des habits, la beauté du téâtre, la diversité des scènes, et l'addresse et bonne grâce des acteurs donnèrent une grande satisfaction à Leurs Excellences le marquis et la marquise [de Caracène], et aux seigneurs et dames principales de la cour, qui y assistèrent.

Le 29 novembre. — Samedi dernier, jour de s^{te} Caterine, de laquelle Son Excellence la marquise de Caracène porte le nom, il y eut à ce sujet solemnité au palais, où les

---

(1) Reproduits par Castil-Blaze dans son *Opéra italien*, p. 69.

seigneurs et principales dames de la cour, richement et magnifiquement parez, aïant été complimenter Sadite Excellence, il y eut le soir une comédie espagnole, qui réussit fort bien, et fut accompagnée d'un beau ballet, et suivie d'une somptueuse collation, la plus grande partie de la nuit s'étant passée à ces divertissements.

1663, le 14 avril. — Dimanche dernier, Son Excellence le marquis de Caracène, gouverneur-général de ces provinces, assista, avec toute la cour, à une messe célébrée solennellement, dans l'église des chanoines réguliers de Coberghes, devant l'image miraculeuse de Notre-Dame de Bois-le-Duc, par le prélat du couvent, chapellain héréditaire de la chapelle roïale du palais, et à l'issue, le *Te Deum* fut chanté en mémoire des jours de la naissance de Leurs Majestez. Et le soir, pour le même sujet, fut aussy représentée, dans le grand salon du palais, une magnifique comédie intitulée : *Le plus grand charme est l'Amour,* dont les rares machines et les changements de scènes merveilleux, avec les ballets et autres diversitez des plus ingénieuses et parfaitement exécutées, ravirent d'admiration tous les spectateurs. Leurs Excellences aïant accompagné ce divertissement d'une somptueuse collation, où se trouvèrent toutes les dames, avec les seigneurs de la cour, qui passèrent ainsi la plus grande partie de la nuit avec une satisfaction extraordinaire des soins que leurs dites Excellences avoient pris pour solemniser, avec tant de magnificence, des jours si heureux à la monarchie. Mardi et jeudi, au soir, cette comédie a encor été représentée, pour le contentement de tous ceux de la noblesse et du peuple, qui n'y avoient pas été la première fois, et qui s'y sont trouvez avec un très grand concours et la même satisfaction qu'en ont reçeu les premiers.

1664, le 12 janvier. — Dimanche, 6 de ce mois, jour des Rois, et celui de la naissance de Sa M^{té}, la solemnité s'en fit, au palais, où fut représenté une belle comédie espagnole, en présence de Leurs Excellences le marquis et la marquise de Caracène, et des seigneurs et dames de la cour, lesquels ensuite Leurs dites Excellences traittèrent à une magnifique collation.

Le 23 février. — Mardi dernier, 19 de ce mois, se commencèrent ici les réjouissances, par une rare et magnifique comédie, dédiée par Son Excellence la marquise de Caracène à l'heureuse conclusion du mariage d'entre l'Empereur et la sérénissime Infante Marguerite. Elle a encore été représentée les deux jours suivants avec admiration de tous les seigneurs et dames de la cour et de la ville, et d'une infinité d'autres personnes qui en ont été spectateurs, l'invention de la pièce étant des plus belles, comme aussi l'exécution, avec un grand ordre et diversité de machines et de changements de téâtre, ainsi qu'il se peut voir dans l'argument et la description, qui en est imprimée en espagnol et en français.

1664, le 1ᵉʳ mars. — En continuation des réjouissances pour la conclusion du mariage de l'Empereur avec la Sérénissime Infante Marguerite, dimanche, lundi et mardi au soir, furent ici allumez les feux de joie et brûlez de beaux feux d'artifice devant le palais et la maison de ville; et, en trois soirs, par un nouveau témoignage du zèle de Son Excellence la marquise de Caracène, fut dansé, dans le salon dudit palais, le *Ballet des dieux et des déesses,* par mademoiselle de Caracène, fille aînée de Son Excellence, et d'autres personnes de l'un et l'autre sexe des plus considérables de la cour. Il étoit composé de 9 entrées, avec quantité de belles machines, qui donnèrent beaucoup de satisfaction aux spectateurs, qui furent comme éblouis de l'éclat des richesses et des beautés des dames, qui s'y trouvèrent en grand nombre, et admirèrent la disposition de tous ceux qui furent emploiez à cette magnifique fète, autant que le bon ordre qui fut observé en son exécution.

Le scénario de ce ballet nous est conservé aux Archives du royaume. Nous le donnons encore comme spécimen des divertissements du temps. L'intrigue est nulle et n'offre guère que des prétextes à danses. Il y a toutefois dans l'agencement du tout une conduite qui ne manque pas d'habileté, en ce que la gradation et les oppositions sont heureusement observées. L'ordonnateur est don Antonio De Cordoua, lieutenant-général de cavalerie, qui prit part aux danses, ainsi que, entre autres personnages, la fille du gouverneur-général. Encore une pièce que le répertoire français ne mentionne pas!

Voici d'abord le titre que porte le livret en question: *Pompeux ballet qui se fait en la grande sale du palais de Bruxelles, par l'ordre et le zèle de Son Excellence madame la Marquise de Caracène, etc., et qu'elle consacre à l'heureuse conclusion du mariage d'entre le Très-Auguste Empereur Léopold et la Sérénissime Infante d'Espagne Marguerite d'Austriche, etc. —* [Bruxelles, 1664?] in-4°, de 11 pages (1).

Argument du grand ballet.

Son Excellence madame la marquise de Caracène n'estant pas encore satisfaite d'avoir obligé les mortels à donner leurs applaudissemens de joye à ce fortuné Hymenée, elle fait que la Renommée en solicite tous les dieux, afin que laissant pour un temps leur paisible demeure, ils daignent de venir se réjouir pour un évènement si surprenant. Et comme il n'est rien qui résiste à des prières si tendres, Jupiter écoute favorablement la Renommée et ensuite ordonne que l'inconstant Éole, l'écumant Neptune, Pan bocager, l'agréable Flore, l'intrépide Mars et l'éloquent Apollo produisent tous ceux qui sont sous leur empire, afin qu'avec empressement ils en témoignent leur zèle et satisfac-

---

(1) Comme on l'a vu plus haut, il en a été fait, en même temps, une édition espagnole.

tion. Et ils y obéissent avec promptitude. Mome qui syn-
dique généralement tout ce que les dieux font, n'en diffère
pas, et quoiqu'il soit jusques à l'excez médisant, il y
adjoute à ce coup son suffrage et croit qu'avec équité Jupiter
fasse ouverture à tant d'éclat, tant de majesté et à cette
si fastueuse pompe.

ORDRE DU BALLET.

Après l'air harmonieux de la plus agréable musique du
monde, et qu'épouse une tendre confusion d'instrumens
mélodieux, le théâtre s'ouvre et la Renommée sur un char
triomphant conduit par l'aigle impérial et le lion couronné
se fait une voye dans l'air et s'empresse d'attendrir le souverain des Dieux, afin qu'il laisse s'entraîner par l'agréable
violence de cette divinité, que l'on devroit avec justice
élever jusques à la suprême sphère des cieux; ainsi que
monsieur Don Antoine De Cordoua, lieutenant-général de
cavalerie, etc., exprime inimitablement icy, comme tout
ailleurs, puisque c'est luy seul qui donne l'âme et conduit cette admirable pièce.

JUPITER, LA RENOMMÉE.

Jupiter, charmé de la résonnante, quoyque lors douce
trompe de la Renommée, paroit majestueusement sur un
aigle, et ne concède pas seulement que les Dieux habitans
de l'immense Olympe doivent orner l'illustre trophée, que
l'augustissime union de l'incomparable Marguerite et l'in-
vincible Léopold érige à l'immortalité, mais que les héros
même et qui remportèrent pour prix de leur magnanimité
et guerriers projets, les Champs Élisées soient de la partie
à témoigner leur satisfaction; et ensuite il commande qu'Éole,
moins turbulent, ôte les chaînes aux vents, afin qu'à la
cadence d'agréables instrumens, ils forment des figures
-de réjouissance.

JUPITER, LA RENOMMÉE, ÉOLE.

Éole obéit sans repugnance, et sortant de sa caverne, il commande que l'agréable Zéphir et les autres vents plus vigoureux commencent cette réjouissance ; mais comme ceux de l'orient, de l'occident, du midy et du septentrion sont les plus cognus, et qui partent des quatre parties du monde, par un air qui exprime leur violence, ils composent

LE BALLET DES VENTS.

JUPITER, LA RENOMMÉE, ÉOLE.

Éole estant d'humeur de faire continuer ces applaudissements, conjure Neptune qu'abandonnant ses vertes grottes, il veuille augmenter le lustre.

JUPITER, LA RENOMMÉE, ÉOLE, NEPTUNE.

L'orageux Neptune, d'un air qui ressent les lieux de son empire, calme l'irrité Océan, et par des presentimens indubitables, il présage que cette Divinité espagnole arrivera heureusement en Allemagne. Puis veut que Prothée souffre que les Dieux marins en manifestent aussy la joye. Et ensuite vous voyez

LE BALLET DES DIEUX MARINS.

JUPITER, LA RENOMMÉE.

La mer s'évanouit, et Jupiter treuvant que tous les Élémens étoient obligez d'y contribuer leur divertissemens, exhorte Pan qu'il veuille pousser les Satyres et les Laboureurs à en rehausser la pompe.

JUPITER, LA RENOMMÉE ET PAN.

Pan se fait fort que ny Orphée ny Amphion l'emporteront sur luy, et à même temps au bruit d'un air champêtre, ses Idolâtres s'y rendent en foule et forment

UN BALLET DE LABOUREURS ET UN AUTRE
DE SATYRES.

JUPITER, LA RENOMMÉE ET PAN.

Jupiter oblige Flore, les Nayades et Hamadryades à venir témoigner leurs tendresses.

JUPITER, LA RENOMMÉE, PAN, FLORE.

L'aymable Flore offre l'émail de ses couleurs pour ornement de cette inestimable perle. Et elle attire les Nimphes qui habitent ses champs délicieux à ne pas céder aux autres Divinitez; et un moment après l'on void

LE BALLET DES NIMPHES.

JUPITER, LA RENOMMÉE, PAN, FLORE, MOME.

Mome, censeur de toutes les actions des dieux, en béguaiant se pleint que Jupiter l'ait oublié pendant une réjouissance si entière, puisqu'il pouvoit croire (quoyque naturellement il soit d'une pente à syndiquer) qu'il ne treuvoit rien à censurer en ce point, et afin de donner des marques d'un aveugle adveu, il danse seul.

BALLET DE MOME.

JUPITER, LA RENOMMÉE, FLORE ET PAN.

Puis Jupiter, pas satisfait encore que ces dieux qui président à l'air, à la mer et à la terre, soient les seuls qui applaudissent à cet évènement, il ordonne que Mars suive incessamment le char du très-auguste Léopold, secondant tousiours ses magnanimes desseins.

JUPITER, LA RENOMMÉE, PAN, FLORE, MARS.

Mars, calmant sa bouillante rage et inassouvie fureur, métamorphose ses instrumens guerriers en ceux d'une harmonieuse musique, et prédit les illustres triomphes que l'empereur doit emporter. Même afin de faire éclater d'avantage ce tendre et surprenant combat, il exhorte les héros à ce que, laissant pour un temps les Champs Élisées, ils viennent faire parètre ce qu'ils en ressentent.

BALLET DES HÉROS.

Jupiter, la Renommée, Pan, Flore, Mars, Héros.

Jupiter, satisfait du magnifique ballet des héros, leur promet pour toute récompense de leur faire voir les neuf muses avec leur souverain, et à même temps il l'appelle par un air mélodieux.

Jupiter, la Renommée, Pan, Flore, Mars, Héros, Muses.

Le cher frère de la belle Diane y obéissant, asseure qu'il étalera les aymables visages des nœuf sœurs, puis commande que ces nuées, qui empêchent leur vue, s'évanouissent, afin de donner une satisfaction toute entière aux spectateurs.

BALLET DES MUSES.

Et pour tirer l'échelle après cette pompeuse feste, les Dieux, les Héros et les Muses font encore un ballet ensemble (1).

Les alarmes de la guerre, les ravages de la peste suspendent momentanément l'intérêt des divertissements scéniques. Les années 1665, 1666, 1667 et 1668, sont nulles sous ce rapport. Une simple comédie est jouée par des acteurs français, pendant le carnaval de 1669.

---

(1) Les *Relations véritables* enregistrent, à la date du 12 mars 1664, ce qui suit: « Le 25 du mois passé, *Le Balet des Amours* fut encore dansé au Palais roïal [à Paris], et le 25 dans l'appartement de la reine-mère, avec la même magnificence qu'auparavant, et le 26 les divertissements du carnaval s'achevèrent à la cour par un grand bal. »

Aux années 1670 et 1671, l'opéra continue à sommeiller, du moins il n'est question que de comédies, dans les relations de fêtes qui se donnent au palais (1). Comme il n'est pas démontré que la musique y ait eu une part quelconque, le titre des pièces ayant été omis par le journaliste, en parler ici nous paraît chose oiseuse. Nous ferons une exception pour une pièce légendaire, suivie de ballet, dont la représentation eut lieu au couvent de Berlaimont :

1671, le 14 février. — On a icy terminé le carneval avec toute sorte de divertissements de bal et de comédie ... Mardy passé, madame la comtesse de Monterey fit l'honneur d'aller voir le divertissement qu'on luy avoit destiné dans le couvent des dames chanoinesses de la fondation de Lalaing et de Berlaymont, où les pensionnaires, qui sont la pluspart des premières maisons du pays, représentèrent la *Vie de s^{te} Agnès*, accommodée au théâtre, et, dans les entr'actes, douze de ces demoiselles dansèrent un ballet, et toutes ensemble firent admirablement bien, de sorte que la comtesse en témoigna une satisfaction tout-à-fait grande.

Comme on l'a vu, c'est la saison d'hiver qui est surtout consacrée aux spectacles. Quand le goût de ceux-ci se relâchent, les bals et les soupers suffisent aux plaisirs récréatifs des grands. La guerre poursuivant toujours son cours, durant les années 1672 et 1673, on se borne à la représentation de comédies, pour augmenter l'éclat de certaines solennités marquantes. Le zèle pour les pièces à grand spectacle s'est positivement attiédi. Ainsi, au commencement de janvier 1672, un des capitaines de la garde, le marquis de Mourbec (2) exhibe, en son hôtel,

---

(1) Ces comédies étaient françaises, ou du moins jouées en français. Le lecteur voudra bien envisager comme telles, toutes celles qui seront mentionnées dans la suite, à moins qu'une désignation contraire ne soit faite.

(2) Moerbeke, allié à la famille de Montmorency.

une comédie, à l'occasion du baptême de son fils. Durant le même mois (vers le 23), la fête de sainte Agnès, patronne de la comtesse de Monterey, donne lieu à une pareille représentation :

Le soir, l'on donna au palais le divertissement de la comédie, représentée par la jeunesse du collège des PP. de la compagnie de Jésus de cette ville. Toutes les dames et grands seigneurs s'y trouvèrent, les ministres des princes estrangers, comme aussi le marquis del Freno, ambassadeur de Sa Majesté vers le roy de la Grande Bretagne, qui se trouve depuis peu incognito en cette ville.

Pendant le carnaval, le comte de Monterey invite les personnages de distinction à une comédie, « qui réussit fort belle et fort agréable. » Même spectacle, le 1er mars, lors de l'heureuse délivrance de la comtesse de Monterey. En novembre, dimanche le 6, jour de naissance de S. M. et lundi, pareil divertissement, « les deux jours une différente troupe de comédiens fit tout son possible de bien satisfaire la compagnie *(sic)*. » En décembre, pour célébrer le jour anniversaire de la naissance de la reine, « comédie pour les dames. » Au mois de février 1673, toujours la comédie, cette fois avec ballets pour intermèdes, dansés « par les seigneurs masqués et les demoiselles de qualité. » Rien en 1674. Pour l'année 1675, il n'y a à signaler que ceci :

La cour passe aggréablement le carneval selon la conjoncture présente, et leurs Excellences ayans invité toutes les dames, elles leur donnèrent, dimanche passé, le divertissement de la comédie en espagnol.

Après un chômage de quatre années, la comédie reparaît en 1680, avec des acteurs étrangers pour interprètes :

1680, le 2 novembre. — S. A. le prince de Parme fit l'honneur, mardy dernier, à la trouppe de comédiens du duc

d'Hannovre, d'aller avec toute la cour voir, à leur théâtre,
la représentation de la pièce à machines intitulée : *la Toison
d'or,* qui réussit fort bien à la satisfaction de ce prince.

La *Toison d'or,* tragi-comédie de Pierre Corneille, en
cinq actes, avec danses et musique, fut représentée
pour la première fois en 1660, au château de Neu-
bourg (Normandie), appartenant au marquis de Sour-
deac (1). Elle eut, l'année suivante, un immense succès
à Paris, grâce à ses décors somptueux et à ses machines
ingénieuses. « Il y a plus de machines et de changements
de décoration, dans la *Toison d'or,* que de musique, dit
Voltaire. On y fait seulement chanter les sirènes dans
un endroit, et Orphée dans un autre. Mais il n'y avait
point dans ce temps-là un musicien capable de faire
des airs qui répondissent à l'idée qu'on s'est faite du
chant d'Orphée et des Sirènes. La mélodie, jusqu'à Lulli,
ne consista que dans un chant froid, traînant et lugubre,
ou dans quelques vaudevilles, tels que les airs de nos
noëls, et l'harmonie n'était qu'un contrepoint assez gros-
sier. » Les comédiens du duc de Hanovre jouèrent, au
théâtre de la Galerie des Empereurs, la comédie française, en novembre et en décembre de la même année,
et ils séjournèrent à Bruxelles « jusques au retour du
duc dans ses états. »

1681, le 19 février. — S. A. le prince de Parme a voulu
faire participer les grands de la cour et la principale noblesse aux divertissements du carneval, en les invitant au
palais à y jouir de ceux qu'il leur a fait préparer, leur
ayant donné, en un temps, la comédie espagnole, et, aux

---

(1) Ce marquis de Sourdéac était un habile mécanicien et il avait
une grande passion pour le théâtre. « C'est ce même marquis de
Sourdéac, dit Voltaire, à qui on dut depuis en France l'établissement
de l'opéra. Il s'y ruina entièrement, et mourut pauvre et malheureux,
pour avoir trop aimé les arts. »

derniers jours, la représentation du *Pastor fido* en italien, avec tous les aggréments du théâtre.

Qui ne connaît le *Pastor fido*, du moins de réputation ? Cette tragi-comédie pastorale, de Jean-Baptiste Guarini, imprimée à Venise en 1590, eut une vogue extraordinaire, et on en fit la traduction dans presque toutes les langues de l'Europe. Le sujet en est emprunté à l'histoire tragique de Corésus et de Callirhoé, rapportée par Pausanias. C'est apparemment la version française de l'abbé Torche (Amsterdam, 1677), dont on se servit pour les représentations de la cour.

1681, le 27 août. — Lundi, jour de s[t] Louis, fêtes magnifiques au palais. S. A. le prince de Parme étant indisposé, la fête fut imparfaite, et ce prince différa à donner le divertissement de l'opéra en italien, intitulé *la Delaride* ou *les Chaînes de l'Amour*, qu'il avoit fait préparer à l'honneur de Sa Majesté.

Le 3 septembre. — Son Altesse le prince de Parme se trouvant soulagée de son indisposition qui l'avoit obligée de différer de donner le divertissement de l'opéra italien, intitulé *la Delaride* ou *les Chaînes de l'Amour*, qu'il avoit fait préparer pour célébrer avec d'autant plus de magnificence la feste de saint Louis, jour du nom et de la naissance de la reyne régnante, en fit donner, dimanche au soir, la représentation sur le théâtre de la Galerie des Empereurs, où toute la noblesse de l'un et de l'autre sexe s'estoit rendue pour voir cette merveilleuse pièce, qui réussit à la satisfaction de tous les spectateurs.

Il y eut encore, au mois de novembre de la même année, une comédie italienne donnée au palais, en présence d'un grand nombre de hauts personnages.

1682, le 4 février. — L'opéra italien, avec quoy on a commencé le carneval, est l'unique divertissement de la noblesse, que l'on continuera ainsi pendant quelque temps, tout le monde en estant fort satisfait, tant pour sa belle représentation, que pour les divers changements de théâtre et les machines extraordinaires.

Le 11 février. — L'on a continué, ces jours passez, tous les grands divertissements du carneval. L'on a continué de représenter l'opéra de *Médée* en italien, et lundi au soir, par ordre de Son Altesse le prince de Parme, l'on donna au palais le divertissement d'une comédie en espagnol. Tous les grands de la cour s'y trouvèrent.

Ainsi, l'opéra italien inaugura en quelque sorte les divertissements scéniques de l'année 1682, comme l'opéra français en fit la clôture. Quelle est donc cette *Medea* qui fit les délices de la noblesse de Bruxelles? Euripide, Sénèque, Corneille, Shakespeare ont, avec des moyens différents, adapté ce sujet à la scène, mais sans l'intervention de la musique. En interrogeant le répertoire italien, on y rencontre mainte pièce de ce genre, qu'il serait téméraire de vouloir assigner à la nôtre.

1682, le 20 may. — Il y avoit longtemps que la princesse d'Orange souhaitoit de faire un voyage en ce pays-cy, et s'est enfin déterminée à le faire incognito. Elle est chez don Antonio Agourto, général de l'artillerie de ce pays, régalée le mieux qu'il se peut. On luy donna avant-hier le divertissement de l'opéra de *Thésée* en français, dont elle eut bien de la satisfaction.

L'opéra de *Thésée*, dont le poëme est de Quinault et la musique de Lulli, fut représenté pour la première fois devant Louis XIV à Saint-Germain-en-Laye, le 11 janvier 1675, par les musiciens du roi, joints à ceux de l'Académie de musique. La scène du prologue se passe dans les jardins de Versailles.

1682, le 11 novembre. — Le 6 de ce mois, jour de naissance du roy. Fêtes remises à dimanche.

Son Excellence donna le divertissement, à toute la cour, de l'opéra de *Persée*, sur le théâtre étably en cette ville, et après ce divertissement il fit au palais un très-magnifique festin.

Persée, également de Quinault pour les paroles et de Lulli pour la musique, date du 17 avril 1682. Ainsi, à sept mois de distance, Bruxelles put jouir d'un spectacle qui eut une vogue immense à Paris et pour lequel d'excellents sujets étaient nécessaires. Nous disons Bruxelles, car, pour la première fois, il est parlé d'un « théâtre établi en cette ville; » conséquemment le public y aura eu accès en même temps que la cour. Des détails seront fournis plus loin sur l'érection de cette scène, la première sans doute qui offrit quelque importance. Comme on le verra en 1699, elle reçut le nom de Grand-Théâtre. La Vertu et la Fortune se rencontrent dans le prologue de *Persée*. « *Andromède*, selon Voltaire, était un si beau sujet d'opéra que, trente-deux ans après Corneille, Quinault le traita sous le titre de *Persée*. Ce drame lyrique de Quinault fut, comme tout ce qui sortait alors de sa plume, tendre, ingénieux, facile. On retenait par cœur presque tous les couplets, on les citait, on en faisait mille applications. Ils soutenaient la musique de Lulli, qui n'était qu'une déclamation notée, appropriée avec une extrême intelligence au caractère de la langue. Ce récitatif est si beau qu'en paraissant la chose du monde la plus aisée, il n'a pu être imité par personne. Il fallait les vers de Quinault pour faire valoir ce récitatif de Lulli, qui demandait des acteurs plutôt que des chanteurs. »

Représentation de comédies et ballet dansé le jour de la feste du Roy, par ordre de Son Excellence, à Bruxelles le 6 novembre 1685. — A Bruxelles, chez Eug. Henry Fricx, à l'enseigne de l'Imprimerie, 1685. In-4° de 27 pages.

Acteurs : la Gloire, Mlle Sylvie; la Renommée, Mlle Babet; Flore, Mlle Cartilly; Dieu Pan, Mr Champenois; suivant de Pan, Mr Touvenelle; Zéphir, Mr Sylvie; suite de Flore représentant des nymphes, Mlles Chalon, Deschars, le petit Brochet et Le Roux; Suite de Pan, Mrs Des Brosses, père et fils, Deschars, De Lisle, Bouché et Chalon.

Prologue avec chant (solos, duos, trios et chœurs), symphonies et danses. « On servira une magnifique colation, après quoy la tragédie de *Cinna* doit commencer. » — « Pastorale qui doit servir d'intermède entre les deux commédies. »—« Deuxième intermède des Indiens. » — « Troisième intermède des Espagnols. — Quatrième et dernier intermède. Un vieillard, sa femme et ses enfants. » Voici comment le spectacle se termine: « Un arlequin entre et chasse les païsans; il danse seul et un polichinelle le vient joindre. Un scaramouche vient après, et tous trois dansent et se retirent pour faire place à un dialogue ridicule d'Arlequin et Colombine, et le tout finit par une sarabande. »

Les vers dont ce livret est farci sont d'une fadeur dont on ne saurait se faire une idée. Les plus basses louanges s'y allient à une incohérence de style étonnante. Nulle invention, aucun art d'enchaînement, pas l'ombre d'une intrigue. Vrais prétextes à musique et à danse, toutes ces strophes se déroulent avec une pesante uniformité. Nous avons donné l'intitulé de chaque partie. En faire l'analyse serait une tâche trop ingrate, et, à coup sûr, fastidieuse. Décidément le progrès, en fait de chorégraphie, est nul depuis 1634.

1695, le 25 janvier. — Jeudi dernier, on fit ici la première représentation de l'opéra d'*Amadis,* précédé d'un nouveau prologue dont la musique est de la composition du s^r Fiocco, qui a reçeu un applaudissement général de Leurs Altesses Électorales et des seigneurs et dames de la cour.

Amadis de Gaule, toujours de Quinault et de Lulli, devait être exécutée en 1694, mais la mort de la reine de France en fit ajourner la représentation au 25 janvier 1695. Qui sait si Pierre-Antoine Fiocco n'était pas, à cette époque, chef d'orchestre de l'opéra, au même titre que les *Concertmeisters* allemands.

1695, le 11 novembre. — On fit lundi l'ouverture de l'opéra intitulé *Acis et Gallatée,* avec un nouveau prologue fait au sujet de la prise de Namur, dont la musique est de la composition du fameux sr Fiocco, qui réussit à la satisfaction de Leurs Altesses Électorales et des seigneurs et dames de la cour.

Acis et Galathée est le dernier opéra de Lulli. La première représentation en eut lieu le 19 août 1686, au château d'Anet, dans une fête galante que le duc de Vendôme y donnait au dauphin. Il y eut encore à Bruxelles, au mois de novembre 1695, deux comédies françaises dont le titre n'est pas indiqué.

Les comédies sont partout de mode, même chez les Augustins et les Jésuites, qui, au mois de mars 1696, en firent représenter par leurs élèves. Ce qui nous intéresse d'avantage,. c'est une représentation de l'opéra *Phaéton,* donnée le 16 octobre de la même année. Constatons ici que cet ouvrage, dû à la collaboration de Quinault et de Lulli, fut représenté devant Louis XIV à Versailles le 6 janvier 1683, et à Paris le 27 avril suivant.

1696. — Le 8 de ce mois [de novembre], S. A. E. fut avec madame l'Électrice voir la première représentation de l'opéra de *Bellérophon,* augmenté d'un nouveau prologue, dont la musique est de la composition du fameux sr Fiocco, qui réussit à la satisfaction de Leurs Altesses Électorales et des seigneurs et dames qui le virent.

Bellérophon, paroles de Fontenelle, musique de Lulli, vit le jour à Paris le 28 janvier 1679, et tint l'affiche pendant neuf mois consécutifs.

1697, le 31 décembre. — Son Altesse Électorale a assisté à toutes les fonctions que l'on a fait pendant les fêtes de la Nativité, dans la chapelle roïale du palais. Jeudi, Leurs Altesses Électorales furent voir l'opéra de *Thésée*, avec la première représentation du nouveau prologue fait au sujet de la paix, dont la musique est de la composition du fameux s^r Fiocco.

Comme nous le constatons plus haut, la partition de ce prologue, de même que toutes celles des autres prologues dues à Pierre-Antoine Fiocco, sont ou perdues ou anéanties. Sans ce fâcheux contretemps, nous tiendrions à en donner un échantillon au lecteur.

1698, le 5 décembre. — Mardi matin, S. A. S. fut prendre le divertissement de la chasse, et le soir elle fut avec madame l'Électrice voir la première représentation de l'opéra intitulé *les Quatre Saisons*. Madame l'Électrice palatine s'y est aussi trouvée avec les dames et seigneurs de sa suite.

Les Quatre Saisons, ou plutôt *les Saisons*, sorte d'opéra-ballet, dont la musique est de Colasse et de Lulli l'aîné, parut la première fois sur la scène de Paris le 18 octobre 1695. Le Printemps y est représenté par les amours de Zéphire et de Flore, l'Été par ceux de Vertumne et de Pomone, l'Automne par ceux d'Ariane et de Bacchus, et l'Hiver par ceux de Borée et d'Orithie. L'année 1698 n'offre guère d'autres représentations lyriques, et l'année suivante en est tout-à-fait dépourvue, à cause des affaires politiques.

1700, le 19 octobre. — Dimanche au soir, S. A. S. donna aux Altesses Électrices de Brandebourg et de Brunswich-Lunenbourg le divertissement d'une répétition de l'opéra d'*Atis*, au grand théâtre.

Le 23 novembre. — Vendredi au soir, Leurs Altesses Électorales et toute la noblesse furent au grand théâtre voir la représentation de l'opéra d'*Atis*.

Atys, qui date du 10 janvier 1676, est regardé comme le chef-d'œuvre de Quinault et de Lulli. On a dit qu'*Atys*, était l'opéra du roi, *Armide* l'opéra des dames, *Phaéton* l'opéra du peuple, et *Isis* l'opéra des musiciens. Nous donnons cette légende pour ce qu'elle vaut.

La vogue d'*Atys*, à Paris, dura près d'un siècle. Il n'y a, dans la partition, aucune difficulté sérieuse, et, en vérité, il fallait bien peu d'imagination pour en composer une pareille. Tout y est essentiellement subordonné à la déclamation. Le chant est une sorte de psalmodie sans rhythme ni mesure et presque sans changement de ton, car nous ne saurions appeler modulations les quelques traits prétentieux qui, de temps en temps, viennent rompre la monotonie des voix doublées par les instruments.

Toutefois la fréquence des entrées, tant partielles que générales, nécessitait des études assidues et bien conduites, car ce n'était point dans un semblable ouvrage qu'il eût été permis de prendre ses ébats en rentrant dans les coulisses. Les airs et les chœurs avaient à peine la dimension d'un couplet de vaudeville, et étaient éparpillés, à doses à peu près égales, dans chaque acte. Les récits seuls et quelques fragments symphoniques y faisaient diversion.

Pour l'orchestre, Lulli, à ce qu'on rapporte, n'employait que des virtuoses d'une habilité reconnue, et il imposait d'ordinaire un examen préparatoire, où la symphonie des « songes funestes » d'*Atys* (1), jugée alors d'une grande difficulté d'exécution, était proposée comme morceau d'é-

(1) Cette symphonie se trouve à la page 192 de la partition imprimée, en 1689, à Paris, chez Christophe Ballard, format in-f°, de 318 pages.

preuve. Il en résulte que l'importance musicale et scénique de « l'opéra du roi » n'était pas mince, et que pour mettre sur pied un ouvrage pareil, la ville de Bruxelles devait disposer d'un personnel artistique nombreux et exercé.

Avant de dire un mot de l'institution musicale qui lui servit d'auxiliaire, donnons les principaux renseignements qui se rattachent à l'érection d'un théâtre public.

« Il fut question, après le bombardement, disent MM. Henne et Wauters, de percer une nouvelle rue depuis l'église de Saint-Jean jusqu'à la rue de la Madeleine, et d'élever sur ce terrain un théâtre pour l'opéra. Les instances des religieuses qui redoutaient ce voisinage profane, firent échouer ce projet (1). Enfin, en 1698, l'architecte Jean-Paul Bombarda acheta, au prix de 18,000 florins argent fort, ou 21,000 florins argent courant, le bâtiment de l'ancienne monnaie (2), et fut autorisé à y bâtir un *hôtel des spectacles,* dont il fournit les dessins ; Servandoni en peignit les principales décorations. Après avoir dépensé plus de 100,000 écus à cette construction, Bombarda obtint, moyennant une reconnaissance annuelle de 50 florins, un octroi pour faire représenter les opéras, comédies, et donner des bals, pendant trente années, à partir du 20 janvier 1705, à l'exclusion de tout autre, avec réserve des droits de l'amman et non compris les comédies des bourgeois, danseurs de cordes et marionnettes. »

Ceux qui enfreignaient la défense, encouraient la confiscation des décors, costumes et instruments de musique dont ils s'étaient servis, plus une amende de 3000 florins. Bombarda avait à payer à l'État une redevance annuelle de 10 livres du prix de 40 gros, monnaie de Flandre, pour la-

---

(1) De Reiffenberg, *Nouvelles Archives*, t. i.

(2) L'acte de vente est du 10 juillet 1703. Il est conservé à la Trésorerie de la Chambre des Comptes, aux Archives générales du Royaume.

quelle on exigeait une caution. Toutes ces prescriptions sont
énumerées *in-extenso* dans l'octroi inédit que nous laissons suivre ici :

Philippe par la grâce de Dieu, roy de Castille, de
Léon, d'Arragon, etc. A tous ceux qui ces présentes verront, salut. Reçeu avons l'humble supplication et requète
de Jean-Paul Bombarda, Romain, contenante qu'il a fait
bâtir un grand et magnifique théâtre à la place de la monnoye
en nostre ville de Bruxelles, sur lequel il at jusques à present fait représenter l'opéra, avec un divertissement nouveau du bal, le tout à grands frais et pertes considérables,
et, comme il est juste que si à l'advenir lesdits spectacles
doivent apporter quelque avantage, il revienne plustost à
l'auteur pour le récompenser de son entreprise, et, s'il est
possible, de partie des frais dont il est en arrière, mais
craignant qu'à la suitte du temps quelqu'autre pouroit obtenir, par surprise ou autrement, permission pour entreprendre
pareils spectacles, ce que luy seroit grandement préjudiciable, il nous a supplié de luy accorder et permettre de
faire représenter les opéras, commédies, donner le bal et
autres spectacles publicqs, pendant le terme de trente ans,
ensemble la permission de surroger une ou plusieurs personnes à sa place sans qu'aucun trouble ny empeschement
luy puisse estre apporté, ou à ses surrogés par qui que
ce soit, avec inhibition et défences à tous commédiens,
acteurs d'opéra, entreprenneurs et toutes autres personnes
de quelque qualité ou condition qu'elles soient, de représenter ou faire représenter aucun opéra de musique,
meslé de danses ou autrement, comédies en vers ou en
prose, danseurs de cordes, faire des ballets, bals ou tous
autres spectacles publicqs, sous quelque prétexte que ce puisse
estre, sans le gré ou consentement du suppliant ou de ses
ayans cause, à peine de confiscation des habits, instrumens,
décorations et de touttes autres choses servantes aux représentations, et de trois mille florins d'amende, à appliquer comme
de coustume, tant à charge de ceux qui représenteront qu'à

charge de ceux qui feront représenter lesdits opéras commédies, donner lesdits bals ou autres spectacles publicqs ; *scavoir faisons,* que nous, les choses susdittes considérées, inclinans favorablement à la demande et supplication dudit Jean-Paul Bombarda, Romain, avons par avis de nostre conseil et à la délibération de nostre très-cher et très-amé bon frère, cousin et oncle Maximilien-Emanuel, par la gràce de Dieu, ducq de la haute et basse Bavière et du haut Palatinat, comte palatin du Rhin, grand eschanson du St-Empire et électeur landtgrave de Leichtenbergh, vicaire-général de nos Pays-Bas, etc., octroyé, permis et accordé, comme nous octroyons, permettons et accordons par cette audit Jean-Paul Bombarda, Romain, de faire représenter les opéras, commédies, donner bals et autres spectacles publicqs, pour le terme de trente ans, à commencer de la date de cette, comme aussi de pouvoir surroger une ou plusieurs personnes à sa place, défendans bien sérieusement à tous commédiens, acteurs d'opéras, entrepreneurs et à toutes autres personnes de quelque qualité ou condition qu'elles puissent estre, de représenter aucun opéra de musique meslé de danses ou autrement, commédies en vers ou en prose, danseurs de cordes, faire des ballets, bals ou toutes autres spectacles publicqs, sous quel prétexte que ce puisse estre, sans le gré ou consentement dudit Jean-Paul Bombarda, Romain, ou de ses ayans cause, à peine de confiscation des habits, instrumens, décorations et de toutes autres choses servantes aux représentations, et de trois mille florins d'amende, à applicquer comme de coustume, tant à charge de ceux qui représenteront, que de ceux qui feront représenter lesdits opéras, commédies, donner lesdits bals ou autres spectacles publiqs, bien entendu toutesfois que ledit Bombarda serat obligé de payer annuellement à notre proffit, pendant le tems de ce présent octroy, dix livres du prix de quarante gros monnoye de Flandre la livre, ès mains de nostre cher et bien amé Jacques-Jean-Baptiste Van Uffele, conseiller et receveur général de nos domaines et finances présent ou autres à venir, qui en repondra avec les autres deniers de son entremise, auquel effect le dict Bombarda sera obligé de donner caution à l appaisement de nostre dit receveur général, et avant de pouvoir jouyr de l'effect de ces présentes lettres d'octroy, ledit Bombarda sera tenu de les présenter à ceux de la chambre de nos comptes, pour y estre registrées et intérinées à la conservation de nos droits et hauteurs. Si donnons en mandement à nos très-chers et féaux ceux de nostre dit conseil, président et gens de nostre grand conseil, chancelier et gens de nostre conseil de Brabant et à tous autres nos justiciers, officiers et sujets, laissent ledit Jean-Paul Bombarda, Romain, ses surrogés, successeurs ou ayans cause, de cette présente grâce et octroy paisiblement jouir et user, sans contredit ou empêchement au contraire, et de luy donner toute ayde et assistence en estans requis, car ainsy nous plaît-il.

En témoing de ce, nous avons fait mettre nostre grand scel à ces présentes. Donné en nostre ville de Bruxelles, le ving-tiesme jour du mois de janvier l'an de grâce mille sept-cent cincq, et de nos règnes le cincquième (1).

---

(1) Voyez la liasse n° 460 des *Actes*, *Lettres*, *Rapports*, etc., de la Chambre des Comptes, aux Archives du Royaume. La même année, Jean-Paul Bombarda engagea, au mont-de-piété de Bruxelles, pour la somme de 112,000 florins, deux superbes diamants, dont il acquitta les intérêts jusqu'en 1712. Bombarda était « trésorier de son Altesse Électorale de Bavière. » La pièce suivante, émanée de Gertrude-Marie Cloots, femme de Bombarda, est trop curieuse pour ne pas en enrichir les annales de l'Opéra Bruxellois:

AU ROY, EN SON CONSEIL D'ÉTAT COMMIS AU GOUVERNEMENT GÉNÉRAL DE CE PAÏS.

« Remonstre très-humblement dame Gertrude-Marie Cloots, femme du sr Jean-Paul Bombarda, que, quoyqu'elle soit native d'Anvers et que son marit soit Romain, comme il est notoire et dont elle peut faire conster en vingt-quatre heures s'il est besoin que de suitte, il ne semble pas qu'elle soit comprise au placcart du .... d'août dernier, qui vient de se publier en cette ville, principalement veu que son marit ne porte et n'a jamais porté les armes, mais payé les dettes de S. A. E., dont il a le titre de trésorier; cependant elle craint méfaire en continuant de rester en cette ville sans conoissance ou

« La façade du théâtre bâti par Bombarda était décorée d'un joli fronton représentant la muse de la comédie, avec d'autres figures emblématiques ; elle formait une masse assez imposante. Il s'y trouvait beaucoup d'appartements, et l'on y avait pratiqué de nombreux dégagements. La scène était fort grande ; mais la salle, malgré ses cinq rangs de loges, ne pouvait contenir les nombreux amateurs qui se pressaient à ses portes (1). »

Les affaires politiques ont de nouveau le pas sur toutes autres choses, et les années 1701 et 1702 sont absolument nulles sous le rapport théâtral, du moins la seule source à la quelle il est permis de puiser, demeure muette à cet égard.

En 1703, vers le milieu de janvier, la « compaignie des comédiens » demande l'exemption de l'impôt de capitation qui pèse sur elle, donnant pour motif de sa requête « qu'elle est passagère, sans fixe résidence ou domicile, logeant dans des cabarets comme font les étrangers, estant venue en ville pour donner le divertissement à la noblesse et autres inhabitants. » Une annonce de paiement, jointe à la pièce, porte le nom du sieur Fonpré, leur directeur peut-être. Or, la « compagnie des comédiens » était à bout de ressources. Le récit des faits et gestes de la Mon-

sans sçavoir l'intention de V. M^té, qui sçait qu'une femme comme elle, ne se mellant que de son ménage et de ses enfants, est incapable de préjudicier à l'État, cause qu'elle s'addresse à V. M^té, la suppliant très-humblement d'estre servie de déclarer que, parmi faisant conster d'estre native d'Anvers et son mari Romain, elle n'est pas comprise au dit placcart. Quoy faisant, etc. »

Une note jointe à la requête, porte : « Ce que la supliante requiert ne se peut accorder. Bruxelles, le 2me de septembre 1706. » Bienque la date du placard auquel la femme de Bombarda fait allusion, ne soit pas indiqué par elle, il est facile de voir qu'il s'agit du placard du 5 août 1706, rappelant, dans les délais y prescrits, ceux des sujets du roi qui sont au service de la France, du duc d'Anjou (Philippe V) et de leurs alliés, sous peine de confiscation de leurs biens.

(1) *Histoire de Bruxelles*, t. III, p. 202.

naie n'est-elle que l'histoire de ses déconfitures successives? Poursuivons.

1703, le 21 décembre. — Mercredi 19 de ce mois, Son
Excellence se rendit au Grand Théâtre, où toute la noblesse
parut très-magnifique (*sic*), et, après la comédie, il y eut
divertissement d'un ballet, dont la musique était du s^r
Brochet (Snoeck?), et la fête se termina par un magnifique bal.

On verra plus loin du compositeur Brochet, un portrait
fort peu flatteur. L'année 1704 se passe en divertissements
de comédies et de concerts.

1705, le 8 mai. — Le 4 de ce mois, on représenta au Grand
Théâtre la pièce de comédie, entremêlée de musique et de balets,
que S. A. S. avait fait préparer pour le jour du nom du Roi.

Le 11 juillet, jour de naissance de S. A. S.... Les ministres et les seigneurs et dames de la cour se trouvèrent à
cette fonction (*Te Deum*), en habits de fête, et furent le soir au
Grand Théâtre voir l'opéra d'*Acis et Galathée,* qui fut représenté par l'Académie Roïale de musique, à l'occasion de cette fête.

C'est par hasard, pour ainsi dire, que l'existence d'une
Académie de musique s'offre sous la plume du rédacteur des
Relations véritables. Il est à regretter qu'il n'en ait point
fait une mention spéciale, car les Archives générales du
Royaume n'en conservent aucune trace, ce qui tend à faire
supposer que l'institution fut créée et soutenue sur les fonds
particuliers du gouverneur-général des Pays-Bas.

Mattheson dit, d'après les journaux du temps, qu'à la
mort du prince de Berghes, qui était protecteur de l'Académie musicale de Bruxelles, le prince de la Tour et Taxis
prit l'établissement sous son égide (1).

_____

(1) « Hergegen lese ich noch in bezagten Gazetten von a° 1720,
n° 43, das aus Brüssel vom 23 May geschrieben wird:—Le prince de
la Tour et Taxis a été fait protecteur de notre Académie de musique,
à la place du feu prince de Berghues —» *Das Forschende Orchestre.*
— Hambourg, 1721, p. 209.

Un opuscule, dont nous avons déjà publié un extrait, donne, à ce sujet, quelques renseignements précis, les seuls malheureusement qui soient parvenus jusqu'à nous. Les voici :

Son Altesse Électorale de Bavière, aïant formé le dessein de se délasser pendant l'hiver des fatigues de la guerre, et voulant rendre sa cour, déjà fort brillante d'elle-même, encore plus magnifique, proposa, sur la fin de 1704, l'établissement d'une Académie de musique, et y joignant une somme considérable pour engager plus aisément et aider en même tems celui qui se croiroit capable d'une telle entreprise, trouva à propos que celui que je nommerai le *Trop bon* en fût le chef, aïant non seulement la capacité d'établir ladite Académie, mais étant encore très-recommandable pour son mérite personnel dans l'art de la musique.

Le bruit de cet établissement s'étant bientôt répandu de tous côtés, les sujets s'offrirent d'autant plus volontiers, que son Altesse Électorale étant la cause première de cet établissement, ce fut un empressement général à vouloir contribuer aux plaisirs d'un si grand prince; on ne trouvait plus sur les routes de Paris, d'Hollande et du païs de Liége, que musiciens, musiciennes, danseurs, et enfin tout ce que l'on crut nécessaire pour rendre cette Académie au moins aussi parfaite en bons sujets que celle de Paris.

Le *Trop bon*, on l'a vu, plus haut, n'est autre que Pierre-Antoine Fiocco, qui eut la chance d'ajouter à tous les titres qu'il a légués à la postérité, celui d'avoir été le directeur-fondateur de l'Académie royale de musique de Bruxelles. Le même opuscule fait du musicien qu'il avait sous ses ordres, le nommé Brochet, le portrait suivant :

L'ARBITRE PERNICIEUX. Écolier du *Trop bon*, et l'un des flatteurs en titre. Il s'est trouvé dans plusieurs académies et a de la capacité, dont il est tellement persuadé que, par ses discours étudiés et dans le fond intéressés, il prétend avoir un discernement infaillible ; ce qu'il n'a jamais pu prouver en produisant le *Capricieux* et la *Bacchante*, dont nous parlerons ci-après. Cet homme, dis-je, s'est rendu tellement nécessaire, que le *Trop bon* a préféré de mauvais sujets à de médiocres, à sa persuasion, parce que ceux-ci n'étoient pas gens de bonne chère et de jeu. Sa manière de persuader est d'un fin connoisseur ; ce qu'il ne fut jamais non plus que sa femme, qui cent fois s'est trouvée seule dans le parterre à applaudir une mauvaise actrice, pour en imposer contre la vérité. Cet homme n'a rien de distingué ni dans sa taille, ni dans sa mine. Ce qui fait le plus bel endroit de son histoire, c'est ... lorsqu'il parle de religion.

Il est temps de faire connaître l'auteur de la brochure et les circonstances qui l'amenèrent à l'écrire. C'est un Français nommé Jean-Jacques Quesnot de la Chênée, sur lequel les biographes ne donnent que de laconiques renseignements (1). Nous y suppléons à l'aide du fatras de pièces qui encombrent un autre opuscule de lui : *L'opéra à la Haye*. Il eut une vie orageuse et incidentée, et fut successivement emprisonné à Strasbourg, à Marseille, à Beaucaire, au Vignan, à Nîmes, et à Grenoble. « Ce sont là, dit-il, les plus beaux endroits de ma vie. » Et, dans un livre intitulé : l'*Innocence opprimée*, il déclare avoir été l'objet d'une

---

(1) Voici ce qu'en dit la *Nouvelle Biographie générale* de Didot, d'après la *France Protestante* de Haag frères :

« Quesnot (Jean-Jacques), littérateur français, vivait dans la seconde moitié du dix-septième siècle. Il était fils d'un juge de Clarensac, près Nîmes. Lors de la révocation de l'édit de Nantes, il se réfugia à Berlin, et y établit, avec le secours de l'électeur, une fabrique de galons ; bientôt après il transporta son industrie en Danemark. Étant venu, en 1688, recueillir en Dauphiné la succession de son beau-père, il fut accusé d'embaucher les ouvriers pour les mener à l'étranger et détenu plusieurs mois dans les prisons de l'évêque de Grenoble. Il est auteur de quelques opuscules, devenus fort rares ; le plus curieux est le *Parallèle de Philippe II et de Louis XIV* (Cologne, 1709, in-12.) »

odieuse persécution, ainsi que sa mère, ses deux sœurs établies à Amsterdam et dix-huit autres personnes de sa famille.

« Intendant des plaisirs du roi de Prusse », il parvint à s'installer à La Haye et à s'y faire nommer directeur de l'opéra. Les affaires prospérèrent pendant quelque temps, et, grâce à son activité, plusieurs ouvrages importants virent le feu de la rampe à de courts interwalles et dans des conditions fort respectables; ce qui lui avait valu le privilège de l'opéra, estimé, selon lui, à onze cents louis d'or. Par contrat du 31 mai 1701, il admit pour un tiers dans son entreprise florissante, un certain Louis Deseschaliers, directeur de la musique, et Marie Dudar, son épouse, ayant l'emploi de première danseuse. Ce fut le commencement de sa perte.

Obligé de faire de fréquents voyages, tant pour recruter ses sujets, que pour desservir le théâtre de Kiel, dont il avait également l'entreprise, il fut insensiblement sous-mené par son collègue, à qui il avait abandonné avec confiance la conduite de ses affaires. De là une série d'altercations, où, des deux parts, les imputations calomnieuses n'étaient point épargnées. Jean-Jacques Quesnot fut, entre autres, accusé d'être l'espion du maréchal de Boufflers. Louis Deseschaliers, qui était musicien, captiva facilement la confiance du magistrat de La Haye, et, contrairement à ce qui s'était vu jusqu'alors, car les sieurs Schott, Fransine et Bombarde (1), les précédents entrepreneurs, n'étaient guère plus initiés à l'art musical que Quesnot, il sut monopoliser à son profit aussi bien l'administration du théâtre que les fonctions de chef d'orchestre, en évinçant impitoyablement son associé.

Ce n'est pas tout. Ayant reçu du magistrat de La Haye

---

(1) Ces deux derniers sont nommés par Quesnot « des nobles Vénitiens. » Le Bombarde n'est donc pas notre Bombarda? Pour nous, il y a doute, et les souvenirs de Quesnot peuvent l'avoir trompé. Il aura voulu dire *Romain* au lieu de *Vénitien*.

la permission de faire représenter la comédie « avec tous les agréments de la danse et du chant pendant l'espace de douze années, » permission demandée par requête du 25 avril 1704, Quesnot s'était rendu en Angleterre et en Flandre, où il avait pu recruter une dizaine d'artistes, quand, à son retour, il apprit que Deseschaliers, muni seulement d'une permission de jouer l'opéra, avait joint insensiblement à son répertoire de petites pièces de comédie, et même était parvenu à embaucher une partie des sujets engagés par lui. Ce fut son coup de grâce, et Quesnot, exclu de la comédie comme il l'avait été de l'opéra, se vit obligé de chercher ailleurs des moyens d'existence.

Nous omettons une foule de détails oiseux entassés pêle-mêle dans l'opuscule: *L'opéra de La Haye,* où Quesnot se sert des termes les plus repoussants pour flageller ses ennemis, et où il a recours à la poésie, lorsque la prose est devenue insuffisante à rendre sa pensée. Dans le nombre de ces vers, il s'en rencontre de fort bien faits, coulants, faciles, quoique peu corrects. La meilleure pièce est celle qui termine la brochure. C'est une conversation entre Thémis et un brigand, à laquelle un malheureux fermier vient prendre part d'une façon fort piquante. Thémis figure le magistrat de La Haye, le brigand représente le sieur Deseschaliers, et le manant, on l'a déviné, n'est autre que l'auteur.

Si, à la suite de ses déconfitures successives, Quesnot ne vint point chercher fortune à Bruxelles, du moins il se vengea des artistes de l'opéra qui s'y trouvaient alors et dont la plupart probablement avaient fait défection dans ses entreprises en Hollande. C'est là, croyons-nous, l'origine du *Parnasse Belgique ou portraits caractérisez des principaux sujets qui l'ont composé depuis le premier janvier 1705 jusqu'au seize may 1706.* — A Cologne, chez les héritiers de Pierre le Sincère, 1706, in-18, de 48

pages (1). La première brochure dont il a été question
porte en tête la date 1706, et, à la fin, l'indication du
12 novembre 1705. Or, Quesnot de la Chênée était alors
sans la moindre direction d'opéra ou de comédie, et le
Parnasse belgique commence au 1ᵉʳ janvier 1705. Malheureux à La Haye, dépité peut-être à Bruxelles, son cœur
aura débordé de fiel et de rage, et le terrible pamphlet
de Cologne aura vu le jour. Son nom se trouve à la page 183
de l'opuscule relatif à l'opéra de La Haye, et le style des
deux élucubrations est le même. Le doute n'est donc guère
permis, et Quesnot de la Chênée est bien l'auteur du violent *Parnasse belgique.* Il y débute de la façon suivante:

(1) L'existence de cette vraie curiosité bibliographique nous fut
révélée par FORKEL, qui renvoie, à ce sujet, aux *Critica musica* de
MATTHESON. Or, ce dernier n'en parle que très-sommairement, car
voici à quoi se réduit son appréciation:

« Ich habe ein kleines Französisches *scriptum*, so zu Côln 1706
herausgekommen, genannt: *Parnasse Belgique, ou portraits caractérisez des principaux sujets qui l'ont composé, depuis le 1 de janv.
1705 jusqu'au 16 may 1706.* Dieses Ding ist sehr lustig zu lesen,
und beschreibt die *acteurs* und *actrices* der damabligen Brüsselschen
Opera unter Anführung des Capelmeisters Fiocco, ungemein na-
türlich. Wenn man, bei ersebener Gelegenheit, auch von hiesigen
Operisten dergleichen *Caractères* geben sollte, dürffte solches zwar
etlichen misfallen; vielen Unpartheyischen aber angenehm seyn. Vors
erste wollen wir es noch etwas ansehen, und nur hiemit andeuten,
dass bereits ein gutes Model dazu verhanden ist...» T. II, p. 92.

Nous en étions donc réduit à cette maigre esquisse d'une brochure
évidemment précieuse pour l'objet de nos investigations, quand notre
excellent ami Félix Delhasse nous fit part, quelque temps après, d'une
acquisition qui venait d'être faite à Paris par le savant bibliophile Vander Haeghen de Gand. D'après la description que l'honorable ami nous en
traça, il n'y eut plus de doute pour nous; c'était bien là la relique tant
convoitée. Aussi, grâce à un obligeant intermédiaire, M. Delhasse fut-il
bientôt à même de nous convaincre pleinement de la réalité du fait, et
même de nous confier, pour quelques mois, le rarissime opuscule, qui
avait été porté, aux *Archives du Bibliophile* (Paris, A. Claudin), sous
le n° 37,180, accompagné de ces mots: « Pamphlet violent contre des
acteurs et actrices belges. » Or, on va le voir, tous les artistes incriminés
appartiennent à la France.

Avis. — Le public ne me sçaura peut-être pas mauvais gré de lui présenter une petite description du Parnasse Belgique renouvellé en 1705. Le dessein que je me suis proposé est de le divertir simplement par les portraits au naturel de tous ceux qui y occupant les premières places, méritent bien quel'on ne laisse pas ensevelis dans l'obscurité les talents merveilleux dont l'art, joint à la nature, les a pourvus.

L'on ne trouvera pas ces figures étudiées de rhétorique par lesquelles un orateur cherche à s'aquérir une attention qui devient très-souvent fatigante ; je lui présente des portraits et non pas une histoire. Je n'y emploierai pas les noms propres ; mais sous ceux que je leur donnerai, on pourra aisément reconnoître les sujets dont je prétens parler.

On sera peut-être surpris de voir ici des portraits que l'on ne connoitra point, pour n'y voir plus les originaux ; je répondrai à cela que le public voulant des objets gratieux de toutes manières, on est quelquefois obligé d'en réformer pour y en remplacer d'autres qui valent quelquefois moins. Suivant l'ordre de leurs réceptions, je commencerai par les actrices qui ont ouvert le théâtre.

Cette déclaration n'ést qu'hypocrite, et le but de l'écrivain n'a été évidemment que la diffamation. On juge dèslors ce que valent les éloges que le talent de certains artistes arrache au pamphlétaire. Nous avons cru devoir les recueillir soigneusement, certains artistes qui en sont l'objet s'étant conquis plus tard une réputation de bon aloi, dont les livres spéciaux font mention. Le contingent que nous y apportons est mince sans doute, mais, vu la rareté de l'opuscule qui nous le fournit, il nous a semblé ne point mériter d'être laissé à l'écart, surtout par celui qui a pris à tâche de grouper, dans un but utile à l'histoire, les données qu'il a pu recueillir sur l'opéra à Bruxelles. Le nom véritable de chaque artiste a été joint à son sobriquet, d'après la *Clef du Parnasse belgique*, qui se trouve à la fin du libelle. Il permettra aux biographes de s'orienter dans le dédale d'épithètes

fantaisistes données aux artistes et résumant les passages
dont la suppression a été marquée par des points pour-
suivants :

La Gothique (La Barbier). Ainsi nommée par son ancienneté
aux théâtres, et par son chant; connue par les longs et pénibles
voïages qu'elle a faits dans les païs les plus éloignés, sans en
rapporter ni profit, ni soulagement. Elle est d'une médiocre
taille, d'une apparence aussi noble que son nom. La voix assez
nette, mais des plus fausses. Mauvaise actrice (1).

La Doucette (La Poirier). Est d'une taille ordinaire, assez
bien faite, ni belle ni laide, qui ne manque pas de bonne
volonté de s'avancer dans son art, mais qui, par son indolence
naturelle, n'a pas l'air d'y parvenir jamais. Assez modeste dans
ses entretiens, ne se piquant pas de dire de bons mots;
recevant avec plaisir les avis que l'on lui donne; au reste
disant assez juste...

L'Emportée (La Cocheval). Elle étoit petite. Autrefois belle,
bien prise dans sa petite taille, une apparence et une manière
de s'énoncer fort douce...

La Balafrée (La Guillet). Est d'une moïenne taille, ni belle
ni laide... d'une humeur assez douce, entendant la raillerie
sans pourtant se piquer de la repousser finement. Avouant
facilement son peu d'expérience pour le théâtre, et par
conséquent se rendant fort justice; très-désagréable actrice...

La Brillante (La Châteaulion). Est grande, assez bien
faite, tous les traits du visage fort aimables, chantant aussi
bien qu'elle sait ménager a propos peu de voix, possédant le
théâtre dans la perfection, beaucoup de bon sens...

La Lubrique (La Voilier). Est entre deux tailles, ni grande
ni petite, grosse de sa personne, dont la beauté consiste en
deux gros yeux bleus... bornée dans son geste en deux mouve-

---

(1) L'article *la* qui précède chaque nom mis entre parenthèse n'est
que la désignation familière de Mme ou de Mlle.

ments, chantante en chèvre, possédant beaucoup de rolles, mais les exécutant sans art...

LA BACCHANTE (La Cazal). Est d'une moïenne taille, bien faite par le défaut d'embonpoint, le regard toujours effaré, la tête petite et maigre... mauvaise actrice, aïant deux voix dont elle n'en peut faire une bonne...

L'INDOLENTE (La Choiseau). Est de la taille ordinaire, assez bien faite, ni belle ni laide, aimant fort les ajustemens dont elle ne peut posséder le parfait usage; son génie est médiocre... très-froide actrice, son chant ne dément point sa phisionomie.

LA VIEILLOTTE (La Clément). Est plus petite que grande, les yeux vifs, le teint assez brillant, l'art y surpassant la nature ; bien faite naturellement, l'esprit fort enjoué, médiocre actrice, la voix fine et déliée, chantant un peu en vieille...

L'IMPERTINENTE (La Montfort). Est d'une moïenne taille, dont la phisionomie est le vrai miroir de ses actions... très-mauvaise actrice, chantant fort mal et assez souvent faux...

LA RIDICULE (La Honoré). Est d'une taille ordinaire, plus laide que belle, dont le regard fait douter si l'on est bien ou mal avec elle, d'un esprit piquant... Se croïant la meilleure de toutes les actrices·, faisant rire le parterre dès qu'on la voit...

LA MÉDISANTE (La Renaud). Est petite, mal faite, laide et tachettée de rousseur... Ambitieuse de tous les troisièmes rolles, et à peine capable d'en chanter aucun dans une gloire, chantante très-mal et faux...

LA GRATIEUSE (La Guyart). Est grande et bien faite. Ce n'est pas une beauté, mais elle a la tête et la bouche belle, les yeux vifs, parlant et écrivant poliment. Juste dans ses conceptions, brillante dans les conversations... Chantant fort bien, bonne actrice, si elle y vouloit faire réflexion... propre dans ses habillements, sans magnificence ; le plus grand de ses défauts est de faire du bien à beaucoup de gens de mauvaise foi et ingrats, sans s'en procurer à elle-même.

LE PRÉSOMPTUEUX (Bonnel). Est d'une fort médiocre taille, sçavant dans son art, chantant bien, quand il y pense ; dont le génie est borné à rire à chaque période, croïant avoir dit un bon mot. Parlant toujours mystérieusement, et ne s'entendant pas le plus souvent. Trop propre en habits; voulant y égaler les personnes de rang, magnifique en cela seul. Bon acteur.

LE CAPRICIEUX (Arnaut). Est d'une bonne taille, l'air vieux et toujours inquiet. Chantant à l'antique, ignorant et voulant disputer de ce qu'il n'a jamais connu. Médiocre acteur. Il croit avoir la voix fort étendue, et le ton n'est jamais assez bas pour lui... Son génie est borné à parler de l'opéra de Lyon...

LE CIRCONSPECT OUTRÉ (De Heuqneville). Est d'une taille ordinaire, la phisionomie assez avantageuse, possédant passablement son art, la voix belle et étendue. Acteur froid, bon dans les caractères, chantant dans le goût moderne, plaisant dans la conversation... Écrivant d'un stile bouffon.

LE RIDICULE (Roussel). Est d'une belle taille, bien fait au théâtre, dont le nombre d'années a diminué le mérite. Gêné dans son geste, chantant à la mode de son temps, froid acteur. Peu sçavant dans son art, et aïant la voix fausse ...

LE DOCILE (Drot). Est d'une moïenne taille, assez bien fait, beau garçon, aisé dans ses manières, sa docilité le fera bon acteur, écoutant ses amis sur ses défauts. Possedant son art, aïant la voix belle, et chantant bien.

LE PACIFIQUE (Choiseau). Est d'une taille ordinaire et remplie, ni beau ni laid, passablement sçavant dans son art, chantant médiocrement bien. La voix assez belle dans son espèce... Froid acteur par le peu d'expérience qu'il a du théâtre.

LE SCÉLÉRAT (La Plaute). Est petit et rempli... mauvais acteur, détestable chanteur et fort ignorant...

LE TEMPÉRÉ (Honoré). Est petit, d'une assez bonne phisionomie, sçavant dans son art, chantant bien tout, peu de voix, mais jolie, et la ménageant très bien, meilleur chanteur de cathédrale que de théâtre.. (1).

(1) Le personnel de l'opéra se termine ici. Celui du ballet va défiler.

L'Orgueilleuse (La Deschars). Est grande, bien faite, par une maigreur outrée, à laquelle l'art a sçeu donner la perfection, les yeux tendres; deux petites boules de cire qu'elle sçait tenir à propos dans chaque joue, lui empèchent d'avoir le visage fort étroit; parlant fort doucement crainte de les perdre, toujours composée dans ses mouvemens. L'admiration du Théâtre par une longue routine de pas répétés, dansant plutôt en danseuse de corde qu'en subligny...

La Fière bête (La Le Fèvre). Est petite, assez bien faite au théâtre, dansant finement, sa manière de rire augmente sa laideur...

La Masse informe (La Boulogne). Est petite, très-grossière, le visage couporosé, fort douce dans son parler... possédant son art...

La Sotte (La Clément). Est petite, laide, grosse et médiocrement bien faite, gratieuse dans sa danse....

L'Impudique (La Minette). Est d'une taille moïenne, assez bien faite, autrefois jolie, l'esprit fort enjoué dans la conversation... Elle est la troisième de ladite Académie que la curiosité des belles étoffes n'a rien épargné à les faire venir de Judée...

La Messaline (La Duplessis). Est d'une médiocre taille, laide, maigre et très-bien faite, peu sçavante dans son art...

La Fausse prude (La Paillard). Est assez grande, médiocrement bien faite, dansant par routine...

L'Ignorante (La Quincy). Est grande et jolie, passablement bien faite, le pié d'un porteur de chaise plutôt que d'une danseuse... (1).

La Stupide (La Choisy). Est petite, assez bien faite et jolie de sa personne, autant de mérite pour le chant que pour la danse. Inspirant plutôt la tristesse que la joie au théâtre par un air refrogné...

L'Effrontée (La Clément). Est d'une médiocre taille, le blanc

---

(1) La terminaison *at* a été ajoutée au nom de cette artiste par une plume du temps.

et le rouge lui donnent les deux tiers de ses charmes... chantant médiocrement bien et dansant très-mal...

LE DISEUR DE RIEN (Deschars). Est petit, mal fait, un peu déhanché, peu sçavant dans son art, n'y réussissant que par la capacité de ses sujets...

LE FAT (Carillon). Est d'une médiocre taille, assez bien fait au théâtre, d'un fort petit génie, il croit être fort habile parcequ'il a étudié peu de tems sous un habile maître ; borné dans la danse à un petit nombre de pas, qu'il exécute avec assez mauvaise grâce...

LE FLEGMATIQUE (Baouïno). Est grand et bien fait, réussissant dans son art, content de ce qu'il sait, sans présomption. Bon ami de tout le monde, d'une phisionomie fort douce...

LE DÉBAUCHÉ (Dumay). Est de la taille ordinaire, assez rempli... possédant son art, l'exécutant assez bien suivant ses caprices ...

LE TURBULENT (Mercier). Est petit, laid, médiocre danseur. Il croit être le premier de son art.

LE MAÎTRE JACQUES (Valentin). Est petit, la phisionomie inintelligente ; parlant peu, crainte de dire des sottises, sage en cela ; meilleur poëte pour les vaudevilles que pour le théâtre ; fade railleur. De poëte devenu homme d'affaires, dont il s'aquite aussi bien que de la poësie. Prétendu compositeur de musique ; aussi fin dans ses productions musicales que poëtiques. Son dernier métier fut celui d'inspecteur de ladite Académie, fonction dans laquelle il n'a pas mieux réussi que dans les précédentes, qui cependant lui devait être beaucoup plus lucrative...

L'auteur de ces perfides esquisses dit effrontément, en guise de post-face :

Les personnes qui trouveront ici leurs portraits se formaliseront peut-être de s'y trouver si bien dépeints: je n'ai pu faire autrement m'étant proposé de dire la vérité, comme je l'ai reconnue pour le peu de tems que je suis resté dans

Bruxelles Je n'y ai mis que les acteurs les plus connus, j'en ai passé quelques-uns sous silence, n'aïant rien trouvé en eux de remarquable et par conséquent digne d'attention. L'envie de parfaire un pareil ouvrage d'une autre Académie me donnera le tems de laisser former les sujets dont je ne parle point ici. Si mon entreprise est agréable au public, malgré mes occupations plus sérieuses, je ne laisserai pas de continuer, la matière étant assez féconde d'elle-même.

Reprenons le fil de nos annotations chronologiques. Il y eut, le 12 octobre 1705, une représentation d'opéra, à l'occasion de la fête de saint Maximilien, et, le 19 décembre suivant, on joua, sous la direction de Pierre-Antoine Fiocco, l'opéra d'*Alceste*, comme le constatent, par continuation, les *Relations véritables* :

Samedi, 19 de ce mois [de décembre], on célébra avec beaucoup de magnificence le jour de la naissance du roi.... Le soir S. A. E. se rendit avec le sérénissime Électeur de Cologne au Grand Théâtre, où l'on représenta l'opéra en musique d'*Alceste*, sous la direction du s^r Fiocco, qui réussit à la satisfaction de Leurs Altesses Électorales et de tout le monde.

Alceste ou *le Triomphe d'Alcide*, toujours de Lulli et de Quinault, remonte au 2 janvier 1674. *Alceste* fut redonné le 16 février 1706, à l'occasion du mardi gras, et, vers la fin de décembre, on vit reparaître également l'opéra de *Persée*, au sujet duquel la formule élogieuse d'usage se retrouve dans la gazette de l'endroit. Il y eut prohibition d'opéra et de comédie, vers la fin de 1706, sans doute pour cause de deuil public.

Sa Majesté en son conseil d'Estat commis au gouvernement général des Pays-Bas, interdit par cette aux entrepreneurs de l'opéra et comédie, d'en faire aucunes représentations jusqu'à autre ordre. Fait à Bruxelles, le 23 de novembre 1706. .Par ordonnance de messeigneurs du conseil d'Estat commis au gouvernement général des Pays Bas, en l'absence de l'Audiencier. J.-B. Van Erp.

Deux représentations, sans indication de titre, défrayent l'année 1707. Aucune pour l'année 1708. *Amadis* est donné deux fois au mois d'octobre 1709. Le prince de Savoie, qui venait de faire son entrée à Bruxelles à la tête de son armée, le 13 dans l'après-midi, se trouve le soir à *Amadis*. Le 20 novembre 1710, le même prince, accompagné du duc de Marlborough, assiste à la représentation de l'opéra *les Quatre Saisons*. Presque tous les soirs, ils entendent un drame lyrique ou une comédie « au milieu d'un grandissime concours de noblesse. »

1711, le 2 janvier. — Hier, on fit au Grand Théâtre la première représentation de l'opéra en musique intitulé *Amadis de Grèce,* qui eut l'approbation de la noblesse et des autres spectateurs.

Voici un ouvrage qui s'écarte du répertoire habituel. *Amadis de Grèce* fut représenté à Paris le 26 mars 1699. Le poëme est de La Motte et la musique de Destouches. Les cinq actes qui le composent, roulent, comme on le présume bien, sur les amours d'Amadis de Grèce et de Niquée, fille du soudan de Thèbes. Au deuxième acte, Niquée paraît dans une gloire resplendissante d'or et de diamants. « Être dans la gloire de Niquée » se dit encore des personnes favorisées par la fortune et les honneurs.

Bien qu'il n'entre guère dans notre plan de suivre scrupuleusement les travaux des divers directeurs d'opéra qui sont venus tour à tour essayer de rendre florissante la scène de la Monnaie, nous croyons devoir donner place aux deux documents sans date qui vont suivre, relatifs à la gestion de Jean-Baptiste Grimberghs, riche bourgeois de Bruxelles, qui, après s'être ruiné à l'entreprise, passa, vers 1712, en Angleterre (1). Voici la première pièce :

Au roy,

Remontre très-humblement Jean-Baptiste Grimberghs, que
feu Francisco d'Angelis, son associé, a obtenu de Vostre
Majesté la permission [cy-jointe en copie], de faire représenter en cette ville l'opéra et tenir bals, à l'exclusion de
tous autres, pour le terme de trois années, qui viennent
à expirer au mois de juin prochain ; et, comme le suppliant
ne pourra, à beaucoup près, se rembourser des fraix et
dépenses qu'il a esté obligé de faire pendant ledit temps,
et beaucoup moins s'engager dans d'autres fraix très-con-
sidérables pour préparer des opéras nouveaux à représenter
pendant l'hyver et année prochaine, ne fût que Sa Majesté luy
fît la grâce de luy accorder une autre permission pour
un terme de six ans, à l'exclusion de tous autres, affin
qu'il puisse disposer des représentations nouvelles et en
quelque manière se désintéresser des frais qu'il a fait jusques à présent ; c'est pourquoy il se retire vers Vostre
Majesté, la suppliant très-humblement que son bon plaisir
soit d'accorder au suppliant laditte permission de six années,
à l'exclusion de tous autres. Quoy faisant, etc.

Suscription : Au Roy, Jean-Baptiste Grimberghs.

Le deuxième document est de la teneur suivante :

Au roy en son conseil,

Sire, les comédiens françois remontrent avec un profond
respect aux conseils suprêmes de V. M., qu'ils ont reçeu
ordre de S. A. monseigneur le prince héréditaire de Hesse-

---

(1) *Spectacle de Bruxelles*, etc. p. 47. « Une nommée Mme Dujardin,
y est-il dit encore, voulut tenir après lui, et ne fut pas plus heureuse;
elle termina son entreprise par faire banqueroute. » Ceci ne se rapporte-
t-il point à l'année 1729?

Cassel, de partir dans la semaine courante pour Darmstadt,
que leurs légitimes créanciers ne manqueront pas de les
inquiéter, le procès n'estant pas finy, la retenue entre les
mains de monsieur Grimberg estant plus que suffisante
pour les payer; c'est pourquoy ils supplient Vostre Majesté
d'avoir la bonté d'y vouloir faire attention et les mettre à
l'abry de touttes poursuittes et procédures. C'est la grâce
qu'ils attendent de Vostre Majesté, Sire, estant avec un
profond respect les très-soumis et très-obéissants serviteurs,

Les comédiens françois.

Suscription: A Sa M^{té} le Roy en son conseil.

La parole est de nouveau aux *Relations véritables :*

1715, le 22 décembre. — Dimanche passé, l'Académie
roïale de musique représenta pour la seconde fois l'opéra
d'*Issé,* qui réussit à l'entière satisfaction de la noblesse
et de tous les spectateurs, rien n'aïant été épargné pour
la magnificence des habits et les décorations du théâtre.

Les auteurs d'*Amadis de Grèce* eurent donc la chance
de voir exécuter, en la même année 1711, à Bruxelles,
une autre de leurs productions, la pastorale héroïque
d'*Issé,* dont la première représentation à Paris remonte
au 17 décembre 1697. Le prologue est dans le jardin
des Hespérides, rendu accessible par Hercule, allégorie
de Louis XIV donnant l'abondance à ses peuples. — En
la même année, deux opéras non dénommés furent joués
au Grand Théâtre, et, l'année suivante, le prince Eugène
de Savoie y renouvela sa visite. Le 1er janvier 1713, *Thésée*
reparut orné d'un nouveau prologue, dont l'auteur est
passé sous silence. Il émanait sans doute du maître de
chapelle de la cour.

1714, le 2 octobre. — Hier, on célébra en cette ville
avec grand éclat le jour de la naissance de Sa Majesté impériale et catholique, par une messe solemnelle dans notre

grande église, suivie du *Te Deum*, chanté par la musique, au son de la grosse cloche et au bruit d'une triple décharge de l'artillerie de nos remparts. Les cours supérieures et le corps de la ville y assistèrent en cérémonie, la noblesse parut en habits de fête et se trouva le soir au Grand Théâtre, à la représentation de l'opéra intitulé les *Fêtes de Thalie*, préparé pour cette fête.

Les Fêtes de Thalie, opéra-ballet dont le poëme est de La Font et la musique de Mouret, fut représenté pour la première fois le 14 août 1714, sous le titre de *Triomphe de Thalie*. C'est la première pièce où l'on ait introduit, du moins à l'opéra, des costumes français. On y vit des confidents en robe de ville et des soubrettes du ton de la comédie. Le public fut alarmé, dépaysé. Il accourut en foule, non sans censurer l'innovation. Là se bornent, pour l'année 1714, les travaux du Grand Théâtre que l'on peut mentionner ici.

En cette même année 1715, eut lieu l'exhibition d'un ouvrage qui, d'après le livret, portait pour titre : *Nouvelles fêtes vénitiennes et divertissemens comiques, représentés par l'Académie de Musique*. A Brusselle, 1715, in-12, de 53 pages (1). En voici l'aperçu :

Le Triomphe de la Folie, comédie. [Première entrée.]

« Personnages chantants : la Folie, Melle Hucqueville ; Colombine, Melle Aubert ; Arlequin philosophe, M. André ; le docteur, M. L'abbé ; un Espagnol, M. Demore ; un François, M. Crété ; un 2me Espagnol, M. Fieuvé ; une Espagnolette, Melle Potier. — Personnages dançants : un Allemand, M. Bauwens ; une Allemande, Melle Robert ; Chinois : MM. Bax l'aîné, Bax cadet, M^elles Beaufort, Cremers ; le docteur, M. Fonsecq ; Colombine, Melle Aubert ; Pierrot, M. Van Wichel ; femme de Pierrot, Melle Waubins ; le fol, M. Pérès ; la Folle, Melle Desclaux.

(1) Le libretto est conservé à la Bibliothèque royale de Bruxelles.

» Seconde entrée : *La Méprise*, divertissement, mis en musique pour l'opéra de Bruxelles, les paroles sont de M. Demore, la musique de M. André.

» Personnages chantants : Eléonore, amoureuse de Licidas, Melle 'Aubert; Licidas, François habillé en Vénitien, amoureux d'Éléonore, Melle Demore; Céphise, amoureux de Licidas, Melle Hucqueville; Léandre jaloux, amant d'Éléonore, Melle Crété; Clorine, confidente de Céphise, Melle André; Éraste, Valet de Licidas, M. l'abbé. — Personnages dançants : paysan, M. Pigeon; paysanne, Melle Dimanche; bergers, MM. Bauwens, Bax; bergères, M^elles Robert, Beaufort; paysans, MM. Van Wichel, Bax cadet, Pérès, Fonsecq, M^elles Waubins, Cremers, Desclaux, Aubert.

« Troisième entrée : *le Bal*, les paroles sont de M. Dauchet, la musique de M. Campra. Cet acte est un des *Fêtes Vénitiennes*.

« Personnages chantants : Alamir, prince polonais, M. Crété; Thémir, gentilhomme à la suite d'Alamir, déguisé en prince polonais, M. La Vigne; Iphise, vénitienne, Melle Hucqueville; un maître de musique, M. Demore; un maître de dançe, M. Pigeon; chœurs de Vénitiens et de Vénitiennes masqués. — Personnages dançants : Vénitienne, Melle Hucqueville; Espagnols, MM. Bauwens, Bax; Espagnolettes, M^elles Beaufort, Robert; Vénitiens, MM. Van Wichel, Bax, cadet; Vénitiennes, M^elles Waubins, Cremers; Mores : MM. Pérès, Fonsecq; Moresques, M^elles Desclaux, Waubins.

« Quatrième entrée, le *Docteur Barbacola*, augmenté; les paroles par M. Demore, la musique par M. André.

« Personnages chantants : Barbacola, amoureux de Calixte, M. l'Abbé; Clitidas, François, M. Demore; Calixte, Vénitienne, amante de Clitidas, Melle Lambert; Valère, valet de Clitidas, M. La Vigne; Lisandre, philosophe, ami de Barbacola, M. Crété; un magicien; une Vénitienne qui chante un air italien, Melle Aubert; troupe d'écoliers de Barbacola; troupe de magiciens et de sorcières; troupe de génies sous diverses figures comiques. — Personnages dan-

çants : le fol, M. Pigeon ; la folle, Melle Dimanche ; Scara-
mouche, M. Bauwens ; Scaramouchette, Melle Beaufort ; vieux,
M. Van Wichel ; vieille, Melle Robert ; Polichinelles, MM.
Pérès, Fonsecq ; M^elles Waubins, Cremers ; Arlequin, M.
Bax ; arlequine, Melle Aubert ; Mattassin, M. Bax, cadet ;
Mattassine, Mlle Desclaux. »

Au mois d'octobre 1715, l'avis suivant parut dans les
Relations véritables :

Le 4 novembre prochain, l'on vendra publiquement à Brusselle, dans l'Opéra situé à place de la Monnoie, depuis les neuf
heures du matin jusques à midi, et depuis deux heures après-
midi jusqu'à cinq, et les jours suivants, tous les beaux et riches
habits avec leurs appendances et dépendances, décorations et
tout ce qui a servi pour ledit Opéra, même des habits très-beaux
et magnifiques pour deux opéras qui n'ont jamais servi.

Il faut croire qu'une haute protection s'interposa, car,
le 29 octobre, un autre avis signifia que « la vente des
effets de l'Opéra de Brusselle, qui devait se faire le 4 du
mois de novembre prochain, est différée jusqu'à un autre
temps. » Précisément à la même date où la vente allait
s'effectuer, eut lieu une représentation d'opéra, à l'occasion
de la fête de saint Charles Borromée, et cette représentation fut renouvelée deux fois dans le courant du mois.
A l'une d'elles assista le comte de Konigseg, ministre
plénipotentiaire de S. M. Impériale et Catholique.

La pièce jouée n'était autre qu'*Omphale, tragédie représentée par l'Académie de musique, le 4 novembre, fête de Sa
Majesté Impériale et Catholique.* — A Brusselle, MDCCXV,
in-12, de 64 pages. *Omphale* a pour auteur des paroles, De la
Motte, et pour auteur de la musique, Destouches. La représentation s'en fit pour la première fois avec succès à Paris,
le 10 novembre 1701. A Bruxelles, les personnages du
prologue étaient :

« Junon, Melle Lambert ; Grâces, M^elles Dimanche et Poi-

tiers ; chœur de Divinitez du ciel ; chœur de Divinitez de la
Terre ; chœur de Jeux et de Plaisirs. Voici les acteurs de
la tragédie-opéra : Alcide, M. Crété ; Omphale, reine de
Lydie, Melle Pigeon ; Iphis, fils du roi d'Æcalie, M. Fiévet ;
Manto, fille de Tirésie, sous le nom d'Argine, Melle de
Heuqueville ; l'Ombre de Tirésie, M. Waninse ; confidentes
d'Omphale, Céphise et Doris, M^elles Lambert et Poitiers ;
grand-prêtre de Jupiter, M. Waninse ; chœurs et troupes de
Lydiens et Lydiennes, prêtres et prêtresses, captifs, héros,
magiciens, prêtres et prêtresses de l'amour.

« Acteurs et actrices chantant dans les chœurs du pro-
logue et de la tragédie : M^elles Ré, Poitiers, Daugé, Lambert,
N. N. ; MM. Rémy, Waninse, Delsar, Van Halen, Brichet,
Maurice, De Heuqueville, Spiecot, De Hon, Desrombises,
Suisse, Dela Hayes, N.

« Divertissement du prologue : Grâces : M^elles Dimanche,
Ré, Desclaux, Hode, N. ; Jeux : MM. Bauwens, Van Wickel ;
Plaisirs : MM. Pérès, Boterberg, Bax, Mayer.

« Divertissement de la tragédie : au 1er acte, Lydiens et
Lydiennes : M^elles Dimanche, Ré, Desclaux, Hode ; MM.
Pigeon, Pérès, Van Wickel, Bauwens, Bax ; aux 2me, 3me,
4me et 5me actes, les mêmes artistes, plus MM. Boterberg
et Mayer. »

On verra ici en regard une reproduction photolithographique du livret d'*Omphale*, imprimé à Bruxelles. Une
histoire plus ou moins complète de l'ancien opéra de cette
ville ne sera possible qu'à l'aide de ces livrets. Celui-ci en
est une preuve. Bien de représentations auxquelles le souverain n'assistait pas, ont été omises par l'annaliste local.
Notre essai fera peut-être sortir de la poussière une foule
de ces pièces condamnées à y rester enfouies pour longtemps. C'est, à notre connaissance, l'un des premiers livrets
où il est fait mention d'une Académie de musique (1).

_____

(1) De notre collection. Cet opuscule rarissime nous a été gracieusement
offert par M. Poulet-Malassis.

OMPHALE,

TRAGEDIE.

REPRESENTE'E
PAR L'ACADEMIE
DE MUSIQUE

Le 4. Novembre, Fête de Sa Majeſté Imperiale
& Catholique.

A BRUSSELLE.

MDCCXV.

1719, le 8 novembre. — Vendredi, fête de sᵗ Charles de Borromé, il y eut une représentation de l'opéra intitulé les *Soirées d'été*, qu'on avait préparé pour cette fête, laquelle finit par le bal au Grand Théâtre.

Les *Soirées d'été* ne sont renseignées que comme une simple comédie, paroles de Barbier, et elles furent représentées à Lyon le 4 octobre 1710. Il est possible que postérieurement la pièce ait été augmentée de musique et de chant.

Quoiqu'il en soit, on voit la comédie usurper la place de l'opéra, au Grand Théâtre, en 1719, et, en 1720, c'est encore la comédie et non l'opéra qui est prohibée par suite de l'état alarmant de l'impératrice-mère.

Le Grand Théâtre donna un concert, le 4 novembre, à l'occasion de la saint Charles. Ce fut une innovation, le palais et les demeures des seigneurs ayant été jadis exclusivement affectés à des divertissements semblables. La présence à Bruxelles du marquis et de la marquise de Prié explique cette innovation, qui, du reste, était l'objet d'une sorte d'engouement à la cour de France, et peut-être aux autres grandes cours de l'Europe.

La marquise de Prié joignait à toutes les grâces de sa personne les agréments d'un esprit vif et ingénieux. Passionnée pour la musique, musicienne elle-même et virtuose sur le clavecin, elle avait organisé, en 1722, à Paris, avec le financier Crozat, le concert italien des amateurs, en rivalité du concert français des *Mélophilites*, établi au commencement de la même année. Elle figure, parmi les premiers fondateurs de l'opéra italien à Paris, et, ayant conçu l'idée d'y amener la merveilleuse compagnie italienne qui manœuvrait à Londres sous la direction de Haendel, elle eut le crédit de la faire adopter par le régent duc d'Orléans. On lui doit en quelque sorte la création du concert spirituel à Paris. Fille de Berthelot de Pléneuf, riche traitant, cette dame virtuose s'était éprise de la musique italienne pendant un long séjour à Turin où son époux était ambassadeur (1).

1721, le 21 octobre. — Samedi, jour de naissance de S. A. S. monseigneur le prince Eugène de Savoie, l'Académie roïale de musique représenta le soir, au Grand Théâtre, une pastorale héroïque à l'honneur de Sadite Altesse, et Son Excellence monseigneur le marquis de Prié s'y trouva avec plusieurs dames et seigneurs de la première distinction en habits de fête.

Le 21 novembre. — Avant-hier, fête de sainte Élisabeth, patrone titulaire de S. M. l'impératrice règnante… L'Académie roïale de musique représenta pour la première fois, au Grand Théâtre, avec beaucoup d'applaudissement, l'opéra de *Roland*, où Leurs Excellences le marquis et la marquise de Prié et toute la noblesse se trouvèrent.

Roland, de Quinault et de Lulli, date du 8 janvier 1685, où il fut donné à Versailles pour le roi. Le public de Paris ne le vit qu'un mois après.

Le 9 décembre. — On représenta, jeudi passé pour la première fois, au Grand Théâtre de cette ville, l'opéra de *Callirhoé*, qui réussit à l'entière satisfaction de la noblesse et des autres spectateurs.

Callirhoé, tragédie, paroles de Roy et musique de Destouches, vit le feu de la rampe le 27 décembre 1712. On tient la musette pour un fort joli morceau de musique. Louis XIV se passionna pour les mélodies de Destouches, mais il paraît que le public ne partageait point l'engouement du monarque.

1722, le 6 novembre. — Mercredi, fête de sᵗ Charles Borrome,

---

(1) CASTIL-BLAZE, *Théâtre italien*, p. 122 à 124. On saura peut-être un jour ce que la marquise de Prié aura fondé en ce genre à Bruxelles. Nous n'en avons pu recueillir jusqu'ici que de simples traces. Voy. plus haut au chapitre VI, et ci-contre aux années 1722 et 1723.

dîner chez le marquis de Prié, pendant lequel dîner il y eut un agréable concert de musique. Le soir tragédie, suivie d'une idylle composée et mise en musique par le s^r Romagnési.

Antoine Romagnési est natif de Namur. Sa biographie se trouve dans tous les lexiques spéciaux.

1723, février. — S. A. R. le prince Emanuel, infant de Portugal, Leurs Excellences et toute la noblesse se rendirent dimanche au soir au Grand Théâtre, où on représenta une belle tragédie, laquelle fut suivie d'une belle idylle fort aplaudie, composée et mise en musique par le s^r Romagnési, à l'honneur de Sa dite Altesse Roïale, qui se trouva encore la nuit suivante au bal donné au même théâtre.

Un opéra non désigné fut représenté vers le fin de novembre, à l'occasion de la fête de sainte Élisabeth. Les concerts ont le pas sur les représentations. Le marquis et la marquise de Prié sont toujours à la tête des organisateurs.

Le 10 décembre. — On représenta, mardi passé, au Grand Théâtre de cette ville, l'opéra d'*Ajax*, qui réussit à la satisfaction de tout le monde, tant par la magnificence des habits, que par les ballets et la simphonie.

Ajax, opéra dont le poëme est de Menesson et la musique de Bertin, parut à la scène le 20 avril 1716.

1724, le 14 novembre. — On a représenté pour la première fois, dimanche passé, au Grand Théâtre de cette ville, l'opéra de *Roland*, qui réussit à la satisfaction d'un chacun.

L'assertion n'est pas complètement exacte, car on vient de voir *Roland* joué en novembre 1721. La même remarque s'applique à l'opéra d'*Alceste,* dont la mention va suivre.

1725, le 7 janvier. — Hier soir, on représenta pour la première fois, au Grand Théâtre, l'opéra d'*Alceste*, qui réussit parfaitement bien.

Le 20 février. — Dimanche, Leurs Excellences [le comte et la comtesse de Daun] se trouvèrent à la dernière représentation de l'Opéra, où il y eut une affluence extraordinaire de monde.

Le théâtre va passer en d'autres mains. Les *Relations véritables* ne nous initient point aux faits intimes de l'administration. Force nous est de nouveau de recourir aux documents des Archives. MM. Henne et Wauters, en parlant de l'exploitation de Bombarda, disent, après avoir sans doute puisé aux mêmes sources : « Cette entreprise ne fructifia pas, et le théâtre fut vendu, par suite d'un arrêt du conseil de Brabant, à Jean-Baptiste Meeus ; celui-ci, à qui un octroi du 20 mars 1725 en avait accordé l'exploitation pour un terme de dix ans (1), ne fut pas plus heureux que Bombarda, et, sous ses successeurs, la banqueroute parut être inhérente à la direction du théâtre de Bruxelles, qui ne fut exploité pendant longtemps que par des troupes ambulantes … »

Voici le texte littéral de l'octroi concédé à Jean-Baptiste Meeus :

Charles, par la grâce de Dieu, Empereur des Romains toujours auguste, Roy de Germanie, de Castille, de Léon, d'Arragon, des deux Sicilles, de Hiérusalem, etc. A tous ceux qui ces présentes verront, salut. Reçu nous avons l'humble supplication et requeste de Jean-Baptiste Meeus, habitant de notre ville de Bruxelles, contenante que feu Jean-Paul Bombarda, après avoir construit le vaste et superbe bâtiment du Grand Théâtre en notre dite ville, à plus de cent mille écus de fraix et dépenses, affin d'y pouvoir établir à jamais un spectacle dominant pour le plaisir de notre cour

(1) Chambre des Comptes, aux Archives générales du Royaume, registre nᵒ 149, fᵒ 138.

et de toutte la noblesse, auroit esté gratifié d'un octroy pour
faire représenter les opéras, comédies, donner bals et autres
spectacles publicques pour le terme de trente ans, commencez
le vintiesme de janvier mil sept cens et cinq, comme aussy de
surroger une ou plusieurs personnes à la place, avec sérieuse
deffense à tous comédiens, acteurs d'opéra, entreprenneurs et
à tous autres personnes de quelque qualité ou condition qu'elles
peuvent être, de représenter ou faire représenter aucun opéra
de musique meslé des danses ou autrement, commédies en vers
ou en prose, danseurs de corde, faire des ballets, bals ou tout
autre spectacle publicque, sous quelque prétexte que se puisse
être, sans le gré dudit Bombarda, à peine de confiscation des habits, instrumens, décorations et toutes autres choses servantes
aux représentations, et de mille florins d'amende à apliquer comme
de coutume, tant à charge de ceux qui auront fait représenter
lesdits opéras, comédies, donner lesdits bals ou autres spectacles publicques, à charge d'une reconnoissance annuelle de dix
florins par an payable au receveur général des droits et autres
pour la grâce du susdit octroy; duquel ledit Bombarda et ses
héritiers auroient joui jusques à ce que ledit grand théâtre
avec ses autres biens et bâtimens ont été vendus en notre
conseil ordonné en Brabant par notre decret, et que le remontrant
y auroit achaté le susdit bâtiment nommé le Grand Théâtre;
depuis ce tems le remontrant n'ayant discontinué d'appliquer
tous les soins et de n'épargner aucune dépense tant aux réparations indispensables sans lesquelles cette vaste machine seroit
déjà tombée en ruine, et pour corriger divers deffauts dangereux par des changemens des portes, sorties et escaliers neuves
à la commodité et seureté parfaite de notre cour, de la noblesse
et de tout le publicq, d'une manière qu'au cas de feu ou d'autre
allarme, dont Dieu nous veuille garder, douze cens et plus des
personnes se pourront à présent, à moins de trois minutes de
tems, retirer aisément dudit théâtre sans presse ni embaras,
au dessus des sommes immenses que le remontrant auroit dû
depuis appliquer au rachat de tous les habits, musique, machines, mille autres ustensilles dudit théâtre qui s'étoient dis-

persés et qu'il auroit rassemblé avec des peines inexprimables,
affin de le mettre en état qu'il se trouve à présent plus magnifique et parfait que jamais, et qu'il ne se trouveroit guère en
cent lieues à la ronde plus accompli appartenir à un particulier;
mais comme toutte sa dépense et son attachement pour le respect du plaisir de notre cour, de la noblesse et de tout le publicq,
au lieu de luy procurer quelque honneur ou mérite, luy produisent plustôt depuis quelques années mille disgrâces et chagrins,
par les intrigues et artifices des comédiens passagers et autres
gens de théâtre, qui annuellement viennent solliciter ledit
privilége, la pluspart sans un sol d'argent, même chargés des
dettes d'ailleurs, sans autre vue que de venir faire leurs bourses
en un hiver et sans aller après bien souvent sans remerciment,
et ce au dépend du remontrant en abandonnant son théâtre,
tous les habits, musiques et autres utensilles nécessaires qu'ils
y trouvent et qu'on leur donne à la main, dont ils se rendent
les maîtres et s'en servent comme s'ils étoient donnés au pillage,
à la destruction irréparable dudit théâtre et de ses magazins
qui ont coûté tant d'argent, des soins et des peines à rassem-
bler, tellement qu'en cas de continuation de deux années à
devoir ainsy abandonner le théâtre et ses dépendances à ces sortes d'avanturiers passagers, on pourra compter les riches habits
réduits en chifons et le théâtre abîmé à ne pouvoir remettre en
longtemps; mais comme le remontrant souhaiteroit de récu-
pérer une partie de ses fraix et dépenses qu'il a fait aux achats,
réparations, établissemens et entretien journalier de cette vaste
machine et superbe place qui fait l'admiration de tous les étrangers, il nous auroit très-humblement supplié, pour ranimer son
zèle, de luy accorder et faire dépêcher nos lettres d'octroy pareilles à celles de feu Jean-Paul Bombarda, son prédécesseur,
pour un nombre d'années que nous trouverions convenir, auquel cas le suppliant se chargera de donner la pluspart de l'année, principalement pendant tous les hivers, des opéras ou
comédies plus superbes et magnifiques qu'ils s'en sont donnés
depuis la construction dudit théâtre, lesquels augmenteront
annuellement en magnificence des décorations, habits et machi-

nes, à la satisfaction et plaisir parfait de notre cour, la noblesse
et étrangers, qu'il se flate d'attirer tous les hivers par l'éclat
desdits divertissemens, audessus du soin qu'il aura de régler
ainsi les spectacles subalternes au théâtre du Grecht et Coffy,
que le publicq en sera content, pour qu'ils ne puissent préjudicier au spectacle dominant à garder sur le grand théâtre;
Sçavoir faisons, que nous, les raisons susdites considérées, inclinans favorablement à la demande et supplication dudit Jean-
Baptiste Meeus, avons, par avis de notre conseil d'État et ouïs les
conseillers intendants provisionels de nos domaines et finances
qui ont préallablement entendus nos amés et féaux les président
et gens de nos comptes en Brabant, et nos chers et bien amés
les Bourgmaître, Échevins et conseil de notre ville de Bruxelles,
et à la délibération de notre très-cher et très-amé cousin Viric-
Philippe-Laurent, comte de Daun, prince de Thiano, chevalier
de notre ordre de la Toison d'or, notre conseiller d'État actuel
intime, mareschal de nos armées, intendant général des arse-
naux, colonel d'un régiment d'infanterie à notre service, colonel
et gouverneur de notre ville et résidence impériale de Vienne,
lieutenant-gouverneur et capitaine-général de nos Pays-Bas,
octroyé permis et accordé, comme nous octroyons, permettons et accordons par cette audit Jean-Baptiste Meeus, de faire
représenter les opéras, comédies et donner bals, à l'exclusion
de tout autre, pour le terme de dix ans, à commencer de la
date de cette, et ce sans préjudice du droit et prérogatives qui
pourroient compéter à notre cher et bien amé l'Amman de notre
ville de Bruxelles, et sans y comprendre les comédies des bourgeois, danseurs de corde et marionettes, deffendant bien sérieusement à tous comédiens, acteurs d'opéras, entreprenneurs
et à toutes autres personnes, de quelque qualité ou condition
qu'elles puissent être, de représenter ou faire représenter aucun
opéra de musique meslé de danses ou autrement, comédies en
vers ou en prose, faire des ballets, bals ou autres spectacles
publiques, sous quelque prétexte que se puisse être, sans le gré
ou consentement dudit Jean-Baptiste Meeus ou de ses ayans
cause, à peine de confiscation des habits, instrumens, décora-

tions et touttes autres choses servantes aux représentations, et
de trois mille florins d'amende à appliquer comme de coutume,
tant à charge de ceux qui feront représenter lesdits opéras et
comédies, donner lesdits bals ou autres spectacles publiques,
bien entendu que ledit Jean-Baptiste Meeus sera obligé de payer
annuellement à notre proffit, pendant le temps de ce présent
octroy, cinquante livres du prix de quarante gros monnoye de
Flandres la livre, ès mains de notre cher et bien amé le receveur général des domaines au quartier de Bruxelles, qui en
répondra avec les autrers denies de son entremise, auquel
effect ledit Jean-Baptiste Meeus sera obligé de donner caution à
l'appaisement de notre receveur général, et avant de pouvoir
jouir de l'effect de ces présentes lettres d'octroy, ledit Meeus sera
tenu de les présenter auxdits de nos finances et de nos comptes
en Brabant, pour y être vérifiées et registrées et intérinées à la
conservation de nos droits et hauteurs; si donnons en mandement à nos très-chers et féaux ceux de notre conseil d'État,
président et gens de notre grand conseil, chancellier et gens
de notre conseil de Brabant et à tous autres justiciers, officiers
et sujets, que de cette notre présente gràce et octroy ils laissent
ledit Jean-Baptiste Meeus pleinement et paisiblement jouir et
user sans contredit ou empèchement au contraire, et de luy
donner toutte [protection] et assistence en étant requis, car
ainsi nous plaît-il. En témoin de ce, nous avons fait mettre
notre grand scel à ces présentes. Donné en notre ville de Bruxelles, le vingtiesme jour du mois de mars, l'an de grâce mil
sept cens vingte-cincq, et de nos règnes de l'Empire romain le
quatorzième, d'Espagne le vingt-deuxiesme et d'Hongrie et de
Bohème aussi le quatorziesme. Étoit paraphé de Ma^vt. Plus bas
étoit: Par l'Empereur et Roy messieurs Thomas Fraula, conseiller
directeur général, le vicomte de Voogt et Jean-Charles Suarts,
conseillers-intendans provisionels des domaines et finances de
Sa Majesté Impériale et catholique et autres présents Signé
loco de l'audiencier: M. de Commines; et étoient les lettres
patentes d'octroy scellées du grand scel de Sa Majesté imprimé
en cire rouge y pendant à double queue de parchemin; sur la

feuille suivante étoit écrit: les conseillers d'État, directeur général et les conseillers-intendans provisionels des domaines et
finances de Sa Majesté Impériale et catholique, consentent et
accordent, en tant qu'en eux est, que le contenu au blanc de
cette soit furny et accomply tout ainsy et en la même forme
et manière que Sa Majesté le veut et mande être fait par icelluy blanc. Fait à Bruxelles, sous les seings manuels dudit conseiller d'État directeur, général et les conseilliers-intendans, le
dix-septiesme d'avril mil sept cens vingt-cincq. Étoient signés :
le vicomte de Vooght, J -C. Suarts et J.-A. Rubens. Plus bas
étoit encor : ce jourdhuy vingt-huitième de may mille sept
cent vingt-cincq, ont ces présentes lettres patentes d'octroy été
vues et lues au bureau de la chambre des comptes de l'Empereur et Roy en Brabant, et illec selon leur forme et teneur
intérinées et enregistrées au registre des chartres, octroys et
autres affaires de Brabant commençeant avec l'an xviie douze.
Marqué la lettre P.; quotté n° xix, f°s. 138 recto et seq^u; et
étoient signés.

Le *Bourgeois Gentilhomme*, orné de plusieurs entrées,
voilà ce que nous avons à signaler pour l'année 1725.
Il n'en est pas de même de l'année suivante, où neuf
opéras différents défilent successivement devant la rampe
du Grand Théâtre.

1726, le 8 mars. — Mardi passé, il y eut comédie italienne
à la cour, à laquelle Son Altesse Sérénissime assista avec la
principale noblesse.

Le 14 mai. — Dimanche, Son Altesse Sérénissime se rendit
au Grand Théâtre, où elle vit la représentation de l'opéra de
Thétis et Pélée, dont elle fut fort contente.

Thétis et Pélée, tragédie-opéra, remonte à 1689 et
avait pour auteur des paroles, Fontenelle, et pour auteur
de la musique, Colasse.

Le 13 août. — Dimanche, fête de sⁱ Géry, Son Altesse se rendit au Grand Théâtre pour y voir l'opéra d'*Iphigénie*.

Iphigénie en Tauride, poëme de Duche, dont Desmarets mit en musique les quatre premiers actes, et qui ne fut achevé que huit ans après par Duchet et Campra, date du 6 mai 1704.

Le 3 septembre. — Dimanche, S.A.S alla voir la représentation de l'opéra de *Pirithoüs*.

Pirithoüs, paroles de La Serre et musique de Mouret, date du 26 janvier 1723. Le sujet en est tiré des *Métamorphoses* d'Ovide. La partition parut neuve et fut fort goûtée des connaisseurs.

Le 17 septembre. — Dimanche dernier, S. A. S. alla le soir en public voir l'opéra de *Médée et Jason,* qu'on représenta au Grand Théâtre et où se trouva toute la noblesse.

Médée et Jason, tragédie de La Roque, ou plutôt de l'abbé Pellegrin sous ce nom, et dont la musique est de Salomon (24 avril 1713), eut, à son apparition, un grand succès.

Le 4 octobre. — Mardi dernier, fête du souverain, S. A. S. alla au Grand Théâtre, où on représenta pour la première fois l'opéra du *Jugement de Pâris*.

Le *Jugement de Pâris*, pastorale héroïque en trois actes, (21 juin 1718), paroles de Mᵉˡˡᵉ Barbier ou de l'abbé Pellegrin, musique de Bertin.

Le 11 octobre. — Mercredi, S. A. S. alla voir la représentation de l'opéra de *Roland*.

Le 26 octobre. — Hier, S. A. S. se rendit au Grand Théâtre, où elle vit la représentation de l'opéra d'*Ajax*, qui réussit à la satisfaction d'un chacun.

Le 5 novembre — Hier, fête de s^t Charles Boromée... Le soir, S. A. alla au Grand Théâtre voir la représentation de l'*Europe gallante*, et elle y soupa.

L'*Europe galante*, opéra-ballet en quatre actes, dont chacun formait une pièce entière, musique de Campra, et l'un des meilleurs ouvrages, à ce que l'on prétend, qui eût paru depuis Lulli (24 octobre 1697). Les opéras de Campra marquèrent un progrès dans la musique française. Les chœurs, dit Castil-Blaze, seraient encore entendus aujourd'hui avec plaisir.

Le 12 novembre. — Dimanche, S. A. se rendit au Grand Théâtre, où elle vit la représentation de l'opéra d'*Armide*.

Le 22 novembre. — Mardi, fête de s^t Élisabeth... Le soir, S. A. alla au Grand Théâtre voir la représentation de l'opéra de *Télégone*.

Le 26 novembre. — Son Altesse Sérénissime alla de nouveau, dimanche au soir, au Grand Théâtre, voir la représentation de l'opéra intitulé *Télégone*, qui réussit à l'entière satisfaction de Sadite Altesse et de tous les autres spectateurs.

Télégone, tragédie en cinq actes de l'abbé Pellegrin, musique de La Coste. Après la première représentation à Paris, qui eut lieu le 6 novembre 1725, la pièce ne reparut plus au théâtre.

1727, le 10 janvier. — Son Altesse alla, hier, au Grand Théâtre, où elle vit la représentation de l'opéra de *Philomèle*.

Le 28 janvier. — S. A. se rendit, dimanche au soir, au Grand Théâtre, où elle vit la représentation de l'opéra d'*Alceste*.

Le premier de ces ouvrages, *Philomèle*, tragédie-opéra de Roy, mise en musique par La Coste, et dont le sujet est emprunté aux *Métamorphoses* d'Ovide, date du 20 octobre 1705; le deuxième, qui fut encore joué le 18 février, a été cité précédemment.

Le 7 février. — Son Altesse alla mercredi au Grand Théâtre voir la représentation du *Festin de Pierre,* dont elle parut fort contente.

S'agit-il ici de la tragédie de Molière ou de Thomas Corneille? Ou bien est-ce l'opéra-comique de Letellier, joué en 1713 avec beaucoup de succès à la foire de Saint-Germain, que le rédacteur des *Relations véritables* a en vue? Le 28 février, eut encore lieu la représentation d'un opéra non désigné.

Voici une période très-intéressante, au point de vue de l'influence qu'ont pu exercer sur le goût musical les artistes d'opéra en représentation temporaire à Bruxelles. Nous entendons parler des troupes italiennes qui, pendant trois ans consécutifs, vinrent enchanter la population bruxelloise. D'où arrivèrent-elles? Il est assez difficile de le dire.

La première avait pour directeur Antoine Peruzzi, chanteur et mari de la célèbre cantatrice Anna-Maria Peruzzi, venue de Prague. Peruzzi se trouvait en cette ville, en 1725, avec une troupe italienne dont sa femme était *prima donna,* et depuis, à ce qu'on rapporte, il entra avec cette troupe au service du comte de Sporck, qui entretint à ses frais ce spectacle jusqu'en 1735. Si cette date est exacte, la troupe n'aurait fait son voyage en Belgique, qu'à la faveur d'un congé obtenu de leur protecteur, ce qui est difficilement admissible (1).

D'après cette indication, il est permis seulement de supposer que c'est de Prague que partit la phalange. Elle aura traversé sans doute l'Allemagne, en donnant des représentations dans les principales villes, et avec l'in-

_____

(1) Anna-Maria Peruzzi était native de Bologne, où elle se fit entendre encore en 1746.

tention de se rendre à Londres, où le goût de la musique italienne faisait fureur alors.

A en juger par l'intitulé des pièces italiennes qui ont été jouées au Théâtre de Bruxelles, il faut croire que le genre des bouffes du temps ne convenait guère beaucoup au public de cette scène. Au lieu de farces burlesques, comme celles que fournissent le répertoire des italiens de Paris, on n'y voit figurer généralement que des drames lyriques et des opéras empruntés au genre *serio*.

L'influence de Paris, à partir de la naissance de l'opéra chez nous, est notoire; mais elle ne s'est pas étendue jusqu'au renversement du caractère de la nation, plus porté aux pièces à grand spectacle et à grande musique, qu'aux facéties grotesques des arlequins de toute couleur et de toute condition. Le vrai comique a pu plaire à nos ancêtres; nous doutons que le comique trivial y ait jamais obtenu une vogue bien durable. Le répertoire des italiens était du reste très-varié, comme on pourra s'en convaincre. Une trentaine de pièces différentes ont été données.

1727, le 29 avril. — On représenta dimanche pour la première fois, au Grand Théâtre de cette ville, l'opéra de *Roland* en italien, sous la direction du sieur Peruzzi.

On conserve, à la Bibliothèque royale de Bruxelles, le libretto de cette pièce, avec une traduction française en regard. En voici le titre : *Orlando furioso, dramma per musica, da rappresentarsi nel Gran Teatro di Bruselles, il maggio dell' anno 1727, consegrato a S. A. S. Maria Elisabetta Lucia, arciduchessa d'Austria, governatrice degli Paesi-Bassi Austriaci.* — In Brusselles, con privilegio cæsareo, in-4°, de 94 pages. Une dédicace d'Antoine Peruzzi, remplie de fades éloges, précède la donnée de l'opéra, qui ne se compose que de sept personnages, chœur à part : Roland, Angélique, Bradamante, Alcine, Roger, Médor, Astolfo. Les acteurs de ces divers rôles n'ont pas été indiqués. Il est fort vraisemblable que Mme Peruzzi était du nombre.

Roland ou plutôt *Orlando* fut redonné au mois de mai suivant, où eurent lieu deux autres représentations non désignées, ayant eu peut-être pour objet le même ouvrage. Son Altesse y assista avec toute sa cour; mais il n'est pas dit si le succès de la troupe fut grand, ni si les amateurs qui s'y rendirent furent nombreux. Le contraire est à supposer, car, le 16 mai, un décret de Marie-Élisabeth parut, portant la nomination de Jean Fariseau, membre du conseil de Brabant, pour régler, sous forme de procès, toutes les difficultés surgies avec le directeur ou avec le personnel de l'Opéra italien et toutes les prétentions qui pourraient se présenter à leur charge (1). Cette intervention auguste permit aux artistes italiens de continuer leur campagne et retint à Bruxelles une troupe lyrique que d'autres grandes villes eussent peut-être été fières de posséder.

Au mois de juin, eut lieu la représentation de l'*Amor Indovino*, par Cortona, « qui réussit parfaitement bien » dit le chroniqueur local. *Orlando* alterna, au mois de juillet, avec le même opéra; d'autres représentations, non désignées, se donnèrent jusqu'au 28 août, où fut joué la *Costanza combattuta in l'amore*, de Jean Porta, ouvrage qui reparut une dernière fois, au mois de septembre. En octobre, *Arsace* fut exhibé trois fois, et, le 4 novembre, ce fut le tour de *Faramonde*:

Le 11 novembre. — S. A. S. se rendit au Grand Théâtre, où l'on représentait le nouvel opéra italien de *Pharamond*, préparé pour le jour de saint Charles (Borromée), dont l'Empereur porte le nom, et l'opéra réussit à l'entière satisfaction des spectateurs (2).

---

(1) *Archives générales du Royaume*, conseil privé, carton n° 299.

(2) La date du 4 novembre pour la représentation de *Faramonde* nous est fournie par le libretto même de la pièce, qui nous a été gracieusement communiqué par M. Terry, de Liège. Le savant bibliophile possède

Puis un nouveau point d'arrêt surgit, à cause des mêmes difficultés indiquées plus haut. Le 25 novembre Marie-Élisabeth intervint de rechef, et nomma, cette fois, le conseiller Henri-Guillaume de Wynants, pour arranger tous les différends. Son décret, plus circonstancié que le précédent, mérite d'être reproduit :

Bruxelles, le 25 novembre 1727.

MARIE ÉLISABETH, ETC.

Ayant trouvé convenir, pour soutenir l'opéra italien en cette ville de Bruxelles, de nous réserver la connoissance de tous les débats et difficultés que le directeur ainsique ceux de la troupe pourroient avoir, tant entre eux qu'avec d'autres, et notre volonté ayant été et étant que tout fût et soit applani et terminé sommairement et sans forme de procès par devant un seul commissaire, nous avions à cet effet commis, nommé et autorisé par notre dépêche du 16

également ceux de l'*Amor indovino* et de la *Costanza*. Tous portent une dédicace de Peruzzi. Voici, du reste, les pièces de notre spécialité que renseigne le catalogue si intéressant de Soleinne, au tome IV, nᵒ 4781 :

« *Pastorale, drammi per musica e intermezi comici representati in Brussela,* 2 vol. in-4ᵒ, v. br. Recueil factice, très-curieux ; chaque pièce italienne contient une traduction ou une analyse française en regard, savoir :

« *Amor indovino, pastorale per musica* (3. v) 1727. — *L'Arsace, dramma per musica* (3. v.) 1727. — *La Costanza combattuta in amore, dramma per musica* (3. v.) 1727. — *Orlando furioso* (3. v) 1727. — *Alba Cornelia* (3. v) 1728 — *Ernelinda* (3. v.) 1728. — *Ernelinde*, opéra traduit de l'italien (3 pr) 1728. — *Farnace* (3. v.) 1729 — *Alexandro Severo* (3. v.) 1729. — *Lucio Papirio* (3. v) 1728. — *Archelao* (3. v.) 1728. — *Faramonde* (3 v.) 1727. — *Griselda* (3.v) musique de Gioseppe-Maria Orlandini, 1728. — *Themistocle* (3.v.) 1729. — *Armida abandonnata* (3. v.) 1729.

« *Il malato immaginario, intermezzi comici musicali* (3 int. v.) 1728. — *Don Micco e Lesbina* (3 int. v.) 1728. — *Serpilla e Baiocco, o vero il marito giocatore et la moglie bacchettona* (3 int. v.) 1728. — *Vespetta e Pimpinone* (3 int. v.) 1728. — *La Trufaldina,* (3 int. v) 1729. »

may dernier, le conseiller du conseil ordonné en Brabant, Jean Fariseau ; mais eu égard qu'à cause de ses autres occupations, il ne peut vaquer avec toute la diligence requise à la direction des affaires de ladite commission, nous déclarons d'avoir surrogé, commis, nommé et autorisé, comme nous surrogeons, commettons, nommons et autorisons par cette en sa place, le chevalier Henry-Guillaume de Wynants, conseiller du même conseil à l'effet susdit, en conséquence nous ordonnons, au nom de Sa Majesté Impériale et Catholique, notre très-cher Frère et Seigneur, que tous ceux qui ont ou pourront avoir quelques prétensions, débats ou difficultés avec ledit directeur, la troupe de l'opéra ou quelqu'un d'eux, tant au sujet dudit opéra qu'autrement, ayent à faire leurs représentations et demandes par devant le susdit conseiller chevalier de Wynants, et à luy de terminer et décider le tout sommairement et sans forme de procès, et qu'il ait à donner spécialement tous ses soins, affin que les deniers qui entreront provenans de l'opéra, des loges que l'entrepreneur a louées en particulier, des tables du jeu, du bal, de ce que les comédiens payent audit entrepreneur, et généralement de tout ce qui a du rapport à l'opéra, soient réservés pour le payement régulier des musiciens et des autres employés audit opéra, et de veiller en outre que ceux qui ont fourni ou fourniront audit entrepreneur des étoffes et autres marchandises et effets nécessaires pour la représentation de l'opéra, soient aussi payés et satisfaits, car nous voulons que les dettes que l'entrepreneur a contractées et contractera par rapport à l'opéra, soient payées préférablement à celles qu'il peut avoir faites ou pourra faire en son particulier ; et si ledit conseiller, le chevalier de Wynants, rencontroit quelque inconvénient en quelque chose que ce soit, il aura à nous en faire son rapport, pour ensuite y être disposé selon nos intentions, et nous ordonnons, au nom que dessus, à tous et un chacun de de se conformer et régler selon ce ; fait, etc.

L'effet ne tarda point à s'en faire sentir, car l'opéra *Faramonde* put être redonné au commencement de 1728, et quatre jours après une nouvelle pièce: *Alba Cornelia*, (de Conti?) eut un succès complet. Un paragraphe spécial des *Relations véritables* en fait foi. Pareil succès eut lieu en février, avril et mai, avec *Ernelinde*, « qui réussit à la satisfaction de tout le monde, tant par les voix que par les décorations. » En juin et juillet: *Archelaus*, avec succès. Qui croirait, après cela, que de nouvelles complications vinrent se mettre en travers de cette vogue? Le fait est que le conseiller Wynants fut encore chargé, par commission du 28 avril, de conjurer les menaces de procès infligées à l'exploitation. C'est apparemment ici que se place la supplique suivante du directeur Landi, implorant la grâce d'un arrangement à l'amiable de ses affaires:

SERENISSIMA ALTEZZA,

Giovacchino Landi, impressario dell'opera, umilissimo servo di V. A. S., con tutto il piu profondo rispetto gl'espone come vertono alcune differenze tra esso e Gabrielle Costantini, capo della truppa de' comici Italiani, circa l'accomplimento d'un contratto passato tra l'esponente e detto Costantini, capo della sudetta truppa. Per tanto umilissimamente supplica V. A. S. di commettere un giudice, munito d'autorità sufficiente por decidere sommariamente e senza forma di processo, le sudette differenze e tutte le altre che potessero insorgere circa l'impresa accordatele dalla clemenza di V. A. S., per la prosperità e conservazione della quale porgerà sempre il supplicante caldissimi voti al Altissimo.

Selon le *Spectacle de Bruxelles*, « le sieur Landy vint, en 1729, à Bruxelles avec un opéra italien aux dépens duquel ne pouvant suffire, il fut arrêté et conduit à la tour Emberg (1), où il resta longtemps. »

Cette date de l'arrivée de Landi est inexacte, car l'imprésa-

(1) De Treureuberg.

rio fut immiscé dans la direction de l'opéra italien à
Bruxelles dès 1727. Ce que nous allons en dire le prouvera
suffisamment.

1728, le 20 août. — Mr Landi, entreprenneur des opéras
au service de S. A. S., est retourné en cette ville depuis avant-
hier. Il a ammené plusieurs sujets, tant pour le théâtre que
pour l'orchestre, et entre autres les célèbres Pasi, qui est le
plus habile de tous les musiciens d'Italie, la Rosa Ungarelli et
Ristorini, pour les intermèdes, et Martinetto dal hautbois;
et on prépare l'opéra de *Griselide*, pour célébrer, le 29 de ce
mois, le jour de naissance de l'impératrice règnante.

Rosa Ungarelli ou Ongarelli et Antonia-Maria Ristorini
sont favorablement mentionnées par les historiens; Laborde, entre autres, en parle, et on verra plus loin, à leur
sujet, un extrait honorable de Castil-Blaze (1). Quant à
Gioacchino Landi, il était destiné, d'après de véridiques
témoignages, à l'état ecclésiastique. Un bénéfice lui fut
promis par l'archiduchesse Marie, gouvernante des Pays-
Bas. Provisoirement Landi reçut une pension de 250 florins,
outre sa nomination de vice-maître de chapelle de la cour à
Bruxelles. Obligé de quitter cette ville pour dettes, l'impré-
sario italien vit s'arranger ses affaires au gré de ses désirs.

(1) Rudhart dit, d'après Forkel et Quadrio, que, pendant l'été
de 1722, on donna, au château de Dachau, puis à la résidence
royale de Nimphenburg (Bavière), la pastorale de *Dafné*. Rosa
Ungharelli, de Bologne, au service de la cour de Darmstadt,
chanta la *Selvaggia;* Lucia Grimani, de Venise, *Galathée;* Antonia
Mengoni, de Modènes, *Daphné.* Est-ce de la fameuse Cuzzoni qu'il
s'agit dans ce passage des *Relations véritables* ou bien d'Anna Cosini,
citée par Delbacz: — « Paris; le 10, mademoiselle Cossoni, italienne,
qui a été à l'opéra d'Angleterre, chanta seule à la messe du Roi un
motet de composition italienne. Le 11, on chanta aussi, pendant la
messe de Sa Majesté, le psaume: *Laudate Pueri Dominum.* Mademoiselle
Cossini s'y distingua; beaucoup de seigneurs et dames s'y trouvèrent pour
l'entendre; mais le Roi ne témoigne pas avoir du goût pour la musique
italienne. »

Les gages de sous-directeur de la musique de la cour furent répartis entre les créanciers, et, en échange, le bénéfice promis lui fut concédé dans quelque ville d'Italie.

A peine le souverain avait-il ordonné l'intégrale extinction des dettes de Landi, portées à la somme de 3497 florins 12 sous, qu'une foule de nouveaux créanciers arriva de tous côtés, avec des prétentions qui élevaient à plus du double le chiffre du failli. Vraies ou fausses, ces créances furent repoussées, et le souverain déclara s'en tenir aux restitutions faites, laissant, entre autres, les nommées Marguerite et Catherine Stordeur, co-associées de Landi, s'en tirer comme elles le jugeraient convenable. Celles-ci avaient à charge de Joachim Landi la somme 3897 florins, provenant en grande partie des avances qui lui avaient été faites « tant pour les voyages des acteurs qu'il faisoit venir d'Italie, que pour leurs gages et autres différents fraix; » tout cela depuis que ledit Landi avait « obtenu de feue S. A. S. l'archiduchesse, vers l'an 1727, un octroi pour l'établissement d'un opéra italien. »

L'homme d'affaires de l'impresario Landi était un nommé Francesco-Xavério de Corradini. Par contrat passé entre Jean-Baptiste Meeus, propriétaire du Théâtre de la Monnaie, et le directeur de la troupe italienne, le 9 mars 1728, en présence de Jean-Sébastien Brillandi et Laurent de Noël, Corradini avait reçu pleine procuration de son maître. Le paragraphe suivant, extrait du préambule, offre seul quelque intérêt:

« Il [Jean-Baptiste Meeus] donne à louage audit sr Landi, l'usage de son théâtre pour un terme à commencer le 28 du mois de mars de cette année, et à finir au grand carneval de l'année suivante 1729, sauf que ledit Meeus donnera audit entrepreneur, après ledit grand carnaval, un terme de quinze jours pour retirer du théâtre ce qui pourra lui appartenir et le remettre en état, pour y faire représenter, à ses fraix et risques, perte et proffit, des opéras italiens en musique et autres représentations de comédies, comme ledit entrepreneur trouvera à propos, et donner des bals publicqs pendant ledit terme, et cela moïennant le prix et la somme de six cents pistoles.. (1). »

Les prétentions des dames Stordeur vont du 28 janvier au 1er mai 1728 (2). En 1737, Landi était à Vienne, et en 1739, il se trouvait à Milan. Ces particularités ont été résumées d'après le dossier de l'affaire conservé au conseil privé des Archives générales du royaume, où se trouve encore en copie la pièce suivante, que nous croyons devoir transcrire en entier :

Nous comte don Julio Visconti Borromeo Arese, comte della Pieve di Brebbia, et grand d'Espagne, chevalier de la Toison d'Or, conseiller d'État intime de S. M. I. et C., grand-maître et premier ministre de Son Altesse madame la Sérénissime Archiduchesse Marie-Élisabeth, gouvernante générale des Pays-Bas, certifions que Joachin Landi, aïant très-humblement représenté à Sadite A. S. que son intention étoit d'embrasser l'état ecclésiastique, mais que, pour recevoir les ordres sacrés de prêtre, il lui manquoit le titre ou la subsistance requise, cette auguste princesse lui a assigné à cet effet deux-cent cinquante florins d'Allemagne par an, païables par son conseiller et agent à Vienne, Jean-Charles Schouppe, hors du fond dont celui-ci a l'administration, et ce la vie durante dudit Landi, ne fût qu'il obtiendroit un autre bénéfice ou prébende équivalente, auquel seul cas cette assignation viendroit à cesser, le tout en conformité de l'acte pour ce expédié en date du 5 décembre 1732, signé Marie-Élisabeth, et cacheté de ses armes. En foi de quoi, nous avons signé le présent certificat muni de nos armes. Fait à Bruxelles, le 5 octobre 1732.

Le comte Julio Visconti Borromeo Arese.

(1) Tout le matériel du théâtre, — décors, machines et jusqu'aux « tables à jouer au pharaon » — était compris dans ce bail.

(2) Il y est parlé de douze lustres en cristal pour le service du Grand Théâtre.

La requête suivante de Landi se rapporte au même fait :

Sarà ben noto all' E. V. qualmente la defonta Serenissima Archiduchessa governante de' Paesi Bassi, con suo clementissimo decreto de' 5 x^{bre} 1732, mi graziò di una pensione de fl. 250, imperiali annui a titolo di patrimonio per la mia sussistenza di sacerdote, la quale fino che la detta S.A S. visse, mi fù pagata dal sig^{re} consigliere de Schouppe, alloro suo tesoriere, il quale tiene l'originale di sud° decreto, per verità di che accludo copia del certificato fattomi da S. E. il signore conte D. Giulio Visconti allora primo ministro di essa Serenissima. Jo col fondamento di detta pensione presi li sacri ordini, mà essendo accaduta la di Lei morte, più non hò potuto conseguire la medema, dicendo il detto signore consigliere de Schouppe, ch egli non hà più ingerimento in simil affare : onde vedendomi privo di un tal mantenimento, e senza del quale mai avrei potuto passare al stato in cui mi trovo, vengo ad essere in procinto di restare sospeso, non avendo modo di potermi sostentare, essendo affato privo di beni di fortuna. Percio sapendo esser l'E. V. esecutore testamentario di essa Serenissima ;

Suplico umilmente l'E. V. volersi degnare di ordinare mi vengano pagati li tre semestri che avanzo di detta pensione, ed anco che mi si debba continuare la medesima, mentre il sud^{to} decreto parla di non dovermisi levare sino che non abbia un beneficio ad essa equivalente ; o quando l'asse ereditario della d^a Serenissima non fosse sufficiente a portare questo peso, voglia l'E. V. compiacersi di rappresentare a S. M. la Regina ed a S. A. R il signore Gran Duca, perchè in equivalente di essa pensione vogliano clementissimamente degnarsi di provvedermi di qualche altro beneficio ecclesiastico nello stato della Toscana ove attualmente mi trovo, per poter io seguitare nella mia vita sacerdotale, e per togliere il sconcerto che ne può succedere, cioè di essere dall' esercizio sospeso. Cio che sperando, continuarò li miei sacrificii per l'anima della defonta Ser^{ma} Governante, e per le maggiori prosperità dell' E. V., a

cui per fine con profondo ossequio mi rassegno, di Vostra
Eccellenza,

Umilissimo ed ossequissimo servitore,
GIOACHINO LANDI.

En 1728, au mois de janvier, *Faramonde* et *Alba Cornelia*, nouvel opéra (de Conti?), dont la réussite fut complète,
et qui se donna encore, avec le même succès, le mois
suivant. Avril vit éclore *Ernelinde* (de Sajon?), ouvrage
que l'on goûta généralement « tant pour les voix que
pour les décorations. » Repris le même mois, il reparut
encore en mai. En juin et en juillet, ce fut le tour
d'*Archelaus*, à qui la chronique locale ne décerne que des
éloges. A la fête de l'impératrice Élisabeth-Christine, qui
eut lieu au mois d'août, Son Altesse alla voir *Griselide.*
« Jamais opéra, rapporte-t-on, n'eut plus d'applaudissement
que celui-ci, à cause des belles voix et du nombre des
instruments. »

Le 31 septembre on représenta, comme intermède à
un opéra italien, *Don Micco e Lesbina*, parodie du *Joueur.*
Griselide fut reprise au mois d'octobre, puis, en novembre, à l'occasion de la saint Charles, on exhiba, avec une
grande magnificence, *Lucio Papirio* (d'Orlandino, de Pol-
larolo ou de Predieri?). On y vit « Quintus Fabius sur un
char de triomphe traîné par quatre chevaux, précédé
de toute la cavalerie et de l'infanterie de son armée. »
Le peuple fut admis à ce spectacle, où les allusions n'ont
point dû faire défaut. *Lucio Papirio* eut du succès et fut
redonné à deux reprises, dans le courant d'octobre et
au commencement de novembre. *Mérope*, entremêlé de la
parodie *Bajocco e Serpilla*, vit le jour le 21 décembre (1).
La musique de ce petit intermède est-elle de Romagnési?

(1) **Voyez**, au sujet de *Don Micco e Lesbina* et de *Bajocco e Serpilla*,
l'introduction du *Théâtre de Favart*, p. XVII. Les livrets de ces
pièces, portant le trophée de musique que l'on connaît, se trouvent
également dans la collection de M. Terry. Celui de *Bajocco* dit
clairement que la pièce n'est qu'un *intermezzo* intercalé dans l'opéra

Ne quittons point l'année 1728, sans mentionner une sorte de cantate exécutée par la troupe italienne, le 14 avril, à une fête que donna, au palais d'Egmont, l'ambassadeur de Portugal, à l'occasion des fiançailles de Jean, prince de Brésil, avec Marie-Anne-Victoire, infante d'Espagne. Les paroles de cette pièce intime étaient de Gio-Sébastiano Brillandi, directeur de la troupe ; la musique avait pour auteur Antonio Cortona, de Venise.

Dans la première partie, Neptune demande un gage de reconciliation entre les nations rivales. Le Tage et l'Èbre apportent chacun leur don, et invitent les Faunes et les Naïdes à joindre leurs vœux pacifiques aux leurs. Bacchus et l'Hymen sont invoqués.

Dans la deuxième partie, l'Hymen unit « Jean de Bragance » à « l'élite des Espagnes ; » les lys et les violettes surgissent en foule sur les rivages du Tage et de l'Èbre. Le Destin annonce, sous forme de mystère, la possession de l'empire de l'univers. Mais déjà, la Renommée a tout divulgué, au son des trompettes. Le Thrace et le Maure tremblent. Le Tage et l'Èbre s'unissent dans une commune allégresse.

Cette froide allégorie, entièrement dans le goût du temps, n'offre que des solos, des duos et des chœurs, sans doute pour faciliter la coöpération des amateurs du grand monde. Reste à savoir si le libretto et la partition ont été expressément écrits pour la cérémonie. Dans le cas affirmatif, on pourrait supposer la venue à Bruxelles d'Antonio Cortona, dont d'autres ouvrages ont été joués par la troupe italienne, et qui pourrait avoir fait partie de la phalange lyrique, en qualité de chef d'orchestre.

Voici le titre exact du libretto : *Componimento per musica da cantarsi in Brusselle nel palazzo d'Egmont, gli 14 aprile 1728, per la festa che darà l'eccellentissimo signor*

Lucio Papirio. Le bibliophile liégeois possède encore l'intermède l'opéra de *Griselda*, à savoir : *Vespetta e Pimpinone*, muni de la même marque de provenance bruxelloise. Les auteurs présumés de *Mérope* sont, pour les paroles, A. Zeno, et pour la musique, P. Torri.

*ambasciadore di Portogallo, in occasione degli sponsali di
S. A. R. il principe del Brasile con l'infante di Spagna.* —
[Brusselle, Fricx?], in-4°, de 31 pages (1).

L'opéra de *Mérope* fut repris en 1729, comme le prouve
le titre d'un libretto italien-français que possède la Bibliothèque royale de Bruxelles : *La Mérope, dramma per
musica da rappresentarsi in Brusselle l'invernol del 1729,
consecrato a S. A. S. Maria-Elisabetta-Lucia, arciduchessa
d'Austria, governatrice de' Paesi-Bassi Austriaci.* — In
Brusselle, con privilegio cesareo. La dédicace en est faite
par Gio-Sébastiano Brillandi. L'argument français porte
ces lignes à l'adresse du public bruxellois : « La représentation de cette action n'a pas certainement eu le même
succès sur le théâtre de Brusselle qu'elle l'eut sur celui
d'Athènes, où les spectateurs voïant Mérope sur le point
de tuer son enfant, furent saisis d'un tel frémissement,
qu'il fut impossible aux acteurs d'achever leur tragédie.
Je ne sais pas si nos acteurs sont moins parfaits que ceux
d'Athènes, ou si nos spectateurs sont plus insensibles
que les Grecs. »

Les interprètes de *Mérope* étaient : Polifonte, — Giuseppe
Galletti ; Mérope, — Anna Dotti ; Épitide, — Antonio Pasi ;
Argia, — Girolama Valeschi Madonis ; Trasimede, — Gius-
tina Héberard ; Anassandro, — Giuseppe Rossi ; Licisco,
Andrea Galletti. Trois d'entr' eux : Anna Dotti, Giustina Hébe-
rard ou Éberard et Giuseppe Rossi figurent plus loin, dans
Témistocle, avec le nom de la localité d'où ils sont originaires.

Mérope reparut deux fois en janvier 1729. A la fin de ce

(1) Ce scénario se trouve à la fin du volume des *Relations véritables* de
1728, lequel contient encore le libretto de l'oratorio : *Il Pentimento
d'Acabbo*, dont il a été question plus haut. Il importe de dire, quant à ce
dernier ouvrage, que la musique en a été faite par Carlo Arrigoni, « acca-
demico filarmonico, » sur des paroles du P. Giovanni-Crisostomo Arrigoni.
La pièce, privée de chœurs, ne roule que sur cinq personnages, qui sont :
Accaba, roi d'Israël ; Isabelle, reine ; Abdia, gouverneur ; Élie, prophète,
et Nabot. Le libretto est superbe ; il comporte 24 pages in-4°, et a
vu le jour chez Fricx, à Bruxelles.

mois, on eut *Farnace* « dont la musique, qui est de la composition du sᵣ Antonio Cortona [auteur de l'*Amor Indovino*], reçut un applaudissement général, ainsi que les intermèdes nommés *Trufaldina*. » L'opéra de *Farnace* défraya sans doute tout le mois de février. Toujours est-il, qu'après deux représentations, dont le titre n'est pas indiqué, il revint à la rampe le 24 dudit mois.

Une convention avait été signée, le 8 avril 1729, dans les termes qui suivent:

Nous soubsignés, certifions d'estre convenu de nous comme nous convenons par cette pour le louage du Grand Théâtre pour un nouveau terme à commencer à Pasques prochaines et à finir au grand carneval prochain 1730, au mesme prix de six cent pistoles pour ledit terme et à tous les autres mesmes termes, clauses et conditions, tant pour en faire les payements aux ordres du sieur Meeus, que autres compris dans ledit contrat notarial du terme fini au carnaval passé, les quelles nous acceptons dans toute leur étendue, promettant de tenir le présent acte comme fait par notaire, sous obligation de nos personnes et biens et de promesse ultérieure du sᵣ Landi de fournir et livrer par forme de présent au sᵣ Meeus, pendant ce mois d'avril, une pièce de bon vin de Bourgogne et une pièce de bon vin de Champagne, en recognoissance du renouvellement dudit contrat. En foy de quoy, avons signé double de cette, en présence des témoins.

Bruxelles, ce 8 avril 1729.

DES GRANGES, L. DE NOËL, JEAN-BAPTISTE MEEUS.

La troupe de Brillandi ne tarda pas à être appelée à Paris. « Des chanteurs italiens, dirigés par Lucio Papirio, dit Castil-Blaze (1), donnaient des représentations à Bruxelles en 1729, époque où le prince de Carignan avait la haute inspection de l'Académie royale de musique. Sur l'invita-

(1) *Théâtre Italien*, pp. 128 et 129. CASTIL-BLAZE fait ici une erreur singulière. Il prend le titre d'un opéra, *Lucio Papirio*, pour un impresario.

tion de ce prince, ils arrivèrent à Paris, et débutèrent à
l'opéra, le 7 juin 1729, par *Serpilla e Bajocco, ovvero il
Marito giocatore e la Moglie bacchetona*. Le 17, ils représentèrent *Don Micco e Lesbina*, intermèdes en trois actes,
à deux acteurs principaux. Cette nouveauté, favorablement
accueillie, n'eut aucun résultat pour le progrès de l'art.
Chacun de ces opéras bouffons parut quatre fois de suite.
Ristorini (Antonio-Maria), Mlle Ungarelli (Rosa), du théâtre de Darmstadt, figuraient en première ligne dans l'une
et l'autre pièce, dont les entr'actes et le dénouement
étaient ornés de danses exécutées par Laval, Malter, Du-
moulin, Mlles Sallé, de Camargo, Mariette. On joignit à
Serpilla des chœurs italiens tirés des opéras de Campra,
de Batistin; Dumas et Mlle Roze, acteurs français, y chantaient les solos. Des sonates, des concertos mêlés à ces
divertissements firent briller Guignon, fameux violoniste
de ce temps, et le dernier qui se soit paré du vain titre
de *roi des violons*. L'exécution vive et précise des Italiens
fut généralement admirée, dit le *Mercure de France* (1). »
On peut se faire une idée, d'après cela, de ce que furent les
représentations de Bruxelles.

Pendant ce temps, on donna au Grand Théâtre de cette
ville des comédies et des tragédies, au nombre desquelles nous citerons le *Comte d'Essex* et *Héraclius*. On ne
tarda pourtant point à reprendre les représentations italiennes. La même troupe revint-elle au mois d'août? Cela est
fort douteux, puisque déjà, le 26 de ce mois, l'opéra de *Témistocle* s'annonçait comme devant être donné « par de
nouveaux acteurs arrivez depuis peu d'Italie. » *Témistocle*,
exhibé le 28 pour l'anniversaire de naissance de l'impératrice régnante, fut redonné huit fois du commencement de
septembre au commencement d'octobre.

D'après le libretto de *Témistocle*, conservé à la Bibliothèque royale de Bruxelles, le directeur de la troupe était

(1) De juin 1729.

encore Gio-Sébastiano Brillandi, signataire .de la dédicace d'usage. Les interprètes de *Témistocle* étaient les
suivants : Artaserse, — Luigi Antinori, de Boulogne ; Pal-
mide, — Anna Dotti, de la même ville ; Témistocle, —
Alessandro Véroni, de la même ville ; Éracléa, — Giustina
Éberard, de Venise ; Cléarco, — Margherita Staggi, de
Rome ; Cambise, — Giuseppe Rossi, de Mantoue. Le libretto, dont la traduction française est en regard, a pour
titre : *Témistocle, dramma per musica, da rappresentarsi
nel gran teatro di Brusselle, il di 28 d'agosto 1729, per
solennizar la nascita dell' imperatrice regnante, per comando
di S. A. S. Maria-Elisabetta-Lucia, arciduchessa d'Austria,
governatrice de' Paesi-Bassi Austriaci.* — In Brusselle, con
privilegio cesareo. In-4°, de 72 pages. Il reparut encore
en novembre, après les tragédies françaises d'*Électre*, de
Phèdre et d'*Hyppolite. Alexandre Sévère* (de Lotti?) eut la
vogue de *Témistocle*, et fut représenté quatre fois en
novembre. *Armide* y succéda, à la fête de sainte Lucie, le 13
décembre, ainsi qu'à la fête de sainte Gudule, dimanche
8 janvier 1730, puis le dimanche le 15 janvier. Après une
reprise d'*Alexandre Sévère*, le mois de février s'ouvrit par
Attale, qui parut quatre fois, la dernière, en guise de
clôture sans doute, le mardi le 21 février.

La tragédie, variée de temps en temps par la comédie,
fait exclusivement les frais des représentations du reste
de l'année 1730, à partir du 20 juillet. Elle domine en
1731, 1732, 1733, et jusqu'en octobre 1734. Après cet
interrègne de l'opéra, des velléités de résurrection se font
jour, car, le 10 du mois d'octobre susdit, une compagnie
bourgoise y représente, vraisemblablement en flamand,
l'opéra : *Lucius Papirius*, déjà interprété par les Italiens.
Vers le milieu de novembre, la même association donne
l'opéra de *Cadmus et Hermione*. Les deux représentations
sont honorées de la présence de S. A. ; puis, le Grand
Théâtre retombe en pleine tragédie et comédie, de 1735
à 1739. Exceptionnellement, l'opéra se détache de cette
foule de pièces, pour disparaître de nouveau.

Voici le programme de la pièce que la société de rhétorique flamande, le *Lis*, donna le 23 janvier 1736, au Théâtre de la Monnaie : *Griseldis, italiaens opera, verciert met alle syne uyt-wercksels, verscheyde balletten, en volle choore van musieck, nieuwe compositie op de italiaensche manier door Carolus-Josephus Van Helmont, organist van de hooft-kercke van den H.Michaël ende Gudula, in het nederduyts over-gestelt ende gerymt door Joannes-Franciscus Cammaert, sal verthoont worden door de Rym-Konst-voedende minnaers van de Lelie-Bloem, op-gedragen aen den hoogh-geboren heere hunnen hooft-man Louis-Ferdinand-Joseph de Claris, marquis van Laverne, etc., hoogh-baillu der stede ende landen van Dendermonde.* C'est une imitation de la pièce italienne de *Griselide*, mise en vers flamands par Jean-François Cammaert et enrichie de nouveaux chœurs par Charles-Joseph Van Helmont. Un ouvrage de plus à ajouter à la liste des productions de ce compositeur. En outre, on voit qu'avant d'obtenir le poste de maître de chapelle, il a dû passer par celui d'organiste (1).

En 1740, on peut lire cette annonce, ou plutôt cette réclame :

Les spectacles sont ouverts en cette ville depuis le 1ᵣ de ce mois [de septembre]. Le sᵣ Ribou de Ricar, entrepreneur de la comédie et en même temps de l'opéra, donna hier l'opéra des *Fêtes de Thalie*, où il se trouva une assemblée nombreuse.

En 1746, le maréchal de Saxe vint, comme on sait, guerroyer en Belgique. Une troupe d'opéra-comique l'accompagnait partout et servait ses desseins politiques en même temps que ses opérations militaires. « C'était au spectacle, dit Marmontel, dans ses *Mémoires,* qu'il donnait l'ordre des batailles, et, ces jours-là, entre des pièces,

---

(1) Voy. les renseignements qui ont été donnés sur Charles-Joseph Van Helmont, au t 1ᵉʳ de cet ouvrage.

MARQUE THÉATRALE

DU

MARÉCHAL DE SAXE

A

BRUXELLES

1748.

la principale actrice annonçait ainsi : Messieurs, demain relâche au Théâtre, à cause de la bataille que donnera monsieur le Maréchal. » Là-dessus un couplet de circonstance venait porter au comble l'enthousiasme de l'armée, et l'impromptu qui fut chanté la veille de la bataille de Rocour, eut surtout l'effet d'une amorce communiquée aux poudres.

La troupe lyrique du maréchal de Saxe passait l'hiver à Bruxelles, et, à la conclusion de la paix, c'est-à-dire en 1748, elle s'y fixa définitivement avec la cour de l'illustre conquérant. Parmi les pièces qu'elle donna sous la direction de Favart, et avec le concours de Melle de Chantilly, dite Mme Favart, il convient de mentionner spécialement celle qui a pour titre : *Cythère assiégée, opéra-comique en un acte, représenté pour la première fois le 7 juillet 1748, par les comédiens de S. A. S. monseigneur le comte de Saxe, maréchal général des camps et armées du Roy, et commandant général des Pays-Bas.* — Militat omnis amans, et habet sua castra Cupido. — Le prix est de trois livres avec tous les airs gravés. — M. D. CC. XLVIII, in 8°, de 48 pages, plus 30 pages pour la musique.

Ce que ce libretto offre d'intéressant, c'est qu'il porte la vignette théâtrale du maréchal de Saxe, vignette dessinée par Boucher et gravée par Chedel, et que nous avons fait reproduire en regard. De plus, l'opuscule est extrêmement rare, et on n'en connaît que deux exemplaires : celui que découvrit M. Poulet-Malassis (1), et celui que

---

(1) M. Poulet-Malassis, l'auteur anonyme de la curieuse et charmante brochure : *Manuscrit trouvé à la Bastille concernant les lettres de cachet lancées contre Melle de Chantilly et M. Favart par le Maréchal de Saxe.* — Bruxelles, 1868, de XI et 63 pages in-12, avec fac-similé de la vignette susdite. La publication n'ayant été tirée qu'à 70 exemplaires pour être distribués à des amis, nous n'avons point hésité à reproduire ici cette même marque, dont le cuivre nous a été obligeamment communiqué par M. Poulet-Malassis, comme l'un des plus gracieux souvenirs qui nous soient restés de l'ancien opéra bruxellois.

cite le catalogue de Soleinne. Au verso du titre, on voit les noms des acteurs, ainsi désignés : Brontés, chef des Scites, le sieur Parent ; Olgar, prince Scite, le sieur Durancy ; Barbarin, aide-de-camp d'Olgar, le sieur Dreuillon ; nymphes : Daphné, Mᵉˡˡᵉ Durancy ; Cloé, Mᵉˡˡᵉ Beauménard ; Carite, Mᵉˡˡᵉ Chantilli ; Mirto, Mᵉˡˡᵉ Jacmont ; Doris, Mᵉˡˡᵉ Danetaire.

Puis, vient une note ainsi conçue : « Cette pièce fut d'abord faite en prose et couplets par Mʳ Favart, en société avec Mʳ Fagan, et représentée à Paris, à l'ouverture de la foire sᵗ Laurent, 1748, et depuis entièrement refondue et mise tout en chants par Mʳ Favart, pour la troupe des comédiens de Bruxelles. » D'après Léris (1), *Cythère assiégée* fut donnée en ce dernier état à la foire de saint-Laurent, en 1754. Elle figure aussi sous sa dernière forme dans le *Théâtre de Favart* (2). Enfin, on connaît un exemplaire de 1753, avec les armes du duc de Lorraine. Les deux autres pièces, munies de la marque du maréchal de Saxe, sont : les *Nymphes de Diane* et *Acajou*, opéras-comiques de Favart, représentés en 1748 (3).

Par une suite de circonstances qu'il est inutile de rappeler ici (4), le vent de la fortune changea pour Favart,

(1) *Dictionnaire portatif des Théâtres.* Paris, 1763, in-8°, p. 152.

(2) Où se trouvent les portraits de Favart et de Mᵉˡˡᵉ de Chantilly.

(3) Ces trois curiorités bibliographiques sont décrites ainsi , sous la rubrique : *Théâtres de Société,* dans le catalogue de Soleinne, t. ɪɪɪ, p. 3519 : « Théâtre du maréchal de Saxe à Bruxelles, en 1748 , 2 vol. in-8°, pap. de Holl. , vign. d'apr. Cochin, et mus. , mar. r. et vert fil. et dent. , tr. d. Armes du comte de Saxe. — *Cithère assiégée* , op. com. (par Favart et Faguan.) S. n. , 1748. — *Les nymphes de Diane* , op. com. , du sʳ Favart. S. n. , 1748. — *Acajou* , op. com. 3. en vaud. , par le même. S. n. , 1748. » L'exemplaire de *Cythère assiégée,* exhumé par M. Poulet-Malassis, fait actuellement partie de notre collection. Nous possédons encore un livret, sans date ni vignette de *Ragonde,* op. com. en 3 actes, représenté pour la première fois à Bruxelles , par la troupe du maréchal de Saxe, le 10 mars 1748. C'est sans doute une réimpression.

(4) Tous les mémoires et écrits spéciaux du temps en parlent longuement.

et la protection du maréchal de Saxe lui fut impitoyablement
retirée. « Le loyer du Grand Théâtre de Bruxelles, que
le maréchal avoit fait occuper par sa troupe, lisons-
nous dans la notice qui précède les *Mémoires* de Favart,
avoit été fixé par lui-même à la somme de 150 ducats
par an. Favart avoit exactement acquitté cette somme, tant
que dura l'occupation du Brabant par l'armée française ;
mais à l'époque de la remise des pays conquis aux troupes
et aux magistrats de la reine (?) Marie-Thérèse, les demoiselles Myesses [Meeus], propriétaires de la salle, sans
avoir fait signifier aucune demande à M. Favart, obtinrent de leurs tribunaux un décret de prise de corps
contre lui, et une saisie des effets de son magasin pour
une somme équivalente à 26,000 francs, à laquelle il leur
avoit plu de fixer les loyers de leur théâtre. M. Favart
n'a que le temps de fuir, et, moins sensible à la perte
de tous ses effets qu'aux intérêts de ses acteurs, laissa
à son régisseur l'ordre écrit de les payer tous jusqu'au
dernier sou.

« Ruiné par ce coup imprévu, il vint à Paris invoquer
les témoignages et la portection du maréchal contre l'injus-
tice qu'il éprouvoit ; et bientôt, muni d'un certificat de
ce général, d'une consultation d'avocats, et d'un sauf-
conduit de M. de Séchelles, intendant de l'armée française dans les Pays Bas, il retourna pour essayer de
recouvrer son magasin. Après des démarches inutiles,
il se vit forcé de renoncer à ses effets, et obtint, pour
toute consolation, la vaine assurance de la protection
de M. de Séchelles contre le dessein que les propriétaires
pourroient former de le poursuivre à Paris ; il revint donc
en France, après avoir achevé de se dépouiller pour
acquitter toutes les dettes de la direction. »

Les demoiselles Meeus eurent même le crédit d'obtenir
la permission de faire exécuter en France le décret de
prise de corps rendu à Bruxelles contre l'infortuné Favart.
La suite de l'aventure ne nous concerne guère, et nous

avons hâte d'arriver à l'époque d'évacuation des troupes
françaises. De grandes fêtes eurent lieu à la réception
de Charles de Lorraine à Bruxelles. Voici, entre autres,
ce que mentionne la *Gazette de Bruxelles*, au n° 5 du
mardi 29 avril 1749 :

Dimanche (27 avril), S. A. R. assista à la grande messe
chantée en actions de grâces de son heureux retour, à l'église
de Coudenberg, célébrée pontificalement par M. l'abbé Nicolas
Cloquet; après laquelle S. A. R. assista à un conseil de
cabinet. Le soir, elle se rendit au théâtre où on représentoit
le *Retour de la paix*. Le concours de monde y étoit si grand,
qu'on ne pouvoit plus y trouver place. Les poissonniers ont
fait, le même soir, tirer un très-beau feu d'artifice, dans la
place de la poissonnerie, où on avoit construit une piramide
transparente, aussi ingénieuse qu'artistement inventée, avec
des chronogrammes et des inscriptions.

Le divertissement rappelé ici a pour titre exact :
*Le Retour de la paix dans les Pays-Bas. Ballet héroïque,
dédié à Son Altesse Royale, Monseigneur le duc Charles-
Alexandre de Lorraine, généralissime des armées de leurs
Majestés Impériales, et gouverneur capitaine général des
Pays-Bas, etc., mis en musique par le s^r Le Clair, directeur
de la Comédie de Bruxelles, représenté pour la première fois
sur le Grand Théâtre de la dite ville le 2* [1] avril 1749, en
présence de Sa dite Altesse Royale. Les paroles sont du sieur
Bruseau de la Roche* :

HeUreUse paIX qUI VoUs raMeIne,
AUgUste CharLes De LorraIne (1).

La dédicace porte les vers suivants qui nous dispensent

---

(1) A Bruxelles, chez J.-J. Boucherie, imprimeur-libraire, rue de
l'Empereur, in-4° de 16 pp. Une deuxième pièce de ce genre, le
Retour désiré, fut exhibée, à l'occasion de l'inauguration du prince
de Lorraine. L'analyse des paroles et de la musique se trouve au
t. 1^r de ces recherches, sous la rubrique, *Charles-Joseph Van Helmont* ·

de reproduire ceux de la pièce même, qui ne sont qu'un tissu de lieux communs, à peine voilés par l'allégorie de la Meuse et de l'Escaut ainsique des bergers qui s'ébattent à leurs abords :

A Son Altesse Royale Monseigneur,

Pour ce nouveau ballet, Apollon et les muses,
Prirent soin d'animer mes timides esprits;
Mais la crainte aujourd'hui par qui je suis surpris,
Me fait en vous l'offrant, présenter mes excuses,
Puisqu'il se pouroit bien que, malgré mes efforts,
Je n'eusse pu former que de foibles accords.
Ainsi, daignez, grand prince, en bonté sans égale,
L'accepter tel qu'il est, dans le nouveau début
D'un comique troupeau qui n'a point d'autre but,
Que celui d'amuser Votre Altesse Royale,
De qui, depuis longtems, j'attendois le retour,
Pour le lui consacrer en le mettant au jour.

Je suis avec un très-profond respect, monseigneur,
De votre Altesse royale,
Le très-humble, très-obéissant et très-soumis serviteur,
Le Clair, directeur de la comédie.

Les exécutants sont ainsi désignés : La Paix, Melle Roland; l'Escaut, M. de Villeneuve; le Meuse, Melle Bocard Le Clair; une bergère chantante, Melle Villeneuve; un berger chantant, M. Le Moyne; un berger dansant, M. Le Clair le jeune; une bergère dansante, Melle Bocard Le Clair la jeune; chœur des Arts chantants et dansants; chœur de bergers et bergères chantants et dansants.

A l'égard de l'auteur de la musique, il y a lieu de croire qu'il n'est autre que Jean-Marie Leclair, surnommé l'aîné, et violoniste célèbre, dont le père, Antoine Leclair, fut musicien de Louis XIV. Également attaché à la musique du roi, depuis 1731, et en même temps artiste de l'orchestre de l'opéra, il abandonna ces deux positions pour se vouer à l'enseignement et à la composition de morceaux

pour son instrument, qu'il faisait graver par sa femme,
et dont la vente lui procura d'assez jolis bénéfices. Il
est auteur de *Glaucus et Scylla*, opéra représenté le 4
octobre 1747.

Comme depuis cette époque jusqu'à la mort de l'artiste,
arrivée en 1764, il existe une lacune dans la biographie
de Jean-Marie Leclair, nous croyons pouvoir en imputer
la cause à sa présence à Bruxelles, où il aura été mandé,
selon toute apparence, pour recueillir la succession de
Favart, en qualité de directeur de l'opéra. Faute de
documents explicites, nous en sommes réduits à faire
cette conjoncture, peut-être un peu hasardée. Ajoutons
que Leclair dirigea, en 1750, le Théâtre de Gand, en
compagnie de Langlois.

L'intérêt se réveille, au commencement du mois d'août
1749, par l'arrivée d'une troupe italienne destinée pour Londres. La *Gazette de Bruxelles* l'annonce en ces termes :

Le 5 août. — Le sieur Grosa, entrepreneur de l'opéra comique italien donnera aujourdhui la première représentation,
où le sieur Lasky jouera le rôle de bouffon. Cette troupe est
aussi parfaite que nombreuse, tant pour les voix que pour les
instruments, dont l'orchestre est des plus accomplis. Le sieur
Grosa ne donnera des représentations que pendant deux mois
de suite, étant obligé de retourner pour le mois de novembre
à Londres, où il fait les délices du Théâtre, et où il y eut un
concours extraordinaire de monde.

Le 8. — S. A. R. se rendit au Grand Théâtre où elle vit
la première représentation de l'opéra-comique italien. Il y eut
un grand concours de monde, et les acteurs s'attirèrent l'approbation de tous les spectateurs par la beauté des airs
nouveaux.

Deux représentations « de l'opéra-comique italien »
non désignées, ont lieu au commencement et vers le milieu
du mois de septembre. L'affluence y fut grande. Quelques
jours après :

Le 23 septembre. — S. A. R. se rendit le soir au théâtre, où elle vit la représentation d'*Oratio*, opéra-comique italien, dont les airs sont aussi charmants que la pièce est divertissante. Il y eut un concours extraordinaire de monde.

Les Italiens cloturèrent dans la première quinzaine d'octobre, et, à cette soirée comme aux précédentes, la foule se pressa pour les entendre. Le Théâtre de la Monnaie et celui du Coffy ne vécurent plus, l'année suivante, que de comédies empruntées pour la plupart au répertoire français. Après, la première scène lyrique de Bruxelles eut encore de brillantes périodes à parcourir ; mais tout cela appartient à une époque trop rapprochée de nous et conséquemment trop connue, pourque nous nous en occupions en détail (1). Nous préférons clore ici nos recherches, en nous contentant d'avoir mis en lumière un passé assez glorieux pour ne point rester enfoui dans l'oubli.

Nous ne pouvons pourtant résister au désir de donner, par exception, quelques renseignements inédits sur un artiste qui, par son talent, son activité et son énergie, sut porter le Théâtre de la Monnaie à un haut degré de prospérité, et former, dans la carrière musicale, des élèves qui ont fait honneur au pays. Nous avons nommé Ignace Vitzthumb, et non Witzthumb, comme l'écrit par erreur M. Fétis (2). De la Place, un littérateur fort estimé,

---

(1) Nous avons recueilli sur les faits théâtraux de Bruxelles, pendant la deuxième partie du xviiie siècle de nombreux document imprimés et manuscrits dont nous nous déciderons peut-être un jour à faire usage. Libretti, brochures, programmes, statistiques, discours, procès, almanachs, gazettes, etc., toutes ces sources d'informations combinées avec les renseignements fournis par les Archives, formeront un ensemble de matériaux destinés à retracer cette époque de l'histoire du Théâtre de Bruxelles.

(2) M. Fétis a souvent recours aux signatures des artistes pour fixer l'orthographe de leur nom. S'il s'était donné la peine de consulter celle de l'artiste en question, il ne lui aurait pas assigné un préfixe inusité. En outre, M. Fétis s'est servi fort maladroitement des renseigements

dit de Vitzthumb, dans une lettre adressée à Favart le 20 février 1776, que « ses talents distingués sont aussi connus qu'ils sont dignes de l'être (1) », et Dancourt, acteur et auteur, écrit de Vienne au même Favart, relativement à Vitzthumb, sous la date du 5 juillet 1763 : « Si, dans la capitale (Paris), vous ne trouvez point de musicien qui veuille se charger de cette besogne (la mise en musique de certaines pièces de Dancourt destinées dabord au chevalier Gluck), le maître de chapelle de Monseigneur le prince Charles à Bruxelles pourroit bien la faire. Il se nomme M. Wikstum (Vitzthumb). On en dit un bien infini dans ce pays; il a paru désirer que je lui envoyasse quelques-unes de mes productions, et si mes pièces sont lues, reçues, corrigées de votre main, et approuvées à la police, je vous prierois, sauf meilleur avis, de lui en envoyer copie étant plus à portée (2). »

A cette époque, Vitzthumb ne remplissait point encore l'emploi que Dancourt lui assigne. Peut-être était-il alors maître de musique d'un prince que Dancourt confond probablement avec le duc de Lorraine. Ce fut seulement le 27 décembre 1786 qu'il succéda, comme directeur de la chapelle musicale de Bruxelles, à H.-J. Croes, décédé le 16 août 1786, et qui avait rempli ces fonctions sans interruption depuis le 13 août 1755. Chef d'orchestre de la Monnaie, il avait donné des preuves suffisantes de ses capacités musicales, pour se dispenser d'en faire l'étalage dans une requête. Aussi, la demande qu'il adressa en haut lieu pour l'obtention de l'importante maîtrise, fut-elle simple et concise :

---

fournie sur Vitzthumb par GAUSSOIN, dans la *Belgique musicale*, par POPELIERS, dans les *Sociétés de Rhétorique belges*, et par M. DELHASSE, dans le *Guide musical*.

(1) *Mémoires de Favart*, t. III, p. 68.

(2) *Id.*, t. III, p. 279. Dancourt a fait jouer, postérieurement à 1763, deux comédies à ariettes, dont le musicien n'est point cité.

A Leurs Altesses Royales. Ignace Vitzthumb croïant avoir
les qualités requises pour occuper la place de maître de
musique de la chapelle royale, vacante par la mort du s^r
Croes, supplie très-humblement Vos Altesses Royales de dai-
gner lui conférer ladite place, et d'agréer qu'il continue à
desservir celle qu'il occupe aux spectacles de cette ville. —
Bruxelles, le 22 août 1786.

Pourtant, les concurrents ne manquaient pas. C'étaient,
entre autres : 1° Jean-Joseph Pauwels, de Bruxelles, attaché à la chapelle royale et père de l'auteur de *Léontine
et Fonrose*, Jean-Engelbert Pauwels, élève de Vitzthumb ;
2° Nicolas Mestrino, de Milan, d'abord premier violon du
prince règnant d'Esterhasy, ensuite attaché, en la même
qualité, au service du comte Ladislas d'Erdödy (1);
3° Philippe-Jean Doudelet, depuis vingt-huit ans musicien
de la cour, dont dix comme enfant de chœur et dix-huit
comme violoncelle (2); 4° Paul Wechtler, première taille de
la chapelle royale; 5° Eugène Godecharle, de Bruxelles,
musicien de la même chapelle, depuis environ dix ans,
maître de musique de l'église de Saint-Géry, et qui eut
l'occasion, dit-il dans sa requête, de faire connaître son
talent pour la composition de la musique d'église. « Il
ose, poursuit-il, invocquer sur ce point le suffrage du publique *(sic)* ; ces œuvres diverses en musique gravé *(sic)* à
Paris et en cette ville (3), sont aussi un témoignage que le
suppliant ose invocquer avec franchise.. ; » 6° Adrien-Joseph
Van Helmont, de Bruxelles, âgé de 59 ans, compositeur
de musique, depuis dix ans maître de musique de
l'église collégiale et paroissiale des saints Michel et Gudule, attaché, par patentes du 29 novembre 1777, comme taille chantante, à la chapelle royale de la cour, où on a

_____

(1) Il dit, dans sa requête, avoir l'âge de 58 ans.
(2) Voir ci-après.
(3) Ces œuvres existent-elles encore ? Où est-il permis de les examiner ?
La dispersion de nos vieilles partitions est un fait des plus déplorables
et ne sera pas facilement réparée.

exécuté, depuis plusieurs années, une messe de la composition du remontrant (1).

Voici l'acte de nomination de Vitzthumb, tel qu'il se trouve en minute aux Archives générales du Royaume à Bruxelles :

Leurs Altesses Roïales, pour le bon rapport qui leur a été fait de Ignace Vitzthumb et de sa capacité et expérience, l'ont pour et au nom de Sa Majesté, par avis du conseil des domaines et finances de Sadite Majesté, dénommé, comme elles le dénomment par cette, aux fonctions de directeur de la musique de la chapelle roïale, lui attribuant à cet égard huit florins douze sols six deniers par grande messe, quatre florins six sols trois deniers par salut, et les services extraordinaires de vigiles ou autres quelconques sans rétribution particulière ; deux cent cinquante florins par an pour la personne qui copie les musiques, qui les distribue et qui fait les messages aux chapelles, concerts, fêtes et bals ; cent cinquante florins par an pour l'instruction des enfans de chœur, qu'il devra procurer toujours bons pour chanter les dessus ou la haute contre ; et au surplus aux prérogatives, franchises, profits et émolumens accoutumés ; à condition qu'il sera obligé de composer lui-même ou du moins de procurer les pièces de musique qui peuvent manquer pour le service de la chapelle roïale ; qu'il sera formé par lui, à l'intervention d'une personne à dénommer, une liste exacte de toutes les musiques existentes, de quelle liste un double sera conservé à la chapelle roïale et l'autre double remis aux Archives du gouvernement (2) ; que lorsqu'il aura composé ou procuré quelque nouvelle pièce,

(1) Il est dit , dans un certificat délivré par le secrétaire du chapitre de Sainte-Gudule, que, dès sa plus tendre jeunesse, Adrien-Joseph Van Helmont avait fréquenté le jubé , et que le chapitre, lors de le renonciation de son père aux fonctions de maître de musique de ladite église, renonciation qui eut lieu le 5 décembre 1777, s'empressa de lui conférer les mêmes fonctions.

(2) Cette précaution n'a point empêché les pertes que nous déplorons plus haut.

elle sera de suite ajoutée à la susdite liste qui reposera à la chapelle, et qu'à l'expiration de l'année, on complètera, d'après ce double reposant à la chapelle, celui qui sera déposé dans les Archives du gouvernement; à condition en outre que toutes les musiques à composer par lui pour la chapelle roïale et les copies ou les originaux qu'il procurera d'ailleurs, appartiendront en propriété à la même chapelle; finalement, à condition qu'il devra toujours se trouver exactement à tous les services, sauf les seuls cas d'absence légitime, de maladie ou de permission obtenue de la cour, auxquels cas seulement et en aucun autre il pourra substituer quelqu'un à sa place, lequel devra néanmoins toujours en informer le cérémoniaire, et bien entendu du reste que l'on ne s'engage point à continuer à Ignace Vitzthumb en tout ou en partie les traitement et émolumens de directeur de musique, LL. AA. RR. se réservant expressément de faire cesser ces fonctions, traitement et émolumens toutes et quantes fois elles jugeront à propos d'en ordonner la suppression ou la modification, ledit Ignace Vitzthumb ne pouvant ni dans l'un ni dans l'autre cas prétendre d'en être indemnisé en aucune manière; ordonnant Leurs Altesses Roïales à tous ceux qu'il appartiendra d'assenter le même Ignace Vitzthumb sur les livres de ladite chapelle roïale, en vertu de cette, et de le reconnoître en sa dite qualité de directeur de la musique de la même chapelle.

Fait à Bruxelles, le vingt-sept décembre 1786.

Six ans après, à savoir le 14 mars 1791, Vitzthumb ayant été inopinément suspendu de son emploi, et se trouvant par là dénué de toute ressource, adressa, le 23 avril suivant, la déclaration ci-contre au conseiller des finances, De Limpens:

Ignace de Vitzthumb prend la respectueuse liberté d'exposer et de soumettre à la connaissance de monsieur le conseiller de Limpens, chargé des affaires concernant la chapelle royale, qu'aïant été suspendu de la place de maître de musique de ladite chapelle le 14 mars 1791, et le terme de cette suspension étant indéterminé, sans fortune ni d'autre ressource de subsistance que ses faibles talens, il se trouve forcé par la nécessité et malgré lui de chercher du pain chés l'étranger. En conséquence il se transporte à Amsterdam, en qualité de maître de musique et régisseur de l'opéra du théâtre du collége dramatique et lyrique, pour y exercer sa profession jusques au tems qu'il plaira au gouvernement de disposer autrement en faveur de l'exposant. — Bruxelles, le 23 avril 1791.

La suspension fut bientôt suivie d'une révocation. A quoi faut-il imputer cette disgrâce? Le décret de nomination du remplaçant de Vitzthumb (1), renferme quelques lignes qui nous donnent la clef de l'énigme :

Le conseil croit devoir regarder la place de directeur de musique de la chapelle de la cour comme absolument vacante, tant pour la publicité reconnue de la mauvaise conduite de Vitzthumb père, que par le parti qu'il a pris de s'engager à la direction d'un orchestre de comédie en Hollande.

(1) Philippe-Jean Dodelet, nommé maître de la chapelle royale le 30 juillet 1791, avec une retenue provisionnelle sur son traitement de 280 florins, au profit du musicien Étienne-Joseph Loeillet, sa vie durant. Joseph Loeillet était attaché à la dite chapelle, en qualité d'organiste et de premier violon depuis 1737; donc il avait 54 années de service. Il avait sollicité la place de maître de musique de la chapelle, « étant, dit-il dans sa requête, compositeur, jouant du violoncelle, et touchant des orgues et du clavecin. »

Quant à Philippe Dodelet, sa supplique porte que, depuis plus de 24 ans, il a toujours rempli avec zèle ses devoirs de musicien de la chapelle royale de la cour, et que même, pendant l'insurrection, sa conduite n'a jamais été équivoque; il ajoute que, par dépêche du comité des domaines et finances du 15 mars dernier, il a été nommé directeur provisionnel de la musique de la chapelle royale, lors de la suspension de Vitzthumb; il supplie leurs altesses roïales de le confirmer dans cette direction, espérant d'avoir les talents requis pour l'exercer avec succès, étant depuis plusieurs années directeur des concerts nobles et bourgeois et de différentes musiques d'églises, ayant même dirigé plusieurs fois l'orchestre du spectacle de Bruxelles pendant les absences du directeur.

S'agit-il ici de mauvaises mœurs ou de patriotisme suspect? Il y a lieu de pencher pour la deuxième supposition, le terme de « conduite » étant encore employé pour caractériser l'attachement des musiciens Dodelet et Loeillet à la maison d'Autriche :

Le conseil ayant pris des renseignements sur leur conduite pendant les troubles, est-il encore dit dans le document précité, il résulte de la note du conseiller commis aux causes fiscales, que, pendant la révolution, il a vu fréquemment le musicien Dodelet, qu'il l'a trouvé attaché à son souverain, qu'il s'élevoit contre ce qui se faisoit pendant les troubles, qu'il n'a jamais porté d'uniforme ni autre marque distinctive quelconque, à l'exception de la cocarde que tout le monde avoit été obligé de prendre, et qu'en un mot toute sa conduite l'a rendu infiniment recommandable. Quant au musicien Loeillet, le substitut Cuylen expose dans son avis, que, pendant les troubles, il a demeuré ici, qu'il s'est toujours bien comporté et ne s'est mêlé de rien.

Vitzthumb a été directeur du Théâtre de Gand, avec Meeus, Debatty et Lambert, pendant la saison 1780—1781 (1). Outre une foule d'ariettes composées pour des almanachs et des recueils périodiques, outre des réductions en trios et en quintettes des principaux opéras en vogue, réductions gravées chez Van Ypen à Bruxelles (2), le maître a écrit divers opéras, dont deux sont consignés, comme suit, dans le catalogue de Soleinne : « Cé-

(1) *Revue historique, chronologique, etc., du Théâtre de Gand*, p. 19.
(2) Une de ces ariettes, qui paraît avoir eu de la vogue, est citée dans le *Catalogue de musique de Van Ypen à Bruxelles* (1776). Quant aux recueils de motifs d'opéra arrangés pour deux violons et basse continue, le premier volume, daté de 1774, contenait trente-six morceaux. Nous possédons le quinzième. Voir, à ce sujet, nos recherches sur les journaux et les recueils périodiques de musique en Belgique. Un *Premier recueil de* xii *airs pour deux clarinettes, deux cors et basson*, de Vitzthumb, se trouve mentionné dans le susdit catalogue.

phalide, ou les autres Mariages samnites, opéra-comique
en trois parties (par le prince de Ligne), musique de
Mr Witzthumb et Cifoletti. — (Bruxelles), J.-L. Boubers,
1777. — *La Foire de village,* comédie-parodie en deux
parties, avec la musique des vaudevilles, qui est de
M. Witzthumb. — (Bruxelles), veuve Pion, 1786, fig. (1). »
Les partitions sont restées en manuscrit.

Un très-beau portrait en buste de Vitzthumb a été gravé
à Bruxelles, par Antoine Cardon. Il forme un médaillon,
autour duquel on lit : I. VITZTHUMB, DIRECTEUR DE
L'ORCHESTRE DE BRUXELLES. Les traits du musicien,
dit M. Delhasse, respirent à la fois la finesse, la bonhomie et une certaine fermeté de caractère (2). Au-dessous,
se trouvent les attributs de la musique : une lyre surmontée
d'un soleil, un hautbois qu'enlace une couronne de laurier,
des partitions reliées, un écritoire avec des feuilles de
musique déployées. Plus bas, sur une tablette, se détachent
ces vers :

> Le calme des vertus et le feu du génie
> Sont unis dans ces traits par le burin tracés ;
> Ses talents et son nom seront par Polymnie
> Au temple de mémoire avec honneur placés.

Pareil éloge en dit plus qu'une grosse notice. Dans
le coin droit de l'encadrement inférieur, apparaît la signature du graveur : « A. Cardon delin^t et sculp^t ; » suivie
de son adresse : « Se vend à Bruxelles chez le graveur,
rue du Persil, près de la place S. Michel. » Le portrait
étant rare, nous l'avons fait photolithographier ci-contre.

---

(1) Tome II, n° 2898.
(2) *Le Guide musical,* n° 33 du 11 octobre 1855.

J. VITZTHUMB DIRECTEUR DE L'ORCHESTRE DE BRUXELLES.

le calme des vertus et le feu du genie
sont unis dans ces traits par le burin tracés,
ses talens et son nom seront par Polymnie
au temple de memoire avec honneur placés.

A.Cardon delin.et Sculp

Se vend à Bruxelles chez le graveur, rue du Persil, pres de la Place S.Michel.

Photolithographie procedés Asser et Toovey

VIII.

Bracquet (Gilles),

Phonascus de l'église de Saint-Martin, à Ypres. — Renseignements préliminaires sur Jacques De Kerle, célèbre compositeur de cette ville. — Il dirige de 1565 à 1567, la maîtrise de Saint-Martin. — Son dénûment; son départ précipité. — Homonymies locales. — Jean Bonmarché, illustre musicien yprois. — La famille d'André Pevernage. — Arrivée à Ypres de Corneille Canis, maître de chant de la reine-gouvernante. — Gilles Bracquet, cité de 1551 à 1556, dans les comptes communaux d'Ypres. — La nature de ses fonctions. — Gratification que lui accordent la ville et la châtellenie. — Ses messes et ses motets. — Ses chansons à quatre parties, publiées en 1556 et 1562, à Anvers et à Louvain. — Description du recueil de Louvain. — La chanson: *les Fillettes d'Ypres*, de Gilles Bracquet. — Ses successeurs dans l'emploi de maître de chant à Saint-Martin. — Bonaventure Hardenpont, nommé *succentor* en 1563. — Homologation des missels et des antiphonaires faite par lui — Le chant en contrepoint et en faux-bourdon. — Le personnel du chœur. — Confection de jetons de présence pour les musiciens. — Départ de Bonaventure Hardenpont. — Jean Michels, son remplaçant, ordonné prêtre en 1572. — Fuite des choraux. — Sa retraite. — Antoine Pevernage, maître de chant — Il demande et obtient exceptionnellement l'autorisation de contracter mariage — Éloge de son talent. — Sa mort subite. — Laurent Devos, installé le 7 août 1577. — Certificat délivré en sa faveur par le chapitre de Lillers. — Son départ occasionné par la fermeture des églises. — Série de maîtres de chant de l'église de Saint-Martin à Ypres jusqu'à la fin du xviiie siècle. — Leur origine, leur nomination, leur départ ou décès, leurs compositions. — Le *voorslag* d'Ypres, adopté en 1520. — Perfectionnements y apportés en 1580. — Le premier carillon régulier établi en 1608. — Les cloches, le clavier, et le mécanisme de l'instrument. — Carillonneurs et organistes. — Augustin de Saint-Aubert, cambraisien, premier carillonneur. — Facteurs d'orgues yprois. — La famille des Langhedul. — Mathieu Langhedul, organiste à Madrid, puis facteur d'orgues d'Albert et Isabelle. — Orgue construit par lui, à Bruxelles. — Musique d'ensemble aux banquets du magistrat d'Ypres. — Les ménestrels du *Cleender musike*. — La musique aux fêtes religieuses. — Gilde de Sainte-Cécile. — Réglement du *Concert de musique*, placé sous l'invocation de Sainte-Cécile, à Binche. — Inductions à ce sujet pour Ypres. — Perte des vieux *liedekens* flamands. — Organisation de concours pour la chanson à Ostende, en 1526; à Furnes, en 1524, et à Audenarde, en 1559. — Le *lied* de Notre-Dame du *Tuin*, à Ypres. — Appréciation de la mélodie. — La légende qui y donna lieu. — Le texte authentique des paroles. — Le thème datant du xviie siècle est-il en français? — Cantate des *Rosieren*, d'Ypres, de 1714. — Appréciation de la mélodie. — La musique dans les sociétés rhétoricales d'Ypres. — Prohibition faite, en 1593, aux chanoines de Saint-Martin. — Le drame lyrique introduit à Furnes, par Jean Schorie, organiste d'Ypres. — *Sainte-Cécile* et la *Guerre de Bohème*, tragédies avec solos et chœurs, jouées, en 1622 et 1623, à l'école de l'abbaye de Saint-Nicolas, à Furnes. — Jean Schorie, auteur de la partition. — Jean Bettigny et François Berthoul, maîtres de chant à Furnes. — Gilde de Sainte-Cécile, établie en la même localité.

Revenons à Ypres (1), et, avant tout, donnons sur Jacques De Kerle, célèbre compositeur de cette ville, quelques particularités restées inédites jusqu'ici.

Chose étrange! Ce n'est point dans le lieu même où ils virent le jour qu'il faut chercher à connaître les musiciens illustres d'autrefois. Ils y passent bien souvent une enfance entourée de mystère, et, leur éducation achevée, ils vont exercer leur art dans une maîtrise parfois bien éloignée de celle où ils ont été élevés.

C'est donc extraordinairement que les *Acta capitularia* de l'église de Saint-Martin, à Ypres (2), nous montrent

(1) Voy. *Musique aux Pays-Bas*, t. i.

(2) Les *Acta capitularia* de Saint-Martin à Ypres commencent au 20 avril 1563 n. st, c'est-à-dire à l'installation de l'évêché. Nous en devons la connaissance à l'obligeante attention de M. Diegerick, archiviste communal d'Ypres.

Jacques De Kerle remplissant, vers le milieu de sa carrière, les fonctions de directeur musical d'une église où, auparavant, il avait été, selon toute vraisemblance, un humble sopraniste.

Il succède, en 1565, à maître Bonaventure Hardenpont, que nous retrouverons plus loin. D'où venait-il? Quel genre d'emploi avait-il rempli précédemment? Quelles sont les raisons qui lui firent choisir le poste de maître de chant à Ypres de préférence à tout autre? Rien à ce sujet dans les annales du chapitre.

Nous savons, cela n'est point inutile à l'histoire, qu'il vécut modestement, et, tranchons le mot, pauvrement. Les mentions qui le concernent, n'ont trait pour ainsi dire qu'à des aumônes.

Le 22 décembre, l'évêque d'Ypres, vu la cherté des denrées alimentaires, lui avance, par une faveur spéciale, une rasière de froment, dont les membres du chapitre s'engagent à restituer à Mgr. la valeur mercantile, au premier jour de marché qui suivra la fête de la Purification:

xxij⁂ decembris [xvᵉ] lxv. — Domini, attentâ caritate annone, de gratiâ concedunt D. ac M. Jacobo Kerle, M. cantûs hujus ecclesiæ, unam razeriam tritici, quam Dominus Reverendissimus ei tradet, et Domini eidem Domino Reverendissimo pretium ejusdem restituent certâ die fori infra hinc et primam diem fori post Purificationem Beate Marie eligendam per Dominos, expensis fabrice.

Le même jour, Jacques De Kerle assiste, comme témoin, à l'installation du chanoine Antoine De Vlamynck, et le scribe du chapitre se sert, à ce sujet, de la qualification de *presbyter,* qui annonce, comme du reste le mot *dominus* de l'article précédent l'avait fait pressentir, que le maître de chant de l'église de Saint-Martin était ecclésiastique: « Presentibus probis viris, Dominis Carolo Boyavael et M. Jacobo De Kerle, presbytris, testibus ad hoc vocatis. »

En 1566, on lui rembourse les frais d'achat d'une nouvelle soutane, et, l'année suivante, on lui fait grâce d'une amende à laquelle il avait été condamné, à condition toutefois qu'il se conduise honnêtement dans la suite :

xxiij^a martii [xve lxvi n. st.] — Et [Domini] concedunt Domino Jacobo Kerle, magistro cantûs, in sublevamen confectionis nove tunice, tres libras turonenses, idque de gratià.

xv$_a$ martii [xve lxvii n. st.] — Et [Domini] suspendunt petitionem mulcte vj lib. t., in quâ D. ac M. Jacobus De Kerle, succentor hujus ecclesie, condemnatus est à Domino Reverendissimo, quam mulctam non petent ab eo, quamdiù se honestè et benè referet.

Rien ne transpire, dans les registres, sur cette mystérieuse affaire. Faisons une supposition, et admettons que Jacques De Kerle, en vraie nature d'artiste, avait le caractère excessivement irritable, et se permettait parfois de recourir à des voies de fait vis-à-vis des ses élèves, quand ses exhortations restaient stériles. Il usa, chose plus grave, du même mode de coërcition envers un de ses égaux, Laurent Plonyts, et dut, à raison de ce méfait, suspendre provisoirement la célébration journalière de la messe. Cela se passa un mois et demi après la remise de la peine pécuniaire :

Ultimâ aprilis [xve lxvii]. — Quia Domini intelligunt Jacobum De Kerle, succentorem, percussisse Dominum Laurentium Plonyts, presbyterum, inhibuerunt ei ne celebraret, donec per eos aliter ordinatum fuerit.

Jacques De Kerle renonça-t-il à son office après l'humiliation qui lui fut infligée? Impossible de rien affirmer à cet égard. Son nom proprement dit disparaît des registres capitulaires, et on n'y voit plus guère que la dénomination de *magister cantûs*, qui, il est vrai, pourrait bien encore s'appliquer jusqu'à nouvel ordre à notre artiste, rien n'indiquant expressément la nomination d'un nouveau titulaire, si, à l'année 1571, ne s'offrait un passage d'où l'on peut inférer que le *magister cantûs*, successeur de Jacques De Kerle, n'avait point encore reçu les ordres sacrés. C'était un certain Jean Michiels, dont il sera question dans la suite.

Déjà, on l'a remarqué sans doute, le terme honorifique de *dominus* a disparu, dans les lignes relatives à l'affaire qui motiva la suspension de son ministère de prêtre.

Le célèbre compositeur yprois s'en alla donc, comme il était venu, sans laisser, à ce double sujet, la moindre trace dans les registres spécialement consacrés aux choses de ce genre. C'est alors peut-être qu'il partit pour l'Italie, si toutefois on est autorisé à croire qu'il visita ce pays. Il vint à Ypres à une époque calamiteuse, qui ne lui permit guère d'utiliser grandement son talent au profit de la musique religieuse, ce que prouve clairement l'absence de tout ouvrage offert au chapitre et de tout détail relatif à l'organisation de la maîtrise. Il se sera borné à remplir rigoureusement ses fonctions.

Les biographes le font maître de chapelle de Rodolphe II, empereur d'Autriche, d'après la souscription d'une messe de sa composition, conservée dans un volume manuscrit de la chapelle pontificale à Rome. Si la « souscription » est de Jacques De Kerle même, il n'y a rien à objecter. Si elle n'est point de lui, le doute est permis, quant à la vérité du fait, d'autant plus que la liste, bien authentique, de Köchel, n'en dit mot. Le maître de chapelle de Rodolphe II a été, tout le monde le sait, Philippe De Monte, qui eut, dix-neuf ans durant, en qualité de vice-maître, Jacques Regnart, mort le 15 juin 1599.

Rien jusqu'ici sur Jean Bonmarché, autre compositeur illustre, natif d'Ypres. En revanche, assez de détails relatifs à certains musiciens d'un ordre secondaire; et, chose curieuse, infiniment d'homonymes des Mouton, des Willaert, des Clément, des De la Rue, des Canis, des Lecointe, des Blootacker, des Pevernage et des De Croes.

Jean Bonmarché, de même que Jacques De Kerle, s'il a
été élevé dans sa ville natale, aura été placé de bonne
heure dans quelque séminaire ou université, d'où, grâce
à son talent distingué, il sera allé diriger une maîtrise
importante.

A ce qu'on connaît sur la carrière musicale de Jean
Bonmarché, ajoutons la note suivante qui donne la date
approximative de la mort de ce maître :

Aux prébendes de Mons : Après ceux qui sont couchez sur
le rolle, desquelz est le dernier le m^e d'escolle du s^r de Havrech.
le nepveux du feu m^e de la chapelle [du roi d'Espagne]
messire Jehan de Bonmarché, filz de Jacques de Bonmarché.
Par ordonnance de Sa Majesté du ixe de may 1569.

Le notaire Nicolas Pevernage, fréquemment utilisé par
le magistrat d'Ypres, peut-il être rapporté à l'un des fils
d'André Pevernage, que cite une lettre de Philippe II
au gouverneur-général, datée de Madrid le 3 janvier 1592 ?
A moins que ce ne soit un fils d'Antoine Pevernage,
qui fut maître de chapelle de l'église de Saint-Martin à
Ypres. Voici la lettre de Philippe II :

Mon bon nepveu, par la requeste cy-joincte (1), enten-
drez la supplication que me faict André Pevernage, maistre
du chant en l'église cathédrale d'Anvers, et les causes qu'il
allègue pour me mouvoir d'ordonner que deux siens filz
soient entretenuz à mes fraiz en l'Université de Douay,
selon que plus amplement le contient ladicte requeste, laquelle
ay trouvé bon de vous remettre à ce que me réservez de
votre advis endroict ladicte supplication. A tant, etc. (2).

Ce sont apparemment les parents du maître de chant
de la cathédrale d'Anvers, auxquels fait allusion le comp-

(1) Cette requête manque jusqu'ici.
(2) *Lettres de Philippe II aux gouverneurs-généraux*, t. iii, f° 151.

table de la ville d'Harlebeke dans une note qui ouvre,
comme on le verra, un vaste champ aux conjectures :

Ontfaen van Joris van Bevernage, onghepoertert, dat hy
nam ende trauwede te wyfve, Rooze Pauwels, portesse
deser stede, by composicie vande wet   iij lib. par. (1).

On voit, dans les *Actes capitulaires* de Saint-Martin à
Ypres, à la date du 3 juin 1589, la mention d'un recueil de
messes d'André Pevernage, dites *de la Sainte-Croix*, et qui
ont servi à la célébration d'une messe fondée, à l'autel de
la Sainte-Croix, par Jean Snick, doyen récemment décédé,
en la demeure duquel le dit recueil a été trouvé. Cette
indication a de l'importance, car nous ne connaissons
jusqu'ici qu'une collection de messes de Pevernage publiées,
en 1593, par les héritiers du musicien flamand. Elle nous
prouve aussi qu'on ne se bornait pas à déchanter simplement à l'église de Saint-Martin, mais qu'on y exécutait
la musique en contrepoint mesuré des grands maîtres.

iijⁿ junii 1589. — Dominus decanus declaravit inter libros
D. decani defuncti inventum esse *Breviarium* magnum in-
folio, impressum Audwerpiæ apud Christophorum Plantinum,
anno 73, de quo defunctus particulariter non disposuit,
et idem administratores domûs mortuariæ illud reliquere
ad opus chori. Similiter declaravit ibidem inventum esse
Missale romanum, impressum ut supra anno 74, de quo
particulariter defunctus etiam non disposuit, quodque ob
id prætacti administratores illud similiter reliquerunt ad
opus chori. Declaravit præterea idem D. decanus in eâdem
domo mortuaria inventum esse quemdam librum, auctore
Andreâ Pevernage, continentem diversas missas Stæ Crucis,
pro missa quam D. decanus defunctus dicitur fundasse ad
altare Stæ Crucis. Domini rogati desuper suam sententiam
dicere, resolverunt duos priores, videlicet *Breviarium* et

(1) *Comptes de la ville d'Harlebeke*, de Pàques 1529 à 1530, f⁰ 6, v⁰.

Missale, reponendas esse in thesaurariâ fabricæ ad usum chori, et librum cantûs tradendum esse magistro cantûs ad utendum eo dum opus fuerit.

Roger Braye consacre les vers suivants à André Pevernage, dans une ode qu'il composa pour les prémices de Pierre Wullens, à l'église de Sainte-Marie à Courtrai, où l'illustre musicien remplissait, en 1573, les fonctions de maître de chant :

> Nam phonascus erat tunc Pevernage, suavi
> Qui cantu mulsit solis utramque domum.
> Pevernage perennis ovet, qui protulit ore
> Fatidico: *Dominus hic meus,* inquit, *erit* (1).

Et Corneille Canis, n'est-ce point son foyer natal qu'il vint revoir, lorsqu'il accompagna, le 28 juillet 1549, en qualité de maître de chant de la reine-gouvernante, le roi Philippe II faisant sa joyeuse entrée à Ypres?

Andre costen ghedaen, ter blyder incompst van mynheer den prince van Spaengnen zone der K. M., den xxviijen in hoymaendt xvᵉ XLIX.

Van wine ghepresenteert int vat, ter voorscrevene blyde incompste vanden prynce van Spaengnen, te wetene : meester Cornelis Canis, zancmeestre vanden coninghinne, iiij kannen (2).

(1) Voir l'ouvrage intitulé: *D. Rogerii Braye, pastoris ac canonici B. Virginis Cortraci, Poëmatum sacrorum libri septem,* imprimé à Courtrai, chez Pierre Bouvet, 1627, p. 540. — Renseignement dû à l'obligeance de M. le chanoine Vande Putte.

(2) *Comptes de la ville d'Ypres,* du 1ᵉʳ avril 1549 au 1ᵉʳ avril 1550. La *Biographie nationale* qui renvoie, pour Corneille Canis, à l'article DE HONDT (*Corneille*), lequel n'a point encore paru, fait naître le musicien en 1560 Ce ne peut être qu'une faute d'inadvertence ou d'impression C'est la première fois, à notre connaissance, que Corneille Canis est mentionné avec le titre de maître de chant de la reine-gouvernante. Le nom de Canis foisonne aussi dans les environs d'Ypres. La *Biographie nationale* assigne d'avance la ville de Gand comme berceau de Canis. C'est une démonstration à faire.

Corneille Canis était aussi chantre de l'empereur Charles-Quint, ainsi qu'il résulte d'un placet apposé à une faveur apostolique à lui concédée en 1548 :

Van een placet op een grâce apostolicque voir meestren Cornelis Canis, sanghere vanden keyserlicke M¹, in date den vij^{en} augusti anno xve xlviij, s^{ta} Verreycken; maer want dese vry is, ergo nyet (1).

Pour en venir à des faits plus positifs et d'un intérêt plus suivi, signalons la présence à Ypres, en 1551, d'un maître de musique dont le souvenir mérite d'être conservé. D'où est-il originaire? Son nom indique, tout porte à le croire, un artiste appartenant à la partie wallonne ou française des Pays-Bas, ou qui ne fut apparenté à Ypres que par alliance. C'est de Gilles Bracquet qu'il s'agit, comme l'indique d'ailleurs l'intitulé de ce chapitre.

Par une inadvertance du scribe communal, Bracquet est d'abord qualifié de maître de chant de la ville d'Ypres. Cette simple méprise était de nature à entraîner erreurs sur erreurs, et à installer, par exemple, au *scepenhuuse* d'Ypres, non-seulement une chapelle avec chantres gagés, mais même une maîtrise, comme dans les cathédrales.

Heureusement, la formule du scribe change au deuxième article, et le *de* devient *à*, par une interpolation rectificative sans doute bien involontaire. Bracquet est titré ensuite de prêtre, qualification qui annonce un maître de chant de quelque église. Effectivement, un an plus tard, les fonctions réelles de l'artiste apparaissent clairement, avec l'orthographe vraie de son nom : « Maître Gilles Bracquet, maître de chant de l'église de Saint-Martin. »

A l'appui de cette orthographe, nous avons, outre des considérations philologiques, un extrait des comptes de

(1) *Registre aux droits de scel de Brabant*, n° 20,789.

la châtellenie d'Ypres et un recueil de chansons auquel
il a collaboré et qui sera analysé avec soin.

Groupons ici les quatre extraits dont il vient d'être
question :

Meester Gillis Bracket, zanckmeestere deser stede, voor
de neersticheyt ende diligence by hem ghedaen int exerceren
van den musycke, zo int leren ende instruweren van den
kinderen, als met diversche messen ende motetten by hem
ghemaect ende anders verclaerst by zynder requeste ende
cedullen,   xɪɪ lib. (1).

Meester Gillis Bracket, zancmeester binnen deser steden,
van dat hem by myn heeren vocht, scepenen, raden, xxvijᵉⁿ
notable ende al 't ghemeene toegheleyt es, ter gunst in zyne
requeste verclaerst by cedullen,   xxxvɪ lib. (2).

Meester Gillis Bracquet, priestere, zanckmeestre binnen
deser stede, van dat by myn heeren van der wet hun toegheleyt, omme de cause in zyne requeste verclaerst, te hulpen
van eenen kerlakene by cedullen,   xɪɪ lib. (3).

Meester Gillis Bracquet, zancmeestere in de kercke van
Sᵗᵉ-Maertins, voor den dienst by hem deser steden ghedaen
ende int bewysen ende leeren instruweren den kinderen
in de musycke by myn voorscreven heeren hem toegheleyt,
by cedullen,   xɪɪ lib. (4).

Il en résulte, indépendamment de la date vraisemblable
de son arrivée à Ypres et de son départ de la même
ville, deux points à consigner, à savoir : sa gestion comme
maître de musique et ses travaux comme compositeur.

Il est à présumer qu'avant 1560, date de l'organisation
de l'évêché d'Ypres, les fonctions de *phonascus* à l'église

---

(1) *Comptes de la ville d'Ypres*, du 1er avril 1551 au 31 mars 1552
(n. st.), fᵒ 34 vᵒ.

(2) *Id*. du 1er avril 1552 au 31 mars 1553 (n. st.) fᵒ 52 vᵒ.

(3) *Id*. du 1er avril 1554 au 31 mars 1555 (n. st.) fᵒ 51 vᵒ.

(4) *Id*. du 1er avril 1555 au 31 mars 1556 (n. st.) fᵒ 29 vᵒ.

de Saint-Martin n'auront point eu l'importance qu'elles acquirent depuis. Cela explique peut-être la participation de Bracquet à l'enseignement musical des élèves de l'école latine rétribuée par la ville, et sans doute aussi sa collaboration à l'enseignement musical de l'école dominicale, qui relevait directement de l'église de Saint-Martin, bien que d'ordinaire l'instruction religieuse ait été confiée à des Augustins.

Si, comme il est possible encore, il y a lieu de l'attribuer immédiatement à la maîtrise de Saint-Martin, on peut hasarder une autre supposition également plausible. Il n'est question de rétributions données de ce chef qu'à l'endroit de Bracquet seul. Il se pourrait donc très-bien que, vu l'état prospère de la musique dans d'autres églises (1), même dans des centres moins importants qu'Ypres, les dignitaires de Saint-Martin aient tenu à posséder un chœur musical monté sur un pied vraiment grandiose, et que, ne pouvant suffire à fournir les appointements nécessaires à l'entretien d'un maître renommé, elle aura appelé à son secours l'intervention pécuniaire du magistrat yprois.

La châtellenie même d'Ypres se mit de la partie, car, en 1552, elle ajouta douze livres parisis de gratification particulière aux trente-six livres fournis, de ce chef, par les échevins et les notables de la commune :

Betaelt m^r Gillis Bracquet, zangmeestere binder stede van Ypre, de somme van twaelf ponden parisis, hem by den college van scepenen toeghcleyt, in consideratien van zekeren dienst by hem tvoornoemde college ghedaen ende anderssins, aldus hier, volghende ordonnancie van der camere ende quic-

---

(1) Audenarde, par exemple, où, comme on a vu plus haut, un musicien du plus haut mérite fut appelé, en 1549, pour réorganiser, sur des bases sérieuses, la musique de l'église de Sainte-Walburge, et reçut, en cela, le concours actif du magistrat.

tance hier overgheleyt, de voorscrevene somma van xij lib. par. (1).

Y eut-il, en cette année 1552, une grande solennité, une fête mémorable où le concours de Bracquet, au double titre de directeur et de compositeur musical, fut utilisé par le magistrat? Les comptes de la châtellenie seuls, on vient de le voir, parlent de « certain service rendu, » sans spécifier de quoi il s'agit.

Un an auparavant, Bracquet composa diverses messes et divers motets, qui sans doute furent exécutés sous sa direction. On dut l'estimer beaucoup, à cause de son double talent, puisque, en dehors des gratifications obtenues précédemment et de sa pension de douze livres que lui octroyait le magistrat, il reçut encore, en 1554, un paletot de drap, récompense très-recherchée et à laquelle les plus hauts fonctionnaires de la ville s'estimaient heureux de pouvoir prétendre (2). Les productions musicales de Bracquet furent-elles imprimées?

Des chansons à quatre parties de lui nous sont conservées dans un recueil du xvɪe siècle, dont le premier volume, sans date, porte pour titre : *Jardin musical, contenant plusieurs belles fleurs de chansons, choisies d'entre les œuvres de plusieurs auteurs excellents en l'art de musique, ensemble le blason du beau et laid tétin, propice à la voix comme aux instruments. —* En Anvers, par Hubert Waelrant et Jean Laet, in-4° oblong. Le deuxième volume, également sans date, est intitulé : *Jardin musical, contenant plusieurs belles fleurs de chansons spirituelles à quatre parties, composées par Maistre Jean Caulery, maistre de chapelle de la Royne de France, et de plusieurs autres excellents autheurs en l'art de musique, tant propice à*

(1) *Comptes de la châtellenie d'Ypres,* année 1552.

(2) Un *keerlaken* échut, comme on sait, à l'architecte de l'hôtel-de-ville d'Audenaide.

la voix comme aux instruments. — En Anvers, chez Hubert Waelrant et Jean Laet, in-4° oblong.

Ces deux volumes dont Becker ne parle point, contiennent des chansons de Gilles Bracquet, à côté d'autres émanant de Créquillon, de Clément *non papa*, de Jannequin, etc. ; ce qui témoigne de la faveur dont jouissait le talent du *phonascus* yprois, qui d'ailleurs se trouve enveloppé dans l'éloge général que renferme le titre du *Jardin musical.*

Quand il collabora à ce recueil, avait-il renoncé aux fonctions qu'il remplissait à Ypres? La dédicace du deuxième tome est datée de Bruxelles, le 25 juillet 1556. Or, au mois de mars de la même année, nous perdons complètement de vue notre musicien, soit que sa pension du magistrat se trouvât supprimée alors, soit qu'il eût renoncé à son emploi à Saint-Martin.

Par bonheur, un autre recueil de chansons nous permet de prolonger la courte période de son existence artistique jusqu'en 1562, date où le maître était déjà passé, selon toute apparence, dans quelque autre maîtrise importante des Pays-Bas. Comme ledit recueil n'a jamais été cité nulle part, et que nous le possédons dans notre collection musicologique, il ne sera pas inutile d'en révéler ici le contenu.

En voici le titre : *Septiesme livre de chansons à quatre parties, convenables tant aux instruments comme à la voix. Superius.* [Marque de Melpomène]. — Imprimé à Lovain, par Pierre Phalèse, libraire juré, l'an M. D. LXII. Avec grâce et privilège. In-4° oblong de 53 pages d'impression. A la 53ᵐᵉ et dernière page, la réclame G iiij. Au verso du titre : « la table de chansons de ce présent livre. » Au-dessus de la première lettrine, ainsi que sur toutes celles du recto, les mots « lib. 7. »

Les chansons sont au nombre de cinquante-deux. Voici l'ordre qu'elles occupent :

[Prima Pars].

I. Cricquillon. A demy mort par maladie. II. ..... Ung doulx nenni avec ung doulx soubrire. III. ..... Sur la verdure au beau prez florissant. IV. ..... Vitam quæ faciunt beatiorem. V. Cadéac. Je suis déshéritée, puisque j'ai perdu mon amy. VI. ..... Fine affinée remplie de finesse. VII. Cricquillon. Pour ung plaisir qui si peu dure. VIII. Susato. (*Response*). Si de présent peine j'endure. IX. Godart. Ce moys de may sur la rosée. X. ..... Content désir qui cause ma doleur. XI. ..... (*Response*). Vivre ne puis content sans sa présence. XII. Sandrin. Doulce mémoire en plaisir consommée. XIII. Sandrin. Finy le bien, le mal soudain commence. XIV. Rogier. D'amour me plains, et non de vous, ma mye. XV. Susato. (*Response*). Si tu te plains d'amour tant seullement. XVI. ..... Vous perdés temps de moy dire mal d'elle. XVII. Susato. Telz en mesdict qui pour soy la désire. XVIII. Cricquillon. Te prens en gré la dure mort. XIX. Susato. (*Response*). Morir me fault, c'est chose clère. XX. Cricquillon. Toutes les nuicts ..... XXI. ..... (*Response*) Qu'est-il besoing cerchier. XXII. ..... Ut flos in septis secretus nascitur hortis.

Secunda Pars.

XXIII. ..... Sponte sua tellus florem produxit amœnum. XXIIII. Cricquillon. Plus je ne sçay que dire. XXV. Cricquillon. (*Response*). La mort bien je désire. XXVI. ..... Venés, venés, mon bel et doulx amy. XXVII. Gombert. Hors, envieulx, retirez-vous d'icy. XXVIII. ..... C'est à grand tort qu'on dict ..... XXIX. ..... Or, sus à cop qu'on se resveille. XXX. Cricquillon. Ung gay bergier prioit une bergière. XXXI. [.....] Combien est malheureulx le désir. XXXII. Cricquillon. En attendant le confort de ma mye. XXXIII. [.....] Comme la rose se perd en peu d'espasse. XXXIIII. ..... Mais languirai-je tousjours? XXXV. [.....]

Si mon traveil vous pcult donner plaisir. XXXVI. ..... Le
dueil yssu de la joye incertaine. XXXVII. [.....] Le content est riche en ce monde. XXXVIII. Cricquillon. Ros-
signolet, qui chantés au vert boys. XXXIX. [.....] Quis
dubitet fragiles venerem superare puellas. XL. ..... Crescere
pœna potest quoties quis ferre recusat. XLI. [.....] Congié
je prens de ton humanité. XLII. ..... Tu disois que j'en
mourroye. XLIIII. Baston. Entre vous, filles de xv ans.
XLV. [.....] Se dire je l'osoye. XLVI. Bracquetz. Les filettes
d'Ypre sont fort jolye. XLVII. [.....] Il me souffit de tous
mes maulx. XLVIII. ..... Tant que je vivray en aage
fleurisant. XLIX. ..... Languir me fais sans t'avoir offensée.
L. ..... D'où me vient cela, belle? LI. ..... Susanne ung
jour d'amour sollicitée. LII. ..... Gallis hostibus in fugam
coactis turpem. LIII. ..... Heu fortis nimium meo periclo!

Les chansons sans désignations d'auteurs appartiennent-
elles à celui qui les précède? Le doute est permis, en
présence de la répétition qui est faite du nom de Sandrin. La chanson n° 42 remplit deux pages, au rebours
des autres qui n'en prennent qu'une seule. La deuxième
page eût dû porter le n° 43, d'après les calculs de l'imprimeur, qui, en faisant servir cette page comme suite de
la chanson 42, a négligé de changer en conséquence la
pagination. Il y a donc le chiffre 43 en moins, comme
on pourrait le vérifier à la table, si cette table elle-même
n'était inexacte.

Les parenthèses carrées indiquent des rognures de papier
aux coins supérieurs droits des pages qui eussent pu
être occupés par des noms. Quatre noms d'interprètes se
trouvent tracés à la plume sur un des plis de la couverture en parchemin : Lancelotus, Nicolaus, Conrardus,
Carolus. A en juger par la physionomie de l'écriture, ces
noms appartiennent au xvie siècle. Au siècle suivant,
quand la dissonnance naturelle fit irruption dans le système
harmonique, on essaya encore d'interprèter les compo-

sitions du recueil, ce qui se prouve par les dièzes ajoutés aux cadences et que l'oreille moderne appelait déjà impérieusement. Il y a encore sur la feuille de garde le nom de Jacobus Marchène, et, de la même plume, plusieurs exemples de solmisation.

Les chansons du recueil sont généralement galantes, et d'un genre aussi fade que mal tourné. Il en est même qui, privées de mètre et de rime, servaient simplement de prétextes à thèmes musicaux susceptibles d'être harmonisés à quatre parties. C'était l'esprit du temps, le goût de l'époque. Le triste tribut que la France nous avait apporté, elle le tenait elle-même de l'Italie. Bracquet ne pouvait échapper à la loi commune. Arrivé d'ailleurs à Ypres par un de ces déplacements fréquents qu'offre la carrière des maîtres-chanteurs aux Pays-Bas, rien d'étonnant si, en contact continuel avec la race flamande, il ait été frappé des dissemblances tant morales que physiques qu'elle présente avec la race wallonne ou française. De là l'éloge du beau sexe d'Ypres, éloge qu'il convient de ne point prendre à la lettre et qui ne se reflète nullement dans la musique.

Aussi hésitons-nous à reproduire la composition de Bracquet, tant elle laisse à désirer musicalement parlant. A l'aide de cette reproduction, nous trouvions, il est vrai, moyen de rendre un certain service à la musicographie. Le cahier que nous possédons ne forme que la partie de dessus ou de soprano. En publiant fragmentairement, en notation moderne, la chanson de Bracquet, nous mettions à même de la compléter ceux qui possèdent les trois autres voix, et conséquemment nous contribuions à restituer à l'art national une production émanant d'un artiste estimé de son temps. Mais, franchement, nous craignons bien que, les quatre parties étant en présence, on ne taxe de parfaitement inutile notre traduction, le vrai talent de Bracquet résidant, selon toute apparence, ailleurs que dans une frivole chanson, dont les paroles

ne constituent que la paraphrase (quelle paraphrase !)
du *Formosis Bruga puellis*, appliqué à la ville d'Ypres.

La composition de Bracquet est formée généralement,
dans sa première partie, de rondes et de blanches, la
plupart syncopées et dénuées, en les prenant isolément,
de tout caractère mélodique. L'intérêt, interjeté, selon
toute apparence, dans les autres parties, ne s'éveille ici
que vers la conclusion du morceau, aux mots : « C'est
une belle chose ! » où se remarque une phrase d'une
allure assez dégagée, et parfaitement concordante avec
les paroles. C'est cette phrase sans doute que le soprano
reprend, une dernière fois, après les trois autres voix.

On doit se rappeler qu'une chanson à plusieurs parties était alors une composition réellement scientifique,
où d'ordinaire toutes les ressources du contrepoint étaient
prodiguées, ainsi qu'on peut le voir dans les exemples
traduits par De Coussemaker que donnent les *Collections
musicales de Cambrai*. Là aussi règne une certaine roideur de forme, à côté d'un martellement continuel du
rhythme, en vue de faire entrer dans le même agencement
harmonique toutes les parties disponibles. Ce qu'on appelle, de nos jours, chanson, portait jadis le nom de
chansonnette, *cantiuncula, liedeken*, et s'entend généralement de compositions libres, c'est-à-dire affranchies de
toute contrainte scolastique, de toutes règles établies.

Après Bracquet, les comptes communaux d'Ypres se
taisent sur les faits et gestes des maîtres de chant de
l'église de Saint-Martin. Nous pouvons heureusement suppléer à ces lacunes au moyen des *Acta capitularia*, dont il
a déjà été fait emploi plus haut (1). C'est le maître Bonaven-

---

(1) Quant aux comptes de l'église de Saint-Martin, c'est à l'aide
de quelques registres, exceptionnellement conservés aux Archives du
Royaume, qu'il nous sera permis plus loin de donner quelques détails
que la mention trop sommaire des actes capitulaires ne fait qu'effleurer.

ture Hardenpont qui succède, immédiatement peut-être, à Gilles Bracquet, en qualité de directeur musical de la susdite église. Revêtu, comme son devancier, de la dignité ecclésiastique, il eut la chance d'assister à la transformation de la musique du chœur, amenée par la création d'un personnel plus considérable et plus exercé.

Au 20 avril 1563, nous trouvons un paragraphe consacré à la question d'entretien du maître de chant et de l'organiste : « de alendo magistro cantùs et organista, eorumque stipendio. » En ce qui concerne Bonaventure Hardenpont, il reçoit d'abord, à titre de salaire, trois sous par jour : « tres stuferos in die solvendos. » On lui rembourse les frais d'habillement et autres des enfants de chœur. Bientôt il est mis en possession de la *cantuaria* de Saint-Fiacre, en l'église de Saint-Martin, et, le 1er septembre, il prête, à ce sujet, le serment requis.

Recueillons, en passant, les premiers noms de musiciens cités : Jean Brasselet, ténor ; Pierre Taffin, « quondam chorista in Sancto Audomaro ; » Pierre Sergeant, basse ; Denis Texière, « cantor ex Britanià ; » Jean De Loimere, « ludi magister. » Ce dernier, on le sait, présidait spécialement aux drames sacrés, dits mystères, que l'on jouait dans les églises. Provisoirement, les enfants de l'école chapitrale ne peuvent chanter au chœur. Cette défense est levée peu après. On soigne pour leurs vêtements d'hiver : « Fiant cappæ hyemales et indusia pro pueris chori, ut togæ illorum albis pellibus fulciantur, expensis fabrice. »

Le système des méreaux est adopté, pour être distribués, en guise de jetons de présence, aux chantres du chœur. Il est résolu le 1er septembre 1563, de faire confectionner une série de sept pièces différentes en plomb de la valeur d'un, d'un demi, de deux, de trois, de quatre, de six et de douze deniers. D'un côté, on lira pour inscription : Presentibus tantum, et, de l'autre : Eccle. cathed. Iperen. Tous ces méreaux porteront l'image de la Vierge, à l'exception de celui de douze deniers, qui sera à ffigie de saint Martin, patron de l'église (1).

Primâ septembris xvᵉ Lxɪɪɪ. — [Domini] ordinant ut fiant plumbeta pro distributione chori, de uno, uno cum dimidio, ij, iij, vj et xij denariis, cum inscriptione numeri denariorum et sequentium verborum, ab uno latere : Presentibus tantum, et ab alio latere : Eccle. cathed. Iperen., cum imagine divi Martini in xij denariis, et in reliquis divæ Virginis Mariæ.

La réorganisation étant faite, les premiers soins des dignitaires sont affectés à l'homologation des missels et des antiphonaires, travail dont s'acquitte principalement Bonaventure Hardenpont, assisté des chapelains Jacques Marchant et Boyaval, et qui valut à l'artiste, après quatre mois de travail, la somme de soixante sous, frais d'impression compris. Déjà, au mois de mars 1564, il avait obtenu, à titre de gratification, une nouvelle toge.

xxɪᵃ februarii Lxɪɪɪɪ (n. st.). — Domini committunt succentorem una cum Domino Jacobo Marchant et Boyaval, capellanis, ad experiendum num possint componere et concordare libros missales et antiphonarios religiosorum cum iis qui sunt hujus capituli, ad usum Morinensium.

xᵃ junii Lxɪɪɪ. — Ordinant Domini ut communibus impensis solvuntur lx s. tur. pro libris musicalibus impressis, per succentorem ad usum ecclesiæ comparatis. Committiturque canonico Glorie, ut eosdem simul et antiphonarios quos opus erit, curet religatos et compactos.

Les dignitaires tolèrent, à certains jours de la semaine, le chant en contrepoint. En revanche, ils entendent qu'aux jours où l'évêque ou le doyen officie, les vêpres et complies soient chantées, comme les psaumes, en faux-bourdon.

(1) Ces diverses pièces, si elles existent encore, doivent être des raretés locales.

xix^a maij xve lxiiij. — Domini permittunt ut adhuc cantetur per vicarios per contrapunctum : quolibet die, offertorium ; diebus sabbathi, Salve Regina ; diebus dominicis, Ave Regina aut Regina cœli ; diebus Veneris, in statione, O crux, etc. Item, ordinant ut iis diebus quibus aut Reverendissimus aut Decanus celebrant officium, vesperæ et completorium decantentur, quoad psalmos, in faulx-bourdon.

Une ombre se mêle toutefois à cet état à choses si bien ordonné. Bonaventure Hardenpont, pour inconduite, est condamné à assister exactement à tous les offices du chœur, à son banc, près des sopranistes, et à remettre entre les mains du trésorier, pour être donné aux pauvres, un carolus d'or.

« ... Condemnamus ut crastina die, omnibus horis diei et summæ missæ intersis, ac ad banquetum sedeas apud pueros, tempore decantationis officii chori, utque des, in manibus Domini thesaurarii, unum Carolum aureum distribuendum pauperibus in eleemosinam et redemptionem tui delicti... »

Après la résignation d'usage, il est confirmé dans ses fonctions. Visite faite à la demeure des choraux, par trois dignitaires du chapitre. Augmentation du salaire de la basse. Gratification d'une couronne d'argent, accordée à George Cosyn, organiste. Cet article reparaît souvent avec la désignation : « antiquâ gratiâ. »

A la suite de deux autres affaires, dont une pour dettes, Bonaventure Hardenpont résigne sa *cantuaria* de St-Fiacre, laquelle est dévolue à Mathieu Boucquet, dispensé provisoirement de chanter au chœur autre chose que des psaumes. Puis, le 22 décembre 1565, surgit, comme on l'a vu, la nomination de Jacques De Kerle.

iij^a decembris lxv. — Dominus Bonaventura Hardenpondt reposuit cantuariam Sancti Fiacri in manibus Dominorum.

Domini eandem cantuariam Sancti Fiacri coutulerunt Domino Matheo Boucquet (1).

On accorde au maître de chant Jean Michiels, successeur de Jacques de Kerle, la gratification d'une demi-livre de gros, à prendre sur la taille :

xxixᵃ martii lxviij (n. st.) — Quia fabrica nunc temporis multis oneribus et arreragiis gravatur, ordinant Domini ut media libra grossorum ex parte hujus capituli, hodie de gratia concessa magistro cantûs in communi capitulo cum Dominis religiosis, solvatur ex talea (2).

Le maître de chant fait successivement deux absences, après quoi une enquête est organisée au domicile du dit maître, par suite de la disparition des choraux logés chez lui.

Ultima aprilis xvᵉ lxix. — Domini concedunt M. cantûs absentiam iij aut iiij dierum, ea tamen conditione ut licentiam petat à Dominis religiosis, et ut in locum suum substituat Dominum Carolum Boyaval.

iijᵃ junii [xvᵉ lxx]. — Domini concedunt basso et succentori absentiam quatuor aut quinque dierum, ita tamen ut consensum duorum religiosorum obtineant.

xxijᵃ julii [xvᵉ lxxj]. — Domini deputant Dominos cantorem, archipresbyterum et Buret, ad inquirendum de vita et regimine magistri cantûs et de fugâ puerorum.

Le maître de chant reçoit des mains de l'évêque les ordres sacrés. Une livre de gros lui est accordée pour l'achat d'une nouvelle tunique; outre cela, et, vu la cherté des

(1) Il y a, en plusieurs endroits du manuscrit, *Picquet* surchargé de *Boucquet*. Nous nous en référons à la correction.

(2) Si, dans la suite, plusieurs articles reçoivent une autre application, leur limite naturelle sera le poste où le nom de Jean Michiels apparaît en toutes lettres.

subsistances, une augmentation de salaire lui est concédée, à la condition toutefois de ne se démettre de ses fonctions que vers le milieu de l'année et de faire connaître d'avance sa résolution au chapitre. Maître Jean Michiels, dont le nom est ici décliné pour la première fois (23 juin 1575), continue à exercer ses fonctions, sans annoncer son projet de départ, jusqu'au 6 juillet, où il demande son certificat de moralité et de capacité, qui lui est remis sous promesse de poursuivre l'instruction des choraux jusqu'à la fête de l'Assomption prochaine.

xvij^a decembris [xv^c lxxij]. — Domini deputant Dominum cantorem ad presentandum M. cantûs Domino Reverendissimo, pro suscipiendis ordinibus sacris.

Pridie Palmarum [xve lxxv n. st.]. — Domini concedunt M. cantûs unam libram grossorum, in sublevamen exemptionis nove tunice.

xvj^a maij. — Domini, auditis Dominis Vlaminc, archipresbytero, et Petit, quibus commissum erat ut supplicationem M. cantûs examinarent, et cum eo loquerentur, concluserunt quod deinceps M. cantûs, durante hâc caritate annone, pro singulis pueris solverentur octo libre grossorum, et pro distributionibus quatuor stuferi die, ac pro ordinario stipendio annone quinquaginta duo floreni necnon pro preterito tempore, ultra id quod ipsi in primâ suâ receptione concessum fuit duodecim floreni aut octodecim, committentes M. fabrice ut ulterius cum ipso loquantur, sed cum conditione quod magister cantûs suum officium non dimittere se obliget, nisi Dominis prædicendo ad dimidiatum annum.

xxiij^a junii xv^e lxxv. — Domini continuant in eorum officiis secretarium Seutin, Gisbertum Cornuut, massarium, et M. cantûs, magistrum Johannem Michiels.

xxvij^a junii xv^e lxxv. — Committunt etiam eisdem Dominis ut agant cum M. cantûs, eumque etiam contentum reddant.

vj^a julii xv^e lxxv. — Magister cantûs exposuit quod propediem intendat migrare, et propterea petiit sibi cari literas testimoniales, quas domini ipsi concesserunt, mediante promissione quod puerorum adhuc curam habebit et officium continuabit usque ad festum Assumptionis Mariæ proximam inclusive.

Son successeur immédiat est Antoine Pevernage, déjà cité dans ce travail (1). On passe avec lui un contrat auquel il appose sa signature. Il est à regretter que les *Actes capitulaires*, qui renferment tant de conventions oiseuses produites *in-extenso*, n'aient point daigné enregistrer une pièce qui eût offert pour l'histoire de l'art un intérêt des plus vifs.

xxxª julii xvᵉ lxxv. — Domini recipiunt in M. cantûs magistrum Anthonium Pevernaige, conditionibus ei nuper declaratis, que scripto redigentur et signabuntur per ipsum M. Anthonium.

On augmente son salaire ainsi que celui de l'organiste Cosyn, et on loue pour lui une maison qui nécessite diverses réparations ; puis, il reçoit une nouvelle tunique. Les maîtres de chant cités jusqu'ici étaient tous ecclésiastiques, ou le sont devenus peu après leur installation. Antoine Pevernage, le premier, demande à déroger à cet usage. La réponse, mûrement pesée, est négative. On lui permettra de continuer ses fonctions jusqu'à ce qu'une décision définitive soit prise par lui. On exige seulement qu'il prévienne, trois mois avant, le chapitre, afin qu'il puisse se pourvoir d'un autre titulaire. Ceci se passe dans l'assemblée qui a lieu, sous la présidence de l'évêque, la veille de la Nativité de saint Jean-Baptiste.

Cinq mois après, l'opinion affirmative prévaut, et les motifs allégués sont la tranquilité de mœurs de l'impétrant et son habileté dans l'art musical. Il lui est néan-

(1) Voy. *La Musique aux Pays-Bas*, t. ι, p. 247.

moins recommandé d'être ponctuellement fidèle aux conditions acceptées par lui, à son entrée en fonctions.

xijᵃ novembris xvᵉ lxxvj (D. thesaurario præside). — Vicarii et cantores ecclesiæ exhibuerunt dominis certam supplicationem qua continebatur ipsos petere ut M. Anthonium Pevernaige, qui dominis aliquandiu servivit ut magister cantûs, non obstante contracto per eum matrimonio, in suo officio possit retineri, commendantes eum a modestia morum et peritia musices, et quod ipsis cum eo optime conveniret.

Qua supplicatione lectâ, et desuper deliberatione habita, domini deputaverunt dominos thesaurarium et scholasticum ut conventa supplicationis D. Rᵒ communicarent, et rogarent ejus judicium. Qui, ad capitulum reversi, declaraverunt D. R. bene esse contentum ut prædictus Pevernaige retinetur in officio, modo tamen promitteret se fideliter et diligenter restiturum cerimonias ecclesie pro parte collaptas, idque juxta chartas quas domini illi præscriberunt. Premissa in sequentia D. cantor eum presentavit, et domini eum reciperunt.

Voici, sur le *modus cantandi* au chœur, quelques laconiques indications, dont on comprendra toute l'importance, quand on saura qu'outre les sopranistes et les chapelains, on y comptait neuf vicaires habiles en déchant, « vicarii idonei, » divisés par trois en ténors, contraténors et basses, « tres bassi, tres tenores et tres contratenores. »

xixᵃ januarii [xvᵉ lxxviij n. st.]. Ordinant etiam domini, quod deinceps cantandum sit magis decenter et reverenter et cum mensura (1) atque absque ulla abbreviatione cantûs, sed integre secundum notas. Concludunt etiam prohibendum

(1) Le mot *mensura* n'est point rigoureux ici. Il implique simplement une certaine régularité dans la durée de chaque note, durée plus facultative que celle qui est déterminée par la musique rhythmique proprement dite. Il s'agit de déchant sur le livre.

esse vicariis ne tempore divinorum suas horas canonicas
legant, sed semper se paratos exhibeant ad cantandum,
omni alia occupatione seposita; et ipsis etiam inhibendum
esse ne, dum cantatur, sedeant, nisi inter psalmodiandum.
Concludunt etiam instituendum esse magistrum cerimoniarum,
cui omnes, quoad cerimonias, obediant.

Tout allait pour le mieux, il faut le croire, quand
un évènement imprévu vient y apporter une perturbation
nouvelle. Antoine Pevernage meurt presque subitement,
la veille de la Nativité de saint Jean-Baptiste 1577. On
pourvoit temporairement à l'instruction des choristes, à
cause de la maladie de leur chef. Le 7 août, il se présente
déjà un nouveau maître de chant pour remplacer le titulaire
défunt. Le décès d'Antoine Pevernage a donc eu lieu
entre ces deux dates. Son successeur, bien que non désigné
nominativement par le secrétaire du chapitre, ne nous
paraît pouvoir être autre que Laurent Devos, auquel un
chapitre spécial a déjà été consacré (1).

vij^a augusti xve lxxvij. — Dominis extraordinarie in her-
munsterio congregatis, proposuit D. cantor se presentare
ad officium magistri cantûs . . . (2), qui etiam se declaravit
se paratum eidem officium desservire, eisdem conditionibus
et legibus quibus predecessor defunctus desservivit. Super
quo deliberatione habita, etc.

xvij augusti. — Comparuit præfatus . . . (3), et exhibuit
literas testimoniales sue vite et dimissionales, cum litteris
commendatitiis capituli de Lyleers, quibus visis domini illum
ad officium magistri cantûs receperunt, et pro expensis quas
in itinere habuit, ipsi concesserunt distributiones chori a
primâ die sue presentationis.

---

(1) Voy. *La Musique aux Pays-Bas*, t. i, p. 157.
(2) Mot laissé en blanc.
(3) Même lacune.

Le fait de son arrivée de Lillers et celui de son installation au 17 août, n'ont pu être donnés d'après les comptes incomplets que nous avons autrefois compulsés. En revanche, l'époque précise de son départ s'y trouve heureusement, pour suppléer aux lacunes des *Acta capitularia.* Laurent Devos, d'ailleurs, n'a pas laissé des traces bien marquantes de son passage à Ypres. En dehors des gratifications d'usage, il n'existe, à son sujet, aucun poste à signaler, sinon celui où un avertissement charitable lui est donné de changer de conduite.

Pridie Nativitatis Johannis Baptiste lxxviij. — Dominus cantor presentavit dominis magistrum cantûs, quem domini post deliberationem moverunt ut mores suas mutet, alias intra trimestrem provideat sibi de alia conditione.

Les évènements politiques ayant jeté le désarroi dans les choses de la musique, et un grand nombre de maîtres de chant recommandables ayant quitté le pays, pour aller s'établir ailleurs, il devient extrêmement difficile aux maîtrises de nos cathédrales de trouver un artiste capable de les maintenir à la hauteur où elles s'étaient placées jadis. C'est ce qui explique peut-être le long silence de quatre ans environ que gardent, à ce sujet, les documents que nous interrogeons. Delà sans doute aussi le recours provisoire à un musicien n'offrant point, au début de sa charge, les aptitudes requises. Nous voulons parler de George Verbrugghe, nommé en 1582, chanoine de l'église de Saint-Martin, en remplacement de Charles Boyaval, démissionnaire (1), et déjà chapelain de Notre-Dame-aux-Miracles. Le 22 mai, un subside lui est alloué « ut doceat juvenes quos domini ad serviendum

---

(1) Charles Boyaval remplit, en 1569, les fonctions de maître de chant pendant l'absence de Jean Michiels. Il a peut être fait également l'*intérim* de 1568 à 1582.

choro suscipient. » C'est un premier pas vers la direction
de la maîtrise, dont il saura bientôt manier les rênes.
Cela ne lui sera point malaisé, vu que les habitués du
chœur avaient, pour ainsi dire, eux-mêmes oublié les points
essentiels de leur tâche, depuis les troubles politiques
et religieux survenus dans la cité.

xxvj^e maii xve lxxxiiij. — Attendentes etiam quod domini
difficultatem sentiant in eo quod ipsi per se ipsos cantare
debuit quidquid ante turbas cantare consueverunt pueri chori,
concluserunt unum puerum cantûs gregoriani bene peritum
assumendum esse, et ad id offerendos esse nutrici cujus-
dam Nicolai Hazebrocani, cantûs gregoriani et musices bene
periti, presentandos esse duos stuferos in die, si ecclesie
servire velit.

Ce Nicolas d'Hazebrouck, si habile dans le plain-chant
et si excellent musicien, est reçu le 18 juin suivant, à
raison de cinq sous par jour. Quant à George Verbrugghe,
il est présenté au chapitre, en qualité de maître de chant,
le 6 juillet de la même année : « D. Cantor in magistrum
cantûs presentavit M. Georgium Vander Brigghe, ecclesiæ
cappellanum. » On se procure « duo psalteria majora necnon duos libros cantuales » que certain Adrien, libraire,
« Adrianus, bibliopola » leur cède pour trente-six florins ;
et plus tard, à Douai, certains « libros musicales, tam
pro missis quam motetis, summâ quinque florenorum. »
Tout avait été enlevé par les rebelles.

Entretemps, un maître de chant du nom de Pevernage
vient offrir ses services pour le chœur, en demandant
le logement gratuit. Il ne peut être admis, les places étant
remplies. Est-ce un fils d'Antoine ou d'André Pevernage ?
On reçoit, en revanche, un nouvel enfant de chœur, dont
le père, natif de Liège, « nativus ex Leodio » s'appelait
Toussaint Le Dieu. On lui donne, outre sa pension, la
vêtiture et la nourriture. Une « biblia seu breviarium
ut indè pueri chori discant et cantent lectiones matu-

tinales » est encore achetée, outre un « missale secundum usum Morinensium, in duobus voluminibus in quorum fine habebatur versus: *Candida de nigris,* » provenant de la mortuaire de l'évêque.

George Verbrugghe est promu au sous-diaconat, à condition de se conduire plus indulgemment et plus humainement avec les enfants de chœur. On lui donne en même temps une nouvelle toge, « juxtà consuetudinem, » et le logement gratuit dans une maison dite *Inghelandt.* Il aura à comparaître, tous les mois, devant les membres du chapitre, avec les choraux qu'il dirige, pour recevoir les exhortations jugées convenables.

Les sopranistes étaient obligés sans doute de chanter au chœur, d'après un seul et unique texte musical placé devant eux. Afin de remédier aux inconvénients qui en résultaient, surtout à l'*Alleluia* et au *Graduel,* George Verbrugghe est chargé de transcrire ces psalmodies sur un cahier en parchemin séparé, qu'on a soin d'enluminer, selon l'usage.

vᵃ octobris 1591. — Domini commiserunt magistro cantûs ut cum magistro fabricæ emet pargamenum, ad describendum pro pueris chori *Alleluia* et *Graduale.*

xiiijᵃ decembris. — Domini ordinant magistro ut numeret magistro cantûs xv lib. tur., pro labore suo, in describendis libris *Gradualium* et *Alleluia,* ita tamen ut, illis mediantibus, prætactos libros compingi procuret.

En même temps, on l'exhorte à chanter moins précipitamment le cantique *Magnificat,* de façon à nourrir la dévotion, au lieu d'exciter la légèreté.

xxᵃ decembris 1591. — Domini ordinarunt monendum esse magistrum cantûs, ut deinceps in cantico *Magnificat* non utatur cantu celeri, sapiente potius levitatem quam devotionem.

Quel peut donc être l'instrument dont on fit l'acquisition l'année suivante, et qui avait pour mission d'aider à former des basses? Les *Acta capitularia* le nomment *fistula.* D'autre part, les comptes de la même église citent un instrument pareil, dont on s'est défait, à la même date, au prix de cinquante sous. Ou bien on n'a pu se servir avantageusement du nouvel instrument, ou bien, l'achat étant fait, on aura tenu à passer à un autre le viel instrument. Selon nous, il s'agit ici d'un instrument en bois à souffle du genre de la flûte. On en possédait un quatuor complet. Le scribe pourrait avoir en vue une flûte basse ou un basson. Pourtant Ducange traduit le verbe *fistulare* par *fistulâ vel tibiâ canere.*

Primâ augusti 1592. — Domini concluserunt instrumentum seu fistulam pro basso emendum esse, expensis fabrice (1).
Ex venditione instrumenti ad formandum bassum, 1 s. (2).

Les motets en chant mesuré ne sont point abandonnés, et on y a recours surtout aux fêtes solennelles, « in solemnioribus. » Ces fêtes sont au nombre de cinquante. Le grand orgue y prend part. Il est touché par Jean Heins, dont nous reparlerons bientôt. Le petit orgue guidait principalement le chant grégorien du chœur. Il est réparé en 1589. A l'égard de certaines litanies qu'on chantait tant bien que mal, voici le passage énigmatique qui y fait allusion et que nous n'essaierons point de résoudre.

Undecimâ novembris 1589. — Domini intelligentes cantum quo hodie utuntur choristæ in Lætaniis peregrini quid sapere, quinimo quandam vocum dissonantiam reddere, et desuper audito phonasco sive magistro cantûs, qui id evitare dicit, eo quod quidam se difficiles præbeant in cantando, imo

(1) *Acta capitularia* précités.
(2) *Comptes de l'église de Saint-Martin.*

omnino non canant ; resolverunt desuper consulendum esse
D. Reverendissimum et quid ipse hàc in re esse sequendem.

Le chant, voilà la grande préoccupation des dignitaires
du chapitre. Ils se demandent jusqu'où les antiennes,
aux fêtes solennelles, peuvent être interprètées en contrepoint.

iij^a aprilis 1593. — Domini ordinarunt consulendem esse
D. R^{mum} quid ipsi videatur de injungendo capellanis quatenus antiphonas, in festis solemnioribus, canent in contrepoinct (1).

Le directeur de la maîtrise est prié d'éviter ce que
le scribe appelle encore des *dissonances* (2). Trois nouveaux enfants de chœur chantant musicalement, « musicè
cantantes » sont admis avec augmentation d'appointements.
Des soins incessants sont consacrés à l'alimentation et à
la vêtiture de tous les sopranistes. La couleur violette est
adoptée pour leur toge.

Le nombre des chapelains, vicaires, etc. participant
aux offices du chœur, s'élève à trente.

Reproduisons, à titre de document unique perdu d ns
l'immensité des *Actes capitulaires*, la pièce suivante relative à l'admission d'un enfant de chœur :

Compareerde Franchoys De Brassere, vader van Hansken,
anghenomen corael deser kercke, heeft belooft ende belooft
by desen 't vorscreven Hansken te laeten dienen als corael
de voorscrevene kercke, totten tyt toe dat zynen voys ghe-
muteert wert, noch 't zelve niet t'ontrecken, zonder consent
van myn heeren, up peyne van te restitueeren 't ghene hem

---

(1) Avant *contrepoinct*, il y a le terme *faubordon* rayé.

(2) Nous ne sommes point encore arrivé à l'emploi systématique de
la dissonance naturelle dans l'harmonie. Aussi le mot *dissonantia* signi-
fie-t-il ici *déviation tonale.*

van de kercke zoude moghen ontfanghen hebben, up 't verbant
van alle zyn goet present ende toecommende. Toorconde.

[viij^a martii 1597]. FRANSOEYS DE BRASSERE.

Une coutume en vigueur au chapitre, était de se présenter périodiquement devant l'assemblée des dignitaires,
et de se démettre de la charge dont on était revêtu. D'ordinaire, on n'acceptait point, si on n'avait de sérieux
motifs de mécontentement. Il faut que les membres du
chapitre aient eu des raisons plausibles pour recevoir, dans
leur séance du 23 juin 1598, la résignation de George
Verbrugghe. Cette résignation, il est vrai, était décisive,
de la part du maître de chant, « resignavit absolute. »

Entre en scène Jacques Bruneau, qui ne peut être
autre que le *phonascus* de l'église de Saint-Bavon, à Gand,
auquel nous avons consacré précédemment un paragraphe
spécial (1). On commence par lui débourser les frais d'achat
d'une toge, et par défalquer deux florins, chaque mois,
de ses honoraires devant dater du 1er septembre. Là-
dessus, grande dissension au chapitre, dissension qui
se termine par la promesse du receveur de mettre la
somme avancée au compte de la foranéité. Le nouveau
maître ne put-il s'accorder avec le chapitre, ou eut-il
d'autres propositions plus alléchantes? Toujours est-il, que,
à la date fixée, reparaît, au lieu de Jacques Bruneau,
le démissionnaire George Verbrugghe, lequel est pleinement réintégré dans ses fonctions, sous la promesse de
répondre devant Dieu de l'exercice de sa difficile mission.

Primâ augusti 1598. — Domini concesserunt Jacobo Bruneau, ut possit emere togam pro quâ respondebunt, de-
ducturi, singulis mensibus, duos florenos, incipiendo a mense
septembre proximo, deduceruntque eidem aliquot stuferos,

---

(1) *La Musique aux Pays-Bas*, t. 1, p. 107.

de quibus fuit contraversia, quos receptor ponet in computo foraneitatis.

xxix^a augusti 1598. — Domini, deliberatione habita, resolverunt admittendum et accipiendum esse Dominum Verbrugghe in magistrum cantûs, sic tamen ut pueros bene doceat et instruat, officiumque prestet prout coram Deo vellet respondere.

Les comptes de l'église Saint-Martin nous apprennent que George Verbrugghe, logé gratuitement dans une maison nommée *Inghelandt* (1), où il instruisait dans les principes du plain-chant et de la musique, sept enfants de chœur, recevait, outre ses honoraires et le casuel des services particuliers, une gratification particulière à trois grandes fêtes de l'année. On verra, par l'extrait ci-contre, que le système mérallique fonctionnait par continuation, pour le paiement des chantres du chœur.

Domus *in de Boesincstraete,* dicta *Inghelant,* acquisita ex denariis assignatis per dominum De Refuge et fabricæ yprensi relictis per concordiam cum dominis boloniensibus, ex concessione dominorum de capitulo, à die xiiij augusti 1588, relicta est Magistro Georgio Verbrugghe, phonasco, ad inhabitandum gratis, et pro commoditate puerorum chori; undè hic   Memoria.

Magistro Georgio Verbrugghe, magistro cantûs, pro suis distributionibus ad ratam duorum stuferorum in dies singulos; hic a j^a januarii usque ad ultimam decembris 1593; simul
                                                  xxxv lib. x st.

Eidem, pro toga in Paschate, ex ordinatione Dominorum,
                                                  vj lib. xiiij. st.

Eidem, pro libro cantuali, pro dominis in medio chori, ex ordinatione pridie Nativitatis Christi   iiij lib.

---

(1) La maison appelée *Inghelandt*, d'une construction très-ancienne, était-elle un *emporium* britannique comme le *Steen van Engelant* à Audenarde? Il y a encore l'*Engelandsch-Gat* à Gand.

Eidem magistro Georgio, pro stipendio Ludovici , per totum annum   xlviij lib.

Viduæ Cornelii Pureur, pro stipendio puerorum Christiani Pureur et Antonii De Smet , pro anno integro , simul lvij lib.

Mariæ Buen , pro pueris Michaele Buen , Pontfort et Peene ; pro toto anno , simul   lxxx lib. v st.

Viduæ Petri Charlet, pro puero dimisso in martio, ob defectum vocis, ex ordinatione dominorum   x lib. xiij. st.

Joanni Tryoen, pro suo filio, per totum annum , simùl   xxviij lib. xv st.

Hic totaliter, pro septem pueris chori ij^e xxiiij lib. xiij st.

Eidem, pro suis natalitiis Paschæ , Pentecostes et Nativitatis Domini 1593.   xxx st.

Fabro lignario, pro opera bidui præstita, circa confectionem instrumentorum pro veteri ecclesiæ plumbo refundendo et pro lignis , simùl   xlvj st.

Pro fissili ligno quod receptor emit a Domino Lysveldt, struendo igni ad fusionem plumbi   xxx st. (1).

Sous la direction de George Verbrugghe eut lieu , en 1593, l'exécution d'un *Te Deum* solennel, à l'occasion de la prise d'Amiens.

Mr Jooris Verbrugghe , zanchmeester van Ste Maertens , over hem ende den zanghers, clockluudere ende organister, om hemlieden te recreeren , ter cause van ghesonghen ende ghespeelt te hebben den lofsanck *Te Deum laudamus ,* in 't regart van 't innemen vander stede van Amyens , by twee ordonnancen ende quitansien   viij lib. (2).

Une lacune regrettable s'offre ici dans les *Actes capitulaires* et ne nous permet de reprendre nos annotations qu'au 23 juin 1606. A cette date, le maître de chant

_____

(1) *Comptes de l'église de Saint-Martin ,* du 1er janvier 1594 (n. st.) au 31 décembre de la même année.

(2) *Comptes de la ville d'Ypres ,* année 1593.

Haroul ou Haroult remet, selon la coutume, son office entre les mains du chapitre assemblé, lequel juge convenable de le lui restituer. Au 15 juillet, son sort va changer, et l'on est d'avis de lui signifier sa démission, à cause de sa négligence; mais on le garde encore, dans l'espoir de le voir mieux s'acquitter de ses fonctions.

Départ subit d'Haroul; intérim du phonascat offert à Trioen.

xxiv° novembris 1607. — Domini propter instantem discessum magistri cantûs Haroul, concluserunt inquirendum esse de probo magistro, et interea pueros choraules committendos esse Domino Trioen.

Trioen refuse. Jacques Flustre s'oblige à faire le service, à raison de neuf livres par mois, outre ses gages de chapelain. Le 26 janvier 1608, on décide de prendre un maître de chant venant de Seclin. Ce nouveau titulaire n'est autre peut-être que Jacques Richebé:

xxvj° januarii 1608. — Domini concludunt assumendum esse magistrum cantûs Seclinensem, bonis conditionibus (1).

De Ros, sopraniste; Gossart, basse. Le choral Clets cède la place à son collègue Bouton. Le gage d'un mois par anticipation est concédé au nouveau maître de chant, Jacques Richebé, qui ne tarde point à être ordonné prêtre:

xxix° martii 1608. — Domini contulerunt et conferunt D. Jacobo Richebé, diacono diocesis Tornacensis, tertiam cantuariam hujus ecclesiæ, quæ multis annis vacavit, et ad presentandum eumdem ad ordinem sacerdotis, deputant predictum D. Cervium.

---

(1) Un Jean Richebé est mentionné, à l'année 1558, dans le *Compendium* de Saint-Donatien de Bruges, par FOPPENS, page 129.

Acceptation d'une basse venant d'Armentières. Enseignement du latin confié à Égide De Mets. Musique offerte,
en guise d'étrennes, par Richebé. Présentation faite, le
11 septembre 1610, par Charles Van Houcke, de son
fils, Jean Van Houcke, en qualité d'enfant de chœur.
C'est ce même choral que nous verrons bientôt devenir
directeur de la maîtrise. Autres sopranistes présentés ou
cités : Verniepe, Prins, Guillaume, De Creulx, Tobie,
Van Kokelare (Josse).

Mort subite de Jacques Richebé. Ses obsèques. Nomination immédiate de son successeur :

ix⁰ decembris 1616. Extraordinarie. — Domini convenientes
causâ obitûs magistri cantûs, deputarunt Dominum Poele cum
executoribus testamenti, ad conferendum una cum secretario
inventarium mobilium, et concluserunt die crastinâ faciendas
esse exequias.

x⁰ decembris 1616. — Domini concludunt commendationes
in exequiis Domini Richebé, magistri cantûs, cantandas esse.

xvij⁰ decembris 1616. — Domini concluserunt probandum
esse magistrum cantûs, nuper extraordinarie admissum.

Afin de ne rien omettre de ce qui peut nous éclairer
sur le personnel attaché à la maîtrise de Saint-Martin,
extrayons des comptes de l'église quelques données complémentaires. A partir de 1608, Jacques Richebé avait
pour élèves : Guillaume Pollet, Nicolas Herman, François
Barbier, Jacques Gnapart, Jean Verniepe, Jean Vanden
Berghe, Michel Vanden Borre. Le maître de latin de
ces enfants de chœur était Égide Pigouche :

Magistro Ægidio Pigouche, quod docuerit symphoniacos
rudimenta linguæ latinæ, soluta est summa xiiij lib.; pro octo
finitis ultima augusti 1609.   xiiij lib.

A ces sopranistes il faut joindre, en 1609, Jean Van
Houcke, George Bovie; en 1610, Pierre Crus, de Bail-

leul, Charles Geeraerd, Chrétien Feiche; en 1613, Tobie
Dupéré, Louis Marchant. Guillaume Pollet passe, en 1610,
au séminaire, où se trouvait déjà Martin Plets :

Magistro Jodoco Helbo, provisori seminarii, causâ medietatis
victûs mensalis Martini Plets, habitantis in seminario ....
Sebastiano Parmentier, pro libris, Guilielmo Pollet habitanti
in seminario ... (1).

Poursuivons nos extraits des *Actes capitulaires*. Le maître
de chant nommé extraordinairement en 1616, s'appelle
Jean Mantel. Convention conclue, le 2 décembre 1617, avec
Chrétien Pureur, trompettiste, *tubicen* (2), à raison de six
sous. aux vêpres et de huit sous aux messes. Le choral
Creux est reçu au séminaire. Chrétien Pureur (3) est démissionné, le 14 décembre 1618.

Jacques Richebé avait reçu du chapitre douze florins,
pour copier le graduel, et, n'ayant point accompli sa
besogne, le chapitre juge opportun de recouvrer cette
somme :

xxiij⁰ februari 1619. — Domini ordinant dominis Huvettere
et Savatte, executoribus testamenti Domini Jacobi Richebé,
ut recuperent xij florenos ei solutos, pro describendis gradua-
libus quæ non descripsit.

Sopranistes présents mentionnés à partir du 12 octobre
1619 jusqu'au 16 octobre 1627: Chrétien Feys, Nicolas
De Vos, Adrien Le Dieu (neveu du chanoine de ce nom),
Pierre Bourgeois, d'Ypres, Rabaut, Marc Van den Casteele,
Valcke. Le maître de chant Mantel part pour Cassel, en

---

(1) *Comptes de l'église de Saint-Martin*, années 1608 et 1610.

(2) Il y a aussi *tibicen*, flûtiste, ce qui constitue une différence assez
notable. Il eût été bien intéressant de savoir définitivement s'il y
avait alors une sorte de *choraula*, chargé, comme dans l'antiquité, de
guider les voix des choristes.

(3) *Tibicen* est marqué ici en toutes lettres.

congé de santé, le 8 mai 1621. On lui enjoint de faire
chanter rigoureusement ce qui est marqué dans les livres de
chant, *ut deinceps in cantu abstineatur à notis quœ non sunt
in libro*. Démissionné le 23 juin 1628, il devient chapelain
du chœur. Son successeur est Jean Van Houcke, d'Ypres :

xxiijᵃ junii 1628. — Dominus cantor presentavit phonascum
Dominum Mantel, quem plerique domini non continuarunt
et alterius in illius locum surrogationem distulerunt.

jᵃ julii 1628. — Dominus cantor nuper presentavit magis-
strum Joannem Van Houcke in phonascum, quem domini
admiserunt, sub legibus ipsi tradendi et sub ultimo stipendio
phonasci.

Jean Van Houcke ne tarde point de donner des preuves
de son savoir musical, et, le 23 juin 1629, il offre à
la fabrique des compositions à huit voix, pour lesquelles un cadeau de douze florins lui est accordé :

xxiijᵃ junii 1629. — Phonascus presentavit fabricæ aliquas
partes musicæ octo vocum, quem domini donarunt duodecim
florenis sumendis ex fabrica.

Sopraniste : Augustin Vanderstraeten ; basses : François
Marquant et Jean Moumalle, ce dernier désigné comme
musicus bassus. Chantre au chœur : Gérard Le Maistre.
Première mention d'un basson, servant à guider les chantres, et dont joue ledit Gérard Le Maistre :

Die 10ᵃ maii 1631. — Domini ordinant ut magister fabricæ
emat fagotum pro choro, super quo discat ludere Gerardus
Le Maistre.

Choraux nouvellement admis : Jean Hellieul et Jean
Leclercq, d'Ypres. Tous les samedis, salut de la Vierge,
chanté en faux-bourdon. Musiques offertes, les 23 juin
1633 et 1635. Le *ludi magister* ou le *magister choraulorum*
est Jacques Barioos. Pierre De Molle est admis à la possession de sa chapellenie, à condition d'apprendre *cantum*

suum et musicum. Le neveu de Jean Van Houcke devient bassonniste. Le choral George Le Rouge est admis, le 20 octobre 1635, au séminaire. Compositions du maître de chant adoptées pour le service du chœur, et étrennes musicales offertes par lui :

2 maij 1637. — Domini ordinant requisitionem phonasci, ut conficiantur libri chartacei ad musicam, pro choro hujus ecclesiæ, ab ipso compositam, et Dominis de capitulo oblatam.

Die 8ᵃ januarii 1639. — Concessæ quinque libræ grossorum domino phonasco pro strenâ, intuitu musicæ per ipsum oblatæ et consideratione frequentiorum ejus morborum, sumendæ ex fabricâ.

On voit, d'après le deuxième extrait, que Jean Van Houcke était fréquemment indisposé. Le 15 avril 1641, il rend l'âme, au grand regret de ses collègues, qui tiennent à honneur de lui faire de belles obsèques et de lui ménager un lieu de sépulture convenable. On verra, à l'année 1648, la mention de productions musicales délaissées par lui :

Decimâ sextâ aprilis 1641. — Hodie Domini extraordinarie convenerunt, ratione mortis D Joannis Van Houcke, presbyteri cappellani et magistri cantûs hujus ecclesiæ, defuncti hesternâ die, circà quartam vespertinam, cujus anima in benedictione sit, præfixa dies crastina pro exequiis ejusdem, assignatus locus sepulturæ in elmunsterio, et deputati ad inventoriandum mobilia, domini canonici Blommaert et Meynaert, cum secretario.

Quelques jours après, un nouveau maître de chant est trouvé: c'est Josse Thumaisnil, qui reçoit, lors de sa nomination, quatre lots de vin :

Vigesimâ aprilis 1641. — Domini elegerunt in novum phonascum magistrum Judocum Thumaisnil, sub juribus, emolumentis et conditionibus consuetis, concedentes eidem, pro dono gratuito, quatuor lota vini, ex fabricâ.

Introduction définitive des instruments de musique à
Saint-Martin, par l'engagement de François le joueur,
lusor, et de ses deux fils, aux principales fêtes de l'année.
Réception des choraux Frédéric Grandel, Antoine Maes,
de Lille, et Antoine Lannoy, de Seclin. Antoine Maes
devient, dans la suite, *phonascus* de Saint-Martin. C'est une
preuve de l'utilité qu'offrent les relevés périodiques des
sopranistes admis. On reçoit encore, plus tard, Jean Van
Houcke, d'Ypres, et Nicolas Verbeke, de Cassel. Josse
Thumaisnil tient à n'être pas moins productif que son
devancier. Outre l'achat de musiques fait par son intermédiaire, de nombreux dons de compositions dues à sa
plume sont consignés dans les *Actes capitulaires :*.

Primâ martii 1642. — Ordinatum domino magistro fabricæ
ut solvat quinque florenos domino phonasco, pro libris musicis
ab ipso emptis, authoribus domino Joanne Descamps et D.
Matthia Pottier (1).

Vigesimâ tertia junii 1642. — Comparens magister phonascus, obtulit dominis diversos libros musicos à se compositos,
cujus intuitu concesserunt illi pro dono gratuito sex libros
grossorum, ex fabricâ.

Quarta julii 1643. — Obtulit D. phonascus diversos libros
musicos a se compositos cujus intuitu domini concesserunt
illi sex libros grossorum, ex fabrica (2).

Prima julii 1644. — Comparens mr phonascus, obtulit dominis diversam musicam quam ipse anno currente composuerat,
cujus intuitu domini concesserunt illi quatuor libros grossorum, ex fabricâ.

(1) Cet ouvrage, probablement imprimé chez Phalèse à Anvers, n'est
point cité par les bibliographes.

(2) Vers cette date, Sébastien Tichon ou Tychon, « diœcesis Mechliniensis juris licentiatus, etc » prend possession de son canonicat à l'église
Saint-Martin. Nous l'avons supposé, plus haut, être un parent du maître
de chant de N.-D. du Sablon, à Bruxelles.

Le neveu du défunt *phonascus*, Jean Van Houcke, passe contrat avec le chapitre, pour la vente des compositions musicales délaissées par son oncle. Après en avoir fait dresser le catalogue, on charge le chapelain Herry de transcrire certaines messes du maître, pour le service de l'église, et on juge opportun de soumettre d'abord le copiste à une épreuve, en lui confiant la transcription d'un simple motet :

Die 26ᵃ septembris 1648. — Dominus Michael Van Houcke, capellanus hujus ecclesiæ, adduxit ad capitulum Jacobum Van Houcke, nepotem domini Joannis Van Houcke, quondam phonasci hujus ecclesiæ, ad ratificandum contractum cum dominis initum quoad venditionem musices compositæ per eumdem D. phonascum, die 14 augusti 1648, et cum productus ac alii cohæredes sint minorennes, constituit prædictus D. Michael se fidejussorem et principalem pro quota eorumdem et aliorum cohæredum sub sua signaturâ minutæ hujus actæ opposita; quo audito, domini ordinarunt Dⁿ magistro fabricæ ut numeret ei Dᵒ Michaeli summam sex librorum grossorum, de qua in præsenti contractu ad onus fabricæ.

Die 1ᵃ octobris 1650. — Consignavit D. De Carpentier ad buffetum musicam quam levavit ex domo mortuaria D. Van Houcke, cum aliquo indice desuper confecto.

Die 7ᵃ januarii 1651. — Domini ordinarunt missas compositas a magistro Joanne Van Houcke, defuncto phonasco, rescribendas esse à Domino capellano Herry, si tamen nitidè et correctè scribat, quod prius adhibito phonasco, examinandum erit ex moteto per ipsum conscripto, deputantes D. De Carpentier ad agendum super salario et referat.

Admission des choraux Jacques Herbaut (1), Gérard Desplancque, fils de Philippe, et Adrien Lepez, fils de Jean, ces deux derniers natifs de Lille et âgés de moins de

(1) Reçu au séminaire d'Ypres, le 7 février 1654.

dix ans. On songe à démissionner Josse Thumaisnil, à cause de ses infirmités, et à nommer à sa place Antoine Maes, alors « clericus diœcesis Tornacensis. » Celui-ci est non-seulement installé dans les fonctions de maître de chant, mais ordonné diacre, puis prêtre. Son prédécesseur se retire, après avoir touché, pour des services supplémentaires rendus et pour des compositions offertes, la somme de cinquante florins, prélevée sur la fabrique.

Die 16ᵃ martij 1652. — Domini, audita relatione dominorum deputatorum ad visitandum phonascum et pueros chori, resolverunt cogitandum esse de mutando phonasco, et visus fuit placere D. Antonius Maes, si tamen habeat matrem aut sororem maturam, qui ejus familiam bene possit curare.

Die xxiijᵃ martii. — Comparuit Mʳ Judocus Thumaisnil, capellanus et phonascus hujus ecclesiæ, qui causâ senii aliarumque infirmitatum quibus declarat se modo affligi, resignavit ad manus RR. dominorum officium phonasci, petens bimestrè aut trimestrè ut sibi de alia domo provideat.

Die xxiijᵃ junij 1652. — Mʳ Judocus Thumaisnil resignavit officium phonasci, quam resignationem domini acceptarunt, et admissus fuit in novum phonascum B. Antonius Maes, qui idem officium cum gratiarum actione acceptavit.

Die xixᵃ julij 1653. — Ad libellum exhibitum pro parte Mʳⁱ Judoci Thumaisnil, capellani et quondam phonasci hujus ecclesiæ, quo petit ratione servitii tam in supplendo officio phonasci præstiti et in posterum (prout promisit in dicto libello) præstandi, quam diversorum librorum musicorum ab ipso compositorum, quos ecclesiæ donando ad buffetum capituli deposuit; domini concesserunt ei summam 50 florenorum, desumendorum mediatim ex bursa fabricæ.

Voici une indication importante relative aux musiques délaissées par Jean Van Houcke, et qui témoigne de son profond savoir musical. Il était auteur, à ce que nous apprennent les *Actes capitulaires*, d'une série de compositions instrumentales munies de leur tablature et appelées *Tabulature Boucken* (Livres de tablature), acquises par le chapitre et détenues par le chanoine De Carpentier. Il est probable que ces productions se rattachent à l'introduction des instruments dans les offices musicaux célébrés à Saint-Martin.

Die x^a januarii 1654. — Commissum secretario ut inquirat a Domino canonico De Carpentier utrum habeat libros musicales [T]ablaturæ M^{ri} Johannis Van Houcke, quondam hujus ecclesiæ phonasci, modo pertinentes ad capitulum.

Die xvij^a januarii 1654. — Retulit secretarius se juxta commissionem sibi factam expetiisse à Domino De Carpentier utrum penes se haberet libros musicales D. Joannis Van Houcke, quondam phonasci, vulgò *D'ablature Boucken*, per Dominos emptos, eumque respondisse se illos habere et traditurum dum Dominis placuerit.

Admission d'Henri De Ruelle comme chapelain, malgré son ignorance en musique : il ne connaît que le plain-chant. Concession d'une bourse de séminaire à Josse Le Maistre. Réception de Jean Pameel, à titre de choral. Mort de l'ancien maître de chant, Jean Mantel (6 février 1658). Le *phonascus* actuel décline son mandat :

Die 23^a juin 1660. — Comparens D. Antonius Maes resignavit officium phonasci et declaravit, per organum domini thesaurarii, se non petere continuari, nisi sub stipendio 25 librorum gr., et 24 librorum gr., pro alimentatione singulorum puerorum. Super quo deliberatione habità, domini resolverunt acceptandum resignationem et acceptarunt, neque continuandum prout petitur.

L'enseignement de la maîtrise de Saint-Martin donne des résultats sérieux en 1665. Quatre choraux, dont le plus âgé s'appelait Pierre Bonvoisin, offrent au chapitre un volume renfermant quatre messes composées par eux. Outre quatre patacons de gratification, les dignitaires

de la cathédrale leur accordent un jour de congé, à passer
à Messines ou ailleurs :

Die xix⁰ septembris 1665. — Comparens Petrus Bonvoisin,
senior choraulus, cum tribus sequentibus choraulis, presentavit quatuor missas musicè per ipsos compositas, compactas
uno volumine. Domini eisdem ordinârunt dari quatuor pata-
cones ex fabrica, ad sese recreandum cum Domino phonasco,
feria 3ª in Meessene, vel aliter prout visum fuerit.

Le même Pierre Bonvoisin est admis, le 8 octobre
suivant, au séminaire, et, vu l'état d'indigence de ses
parents, on ordonne au maître de fabrique de pourvoir,
comme d'habitude, au nécessaire du nouveau séminariste,
et de suppléer le reste par la bourse des pauvres. Admission des choraux Louis Le Quoincte ou le Coincte,
fils d'Antoine, et de Jacques Rohart, fils de Pierre. Décès
de Josse Thumaisnil, prêtre et ci-devant maître de chapelle de Saint-Martin (20 juin 1666.) L'époque de la mue
étant arrivée pour Louis Le Quoincte, on décide de
l'envoyer au séminaire. Nicolas Demortier, basse, exhibe
un certificat du chapitre d'Arras. Baudouin Malliau, d'Armentières est admis, par concours, comme enfant de chœur.

Le chapelain Crespin présente au chapitre quinze volumes
de compositions concertantes, dues à sa plume, et munies
d'une épître dédicatoire. Appelé au poste de maître de
chant à la cathédrale de Cambrai, il demande, comme
une faveur spéciale, d'être admis à la prêtrise. L'archidiacre est chargé de lui conférer cet ordre :

Die iiijª januarij 1676. — Presentavit Dominus capellanus
Crepin opera musicalia à se composita et concertata, regesta
quindecim voluminibus cum epistola dedicatoria, cujus presentationis Domini habebunt rationem ad remunerandum.

Die xxijª februarij 1676. — Comparens D. capellanus
Crespin, declaravit se admissum esse ad officium magistri
cantûs in cathedrali Cameracensi, petens et supplicans ut

Domini eum dignentur presentare ad s. ord. presbitratûs. Domini deputant ad eum finem Dominum archidiaconum.

Le *phonascus* Antoine Maes meurt le 22 septembre 1679. Il est immédiatement remplacé par Simon Crespin, mais à titre provisoire seulement et pour le terme d'un an (1).

Die xxiij⁴ septembris 1679. — Heri obiit D. Anthonius Maes, hujus ecclesiæ capellanus et phonascus, cujus animæ Deus misereatur.

Die xxvijᵃ octob. 1679. — Admissus Mʳ Simon Crespin, presbyter capellanus hujus ecclesiæ, in phonascum in locum Domini Maes, defuncti P. M., idque ad probandum per annum, et sub conditionibus ipsi tradendis.

L'annonce de l'arrivée à Ypres de Louis XIV, éveille le zèle des chantres. On résout le 27 juillet 1680, de mander de Lille un *insignem musicum ad condecorandum musicam in adventu Regis*. Il s'agit, à n'en pas douter, d'un soliste ou virtuose célèbre, et il faut déplorer l'insouciance du scribe, à l'endroit de son nom. Choraux admis : Pierre de Baulb, d'Ypres, âgé de onze ans et demi; Antoine Crespin, de Lille, âgé de sept ans et demi ; Jacques Antoine, de Valenciennes. Serpentiste : François Bastien, à qui l'autorisation d'acheter, à Soignies, un *prœstans serpens* est accordée, pour la somme de sept livres de gros. Bassonniste : le chapelain Bennet. Deux violons concourent à l'exécution de la musique religieuse (8 novembre 1681). L'un de ces solistes se nomme Josse Godtschalck.

Admonestation donnée au maître de chant, à cause de ses nombreux défauts, *ob varios defectus*. Après mûre

(1) Sa mère décéda le 30 décembre 1674, et probablement son frère, Josse Maes, « presbyter civitatis Cortracensis, ecclesiæ cathedralis Sᵗⁱ-Martini canonicus » termina son existence le 23 avril 1676.

délibération, on décide de ne plus continuer son service.
Il n'y aura point de concours pour un nouveau *phonascus*.
Maître Loseau, ou plutôt Loyseau, est provisoirement
nommé pour gérer la maîtrise. Il s'agit ici de *magister
Joannes-Baptista Loyseau, clericus diœcesis Attrebatensis*,
lequel est admis à prendre possession de son bénéfice
à Saint-Martin, le 11 août 1685 (1). Le 7 septembre suivant, le phonascat de la même église lui est concédé :

Die vijᵃ septembris 1685. — Constitutus phonascus Mʳ
Joannes-Baptista Loseau, juxta conditiones contentas in actà
hic supra subdata diei xiiijᵃ julii 1685.

Simon Crespin fait des démarches pour rentrer dans
ses fonctions de maître de chant. Comme étude de mœurs,
nous laissons suivre l'humble supplique qu'il adresse aux
dignitaires du chapitre, et dont le résultat lui est favorable :

TENOR LIBELLI PRESENTATI PER D. SIMONEM CRESPIN.

Quà potest humilitate et reverentià se representat Dominis
Simon Crespin, capellanus ecclesiæ cathedralis Iprensis, necnon phonascus collegiatæ Casletensis Sancti Petri, ad phonas-
catum modo vacantem, sub promissione muneris phonascatùs
debitè et honorificè fungendi, ita ut, si non maior omni excep-
tione, saltem omnibus equalis in administrando officio suo fu-
turus sit, jam enim maximè trahet affectùs ardor ad centrum,
in quo fuit educatus et instructus a pueritia sua, et si
forte propter aliqua delicta suo tempore fuerit dedignatus,
novo zelo et effectu, defectus supplere conabitur, qui ex
omni parte sorori suæ attribuendæ sint, ex eo quod illi
commissi fuerint inscio supplicante, ad desuper subinde
motæ fuerint quærelæ quædam circà frequentem excursum
supplicantis, qui fortè causa fuit, quo minus chorauli fuerint

_____

(1) Il fut admis au sousdiaconat le 17 novembre 1685, et au diaconat le
16 mars 1686.

debitè instructi : illud ipsum numquam contigit nisi prævia
facultate Reverendi Domini Decani ; et cùm modo negotia
supplicantis cessent, idcirco non dabitur amplius occasio
excurrendi, ita ut in posterum major assiduitas erit in
docendis choraulis, de fungendo debitè officio phonascatûs,
in quem finem præsentat se admittere aliquem in subsi-
dium, sub beneplacito superiorum, suis expensis, mediante
onere docendi choraulos methodum benè modulandi.

Quapropter obnixè rogat quatenùs prædicti Reverendi Domini
dignentur supplicantem reassumere in phonascum, rogans
se excusari, si in aliquibus deliquerit, promittens sese emen-
daturum et in omnibus provisurum, quod sperans manebit.
Erat subsignatum : Simon Crespin.

> Factà collatione, concordat cum
> hoc originali exhibito infra, die vj
> martii 1688, quod testor M. De
> Cerf, secretarius (1).

La réélection de Simon Crespin a lieu le 6 mars 1688.
Trois des principaux chantres en prennent ombrage et se
proposent de renoncer à leur mandat. Ce sont : Loyseau,
Lestiennes et Cutius. Loyseau va jusqu'à demander son
certificat de moralité et de capacité.

Die vj^a martij 1688. — Domini procedentes ad electionem
novi phonasci, elegerunt a pluralitate vocum D. Simonem
Crepin, sub conditionibus libello ejus contentis, et sub solito
modo resignandi officium singulis pro festis sancti Joannis-
Baptiste, et salvo bono testimonio.

Ad instantiam D. Joannis-Baptistæ Loyseau, datum testimonium eumdem esse presbytrum et capellanum hujus ecclesiæ
circiter à tribus, et in ea qualitate et etiam in qualitate

---

(1) *Acta capitularia ecclesiæ S^{ti}-Martini Yprensis*, t. xv, f' 16 v°
et 17.

phonasci serviisse cum diligentia, et probi et honesti se gessisse, dictumque officium phonasci ultroneè et voluntariè resignasse. Hàc 24ᵃ aprilis 1688, M. De Cerf, secretarius.

Le tout s'arrange à l'amiable, il faut le croire, car Jean-Baptiste Loyseau est appelé, le 18 octobre 1690, à prendre possession de la chapellenie de la Sᵗᵉ-Trinité, fondée par l'écolâtre Cauweel.

La carrière de Crespin, comme *phonascus,* est très-courte. Il dédie au chapitre de la musique de sa composition ; il écrit à Cambrai, pour mander le vicaire Potdevin, et à Douai, pour mander le vicaire De Ruelles, afin de lui permettre d'expérimenter leurs voix, avant de les recevoir comme chantres au chœur ; il agrée le choral Pierre-Antoine Prunier, de Châtelet. Menacé de démission, il parvient à parer le coup qui va l'atteindre. Enfin, il se voit obligé de résigner ses fonctions :

Die xviijᵃ aprilis 1693. — Comparens D. Simon Crespin, resignavit officium phonasci, paratus tamen servire ad mensem aut alterum, ut interea Reverendi Domini provideant sibi de alio phonasço.

On ne procèdera pas à l'élection d'un nouveau directeur de la maîtrise, par voie de concours. On le choisira dans le giron du chœur, *è gremio chori.* C'est Jacques Cutius, prêtre et chapelain de Saint-Martin, qui a la préférence. A peine est-il installé, qu'une mort imprévue vient le frapper, le 18 mai 1693 :

Die xxiiijᵃ aprilis 1693, horà 3ᵃ pomeridianà. — Habita denuò deliberatione super electione novi phonasci, elegerunt D. Jacobum Cutium, presbyterum et capellanum hujus ecclesiæ, in phonascum.

Die xxiijᵃ maij 1693. — Hic notatur quod D. Jacobus Cutius, presbyter et capellanus, nuper electus in phonascum, obierit die 18 hujus, cujus animæ Deus misereatur.

Le chapitre de Saint-Martin a-t-il plus de chance avec le nouveau titulaire, François Heuré, élu le 23 juin 1693? Pourvu de la chapellenie de Saint-Antoine, fondée par Antoine Van Langermeersch, promu au sous-diaconat, il ne parvient à se faire confirmer de mois en mois dans sa charge, qu'à titre de simple encouragement, et, après cinq ans de gestion, il se voit forcé de résigner son mandat. Son élection, l'achat de musiques fait par lui, ainsi que le certificat qu'il obtient de ses supérieurs, sont consignés, de la façon suivante, dans les registres dont nous nous occupons :

Die xxiij^a junij 1693. — Domini, habità deliberatione super electione novi phonasci, elegerunt Magistrum Franciscum Heuret.

Die xxvj^a martii 1695. — Domini permittunt ut emantur opera musicalia hic ad mensam posita, cum adhuc aliis duobus operibus, ascendentia simùl ad 23 aut circiter florenos.

Concessum testimonium M° Francisco Huré, tenoris sequentis :

« Decano et capitulum ecclesiæ cathedralis Iprensis, notum facimus per presentes magistrum Franciscum Huré bonum esse musicum et in ecclesià nostra per quinquennium fuisse phonascum, in initio phonascatûs se benè gessit, postmodum non ità ... »

Par lettres patentes du 26 septembre 1698, maître Simon Crespin, prêtre du diocèse de Tournai, est admis à la possession de la chapellenie de Saint-Pierre, fondée par le chanoine Cauweel et vacante par la résignation de Philippe-François Beccart. Élection, le 4 octobre 1698, d'un *phonascus* du diocèse de Cambrai, lequel, au bout de quatre mois, est invité, par défaut d'économie dans l'entretien des enfants de chœur, à se pourvoir ailleurs endéans les quatre semaines. Son prénom n'est pas même consigné dans les *Actes capitulaires*, qui se bornent à ce simple enregistrement :

Die iiij octobris 1698. — Domini elegerunt in phonascum magistrum Tirache, clericum diœcesis Cameracensis.

En désespoir de cause, on a recours au savant musicien Ghislain Doré, maître de chapelle à Arras, pour le prier de désigner un ecclésiastique, aussi probe qu'instruit, capable de diriger la maîtrise. L'issue de cette mission nous est inconnue; mais nous savons, ce qui n'est point à dédaigner pour l'histoire, que le grand compositeur, dont, soit dit en passant, aucun biographe ni bibliographe ne dit mot, fit don aux dignitaires de Saint-Martin d'un ouvrage renfermant un *Te Deum*, dédié au Roi et destiné à être chanté par quatre chœurs. L'impression en eut lieu à Anvers :

Die xxviij^a februarii 1699. — Domini resolverunt scribendum ad D. Dorez, phonascum Attrebatensem, utrum non sciat aliquem, expertum in arte musices sacerdotem, moribus et vita probum, ut possit servire ut phonascus.

Die iiij^a aprilis. — Misit hùc Mr Gislenus Doré, phonascus Attrebatensis, opus musicum a se compositum, continens hymnum *Te Deum Laudamus*, et à se dedicatum Regi, pro obtenta pace, impressum Antverpiæ in sedecim partibus, ad canendum per quatuor choros. Domini ordinarunt ipsi agi gratias et dari illi aliquod donum, uti novum breviarium vel quid simile, per Dominum cantorem.

Admission de Philippe De Senau, en qualité de cornettiste. Maître Crispien Wallewyn est cité, depuis le mois de mai 1699, comme *phonascus*, sous la formule habituelle de nomination. Il est démissionné le 7 juillet. Son certificat atteste qu'il est très-habile dans la science musicale, *quod valdè bene peritus sit in scientià musices.* On se propose d'écrire au prêtre De Tillemont, qui s'est présenté récemment. Entretemps, Crespin dirige la musique au chœur. Trois candidats s'offrent le 18 juillet. Le chantre déclare préférer maître Werry, de Lille, *In-*

sulensis. Le 13 février 1700, le *phonascus* reçoit une réprimande, au sujet de ses irrégularités de service. Il croit devoir renoncer à ses fonctions. C'est encore Crespin qui fait l'intérim. Peu avant, il s'est concilié les bonnes grâces du chapitre, par un nouveau don de musique. Pour des raisons non mentionnées, il demande et obtient son certificat comme chapelain et comme *phonascus.* La difficulté, qui motive son départ, est levée.

Le 25 juillet, on donne douze florins au maître de chant de la collégiale de Courtrai, qui a offert des services au chapitre. On s'est informé, à Leuze, de la probité et de la capacité de Jean Bearez, prêtre, jadis *phonascus* en cette localité, et, les renseignements ayant été favorables, on s'accorde, le 27 juillet, à le nommer en la même qualité à Saint-Martin. Peu après, Jean-Joseph Parmentier, fils de Gabriel, originaire de Tournai, est reçu comme choral. Il n'a que huit ans. Le nouveau maître de chapelle ne tarde pas à donner des preuves pratiques de sa science musicale, en offrant à ses supérieurs diverses œuvres musicales, composées par lui depuis son séjour à Ypres, et qu'on s'empresse de mettre au répertoire de l'église.

Die xxiij[a] julii 1701. — Comparens D. Bearez, phonascus, obtulit Dominis diversa opera musicalia per eum hic Ipris composita, Domini ea acceptarunt cum gratiarum actione, ut serviant ad usum fabricæ pro choro hujus ecclesiæ, donantque illi quinquaginta florenos ex bursà fabricæ.

Beharez, c'est l'orthographe qui prévaut dans la suite, renouvelle ce don plusieurs fois, et notamment le 26 septembre 1705 et le 24 septembre 1706. A cette dernière date, il est fait mention de ses travaux effectués pour la composition d'un livre de graduels, à l'usage des sopranistes.

Die xxvj[a] septembris 1705. — Concessæ sex libræ grossorum

ex fabricâ phonasco in mercedem musicæ ab ipso compositæ
ab anno 1700, quam musicam obtulit Dominis de capitulo.

Die xxiiij^a 7^{bris} 1707. — Data libra magna ex fabricâ phonasco, pro labore præstito in componendo libro ad decantanda
gradualia pro choraulis.

Jean Beharez meurt le 21 septembre 1708, et est ense-
veli, le même jour, dans l'*ambitu*. C'est le chapelain Vincent
qui le remplace provisoirement. Le 20 octobre suivant,
un clerc du diocèse de Tournai, Lambert Taviers, présente ses certificats. On le retient pendant quelque temps,
pour lui permettre de composer, à titre d'épreuve, dans
la maison du chantre, et de chanter de même au chœur.
Il échoue, puisque, le 27 octobre, on croit devoir agréer,
pour maître de chant, Jean-François Brocquez, prêtre, ayant
servi en la même qualité dans la collégiale de Soignies.
On ne tarde point à revenir sur cette décision, car, le 1er
février 1709, le phonascat étant de nouveau devenu vacant,
on nomme à ces fonctions Lambert Taviers, cité plus haut.

12 septembre 1711. — Le chapelain Leblon copie la
musique de Beharez.

7 octobre 1713. — Le *phonascus* est démissionné. Le
chapelain Liégois lui succède. Il est appelé « Petrus-
Josephus Liégois, p̄br diœcesis Tornacensis. » Et Lambert
Taviers , par la même occasion, est nommé « clericus
diœcesis Namurcensis. » Liégois demande, le 16 mai 1715,
la permission d'aller à Vlamertinghe, pour y vénérer
saint Job (comme patron des musiciens?) avec les enfants
chœur. Il copie les « responsoria et alia concernentia
cantum choraulorum. »

On autorise le chanoine Cocle à faire placer une pierre
tumulaire sur la tombe de Beharez, qualifié de maître
de chant illustre :

Die 16^a maii 1716. — Permittitur R. D. Cocle, ut suis
expensis ponat lapidem sepulcralem Domino Beharez, olim
phonasco celebri, in ambitu sepulto.

Mort subite de Liégois. Sa place est mise au concours. On achète sa musique. Le futur maître de chant sera chargé d'inventorier les productions des quatre derniers *phonasci*.

Die 13ª octobris 1716. — Domini extraordinariè convenerunt, ratione mortis D. Petri Josephi Le Liégois, Insulensis, presbiteri hujus ecclesiæ cathedralis et phonasci, quem mors prematura abripuit heri horâ nonâ vespertinâ, cujus animæ Deus misereatur.

Die 14ª novembris. — Domini deputant RR. DD. De Schodt, Matheuwe et Cocle, ut intersint concursui pro phonascatu qui habebitur jª decembris, in domo R. D. cantoris, et ut probent et seligant expertissimum.

Die 28ª novembris. — Datæ duodecim libræ grossorum pro musicâ R. D. Petri Le Liégois, ultimi phonasci, partim ex fabrica, partim ex foraneitate.

Domini ordinarunt fieri inventarium omnium missarum, mottettorum et cæterarum musicarum oblaturum Dominis de capitulo, per Dominos phonascos Hurez, Terache, Beharez, Taviers et Le Liégois, et dictum inventarium communicari phonasco futuro, ut earumdem musicarum habeat curam, ne, aliis accommodando, pereant.

Après une épreuve défavorable d'un maître de chant de Cassel, Jacques-Gabriel Fourquier est appelé à la direction de la maîtrise :

Die 2ª decembris 1716. — Domini audita compositione phonasci Casletensis, remiserunt electionem novi phonasci ad aliud tempus.

Die 5ª decembris. — Domini admittunt in phonascum magistrum Jacobum [Gabrielem] Fourquier, sub illa conditione, ut cum choraulis doceat dabones et musicam et cantum gregorianum, et non det per hebdomadam diem veniæ, nisi diem Jovis, statutum a capitulo, et nullæ sint per annum vacantiæ, ut melius pueri doceantur.

Il est enjoint à deux chapelains et à un vicaire d'apprendre le contrepoint :

Die 23ᵃ januarij 1717. — Ordinatum est DD. Capellanis Vandevivre, Devriendt et Joanni Kackelaer, vicario, ut addiscant contrapunctum, ut quamprimùm possint illud canere in choro prima fronte, ne chorus sensìm sine sensu subjectis ad hunc cantum capacibus, destituatur.

17 juillet. — Le chapelain Thomas remplace, pour la contrebasse, le chapelain Leblon, absent. Offre de messes au chapitre par le nouveau *phonascus*. Mort de François Huré et de Lambert Taviers :

Die 15ᵃ januarij 1718. — Domini acceptant missas musicales quas presentavit D. phonascus et ordinant solvi expensas.

Die 13ᵃ septembris. — D. Franciscus Huré, Insulensis, capellanus-diaconus cathedralis Iprensis morinensis, quondam dictæ cathedralis phonascus, dein Audomaropoli, munitus octavà hujus sᵗᵒ-viatico et undecimà munitus sᵗᵒ-oleo, tandem 13 septembris, horà circiter quintà matutinà, defunctus.

Die 21ᵃ februarii 1721. — Domini convenerunt, ratione mortis Domini Taviers, hujus cathedralis capellani, heri circa nonam vespertinam defuncti.

11 mars 1730. — Simon Laurier, serpentiste ; 20 août 1735. — Achat d'un basson à Bruxelles.

10 novembre 1738. — Jacques-Gabriel Fourquier se démet de ses fonctions de maître de chant.

31 décembre. — Deux louis d'or sont donnés à Laurent Gollaert, musicien, qui, pendant huit jours, est venu *composer* et *élaborer* la matière destinée aux concurrents pour le phonascat.

24 janvier 1739. — Le concours achevé, on élit *phonascus* Lambert Menage, chapelain de Sᵗ-Martin.

31 janvier. — Le nouveau maître de chant étant un *fidicinus* très-habile, joue, dans toute solennité musicale,

la basse, « ut ne quid splendori musices desit. » Il est remplacé, pendant ce temps, comme directeur, par Capelle.

15 octobre 1740. — On achète à Bruxelles un hautbois. 20 mars 1752. — Acquisition d'une *fistula*. 5 janvier 1754. — Le vicaire Laurier joue du *bassolus* (basson?). 19 avril 1755. — Confection à Lille d'un nouveau serpent, à raison de quatorze couronnes.

11 juin 1757. — Le vicaire Balain reçoit quatorze sous *cambiales*, pour transcrire un motet composé par D. Jossart, et un *Te Deum* d'un autre.

7 février 1760. — Le *phonascus*, souvent reprimandé pour ses dettes, est démissionné maintenant pour sa négligence. On ouvrira un concours pour son successeur.

10 mai. — Jean Van Hecke, jadis choral de St-Martin, et clerc du diocèse de Bruges, demande que, vu l'impossibilité qu'il y a pour lui de se rendre le 7 juin au concours, à cause d'offices solennels qui se font, ce jour-là, dans le chœur d'Aires « in choro Aeriensi, » où il a été admis seulement depuis quelques années, on veuille bien permettre, la semaine prochaine, l'exécution d'une messe de sa composition, et lui assigner la matière pour l'épreuve à subir.

31 mai. — Le maître de chant de l'église de St-Pierre à Cassel se présente au concours, et demande un thème de composition à traiter.

7 juin. — Même offre de la part de Me Jean-Joseph Delferière, clerc du diocèse de Cambrai. On lui donne une composition à faire.

21 juin. — Admission, comme *phonascus*, de Jean-Baptiste Van Hecke, clerc du diocèse de Bruges. Frais de route donnés à Delférière.

3 avril 1762. — Antoine Vanden Eynde, prêtre chapelain et organiste du chœur, expose qu'il a enseigné par charité Omer Walwein, jeune yprois, dans le but de lui faire obtenir la survivance de ses fonctions, quand l'élève serait

jugé entièrement capable, *planè capax*, de les remplir, ce qui lui est accordé.

23 juin 1762. — Jean-Baptiste Van Hecke exhibe un catalogue de musique composée en grande partie par lui, et qu'il cède à la fabrique.

On convient avec Menage du prix des musiques à acheter de lui, lequel prix ne peut dépasser dix livres gros. Marché ratifié pour cinquante florins.

23 juin 1763. — Offrande de compositions faite par Van Hecke. Il étudie la théologie, et bientôt il obtient les ordres mineurs.

23 juin 1765. — Nouvelle offre de musique par lui.

Un nouveau réglement est élaboré et soumis à la connaissance du maître de chant.

Die 11ᵃ septembris 1765. — Domini extraordinarie convocati approbarunt regulas quas domini supra deputati [R. D. decanus, cantor, scholasticus, Delvaux et Goethals] proposuerunt pro directione scholæ phonascalis.

Deinde vocatus est et comparuit phonascus, qui dictas regulas sibi prælectas recepit et iisdem se submisit; erant autem tenoris sequentis:

Regulamentum pro schola phonascali.

1. — Tenebuntur chorauli quotidiè mediâ horâ surgere ante officium duplex vel semiduplex, et statim recitare preces matutinas, presente phonasco; quibus finitis, bini et bini modestè procedent ad ecclesiam.

2. — In simplicibus et ferialibus surgent horâ sextâ, et, finitis precibus, venient ad sacristiam, ut inserviant sacris RR. DD. et suppositorum chori.

3. Chorauli qui, finitis matutinis, non inserviunt sacris, modestè se gerant, nec vagentur in ecclesia vel sacristia.

4. — Post sacrum septimæ, redibunt domum et jentabunt, et, post jentaculum, exercebuntur per phonascum in recitandis versiculis, martyrologio, graduali, responsoriis,

etc. Finito cantu, docebit ipse phonascus juniores choraulos legere, præsertim latinè.

5. — Quadrante ante officium primæ, item **vesperarum** et laudem vespertinarum, aderunt dabones, qui, subsequentibus choraulis et phonasco, suo ordine incedent ad ecclesiam.

6. — Post officium, phonascus tenebitur docere omnem cantum choraulos et dabones dociles, usque ad prandium, sine intermissione.

7. — Medio secundæ, presente phonasco, vacabunt prævidendis iis quæ observanda sunt in vesperis et completorio.

8. — Post vesperas, chorauli cum dabonibus, comitante phonasco, se recipient ad scholam phonascalem, ubi, per magistratum scholæ litterariæ, docebuntur litteras, catechismum et rudimenta linguæ latinæ, usque ad quintam, et, immediatè ante laudes, cantabunt litanias B. M. V., præsente phonasco.

9. — Post laudes vespertinas, vacabunt seniores chorauli, præsente phonasco, exercitio cantandi lectiones, responsoria et versiculos matutini diei sequentis; juniores vero docebuntur legere latinè.

10. — Medio septimæ, recitabunt, coram phonasco, preces vespertinas, deindè cœnabunt, et, horâ consuetâ, in silentio recipient se ad lectum, advigilante phonasco, ne quis insolentias vel petulantias exerceat.

11. — Curabit phonascus ut pueri chori non ludant cum extraneis.

12. — Item, ut non intrent caveam bibalem.

13. — Nec exeant portâ claustri, sine veniâ.

14. Curet insuper phonascus ut pueri debitas reverentias faciant, in ingressu et egressu chori, et raro permittat excursiones.

15. — Item, ut immediate ante mensam, vel sub initio mensæ, fiat lectura spiritualis ex libro cui titulus: *Onderwijs der Jeught, door Gobinet,* vel ex alio quondam libro pio.

Puncta quædam per capitulum præscripta Domino phonasco.

1. — Domini de capitulo præcipiunt et mandaut ut pho-

nascus ad amussim observet et observari curet agendorum regulam præscriptam choraulis.

2. — Se non det hebdomadam diem veniæ, nisi diem Jovis, ut præscribitur 5ª decembris 1716.

3. — Domini interdicunt ingressum omnium domorum in quibus venditur potus, tam in civitate quàm extrà civitatem.

4. — Neminem doceat musicam nisi pueros chori.

5. — Non assistat cum pueris chori ullis officiis quæ peragantur in aliis eccleisiis, sine veniâ capituli.

6. — Exhibeat specificationem debitorum suorum, intra quindenam.

27 juin 1767. — Démission du *phonascus*. Publication d'un concours. Mᵉ Jacques-Alexandre Balain, chapelain, fait l'intérim. J.-B. Van Hecke devient vicaire musical.

29 août. — Le doyen, le chantre et Charles Walwein assignent aux concurrents la matière de l'épreuve à subir.

26 septembre. — Un musicien de Soignies, nommé laconiquement Bel, s'excuse de ne pouvoir concourir, parce qu'il aspire au grand vicariat vacant à Cambrai. On décide de publier dans les gazettes la vacation du phonascat.

29 octobre. — Quatre couronnes concédées pour le voyage de N. Lechat, prêtre et musicien liégeois, se présentant au concours.

16 janvier 1768. — Nomination de Mᵉ Alphonse-Joseph Duprez, « nervius, diœcesis Cameracensis presbiter, et phonascus ecclesiæ collegialis Bethuniensis. » Van Hecke dresse le catalogue de la musique.

9 octobre. — Vicaire musicien, Mᵉ N. Druard, de Mons, clerc du diocèse de Cambrai.

Omer Walwein, aspirant-organiste, dédie au chapitre des sonates récemment gravées. Jusqu'ici, aucun exemplaire de ces compositions n'a été vu nulle part.

Die 12ª novembris 1768. — Audomarus Walwein, organista secundarius, exhibuit quasdam sonatas primordiales suæ compositionis, quas per epistolam capitulo dedicatas DD.

gratiosè acceptarunt, resolventes eidem gratificare per collectam, ad quam singuli Dominorum conferent pro libitu.

Die 11ᵃ februarii 1769. — Comparens Audomarus Walwein, organista secundarius, exhibuit tria exemplaria sonatarum recenter typis mandatarum, quas à se capitulo dedicatas, die 12 novembris ultimi, manuscriptas dumtaxat præsentaverat et exhibuerat.

Henri Mathey, bassonniste.

12 octobre 1769. — Admission, en qualité de vicaire-musicien, de Mᵉ Albert-Joseph Rahou, clerc cambrésien, lequel joue élégamment « qui eleganter ludit » de divers instruments.

9 juin 1770. — Omer Walwein est nommé organiste, en remplacement de Vanden Eynde, qui s'est spontanément démis de son emploi.

Le chapitre souscrit aux *Lamentations de Jérémie*, à troix voix, publiées par le maître de chant de la cathédrale de Tournai :

2 novembre 1771. — Ad litteras D. phonasci cathedralis Tornacensis, exponentis se *Lectiones tenebrarum pro hebdomada sancta seu Lamentationes Jeremiæ* eleganter musicè composuisse tribus vocibus, eo successu ut à plerisque publico prælo dignæ reperiantur, et propterea petentis an DD. velint subscribere pro uno earumdem exemplari impresso, pretio sex coronatorum monetæ gallicæ, DD. subscribunt.

17 mai 1777. — Quatre couronnes à Étienne Pesse, serpentiste, pour la copie de six messes en musique « pro sex missis ab eo manuscriptis in musica. »

19 octobre 1778. — Mort de Mᵉ Alphonse-Joseph Dupret, chapelain et maître de chant.

19 décembre. — On achète pour quinze couronnes, après expertise, la musique trouvée dans la mortuaire, et composée, à ce que l'on dit, *ut fertur,* par le défunt *phonascus.*

1ᵉʳ mai 1779. — On élit *ad probam,* comme *phonascus,*

M⁰ Arnold-Joseph Pieman, prêtre de Soignies. Sa nomination définitive a lieu le 3 juillet suivant. Offre de mottets
par le vicaire Balasse.

14 août. — Ad libellum supplicem vicarii Balasse, offerentis
motetum cum symphonià à se compositum ex psalmo 84;
item, *Magnificat*, cum instrumentis ; D. D. acceptant et
concedunt pro gratificatione ludovicum aureum.

28 octobre 1782. — Arnold-Joseph Pieman, *phonascus*,
étant devenu *stipendiarius musicus* de la cathédrale de
Tournai, avec l'espoir d'un meilleur avenir, se démet
de sa charge.

2 novembre. — M. Larcin, prêtre de Soignies, se présente pour le phonascat. Pieman demande une gratification,
ou « refusionem earum quæ expendit pro aliquibus novis
opusculis musices, in inventario descriptis. » Concession
de soixante florins.

16 novembre. — J.-B. Van Hecke, *phonascus* de Furnes,
s'étant présenté au chapitre, n'est point admis à cause
de sa qualité de laïc.

30 novembre. — Même refus pour F.-J. Schorn, musicien
de la cathédrale de Tournai. Présentation d'un maître de
chant brugeois.

21 décembre — Nomination de Louis De Bey, prêtre
de Lille, et actuellement *phonascus* de Cambrai.

27 Janvier 1783. — Sa démission a lieu.

1ᵉʳ février. — Nicolas-Joseph-Théodore Larcin, prêtre
de Soignies, est élu. Introduction du clavecin dans l'enseignement des choraux (1) :

3ᵃ maii. — Ad libellum supplicem Domini phonasci ex-

---

(1) L'introduction successive de divers instruments, soit pour l'enseignement soit pour l'accompagnement du chant d'église, jusqu'à
l'adoption définitive du clavecin qui les résume tous, n'est point inutile
à constater, au point de vue de la future organographie des Pays-Bas.

ponentis quod multum conferret ad profectum choraulorum, in compositione musices, si DD. dignarentur ipsis providere de magistro qui doceret ipsos tactum clavicimbali; DD. rem examinabunt.

14 februarii 1784. — Permiserunt ut duo seniores chorauli discant lusum seu tactum clavicimbali.

22 mai 1790. — André-Joseph Wéry, de Maubeuge, admis comme serpentiste au jubé, *in odeo*.

14 mai 1791. — Mᵉ Pierre-Josse-Côme de Lessue, prêtre d'Hazebrouck, reçu comme chantre et comme serpentiste.

29 novembre 1794. — Le *phonascus* se plaint de n'être point payé. Il reçoit deux mois de gages, et est substitué au maître d'école, pour l'instruction littéraire et religieuse des enfants.

17 octobre 1795. — Pierre-Josse-Côme de Lessue est arrêté à Ypres. Certificat de bonne conduite à lui délivré par le chapitre.

23 juin 1797. — Dernière mention de Nicolas Larcin, *phonascus*, et de la fête de sainte Cécile, célébrée presque sans interruption, de temps immémorial.

Telle est, pendant l'espace de plus de deux siècles, la série de maîtres de chant de la cathédrale de Saint-Martin à Ypres. Ils méritaient cette mention succinte, par la haute position qu'ils ont occupée dans l'enseignement d'un art difficile et compliqué. La constatation minutieuse de leur arrivée et de leur départ facilitera singulièrement la biographie de ceux que leur mérite éminent appellera à remplir, dans les annales de la musique, une place honorable et digne.

Comparativement parlant, les organistes de Saint-Martin ont laissé plus de traces de leur activité artistique. La raison en est qu'ils cumulaient avec leurs fonctions à l'église, un autre emploi à l'hôtel-de-ville, à savoir, celui de carillonneurs. Cet emploi toutefois n'a été créé que

tardivement, parce que la ville d'Ypres, bien arriérée
en cela avec tant d'autres villes flamandes de moindre
importance, n'a possédé un carillon à clavier que vers le
commencement du xviie siècle.

Elle eut d'abord, comme partout, un simple accord
de cloches chargé d'annoncer la sonnerie de l'heure :
voorslag. Le magistrat s'adressa, en 1547, à Henri Van
Breda, horloger à Louvain, pour l'acquisition d'un cylindre,
speelwiele, et de tous les engins y relatifs, s'élevant à la
somme de 1520 florins carolus, non compris les pourboires, les frais de transport, de douane, etc. Un fondeur
de cloches de Louvain et un autre de Douai, chargés
de l'expertise du nouvel instrument, ayant dressé un rapport favorable sur le tout, Henri Van Breda reçut, en
guise de présent, le *keerlaken* d'usage, ainsi qu'une décoration commémorative, consistant en un Y d'argent ciselé :

Meester Heindryc Van Breda, oorlogemakere wonende te
Luevene, voor 't maken ende leveren metten speelwiele ende
datter toedient, volghende zekeren contracte met hem ghemaect ende ghelevert in de Scale te Luevene, tot achte
duusent orlogewercx, te vij s. par. 't pondt, ende dertien
hondert drie en tseventich ponden ghelyc werck, te iij s.
vj den. 't pondt, belopende ter somme van vichtien hondert
ende twyntich karolus guldenen, te xl s. par. 't stick,
ende een blancke, daeraf betaelt, te Sint Jansmesse xve zeven
en veertich lestleden, twee hondert ende twintich karolus
guldenen, ende de reste, bedraghende der'ien hondert
karolus guldenen, te betalene, te weten : twee hondert
karolus guldenen vanden vorscreven Sint Jansmesse xve
zeven en veertich, in eenen jare daernaer volghende, ende
alzo voort van jare te jare, t'elcken Sint Jansmesse, twee
hondert karolus guldenen totter vuller betalynghe ; dus hier
over 't vorscreven payment ghevallen Sint Jansmesse mids-
zomers xve zeven en veertich, by quytancien iiijᵉ xl lib.

Van costen vander voorscreven oorloge te weghen xxxviij s. ;

van 't scipe te doene xlviij s.; van vrechte tot Andwerpen
ter scipen, ende van daer tot hier binnen deser stede xxxvj £
vj s vj den.; van tolen up de hent xx £ viij s.; van zes
rynghen yserdraet x £ xvj s ; int festoyeren te Lueven
van meester Jacop Van Provyn ende Joris De Bruaiere die
borghen zyn voor dese stede xxiiij £; van achte motalen
pylaeren up 't orloge xxiij £ ij s.; voor de costen vanden
voorscreven meester Heindryc van Lueven tot Ypre vj £
par.; den zelven meester Heindryc, voor vyf ellen zwart
laken van een Andries, hem byder wet ghesconcken t'eenen
kerlakene xx £; zyn cnape, te dryncghelde iiij £; ende in't
sceeden met hem verteert by den mannen ter tresorye vij £
x s.; ende metten speyhoudere tien hanebecke iij £ v s.

Van costen ghedaen metten clocghietre van Mechelen, in't
visenteren vanden accorde, in den Noble viij £; in den Hoorne,
metten zelven by eenighe vander wet ende de mannen der
tresorye, omme t'accort ghebetert thebben vj £ x s.; den
clocghietere van Douway, alhier ontboden omme t'accort te
visenteren, voor zyn voyage xj £ viij s.; ende ter costen
v £ x s. in den Horne, doe t'appointement ghemaect was
tusschen den bailliu Vander Clyte ende dese stede vi £;
ende int stellen vanden groote partien van assysen xv £.

Victor De Bruaiere, goudsmet, voor de leverynghe ende
't maken van een zelverin Y, ghesconcken meester Heindryc
Van Breda, orlogemakere wonende te Luevene iiij £ viij s. (1).

Le *voorslag* était des plus simples, des plus primitifs.
En 1575, on songea à y approprier un mécanisme qui
pût frapper un accord avant la sonnerie de la demi-
heure. A cet effet, Jean Heins, organiste, et Vaillant,
horloger, tous deux domiciliés à Ypres, reçurent du

---

(1) *Comptes de la ville d'Ypres*, du 1ᵉʳ avril 1547 au 31 mars 1548
(n. st.), fᵒˢ 16 vᵒ et 19. Les commissaires, chargés de l'examen de ce
compte, mirent, en marge des dépenses faites pour le carillon, une
note par laquelle ils exprimèrent leur désir d'être consultés à l'avenir,
au sujet de dépenses de cette importance.

magistrat la mission d'aller inspecter les carillons de Lille et de Tournai, et de conférer avec les maîtres horlogers de ces villes. Après avoir terminé leur besogne, les deux députés furent envoyés, dans le même but, à Gand, à Alost et à Malines, voyage qui leur prit douze jours. Inutile de remarquer, croyons-nous, que les cinq carillons mentionnés ont dû passer alors pour les plus remarquables du pays :

Meester Jan Heins, organiste ende Joos Vaillant, oorlogemaker, van ghereist thebbene, by laste van myn heeren voocht ende scepenen, naer Ryssele ende Dornekin, omme inspectie thebbene van den oorlogen ende voorslaghen aldaer, ende omme te communiquierene metten oorlogemakere, ten fine om binnen deser stede te makene een halfhuereslach ende 't sanghewiel te veranderen; daerinne zy vachierden elc seven daghen, te l s. p. s'daechs, compt   xxxv lib.

Mr Jan Heins, organiste ende Joos Vaillant, oorlogemakere, van ghereist thebbene, by laste van myn heeren voocht ende scepenen, naer Ghend, Alst ende Mechelen, om inspectie thebbene van den oorlogen aldaer, waerinne zy ghevaciert hebben elc xij daghen, te x s. 's daechs, compt   lx lib. (1).

Quel fut le résultat de l'examen de Jean Heins et de Josse Vaillant ? Soit manque de fonds, soit irrésolution, plusieurs années s'écoulèrent avant qu'une décision ne fût prise. Finalement, Josse Vaillant se mit à l'œuvre, au commencement de l'année 1580, et modifia le *speelwiele*, de façon à pouvoir y adapter les notes métalliques nécessaires pour les appeaux de la demi-heure :

Joos Vaillant, orlogemaker, omme t'veranderen ende repareren van den orloge staende up beelfroot deser stede, zoo wel van tmaken van een halhuerslach, als veranderen en vermaken van een speelwiel . . . . (2).

(1) *Comptes de la ville d'Ypres*, du 1er avril 1575 au 31 mars 1576 (n. st.), f°s 25 et 27.

(2) *Id.*, du 1er avril 1580 au 31 mars 1581.

Mais, qu'étaient ces grossiers appareils du *voorslag* embryonnaire, en présence des carillons à claviers manuels déjà organisés dans la plupart des autres cités de la Flandre ? Ypres ne pouvait plus longtemps rester dans cet état d'infériorité, et des modifications radicales vont s'opérer dans le système de son orchestre aërien. Déjà, en 1602, un carillonneur, étranger à la ville, André De Prys, est mandé par le magistrat, pour avoir son avis au sujet de ces changements :

Adryaen De Prys, clockspeelder, alhier gecommen ter instantie van myn heeren vocht ende scepenen, omme met hemlieden te communiquieren zeker affairen rakende 't oorlooge deser stede, over zyn voyage ende tercosten by hem ghedaen, by ordonnantie, tsamen ix lib. (1).

Ici encore, l'indécision du magistrat s'accentue, et sans doute il veut mûrement étudier le projet, avant de prendre une détermination, jusqu'à ce qu'enfin un nouvel instrument, appelé, cette fois, *clockspele,* soit établi, en 1608, dans la tour de l'hôtel-de-ville, par les soins combinés du carillonneur André De Prys et de l'horloger yprois Thierry Finet :

Andries De Prys, clockspeelder, ontboden gheweest hebbende by der ghecommitteerde ter trezorie deser stede, om alhier te maken een instrument, ten fyne te spelen accoordewys up de clocken van den beelfroode dezer stede, metgaders om diverssche clocken up elcanderen te accorderen ende te helpen hanghen, ende te stellen diverssche tumelaren met huerlieder coperdraet, al dienende om 't voornoemde clockspelen, heeft daertoe ghevachiert lxv daghen, daerinne begrepen 't commen ende keeren naer huus, te iij ₰ 's daechs, metgaders viij ₰, hem ghejont voor eene gratuiteit die hy

---

(1) *Comptes de la ville d'Ypres,* du 1ᵉʳ avril 1602 au 31 mars 1603, fᵒ 64.

verteert hade ter casselrie deser stede, bedraghende t' samen,
volghende d'ordonnantie van die vander trezorie vanden
19 april 1608, de somme van   ij^e iij lib. (1).

Les cloches, au nombre de vingt-et-une, sortaient des
ateliers de Jean Groignart et de Jean Sahuwyn ou Samyn.
Elles furent ajustées par Augustin de Saint-Aubert, carillonneur de la ville :

Maistre Thyry Fyvet, garde ende beleeder van 't ooreloge deser stede, up rekeninghe ende mynderynghe van
de clx lib., voor 't maken van diverssche soorten] van yserwercke dienende tot 't hanghen ende spelen van de nieuwe
gheghoten clocxkens, gheseit appeelen, zom gheghoten by
Jean Groignart, ende zom by Jean Sahuwyn, om te hanghen
up het beelfroot, metgaders van 't leveren van diverssche
cromme noten om 't instrument musicael, volghende zyn
billet, inhoudende ordonnantie van die vander trezorie van
der betaelynghe van diere, in daten vanden xiiij^{en} july
1607,   c lib. (2).

Augustyn de St-Obert, clockspeelder up 't beelfrood deser
stede, van ghefyseleert ende gheaccommodeert t'hebbene,
by laste van die vander trezorie, de nombre van xxj clocken
van 't vornoemde spel, metgaders daertoe ghelevert t'hebbene 't coperdraet daertoe dienende, by conventie alsvooren,   xlviij lib. (3).

N'y avait-il point jusque-là de fondeurs de cloches à
Ypres, ou bien ceux qui s'y trouvaient n'étaient-ils guère
assez habiles dans leur art pour mériter la confiance du
magistrat? En voici un pourtant, cité en 1617, à l'occasion de travaux exécutés à Furnes :

---

(1) *Comptes de la ville d'Ypres*, du 1er avril 1607 au 31 mars 1608, f° 95.
(2) *Id.*, f° 50 v°.
(3) *Id.*, du 1er avril 1608 au 31 mars 1609, f° 50 v°.

Dominicus Fiefvet, clockghieter van Yper, over de leve-
ring van metaelen rynghels'veroorbert in de bovengeschrevene
wercken,   ix lib. xij s. (1).

Le tambour du carillon d'Ypres comportait trois cents
notes, ce qui annonce un clavier d'une certaine étendue
et garni de demi-tons, *cromme noten.* Nous voilà bien
loin des consonnances uniformes dont se composait la
tablature du *voorslag* primitif :

Maistre Thyry Fyvet, oorelogemaker, van coope ende
leverynghe van iij^e noten dienende tot het speelwiel van
't ooreloge deser stede, in advenante van xl lib. p. elck hondert, by conventie met hem gemaect ter trezorie, compt
                                          cxx lib. p. (2).

Quatre clochettes supplémentaires furent fournies par
le frère du carillonneur de la ville, Philippe de Saint-
Aubert :

Philips de St-Obert, clockspeelder, over den coop ende
leverynghe van twee appeelkens dienende tot het clockspelen up 't beelfroot deser stede, weghende 't samen lj
pont, tot 32 st. 't pont ; compt   iiij^xx j lib. xij st.
De zelve, van twee andere appeelkens, ter cause alsvoren,
weghende lxiiij pont, te xxxij st. 't pont, comt c ij lib. vij st. (3).

Les travaux d'appropriation ne marchèrent point avec
la célérité voulue. Non-seulement le jeu des marteaux
correspondant aux fils de laiton du nouvel *accoorde ende
clockspele* n'allait point au gré des experts, mais il y
avait, dans les cloches mêmes, un désarroi qui n'avait
point été prévu. Thierry Fivet, l'horloger communal,

---

(1) *Comptes de la ville de Furnes,* année 1617.
(2) *Comptes de la ville d'Ypres,* du 1er avril 1607 au 31 mars 1608,
f° 39.
(3) *Id.,* du 1er avril 1608 au 31 mars 1609, f° 34.

avait fourni des fils de laiton fabriqués à Ypres. Augustin de Saint-Aubert jugea bon de s'en approvisionner à Lille :

Thyry Fivet, oorelogemaker, ten ghoeden bevynde van sulcx hem es competerende, van 't maken van de clippels ende andere yseren instrumenten dienende totten accoorde ende clockspele up het beelfroot deser stede, by vier biletten ende ordonnantie van die der trezorie, respectivelick ghedateert van den i^{rn}, viij^{en}, xxij^{en} maerty ende 5 april 1608, c lxviij lib. (1).

Augustyn de St-Obert, van ix ponden ende een vierendeel coperdraet veroorboort an het clockspel up 't beelfroot deser stede, by hem ghecocht tot Ryssel, te xiij st. 't poudt, comt xij lib. par. (2).

La grande cloche, marquant l'heure, menaçait de s'écrouler, par l'oxydation des fers de support. Plusieurs cloches, suspendues à l'intérieur du beffroi, furent placées à l'extérieur :

Thyry Fyvet, van verwrocht t'hebben 179 nieu yser ande groote clocke up 't beelfroot deser stede, wezende de ureslach clocke, de welcke ghezoncken was deur 't verteeren van den ouden yserwercke, by billette ter tresorie ghepasseert den xv^{en} septembre xvj^c seven, lxij lib. xiij st. (3).

Den zelven, van verstelt t' hebbene diverssche tumelaers ende ander yserwerck van het voornoemde clockspel, metgaders van ghehanghen t' hebben eenighe clocken buuten beelfroode die van binnen hynghen, by accoorde ter trezorie dannof ghemaeckt, iiij^{xx} xvj lib. p. (4).

Ce n'est pas tout. Le mécanisme du clavier était

(1) *Comptes de la ville d'Ypres,* du 1er avril 1603 au 51 mars 1609, f° 58.

(2) *Id.,* du 1er avril 1608 au 51 mars 1609, f° 44 v°.

(3) *Id.,* du 1er avril 1607 au 51 mars 1608, f° 69.

(4) *Id.,* du 1er avril 1608 au 51 mars 1609, f° 45 v°.

défectueux et certains timbres laissaient à désirer sous
le rapport de la justesse. A l'instigation de Charles Le
Dieu, carillonneur de Dixmude, qui avait été appelé comme
expert à côté de Jean Schorie, organiste de Saint-Martin,
le clavier fut modifié et plusieurs timbres d'un son douteux furent remplacés par d'autres, que fournit Jean Samyn :

Charles Le Dieu, clockspeelder, alhier ontboden van Dicx-
mude, omme met den zelven te communicqueren rakende
't clockspel ende 't verbeteren vande clauwieren van 't zelve
spel, ende alhier ghevachiert viij daghen,   xxvj lib. p.

Jan Samyn, clockghieter, van afghedaen t'hebben van
't beelfroot diverssche clocken, om de toonen te vermerssen
dienende totten accoorde van 't voornoemde clockspelen, en
van de zelve wederomme te beschicken up 't beelfroot, volghende zyn billet ter trezorie ghepasseert, den [en blanc]
c xlj lib. par. (1).

Pour démontrer jusqu'où allait le désordre qui régnait
dans l'organisation des travaux, constatons que le magistrat se vit obligé d'avoir recours à l'un de ses échevins,
pour faire cesser cet état de choses. Les comptes communaux, où se voient plus d'une trace de ce tohu-bohu,
comme on peut s'en convaincre à la marge inférieure
des présentes lignes, disent que l'échevin Antoine Le
Coincte grimpa au haut de la tourelle du beffroi, pour
mettre ordre dans l'imbroglio. En recourant, de prime
abord, à un organisateur de carillons de la nature de
ceux que possédaient Malines, Anvers ou Amsterdam,
le magistrat d'Ypres eût obtenu un orchestre aërien moins
coûteux et plus promptement édifié, car la construction
de celui dont il s'agit ici dura plus d'un an :

(1) *Comptes de la ville d'Ypres*, du 1er avril 1608 au 31 mars 1609,
f° 72 v°.

Anthonis Le Coincte, gheclommen up 't beelfroot, omme
oordre te stellen in 't clockspelen,   xl st. (1).

Trois maîtres horlogers furent tour à tour appelés pour
la conduite de l'horloge, à savoir : Cler Flahaut, de Lille,
Gilles Quingnon, de Courtrai, et Pierre Vander Cueren,
de Gand :

Cler Flahaut, oorelogemaker binnen Ryssel, alhier ontboden, om anne te nemen 't beleeden van 't ooreloge deser
stede,   xv lib.

Gillis Quyngnon, oorelogemaker wonende tot Cortryck,
alhier ghecommen, om anne te nemen 't beleeden van 't ooreloge deser stede, ende alhier ghevachiert vj daghen, te
40 st. sdaechs, compt   xij lib.

Pieter Vander Cuere, oorelogemaker, over zyn voyage,
alhier ghecommen van Ghent, omme an te nemen 't beleeden
van 't ooreloge deser stede,   xij lib. (2).

Le carillon d'Ypres fonctionna pour la première fois
officiellement, lors de la translation solennelle de la statue
de Notre Dame du *Tuin*, du vieil autel à l'autel consacré à sainte Anne. Il y eut, à cette occasion, dans la
chapelle dédiée à cette image miraculeuse, une messe à
grande musique, où officiait Mgr. l'évêque d'Ypres, et à
laquelle les chantres de Saint-Martin, dirigés par Jacques
Richebé, prirent part :

Den zanghmeester ende musichienen van Ste Martens, ghezonghen hebbende de messe ghecelebreert by myn heere den
biscop in de capelle van Onse Vrauwe van Thune, up den
dach van de translatie vanden beelde van Onse Vrauwe van
Thune, stede patronersse, te weten : vanden ouden oultaer

(1) *Comptes de la ville d'Ypres*, du 1er avril 1608 au 31 mars 1609,
fo 42.

(2) *Id.*,   id.,   fo 73 et 73 vo.

tot op St Anna oultaer, was daerin begrepen vanden organist, de somme van   xv lib. (1).

Jean Heins ou Heyns, organiste de Saint-Martin, et le premier organisateur du carillon d'Ypres, apparaît, dans les comptes communaux, vers 1574, pour « certains services » rendus au magistrat. Cette rétribution, répétée d'année en année, se transforme en pension véritable, lorsque le *voorslag* est devenu quelque peu mélodique. Alors surgit la formule stéréotypée, pour ainsi dire, sauf certaines variantes peu importantes :

Meester Jan Heins, organiste, over den dienste van 't instellen vanden sanck van toorloge, van eenen jaere verschenen te Paesschen xve iiij^{xx},   xxiiij lib. (2).

A la place de *instellen van den sanck,* on lit parfois *stellen van den musycq up 't speelwiel* et *regieren van 't speelwiel.* S'il fallait prendre à la lettre cette dernière expression, on pourrait en conclure qu'annuellement l'air du carillon yprois n'était point renouvelé, puisque Jean Heins se bornait, par intervalles, à surveiller l'instrument du campanile. On a vu la mission artistique dont il fut chargé, en compagnie de Josse Vaillant. Outre cela, il était messager de la ville, qui faisait un tel cas de ses services, qu'elle paya un jour une forte somme à un chirurgien, pour la guérison de blessures reçues par son homme de confiance. Jean Heins avait encore la garde de la cloche d'alarme, suspendue dans la tourelle de la halle, où une habitation lui était menagée. Sa famille hérita de cet emploi.

Son successeur dans les fonctions de gardien ou de modificateur du mécanisme du carillon, fut Jean Schoryn ou

---

(1) *Comptes de la ville d'Ypres,* du 1er avril 1608 au 31 mars 1609, f° 77.

(2) *Id.,* du 1er avril 1580 au 31 mars 1581.

Schorie, comme lui, du reste, organiste de Saint-Martin, et dont une première mention est faite dans les comptes communaux de 1608, avec les termes plus explicites de *stellen en regieren van het instrument musicael.* Quand Ypres fut en possession d'un carillon à clavier, Augustin de Saint-Aubert fut appelé pour en être le virtuose officiel, et, lors de son arrivée, une gratification de huit livres lui fut octroyée :

Augustyn de St-Aubert, clockspeelder, alhier ghecommen om 't clockspelen anne te nemen, voor eene gratuyteit,
viij lib. (1).

Nous avons déjà vu précédemment, à l'œuvre, son frère, Philippe de Saint-Aubert, habile carillonneur comme lui. Un autre frère, appelé Pierre, était venu s'établir en même temps à Ypres. Tous trois y introduisirent l'industrie, très-peu musicale, du tissage des mouchoirs de Cambrai, ville dont ils étaient très-probablement originaires :

Pierre de St-Aubert, Camerycx douckwever, voor 't lichten binnen Valenchiennes d'ordonnantie ende ceure van 't Camerycx douckweven,   xxxvj lib.
Philippe, Pierre ende Augustyn de St-Obert, Camerycx douckwevers, hemlieden gheaccordeert by voorme van leenynghe, tot advancement vande voornoemde neerynghe eerst in deze stede ghebrocht, up belofte vander restitutie 't henden ses jaeren, by twee ordonnantien,   xij^e lib. (2).

Les émoluments du carillonneur communal étaient assez respectables, à en juger par l'extrait qui suit :

Augustyn de St-Obert, anghenomen omme te wezen clock-

(1) *Comptes de la ville d'Ypres,* du 1er avril 1608 au 31 mai 1609, f° 73.
(2) *Id.,* du 1er avril 1608 au 31 mars 1609, f°s 83 v° et 86 v°.

speelder binnen dezer stede, tot vj lib. de weke, compt van xiij^en weken, beghonnende den 28 december 1608 ende hendende den 28 maerte 1609,   lxxviij lib. (1).

Traçons pourtant une ligne de démarcation très-nette entre le carillonneur proprement dit et l'organisateur de l'air adapté au tambour de l'instrument. Les premières fonctions ne réclamaient qu'une certaine adresse ; les deuxièmes exigeaient une instruction musicale plus complète, et comprenaient l'étude approfondie de la tablature des instruments à clavier. Aujourd'hui l'une et l'autre sont réunies.

Jean Schorie remplit son double emploi, au beffroi et à l'église, jusqu'en 1617, année de son départ pour Furnes, où nous le retrouverons bientôt (2). Son successeur est Rémi Collet ou Collot, nommé, dans les *Actes capitulaires*, « organista anterioris ecclesiæ. » Son contrat est daté du 31 décembre de la susdite année. Le magistrat lui accorde l'indemnisation du transport de ses meubles, une preuve que l'artiste était étranger à la ville :

Mr Remy Collet, gheadmitteert in de plaetse vanden voornoemden Schory, over drie maenden ghelyken dienst, verschenen den v^en martij 1618, ten advenante alsvooren, xviij lib.

Mr Remigius [Collet], nieu anghenomen organist van Ste Maertens kercke deser stede, ghefurniert de somme ij lib. gr., hem toegheleyt thulpe vande oncosten by hem ghedooght int transporteren van zyne meubelen, by ordonnancie vanden v^en december 1617,   xxiiij lib. (3).

_____

(1) *Comptes de la ville d'Ypres*, du 1er avril 1608 au 31 mars 1609, f° 52 v°.

(2) Le 23 mai 1620, Jean Schorie demande et obtient du chapitre de Saint-Martin un certificat de seize années de services comme organiste. Le 30 décembre 1617, lors de la résignation de son office, les dignitaires du chapitre lui accordent vingt-cinq lots de vin, pour travaux extraordinaires effectués par lui.

(3) *Id.*, du 1er avril 1618 au 31 mars 1619, f° 55 v°, et du 1er avril 1617 au 31 mars 1618, f° 118.

Vers la fin du mois de novembre 1639, Rémi Collet
meurt subitement. Son emploi est offert à Gilles Dela-
Pierre, qui l'abandonne, à son tour, en faveur de Frans
Collet, un neveu ou un fils sans doute de Rémi Collet (1).

En fait de facteurs d'orgues yprois, nous pouvons citer
Jacques Stoop, qui fut nommé, le 28 mai 1564, membre de la société de rhétorique *Alpha et Omega* (2),
et les Langhedul, dont la renommée fut européenne. Aux
renseignements qui ont été fournis sur Jean et Michel
Langhedul (3), célèbres facteurs du xvie siècle, joignons
les suivants, en attendant qu'une généalogie complète
soit dressée de cette famille :

L'origine des Langhedul est des plus honorables, et dans
la deuxième moitié du susdit siècle, un Jean Langhedul est
qualifié tour à tour de *scepene*, de *hofman* et de *notable der
stede*. Sympathique au parti des États, il fut, entre autres,
envoyé, en qualité de député d'Ypres, à la fameuse con-
vocation unitaire à Utrecht, le 23 juin 1579, et à l'assemblée des États Généraux, tenue à Anvers en 1580 (4).

_____

(1) Le carillon d'Ypres actuel, composé de trente-trois cloches, formant à peu près trois octaves, offre quelques traces de ses remaniements
anciens, particulièrement dans la collection des *appelkins*. Au nombre
des cloches de dimension plus grande, nous en distinguons des années
1544, 1667, 1677, 1683 (avec représentation de la danse macabre), et
1716. Si l'histoire gagne à cet amalgame de trois siècles, l'harmonie
ne s'en accommode guère, et il est difficile de rien entendre de plus
hétérogène que la sonorité qui se dégage d'un assemblage de timbres
où le xvie siècle coudoie le xixe.

(2) Registres d'*Alpha et Oméga*, vol. I, fo 35. — Ce même Jacques
Stoop accorde, en 1560, les petites orgues de l'église de Sainte-Walburge,
à Audenarde.

(3) *La Musique aux Pays-Bas*, t. I, p. 160.

(4) *Comptes des impôts du quartier d'Ypres*, du 1er mai 1579 au
31 avril 1580, fos 238 vo et 226. Voici comment le premier de ces
voyages est enregistré : « D'heer Jan Langhedul, scepene, van ghe-
deputeert geweest te reysen, den xxiij juny 1579, met Mr Pieter
Baelde, naer Utrecht, by de naerder geunierde provincien aldaer ver-

Deux de ses filles, *Tanneken* et *Maeiken*, sont citées à l'année 1583. Est-ce de lui dont il s'agit, dans les registres d'*Alpha et Oméga* d'Ypres, où, le 28 mai 1548, prête serment un Jean Langhedul, dit *le Jeune*, en qualité de membre de la confrérie *Getrauwe van Herten* (1)?

Nous rencontrons encore, à la date de 1583, un Michel Langhedul, fils de Michel (2). Or, rappelons-nous que le constructeur des orgues de Notre-Dame de Courtrai, en 1534, fut un Michel Langhedul (3). La désignation du père s'ajoutait parfois à un nom, pour éviter la confusion, quand deux branches d'une même famille coexistaient dans une localité. Cette désignation n'eût point nui à l'éclaircissement de la généalogie du fameux facteur d'orgues Mathieu Langhedul, dont les travaux connus datent de la fin du xvie et du commencement du xviie siècle. A coup sûr, l'homonymie est fortuite ici :

Matheeus Langhedul, doende den eedt als artillerie meester deser stede, vj kannen (wyns),   vj lib. (4).

En effet, un document des plus précieux mentionne, dès 1593, un Mateo Langhedul comme organiste à Madrid, le même très-vraisemblablement qui était facteur d'orgues de la cour de cette capitale.

Ce document, daté de 1595, n'est autre qu'un inventaire dressé par Cathenea Mola, des objets précieux donnés en cadeau par l'archiduc Albert, lors de son départ de Madrid. On y voit, outre un orgue à roues très-ingénieusement com-

---

ghadert wesende, omme met de voornoemde provincien te commen inde unie, ende heeft ghevachiert lxxviij daghen, te iij lib. par. 's daechs, compt   ijᵒ xxxiiij lib. par.

(1) Vol. i, fᵒ 27.

(2) *Comptes des impôts du quartier d'Ypres*, année 1583, fᵒ 144 vᵒ.

(3) *Annales de la société d'Émulation*, année 1868. Nous y trouvons encore, au t. ii, p. 239, 246 et 257, un Jean Langhedul.

(4) *Comptes de la ville d'Ypres*, du 1ᵉʳ avril 1607 au 31 mars 1608, fᵒ 68.

biné et dû au talent de Louis Luren, facteur allemand, deux grands clavicordes, dont l'un sortait des ateliers de Jean-Baptiste Quebon, et auxquels Mathieu Langhedul « organista en Madrid » avait adapté quelques perfectionnements indispensables. Mathieu Langhedul accompagna-t-il l'archiduc Albert aux Pays-Bas? C'est lui, sans doute, que nous allons retrouver bientôt à Bruxelles, aux gages de Son Altesse.

L'inventaire en question porte pour titre : *Las joyas y cossas de oro y plata, ornamentos, pinturas, escritorios, relojes, instrumentos de musica, libreria y otras cossas que por orden y mandado de Su Alteza a dado Catthaneo Mola, su guarda-joyas, guardarropa y ayuda de camara à Sus Magesdades y Altezas y a dado, rescivido y entregado a otras personas a quien Su A. a echo merced dellas en el mes de agosto del ano prosimo passado de mill y quinientos y nobenta y cinco, a la partida de Su Alteza de Madrid para Flandes, y otras que se an gastado y consumido en su servicio hasta la dicha a partida de las de su cargo, en el dicho su officio de la guarda-joyas, son las siguientes . . .*

Les instruments de musique dont nous avons parlé, sont ainsi spécifiés :

Un organo con mucha ymbençion y registros que se tàne con ruidas y otra de respecto que se compro de Ludovico Luren, aleman, organista, en el año de 1588.

A don Juan de Borja. Un organo que se tàne con ruida.

Itt' sele dio un clavicordio grande negro por de fuera que por el cabo que se tàne es quadrado y luego va en deminucion encorbado hasta otro cabo con tres pies de palo torneados que dio a Su A. Pablo a Fonto, y Mateo Langhedul, organista en Madrid, le hizo banco con sus pies, en el tercio postrero de 1593 y primero de 1594.

Un clavicordio grande negro.

Itt' sele dio a Cataneo Mola un clavicordio grande de dos baras de largo dorado y pintada de negro por de fuera y por de dentro de reliebe dorado y negro con sus bancos

A Cathaneo Mola. Un clavicordio grande dorado.

de lo mismo, que dio a Su A. el capitan del galeon de malaca en 8 de 8bre 1589.

A Vincente Suarez.
Un clavicordio grande verde.

Itt' sele dio un clavicordio grande con dos juegos que se compro de Juan-Bautista Quebon en 29 de agosto de 1583, y Mateo Langedul, organista, le hizo banco con sus pies, en Madrid, en el tercio postrero de 1593 y primero de 1594.

Mathieu Langhedul, nommé, à une date que nous ignorons encore, « maître d'orgues » du gouverneur-général des Pays-Bas, passe contrat, le 22 octobre 1624, pour la réparation et le renouvellement partiel des orgues de la chapelle royale à Bruxelles, moyennant la somme de huit cents florins. On verra, par le relevé ci-joint, en quoi consistait la tâche du facteur yprois :

MEMORIE VANDE NODIGHE REPARACIE DIE DER GHEDAEN MOET WEZEN ANDEN GROTEN ORGHEL ALS DEN CLEYNEN VANDE CAPPELLE VANDE S^{ma}-INFANTE, TOT BRUSSEL.

Eerst, al de pypen beyde d'orghelen moeten uutghenomen wezen ende schone ghemacht, ende elcke pypen doen spreken haren toon naturel ende wederom op nieut geaccordert.

Item, beyde de secreten van d'orghelen moeten schone ghemacht worden ende gevisitert.

Item, de tamis, soo vant groot werck als vant cleyn, moeten op een ander maniere vast ghemacht worden, metschaders dat het pypenwerck om verre valt.

Item, boven int grot werck sal gemacht worden een superoctaf, in de platse van de veltfluyt.

Item, inde mixtur sal inne gebrocht worden een pype ofte tube, om het principael wat sterker te maken.

Het trompet ende schalmey moet vernieut worden in somighe platse van touche, ende bysonder van d'accorder iscrekens, metschaders nieuwe blobckens van loot daer de trompetten anne ghevast moeten worden, ende nieuwe tamis om de selfde trompetten te hauden.

Item, an 't onderste werck sal ghemacht worden enen crommenhorne van acht voet, in de platse vande rigale.

Angande 't clavier vande pedalen, moet vernieut wezen van nieuve veren van iser.

Item, daer moet ghemacht worden enen nieuwen nachthorne, bedienende ten halfven claviere, openbaers ghestoffert met vier [ende?] met ses pyppen op elcken stocke.

Item, daer moet ghemacht wezen een nieut register ghenampt een tierce, met alle sin touebehorten.

Item, daer sal ghemacht worden een buse ofte condut, dienende tot leyden vanden wynt vant tgroot werck tot het positif, lanck wesende meer al vechtech voet, ende dat om te moghen passeren van enen blaser, waertoue sal gemaecht worden een afslutsel van den wynt ofte separatie van den eenen orghel ende van dander, om alsoo tsament te gebrucken als men wilt.

Item, het positif sal moeten ghaccordeert worden met den wynt vanden groten orghel.

Angande de stellagien, iserwerck ende tymeringhe, sal ghelevert worden ten laste vant hoof.

Alle welcke condicien sullen ghemacht ende gelevert worden voor den pris ende somme van acht hondert guldens eens, op condicie dat hy Langhedul zal dit werck van de orgel wel ende duechdelick volmaken ende volbringen, volghende dye articulen ende conditien voor kersmesse naerstcommende 1624, zonder te falieren, ende zal den zelven Langhedul op rekenynghe vande voornoemde somme van viij^e guldens ontfanghen hondert patacons, makende ij^e xl guldens. Aldus gedaen te bureele vande finantien, den 22 8^{ber} 1624.

CHARLES DE HERTOGHE,

MATEO LANGHEDUL, 1624.

L'achèvement des travaux ayant eu lieu avant le terme convenu, la fête de Noël, Mathieu Langhedul demanda et obtint, par ordonnance de l'infante Isabelle, le paiement intégral de son ouvrage, comme il conste des deux pièces qui suivent :

A Messeigneurs les chiefz, trésorier général et commis de
finances de Sa Majesté.

Remonstre humblement Mathieu Langhedul, qu'il a emprins
de réparer les grandes et petites orgues de la chappelle de
la cour et iceulx ouvraiges bien et deuement achevé devant
le Noël dernier, suivant les conditions reprinses par le contract
faict avecq luy, le 22e du mois d'octobre passé, aggréé et
ratiffié par son Altèze Sérénissime et voz seigneuries, le dernier dudict mois, apparant par copie auctenticque dudict
contract et attestation du maistre organiste de la dicte chapelle
cy-joinctes (1), et d'aultant que par ledict contract est porté
qu'il seroit payé des cincq cent soixante livres arthois pour le
parfurnissement des huict cent livres à l'achèvement dudict
ouvraige des mains d'Ambroise Van Oncle, conseillier et
recepveur-général des finances, et qu'en rapportant par luy
ledict accord originel et quictance du suppliant sur se servante,
avecq ledict certifficat, ladicte somme de huict cent livres luy
seroit passée et allouée en la dispence de ses comptes, supplie
pourtant très-humblement que voz seigneuries soient servies
d'ordonner audict recepveur-général Van Oncle, affin qu'il
ait à payer au suppliant ladicte somme restante de cinq cent-
soixante livres, en conformité de ladicte précédente ordonnance. Quoy faisant, etc.

Son Altèze Sérénissime, ayant eu rapport de ceste requète,
ensemble de l'attestation donnée par le maistre organist
de la chappelle de sa cour, Pietro Filippini, que lesdicts
ouvraiges tant des grandes orgues que petites, par le suppliant entreprins, sont deuement achevez, suivant les conditions portées par le contract en fait, le xxij d'octobre dernier,
et consécutivement aggréé, a, pour et au nom de sa Majesté,
par advis de ceux des finances, ordonné et ordonnons à
Ambroise Van Oncle, conseillier et receveur général desdictes
finances, de payer audict suppliant la somme de cincq cens

(1) Ces deux documents manquent.

soixante livres du pris de quarante gros monnoie de Flandres
la livre une fois, et ce pour le parfurnissement des huict
cens pareilles livres à luy accordez une fois pour les ouvrages susdicts, ensuitte dudict contract et par ledict receveur général rapportant ceste, et quittance sur ce servante,
sera ladicte somme de cincq cens soixante livres dudict pris
passée et alouée en la despense de ses comptes là et
ainsy qu'il appertiendra, sans difficulté. Faict à Bruxelles, le
xxxme de décembre xvj^e vingt-quatre (1).

A. Isabel.

Le talent des organistes yprois était souvent utilisé
par le magistrat, aux banquets qui suivaient le renouvellement de la loi. Ils y touchaient probablement un
orgue portatif ou un clavecin, pour accompagner le chant :

Remy Collot, organist, ghepresenteert hebbende de musycke ter tafele van myne heeren commissarissen, int vernieuwen vande wet van desen jaere, by ordonnantie met
quitantie,   xij lib. (2).

Le chant, en effet, ne faisait point défaut à ces sortes
de fêtes, et par chant nous entendons — le deuxième
des textes cités nous y autorise — des gais refrains de
tout genre, comme le comportait une véritable réunion
flamande :

Den sanckmeester deser stede, van ghesonghen thebben
in musycque met zyne chooralen, ter commissarie 1608, ter
tafele, by 2 bewysen,   xij lib.

Den zangmeester van Ste-Maertins binnen deser stede, voor
't goet debvoir by hem ende zyne choralen ghedaen, in 't

(1) Ces deux pièces, ainsi que la précédente, sont extraites du carton
n° 116 de la *Recette générale des Finances*, aux Archives générales
de l'État, à Bruxelles.

(2) *Comptes de la ville d'Ypres*, du 1er avril 1622 au 31 mars 1623,
f° 121 v°.

zynghen diverssche liedekens te bancquette vander commissarissen , in junio 1609 ,   vj lib. (1).

Ils portaient, comme marque distinctive de leur emploi officiel, une plaque blasonnée en argent, où sans
doute le monogramme yprois était gravé :

Lodewyc Pothier, zelversmet, van eenre schive van
Symoen Pypre te vermakene ,   vj s. par.
Betaelt Hectorkin Den Briene, goudsmet, vander schive
van eenen ministreul te vermakene,   v s. par.
Rolland De Kien, zelversmet, over 't leveren ende maken
van eenen vergulden zelveren teeckenen om den vyfsten
stede speelman , weghende thien onsen xv ynghelschen, te
v lib. xiiij s. d'once, compt   lxj lib. v s. (2).

Ce qu'on appelait *cleender musicke*, petite musique,
s'appliquait généralement, croyons-nous, aux ménestrels
qui jouaient d'un instrument à percussion ne nécessitant
qu'une sorte d'adresse mécanique et qu'un rhythme accentué, comme le tambour et le tambourin :

[Onser Vrauwen daghe in den Thuun], den speillieden
speilende met cleender musike, metgaders ooc eenen ministreul, hier speilende metter ministruelen van binnen,
                                      vij lib. xiij s. par.
Neghen ghesellen spelende , ten zelven thuundach, voor
thelich Sacrament ende voor Onser Vrauwen van Thuun,
ix lib. viij. st. Diversche andere van cleender musicke ,
                                      xv lib. iiij st. par. (3).

Dans ce dernier exemple, on voit que, distingués des
bas-ménétriers , les musiciens gagistes concourant à la

(1) *Comptes de la ville d'Ypres*, du 1er avril 1608 au 31 mars 1609,
fo 79, et 1er avril 1609 au 31 mars 1610, fo 72.
(2) *Id.*, années 1463 et 1577, fo 14 vo.
(3) *Id.*, années 1463 et 1551.

procession de Notre-Dame du *Tuin*, s'élevaient quelquefois au nombre de neuf ; et ce nombre était souvent dépassé, par l'adjonction de virtuoses appelés des villes voisines, voire même des villes lointaines, comme le prouve l'exemple d'un musicien venu de la Frise. Ce que nous disons ici du recours fait à des artistes étrangers à Ypres, s'applique naturellement aux carillonneurs, qui étaient aussi, on le conçoit, de la partie pour la célébration de l'*ommegang* :

Zekeren vreemden speelman alhier ghecommen, omme te speelen in de translatie van Onse Lieve Vrauwe van Thune, iiij lib.

Jehan Tripet, met twee ander speellieden van Ryssele, ghespeelt t'hebbene met musicale instrumenten, in de processie van Thuyndach, by ordonnantie up requeste van v^en augusti xvj^e vichthiene, xviij lib.

Herman Van Lissem, geboren van Groenynghe, musichien ende speelman, gespeelt hebbende in de processie vanden Thuundach 1606, met de andere speellieden voor 't heilich Sacrament, t' hulpen van de oncosten van zyn voyage, by ordonnantie, xij lib. p.

Jan Van Borre, clockspeelder van Hontschote, over zyn debvoir int spelen up tbelfoirt ten Thuyndaeghe, by ordonnantie up requeste vanden ix^en ougst 1617, vj lib. (1).

La pension octroyée par le magistrat à chaque ménestrel, s'élevait à douze livres gros, ce qui faisait, pour les quatre gagistes, la somme de cinq cent soixante-quinze livres parisis :

Hans Jolyt, Michel Zeghers, François Capelle ende Eloy Boddaert, spelieden, over elck een jaer pensioen, te xij

(1) *Comptes de la ville d'Ypres*, du 1er avril 1608 au 31 mars 1609, f° 39 v° ; du 1er avril 1615 au 31 mars 1616, f° 137 ; du 1er avril 1606 au 31 mars 1607, f° 72 ; du 1er avril 1616 au 31 mars 1617, f° 113.

lib. gr. tjaers, verschenen den laetsten january xvie acht-
thiene,   v^e lxxv lib. par. (1).

A de rares occasions, on les employait à l'église, du
moins l'extrait ci-contre est-il, croyons-nous, le seul pour
ainsi dire que l'on trouve dans les registres de Saint-
Martin :

Magister Franciscus Capelle, eò quod cum duobus filiis
suis luserit cum instrumentis musicalibus, tempore jubilæi,
his festis pentecostalibus 1641,   xij lib. (2).

Une victoire éclatante ou l'arrivée d'un personnage de
distinction donnaient lieu également à des exécutions
vocales et instrumentales. Ainsi, à la réception du marquis de Spinola, en 1615, et lors de la conclusion de
la paix entre la Hollande, la Zélande et les autres provinces septentrionales, en 1609, la musique fit entendre
ses accords harmonieux, par l'intermédiaire de l'élite de
ses adeptes. Un luthiste rehaussa l'éclat de cette dernière
cérémonie, sans compter le carillon, qui lança dans les
airs sa sonorité tapageuse, mais grandiose :

De zangmeestere met zyne coralen, den organist ende twee
vicarissen, over hueren debvoir van met hueren sanck ende
anderssins te recreeren de vergaderynghe alhier ghehouden,
ter cause van de compste van mynheer den marquis Spinola;
tsamen, by ordonnantie van den xj^{en} augusti 1615, xij lib.

De drie speellieden deser stede, ghespeelt hebbende ter
voornoemde vierynghen [van de treve met Holandt ende
Zeelandt ende ander provincien], met huerlieder musicale
instrumenten ,   xij lib.

Den zanghmeester van Ste-Maertens voorseyt, van ghezon-
gen t' hebben met diverssche andere zanghers, metgaders

<hr/>

(1) *Comptes de la ville d'Ypres*, du 1er avril 1616 au 31 mars 1618.
(2) *Comptes de l'église de Saint-Martin*, année 1641.

een luute, ten baucquette van de voornoemde vierynghe,
xv lib.

Augustyn Sint-Aubert, clockspeelder binnen deser stede,
van ghespeelt t' hebbene up de clocken van 't beelfroot, den
v^{en} mey 1609, dach vander voorseyde vierynghe, v lib. (1).

Les instrumentistes aux gages des édiles fonctionnaient
ordinairement aux foires et à la procession de Notre-
Dame du *Tuin*. On ne les recevait point comme les
premiers venus. Ils étaient d'ordinaire examinés, avant
leur admission, par le maître organiste de Saint-Martin,
et, à leur acceptation, un pourboire leur était offert. Ils
venaient de quelque grande ville flamande, où sans doute
les musiciens de leur emploi pullulaient. Le nombre normal
était quatre, parfois cinq, sans compter les tambours.
Ils jouaient du hautbois, *scalmeyers*, ou du fifre, *fyfelaers*.
Outre leur gage, ils recevaient une canne de vin, à l'issue
de la solennité :

De vier speellieden, ghespeelt hebbende de vrie Yper-feeste
ende Assentie-feeste, xxxij lib. par.

Vyf speellieden, van ghespeelt t' hebben met musicale
instrumenten voor 't helich Sacrament, gheduerende de processie ten Thuyndaghe, elc viij lib.

Mr Jan Schorie, organist, ter acceptatie van de speellieden,
3 kannen (wyns), iij lib. par.

Michel Zeghers ende Jacques van Scrieck, speellieden
alhier ghecommen van Brugghe, om te presenteren huer-
lieder dienst, by ordonnantie vanden xx^{en} augusti 1615, vj par.

By myne voornoemde heeren verteert, in 't annemen vande
speellieden, xiij lib. iiij st. (2).

(1) *Comptes de la ville d'Ypres*, du 1er avril 1615 au 31 mars 1616,
f° 138, et du 1er avril 1609 au 31 mars 1610, f°s 71 v° 72.

(2) *Id*, du 1er avril 1608 au 31 mars 1609, f° 28 v°; du 1er avril
1613 au 31 mars 1614, f° 30; du 1er avril 1617 au 31 mars 1618, f· 41;
du 1er avril 1615 au 31 mars 1616, f°s 139 et 111 v°.

Le magistrat d'Ypres était si porté pour la musique,
que même il favorisait de ses libéralités les artistes de
passage en cette ville. C'est du moins ainsi que nous
interprétons un article des comptes communaux, où il
est question de trois étudiants musiciens, ayant reçu des
édiles, pour leur voyage, la somme de neuf livres. Sont-
ce des élèves de la maîtrise ou du séminaire? Ils paraissent
allemands d'origine, et se rendaient sans doute dans quelque université lointaine, pour achever leurs études :

Jacobus Conrardi, Georgius Opitius ende Gerardus Hart-
man, studenten ende musichienen, tot hulpe van haerlieder
voyage,   ix lib. par. (1).

Le jour de sainte Cécile, les musiciens yprois, comme
partout ailleurs, se réunissaient gaîment, pour célébrer la
fête de leur patronne. Y avait-il, pour tous, une société
proprement dite, placée sous l'invocation de la sainte?
Nous ne saurions le dire. A peine oserions-nous supposer
qu'il existait, au moins, une association morale entre les
confrères de l'harmonie.

Quant aux chantres de Saint-Martin, le nom de *Cecilianisten,* donné, par le scribe communal, au groupe de
musiciens de cette église obtenant chaque année du
magistrat une gratification, à la fête de leur patronne,
annonce ici une confrérie véritable. Il y a plus. A travers
les traces qui nous en restent, on voit poindre, pour
une fois malheureusement, le terme de *gilde van Ste-Cecillie,*
qui ne laisse subsister aucun doute sur la question en
litige. Les chapelains et les vicaires, *cappelanen en vicarissen,* prenaient part aux réjouissances. Les pourboires
du magistrat cessèrent vers le milieu du XVIIe siècle :

De Cecilianisten vander catedrale kercke van Ste-Maertens,

(1) *Comptes de la ville d'Ypres,* du 1er avril 1601 au 31 mars 1602.

binnen deser stede, tot huerlieder recreatie up Ste-Cecilien dach 1603, xviij lib. (1).

De musichienen vande kercke van Ste-Maertens deser stede, tot heurlieder recreatie up s^{te} Cecilien daghe 1604, xij lib. par., midsghaders viij lib. par., ten upziene zy in musicque ghezonghen hadden de exequien van alle ghelovighe zielen van de persoonen ghestorven in 't legher voor Oosthende, ende twee mael den zalm *Te Deum laudamus*, eens in 't regardt van 't overcommen van Oosthende, ende de tweede reyse in 't vieren vanden paeys met Ynghelant; t'samen by ordonnantie, xx lib. par.

De musychienen vander cathedrale kercke deser stede, van 't groot debvoir by hemlieden ghedaen, in 't zynghen van den lofzanck van Ghodt almachtich, ter eeren dat hem belieft heeft de Conincklyke majesteyt van Spaignen te verleenen eenen zoene, tot huerlieder recreatie up s^{te} Cecilien dach 1605, xij lib.

De zanghers van Ste-Maertens kercke binnen deser stede, tot heurlieder recreatie van s^{te} Cecilien dach 1606, xij lib. p.

De musichienen vander cathedrale kercke deser stede, tot heurlieder recreatie up s^{te} Cecilien dach 1607, over den extraordinairen dienst by hemlieden ghedaen, ter blyder compste ende conservaetie van myn heere den bisschop deser stede, by ordonnancie vanden xvi^{en} novembris 1607, xviij lib.

De capellaenen ende vicarissen van St-Maertens, voor 't ghoet debvoir ghedaen in 't zynghen up s^{te} Cecilien dach 1608, zoo in de kercke als up 't beelfroot dezer stede; up requeste, xv lib.

De capellaenen ende confreren vande ghilde van s^{te}-Cecillie binnen St-Maertens kercke deser stede, t'huerlieder recreatie s^{te} Cecilien daghe 1616; by ordonnantie up requeste, xviij lib.

(1) *Comptes de la ville d'Ypres*, du 1er avril 1603 au 31 mars 1604. C'est, croyons-nous, la première mention.

De cappellaenen ende zanghers van Ste Maertens, t'huerlieder recreatie up s^{te} Ceciliedach xvie derthiene, xij lib. (1).

Ces variantes se complétent l'une par l'autre, et dépeignent,
en quelques traits bien affaiblis sans doute, la physionomie
des joyeux banquets que motivait le jour de sainte Cécile.
N'admirez-vous, comme nous, ces chanteurs se faisant
entendre de la ville entière, perchés au haut du beffroi,
après s'être égosillés sous les voûtes spacieuses de la
cathédrale? Ne vous hâtez point toutefois de croire que
le but unique de leur confrérie était de chanter et de
boire, à la fête de leur patronne. Les deux documents
suivants révèlent des visées plus élevées et plus dignes
de la mission qu'assumaient les interprètes du plus beau
des arts.

C'est d'abord un projet de règlement pour le *Concert
de musique,* à introduire dans la société de Sainte-Cécile
établie à Binche, et d'où il résulte que les confrères
étaient intentionnés de travailler activement à l'amélioration, tant de la musique profane que de la musique religieuse, par l'exécution, faite en commun, de morceaux
de concert, de motets et de messes.

PROJET POUR LE CONCERT.

Les musiciens attachés par leurs offres au chapitre de
St-Vismes, en la ville de Binch, désirans lier une société
plus étroite dans leur confrérie de Ste-Cécile, et, par ce
moïen, nourir et cimenter la paix et l'union et la concorde,
s'exercer et perfectionner dans la musique, pour être bien
en état d'exécuter les pièces aux offices divins, et spécial-

---

(1) *Comptes de la ville d'Ypres,* du 1er avril 1604 au 31 mars 1605,
f° 63; *id.,* du 1er avril 1605 au 3 mars 1606, f° 71; du 1er avril 1606 au
31 mars 1607, f° 74; du 1er avril 1607 au 31 mars 1608 , f° 92 v°; du 1er
avril 1608 au 31 mars 1609, f° 68 v°; du 1er avril 1616 au 31 mars 1617,
f° 116 v°; du 1er avril 1613 au 31 mars 1614.

lement aux jours solemnels, sont convenus préliminairement des points et règles suivantes :

1.—Chaque confrère mettra en caisse cinq patars par mois.

2.— Il y aura assemblée à la maîtrise tous les dimanches à trois heures et demie jusqu'à sept heures du soir, et une seconde assemblée durant la semaine, s'il y a une fête.

3. — Personne ne pourra s'en absenter, sous quelque prétexte que ce soit, sauf le cas de maladie vérifié, à peine de six liards d'amende, qui seront mis à la bourse commune.

4. — On y jouera des concerts et autres pièces de musique, et spéciallement des messes et motets pour les jours solemnels, en s'y prêtant tous de bonne grâce.

5. — Il faut être au concert avant quatre heures sonnées, à peine de deux liards, avant quatre heures et demie, à peine d'un sous, et après cinq heures, six liards d'amende.

6. — Il ne sera permis à personne de donner de démentis, à peine d'un escalin, et s'il s'échape en injures et querelle, il paiera quatre escalins, et s'il récidive, il sera puni arbitrairement.

7. — Ceux qui voudroient quitter, contre toute attente, ne pouront le faire avant l'année révolue, à compter de ce jour, à peine de paier une pistole.

8. — Chacun paiera sa dépense, à chaque assemblée, sur le pied à régler, et on n'excédera pas le pot de bierre.

9. — Si quelqu'un introduit un étranger aux assemblées, il sera tenu de paier sa part, excepté un musicien étranger.

10. — Personne ne pourra mettre verres ou canettes sur la table où seront les musiques, à peine d'un liard d'amende.

11.—On établira un caissier ou receveur, qui recevra exactement les cinq patars chaque mois, les mulctes (1) et amendes, sans port ni faveur.

12.—Pour plus grande économie, et faire subsister cette louable société sans fraier extraordinairement, on achètera

(1) Punitions, de *mulctare*, châtier.

du grain pour faire brasser quelques tonneaux de bierre,
qui seront remis à la maîtrise ou endroits à désigner, et
ce à tant moins des privilèges dont ils sont au droit de
jouir chacun en particulier, sur quoy on communiquera avec
le fermier de la ville, pour le prévenir qu'on n'entend point
abuser en aucune façon des privilèges ; et si quelqu'un étoit
assés téméraire de faire des versemens de cette bierre aux
bourgeois, il sera punit très-sévèrement pardessus l'amende
qu'il encourreroit arbitrairement.

13. — Il sera chanté un obit gratis pour un confrère, huit
jours après sa mort.

Ainsy fait, convenu accepté par les sousignés, ce jourdhuy
sept décembre 1760, promettans observer et accomplir le projet
et règles ci-dessus.

C.-J. Masuy,   M. Leclercq,

C.-J. Leheu,   V.-J. Godefroid,

L.-J. Delcoutte,   N.-J. Lecrinier.

Les quatre premiers articles et le septième avaient été
provisoirement réglés le 23 novembre, par les signataires
susdits, outre les nommés Jacques Soileux, P.-S.-J.
Durieu, F. Stevens, A.-J. Soileux, Vismer Delmotte, lesquels supplièrent « monsieur le doïen du chapitre de
se déclarer le protecteur de leur confiance, et de leur
tracer quelques règles pour aller au but proposé. »

Les statuts furent arrêtés le 7 décembre, comme on
l'a vu. A leur suite, on lit :

A l'instant, ils (les signataires) ont choisi et nommé, pour
receveurs et caissiers, les sieurs Leclercq et Coppin, grands
vicaires, les autorisant de recevoir les mois, amendes, mulctes et absences.

Au même temps, François Stevens et Antoine-Joseph
Soileux ont représenté qu'ils désirent d'être reçûs en cette
société comme volontaires, le premier étant organiste et l'autre
cloquemane, et aïant tousjours intervenus en laditte confrairie.

La compagnie les a reçus et leur permet d'intervenir

comme volontaires, et sans aucun préjudice, bien entendu qu'ils observeront les règles.

F.-J. Stevens, A.-J. Soileux.

Les chanoines soussignés, approuvant le règlement ci-dessus, qui ne tend qu'au bien sans préjudice à personne, et désirans le soutenir, veuillent bien acquiescer à la demande et supplique des musiciens, et, en conséquence, s'agrégent à la ditte société, s'obligeans de paier ce qui est réglé chaque mois et de maintenir et observer les points de règle, sauf qu'ils n'entendent pas être tenus d'intervenir à toutes les assemblées, mais seulement à celles qu'ils voudront. A Binche, 7 x^{bre} 1760.

F. Mondez, doïen.

Le deuxième document nous montre la société en pleine voie de formation, et recevant des adhésions aussi honorables que nombreuses :

ASSEMBLÉE DU CONCERT MUSICAL TENUE A LA MAÎTRISE DU CHAPITRE, LE 22 décembre 1761.

Les musiciens et suppots, attachés par leurs offices au chapitre de Binch, désirans continuer leur société et concert, aux mêmes fin, clauses et conditions plus amplement détaillés par le règlement du 7 décembre de l'an 1760, ont convenu de nouveau de continuer la ditte société pour un an datte de cette, s'obligeans à l'observance du règlement rappelé ci-dessus, et au même instant ont supplié messieurs les doïen et chanoines de se déclarer leurs protecteurs, et de s'aggréger audit concert pour son plus grand progrès et la fin désirée. Ainsi fait et convenu à l'assemblée de ce jour, aïant commis Monsieur Leclercq, grand vicaire, de signer la présente résolution, par ordonnance du corps, comme secrétaire du corps.

Par ordonnance, M. Leclercq.

Au même instant, les chanoines soussignés, aïant eu égard à la prière qui leur a été faite par ceux composans le concert approuvant le règlement rappelé, qui ne tend qu'au bien, sans préjudice à personne, et désirans le soutenir, veuillent bien acquiescer à la demande, et en conséquence s'aggrégent audit concert et société, aux clauses rappelées à la résolution couchée au bas du règlement du 7 x^{bre} 1760. Ainsi fait, convenu et agréez par les soussignés. Binch, le 22 décembre 1761.

C.-J. Lemaire. J.-B. Alard, chanoine. **F. Mondez**, doïen.
J.-L. Gustin, chanoine.

A la même assemblée, se sont présentés les sieurs Durieu, vicaire de la paroisse de cette ville, Motte, vicaire de Waudrez (1), Stevens, organiste, Joileur père et fils, demandant d'être reçus au concert, comme accesseurs aux clauses et conditions des autres, sur quoy ils supplient de délibérer.

Conclud, avant tout, de déclarer que la compagnie n'entend pas d'abuser en aucune façon des privilèges; qu'en conséquence le s^r Leclercq sera député aux préposés à la perception de la maltode de la ville, pour prendre sur ce l'arrangement convenable pour être à l'abris de toutes difficultés. Sur quoy sera fait un placet par les suppliants, exposant le cas pour sur iceluy être répondu par le magistrat ou leur préposé à la recette de la maltode.

ASSEMBLÉE DU 3 DÉCEMBRE 1762.

Sur le coulement du compte des dépenses de l'année, représentation a été faite de suspendre, pendant le cours d'un an, par forme d'essai, le paiement de cinqz patars par mois, comme il est dit art. 1er du règlement, et de tenir une note plus exacte de la bierre qu'on boit chaque jour du concert.

Conclud de stater, pendant un an, le païement desditz cinqz patars, de continuer à brasser un muid par provision,

(1) C'est-à-dire adjoint au curé de Waudrez.

et de tenir une liste exacte de la quantité de bierre qu'on boira chaque jour de concert, les noms des intervenans, tout le reste du règlement demeurant dans sa force et vigueur; absences, etc.

Reste un petit dossier concernant des condamnations infligées à Nicolas Léchinier et N. Delcour, musiciens, pour disputes et injures aux jours de concert. Inutile, pensons-nous, de le reproduire. L'organisation de ces concerts a-t-elle fonctionné longtemps? C'est ce qu'il serait difficile de dire. La négative est toutefois permise, parce qu'il y a lieu de croire que, l'institution ayant été établie par le chapitre de Binche, on en trouverait des traces ultérieures, si une longue existence lui avait été accordée (1).

Il est fait mention d'une chapellenie de Sainte-Cécile à l'église de Sainte-Gudule, à Bruxelles, en 1408 (2), et de gratifications données, le jour de la patronne des musiciens, aux serviteurs de l'église de Damme, en 1588 :

Ghepresenteert de dienaers vander kercke, up Sᵗᵉ-Cecilia dach, naer d'oude costume, vyf stede cannen wyns, ten xvj stuuvers de canne; compt .... xiij st. iiij gr.

Une autre question, digne d'être examinée, se présente pour les musiciens yprois. Jouaient-ils, à la *Tuin processie*, une chanson spécialement composée pour cette cérémonie? Il est permis de le supposer, même en se reportant à l'origine de la célèbre cavalcade, qui est, comme on le verra, fort ancienne. L'air que les ménestrels de ces temps ont dû exécuter, aura été tout psalmodique. On est autorisé à se demander ce qu'est devenue cette mélodie, et s'il n'y a guère d'espoir d'en découvrir le

---

(1) Les pièces que nous venons de reproduire, sont extraites du carton nº 3 des papiers provenant de l'abbaye de Binche, et conservées aux Archives générales du Royaume.

(2) HENNE et WOUTERS, *Histoire de Bruxelles*, t. III, p. 243.

manuscrit, dans quelque coin obscur d'une vielle demeure
bourgeoise. Que de pertes en ce genre à déplorer ! Nous
avons eu déjà à regretter, on l'a vu plus haut, la disparition de l'ancienne chanson guerrière de Saint-Georges à
Audenarde. D'autres lacunes seront signalées dans le cours
de ce travail. Pour n'en citer maintenant qu'une seule,
qu'est devenue la *Liedeken van s*te *Lievin*, que l'on enton-
nait, en 1469, aux fêtes du fameux apôtre de la foi à
Hautem, au pays d'Alost (1) ?

A chaque instant, on rencontre dans les comptes communaux de Flandre, la trace de gais refrains chantés
aux solennités marquantes. Le magistrat, il faut le dire,
encourageait ces expansions mélodiques, sinon mélo-
dieuses, en instituant des récompenses spéciales. Point
de fête populaire où quelque prix n'était offert à qui
débiterait la meilleure chanson. Nos concours de chant
actuels ne sont que la contrefaçon de ces vieilles coutumes.

Et, pour ne point nous exposer au reproche d'avancer
à la légère de pareils faits, voici, prises au hasard, quelques citations caractéristiques. Un exemple d'abord relatif
à la ville d'Ostende. En 1526, le premier prix de la meilleure chanson y fut remporté par les charpentiers, le deuxième prix échut à Antoine Muenic, trésorier; le troisième
fut obtenu par Inghelram Van Bambeke. Les charpentiers
reçurent encore une distinction, pour avoir formé le cortége
le plus comique. Le concours se fit à Ostende, comme
partout ailleurs, par sections *(wijken)*, lesquelles possédaient, d'ordinaire, un poëte et un musicien assez entendus
dans leur art, ainsi qu'un chanteur assez rompu dans
son métier, pour se concerter fructueusement ensemble
en vue de conquérir la palme. Ajoutons que les prix
susdits consistaient en cannes de vin, et que le sujet à
traiter roulait sur l'évènement du jour. Ici, il s'agissait
de la paix conclue entre Charles-Quint et François Ier :

---

(1) Fr. De Potter, *Gemeente-feesten in Vlaanderen*, p. 19.

Ghepresenteert, den eersten in maerte, ter cause vanden payse, de naervolghende prysen :

De themmerlieden, van tbeste liedeken, zes canne wyns ; Antheunis Muenic, tresorier, voor den tweesten prys, vier cannen wyns ; Inghelram van Bambeke, over den derden prys, twee cannen wyns. De themmerlieden, van boerdelincx achter strate te gaene, zes cannen wyns (1).

En 1529, dans la même ville d'Ostende, eut lieu un autre concours de chant, à l'occasion de la paix conclue, à Cambrai, avec la France et l'Angleterre. Les récompenses furent ainsi réparties : le premier prix, aux habitants de la rue du marché ; le deuxième prix, au clerc de la nouvelle église, le troisième prix, à Daniel Coudevelt. Deux cannes de vin supplémentaires furent décernées à Jean Crommont et à la corporation des jeunes charpentiers :

Ghepresenteert, den xxv^{en} in ougst, houdende de feeste, ter cause van den paise ghemaect te Camericke, tusschen der K. M. ende den coninc van Vranckericke ende Inghelandt, de naervolghende wynen :

Van te zinghen tbeste liedeken, accordeerende up den paix : de marctstrate, voor den opperprys, zes cannen wyns ; de coster van der nieuwer kercke, voor den naerprys, vier cannen wyns ; Danneel Coudevelt, voor den derden prys, drie cannen wyns ; de jonghers themmerlieden ende Jean Crommont, elc twee cannen wyns (2).

A Furnes, toujours à l'occasion d'un traité de paix, les habitants du marché-au-bois reçurent, en 1524, trois cannes de vin, pour s'être le plus distingués en fait d'ébattements et de chansons :

---

(1) *Comptes de la ville d'Ostende*, année 1523.
(2) *Id.*, année 1529.

Van drie kannen wyns, te xvj s p. den stoop, ghepresenteert den xix^{en} vander zelver maendt die vander houtplaetse binnen Veurne, voor 't batement, liedekens ende andere ghemaect by hemlieden, ghedaen ter blyder tydinghe vanden pynse vanden coninc van Vranckerycke, etc., comt iiij lib. xvj s (1).

Enfin, à Audenarde, en 1559, le magistrat organisa, à l'occasion de la paix signée entre la France et l'Espagne, un concours de chant, en assignant, pour sujet à développer sous forme de refrain, la question suivante : « Quels sont les bienfaits et les joies résultant d'une paix temporelle? » Le grand prix fut gagné par les habitants de la rue basse :

Int jaer 1559, stelde de stadt van Audenaerde prysen op van een figuere liedeken, refreyn solverende : Wat deugden en vreugden uyt tydelic payse spruytende is ... ; tot de vieringhe vanden payse, curts te vooren ghesloeten, tusschen den coninck van Spaenden Philippum ende den coninck van Vrankeryk Henricum ; ende de nederstraete hadde den opperprys (2).

Si le vieil air du *Tuindag*, à Ypres, peut être considéré comme perdu pour l'histoire, il n'en est pas de même de la chanson relativement moderne qui lui a été substituée. Cette chanson nous paraît, sous plusieurs rapports, mériter l'attention des connaisseurs. On a donné déjà le chant empreint d'une mâle austérité : *le Requiem des Kersauwieren* (3). On a publié aussi l'air bachique d'une jovialité si franche : *Chanson de saint Georges* (4).

L'air de Notre-Dame du *Tuin* forme une sorte d'intermédiaire entre ces deux mélodies. Son allure n'est

(1) *Comptes de la ville de Furnes*, du 16 avril 1524 (n. st) au 8 mai 1525, f° 21 v°.

(2) Chronique ms. d'Audenarde.

(3) *La Musique aux Pays-Bas*, t. ɪ, p. 48.

(4) Même ouvrage, t. ɪ, p. 300.

point assez grave pour qu'on la taxe de sévère, ni assez enjouée pour qu'on la titre de futile. Elle a un cachet de grandeur et de majesté qu'on ne saurait lui méconnaître, si on l'entonne avec une certaine prestance, à la manière flamande. Son rhythme, vivement accentué, se dessine au moyen d'un groupe de croches, placé à la deuxième moitié de la plupart des mesures, et mis en opposition avec les noires qui se trouvent à l'entrée de ces mesures.

Il y a là, on le voit, une série d'imitations non dénuées d'intérêt, mais dont malheureusement quelques-unes reparaissent à divers intervalles. Ainsi, la quatrième et la cinquième mesures se retrouvent à la huitième et à la neuvième, et, de la même façon, la deuxième et troisième mesures se reprennent à la dixième et à la onzième. Notez qu'il n'y a que douze mesures en tout, allant, il est vrai, de quatre à quatre, en parfaite carrure. Ces redondances peuvent être imputées au goût du temps, vicié par l'invasion du style fugué dans un genre antipathique à toute contrainte.

La franchise, voire même la bonhomie se révèlent néanmoins partout, et, joué ou chanté, comme il convient, en mouvement de marche, le motif en question s'accommode on ne peut mieux du pas cadencé d'un cortège. C'est, en somme, un de ces curieux spécimens d'airs populaires échappés aux révolutions, et qui rappellent, plus vivement même que les paroles auxquelles il a été adapté, un épisode mémorable de l'histoire d'Ypres. Aussi, les habitants de cette splendide cité le considèrent-ils, à juste titre, comme leur chant national.

Les couplets, au nombre de dix-huit, forment tout un poëme composé, à ce qu'on assure, à l'occasion du jubilé de l'an 1683, célébrant le trois-centième anniversaire du siége d'Ypres, qu'entreprit une nombreuse armée anglaise, à laquelle s'étaient joints vingt mille Gantois révoltés. Commencé le 8 juin 1383, ce siége fut levé, le 8 août de la

même année, après vingt-et-un assauts livrés sans succès.
Les habitants d'Ypres attribuèrent leur délivrance à l'intervention miraculeuse de la Vierge, qui leur était apparue,
assise, portant sur les genoux l'enfant Jésus, et entourée
d'une haie entrelacée, *tuin* (1).

Le musicien qui a eu l'obligeance de nous procurer
les paroles de la chanson yproise (2), s'est donné toutes
les peines possibles pour retrouver ce texte curieux,
et il doit lui-même, nous a-t-il dit, cette intéressante
exhumation à un archéologue distingué de la localité, qui
s'en est dessaisi avec une complaisance au-dessus de tout
éloge (3). La bibliothèque d'Ypres possède un exemplaire
d'une chanson du *Tuin*, dont le texte parut, en 1848, dans
les *Annales de la société d'Émulation*. Les strophes, quant
au sens, sont identiques aux nôtres, et nous n'hésitons
pas à voir, dans ce spécimen précieux, la reproduction
des couplets originaux transmis sur les lèvres du peuple.
Mais, il y a là plus d'un gallicisme à relever, et qu'éluci-
dera notre texte, plus moderne, reproduit soigneusement
ci-après :

(1) Il existe, sur ce fait mémorable, de nombreuses relations imprimées,
auxquelles nous croyons devoir renvoyer le lecteur. Un immense tableau
fort ancien et parfaitement conservé à l'église de Saint-Martin, représenta
le susdit siége, ainsi que l'apparition de l'image vénérée planant au-dessus
de la ville.

(2) M. Philippe Vanden Berghe, de Menin, pianiste aussi habile que
compositeur éminent, et à qui le monde des virtuoses est redevable
d'une brillante fantaisie sur ce même motif du *Tuin*. Il a bien voulu nous
fournir aussi le texte de l'air, tel qu'il se chante à Ypres. Nous lui
adressons nos meilleurs remercîments pour cette double communication.

(3) M. le docteur Coppieters, d'Ypres, que nous remercions de même
de son obligeante bonté.

Ieper, ó Ieper, hoe toont gy u verheugd!
Op uwe Thuyndagh-feeste siet men u in volle vreugd.
Vraegt men waerom gy al dien opstel doet,
Antwoord vrymoedig, dat het geschieden moet
Uyt een dankbaere pligt voor 't weldaed u gedaen
Door Onse Vrouw van Thuyne die in nood u by kwam staen.

'T is sy die Ieper verlost héft uyt gevaer,
Wiens Jubeley wy vieren heden van dry hondert jaer.
Dan was de stadt rondom seer nauw berend
Door d'Engelsmannen en door 't oproerig Gend.
Maria siet het aen, die groot vermogen héft,
Maria troost en hulp aen haer lieve Ieperlingen géft.

Ieper twee maenden bevochten sonder vrucht,
De bontgenooten seyden, sich bereydende ter vlucht:
» Van heel de stadt men siet alleen de kruyn,
» Sy is besloten in eenen stercken thuyn! »
Sy trokken schielyk af bevreesd voor meerd'ren nood.
Loft al de Thuynsche Maeged, die ons haeren bystand bood.

Uyt dankbaer hert voor soo krachtige gena,
Bied men Maria hulde pligtiglyk jaer voor en na.
In Oegst daer toe den eersten sondagh staet,
Als binnen Ieper het blyde klokspel gaet,
Wanneer er toeloop is van duysende van liên,
Om Onse Vrouw te dienen en den ommegang te sien.

'K moet nu verhaelen wat men vol eer en deugd
Alhier den laetsten Thuyndag héft gesien tot ieders vreugd :
D'ambachten eerst in pronk-gewaed vergaerd,
Met wachse torssen in dobble rék geschaerd,
Waer achter volgden na, tot elks gestichtigheyd,
De vier bédelend' orders met geheel de geestlykheyd.

Seffens de torre van David kwam alsdan,
Waer op men sag verschynen menig kloeken édelman,
Seer ryk gekleed met sweirden in de hand,
Veerdig te vechten voor 't lieve vaderland,
En voor de suyvre telg uyt Davids bloed getéld,
Op wie godvruchtig wyst haer omgedregen sinnebéld.

Siet hoe den ouden reus, vol van jongen moed,
Valt hier en daer aen 't danssen, wyl hy syne ronde doet;
En korst daer na, het wésen vol gesag,
Den nieuwen reuse kwam deftig voor den dag,
In 't édelsche fluweel met fynste goud gekant,
Soo dat hy spant de kroone boven allen reus van 't land.

Siet nu de lyfwacht van onsen nieuwen reus,
Gekleed in silver harnasch, alle mannen groot en preus,
Met spies en helm strydveirdig in der daed,
Om te beschermen dit pronkstuk voor verraed.
Wie wét wat schuylen mag in een soo dikke wolk
Van alle slach van sinnen van het toegeloopen volk.

'T manschap van Sint-Michiel bereyd den slag,
Met blinkende slag-sweirden stapte toe tot meer ontsag,
Met pluymen op, al kostelyk om 't meest,
Om te vereeren de Jubel Thuyndagh feest,
Van eenen vorm gekleed, hun volgde seffens na
De koninglyke Gilde van de Maeged Barbara.

Siet hun optrekken met een soo trotsch gelaet,
Als immer konings bende naer een swaeren optogt gaet.
Rap aen 't geweir, soo rustig en soo koen,
Als oude krygers in volle woede doen,
En hun musket geschot maekte soo groot getier,
Dat niemand meer en hoorde nog en sag als rook en vier.

Kétele-trommels, trompetten, komend uyt
Door ridders in schaer-laken, gaven schallende geluyd.
De Bogeniers van Sint-Sebastiaen
Sag men uytmuntende met gulde kokers aen;
Tot algemeene vreugd, hun volgde van naby
Van fluyten en schalmeyen eene soete melody.

Jonge meirminnen van schoonen hupschen swier,
By eenen grooten walvisch, en den godt van 't hoog bestier
Voert op 't gewoel en dieren van de see,
Aldaer verscheenen als waerend' op de ree.
Den visch vél water schoot met vlaegen op de liên;
Sy wisten niet waer kruypen, om die groetenis t' ontvliên.

Duyvels en helle daer wierden ook vertoond,
Waer mede Godt de kwaede volgens hunne werken loont.
Te midden vreugd, het schrik-tonneel der hel
Déd men versoeten met een behaeglyk spel.

Twee kémels kwamen op met een geméten stap,
Voor elk twee lieve jongens dansten éven schoon en knap.

Wéderom héft men een konstig schip gesien,
Waer op verwonderd juychde heel de ménigte van liên.
Een see-peird eerst als op de baeren klom,
Mét blaewe seylen het schip daer achter swom,
De vlag was suyver wit, de mast van goude rood,
Op 't schip zat Onse Vrouwe, waere see-ster in den nood.

Dan kwam het glansig en luysterlyk vertoog
Van Sinte-Joris Gilde, 't géne schemerd' in elks oog,
Al snel te peird, gewapend tot den tand.
Eene felle draeke voor hun wierd by der hand
Geleyd van eene Maegd; 't was wel verruklyk schoon.
Hun volgd' een gulden wagen, die verbeelde Salmons throon.

Onse Vrouw opvaert was van soo snégen vond,
Dat iederen aenschauwer suf en als verwesen stond.
Maria scheen in 't meesterlyk vertoon
Hoog op, door englen gevoerd by haeren Soon.
Van véle duysend liên dit hebbend' afgespeurd,
Geen eenen kon begrypen door wat konst het was gebeurd.

Oorlof, ô Ieper, ô wyd vermaerde sté!
Hoe hoog sag men u praelen, als gy waert in rust en vré,
Gy kwam naby, in rykdom en verstand,
De beste stéden van heel het Nederland:
De Laken-Wevery, der borgren groot getal
Bewysen die beruchtheyd met de kerken en de Hal.

Die ons dit Liedeke voormaels héft gedicht,
Het was er eenen jongman die boekdrukken had voor plicht.
Hy héft seer wel en loffelyk gedaen;
Hy hield daer mede d'eer van Maria staen,
En d'eer ook van de stadt en haer voorléden gloor.
Géf, Ieper, aen de jongheyd lof en dank alle eewen door (1).

On vient de remarquer, en tête de la chanson, les mots:
« Stemme: *la Vendosme.* » Le thème musical serait-il emprunté, par hasard, à un ancien air français composé

(1) Ce texte est accompagné de notes explicatives d'un intérêt trop
local pour être reproduites ici.

en l'honneur d'un duc de Vendôme quelconque? Un maître de musique d'Ypres prétend l'avoir découvert, adapté à des paroles françaises sans la moindre analogie avec la chanson de Notre-Dame du *Tuin*, dans un recueil très-connu, intitulé : *la Clef du Caveau*. L'artiste s'imagine, dans sa fierté patriotique, que les Français se sont emparés de l'air flamand, pour y accomoder leurs couplets bachiques. La chose n'est point impossible.

Toutefois, après avoir parcouru minutieusement la quatrième édition de la *Clef du Caveau*, imprimée à Bruxelles chez Weissenbruch, il nous est permis de dire que le thème de Notre-Dame du *Tuin* n'y existe, ni en partie ni en totalité. Certes, on y aperçoit plus d'une mélodie ayant ce caractère. Mais, on est de son époque, de son pays; on obéit à la mode, au genre d'idées en cours de vogue. En créant, s'il est possible, une mélodie sans la moindre analogie avec ce qui se chante communément, on risque non-seulement de ne point la voir se vulgariser, mais de la rendre complètement inintelligible pour les chanteurs ordinaires. S'il y a donc lien de parenté, il n'y a guère de similitude matérielle, nous en sommes certain. Peut-être *O Ieper* a-t-il été chanté, dans le temps, sur le timbre : *la Vendosme*, comme *la Marseillaise* l'a été, à son début, sur l'air de *Sargines*, et le thème, actuellement en usage à Ypres, a-t-il été composé avant ou après cette adaptation! Mystère impénétrable jusqu'ici, mais qui peut-être s'éclaircira un jour, il faut l'espérer.

Le dernier couplet annonce que l'auteur du poëme primitif est un imprimeur d'Ypres. Ne serait-ce point Jean Bellet, fils du typographe Frans Bellet, qui vint de Saint-Omer, en 1609, s'établir à Ypres, où il exerça son métier sous les auspices du magistrat (1)? Jean Bellet était poëte, et une de ses pièces est mentionnée dans les comptes

(1) *Comptes de la ville d'Ypres*, du 1er avril 1609 au 31 mars 1610, f° 84 v°.

CHANSON

de Notre-Dame du Tuin

À YPRES (XVIIᵉ Siècle.)

CANTATE

des Rosieren

D'YPRES (1714)

Lof   zÿ 't Drÿvul-dig wesen die Ja-ni tem-pel sluijt, en

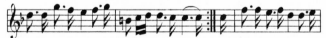

Mars gewoel bij de sen ge-jaegd heeft Vlaender uÿt;   ter-wÿl 's lands over he den den

hoo-gen He-li-con ver-heffen-de be-tre– den en drincken van de bron.

communaux de 1634. Elle fut faite pour le renouvellement du magistrat, qui, tous les ans, se célébrait par
un banquet rehaussé de musique. Peut-être y fut-elle
chantée, à l'instar de celle qui eut pour objectif le
miracle de Notre-Dame du *Tuin* et l'antique prospérité
de la ville d'Ypres. Cette hypothèse est d'autant plus
admissible, que la musique elle-même nous paraît dater
du xviie siècle, plus de la deuxième que de la première
moitié cependant. Jean Bellet reçut, à titre de gratification, la somme de seize livres (1).

Il existe diverses manières de chanter les paroles. Aucune ne nous a paru logique, et l'obligation de redoubler
certaines notes par des croches parasites qui dénaturent
le rhythme, nous semble prouver l'absence d'une copie
réellement authentique de la chanson telle qu'elle s'exécutait originairement. Nous nous bornons donc à reproduire en regard le thème seul, tel qu'il se joue au carillon
ou par les musiques locales. On met d'ordinaire l'appogia-
ture *fa*, au début de la deuxième mesure, et, à la quatrième mesure, on place communément une reprise.

Un chant évidemment plus moderne et qui paraît avoir
été détaché d'un opéra de l'époque, est le suivant que
les rhétoriciens les *Rosieren* d'Ypres ont interprété, en
1714, sous le titre de : *Vreugd-zang op de verheffinge
der wydberoemte rederyke Hooft-Ghilde van West-Vlaen-
deren, gheseyt* ALPHA EN OMÉGA, *onder de bescherming van de
alderheyligste Dryvuldigheyd ... van Yper, t' haerer blyde* (2)
*byeenkomste, den 6 juny 1714, haer eerbiedelyk opge-
draeghen door ... de rederyke Gilde van H. Grootmoeder*

_____

(1) *Comptes de la ville d'Ypres*, du 1er mai 1634 au 31 avril 1635. Au
fo 130, on lit : « Jan Bellet, voor een gedicht ghemaect ter eeren van
myn heeren commissarissen ende myn heeren vander wet, in 't vernieuwen
vander wet 1634,   xvj lib. »

(2) Ce mot est tracé à l'encre. Au-dessous, il y a *eerste* en caractères
d'impression.

Godts Anna, geseyt ROSIEREN, *binnen de selve stadt* (1).
Imprimée en format in-f° plano chez Boeckilioen, à Ypres,
cette sorte de cantate offre cette particularité, que la musique en est tracée à la main sur des portées typogra-
phiques, probablement parce que les caractères de notation
musicale faisaient défaut.

Le motif qu'on voit reproduit plus haut, surgit après une
grande strophe déclamée, en vers alexandrins. Il est
suivi d'un chœur, dont, par malheur, les paroles seules
ont été conservées :

DE CHOOR.

Lof zy u vaders van de schaeren
Der musen van West-Vlaenderland ;
De Roos' u deugden wenscht te paeren
En in uw' liefd' te syn geplant.

Deux fois encore, le thème se reprend dans les mêmes
conditions, c'est-à-dire après la strophe déclamée et avant
le chant d'ensemble. Les artistes à qui ce motif a été
exhibé, n'ont point hésité à y reconnaître le style de l'école
de Rameau. Remarquons qu'en 1714, l'illustre maître
français, bien que riche d'expérience et de savoir, n'avait
encore rien produit, et que son premier opéra ne vit
le jour qu'à l'âge de cinquante ans. Évidemment, on aura
voulu dire que les ouvrages lyriques de Rameau offrent
une grande similitude avec le chant en question. Nous
en convenons volontiers ; mais, nous demanderons, à notre
tour, si, à l'époque dont nous parlons, il n'existait point,
comme aujourd'hui, un genre auquel chaque compositeur
plus ou moins se référait ?

Il s'agit de la célébration de la reconstitution de la
célèbre gilde rhétoricale *Alpha et Oméga,* dispersée par

(1) Recueil de pièces d'*Alpha et Oméga*, aux Archives communales
d'Ypres, t. I, n° 146.

les guerres sanglantes dont la Flandre fut le théâtre. Le temple de Mars se ferme ; celui de Janus et d'Apollon , pour parler le langage figuré de la poésie d'alors, s'ouvrent à deux battants. Le moment est solennel. Les *Rosieren*, mus par une confraternité sincère et cordiale, donnent l'essor à leur muse, et entonnent, à l'honneur de la confrérie-mère, un hymne d'allégresse et d'amour. Qui nous dira que le musicien, s'inspirant des circonstances, comme le poëte , n'a pas atteint, dans le couplet conservé, une certaine élévation d'accent et de coloris ?

Il débute fièrement, par la quatrième mesure de la chanson de Notre-Dame du *Tuin*, et sa mélodie, empreinte d'une pieuse exaltation, se déroule d'un seul jet avec une force expansive qui vous subjugue. Remarquons la gradation qu'il a eu l'art de faire jaillir, en élevant d'un intervalle de tierce, à la septième mesure, l'accent qu'il a placé sur *Mars gewoel*. C'est le triomphe de l'Hélicon sur le Dieu de la guerre.

Comme il n'existe point d'indication de timbre , on peut croire, cette fois avec certitude, que la mélodie émane d'un·compositeur de la localité. A-t-il pour auteur Pierre-Joseph Liégois, qui était alors maître de chapelle à Ypres ? Les comptes des *Rosieren*, s'ils ont été respectés, pourront nous l'apprendre un jour. Sans aucun doute , la musique était cultivée, conjointement avec la poésie et le théâtre, dans ces cercles de fraternelle émulation. Leur appoint musical sera grand peut-être , quand on saura, d'une façon explicite, quelle a été la part respective des trois arts auxquels ils s'adonnaient de préférence.

On a vu, par exemple, au premier volume de ces recherches, le chant en contrepoint être en vigueur, au xvie siècle, chez les *Kersauwieren* à Audenarde (1). Cela explique la sympathie qu'avaient les chanoines de Saint-Martin à Ypres, pour les exécutions musicales des sociétés

(1) P. 49.

de rhétorique d'Ypres, exécutions auxquelles ils ne dédaignaient guère de prendre personnellement part, au point que· le chapitre, ému de leur zèle intempestif, leur fit défense absolue de s'immiscer encore dans des affaires de ce genre, et de hanter les cercles dramatiques des yprois.

v⁸ junii 1593. — Comparuerunt capellani, quos Domini monuerunt sui offici, inhibendo eisdem ne amplius ludos frequentent theatrales, aut ibidem musicè canere presumant (1).

Remarquez l'expression *musicè canere,* qui annonce une interprétation toute artistique, entièrement distincte des chants vulgaires et grossiers.

On peut dire, en thèse générale, que toutes les comédies, et même les tragédies jouées par les sociétés rhétoricales d'Ypres, ont été entremêlées de musique. S'agit-il, dans l'article suivant, d'une comédie donnée aux autorités communales par les élèves du collége des Jésuites établi à Ypres ?

Sommige commedianten, ghespeelt ende gherepresenteert hebbende, ter presentie van 't magistraet, zeker comedie, by ordonnantie van den 24ᵉⁿ octobris 1605, vj lib. (2).

Voici, quant à cette provenance, un passage plus explicite, le premier de ce genre, à coup sûr, que mentionnent les registres de la comptabilité communale d'Ypres :

De Jesuyten, in recompense van de oncosten by hemlieden ghedoocht, in 't representeren van de comedie van *Joseph,* den xvijᵉⁿ decembris xvjᶜ twee, by ordonnantie, xxx lib. (3).

Nous verrons cette même comédie, ou du moins une autre semblable, former ailleurs tout un opéra avec chant

---

(1) *Acta capitularia* de l'église Saint-Martin, à Ypres.

(2) *Comptes de la ville d'Ypres,* du 1ᵉʳ avril 1505 au 31 mars 1506, fᵒ 71.

(3) *Id.,* du 1ᵉʳ avril 1602 au 31 mars 1603, fᵗ 62 vᵒ. D'autres mentions de ce genre sont faites successivement.

et orchestre. La *Bibliothèque de la Cie de Jésus*, par MM.
Augustin et Aloïs De Backer, cite, à partir de 1617 jusqu'en
1730, une riche série de pièces dramatiques jouées en
flamand, en français et en latin, au collége des Jésuites
à Ypres, pièces d'où certainement la musique n'aura
point été exclue.

Une preuve directe du fait nous est offerte dans une
ville voisine, Furnes. Là, nous trouvons un organiste de
Saint-Martin d'Ypres, en train d'exhiber une sorte de
drame lyrique, auquel il fournissait des compositions
spécialement écrites par lui. D'où l'on peut conclure que,
comme à Bruxelles, l'opéra se forma, dans les petites
villes flamandes, du double concours des sociétés de rhétorique et des établissements d'instruction. Jusqu'ici, il
n'est guère possible de déterminer le rôle exact que la
musique remplissait, dans les premières années de la formation de l'opéra. Les documents manquent. Toutes les
fois que l'occasion s'en présentera, nous ne manquerons
point de donner les renseignements les plus circonstanciés
à ce sujet, en vue d'applanir la voie aux futurs mono-
graphistes de l'opéra en province. On sera étonné, un
jour, de la signification que revêtiront les faits isolés
rattachés à l'ensemble des informations obtenues.

Le centre des opérations de Jean Schorie, à Furnes,
était un institut d'élèves boursiers, que dirigeait maître
Rogier Longis, et où s'enseignaient la langue flamande
et la langue latine, sous les auspices de l'abbaye de Saint-
Nicolas :

Mr Rogier Longis, schoolmeestere van de vlaemsche schoole
ende regent van de œconommie ende menagerie van de studenten boursieren ende andere die met hem woonen sullen om
het leeren van de latynsche taele, over een jaer pensioen verschenen uutganck maerte XVIe drie en twintich, iiij^e lib. (1).

(1) *Comptes de la ville de Furnes*, année 1623.

En 1622, vers la fête de saint Bavon, célébrée le 1er octobre, on exiba, à cet établissement, la tragédie de *Sainte Cécile*, dont, chose bizarre, la châtellenie supporta en grande partie les frais, ce qui induit à croire que l'institut était exclusivement provincial. C'était, à l'occasion de la distribution des récompenses annuelles faite aux étudiants. Ces récompenses consistaient en livres et en images. Les maîtres recevaient, de leur côté, deux setiers de vin.

Pour la pièce elle-même, elle se joua en toutes formes, sur un théâtre construit *ad hoc*, et avec les costumes voulus. Un maître de danse de Nieuport présida à la mise en scène et peut-être à l'exhibition d'un ballet, selon la coutume du temps. Ainsi qu'il a été dit plus haut, Jean Schorie composa et dirigea les morceaux de musique interprétés par les élèves. Toutes ces particularités ressortent des extraits reproduits ci-contre, selon l'ordre qu'ils occupent dans les registres :

Van d'oncosten ghedoocht tot oorboore ende voorderynghe van de tragedie van Ste *Cecilie*, alhier voor baefmesse xvie twee en twintich gheexhibeert, by de studenten van de latynsche schoole, volghende de particulariteit danof overghegheven by den prefect van dezelve scholen, lxiiij lib.

Over de leverynghe van boucken, tot prysen uytghedeelt ende ghedistribueert ande studenten, in 't opclemmen van de classen ten selven tyd, je lib.

Over twee zesters wyn, ghepresenteert voor recreatie aen de religieusen van de abdie van Ste Niclays, als meesters van de bovenschreven scholen, in bekentenisse van hunne goede debvoiren in 't gonne voorschreven, xl lib.

Den prefect vande selve scholen, over den coop van diversche beeldekens van fyne forme, uytghdeelt ande voorschreven studenten, om hemlieden t'animeren tot de selve studie,
xxiij lib.

Mr Jan Schorie, organist, in bekentenisse van 't componeren van eenighe sticken musicque, ende de selve gheleert

aen eenighe vande studenten, 't jaer xvj^e een en twintich
ende twee en twintich, tot decoratie vande selve tragedie
speelen,   xxxvj lib.

Over de diensten ende debvoiren ghedaen van eenen dans-
meester, alhier ghecommen van Nieuport, soo omme t'inven-
teren differentie van personnaigen, cleedynghe als anderssins,
tot recreatie vande bovenscreven actie,   xxiiij lib. (1).

L'année suivante, le sujet du drame lyrique exhibé, à la
distribution des prix du gymnase furnois, était la *Guerre
de Bohême*. Le préfet des études, Pierre Vermeulen, religieux de l'abbaye de Saint-Nicolas, fit imprimer l'argument
de la pièce à St-Omer (2), où il acheta en même temps les
livres donnés en récompense. Nous voyons, cette fois, que
le sujet des gravures distribuées étaient des emblêmes
propres à exciter l'ardeur des jeunes gens pour les études.
L'organiste Schorie était encore le fournisseur de la
musique. Quant aux costumes, parmi lesquels on mentionne celui de l'empereur d'Allemagne et de l'électeur
palatin, trois dames de la ville s'en étaient chargées, sans
compter deux costumiers qui y avaient contribué également.
La couronne, le sceptre au double aigle, la Toison d'or,
ainsi que les armes devant servir à la représentation, furent
dorés et enluminés par le peintre Marc Boucquet. Deux
tambourins, Maillart et Jean Van dander Brugghe, étaient
joints à l'appareil militaire. Le tout fonctionnait sous l'œil
de deux régisseurs :

Heer Pieter Vermeulen, religieux van Ste-Nicolays ende
prefect vande latynsche schole binnen deser stede, over syne
vacatien van ghereyst te syne ende met eenen te doen drucken
't compendium van het tragedi-comediespel der *Oorloghe van
Bohemen;* daer inne ghevachiert hebbende vier daghen, xliij lib.

---

(1) *Comptes de la châtellenie de Furnes*, année 1623, f° 43 v°.
(2) Nous ignorons si cet imprimé, qui doit être rarissime, sinon absolument introuvable, figure dans quelque bibliographie de la localité.

Den voornoemden prefect vande selve schole, over den coop vande prysen vande voorseyde studenten, by twee ordonnantien, begrepen xxxvj sinbeeldeveuen, om hun te meer t'annimeren totte studie,   jᶜ xxxvj lib.

Mʳ Jan Schorye, organist, in bekentenisse van 't componeeren van eenighe sticken musycque, dienende tot condecoratie van 't selve tragedi-comediespel,   xx lib.

De weduwe van Jan Schultus, Lucrese Calle ende Ferdinande Minne, over den coop ende leverynghe van diverssche stoffie, tot maecken van de habyten van den Keyser ende Palatyn, als ander personnagen agierende in 't voorseyde tragi-comediespel, by vier billetten wettelyck geverifiert,   ijᶜ lxx lib., x st., ix d.

Pieter Copen ende Pieter Erclebout, van ghevrocht ende ghemaect t'hebben de voorschreven habyten, dienende tot het selve tragi-comediespel, by twee billetten, xl lib. iij st.

Mʳ Marques Boucquet, schildere, van gheschildert t'hebben, tot behoufve van de studenten, een keysers croone, ende die vergult, als mede den scepter met een dobbel arent, guldens vlies, diverssche wapenen ende ander stucken tot behoufve van 't voorschrevene tragi-comediespel,   xviij lib.

Maillart ende Jan Van dander Brugghe, tambourins, van ghesleghen t'hebben den trommel in 't voorschrevene tragi-comedie spel,   xviij lib.

Guillaes Vincent ende Jan Vander Schote, assistenten, voor toesicht ghenomen t'hebben binnen den tyt de voorschrevene studenten waren spelende,   l st. (1).

Ne quittons point la ville de Furnes, sans mentionner quelques particularités musicales relatives à l'époque dont nous venons de nous occuper (2).

---

(1) *Comptes de la châtellenie de Furnes*, année 1624, fᵒ 39 vᵒ.

(2) Nous voyons, dans la *Geschiedenis der Rederykerskamer van Veurne*, de MM. De Potter et Borre, que les écoles latines n'étaient point seules à représenter des drames lyriques, et que les rhétoriciens en

Il y avait, en 1612, à l'église de Sainte-Walburge, où Jean Schorie devint organiste, un maître de chant du nom de Jean Bettigny :

Mr Jan Bettigny, zangmeester, over zynen ordinairen dienst van 't synghen van de musycke in de hoogmesse, ten selven daghe [helich sacramentsdagh], metgaders 't lof 't savonts te vooren,   xxiiij lib. (1).

C'est le même que nous trouvons, quelques années plus tard, à la cathédrale de Tournai, où il remplissait les fonctions de maître des primiciers. C'est encore le même qui fournit deux morceaux au premier volume de la *Pieuse Alouette avec son tire-lire* (Valenciennes, 1516), et au deuxième volume (ibid., 1621), un autre morceau à quatre parties, intitulé : *Le Pieux Chant de l'alouette*. Nous avons examiné ce chant, d'après la traduction qu'en a faite Gevaert, et nous nous rallions pleinement au jugement dont l'accompagne le maître, à savoir que cette composition est des plus médiocres.

Jean Bettigny est remplacé, en 1617, par maître Philippe Verdevoye, dont on ne conserve d'autre trace, et qui a pour successeur maître François Berthoul, prêtre. La victoire de Breda donne lieu à celui-ci d'organiser, en 1626, une grande solennité musicale, à laquelle participe Jean Schorie, autant comme compositeur, croyons-nous, que comme exécutant. C'est, du moins, ce que nous autorise à sup-

---

exhibaient aussi. A preuve, le drame avec musique, de 1652, dont le livre précité fait mention, à la page 199. Les ménestrels qui s'y font entendre, ont, comme on pourra en juger, un répertoire assez varié :

Belle *Callysse soet*, oft ander *Galiarde*,
Dolphine d'Orangie, ofte *la Pyccarde*,
Of *la Roïale* dan, voor seeker, die gaet net.
Vyone spilt men oock, voor pryns ofte cadet,
Ofte *la Pavane*, seer lievelick van toone,
Ende *la Grand' bale*, die clynckt oock even schoone.

(1) *Comptes de la ville de Furnes*, année 1612, f° 18 v°.

poser le terme *ghecomponeert*, employé, à cette occasion,
par le scribe de la châtellenie :

Hęer Frans Berthol, sancmeester, Mr Jan Schorier, organist, Jan Devyn, clockluyder, Mr Jan Pollet ende ander
speellieden, over de musicque die der ghecomponeert ende
ghezonghen es gheweest, in de solemnele messe ghedaen ten
daeghe vande processie generael, met het *Te Deum laudamus,*
over de blyde victorie vande stadt van Breda, met ander
debvoiren ten dien respecte ghedaen, metghaders de cost
vande pecktonnen tot het vieren, en ander demonstratie van
vreuchtschap over de voorseyde victorie, by x billetten,
cxx lib. xvij s. (1).

Une ville où se jouait le drame de *Sainte Cécile,* devait
avoir assez de goût musical pour posséder une gilde
spéciale placée sous les auspices de la martyre qui per-
sonnifie l'harmonie. Aussi rencontrons-nous, tant dans ses
registres que dans ceux de la châtellenie, de nombreux
articles, d'où il est permis d'inférer le fait de cette institution. En voici deux, pris au hasard :

De gilde vande maghet Sinte-Secilia, is toegheleyt op
requeste, tot recreatie vande gildebroeders, naer 't celebreren
van eene solempnele messe in musicque, op sinte Secilien dach
in novembre xvie een en twintich, de somme van xij lib. (2).

Heer ende Mr Fransoys Berthou ende directeur vande
musicque vande collegiale kerke van Ste-Wouburghen, over
eene gratuiteyt toegheleyt ande musicienen, op den feestdach
vande heylighe maghet s^{te} Cecilia, voor hurlieder recreatie,
xxiiij lib. (3).

---

(1) *Comptes de la châtellenie de Furnes*, année 1626, f° 49 v°.

(2) *Comptes de la ville de Furnes*, année 1622, f° 16.

(3) *Comptes de la châtellenie de Furnes*, année 1624, f° 16.

IX.

Huyghens (Constantin),

gentilhomme luthiste et poète du xvii⁰ siècle. — Restitution d'un opuscule dont M. Fétis lui conteste la paternité. — Détails sur sa vie
artistique, extraits de ses mémoires rédigés en vers latins — Encore
enfant, il joue du barbiton. — Il se fait entendre à la cour de
Jacques, roi d'Angleterre. — Éloges qu'il reçoit des grands luthistes
attachés à cette cour. — Ce qu'était le barbiton. — La famille des
Gauthier, fameux luthistes, contemporains de Constantin Huyghens.
— Analyse d'un volume pour luth, de Pierre Gaulthier, d'Orléans,
et d'un opuscule rarissime de César Nostradamus, sur le luthiste
Charles Duverdier. — Portrait de Jacques Gouterus, archiluthiste
du roi d'Angleterre. — Psaumes mis en musique par Constantin
Huyghens et édités à Paris. — Exemplaires introuvables de ces compositions. — Éloge du talent musical de Constantin Huyghens. — Ses
portraits. — Documents inédits sur le rôle du luth aux Pays-Bas,
à partir du xiv⁰ siècle. — Luthistes attachés à la cour du duc de
Brabant, Wenceslas, du comte de Flandre, Charles-le-Téméraire, etc.
— Le luth aux anciennes processions flamandes. — Fabricants de
luths à Anvers. — Amateurs luthistes. — Engoûment pour la méthode
italienne. — Série de lettres concernant Philippe Vermeulen, jeune
luthiste de Bruxelles, envoyé par l'archiduc Albert à Rome, pour
s'y perfectionner sur le théorbe. — Ses maîtres et le milieu artistique
où il vivait à Rome. — Le luth à la cour de l'archiduc Albert.
— Retour de Philippe Vermeulen à Bruxelles. — Il y introduit vraisemblablement le théorbe. — Provenance des meilleurs luths en usage
alors aux Pays-Bas. — La famille de Philippe Vermeulen. — Servais
Vandermeulen, organiste distingué. — Jacques de Saint-Luc, luthiste
à la cour du gouverneur-général. — Le luth aux foires, aux concerts,
à l'église. — Sa décadence; causes qui y ont contribué. — Les concerts
du comte de Bonneval, à Bruxelles. — Ouvrages théoriques et pratiques sur le luth. — Analyse du *Thesaurus musicus* imprimé, en 1574,
à Louvain. — Dessins de luths et de théorbes.

La courte notice, que M. Fétis consacre à Constantin
Huyghens, roule exclusivement sur la question de savoir
si ce seigneur mélomane, qui était en même temps un
littérateur distingué et un diplomate habile, a écrit l'opus-

cule sur l'usage de l'orgue dans les églises protestantes, qui lui est attribué généralement. Il nous semble que tous les doutes doivent s'évanouir, en présence de l'édition de 1660, bien réelle et bien authentique, et dont le titre est : *Ghebruik en onghebruik van 't orghel, in de kerken der vereenighde Nederlanden, beschreeven door Constantyn Huigens, ridder, enz., verrykt met eenighe zanghen.* T' Amsterdam, by Arent Gerritsz. Vanden Heuvel, 1660, in-12, de 180 pages (1).

Voilà donc un livre dûment signé du vivant de l'auteur. Ce n'est pas tout. Le frontispice gravé contient le portrait en médaillon de l'auteur, avec la devise : *Constanter,* et deux pièces de vers, à Huyghens, l'une de P.-C. Hooft, l'autre de H.-F. Waterloos, sur les mérites de l'ouvrage en question. M. Fétis, avant d'argumenter d'après l'édition de 1641, qui ne porte point de désignation d'auteur, eût dû s'assurer de l'existence d'une édition postérieure, levant le voile de l'anonyme.

M. Fétis n'eût pas été mal inspiré, en prenant connaissance des mémoires mêmes du musicien : *De vitâ propriâ sermonum inter liberos libri duo* (Harlemi, 1817, in-8°), d'abord pour enrichir de certaines particularités intéressantes la trop maigre biographie du dit musicien, ensuite pour y puiser quelques notions utiles sur la culture de la musique instrumentale aux Pays-Bas, pendant la première moitié du XVIIe siècle. Nous allons essayer de suppléer à cette lacune.

Huyghens apprit le chant sur les genoux de sa mère, qui lui fit frédonner les airs en vogue. Dès l'âge de cinq ans, il étonna tout le monde par la précocité de son intelligence musicale :

---

(1) Cette édition est loin d'être commune, et il nous a fallu faire, il y a quelques années, de grandes recherches pour nous en procurer un exemplaire. Aujourd'hui, elle se trouve côtée 40 francs, dans le catalogue XXIII de Liepmannssohn, n° 521.

Fandi pæne potens cœpi præcenta biennis
Carmina cantillare; et erant, hoc omine qui me
Musarum fieri sperarent posse clientem.
Firmavit res ipsa fidem : quiuquennis in omni
Concentu primus vel eram, καὶ ἔξοχος ἄλλων,
Vel quia tum puero plaudentibus esse videbar.

En quelques semaines, à ce qu'on lui a raconté, il devint
si habile à jouer du barbiton, qu'il n'eut pas de peine à
rallier les suffrages des artistes. Durant deux ans entiers,
un maître lui enseigna la cithare, ce qui le rebuta beaucoup, car, bien qu'il fût impossible de se passer de ces
arides préceptes, la pratique l'avait déjà tant instruit, qu'il
trouva pour ainsi dire instinctivement la route qui menait
à toutes les difficultés du mécanisme. Or, par un vice inhé-
rent aux méthodes du temps, le professeur prenait brave-
ment le chemin le plus long :

Barbitus accessit, cujus me sæpe peritum
Paucarum hebdomadum audivi fecisse laborem.
Septennem citharæ totum impendisse bienni
Tempus adhuc doleo. Quid enim ? quæ prima necesse est
Tirones elementa manuductore doceri
Qua mercede juvat toties totiesque molesto
Jamque supervacuo sub præceptore recudi ?
Sufficit una eademque pares ad regula motus.
Exerce digitos dudum sua munera doctos ;
Invenient agiles ipsi, monstrante papyro,
Quos quibus imponas fidibus, quam pollice dextro
Percutias, habitu sensim studioque magistris.

Dans une excursion qu'il fit en Angleterre, il fut reçu par
le roi Jacques Ier, qui faisait alors une partie de chasse à
Bagschot. Appelé à pincer de la cithare devant le monarque,
il sut l'intéresser à son jeu et même le ravir, malgré son
jeune âge et la rudesse de ses mœurs :

. . . . Citharæ quin tendere nervos
(Quanta boni in Batavos regis clementia !) jussit,
Applausitque pari nugis candore canoris.

24

A son troisième voyage en Angleterre, il vit, dans la
la famille du chevalier Killigrey, d'habiles musiciens, et il
resta stupéfait en y entendant une dame, mère de douze
enfants, chanter d'une façon divine en s'accompagnant de la
cithare. Au nombre de ces musiciens, il cite Lanivius,
l'Orphée des Brittes, dont le jeu était réellement enchanteur,
et que la Gaule et l'Italie eussent proclamé un maître. Il
mentionne encore Gaulterius (Gauthier), natif de France,
que les Anglais appelèrent le plus grand de son nom, car
il y eut plus d'un artiste connu sous cette dénomination. Son
habileté était telle sur le luth, qu'il semblait que ce fût un
Dieu qui en faisait vibrer les cordes. Huyghens se produisit
devant eux, et il en reçut quelques éloges non déguisés. Dans
son humilité, il se compare à l'oie placée vis-à-vis du cygne :

His epulis quas non alias, quam gaudia sæpe
Musica, Apollineas quas non adscivimus artes?
Tota domus concentus erat: pulcherrima mater,
Mater (ad huc stupeo) duodenæ prolis, ab illo
Gutture tam niveo, tam nil mortale sonanti
Quam cœleste melos citharæ sociabat, et ipso
Threïcio (dicas) animatis pollice chordis !
Hac cessante, suos Britonum Lanivius Orpheus
Si tentare moveretur modulosque manumque,
Ecce stupor multos, at me suavissimus horror
Tundere, cuique diu possem non esse ferendo.
Scilicet hæc Gallis unquam si audita fuerunt,
Sive Italis, ambos coram rubuisse magistro
Credibile est, artesque suas optasse doceri,
Proximus his qui delitiis succedere posset,
Gauterius (proh quantus?) erat; quo nomine magnum
Artificem solo satis insignire viderer,
Ni se Gauteria majorem stirpe Britannis
Judicibus, nec me contradicente, probasset.
Dii superi! qua vi dextræ, qua sœpe sinistræ
Eripuit mihi me, dubium chelys illa quid esset,
Enthea, an humanæ molimen et impetus artis.
Anser ego hos tantos (quis crederet?) inter olores
Qualicumque fui in pretio, ut se forte vicissim
Alternaque scabunt muli prurigine : certe
A tam laudatis non illaudatus abivi.

En toute rencontre, et quels que fussent les soucis du poëte hollandais, il s'adonna à son art de prédilection. Il envisageait la musique sous son point de vue le plus élevé ; il y trouvait un adoucissement aux blessures de l'âme, et un stimulant pour les forces du corps affaiblies par une activité fébrile. Il invite tous les amateurs qui auraient appris, dans leur jeunesse, à jouer d'un instrument, à laisser germer cette précieuse semence, pour que, de la tige en fécondation, surgisse un arbre, servant d'abri tutélaire contre les orages de l'existence.

C'est, pénétré de ces idées, qu'il fit retentir, sur des chants nouveaux, les cantiques du royal prophète, ce qui lui valut les éloges d'hommes haut placés dans la hiérarchie artistique de France. A l'heure où il traçait ses mémoires, c'est-à-dire en pleine vieillesse, il déclare avoir récolté les fruits les plus savoureux des plantes élevées dans son jeune âge :

> Nec citharam tacuisse quidem quocumque gravati
> Pondere, tam non inficior, neque duco pudori,
> Ut laudi reputem ; et monuit prudentia, curas
> Omne graves mollire melos : mihi crede, juventas,
> Si quid ab unguiculis docta es vel voce canora,
> Vel fidium tractare modis, cole et excole primum
> Semen, ut in fruticem surgat, fortasse vel arbor
> Fiat, erit cum te istius sub tegmine fagi
> Vel tristes animi plagas lenire juvabit,
> Vel cantare creatori quas ipse crearis
> Voce, manu, cithara grato de pectore laudes.
> Talia ergo in mediis animæ solatia castris,
> Arma tubasque inter, patriæque negotia et aulæ.
> Mille, mihi applicui ; nec opella semper inani.
> Multa nepotibus hoc, pro me, composta loquetur
> Cantio, qua modulos regi aptavisse Prophetæ
> Non inconcinnos ; quæ vix sibi docta canori
> Gallia quid patitur conferri, Gallia fassa est.
> Hujus adhuc segetis tot lætas colligo spicas,
> Tot juvenis cultura senem delectat aristis,
> Ut nihil anteferam. Ignoscet quicumque paternus
> Quid sit amor, quæ cuique suæ sit gratia prolis,
> Ipse pater, didicit, vel fusi carminis autor.

Arrêtons-nous un instant aux trois points les plus intéressants soulevés dans les passages que nous venons de résumer : 1° le barbiton dont il apprit le mécanisme en quelques semaines ; 2° les artistes qu'il vit en Angleterre ; 3° les psaumes de David qu'il mit en musique, et au sujet desquels on lit, en marge de son autobiographie : *Psalmi ad citharam in castris compositi, Lutetiæ editi* ; c'est-à-dire : « Psaumes composés, avec accompagnement de cithare, au milieu des camps, et édités à Paris. »

L'instrument dont il est question ici, n'est autre qu'une variété du luth, sinon le luth lui-même. Il est singulier que le père Kircher n'en parle pas dans sa *Masurgia,* et que Flud seul, auteur d'un ouvrage où la musique n'intervient qu'accessoirement, en fasse longuement mention.

Comme tout ce que Flud dit du barbiton s'applique au luth même, et que le vrai nom latin de ce dernier instrument, *testudo,* n'est guère énoncé dans l'*Utriusque cosmi historia,* nous pourrions passer sous silence cette particularité, et constater simplement que le barbiton n'est qu'un luth, portant une dénomination empruntée à un instrument de l'antiquité. Mais, l'appellation de Flud étant employée, vers l'époque où le polygraphe allemand publiait son livre, par un poëte Néerlandais parfaitement initié aux auteurs anciens, et de plus musicien lui-même, ne serions-nous pas en droit d'en conclure provisoirement, que pareille dénomination était propre aux pays du nord, et que le mot *testudo* a été surtout en usage dans les contrées du midi, au moins pendant la première moitié du dix-septième siècle ? Evidemment, oui.

Une circonstance toutefois infirme la validité de l'hypothèse, c'est que Perrault, qui vivait, en France, environ un siècle plus tard, constate, en termes non équivoques, que « les modernes appellent *notre* luth barbiton (1). »

---

(1) *Musique des Anciens,* mémoire publié dans ses *OEuvres complètes,* édition d'Amsterdam, in-4°, de 1727, t. ι, p. 306.

En renonçant à la conjecture émise, il nous sera permis
de trouver étrange que les écrivains spéciaux n'aient pas
énuméré toutes les variantes d'appellation d'un instrument
qui eut tant de vogue aux xvie et xviie siècles.

Ainsi Brossard, auteur d'un curieux *Dictionnaire de
musique*, ne dit mot du barbiton moderne. Jean-Jacques
Rousseau le passe également sous silence. L'*Encyclopédie
méthodique* consacre au barbiton ancien deux articulets (1),
sans faire la moindre mention de l'instrument qui usurpa
son nom aux temps mordernes. Pareils renseignements
sont fournis par l'*Essai sur la musique* de Delaborde. Le
lexique musical de Castil-Blaze est muet sur l'un comme
sur l'autre instrument. Lichtenthal (2) se contente de
résumer les deux notices de l'*Encyclopédie méthodique* en
une seule. Les frères Escudier (3) copient l'article de Lichtenthal, et M. Fétis (4), toujours renseigné de deuxième
main, fait comme eux. M. Fétis pourtant cite ailleurs l'ouvrage de Flud, de façon à faire accroire qu'il l'a examiné à
fond. S'il l'a consulté avec attention, pourquoi se borne-
t-il à dire que le barbiton est un instrument des anciens?
S'il ne l'a point lu, pourquoi parle-t-il *ex cathedrâ* d'un
ouvrage où tant de faits intéressants sont à recueillir (5)?

Nous donnerions ici une reproduction photolithographiée
de l'instrument gravé dans Flud, s'il ne correspondait, à
peu de chose près, à celui que publie Kircher. Un jour
peut-être, sera-t-on initié aux secrets de leur appellation
différente. Nous nous contenterons de reproduire le texte
que Flud consacre au barbiton, au livre vi de l'ouvrage

(1) *Musique*, t. i, p. 115.
(2) *Dictionnaire de musique*. Paris, 1839.
(3) *Dictionnaire de musique*. Paris, 1844 et 1854.
(4) *La musique mise à la portée de tout le monde*. Paris, 1847. Au
Dictionnaire des mots en usage dans la musique.
(5) Nous en avons extrait un concernant le *stafspel*. Voy. *La Musique
aux Pays-Bas*, t. i, p. 63 et 64.

précité, et sous la rubrique : *De instrumentis musicis vulgariter notis*. C'est à bon droit qu'il donne l'appellation de *omnium musicæ instrumentorum princeps* à un instrument dont sont issus la mandoline ou la mandore, la pandore, le théorbe, etc.

Cum *barbiton* omnium musicæ instrumentorum sit quasi princeps, ita ut nulla inventio antiquorum aut recentiorum concentum magis gratum, aut symphoniam magis exoptatam et laudabilem auribus auditorum afferre queat, idcircò non immeritò primum hujus libri locum ei attribuimus ; nulla enim ætas ejus sonorum suavitatem delebit, nec hominum affectiones ab eo seducent inconstantes artificum inventiones, quamvis raræ, inauditæ et pro tempore industriâ haud minimâ à cupidis apprehensæ ; inter quas instrumenta nonnulla *barbito* simillima effinxerunt, cujusmodi sunt illa quæ vulgò appellantur *theorba,* quæ sonos graviores reddunt, chordasque nervosas habent ; *orpharion* et *pandora,* quorum soni precedunt à cordis cupreis et ferreis ; *cistrona,* quæ quatuor tantùm chordas duplicatas habet, easque cupreas et ferreas, de quibus aliquid dicemus suo loco. Musici verò recentiores aliquid novi subinde addunt barbito ; primùm enim chordam septimam addiderunt, deinde octavam, denique nonam, quæ omnia duplicata efficiunt octodecim, quæ tres nervos duplicatos addiderunt, ut cæteris sonarent bisdiapason.

Il est bien entendu que l'instrument au grand complet est monté de dix-huit cordes, ou de neuf cordes doubles, et non de neuf cordes simples, comme le porte la gravure (1). Étant donnée une tablature pour ce dernier mode d'accorder l'instrument, il faut avouer que la facilité prodigieuse avec laquelle Huyghens parvint à en saisir le mécanisme, perd beaucoup de son prestige. Encore, que

(1) Il est possible que le dessin original en ait produit dix-huit, et que l'encre de la gravure ait confondu chaque couple, dans l'opération du tirage.

de difficultés pour un enfant ! Est-ce un petit barbiton
de foire qu'on lui a mis en mains, pour amuser son
jeune âge? Est-ce peut-être une mandoline, ou ce qu'on
appelait alors une mandore luthée, c'est-à-dire un diminutif du luth?

La supposition n'est pas invraisemblable, puisqu'il lui
a suffi de quelques semaines, pour se familiariser avec
l'instrument, et qu'il lui a fallu beaucoup de temps et de
patience pour apprendre la cithare. Il ajoute, comme cor-
rectif, que c'est par d'autres personnes qu'il a su le fait:
audivi. Il était donc si jeune que le souvenir s'en était effacé!

Huyghens affectionnait tellement son luth, que dans une
pièce de vers dont nous reproduisons un fragment, il
groupe, autour du nom de l'instrument, les saillies les
plus capricieuses, parmi lesquelles on en remarquera qui
concernent les formes mêmes du luth :

YET BOERIGHS, AEN DEN VRYHEERE VAN ASPEREN,
AENGAENDE JOFF. ANNA VISSCHERS.

Roomsch gespann, Veneetsche berders,
Tweede vrijster van ons' Herders,
Haeghsche maecksel, Fransche kropp,
Fransche stellingh, Haeghsche kopp,
Haegnse- Veneetsche- Fransche spanen,
Luyt, getuyge van mijn' tranen,
Luyt, getuyge van mijn' vreughd,
Van mijn' onbevleckte jeugd;
Luyt, toekomende verblijden
(Emmers wilt den Hemel lijden)
Van mijn' dorren ouderdom;
Luyt, mijn' stille Treves-Tromm,
Luyt, mijn' Fluyt, mijn' doove Trompen;
Luyt, mijn' Feest, mijn' druyven-dompen (1)...

Sur le point de jouer devant Jacques Ier, roi d'Angleterre,
il improvisa les distiques suivants, mêlant ainsi la poésie

(1) CONSTANTINI HUGENII, *Ottorum libri sex*. Hagæ-Comitis, 1625,
in-4°, p. 143 du livre v.

latine aux doux accents de son luth. Sa visite eut lieu,
d'après la date qui accompagne la pièce de vers, en 1618 (?)

CORAM REGE BRIT. CITHARA CANTURUS.

Applicat augustam Regum ter maximus aurem,
    Suggere non solitos, dextra Thalia, modos.
Quid pavido prodis passu tremebunda? quis iste
    Virgineo subitus funditur ore rubor?
Regius, agnosco, percellit lumina splendor,
    Torpida præsenti numine lingua riget.
Cui tamen ore loqui Batavo datur, ille Britannos
    Desperet faciles in sua verba Deos?

CIƆIƆCXIIX (1).

A l'égard des Gaultier, leur renommée comme luthistes
n'a guère laissé de traces notables dans les biographies
spéciales. Le *Dictionnaire de Trévoux* (2), en donnant,
à titre d'exemple, le mot *jeu,* employé comme manière de
jouer d'un instrument, dit : « Un tel a le jeu de Gautier pour
le luth, de Hotteman pour la viole, de Batiste pour le
violon, c'est-à-dire il tâche d'imiter les maîtres de l'art. »

Lacombe, dans son *Dictionnaire des Beaux-Arts* (3),
estime que « les Gaultier ont été, dans le siècle dernier
(XVIIᵉ siècle), les plus fameux luthériens (*sic*) ou joueurs
de luth. » Mais où trouver leur monographie? Le même
Lacombe, compilateur du *Mercure galant,* parle (4) d'un
Gauthier, surnommé *le vieux,* et d'un Denis Gauthier, son
cousin, en ajoutant, pour ce dernier, que ses *Pièces de
luth* sont le plus recherchées par les virtuoses de cet
instrument. Quant aux compositions de Gauthier *le vieux,*
elles ont été rassemblées, d'après le *Dictionnaire des artistes*
de l'abbé de Fontenai, avec celles de Pierre Gauthier,

(1) CONST. HUGENII, *Otiorum libri sex*, p 26 du livre I.
(2) Paris, 1743.
(3) Paris, 1755, au mot *luth.*
(4) Au mot *Gauthier.*

son cousin. N'est-ce pas à Denis Gauthier qu'il entend faire allusion ? Il faut le croire, à en juger par ce qu'en dit brièvement Lacombe, dont l'abbé de Fontenai paraît n'avoir été que le copiste.

Il y eut un Pierre Gauthier, né à Ciotat en Provence, et mort en 1697, à l'âge de 55 ans ou environ, toujours d'après Lacombe. Mais il n'est guère connu que comme claveciniste et comme directeur de théâtre. C'est de lui dont Palaprat dit, en parlant du siége de Toulon (1695), dans son discours sur la comédie des *Empiriques :* « Gaulthier y commandait vingt filles de l'Opéra, autant de chanteurs, de danseurs et de symphonistes. » Voilà, avec un opéra de sa composition : le *Triomphe de la Paix,* et une aventure sur mer, successivement racontée par Lacombe, l'abbé de Fontenoi, Delaborde (1) et d'autres, tout ce qu'on rapporte de plus saillant de sa vie artistique, sans compter la musique du *Devin de village,* qui, selon Choron et Fayolle (2), lui aurait été atribuée, et que Rousseau aurait trouvée dans ses papiers, attribution parfaitement réfutée aujourd'hui.

M. Fétis confond, avec raison peut-être, Gauthier *le vieux* avec Denis Gauthier, son cousin, et cite, d'après le *Catalogue des Dauphinois dignes de mémoire,* par Colomb de Batines, (3), un autre luthiste contemporain, Eunémond Gauthier, très-habile dans son art et surnommé *le jeune,* parce que, est-il dit, il se fit connaître plus tard que Denis *le vieux.* Les deux artistes, à en croire Titon du Tillet, étaient originaires de Lyon.

Enfin, voici un Pierre Gaultier, natif d'Orléans et dont nous ne trouvons la biographie nulle part. Il fit paraître à Rome, en 1638, un recueil de morceaux en tablature de luth, dont un exemplaire, peut-être rarissime, est conservé à la Bibliothèque royale de Bruxelles. Ce livre est

---

(1) *Essai sur la musique,* t. III, p. 422.
(2) *Dictionnaire des musiciens.* Paris, 1817.
(3) Grenoble, 1840, 1re partie, p. 81.

entièrement gravé sur cuivre, et porte pour titre : *Les œuvres de Pierre Gaultier, orléanois , dédiées à Monseigneur le duc de Crumau et prince d'Eggenberg , etc.*, *ambassadeur extraordinaire pour Sa Majesté Impériale à Sa Saincteté Urbain VIII*. — A Rome, l'an 1638, in-4° obl., de 119 feuillets avec le frontispice, la préface et la dédicace.

Le frontispice est d'une exécution charmante. Une femme assise à terre et un ange debout déploient une draperie sur laquelle est inscrit le titre précité. Derrière eux, un ange jouant du luth et un ange tenant un livre de musique. Au-dessus, un ange s'ébattant avec un luth reposant sur la draperie. Plus haut, la Renommée agitant sa trompette, d'un côté, et, de l'autre, deux anges ailés planant dans l'espace et exhibant le blason du duc de Crumau. La préface,. écrite d'un ton candide et narquois, qui fait connaître entièrement le musicien , est ainsi conçue :

Au Lecteur.

Je scay que ce petit ouvrage que je metz en lumière ne sera pas exempt de la censure. Si je l'espérois autrement, j'aurois aussi peu de raison que ceux qui me reprendront mal à propos. C'est pourquoy, ayant prévu ce qui en peut ariver, il seroit inutile de m'en plaindre. J'advoue toutefois que le désir que j'ay naturellement de plaire à tous, a esté longtemps en équilibre avec la crainte de ne te satisfaire pas assez, et confesse franchement que j'attens beaucoup plus de ta courtoisie que je n'oze espérer de mon mérite. Si tu me traites favorablement, tu me donneras courage de faire mieux, et te montreras équitable en tesmoignant de l'inclination à louer ce qui est bon ; et si tu excuses les défaux qui si pourroient rencontrer, ce sera une marque assurée de ton humanité et de ta gentillesse. Adieu.

Au verso du feuillet qui contient la préface, se voient quelques instructions théoriques concernant spécialement

les signes dont il est fait emploi dans le cours de l'ouvrage.
On a déjà un échantillon de la naïveté du musicien. La
phrase qui termine ce qu'il appelle ses *notations*, achève
de le dépeindre : « Qui voudra sçavoir mieux, dit-il,
qu'il me parle ! » Puis vient la dédicace, que nous transcrivons en entier, pour les rares allusions biographiques
qu'elle contient :

A très-illustre et excellent prince, monseigneur le duc de
Crumau et prince d'Eggenberg, etc., ambassadeur extraordinaire pour sa Majesté Impériale a Sa Sainteté Urbain VIII.

Monseigneur,

Les grands princes comme vous estes, ne recerchent autre
fruict de leurs bienfaits que la gloire de satisfaire à leur
propre générosité ; et ceux qui leur servent de subject pour
exercer leur libéralité, ne peuvent s'en montrer plus dignement reconoissans que de publier à tout le monde de les
avoir receuz. Votre Excellence qui m'a favorisé en tant d'occasions, m'accordera, s'il luy plaist, les moyens d'en user ainsi,
prenant soubs sa protection ce petit ouvrage de ma composition,
afin qu'ayant obtenu un aveu si glorieux, il puisse hardiment
se trouver entre les mains des honnestes gens, et leur dire
que V. E. m'a donné le courage de le mettre en lumière.
L'aprobation d'un prince qui entend si parfaitement la musique,
me fait espérer qu'il y sera bien receu, si je suis assez
heureux pour obtenir ce que je m'en prometz, ce sera icy
la moindre partie de ce que je projette, ne me proposant
autre but à mes labeurs, que de faire voir à tous combien je
suis sensible aux obligations que je vous ay, et avec quelle
passion je chéris l'honneur de pouvoir dire, Monseigneur,
de V. E.

Le très-humble et obéissant serviteur,

P. Gaultier, orléanois.

Presque tous les morceaux appartiennent à la musique
de danse. On y compte, en divers tons : deux symphonies,

neuf préludes, douze ballets, quinze allemandes, vingt sarabandes, trente-huit courantes, quatre branles, une bataille formant six suites, et une chaconne. L'un des ballets est composé « sur l'entrée de Monseigneur le prince d'Eggenberg à Rome. » Le prince était mélomane, et Gaultier en a reçu, dit-il « en tant d'occasions » des faveurs.

La renommée de Pierre Gaultier a dû être assez grande, pourqu'il se dispensât de décliner sa qualité de luthiste, et nous ne serions nullement étonné si Constantin Huyghens eût fait allusion au virtuose, en décernant un si beau tribut d'éloges au luthiste qui se fit entendre devant lui en Angleterre. En tout cas, le volume curieux que nous venons d'analyser, méritait d'être signalé aux savants.

Peut-être le lecteur nous saura-t-il gré de lui faire connaître une autre rareté bibliographique, se rapportant à un luthiste français de l'époque des Gauthier : Charles Duverdier. C'est un opuscule contenu dans un recueil de poésies de Nostradamus, intitulé : *Pièces héroïques et diverses poésies par Cæsar de Nostra-Dame, gentilhomme provençal, dédiées à très-illustre, très-magnanime et très-héroïque prince, monseigneur le duc de Guyse.* — Tolose, vᵉ Colomiez et Rémy Colomiez, impᵉᵘʳˢ du Roy et de l'Université, 1608, petit in-12.

Chaque pièce de vers porte un titre, une date et une pagination particulières. La bibliothèque de Paris en possède trois exemplaires, dont un seul renferme la pièce rarissime relative à Charles Duverdier. Son titre est : *Vers funèbres sur la mort de Charles Duverdier, escuyer de monseigneur le duc de Guyse, et très-excellent joueur de luth, par Cæsar de Nostra-Dame, gentilhomme provençal.* — A Tolose, de l'imprimerie de Colomiez, 1607, petit in-12, de 20 pages, contenant environ 500 vers. Au verso de ce titre, se trouve l'épitaphe latine de Duverdier. Nous en donnons la reproduction, en respectant scrupuleusement l'ortographe et les alinéas, comme il convient pour toute inscription lapidaire :

D. M.

ET

Carolo Verideo, quem proh
dolor, in flavo flore iwen-
tæ, parcarvm libido et inevita-
bile fatvm invicem rapvere
at quem dvlcis Cythara forma-
qve facile ab inferis excussent,
si non tricorporevs Ploto et
herovm manes svpplices cvm
lessv et lachrvmis re-
tenvissent.

—

Cæsar Nostradamvs Patri-
civs Sallonivs Orpheo alteri
Orphevs alter moer. p.
anno MDCI.

Deux passages relatifs à Charles Duverdier et à son talent
de luthiste méritent également d'être reproduits. On y verra
qu'il est mort jeune, et, comme le poëte semble l'insinuer,
de mort violente, à la suite d'un sanglant duel peut-être.
Dans une phrase imagée et ampoulée, il pardonne à son
adversaire, dont il excuse la violence, à cause de l'ardeur
impétueuse de son âge. Le poëme funèbre commence ainsi :

Lorque le beau Verdier, tout sanglant et tout pasle,
Vict approcher Charon et sa barque fatale,
En ces chemins desers et ces funestes bords,
Qui ne sont fréquentez et battus que des morts,
Sautant d'un pied léger du rivage à la pouppe,
Avec un long soupir qui trois fois s'entrecouppe,
(Car le sang chaud encor dās ses veines bouillait,
Où maint esprit vital en fuyant tressaillait),
Il empoigne son luth, et, de cette main même,
Qui ravissait les Dieux, froide, tramblante et blesme,
D'une face abbaissée et d'un triste maintien,
Il dict ce chant funèbre et cet air Orthyen :

Destins, qui présidez sur nos jours, sur nos ages,

Qui, come bo vous semble, abbregés nos voyages,
Que mesme n'oze pas le grand Jupiter,
Tant vous êtes sacrés, aigrir ny dépister.

. . . .

Destins, qui vous a plu, suscités de l'envie,
Qu'Atropos ayt tranché le filet de ma vie,
Au plus beau de son cours: bien que sa sœur Cloto
N'en eût à peine fait qu'un demi peloto;
Qui, pour fondre mes os et confondre ma cendre,
Faites en ces lieux bas ma jeune ombre descendre,
Et, par un coup mortel et fatal accident,
De mes jours les plus beaux avancés l'Occident.

Destins, je vous pardonne, et n'ay point de tristesse
Que de ces tristes champs mo âme soit hotesse.
Non, je ne me plains pas qu'avant d'être grison
Vous ayez démoly cette humaine prison.
Je pardonne à ce bras et la félonne épée,
Qui s'est, au feu de l'Ire, en ce mien sang trempée.
Avec le même cœur que je demande icy,
A ce grand Dieu qui m'oyt, de me faire mercy,
Je ne désire point que, plus épais qu'àtomes,
Volent autour de luy mille vagues fantômes,
Ny qu'il soit de la Dire en l'âme pointillé,
Qui court dessus un char à griffont attellé.
Non, non je luy pardonne, et scay bien qu'un courage
Que la jeunesse porte, est porté à la rage,
Et que la loy toujours regarde à la saison
Où la fureur commande au fort de raison.
Je ne regrette point mes amours ny mo estre.
Je regrette sans plus la face de mon maistre,
De qui si tristement vos Parques m'ont privé,
Avant d'être au millieu de ma course arrivé.

Cette lugubre invocation aux Destins, que Nostradamus place dans la bouche même du patient Duverdier, au moment de mourir, est suivie d'un long et interminable imbroglio, où le poëte fait intervenir tous les dieux et toutes les déesses du paganisme; puis Nostradamus, appréciant Duverdier comme artiste et comme joueur de luth, dit:

Qu'Espagnet admirait, que tout le ciel admire,
Quand, empoignant son luth, une cadence il tire !

L'Appollon du sénat, qui n'a pas son pareil
En viesse de mains, soubs le rond du soleil.

. . . .

Adonc, tirant un vent du fonds de sa poitrine,
Et replantant sa main dessus sa table orine,
Il fit une tyrade et rien plus ne s'ouït:
Le son avec sa voix aux airs s'esuanouït.
Ce fut avec tant d'art et de nette harmonie,
Que sa main délicatte, en douceurs infinie,
Mesura ces accords, s'alla pourmenant,
Au manche de son luth tristement résonant.
Ores, par un frédon qui les ombres esueille,
Montant depuis la rose, une douce merueille,
Du nerf le plus subtil plus hautement tendu,
Jusqu'au dixiesme corps sur la table estendu,
Non autrement qu'on voit, de l'espais de la nue
Tomber dessus un toict une gresle menue,
Ou bien, comme l'on voit or doux, or violent,
Frédoner vn tonerre aux airs viste et roulant.
Ores, plus bassement animant une plainte,
Sur la fausse cadence et sur la note feinte,
Triste accroamatique, et, d'un trait de ses dois,
Faisant pleurer la corde avec un air Lydois:
Passant par ses longs corps d'espesseur différate,
Les quatre doigts Germains de sa main gauche errante,
Par dix diuers degrès, le pouce ne seruant
Que de timon, de guide et d'estançon mouuant.
Ce fut avec tant d'art, de souplesse et de grâce,
Qu'il mania son luth, que le chantre de Trace
En fut veu sur la rive à cachettes, goustant
Cette rare merveille et ce miel dégouttant (1).

Ces extraits, qui ont été pris avec le plus grand soin,
nul, croyons-nous, ne les connaît (2). George Kastner,
ce fouilleur infatigable à qui nous devons tant de trésors
d'érudition musicographique, n'en dit mot. Il ne parle

_____

(1) C'est-à-dire sans doute : et ce miel qui débordait.
(2) La *Biographie universelle*, de DIDOT, se borne à en citer le titre.
Voyez-y la notice NOTRE-DAME (*César de*), pour les renseignements sur
la vie de cet auteur.

que de Claude Duverdier, né vers 1503, et fils unique de l'auteur du *Dictionnaire*, lequel a écrit un poëme assez ennuyeux intitulé : *le Luth*. Duverdier le père, qui en a fait la publication, dit, au sujet de son fils : « Étant allé de Boulogne en Italie, où il est de présent, il a laissé huit chants intitulés : *Le Luth*, *le Bien*, *la Blanque*, *la Beauté*, *l'Honneur*, *le Lien*, *le Centre*, *le Point*, lesquels j'ai trouvés parmi ses papiers dans son étude, et en mettrai ici les deux premiers. » Sont-ce les ancêtres de notre luthiste ?

Le grand luthiste Lanivius, que notre Huyghens entendit avec admiration en Angleterre, n'est guère cité par les biographes. Par contre, nous connaissons un archilutiste du roi d'Angleterre, Jacques Gouterus, contemporain de Lanivius, et qui eut, à l'apogée de son talent, une réputation énorme, tant à la cour qu'ailleurs. Il est gravé avec un large manteau et un collet uni à l'espagnole, et tenant, sous le bras gauche, un superbe archiluth.

Claussin, dans son travail sur l'œuvre de Rembrandt, décrit la gravure et reproduit l'inscription qui l'accompagne. Elle émane de Jean Livins, imitateur du maître hollandais. L'artiste a exécuté ce portrait d'une façon très-pittoresque, qui n'est point tout-à-fait la gravure au burin, mais qui approche beaucoup de la gravure à l'eau-forte. En somme, une œuvre magnifique, splendide.

« Le portrait de Jacques Gouter, musicien anglais, à mi-corps, vu presque de profil, et dirigé vers la droite de l'estampe. Il porte deux moustaches à la lèvre supérieure et une au menton ; ses cheveux sont fort épais et frisés ; il est couvert d'un large manteau de dessous lequel sort sa main droite, dont il s'appuie sur un coussin placé sur le dossier d'une chaise ; il tient un luth de la main gauche. Il y a dans le fond un mur à hauteur d'appui, au-dessus duquel se présente la vue d'un paysage. Dans la marge qui est au bas de l'estampe, on lit :

« *Jacobo Goutero, inter regios magnæ Britanniæ Orpheos*

et Amphiones Lydiæ, Doriæ, Phrygiæ, testudinis fidicini et modulatorum, etc. — Joannes Livius fecit et excudit.
« Hauteur : 9 pouces 2 lignes, y compris la marge. Largeur : 7 pouces 6 lignes (1). »

Jean Lievens, né à Leyde le 24 octobre 1607, passa trois ans en Angleterre, où il fit des portraits de la famille royale et de plusieurs dignitaires de la cour. En recherchant la date de ce séjour, on pourrait parvenir à savoir si le musicien, dont il reproduisit les traits, n'était point attaché officiellement au monarque règnant en Angleterre. Ce point établi, il serait assez piquant d'apprendre que le virtuose n'est autre que le Gauthier dont Huyghens fait l'éloge, et dont le nom sonne un peu celui de l'archilutiste admis à la cour roi d'Angleterre : *Gauthier, Walterus, Wouterus, Gouterus* (2).

A l'égard des psaumes de Huyghens, imprimés à Paris, nous avons vu que les *Sermones de vitâ propriâ*, édités par Peerlkamp, constatent, sans réserves, le fait. D'autres écrivains, notamment Koopman, auteur d'une notice sur *Huyghens considéré comme homme et comme poëte* (3), le confirment pleinement. Voici, mot par mot, ce que Collot d'Escury rapporte, d'après Koopman :

Op zijne reizen vergezelde hem deze zucht voor de

---

(1) Claussin, *Supplément au catalogue de Rembrandt.* Paris, 1828, in-8°, p. 75, n° 58.

(2) Il existe à la Bibliothèque de Bourgogne un recueil manuscrit relatif à la ville d'Anvers, et dont le titre est : *Bibliotheca scriptorum antverpiensium.* Le collectionneur, un certain Van Eyck, a rempli sa compilation de portraits gravés, placés en regard du texte. En face de la biographie d'André Pevernage, s'offre le portrait de Gouterus, dont l'inscription est enlevée, sans doute en vue de le faire passer plus facilement pour la reproduction des traits du célèbre compositeur flamand. Avis à qui de droit. Voyez, à ce sujet, le *Guide musical*, année 1865, n° 15.

(3) *Huyghens als mensch en als dichter beschouwd,* dans les *Redevoeringen en Verhandelingen* dudit Koopman, IIe partie, p. 245.

kunst; ook in het leger. volgde zij hem, in hetwelk hij
Davids Psalmen op muzijk gebragt heeft, die naderhand
te Parijs uitgegeven, en aldaar door de toonkunstenaars
zeer gunstig ontvangen zijn.

Croirait-on maintenant que cette assertion est révoquée
en doute, par la raison qu'aucun exemplaire de la composition de Huyghens n'est connu nulle part? Après de
vaines recherches faites dans les principales bibliothèques
du pays, nous avons eu recours, en 1868, au principal
dépôt littéraire de Paris, et M. Ravenel, sous-conservateur
de la bibliothèque nationale, à la suite de perquisitions
minutieuses restées sans résultat, a formulé un avis
négatif, quant à l'existence de l'introuvable exemplaire en
question. Il croit que la musique de ces psaumes sera
restée manuscrite, et il affirme que si elle avait été
réellement imprimée à Paris, on la posséderait, comme
tout ce qui, de tout temps, est sorti des presses pari-
siennes. On conserve, audit dépôt, une énorme quantité
de manuscrits anonymes contenant des psaumes en musique. L'œuvre de Huyghens ne serait-elle point du nombre? Telle est la conclusion de M. Ravenel. Avant de
nous y rallier, nous attendrons que des arguments plus
plausibles soient produits.

Huyghens, pour nous, est une sorte de génie doué d'une
aptitude spéciale pour toutes les branches ressortissant de
l'art musical et de la littérature. On peut voir, dans ses
Otia (1), un plan de ballet en langue française tracé par
le poëte, et dont voici le résumé succint :

Dessein de l'entrée du Ballet présenté à la Reine de Bohême
*à La Haye, l'xj*e *de janvier CIƆIƆCXXIV.*

Cupidon à la Reine. — La Guerre à Cupidon. — Le vin.
— La chasse. — Le Jeu. — L'Espagnol avec la Guerre. —

(1) P. 49 du liv. IIe.

CONSTANTIN HUYGHENS

Poëte et Leuthiste.

Le Suisse avec le vin. — Le Tartare avec la chasse. — Le
Français avec le jeu. — Cupidon tirant quatre couns. —
Cupidon à la Reine. — Les 4 nations.

Le poëte Hooft, prévôt de Muyden et chez qui Huyghens passait des journées entièrement consacrées aux
belles-lettres et à la musique, lui adressa, à propos de
ses *Otia*, un sonnet d'où nous extrayons les vers suivants,
relatifs à son éminent talent de luthiste :

> Roomer en Toscaen en Vrank,
> Moet genoegh zijn dat de klank
> Van de Constantijnsche nooten
> Hem te weinigh docht te vlooten,
> Zoo zij niet geraekte mêe
> In hun' volle taelen t' zee.
>
> . . . .
>
> Hollandt heeft hem hooren slaen,
> Hollandt hooren geven knipjes,
> Met de teere vingertipjes,
> Op 't getakel van de luyt,
> Effen was zijn suigen uyt.

On conserve de lui un excellent portrait gravé par W.
Delff, d'après un tableau que peignit Michel Miereveld, en
1625, c'est-à-dire quand le poëte-musicien avait 27 ans. Au-
dessus, figurent la devise *Constanter* et le millésime :
« *Anno Domini* cɔɪɔcxxv, *ætatis* xxvii. » Au-dessous, se
voient des vers latins de Daniël Heinsius et les signatures :
« *Mich. Miereveld pinxit; W. Delff sculpsit.* » Comme
cette gravure est rare, et qu'elle reflète, en traits caractéristiques, la physionomie intelligente de Huyghens, à
une époque où son double talent brillait du plus vif éclat,
nous avons cru bon d'en offrir, en regard, une reproduction matériellement exacte.

Il existe un autre portrait de Huyghens dû au pinceau
magistral d'Antoine Van Dyck, et dont une admirable
gravure a été faite. Bien que supérieur en tous points
à l'autre, nous hésitons à lui donner la préférence, non-

seulement parce qu'il est extrêmement connu dans le
monde artistiques, mais parcequ'il a été exécuté à une
époque où Huyghens, devenu homme d'état, n'avait plus
ce prisme de l'illusion que donne la jeunesse, et qui
devait imprimer à son jeu et à son chant un cachet d'inspiration passionnée, dont il n'aura retrouvé que de faibles
reflets à un âge plus avancé.

Veut-on maintenant avoir quelques renseignements sur le
rôle du luth aux Pays-Bas? Nous ne prétendons point faire
l'historique de l'instrument. Nous voulons simplement
ouvrir la voie aux chercheurs spéciaux.

En 1363, le duc de Brabant Wenceslas fit chanter devant
lui plusieurs ménestrels, qui s'accompagnaient du luth :

Tribus aliis hystrionibus cantantibus et ludentibus super
lutam, jussu ducis. — Uni hystrioni ludenti cum louta (1).

Le luth fonctionnait à la cour de Charles-le-Téméraire,
qui avait à ses gages plusieurs virtuoses de cet instrument.
C'étaient notamment les frères Henri et Léonard Boclers,
ainsique Gautier Van Berchem, qualifié de maître. En
1469, le comte de Flandre leur procura trois nouveaux luths,
décorés de ses armes et valant quinze livres chacun. Il
s'était adressé, à cet effet, à un certain Molhans, marchand allemand, qui lui apporta les instruments à Hesdin,
où il séjournait alors. Après l'expertise des luths, Molhans
reçut, à titre de gratification, la somme de sept livres
dix sous :

A Molhans, marchant d'Alemaigne, la somme de cinquante-
deux livres dix solz dudit pris que mondit seigneur luy a
ordonné estre delivrée comptant, tant pour trois luths faiz
à sa devise qu'il a faiz preuve et achetter de luy et iceulx
donnez à Henry et Lenart Boclers, frères, et à maistre Wou-

(1) Citation empruntée à la notice de M. Pinchart: *La cour de
Jeanne et de Wenceslas*, etc., dans la *Revue trimestrielle*, t. xiii, p. 55.

ter de Berchem, ses joueurs de leut, au pris de xv lib. chascun lut, font xlv lib. comme pour vij lib. x s., que mondit seigneur lui a donnez pour ses painne et sallaire, d'avoir apporté lesditz lutz desditz pays d'Alemaigne devers luy en sa ville de Hesdin, et pour soy retourner en dit pays; font ensemble ces deux parties ladite somme de lij lib. x s., pour ce, par sa quittance, icelle somme de lij lib. x s. (1).

Les luths d'Allemagne étaient en grande considération alors, et le luthier nuremburgeois Conrad Gerle, le plus ancien facteur de luths dont on fasse -mention, s'était acquis, dans cette industrie, une réputation pour ainsi dire européenne. Hans Gerle, le jeune, dont le portrait a été conservé, contribua à la vogue de ces produits. Inutile de citer Hans Gerle, l'aîné, auteur d'une méthode instrumentale, qui, bien que postérieure à celles de Sébastien Wirdung et de Martin Agricola, remplit, dans l'histoire de l'art, une place importante et légitime (2) :

L'estime dont Gautier Van Berchem jouissait à la cour de Charles-le-Téméraire, se révèle encore dans l'article suivant, où il est question d'une gratification particulière à lui accordée, pour certains services relevant, sans aucun doute, de son art :

A Gaultier Van Berchem, joueur de lu, la somme de dix livres dix solz dudit pris de xl gros la livre, en don à luy fait par mondit seigneur, en considération d'aucuns services qu'il luy a faiz par ci-devant; pour ce, par sa quictance cy rendue, ladite somme de   x lib. x s. (3).

Le duc ne s'en tenait pas exclusivement à l'audition de ses

---

(1) *Comptes de la recette générale des finances,* année 1469, f° 388 v°.

(2) Elles ont paru à Nuremberg, de même que ses compositions instrumentales. La tablature en question a précédé d'au moins dix ans la *Regola Rubertina* de Ganassi del Fontego.

(3) *Comptes de la recette générale,* etc., année 1468, f° 89 v°.

luthistes gagistes. Il écoutait volontiers les accords harmonieux de virtuoses attachés à d'autres cours. C'est
ainsi qu'il gratifia, en 1468, d'une somme de quatre
livres seize sous, Conrad Bouclin, luthiste de l'évêque de
Liége, qui probablement avait contribué, par son talent,
à rehausser une réception solennelle au palais :

A Conrart Bouclin, joueur de lu de monseigneur de Liége,
la somme de quatre livres sèze solz dudit pris, pour don
à luy fait par mondit seigneur, en considération d'aucuns
aggréables services qu'il luy a nagaires faiz; pour ce, par
sa quittance cy rendue, ladite somme de iiij lib. xvj s (1).

En 1488, Léonard Boclers ou Beuckel (2) reçoit encore
un luth du prix de douze livres, pour distraire les loisirs
de l'archiduc :

A Leenard Beuckel, joueur de lut, la somme de douze
livres dudit pris, pour don que le Roy lui en a fait de grâce
espéciale pour une fois, pour convertir en l'achat d'un lut,
pour en servir monseigneur l'archiduc son filz; pour ce icy,
par sa quitance cy rendue, ladite somme de   xij lib. (3).

Kastner, après avoir analysé le rôle du luth que comportent les sujets des danses des morts, retrace ainsi
la mission de cet instrument dans les cours princières
et dans les demeures des grands :
« Si nous le voyons figurer dans le tableau du baron
et dans celui de la duchesse, si même nous le retrouvons

(1) *Comptes de la recette générale des finances*, année 1468, f° 150.
L'évêque de Lyon avait à ses gages un harpiste du nom de Jaco-
tin Daniel, qui vint se faire entendre devant Charles-le-Téméraire.
Mêmes comptes, année 1468, f° 329 v°.
(2) En l'absence de tout contrô'e positif, il est difficile de décider
ici quelle est l'ortographe véritable de ce nom. Le Bouclin qu'on vient
de voir, est-il encore une variante de cette appellation énigmatique ?
(3) *Comptes de la recette générale des finances*, année 1488, f° 100.

dans celui de la nonne comme instrument de séduction, c'est que le luth, depuis le xve jusqu'au xviie siècle, fut, par excellence, l'instrument de la musique galante, l'accompagnateur obligé des déclarations d'amour, le *vademecum* des courtisans, des nobles et des riches en bonne fortune. Tout poëte s'en servait pour accompagner ses rimes langoureuses, et pour peindre en musique, sous forme d'aubades ou de sérénades, son douloureux martyre. Les rois, les princes, les grands seigneurs et les hautes dames de la cour avaient toujours parmi les gens de leur maison un poëte joueur de luth attitré, ayant la charge de valet de chambre.

« C'est en cette qualité que l'on trouve auprès de la personne du roi François Ier, Albert de Rippe, joueur de luth, célébré par ses contemporains comme l'Orphée du siècle, et auteur d'un grand nombre de compositions pour son instrument favori. C'est encore au même titre que la reine Marguerite de Navarre pensionna le poëte Bonaventure Desperriers, qui composa pour elle : *La manière de bien et justement entoucher les luts et guiternes* (1).

Les exemples ultérieurs que nous produirons pour les Pays-Bas, confirment pleinement cette appréciation. Voici pourtant une destination bien différente.

Dès le xive siècle, peut-être même avant, le luth fonctionne dans nos processions solennelles, à côté de la harpe, du psaltérion et d'autres instruments à cordes, à vent et à percussion. Il paraît notamment à un *ommegang* organisé à Termonde, en 1395 (2). Le même fait s'est produit à Dixmude, en 1501 :

(1) Ce curieux traité, ajoute Kastner, parut, après la mort de l'auteur, dans ses *Discours non plus mélancoliques que divers*. Voyez les *Danses de morts*, p. 280, ainsi que les renseignements fournis par feu Farrenc à la *Bibliographie universelle des musiciens.*

(2) De Burbure, *Aperçu de l'ancienne corporation des musiciens instrumentistes d'Anvers.* Bruxelles, p. 7.

Ghepresenteert, ten selven daghe (sacramentsdaghe), Jean Bierman, lutenare, ende Pieter Fiermark alias Laby, harpeur, voor dat zy spelden voor 't sacrament gaende in processien, elc een kanne wyns van iiij gr. den stoop, comt xij s (1).

Aussi ne faut-il point s'étonner de voir nos grands peintres mystiques, comme les Van Eyck et les Memling, envisager, dans leurs immortelles productions, le luth à titre d'instrument de glorification de l'Être suprême. L'un des médaillons qui surmontent la chasse de sainte Ursule, offre, en effet, un ange ailé jouant pieusement du luth. On verra d'autres emplois de l'instrument.

Charles-Quint n'avait point de luthiste à sa solde, que nous sachions. Il possédait, vers 1530, un guitariste spécial, suivant en cela, comme en bien d'autres choses, la mode espagnole. Le virtuose s'appelait Richard Demont (2). Il n'est point prouvé non plus, jusqu'ici, que Marguerite d'Autriche, une mélomane passionnée, ait eu un joueur de luth à ses gages. Et même, parmi les nombreux instrumentistes qui se faisaient entendre aux repas de cette princesse, nous ne remarquons qu'un luthiste aux gages du cardinal Wolsey. Nous y verrons bientôt affluer des joueurs de flûtes, de hautbois, de saquebutes, de cornets, de violes, de fifres, d'orgues, de lyres, de psaltérions, de harpes, de tambourins, etc., tous instruments, qui n'étaient ni plus estimés, ni plus populaires que le luth ou ses variétés. Chose digne de remarque! En 1529, quand le traité

---

(1) *Comptes de la ville de Dixmude*, année 1561.

(2) « Ryckaert De Mont, ghyterneur de l'Empereur. » D'après un répertoire de commerçant bruxellois conservé aux Archives générales du Royaume. Plus haut nous avons eu un Van Berchem; voici maintenant un De Mont, et, à côté de lui, un De Weert (Richard), « chansteur [demeurant] devant *la Lycorne*. « Il n'est pas inutile de faire ces rapprochements, pour jeter un jour plus lumineux sur l'origine de nos grands compositeurs, dont parfois les parents, comme c'est peut-être ici le cas, étaient de simples instrumentistes de la cour.

de Cambrai fut signé, François Ier fit à Marguerite d'Autriche la gracieuseté de lui envoyer ses principaux virtuoses, lesquels n'étaient autres que des flûtistes, des hautboïstes, des saquebutistes, des cornetistes, des violistes et des trompettistes (1). Pour toute trace d'emploi officiel et permanent de l'instrument dont nous nous occupons, nous voyons, dans l'inventaire de Pont-d'Ain, dressé en 1531, la mention d'un luth sans cordes : *Unum leu sine cordis* (2). Peut-être la princesse en avait-elle joué elle-même dans ses jeunes années.

Pourtant la fabrication du luth avait pris une certaine importance, notamment à Anvers. Citons notamment Jean Jaspers, fils de Josse, natif de Coesvelt, inscrit dans la bourgeoisie d'Anvers, le 28 janvier 1568, et Jean Van Eesbroeck, fils de Josse, natif de Mariakerke, et devenu bourgeois, le 9 décembre 1583 ; tous deux qualifiés exclusivement de facteurs de luths, dans les registres de la gilde de Saint-Luc ; Arnould Borlon ou Porlon, reçu membre de ladite corporation, en 1579, et Jean Meulevoets, demeurant, en 1585, dans la rue dite *Rempart des Lombards ;* ces deux derniers fabricants de cithares, *cyetermakers*, instruments ayant une grande analogie avec le luth (3).

Au quinzième siècle, le luth ainsique le clavicorde étaient les instruments à cordes les plus généralement usités à Anvers. « Tour à tour, dit M. De Burbure, ils font partie du mobilier d'un bourgeois, d'un marchand, d'un prêtre, et on les voit mentionnés dans les inventaires de leurs mortuaires. Parmi les objets délaissés par le grand-chantre Jean Noël, en 1480, se trouvent

---

(1) *Comptes de l'hôtel de Marguerite d'Autriche,* année 1529, f°s 112 et 114.

(2) De Quinsonas, *Marguerite d'Autriche,* t. iii, p. 367.

(3) De Burbure, *Recherches sur les facteurs de clavecins et les luthiers d'Anvers,* p. 22 et 25.

un luth et un orgue. En 1496, on inventorie un luth dans la mortuaire du chapelain Nicolas Loywyckx (1). »

Quand la facture du clavecin prit une extension considérable, à Anvers, surtout à partir des Ruckers, dont les produits sont célèbres dans l'histoire, le luth disparaît presque de la scène, et parvient difficilement à soutenir la concurrence avec son puissant rival, nous allions dire son maître. On peut croire toutefois que, dans une cité si industrieuse, qui devint le siége d'un évêché, et où les fabricants d'instruments de toute sorte pullullaient, la facture du luth n'a point été entièrement abandonnée, et qu'elle se cumulait souvent avec la fabrication d'instruments similaires.

Ce qui nous induit à faire cette supposition, c'est l'énorme débit non-seulement de tablatures pour luth, mais d'ouvrages musicaux, de chant surtout, avec accompagnement de luth. Nous en citerons quelques uns plus loin.

Le poëte Alexandre Vanden Bussche, dit *le Sylvain*, et qui fréquenta la cour de Charles IX et de Henri III, sut charmer les ennuis de sa longue captivité (1572 à 1575), en se servant du luth comme interprète de tendres sentiments. Il dit, dans une chanson où il célèbre l'amour :

> Le luc (luth), jadis compagnon très-fidelle
> De mes pensers, maintenant ne recelle,
> De me faucer sa foi ;
> Mais cognoissant qu'en fin seras son maistre,
> Veut bien trahir non-seulement ma dextre,
> Mais son devoir et moi (2).

Barbe Hache, habile virtuose sur la *chélys*, instrument qui, pour le système de l'accord, se rapproche beau-

---

(1) De Burbure, *Recherches sur les facteurs de clavecins et les luthiers d'Anvers*, p. 6.

(2) *OEuvres choisies d'Alexandre Sylvain de Flandre*, etc. Liége, F. Renard, 1861, p. 17.

coup du luth (1), eut pour chantre le poëte latin Nicolas
Grudius, de Louvain, qui lui consacra, au susdit siècle,
l'*Epigramma* suivante, entièrement faite dans le goût
du temps :

AD BARBARAM HACHAM, MUSICÆ PERITISSIMAM.

Musis grata novem, gratissima Barbara, Phœbo,
    Quæ superas Latias, Argolicasque nurus,
Sive chelym digitis leviter percurris eburnis,
    Seu libuit nervos voce juvante sequi ;
Quod tibi barbaricum nomen posuêre parentes
    An non barbarici pectoris illud erat ?
Quin potius, quod te talem erudiere puellam,
    O, ter festivos, ter lepidosque senes !
Nam quorum studiis, mea Barbara, barbara non es,
    Barbarus haud dici debet uterque parens.
Barbarus at fuerit, quisquis tua carmina temnet,
    Et qui tam doctas nolet amare manus (2).

Dans le *Pegasides Pleyn* du célèbre poëte flamand
Jean-Baptiste Houwaert, on chante, à un festin égayé
par des bâteleurs qui exécutent des danses, et par des
jongleurs qui représentent des farces et des ébattements.
Le luth y est représenté à côté du hautbois, du cornet,
de la flûte, du violon, de la cithare et de la harpe (3).

Pour en finir avec ces exemples des xivᵉ, xvᵉ et xviᵉ
siècles, ajoutons que le célèbre maître de chapelle, George
Dela Hèle, obtint, en 1576, au concours du puy de
musique de Sainte-Cécile à Évreux, un luth d'argent,
pour la composition d'une chanson à plusieurs voix.
Peut-être le luth est-il pris ici comme symbole d'har-

(1) On trouve souvent cette analogie exprimée ainsi : *chelys vel testudo*,
du moins quant à la tablature. M. DAUSSOIGNE-MÉHUL, dans son *Projet
d'un musée d'instruments de musique*, range la *chélys* au nombre des
variétés principales du luth.

(2) *Deliciæ poetarum belgicorum*, etc., vol. ii, p. 572.

(3) CHARLES STALLAERT, *Jean-Baptiste Houwaert, poëte flamand et
homme politique du* xviᵉ *siècle* (1533—1599).

monie, du moins figura-t-il avec cette signification sur
le buffet de plusieurs de nos orgues antiques.

Le xviiᵉ siècle, celui où s'illustra Constantin Huyghens,
s'ouvre par une particularité très-intéressante à constater:
l'engouement des luthistes pour la méthode italienne.
Cet engouement eut une cause, et Bourdelot, frivolité
de la mode à part, nous la dévoile en quelques mots,
où sans doute sa partialité pour les virtuoses français
est manifeste, mais où, sans contredit, il laisse entendre
clairement que les virtuoses italiens avaient un relief
sonore égalé nulle part : « Les joueurs d'instruments
italiens, dit-il, tant pour l'accompagnement que pour les
pièces, n'ont d'autre mérite que de tirer beaucoup de
son de leurs instruments. Mais ils en tirent du son,
les uns les autres, avec une dureté assommante, et qui
choque plutôt les oreilles qu'elle ne les flatte. Vous croiriez
qu'ils vont briser l'instrument à chaque coup de main.
Ils se tourmentent à l'église comme à l'opéra; ils y parois-
sent saisis de la même fureur (1). »

La Borde penche aussi pour le style délicat : « Les
sons du luth, estime-t-il, sont tendres et touchants, lorsqu'on observe la façon d'en bien jouer, qui vient de
l'aplomb de la main gauche, car si l'on force, ce n'est
plus le même instrument (2). »

A travers le fatras d'une érudition musicale douteuse,
et, en tout cas, fastidieuse, on distingue chez Bourdelot
une foule de bonnes réflexions sur l'art contemporain,
et nous croyons que celle qui vient d'être reproduite est
du nombre. Le luth était-il alors en décadence en Belgique ?
Il est bien difficile d'admettre une pareille supposition.

Le gouverneur des Pays-Bas, obéissant à l'engouement

---

(1) *Histoire de la musique.* La Haye, 1743, t. iv, p. 149.

(2) *Essais sur la musique*, t. i, p. 209. La Borde ajoute naïvement:
« Il y a plus de cent ans que cet instrument (le luth) est connu en
France ! »

dont nous venons de parler, envoya, vers 1612, un jeune musicien, nommé Philippe Vermeulen, à Rome, pour s'y perfectionner dans l'art de jouer du théorbe, instrument de la famille des luths, employé spécialement pour l'exécution de la basse continue (1).

Au commencement du mois de juin 1612, Philippe Vermeulen se trouvait à Rome, sans doute aussi à l'instigation des hauts dignitaires de la cour, désireux de posséder un jour chez eux un artiste hors ligne pour leurs concerts particuliers. Il pouvait avoir reçu une promesse verbale des archiducs, dont il était un des luthistes gagés. A coup sûr, il était sans la moindre ressource, comme il conste de la lettre suivante, qu'adressa aux archiducs l'ambassadeur belge à Rome, Philippe Maes :

J'ay oublié, par mes dernières, d'advertir à Vostre Altèze que, la sepmaine auparavant, est icy arrivé le filz de maistre Hans Vander Meulen, tous deux servants, à ce qu'il dit, en la chapelle de V. A., pour se mectre en service de quelque cardinal ou prince séculier, et d'une voye aussi apprendre plus parfaictement la musicque et jouer du lut; mais, come l'ung ne se trouve facilement et l'aultre requiert traicte de temps, luy mancquant le moyen pour vivre, l'ay prins à ma maison et despense, la quelle luy continueray vouluntiers sans ses frais, moyenant je sache ne le desplaire à V. A. Rome, le 16ᵉ de juing 1612 (2).

Les archiducs, au courant sans doute de ce qui se passait dans le monde musical, et voyant le théorbe, ou basse de luth, conquérir une vogue rapide, opinèrent

(1) Le théorbe avait deux manches, l'un pour les cordes qui se doigtent sur le manche, l'autre pour les grosses cordes qui servent pour les basses et qui se pincent à vide.

(2) *Papiers d'État et de l'Audience.* Négociations de Rome, registre nᵒ 12, fᵒ 113.

qu'il fallait engager le jeune Vermeulen à étudier, sous d'habiles maîtres, le nouvel instrument. Ils écrivent :

... Et pour Hans (Philippe?) Vander Meulen, il nous plaict bien que le tenir en vostre maison; mais nostre intention et volonté est qu'au lieu de travailler à toucher mieulx un luth, il rende peine de se faire grand maistre de la théorbe, et que mesmes il fréquente à cest effect l'escole de quelque habile homme en ceste profession, en lui accordant un salaire raisonnable par mois, à nostre compte, du quel pouvez au plustost advertir .... A Mariemont, le 6 juilet 1612 (1).

L'ambassadeur Maes, après avoir pris des renseignements dans le sens voulu, répond aux archiducs :

Devant hier, ay reçeu aultre lettre de V. A. du 6me du courant, et, suyuant le contenu d'icelle, ayant traicté pour Philippe Vermeulen avecq aulcuns maistres du lut et de la théorbe, me disent qu'ordinairement l'ung instrument accompaigne l'aultre, mesmes que, sonant bien du lut, il apprendra par après facilement tant mieulx de ladite théorbe, et demandent pour salaire deux escuz le mois pour chasque instrument, que seroit dix florins en tout. Néantmoings, je m'informeray encoires des aultres, pour lors en donner part à V. A. ... De Rome, ce 28 de juilet 1612.

Pour le faict de Phelippe Vermeulen, presque tous me disent estre mieulx qu'il continue à apprendre premièrement sonner du lut, et que par aprez, en ung mois, deux ou trois, il aprendra facilement de la tiorbe. J'en suis d'accord pour deux escuz le mois, soubz le bon adveu de V. A. ... De Rome, le 4 d'aoust 1612 (2).

---

(1) *Papiers d'État et de l'Audience.* Négociations de Rome, f° 125.

(2) *Id.,* id., f° 149 v°. Les concerts se faisaient avec des dessus et des basses de luths.

Par une note du 17 août, les archiducs s'en référèrent
à ce qu'écrirait, au sujet de Vermeulen, le secrétaire
Prats (1), lequel, faute de temps peut-être, négligea l'affaire. L'ambassadeur de Rome, plus exact, ne tarda
guère à revenir à la charge, surtout quant à la question
de l'entretien du virtuose. Sa lettre nous paraît de tous
points intéressante :

Je crains semblablement que Phelippe Vermeulen ne réus-
sira jamais si parfaict maistre aux instruments du lut et
tiorbe, come l'on imagine illecq, pour n'avoir la main trop
asseurée et estre assez vieu pour la changer. Quand à ce
qu'il hanteroit ces grands maistres qui sont icy servants
aux cardinaulx, vous debvez sçavoir que semblables gens sont
ordinairement fort fantasticques, vivants icy splendidement
et à la libre, de manière que, pour les hanter et se faire
familier d'eulx, il fauldroit faire le semblable, mesmes leur
faire souvent des présents, à l'usance de ceste court. Or,
le jeusne home est icy venu presque *in puris et nudis*,
comme il est encoires, n'ayant la maille pour s'habiller et
moings pour despendre, tellement que, sans moy, il fust
été contrainct de, au mesme temps de sa venue, retourner
au pays, et, par ainsy, ne vois moyen d'aulcune familiarité
ou hantise avecques les susdits mentionez, ne fust qu'il pleust
à Sadite Altèze luy en bailler les moyens, puisque, de
la part de ses parents, n'y at apparence, ne luy ayant jusques
oires envoyé la maille, ce qu'il vous plaira faire sçavoir à
Sadite Altèze, affin, etc... De Rome, ce 8ᵐᵉ en septembre
1612 (2).

Puis Philippe Maes écrit que le jeune Vermeulen « auroit

---

(1) Le chevalier Prats, secrétaire du conseil privé et du conseil d'État,
était cousin de l'ambassadeur Maes.

(2) *Papiers d'État*, etc., fᵒ 184 et suiv.

la main peu ferme et trop d'eage » pour devenir un maître
théorbiste, et que, vu sa pauvreté, il y avait à désespérer
de le voir guidé dans ses études par un artiste habile.
Malgré ces raisons, le gouverneur persiste dans son intention de lui faire apprendre l'instrument désigné, sans
toutefois rien résoudre, quant à la question financière.
Il écrit au conseiller Maes :

Ayant donné compte à V. A. de ce que par vostre dernière
du viij⁰ de ce mois vous m'aviez escrit du jeune Vermeulen,
mesmes qu'il auroit la main peu ferme et trop d'eage pour
se faire un grand personnage et maistre à l'instrument de
la théorbe, y adjoustant aussi le peu d'apparence qu'il y
a de gaigner l'amitié de quelques vaillans hommes en ceste
profession, à cause de sa pauvreté, et que semblables gens
ne communiquent leur amitié, et moins leur habileté et
art sinon qu'à ceulx qui soient pour bien et libéralement
les payer, icelle m'a ordonné de vous escrire que ce nonobstant vous en usiez selon qu'elle vous a ordonné par
l'une de mes précédentes, et où toutefois vous veniez *quod
perdet oleum et operam,* que vous debvez l'en advertir pour
adviser ce que sera d'en faire.... A Mariemont, le 28
7ᵇʳᵉ 1612 (1).

Philippe Vermeulen est très-laborieux ; son maître
espère beaucoup de le voir arriver à manier dextrement
le théorbe. Seulement, l'apprenti-virtuose est si dénué
de tout, que Maes a dû lui prêter une trentaine d'écus
pour s'habiller. Ses parents ne le secourant guère, le
conseiller demande une subvention au gouverneur. Il
annonce, en même temps, que le frère du fameux luthiste
Piccinini a quitté la maison du cardinal Aldrobandini,
pour s'attacher au service du duc de Savoie, et qu'il a

_____

(1) *Papiers d'État et de l'Audience*, etc., registre nᵒ 11, p. 201.

emporté les musiques délaissées par l'illustre instrumentiste, mort à Rome au service du nonce (1).

En suicte de voz lettres pénultiesmes du 22ᵉ de septembre, ay faict chercer le sʳ Piccinini, frère de ce musichien ou *liutista* mort illecq au service de monsieur le nonce ; mais, il y a quelques cincq ou six mois qu'il s'est retiré d'icy de la maison de l'illustrissime cardinal Aldobrandini au service du duc de Savoye, où il est encoires maintenant, ayant porté quant à soy tous ses meubles et hardes, tellement que si S. A. veult avoir les livres de musicque, délaissez par sondit frère, debvra illecq faire escripre à luy, pour, etc.

Depuis, ay reçeu vostre lettre dernière du 29ᵐᵉ dudit septembre, mais suis mary que ne m'escripvez meilleures nouvelles pour Philippe Vermeulen, lequel à ce compte ne poura longuement demourer icy, veuque ses parens ne luy envoyent la maille, tellement qu'estant presque tout nu, suis esté contrainct luy faire avoir crédict de quelques vingte ou trente escuz pour s'habiller. Je laisse encoires ses despens de bouche, qui sont au moings cent escuz à l'année ; j'en pourois tenir encoires ung stafier de plus ou aultre home de service, ou que cestuy icy ne m'en faict nul, estant doibz le matin jusques au soir empesché sur sa chambre à sonner de la théorbe, de laquelle maintenant il donne espoir de sonner bien avecq le temps, et ayant à ces fins, les jours passez, convié à guaste son maistre, me confirma le mesme ; et partant pour Dieu faictes aultant vers S. A. qu'il y veuille contribuer au moings cinquante escuz pour ung an, vous ferez œuvre méritoire vers Sadicte Maᵗᵉ divine et les homes.... De Rome, le 20ᵉ d'octobre 1612 (2).

La réponse est qu'il faut se procurer les œuvres du

(1) Les biographes font mention du luthiste Italien nommé Alexandre Piccinini. S'agit-il ici de son frère, probablement un instrumentiste habile comme lui ? Les détails fournis plus haut complètent leurs renseignements.

(2) *Papiers d'État*, etc., registre nᵒ 11, fᵒ 223.

célèbre Piccinini, qui ont été imprimées. Le gouverneur avance cinquante écus pour Philippe Vermeulen, vu le témoignage favorable rendu sur lui :

Tout ce que je sçaurois dire à voz deux dernières du xx et xxvij° du mois passé, est que son intention et volonté de S. A. porte que, puisque le musicien Piccinini s'est retiré de la maison et service du cardinal Aldobrandini pour se mectre en celle du ducq de Savoye, vous faisiez faire diligence pour sçavoir au vray s'il n'a fait imprimer de ses œuvres musicaulx (ce que vous sçauront dire ceulx de mesme profession), et en tel cas les acheter et les envoyer par deça. Quant est de Philippe Vermeulen, S. A. informée du prouffit et advancement qu'il faict en la maniance de la théorbe, par le tesmoignage contenu en l'une desdictes lettres, appuyé sur celluy de son maistre, s'est laissé persuader à luy faire mercède des 50 escuz qu'avez demandé pour un an, lesquelz elle m'a commandé de vous faire remettre par monsieur le trésorier général de Robiano . . . A Mariemont, le xvj° 9ᵇʳᵒ 1612 (1).

Nouvelle demande de secours par Maes, qui n'avait point encore reçu avis de l'intervention pécuniaire de S. A. en faveur de son protégé Vermeulen :

Philippe Vermeulen attend en grande dévotion quelque bonne et favorable résolution sur l'entretien de sa personne, car aultrement ne se peult maintenir icy d'advantaige, ne luy envoyant le père la maille ; il se recommande humblement en vous bonnes grâces et faveurs. De Rome, ce premier de décembre 1612 (2).

Engagement contracté par Maes de rechercher les œuvres imprimées de Piccinini, et promesses faites par

_____

(1) *Papiers d'État*, etc., registre n° 11, f° 244.
(2) *Id.*, f° 252.

Vermeulen de se rendre digne de la générosité de S. A.
à son égard :

A cest après-dîner bien tard, mat ou prismes, délivre
l'ordinaire vostre lettre dernière du 16, de Mariemont, à laquelle respondant feray tous debvoirs possibles pour recou-
vrir, si possible est, les œuvres de musicque du s^r Piccinini,
et lors les vous mander.

Philippe Vermeulen est extrèmement réjouy des bonnes
nouvelles, suyvant lesquelles il attendrat en dévotion la provision des 50 escuz ; cependant, il vous merchie humblement
et moy aussy de sa part pour le bon rapport faict à Sadicte
Altèze ; à son retour au pays, serez participant de ce qu'il
aurat apprins icy à la théorbe ... De Rome, ce 8 de décembre 1612 (1).

Point d'œuvres éditées par Piccinini. Le jeune théorbiste Vermeulen attend impatiemment l'envoi pécuniaire
annoncé :

Maintenant, vous diray que j'ay faict chercer par tout
les euvres de musicque du s^r Piccinini ; mais riens se treuve
imprimé ou *in stampâ*.

Philippe Vermeulen n'at encoires riens entendu de la remise
des 50 escuz que Son Altèze luy at accordé, selon le contenu
de vous dernières. De grâce, faictes luy toucher au plustost
argent, car il en languist après, et moy n'ay plus moyen
pour desbourser.... De Rome, ce 15 décembre 1612 (2).

Nous avons cru devoir donner cette correspondance
in-extenso, parce que, outre les renseignements curieux
qu'elle fournit sur un virtuose flamand, elle dépeint on
ne peut mieux les mœurs musicales du temps où il vivait.

---

(1) *Papiers d'État*, etc., f° 256. Le *Libro di liuto e di chitarono*,
d'Alexandre Piccinini, ne parut qu'en 1626. L'auteur s'y donne, dit
La Borde, pour l'inventeur de l'archiluth.

(2) *Id.*, f° 262.

Il suffira d'analyser le reste, qui, à vrai dire, ne concerne proprement que l'entretien de Philippe Vermeulen.
On jugera de l'intérêt que l'archiduc portait aux progrès
musicaux de l'élève, par la persistance qu'il mit à s'occuper, au milieu des plus grosses affaires ecclésiastiques,
de ce qui se rattachait à son protégé.

Il fait plus : il demande à son correspondant de lui
envoyer, par chaque courrier, les meilleures cordes de luth
et de théorbe qu'il puisse rencontrer à Rome. Ces cordes
devaient être « empacquetées en forme de lettres. » Plus
tard, il en réclame pour violes de gambe, et, notez ce
détail, S. A. désigne elle-même le genre de cordes qu'il
convient de fournir, et leur applique l'appellation espagnole. Jouait-elle du luth ?

S. A. m'a recommandé de vous dire que continuiez encores
à nous envoyer des cordes de lucq et violes *à gamba*, mais
que la plus part soyent chanterelles, que les Espaignolz
appellent *primas*, et ainsi me les nomme Sadite Altèze,
etc. ... A Bruxelles, ce 4 mars 1613 (1).

<hr>

(1) *Papiers d'État et de l'Audience*, etc., registre n° 12, f° 14.
Kircher, dans sa *Musurgia* (p. 476), démontre l'étonnante subtilité
que les fabricants de cordes de luth, à Rome, déployaient dans
la confection de leurs produits.

« Les lieux où se fabriquent des cordes d'instruments, sont Rome
et ses environs, Toulouse, Lyon et Paris. Celles de Rome sont les plus
estimées de toutes. Elles viennent pour l'ordinaire par paquets assortis de
chanterelles et de secondes, car il n'en est envoyé d'Italie presque
que de ces deux espèces. Les cordes qui se fabriquent aux environs de
Rome, que l'on nomme cordes forestières, sont de pareilles sortes que
les romaines, quoique moins parfaites... Les cordes de Toulouse viennent
par paquets assortis et les boîtes pliées de la même manière que les
romaines, aux quelles elles sont néanmoins de beaucoup inférieures,
n'étant pas même si estimées que les forestières.

« Lyon fournit une quantité prodigieuse de cordes de boyau, assorties
pour toutes sortes d'instruments de musique, dont il se fait une très-
grande consommation dans tout le royaume, singulièrement à Paris,

Les diverses expéditions qui sont faites de Rome, de quinzaine en quinzaine, attestent la vogue que les trois instruments susdits avaient à la cour de Bruxelles. Les dames mêmes, d'après un passage d'une lettre de Maes, se piquaient de virtuosité. Il demande, entre autres, si les cordes plaisent « à ceulx ou celles qui s'en doybvent servir. »

Le maître de Philippe Vermeulen était allemand. Maes le nomme « excellent, voyres le premier homme de Rome en cet article (le théorbe). » Il s'était contenté, au début, de trois écus par mois. Nous voyons qu'au mois d'août 1613, il en exige quatre (1). Nouveaux embarras pour l'apprenti, « qui n'a la maille pour s'entretenir, et qui est *in puris et nudis.* »

L'archiduc a élevé à quatre écus la subvention accordée à son protégé ; mais ces gages, touchés par son père à Bruxelles, ne lui parviennent d'aucune façon, et quand bien même il en serait mis en possession, ils suffisent tout au plus à payer les leçons qu'il reçoit, sans être à même de s'entretenir convenablement. Aussi, le 12 octobre, Maes mande-t-il que Philippe Vermeulen « seroit

et des envois considérables dans les pays étrangers, particulièrement en Hollande, en Angleterre, en Espagne, en Portugal, en Allemagne, et dans presque tout le nord... Les menues cordes de boyau lyonnoises, destinées pour les chanterelles et secondes, sont très-peu estimées, à cause qu'on ne peut les monter sur les instruments aussi haut que celles d'Italie et de Toulouse, n'étant ni si fortes ni si bien fabriquées. Il ne s'en fait à Paris que de très-grosses, qui ne peuvent tout au plus servir qu'aux artisans. » Savary, *Dictionnaire universel de commerce.* Paris, 1748, in-f°, t. I.

(1) Le même Kircher, qui fit imprimer, en 1650, son gigantesque ouvrage à Rome, vante le talent d'un jeune luthiste, *cytharœdus*, Lelius Costa, qu'il nomme « le vrai Orphée de la cité, remarquable autant par ses mœurs que par la vivacité de son esprit. » Nul biographe n'en parle pourtant. Faisons remarquer, à ce sujet, que les virtuoses auteurs ou ceux doués d'un talent extraordinaire, ont eu seuls la chance de passer à la postérité.

en tel cas forcé de retourner au pays (qu'il appelle ailleurs la Flandre), ayant argent pour faire le voyaige. »
Philippe Vermeulen n'eut guère besoin de mettre à exécution sa menace. Le 18 janvier 1614, le gouverneur
annonce ce qui suit : « S. A. me commande vous escrire
que si le filz de Hans Vermeulen, musicien estant près
de vous, est devenu assez bon maistre de la théorbe,
vous le licentiez et faciez retourner par deçà. » Il reçut
pour réponse, datée du 8 février suivant :

Philippe Vermeulen a continuèlement esté en ma despence,
aultrement ne pouvoit vivre icy, par faulte de moyen. Il
a, pendant ces deux ans, prouffité assez bien de la théorbe,
si que, je pense, il n'aura son semblable en Flandre, et,
selon le commandement de S. A., va faisant ses apprestes
pour aussy (2) retourner à ces printemps ; mais quelque
ayuda de costa, pour petite qu'elle fust, luy viendroit fort
à propos, voires et nécessaire, n'ayant le père, à ce que
j'entens, moyen à luy furnir beaucoup. Je vous le recommande, en ce que pouvez. De Rome, etc.

Ajoutons, comme détail à noter, que le père du virtuose, on l'a vu au début de cette correspondance,
n'était autre que « maistre Hans » instrumentiste, de la
cour à Bruxelles (1) :

L'engouement pour les concerts d'instruments à cordes
était tel à la cour de Bruxelles, que, pour dignement
inaugurer l'arrivée de l'élève passé maître, S. A. commanda
à Rome deux théorbes, dont la fabrication devait être
conforme à un mémoire italien joint à la lettre, et émané
sans doute de l'un ou l'autre virtuose de la chapelle royale.
Cette pièce manque malheureusement, et nous n'avons,

---

(1) *Papiers d'État,* etc., du 26 janvier au 12 octobre 1613.

(2) Philippe Maes se décidait à quitter Rome, comme Philippe Vermeulen. Par Flandre, l'ambassadeur entend évidemment la Belgique.

à ce sujet, que des indications générales contenues dans
la note suivante du 15 février :

Que Monsieur Maes de Rome fasse acheter une théorbe
de grandeur ordinaire, et une aultre avecq la manche de
la longueur qu'est la mesure et model cy-encloz, et que
le corps ou le ventre soit proportionné à ladite mesure ou
model, et que la moindre desdites deux théorbes ait le
mesme ton que la mayeure, dont l'escript italien cy-joinct
luy donnera plus ample instruction. Du xve febvrier 1614 (1).

Maes crut un instant ne pouvoir emporter avec lui
les instruments demandés à Bruxelles, leur confection
exigeant un temps plus considérable que celui dont il
disposait avant son départ. Aussi, dit-il, « faudra-t-il avoir
ung cheval *a posta* pour les porter, qui coustera beaucoup. » Ses appréhensions toutefois ne se justifièrent pas.
Ce qui était bien plus sérieux, c'était l'impossibilité pour
Philippe Vermeulen de s'éloigner de Rome, avant que toutes
ses affaires n'eussent été arrangées. L'ambassadeur y revient
à deux reprises, dans ses lettres datées des 8 et 22 mars :

Philippe Vermeulen qui doybt sonner desdits théorbes,
est prest pour partir; mais n'a la maille en bourse, si peu
pour payer ses debtes que pour vivre en chemin...
Quant à Philippe Vermeulen, je crains, il ne pourra
venir avecq, car son père ny personne ne luy envoye la
maille, et il doibt en cette ville plus de 60 escus, et pour
faire le voyaige luy en fault au moings aultrefois aultant;
font ensemble 120 escus. Je n'ay aussy ordre pour les luy
faire tenir; je luy avois dit de venir à pied, mais il déclare
ne le sçavoir ny vouloir faire devant que sesdites debtes
soyent payées, et pour n'avoir force bastante. A la vérité,
sondit père use très-mal en son reguardt, quy tire ses
gaiges et à moy le laisse sur les bras. De grâce, remédiez-y,

(1) *Papiers d'État*, etc. Registre, n° 13, f° 45 v°.

affin que, au plustòt, il me puisse suyvre et aussy les deux
théorbes que j'amène avecques moy. Dieu me veuille accom-
paigner en chemin et vous conserver en santé longue et
heureuse (1).

Enfin, le départ commun eut lieu le 4 avril 1614, par
Castelnovo et Borghetto. C'est ce qui résulte des lettres
d'Alessandro Vinck, secrétaire de Maes, en date des 19
avril et 3 mai :

> Touchant Philippe Vermeulen, il est party avecque mon-
> dit seigneur et maistre, et croy que la consolation dont
> V. S. faict mention, luy viendrat fort bien à propos son
> arrivée illecq...
> Monseigneur, pour satisfaire au contenu de la lettre qu'at
> pleu à V. S. m'escripre le 12 d'avril, Philippe Vermeulen
> est party d'icy en compagnie de monseigneur l'ambassadeur,
> mon maistre, le 4 dudit mois, comme je pense icelle aurat
> entendu devant la réception de la présente par aultre miesne
> du 19 [avril] (2).

Puis, le théorbiste disparaît de la scène, du moins
ne figure-t-il pas, que nous sachions, dans l'état des
instrumentistes de la cour. Était-il entretenu aux dépens
particuliers du gouverneur? Cela est probable. En tout
cas, il apporta aux Pays-Bas, et il y enseigna peut-être,
l'une des principales méthodes de théorbe qui existaient
alors en Europe, et dont l'influence n'aura point été inutile peut-être aux artistes et aux amateurs qui cultivaient
cet instrument complexe.

Ce qui plus est, il y apporta peut-être le théorbe l'un
des premiers, car, d'après le *Dictionnaire de Trévoux*,
imprimé en 1743, cet instrument ne succéda que vers
la fin du xviie siècle au luth, pour jouer les basses con-

---

(1) *Papiers d'État*, etc. Registre, n° 15, f°s 61 et 69.
(2) *Id.*, f°s 78 v° et 80.

tinues. Quelques lignes plus bas, le même recueil prétend
« que c'est le sieur Hotteman, si fameux d'ailleurs pour
le jeu et les pièces de la basse de viole, qui en a été
l'inventeur en France, d'où l'usage s'est introduit en Italie
et ailleurs. » Il est impossible d'être plus mal renseigné,
et le théorbe n'est que l'*archiliuto* des Italiens, préféré,
dans le temps, par plusieurs virtuoses au clavecin, à
cause de ses sons moëlleux. Il n'y a, dit Maugars, « autre
différence de l'archiluth d'avec la thuorbe, sinon qu'ils
(les Romains) font monter la seconde et la chanterelle
en haut, se servant de la thuorbe pour chanter et de
l'archiluth pour toucher avec l'orgue, avec mille belles
variétez et une vitesse de main incroyable. »

Le *Dictionnaire de Trévoux* d'ailleurs copie, et copie
mal le Lexique de Brossard, où il est dit, en termes
presque identiques, que le théorbe n'a été inventé en
France que « depuis 50 ou 60 ans. » Or, le Lexique de
Brossard parut en 1703. Il faut donc reporter au milieu
du xviie siècle la prétendue invention, chez nos voisins,
de l'instrument favori des dames sous Louis XIV.

D'autre part, nous voyons les grands maîtres du théorbe
et du luth jouir à Rome d'une brillante position, au
commencement du xviie siècle, ce qui annonce certainement une invention ancienne de leur instrument. Ce n'est
pas tout. Lichtenthal (1) nous montre le théorbe appelé
d'abord *chitarone* ou grande guitare, inventé en Italie
dès le début du xvie siècle, par Bardella, ce qui nous
paraît plus conforme à la vérité. M. Fétis reproduit l'assertion de Lichtenthal, sans faire justice de l'erreur de
Brossard et de ses serviles copistes (2).

Enfin, il est évident que Philippe Vermeulen, en allant
habiter Rome, n'a eu d'autre intention que d'apprendre
le luth ; une preuve, selon nous, que le théorbe était

---

(1) *Dictionnaire de musique*, au mot *théorba*.
(2) *Biographie universelle des musiciens*, au nom *Bardella*.

peu connu ou peu estimé à Bruxelles. C'est, on l'a vu,
sur les instances de l'archiduc Albert, éclairé peut-être
en cela par une personne compétente, qu'il s'est décidé
à apprendre le théorbe.

Schiller dit qu'on se servait du théorbe à l'église et
à l'opéra pour accompagner harmoniquement le chant
ou y adapter la basse continue, surtout dans les réci-
tatifs (1). Vermeulen, outre son office particulier au palais,
aura bien pu remplir à Bruxelles un emploi semblable.
Il y a lieu de s'étonner de la naïveté avec laquelle Fétis
cite, au milieu d'une grave dissertation sur les cordes
pincées, l'emploi de théorbiste à la cour de Louis XIV (2).

Quatre ans après le retour de Vermeulen, l'archiduc
avait pour luthiste Lorenzino Vander Linden, probablement instruit aussi dans son art en Italie, et pour lequel
il fit venir de Bologne un nouveau luth, spécialement
fabriqué à sa commande :

Sa dicte Altèze m'a aussy commandé de sçavoir de vous,
s'il ne se vous présente quelque commodité pour faire venir de
Bouloigne, en Italie, un nouveau luth qu'elle y a fait faire
pour Lorenzino Vander Linden, son musicien, et où que
non, quelle voye vous trouveriez la plus propre pour le faire
apporter sans l'intéresser. J'attendray de vous un mot de
responce, pour en reservir Sadicte Altèze, et sur ce me
recommanderay très-affectueusement à vos bonnes grâces,
etc. A Mariemont, le 30 de juing 1618 (3).

---

(1) *Universal Lexikon des Tonkunst*, au mot *théorbe*. Rome donnait
l'exemple, et le violiste Maugars raconte qu'on s'y servait, dans les
antiennes, en 1639, « de quelques archiluths, jouans certains airs de
ballet, et se répondans les uns aux autres. » Ern. Thoinan, *Maugars*,
etc. p. 28.

(2) « Le luth, dit-il, si riche d'harmonie; le théorbe, pour lequel
il y avait un emploi à la cour de Louis XIV, etc. » *Fabrication des
instruments de musique*. Rapport (Exp. univ. de Paris), de 1855, p. 49.
Il y en avait quatre, à cette époque, à la cour d'Autriche.

(3) *Papiers d'État et de l'Audience*, liasse n° 468.

Bologne était renommé pour la fabrication de ses luths, comme Crémone l'était pour ses violons et l'Angleterre pour ses violes, avant toutefois que François Iᵉʳ, roi de France, n'eût appelé le célèbre Duiffoprugcar à Paris. « Les luths de Bologne, lit-on dans le *Dictionnaire de Trévoux*, sont les plus estimés, par la qualité du bois, qui est cause qu'on en tire un plus beau son. » On a présent à la mémoire la scène de l'*Avare*, de Molière, où La Flèche parle d'un « luth de Bologne, garni de toutes ses cordes (1) ou peu s'en faut. » On n'ignore point le dicton :

> Qui veut un luth de Bologne,
> Ne prend-il pas des plus vieux ?

Dicton en vogue alors et relatif aux mariages disproportionnés, quant à l'âge. Ce proverbe, fait observer Castil-Blaze (2), s'accorde parfaitement avec ce que l'intrigante Frosine dit au galant suranné.

Il faut toutefois qu'il y ait eu, à l'époque dont nous parlons, ailleurs qu'à Bologne, des luths offrant des avantages caractéristiques, car nous avons vu Constantin Huyghens louer non-seulement la monture romaine, *gespann*, les bois, *berders*, de Venise, ainsi que ses éclisses, *spanen;* mais exalter également les éclisses de la Haye, sa facture, *maecksel*, et sa tête de manche, *kopp*, non moins que le système français, *stelsel*, les éclisses et le ventre, *kropp*, des luths de ce dernier pays (3).

Rien de Bruxelles, où était établi, en 1621, un facteur d'instruments de la cour du nom de Laurent Vander Linden, probablement le père de Lorenzino Vander Linden, car le diminutif de Lorenzino n'aura été

---

(1) « On dit qu'un luth est bien monté, quand on y a mis de bonnes cordes, qui sont bien d'accord et au ton convenable. On est plus longtemps à accorder un luth qu'à en jouer. » *Dictionnaire de Trévoux.*

(2) *Molière musicien*, t. ɪ, p. 509.

(3) Voyez plus haut.

imaginé que pour le distinguer de Lorenzo, nom italien sous lequel son père est encore cité (1). On y comptait encore un harpiste de la cour, appelé Jean-François Vander Linden, qui demanda, en 1698, sa pension de retraite, étant perclus de la main gauche (2).

A l'égard de la famille de Philippe Vermeulen, nous n'avons pu jusqu'ici rien trouver de positif. Un nommé Pierre Vermeulen « fils à l'un des musiciens de notre chambre » figure dans une lettre des archiducs au chapitre de Lilliers, en date du 30 septembre 1613. Ce Pierre, à coup sûr, n'est autre que le frère de Philippe, ayant pour père Jean ou Hans Vermeulen, que mentionne, à titre de « ménestrel, » c'est-à-dire d'instrumentiste, l'état des musiciens de la chapelle royale de Bruxelles des années 1612 à 1621 (3). Enfin, nous avons un document relatif à la destitution et au remplacement, pour inconduite, de Servais Vermeulen, organiste de la cour, en 1589, et qui eut pour successeur, au même poste, Raymond Walrand, qui avait été provisoirement organiste de l'archevêque de Cologne.

Alexandre,

Vénérables, très-chers et bien amez, entendant que vous auriez retenu en vostre seigneurie ung Servais Vermeule pour organiste, lequel durant ces troubles auroit faict beaucoup de scandalz, nous n'avons peu laisser vous faire ceste, pour vous dire que ferez bien de vous en deffaire et admettre et recevoir en son lieu Ramond Walrand, qui nous a esté

---

(1) Nous voyons, dans le registre d'enterrements de l'église de Sainte-Gudule, que la femme de maître Laurent Vander Linden, Élisabeth Coekillie, fut inhumée le 9 septembre 1621.

(2) Il dit, à cette occasion, dans sa requête, que « son aïeul, son père et lui ont servi plus de 150 ans consécutifs, en qualité d'harpistes et de garde des instruments musicaux de la chapelle royale. »

(3) Nous prenons une moyenne, cet artiste n'intervenant ici qu'accessoirement.

fort recommandé de nostre cousin l'archevesque Electeur de
Couloigne, chez lequel il a durant cesdicts troubles rendu
bon service, et entendons est homme de bien et idoine pour
deservir le sainct office ; et nous confians que pour ces causes
vous acquiescerez à ceste nostre requeste et instance, ne
ferai ceste que pour prier Dieu vous ait recevables, très-
chers et bien amez (1).

Ce Servais Vermeulen, ou plutôt Vandermeulen, musicien très-instruit, est auteur, comme on sait, de plusieurs
chansons à 4, 5 et 6 parties, insérées avec celles de divers
maîtres flamands, dans un recueil publié par ses soins à
Anvers, en 1572, chez Pierre Phalèse et Jean Bellerus. Il
fut, en qualité d'organiste de la cathédrale d'Anvers, appelé
à expertiser les nouvelles orgues avec pédales construites
pour ce temple, et M. De Burbure le cite, à maintes
reprises, dans son intéressant travail sur les facteurs de
clavecins et les luthiers anversois.

Un luthiste français qui jouit d'un certain renom, Jacques
de Saint-Luc, fut attaché à la cour de Bruxelles, pendant la deuxième moitié du xviie siècle. Il y signa, le
14 août 1684, un certificat en faveur de Jean Le Royer,
facteur d'orgues de la chapelle royale. Est-ce le même
qui fit imprimer, chez Roger à Amsterdam, deux livres
de pièces de luth, avec flûte ou hautbois et basse-continue ?
M. Fétis attribue cet ouvrage à un luthiste du même nom,
attaché à la chambre du roi de France, et qui se fit
entendre, avec succès, à Berlin et à Vienne, vers 1700.
Nous n'oserions affirmer qu'il s'agit ici de notre virtuose.

Il a dû participer, en qualité d'instrumentiste de la
cour de Bruxelles, aux premiers essais d'opéra qui eurent
lieu au palais de cette ville. Le luth, à coup sûr, y joua un
rôle important, à l'exemple de ce qui se fit en ce genre en

---

(1) *Papiers d'État et de l'Audience,* liasse 247. Minute, sans autre
désignation d'adresse.

France. Diverses œuvres de compositeurs de mérite, que nous venons de voir exécuter à Bruxelles, assignent une valeur très-marquante à cet instrument. Nous produisons plus loin, à leur place voulue, quelques documents à ce sujet, se rapportant aux dernières années du xvie siècle. Constatons toutefois l'absence du luth dans l'*Orpheo* de Monteverde, exécuté, en 1608, avec trente-cinq instruments, la plupart à cordes (1).

Le luth fonctionnait habituellement aux concerts de Dandeleu, à Bruxelles (2). Tous les ans, des luthistes d'Audenarde se rendaient à la foire de Saint-Bartholomée à Grammont, pour récréer les nombreux étrangers qui y affluaient. Le *Tuindag* à Ypres était rehaussé aussi des accents du luth (3). Des luthistes font partie, on l'a vu, de la gilde de Sainte-Cécile, érigée à Louvain, en 1502.

Dans les concerts particuliers, on continuait à s'en régaler volontiers, comme le prouve un tableau de Troy, gravé chez Basan, et où apparaît une dame qui pince du théorbe, et une autre qui joue de la flûte, à côté d'un violoniste qui leur sert d'accompagnateur. L'inscription porte: *L'aimable accord*.

Une gravure d'après Teniers, due au burin de F. Basan, nous montre un joueur de mandore et un flutiste accompagnant des chanteurs attablés devant un pot de bière. Voilà donc un diminutif du noble luth, descendu en pleine taverne. *Habent sua fata testudines*. La gravure est intitulée : *Concert flamand*. A cela rien d'étonnant,

---

(1) CELLER, *Origine de l'Opéra*, contient, à ce sujet, de très intéressantes notions. On pourra, entr'autres, y voir une description du fameux ballet de *Circé*, donné à Paris d'abord, puis à Bruxelles, d'après ce qui a été dit plus haut. Il est à regretter que Celler s'abstienne de citer ses sources. En de pareilles matières, c'est une garantie, que le lecteur sérieux est en droit de demander.

(2) Voy. *La Musique aux Pays-Bas*, t. i, p. 25 et 31.

(3) Voy. plus haut.

vu que les ménétriers de la corporation de Saint-Julien
à Paris, sonnaient du luth en pleines rues, principalement dans la nuit de la fête de leur patron (1).

A titre de constraste, signalons un tableau de Corneille
Schut, représentant la glorification du Très-Haut, par un
groupe d'anges jouant de divers instruments, et dont
deux surtout accompagnent ce concert céleste, armés chacun
d'un énorme luth.

Au xviiie siècle, le luth commence à déchoir. La harpe et
la guitare envahissent tout, sans compter le clavecin,
dont nous avons montré la vogue toujours croissante en
nos contrées. Le violon toutefois n'était point encore
affranchi des préjugés qui en faisaient un instrument
vil et méprisable. « Un homme du bel air ne devait pas
jouer du violon, il aurait rougi si on l'avait surpris un
violon à la main : c'était l'instrument du ménétrier, du
maître à danse. Le luth, la viole, le théorbe, le clavecin,
à la bonne heure ; voilà les instruments fashionables de
l'époque. On lit dans un ouvrage, imprimé en 1700 : « Le
« violon n'est rien moins que noble ; on voit peu de
« gens de condition qui en jouent, et beaucoup de bas
« musiciens qui en vivent. » Dans les anciennes comédies,
où il est question du violon, cet instrument figure
toujours entre les mains des laquais, tels que Lolive
du *Grondeur* (2). »

Ce passage concerne des faits qui eurent lieu pendant la
deuxième moitié du xviie siècle. Quelques années plus tard,
le rôle du luth et du violon change, ou mieux le noble
luth disparaît de la scène musicale, et le violon, réha-

---

(1) Par arrêt du 26 août 1595, défenses furent faites « à toutes
personnes de s'assembler et aller en troupes par les rues. y porter luths,
mandolles et autres instruments de musique, et sur quelque prétexte
que ce soit, aller de nuit, à peine de la hart. » FÉLIBIEN, *Histoire
de la ville de Paris*. Preuves, t. iii, p. 28.

(2) CASTIL-BLAZE, *Lulli*, dans la *Revue de Paris*, édit. belge, p. 100.

bilité complètement, fait invasion partout. « On a aujourd'hui abandonné le luth, par la difficulté qu'il y a d'en bien jouer, jointe au peu d'usage dont il est dans les concerts. On doit cependant regretter cet instrument, qui est d'une harmonie étendue, gracieuse et touchante (1). »

Lacombe, qui écrivait cela en 1755, ajoute, quelques pages plus loin, après avoir reproduit presqu'identiquement le même alinéa : « Le violon est plus facile à manier; il produit d'ailleurs des sons plus harmonieux et plus flatteurs, raisons bien suffisantes pour le préférer au luth (2). »

Bourdelot, de son côté, donne, outre la difficulté de bien jouer du luth, une autre raison de l'abandon de cet instrument : « Autrefois, dit-il, les gens de qualité laissoient aux musiciens de naissance et de profession le métier d'accompagner (3). Aujourd'hui, ils s'en font un honneur suprême. Jouer des pièces, pour s'amuser soi-même agréablement, ou divertir sa maîtresse ou son ami, est au-dessous d'eux, mais se clouer trois ou quatre ans sur un clavecin, pour parvenir enfin à la gloire d'être membre d'un concert, d'être assis entre deux violons et une basse de violon de l'Opéra, et de brocher, bien ou mal, quelques accords, qui ne seront entendus de personne, voilà leur noble ambition. On leur demande pourquoi ils ont abandonné le lut, cet instrument si vanté et si harmonieux, et qui, dans trente ans, ne sera plus connu que de nom : ils répondent qu'il est trop difficile. Est-il moins difficile d'accompagner? Il est au-

---

(1) Lacombe, *Dictionnaire des arts*, nouvelle édition, au mot *Gauthier*.

(2) Même *Dictionnaire*, au mot *luth*.

(3) Cela n'est point rigoureusement exact, car le luth, dont jouait la noblesse, servait avant tout, principalement en Italie, d'instrument d'accompagnement, rôle que le théorbe lui enleva, il est vrai, en grande partie. C'est ce que démontrent les mots *leuto* ou *liuto*, au lieu de *basso continuo*, marqués sur les parties de chant d'alors,

tant, et vingt fois plus d'accompagner des pièces italiennes. Mais le lut ne les feroit pas aujourd'hui concerter.
Ils veulent avoir entrée et faire figure dans le corps des
musiciens (1). »

On a vu un archiluthiste italien nommé Fabio Ursillo,
aux gages de l'évêque de Tournai, de 1725 à 1729 (2).

Le luth figure encore, en 1748, au nombre des instruments de musique fabriqués en France. L'article consacré
à cette spécialité, dans un ouvrage très-recommandable,
déjà cité (3), et trop curieux, en ce qui concerne l'objet
qui nous occupe, pour n'être point reproduit *in-extenso*.
Après avoir analysé les statuts « des maîtres faiseurs d'instrumens de musique de la ville et fauxbourgs de Paris, »
l'auteur ajoute :

« Les instrumens de musique que les maîtres ont
permission de faire, sont de trois sortes : les uns qu'on
appelle instrumens à cordes, d'autres qu'on nomme
instrumens à vent, et d'autres encore qui sont les instrumens de percution.

« On appelle instrumens à cordes, ceux qui sont montés
de cordes, soit de léton, soit de celles qu'on appelle
cordes à boyau. De ce nombre sont le monocorde ou
trompette marine, le colachon, le rébec, les violons,
les violes, la lyre, la mandore, la pandore, le luth,
le thuorbe, la harpe, le cistre, le psaltérion, le timpanon, la guitare, l'épinette, le clavessin, le manicordion et le vieille.

---

(1) *Histoire de la musique*, t. III, p. 98.

(2) *La Musique aux Pays-Bas*, t. I, p. 96.

(3) Savary, *Dictionnaire universel de commerce*, au mot *Faiseurs
d'instruments*. Nous nous servons ici, comme plus haut, de quelques
renseignements de source française, en attendant que nous en trouvions
de provenance plus directe. L'analogie avec les faits relatifs à notre
pays, ne doit pas être mince, attendu qu'il s'agit d'une époque où
une grande partie des Pays-Bas fut incorporée à la France.

« De ces instrumens à cordes, il y en a qui se touchent avec un archet, comme le violon et la viole ; d'autres se pincent avec les doigts, comme le luth et le thuorbe ; d'autres, qui ne rendent leur son que par le moyen des touches d'un clavier, qu'on hausse ou qu'on baisse, comme le clavessin et l'épinette ; ou quelques-uns, dont on joue en frappant sur les cordes avec de petits bâtons ou de longues aiguilles de léton, comme le psaltérion et le timpanon.

« De la seconde espèce d'instrumens, qui sont ceux où le vent est nécessaire pour en tirer du son et de l'harmonie, il y en a quelques-uns, entr'autres les orgues, la cornemuse et la musette, où l'on se sert de soufflets pour les animer ; et d'autres qui s'embouchent, c'est-à-dire dont on joue en soufflant dedans avec la bouche.

« De cette dernière sorte sont la flûte, le hautbois, le chalumeau de Pan, ou siflet de chaudronnier, les sacquebutes, le cornet à bouquin, le serpent, les bassons qu'on appelle des fagots, des courteaux, des cervelas, des tournebouts et plusieurs autres.

« Les cors de chasse, les trompes et les trompettes sont aussi du nombre des instrumens de musique à vent qui ne sonnent qu'en les embouchant : mais ce sont les orphèvres qui les font, s'ils sont d'argent, et les chaudronniers, s'ils sont de cuivre.

« Enfin, les instrumens de percution, c'est-à-dire qui se frappent pour en tirer du son, sont les tambours, les timbales, les cloches, les carillons, les cimbales, les claquebois, les castagnettes, les orgues turques, les rebubes ou trompes d'acier, et peu d'autres.

« De ces instrumens, il n'y a que les tambours de basque, les castagnettes et les orgues à la Turque, que fabriquent les maîtres faiseurs d'instrumens de musique. Les autres se font, ou par les chaudronniers, comme les timbales et les cimbales, ou par les fondeurs, comme les cloches et les carillons, ou par les boisselliers, comme les tambours militaires, ou bien ils viennent d'Allemagne, comme les trompes d'acier, appelées par mépris trompes à laquais. »

Le luth figura, on se le rappelle, aux concerts du marquis de Prié (1), et sans doute aussi à ceux du fameux comte de Bonneval, à Bruxelles, qui attirèrent, dit De Reiffenberg, tout le beau monde, et faisaient crever de jalousie le ministre plénipotentiaire des Pays-Bas et ses flatteurs. Au sujet de ces dernières fêtes, le prince de Ligne raconte (2) qu'en 1724, le comte de Bonneval, général au service de l'empereur, s'étant brouillé avec son protecteur le prince Eugène, fut envoyé à Bruxelles en qualité de *Feldzeugmeister*. Son régiment, composé de jeunes gens distingués et aimables, étrangers pour la plupart, y était en garnison et lui fit une espèce de cour, dont s'alarma bientôt celle du ministre, formée d'ambitieux d'antichambre et de garderobe. Il y avait deux concerts par semaine, sans compter les soupers; ce qui fit presque déserter le beau monde de chez le marquis de Prié, qui, piqué au vif, chercha à s'en venger. Bonneval, peu endurant de sa nature, s'emporta de la manière la plus violente contre lui, et, dans cette querelle, presque toute l'élite de la noblesse bruxelloise se trouva mêlée. Le résultat en fut défavorable à Bonneval, qui fut banni des États autrichiens, et finit par s'en aller mourir à Constantinople.

Il nous reste à dire un mot des ouvrages théoriques et pratiques du luth. Une nomenclature complète de ceux qui touchent aux Pays-Bas est jusqu'ici impossible.

Est-il besoin de citer le livre rarissime de Martin Agricola? Nous avons mentionné l'ouvrage, rarissime également, de Wirdung, et l'opuscule: *Schoon Boecxke* (1529 et

---

(1) Voyez plus haut à la rubrique: Fiocco (*Joseph-Hector*).
(2) *OEuvres choisies*. Paris, 1809, au chapitre: *Mémoire sur Bonneval*, et DE REIFFENBERG, *Nouvelles Archives*, t. VI, p. 264.

1568) d'Anvers, qui en émane (1). Inutile d'insister sur l'intérêt qu'offrent les tablatures d'Albert De Ripe, de Mantoue (1533—1558), célébré, comme il a été dit plus haut, par ses contemporains, comme l'Orphée du siècle. Les tablatures de Sixte Kargel (1569—1575), sont célèbres, ainsi que celles de Vincent Galilée (1583), de Mathieu Waisselius (1573) et de Benoît de Drusina (1573). On connaît moins « l'instruction d'asseoir toute musique facilement en tablature de luth » (1571), d'Adrien Le Roy. On vante la notation originale, mais peu pratiquée dans le temps, de Jean-Jérôme Kapsperger (1604—1612), écrivain que Bonanni considère à tort comme l'inventeur de l'archiluth (2). L'*Isagoge in artem testudinariam*, de Jean-Baptiste Besard (1617), est recherchée. La méthode de Nicolas Vallet (1618), passe pour une rareté (3). Le recueil de Fahrmann, imprimé à Nuremberg, en 1615, contient des morceaux de maîtres luthistes italiens, français et allemands. Inutile de recommander les tablatures contenues dans la *Musurgia*, de Kircher, et le *Cosmos*, de Flud.

On trouve, dans un opuscule très-curieux de Van Nierop Dyrck Rembrantz (1659), plusieurs pages consacrées à la tablature de la cithare et du luth. Celles que le luthiste anglais Thomas Mace a insérées, sur le même objet, dans son *Musik's monuments* (1676), offrent des choses intéressantes (4). Parlerons-nous des innombrables recueils pour luth sortis des presses phalésiennes à Anvers? Il suffit de renvoyer à la bibliographie qu'en a dressée M. Alphonse

(1) Voy. *La musique aux Pays-Bas*, t. ɪ, p. 276, et t. ɪɪ, p. 111.

(2) *Gabinetto armonico*, p. 92. Bonanni donne des gravures de joueurs de théorbe et d'archiluth.

(3) Amsterdam, Janssonius, in-4°, d'après une édition de Paris.

(4) Deux luthistes flamands, Pierre et Philippe Van Welder, ont rempli, dans la première moitié du xvɪᵉ siècle, l'emploi de ménestrels à la cour d'Angleterre.

Goovaerts (1). Le *Pratum musicum* de l'habile luthiste
Anversois Emmanuel Adriaensen (1584, 1592 et 1600),
y occupe une place honorable et marquante. M. Fétis,
qui en fait l'éloge, estime que le système de tablature de ce virtuose renommé est identiquement celui des
luthistes italiens et français, et n'a rien de commun avec
les systèmes allemands de la même époque.

On publiait alors des recueils de poésies pour quatre
luths : *Des chansons reduictz en tablature de lut à deux,
trois et quatre parties, avecq une briefve et familière introduction pour entendre et apprendre par soy-mesmes à
jouer dudict lut.* — Louvain, Pierre Phalèse, et Anvers,
Jean Bellère, 1575, in-8° oblong (2). Plus tard, parurent
en Hollande de nombreux recueils avec accompagnement
de luths, la plupart consacrés à des cantiques, comme
on vit surgir, vers le même temps, en France, les *Airs
mis en tablature.* Les airs du *Nederlandsch Gedenck-klank*,
d'Adrien Valerius (1626), sont pour tablature de luth
ou de cithare. Le catalogue de Roger d'Amsterdam,
de 1707, renferme, entr'autres, la mention de quatre
livres de *Pièces de luth*, de la composition d'un certain
Mouton, avec des instructions sur l'emploi de l'instrument.

Voici la description de l'un des plus rares recueils en
ce genre qui aient vu le jour aux Pays-Bas. Il s'agit de la
collection renfermant, entre autres, des œuvres pour luth
d'Albert De Ripa et de Valentin Bacfart, et que Fétis,
après avoir omis dans sa notice sur Albert de Milan, cite
inexactement à la fin de la même biographie remaniée (3),
à l'aide de renseignements fournis par Farrenc (4). Le

(1) *Notice biographique et bibliographique sur Pierre Phalèse.* Bruxelles,
etc., 1869, p. 17, 23 et 32.

(2) De Reiffenberg, *Lettre à M. Fétis,* 2me édition, dans le *Dimanche,* t. ii, p. 312.

(3) Au mot Ripa (*Alberto de*).

(4) De Reiffenberg donne exactement le titre du recueil, dans sa
Lettre à Fétis (édition citée, p. 312). Ce n'est point la première

titre en est : *Thesaurus musicus continens selectissima Alberti Ripæ, Valentini Bacfarci et aliorum præstantissimorum carmina, ad usum chelys vel testudinis accomodata. Quibus adjectæ sunt ingeniosæ quædam Fantasiæ, Passomezi, Alemandes, Galliardæ, Branles, atque id genus cœtera recens in lucem edita.* — Lovanii, excudebat Petrus Phalesius, sibi et Joanni Bellero, bibliopolæ Antverpiensi, M. D. LXXIIII, in-4° obl., de 83 feuillets ou 166 pages. L'index, que nous complétons par la vérification minutieuse du contenu, comprend les pièces suivantes :

xiii Fantasiæ (1). — Si comme espoir (2). — Je suis déshéritée. — Douce mémoire.— Il ne se trouve en amytié.— Voulant honneur. — Fors seulement. — D'amour me plains. — Mon pensement. — La volonté. — Mais pourquoy. — D'un seul soleil. — Montz et vaux. — O passi sparsi. — Or vien, ça vien. — Ayant cogneu. — Pleurés, mes yeux. — Martin menoit. — N'a vous point veu. — Au temps heureux. — On en dira ce qu'on vouldra. — Si grande la pieta (d'Archadelt). — Il ciel che rado (du même). — L'homme qui n'est point amoureux. — Si purti guardi. — Soyons joieux (d'Orlando di Lasso). — Le temps peult bien (du même). — Dieu, qui conduis. — Soyons plaisans. — C'est de vous, ô ma ... — Tant vous allés doux. — Tout doucement. — Bonjour, mon cœur.— Un doux nenny.— Sus, prens ton lut. — Quand mon mary. — Pis ne me peult venir. — Adieu Anvers.— Adieu celle.— Faulte d'argent.— Pater peccavi (3). — Adjuva me. — Benedicta, à six parties (de L. Piéton). — Pavane : La Romanesque (4). — Passomezzo : la Milanèse.

fois que nous avons remarqué la répugnance de l'auteur de la *Biographie universelle des musiciens* à se servir des renseignements contenus dans cette humble, mais ingénieuse épître.

(1) Celles de Bacfart commencent à la septième.
(2) Tout ce qui suit sont des timbres de chansons.
(3) Ici défilent les motets.
(4) Viennent enfin les danses.

— Il suo saltarello. — Passomezzo d'Ytalie. — Gaillarde d'Ytalie. — VII Allemandes (dont celles d'Egmont, de Bavière, de Spierre et de Poussinghe). — Gailliarda Carracossa. — Gailliarda chi passa. — Gailliarda d'Angoulesmes. — Gailliarda. — VI branles d'Arras. — III (?) branles de Bourgoingne (1).

L'ouvrage le plus recommandable que l'on ait publié sur le luth est l'*Historisch-theoritische und praktische Untersuchung des Instruments der Lauten* (Nuremberg, 1727), d'Ernest-Théophile Baron, luthiste habile et savant (2). Ce livre n'est malheureusement pas à la portée de tout le monde. On pourra consulter aussi avec fruit une laconique explication du mécanisme du luth, dans l'*Anweisung zur Composition*, d'Albrechtsberger, traduit par Choron (3), ainsique dans l'*Universal-Lexikon der Tonkunst*, de Schiller, dont le *Lexikon*, de Bernsdorff, reproduit presque littérallement l'article, placé au mot *Laute*. On aura aussi des notions courtes et précises sur le même objet, dans *Die musikalischen Tonwerkzeuge*, d'Henri Welcker von Gontershaussen.

Des dessins de luths sont donnés par Flud, Kircher, l'*Encyclopédie*, etc. A l'égard de l'instrument en nature, les musées publics de Munich, de Paris et de Londres

(1) Peut-être y a-t-il quelques lacunes ici. Le volume appartient à M. César Snoeck, de Renaix. Un recueil non moins intéressant est décrit par M. De Coussemaker, dans sa *Notice sur les collections musicales de Cambrai*, etc., à savoir un *Hortus musarum*, sorti des presses de Pierre Phalèse à Louvain, en 1552, et dont la deuxième partie renferme des chansons avec accompagnement de deux luths.

(2) L'artiste y a joint un supplément, *Beiträge*, que M Fétis traduit par *Essai*. Voir les *Essais critiques et historiques* de Marpurg, où se trouve également, aux pages 119—123, un petit traité de la notation du luth et du théorbe.

(3) Dans l'édition originale, p. 417, et, dans la traduction française, t. I, p. 262.

en renferment de très-intéressants. Le musée de Londres, dit *South Kensington museum*, contient entr'autres :

Un luth bolonais du xve siècle, fabriqué par Luc Maler, allemand ; deux luths vénitiens, des xvie et xviie siècles ; un luth anglais à deux manches, *testudo theorbata*, du xviie siècle ; deux théorbes vénitiens, des xvie et xviie siècles ; une théorbette anglaise du xviie siècle, une *chitarrone* du xvie siècle, et un archiluth du xviiie siècle (1). La plupart de ces instruments, eu égard seulement à leur forme extérieure, sont de vrais bijoux de l'aspect le plus curieux et le plus pittoresque.

FIN DU DEUXIÈME VOLUME.

(1) CARL ENGEL, *Descriptive Catalogue of the musical instruments in the South Kensington museum.* London, 1870, p. 40 et suiv.

TABLE

ARNAUT, chanteur, 184.

Arras. Chantre: DEMORTIER (Nicolas), 279 ; — Maître de chant : DORÉ (Ghislain), 285; — *Confrérie de la Sainte-Chandelle,* (ménétriers), 43, 44.

ARRIGONI (Carlo), compositeur, 218.

ARTHON, musicien, 11.

AUBAT DE St FLOUR (d'), compositeur, 109.

AUBERT (Mlle), chanteuse, 191, 192.

Audenarde. Chantre de François Ier, 71 ; — Chantres de l'évêque d'Utrecht, 59 ; — Ménestrels gagistes d'Anvers, 59; — VAN WEERBEKE (Gaspard), 65; son lieu natal et sa famille, 66; — Carillon, 59; — Chanson des Rois, 48, 49, 50; — Concours de chant, 330; — *Église de Sainte-Walburge;* Contract passé avec JANSSONE (Chrétien), maître de chant, 54, 55, 56, 57, 58 ; maîtres de chant : DÈVE (Alphonse), 128 ; DE HOLLANDRE (Charles-Félix), 61; LIERTS (Antoine), 54, 56, 58; CROISILLES (DE), 70; maîtrise, 55, 56, 57, 58 ; élèves de la maîtrise : VOET (Louis), 70; Gilles, 71 ; VAN WEERBEKE (Gaspard) 66; sopranistes, 58; — Séjour de JANSSONE (Chrétien), 62. — Luthiste, 394; — Musique du chœur et du jubé, 53, 54.

B.

BACFART (Valentin), compositeur, 401, 402.

BACHI (Jean DE), compositeur, 61.

Bailleul. Sopraniste: CRUS (Pierre), 271.

BALAIN (Jacques-Alexandre), maître de chant, 293.

BALASSE, compositeur, 293.

BARBIER (François), sopraniste, 271.

BARBIER (Mlle), chanteuse, 182.

BARBION, compositeur, 61.

BARBITON, 349, 352, 353, 354, 355.

BARON (Ernest-Théophile), théoricien, 403.

BASSE, 48, 103.

BASSON, 265, 273, 274, 280, 289, 290, 398.

BASTIEN (François), serpentiste, 280.

BASTON, compositeur, 61, 251.

BATISTE, violoniste, 356.

BATISTIN, compositeur, 220.

BAUDUYN (Jean), ménestrel, 36.

BEAREZ. *Voy.* BEHAREZ.

BEAUMÉNARD (Mlle), chanteuse, 224.

BEAUMONT (Jean DE), musicien, 9.

BEHAREZ (Jean), ou BEAREZ, maître de chant et compositeur, 286, 287, 281.

BEL, chantre, 293.

BELLEGAMBE (George), musicien, 45.

BELLÈRE (Jean), imprimeur musical, 393, 401, 402.

BENEDICTUS, compositeur, 61.

BONETTI (Gio), compositeur, 93.

BENEVOLI (Horace), compositeur, 91, 92, 93.

BENNET, bassoniste, 280.

BERCHEM (Jachet), compositeur, 61.

BERNARD (Philippe), maître de chant, 15.

BERNSDORF, didacticien, 403.

BERON (DU), compositeur, 61.

BERTHOUL (François), maître de chant, 345, 346.

BERTIN, compositeur, 197, 204.

BESARD (Jean-Baptiste), didacticien, 400.

Béthune. Maître de chant : DUPREZ (Alphonse-Joseph), 293.

BETTIGNY (Jean), maître de chant, 345.

BICILLI (Giovanni), compositeur, 93.

BIERMAN (Jean), luthiste, 372.

Binche. *Gilde de Sainte-Cécile;* Règlement du concert de musi-

GODECHARLE (Eugène), 231. —
Église de Sainte-Gudule; chanoine: GHERSEM (Géry DE), 11,
12. Chantre : TICHON (Bar-
thélémy), 85. *Chapellenie de
Sainte-Cécile* , 327 ; maîtres de
chant: BRÉHY, (Hercule Pierre),
106, 109; FIOCCO (Joseph-Hector), 96; VAN HELMONT (Adrien-
Joseph), 231, 232. Organiste:
BOUTMY (Jacques), 106, 107, 108,
109; KEMPIS (Guillaume), 106.
— *Église de Saint-Nicolas;*
maître de chant: VERLIT (Gaspard DE), 73, 76, 85. — Facteurs
de clavecins : BREMERS (Mathias),
121 à 125. — *Hôtel du comte
d'Egmont ;* cantate italienne,
217, 218. — *Hôtel du prince
d'Aremberg;* maître de clavecin :
FIOCCO (Joseph-Hector), 97. —
Hôtel du prince d'Orange; ballet:
les Princes Indiens, 139 à 142.
— *Hôtel du prince de la Tour et
Taxis.* Maître de clavecin :
BOUTMY (Laurent), 105; Maî-
tre de chant: DE CROES (Henri-
Jacques), 104. — Impressions
musicales, 96, 103, 104, 105, 109.
— Impressions musicales de
KRAFFT (Jean-Laurent), 96; de
ROSART (Mathias), 110; de ROUS-
SELET (J.-C.), 110 ; de VAN YPEN,
110, 235. — *Palais des gouver-
neurs-généraux; Chapelle;* Chan-
tres: CAMPIS(Pierre DE), DE WEERT
(Richard), 372, CRINCX (Nicolas),
DALLEUX (Antoine), DEQUESNES
(Jean), DOOSON (Jean), DUMOLLIN
(Jacques), HAGHEBART (Pierre),
HAVELIN (Philips), HENNIN (Jean),
LE FORT (Hercule), LIEVENS
(Jérôme), MANDE (Marc), ROSE
(Jacques), SEFFE (Jean), 10.
Claveciniste : STAES (Guillaume),
124; Cornettistes: AMAND (N.),
11 ; ARTHON, 11, RICHARD
(Balthasar), 72; Facteurs d'or-
gues : LANGHEDUL (Matthieu),
312 à 315; LEROYER (Jean), 393;
Guitariste: DUMONT (Richard),
372; Harpiste: VANDER LINDEN
(Jean-François), 393; Instru-
mentistes: COCQUIEL (Hans), 11 ;

HAUTFLET (Hubert), 11; VAN-
RANST (Gaspard), 11; VAN RANST
(Nicolas), 11; VAN RANST (Pierre),
11; VOLCKAERT (Hans), 11; Luthier: VANDER LINDEN (Laurent),
391; Luthistes: SAINT-LUC (Jacques
DE), 393; VANDER LINDEN (Lo-
renzino) 390 ; VERMEULEN (Hans),
11, 386, 392 ; Maîtres de chant:
CANIS (Corneille), 244; DE CROES
(H.), 230 ; FIOCCO (Jean-Joseph),
96 ; FIOCCO (Joseph-Hector), 96,
98 ; FIOCCO (Pierre-Antoine), 96;
GHERSEM (Géry DE), 3, 4, 7, 8, 9,
12 ; DÈVE (Honoré), 128; DODE-
LET (Philippe-Jean), 234; MINNE
(Chrétien), 129; RIMONTE (Pierre),
10; THORI (Pierre), 129, 133,
134; TICHON (Jean), 78, 85; VAN-
HELMONT (Charles-Joseph), 105;
VAN RANST (Nicolas), 129; VAN-
TURNHOUT (Jean), 9, 10; VITZ-
THUMB (Ignace), 230 à 234.
Musiciens: BEAUMONT (Jean DE),
9; BOCA (Reynault DE LA), 9;
CAULIER (Charles), 11; CERESA
(Jean-Étienne), 11; CHAMBRIS
(Antoine), 9; CHAMPIS (Pierre),
11; COCQUIEL (Jean), 9; COX (En-
glebert), 11; CORNETTA (Pierre),
9; DAELMAN (Jacques), 11 ; DAL-
LEUX (Antoine), 9 ; DALLEUX
(Pierre), 11; DEPOTTER (Josse),
9; DEVOS (Abraham), 9; DEWIT
(Chrétien), 128, 129; DOUDELET
(Philippe-Jean), 231 ; GARNE-
VELT (Henri), 128; GLIN (Pierre),
11; GODECHARLE (Eugène), 231;
HALLEBAYE (Gérard), 11; HANNIBAL
(Denis), 11; HOTEL (Jean), 9;
HOTIN (Nicolas), 11 ; KELDERIUS
(Jérôme), 11 ; LANGHEDUL (Ma-
theo), 9; LECLERCQ (Jacques),
9; LIEVENS (Jérôme), 9; MARÉ-
CHAL (Pierre), 9; MESTRIS (Nico-
las), 231; NOIRIAM (Daniël), 9;
PAUWELS (Jean-Engelbert), 231;
PAUWELS (Jean-Joseph), 231 ;
ROBBES (Christophe), 9; ROBBES
(Nicolas DE), 9 ; RODRIGUES
(Alonso), 9; SALIGHER (Erasme), 9;
TARDI (Léonard), 11 ; VANDER-
MEULEN (Jean), 9; VANDER LINDEN
(Laurent), 9 ; VAN HELMONT

W.

Y.